Georges Gémiste Pléthon

TRAITÉ DES LOIS

Elibron Classics
www.elibron.com

Elibron Classics series.

ISBN 0-543-96558-9 (paperback)
ISBN 0-543-96557-0 (hardcover)

This Elibron Classics Replica Edition is an unabridged facsimile
of the edition published in 1858 by Firmin Didot Frères, Fils et Cie, Paris.

ΠΛΗΘΩΝΟΣ

ΝΟΜΩΝ ΣΥΓΓΡΑΦΗ.

PLÉTHON.

TRAITÉ DES LOIS.

Paris. — Typographie de Firmin Didot frères, fils et Cᵉ, rue Jacob, 56.

ΠΛΗΘΩΝΟΣ
ΝΟΜΩΝ ΣΥΓΓΡΑΦΗΣ
ΤΑ ΣΩΖΟΜΕΝΑ.

PLÉTHON.
TRAITÉ DES LOIS,

OU

RECUEIL DES FRAGMENTS, EN PARTIE INÉDITS, DE CET OUVRAGE,

texte revu sur les manuscrits, précédé d'une notice historique
et critique, et augmenté d'un choix de pièces justificatives,
la plupart inédites,

PAR C. ALEXANDRE,

membre de l'Institut, Académie des Inscriptions et Belles-Lettres;

TRADUCTION PAR A. PELLISSIER,

agrégé de philosophie, professeur de logique au collége de Sainte-Barbe.

PARIS,
LIBRAIRIE DE FIRMIN DIDOT FRÈRES, FILS ET Cie,
IMPRIMEURS DE L'INSTITUT,
RUE JACOB, 56.

1858.

NOTICE PRÉLIMINAIRE

SUR PLÉTHON, SUR SES OUVRAGES ET EN PARTICULIER SUR SON TRAITÉ DES LOIS.

Mon savant et honorable ami, M. Vincent, dans le cours de ses intéressantes recherches sur la musique ancienne, rencontra, il y a déjà plusieurs années, parmi les manuscrits grecs de la Bibliothèque impériale, sous le n° 66 du supplément, des morceaux assez considérables d'un rituel païen, découverte qui s'annonçait comme devant jeter un nouveau jour sur les liturgies et sur les croyances de l'antiquité classique. Le nom de Pléthon, mis en tête de ces fragments, mais d'une main plus récente, n'empêcha pas le docte investigateur de nourrir quelque temps cette espérance, et il en fit part à l'Académie des Inscriptions et Belles-Lettres par une note lue dans la séance du 22 avril 1842. M. Vincent voulut bien me communiquer les textes qu'il avait révélés ; nous en fîmes ensemble l'objet d'un examen plus approfondi, et nous ne tardâmes pas à nous convaincre que le hasard avait fait tomber entre nos mains, au lieu d'un monument de l'antique religion païenne, quelques chapitres jusqu'à présent inédits et inconnus du grand ouvrage de Pléthon *sur les Lois*, reste d'une tentative avortée pour reconstruire à neuf le paganisme sur les ruines du culte chrétien avec les matériaux de la philosophie néo-platonique. Ce résultat bien constaté fut pour M. Vincent le sujet d'une seconde communication faite à l'Académie le 27 mai de la même année.

Réduite à ces proportions, la découverte avait certainement perdu de son importance; elle conservait pourtant un assez grand intérêt, parce qu'elle tranchait la question longtemps débattue sur le reproche adressé à Pléthon d'avoir voulu se faire le chef d'une religion nouvelle, reproche repoussé avec force, mais avec une partialité trop visible, par Allatius dans un de ses plus savants traités[1], repris ensuite et soutenu avec non moins d'érudition et plus de critique par Boivin le jeune dans les mémoires de l'Académie[2].

Malgré l'excellent travail de ce dernier, les savants même les plus distingués ont continué, par intérêt pour Pléthon, à envelopper de doutes officieux l'imputation faite à sa mémoire. Fabricius, dans sa Bibliothèque grecque, et son nouvel éditeur Harles, ont évité de se prononcer à ce sujet[3]. M. Hardt lui-même, qui, le premier, au commencement de ce siècle, a recueilli des morceaux considérables du Traité des Lois, en a méconnu, par trop de faveur, l'esprit et

1. Allatius, *de Georgiis*, dans la collection Byzantine, à la suite de George Acropolite, Par. 1651, fol. et depuis, avec des retranchements et des additions, dans la Bibliothèque grecque de Fabricius, tom. X, ancienne éd.; tom. XII, éd. Harl.

2. Tom. *II*, pag. 775, et suiv.

3. On chercherait en vain l'opinion de ces deux savants dans les notes qu'ils ont ajoutées au traité d'Allatius, cité plus haut, ou à celui de Renaudot sur Gennadius, inséré dans le même tome X de la Biblioth. gr.; tom. XI, éd. Harl.

la portée[1]; et plus récemment, M. W. Gass, dans son ouvrage sur Gennadius et Pléthon[2], n'a pu se défendre de pencher encore vers le même système d'indulgence. C'était donc une question à éclaircir. Elle n'intéressait pas moins la mémoire du patriarche Gennadius, qui condamna le livre au feu, que celle de Pléthon lui-même. Elle se rattachait d'ailleurs à l'histoire de la renaissance, à l'influence des idées classiques sur les opinions religieuses dans ce grand mouvement de l'esprit humain, et à d'autres tentatives païennes faites vers le même temps en Italie, au centre même de la chrétienté, tristes indices d'un relâchement qui bientôt, par une réaction inévitable, devait amener Luther et la réforme.

Nous crûmes, en conséquence, M. Vincent et moi, qu'il serait utile ou du moins curieux de rassembler les autres débris du même ouvrage qui pouvaient avoir échappé à la destruction. J'insiste à dessein sur ces détails, parce que je tiens à rendre à mon docte ami sa part dans l'idée première de mon livre et dans les commencements d'exécution. Nos recherches communes dans les manuscrits et les imprimés des bibliothèques de Paris ne furent pas vaines. Mais bien-

1. Préface aux fragments de Pléthon, dans le tom. III du catalogue des mss. grecs du roi de Bavière, Munich, 1806, 4°: « Quæ « fragmenta vel sola demonstrant contra affectatas quorumdam « calumnias, eum eloquentissimum fuisse simul et omni scientia- « rum genere instructissimum. Ex sequenti autem prologo aucto- « ris liquet illum nonnisi Zoroastricam et Platonicam theolo- « giam simul et philosophiam explicare voluisse. Hinc religiosus « nimium patriarcha religioni nostræ timere haud debuit. » Notre publication permettra d'apprécier ce jugement de M. Hardt.

2. *Gennadius und Pletho, Aristotelismus und Platonismus, von W. Gass*, Breslau, 1844, 8°, première partie, pag. 35 et suiv.

tôt, distrait par des élucubrations plus importantes, M. Vincent m'abandonna la poursuite de cette entreprise. Le catalogue des manuscrits grecs de la bibliothèque royale de Bavière par M. Hardt, non-seulement me fournit plusieurs morceaux qui manquaient à celle de Paris, mais encore me servit à exhumer de celle même de Munich d'autres pièces que l'habile rédacteur du catalogue n'avait pas assez remarquées ou qu'il avait négligé de publier. Ces pièces m'ont été communiquées avec une rare complaisance par un des premiers philologues de la Suisse, M. Albert Jahn, qui en avait pris copie sur place. Je ne saurais trop en témoigner à ce savant ma reconnaissance : car c'est à lui que je dois d'avoir pu compléter les derniers chapitres contenant les prières et les hymnes, une des parties les plus considérables de l'ouvrage [1].

Je ne voyais plus rien d'important à recueillir, lorsque M. Le Barbier, ancien élève de l'école française d'Athènes, rapporta de cette ville, ou plutôt d'une excursion à Constantinople, un très-bon manuscrit [2] qu'il voulut bien me prêter, et où je retrouvai la plupart des fragments édités par M. Hardt, pour lesquels je n'avais jusqu'alors d'autre autorité que le texte imprimé. J'ai donc pu à mon aise collationner ces morceaux et en amener le texte à un plus haut degré de

1. M. Jahn a bien voulu me fournir en outre plusieurs autres morceaux inédits, empruntés à la même bibliothèque, qui figurent à la fin de ce volume dans notre Appendice.

2. M. Le Barbier devait ce manuscrit à l'obligeance du patriarche grec de Jérusalem à Constantinople. En le citant, ce qui m'arrive souvent, je l'appelle toujours manuscrit d'Athènes, par allusion à la source d'où il m'est venu et à une école dont le nom réveille en moi de précieux souvenirs.

précision. Que le jeune professeur à qui je dois ce secours, en reçoive ici mes remercîments.

Ainsi j'avais en main les moyens de rétablir l'œuvre de Pléthon, sinon dans son entier (car je n'ai pu retirer du feu les pages brûlées), du moins dans des proportions assez larges et dans des conditions d'exactitude suffisantes pour en donner une juste idée. Il fallait, après cela, de tous ces matériaux faire un livre, et ce livre, le mettre en état d'aborder la publicité. Je m'en occupai activement d'abord, selon mon usage; puis, à mesure que j'avançais, mon ardeur se ralentit; je me laissai à mon tour entraîner par d'autres occupations; je ne revins à Pléthon que fort tard; et c'est après quinze ans que je me décide à laisser sortir de mes cartons ce vieux travail récemment achevé.

Voici donc tout ce qu'il a été possible de recouvrer d'un livre souvent regretté, dont la réputation s'est accrue par sa perte même, et qui, à ce titre seul, méritait de revoir le jour. Mais comme l'intérêt de cette publication repose en grande partie sur les souvenirs historiques qui s'y rattachent, j'essaierai d'abord de retracer la vie de Pléthon avec plus de détails et, si je le puis, avec plus d'exactitude qu'on ne l'a fait jusqu'à présent, en insistant particulièrement sur les circonstances relatives à ses opinions et à son ouvrage.

George Gémistus, plus connu depuis sous le nom de Pléthon, naquit à Constantinople [1] vers 1355 [2],

1. Bessarion, qui avait vécu longtemps dans son intimité, l'appelle formellement *Plethon Constantinopolitanus*, dans le début de son traité *de Natura et arte*. Les titres des manuscrits de ses ouvrages et les mémoires du temps le désignent souvent par l'épithète de Byzantin, Πλήθωνος τοῦ Βυζαντίου.

2. On n'arrive à cette date qu'approximativement, en combi-

d'une famille qui ne manquait pas, dit-on, d'illustration[1]. On ignore les causes qui l'obligèrent de quitter cette ville. Nous savons seulement qu'à une époque mal déterminée de sa vie, probablement vers la fin de sa jeunesse, il dut chercher un asile à Andrinople, alors capitale de l'empire ottoman : il s'y attacha à un certain juif Elisée, très-influent auprès de la Sublime-Porte, lequel s'occupait de sciences occultes, et finit par être brûlé vif[2]. C'est sans doute après la disgrâce et la mort de ce juif qu'il transporta sa résidence en Morée, où il s'établit à Mizithra, l'ancienne Sparte, chef-lieu dans ce temps-là d'une principauté grecque sous le gouvernement d'un des Paléologues. Il y passa presque tout le reste de sa vie, occupé de littérature et de philosophie, dont il semble qu'il tenait école, et investi, au moins dans les derniers temps, de hautes fonctions judiciaires[3].

On peut assigner aux commencements de cette épo-

nant l'époque probable de sa mort avec l'âge presque centenaire qu'on lui attribue ; nous y reviendrons.

1. Οὕτω γένους ἔχων, dit avec emphase son panégyriste Grégoire le Moine, dans notre Appendice, pièce XIV, pag. 394.

2. Ces détails ne nous sont connus que par la lettre de Gennadius à Joseph l'Exarque, que nous aurons souvent occasion de citer, et où on peut les voir, dans notre Appendice, pag. 423. Nous disons qu'il fut obligé de quitter Constantinople; c'est bien là ce qu'indiquent les mots φυγὼν τὴν πατρίδα. Quant à la ville où il se réfugia, et où était cette cour barbare, τῇ τῶν βαρβάρων αὐλῇ, ce ne peut être qu'Andrinople, résidence ordinaire des sultans depuis 1366, quoique le siége officiel de l'empire n'y ait été définitivement transféré de Broussa (l'ancienne Pruse) qu'assez longtemps après (Phranza, livre I, ch. 30). Sur le juif Élisée, nous n'avons trouvé nulle part aucun renseignement.

3. Voir ci-après, pag. XX, not. 1, et XXXIX, not. 2.

que son traité *des Vertus*[1], où règne une doctrine saine, étrangère aux idées de sa vieillesse; peut-être aussi un autre ouvrage cité de lui, mais que nous n'avons pu nous procurer : *Preuves physiques (ou naturelles) de l'existence de Dieu*[2], et la *Prière au Dieu unique*, que nous donnons en tête de nos pièces justificatives[3].

C'est encore ici que nous placerions, mais sans nous renfermer dans des limites bien précises, la plupart de ses ouvrages historiques, géographiques et astronomiques[4]. Ces livres, pour la plupart simples compila-

1. Ce traité a été imprimé plusieurs fois, et on en a fait deux traductions latines. Nous avons eu entre les mains deux éditions de Bâle, 1552 et 1586, in-8°, avec la traduction d'Adolphe Occon. C'est toujours la grande division classique en quatre vertus principales avec les sous-divisions. Comme il est rédigé à la manière d'Aristote plutôt que de Platon, nous le croyons un des premiers ouvrages de l'auteur.

2. Περὶ Θεοῦ φυσικαὶ ἀποδείξεις, titre cité par Allatius, *de Georgiis*, dans Fabricius, tom. XII, pag. 96, éd. Harl., avec les premiers mots de l'ouvrage : Πᾶν τὸ ὂν ἐνεργείᾳ, κ. τ. λ. Nous trouvons un autre traité du même genre indiqué dans un autre catalogue donné par Fabricius, tom. V, p. 797, même éd., sous ce titre : Περὶ τοῦ ὄντος ἐπωνυμίας. Mais ces morceaux pourraient se rapporter aussi à une époque beaucoup plus avancée de la vie de leur auteur, à celle de sa controverse sur le platonisme. Ne les ayant pas vus, nous sommes réduits à de simples conjectures.

3. Dans notre Appendice, pièce I. Il est curieux de comparer cette prière, encore chrétienne et orthodoxe, avec les hymnes païens du Traité des lois.

4. Le plus connu de ces ouvrages est l'Histoire de la Grèce après la bataille de Mantinée (depuis la mort d'Épaminondas jusqu'à celle de Philippe), imprimée à Venise, en 1503, à la suite du Xénophon des Aldes, et plusieurs fois depuis, morceau estimable, composé principalement avec les matériaux fournis par Diodore et par Plutarque. On ne peut citer comme des ouvrages les extraits d'auteurs anciens simplement copiés ou abrégés par Plé-

tions, témoignent d'une érudition laborieuse plutôt que d'une grande force de conception. Mais le génie qui conçoit et qui crée, n'était pas à cette époque une condition nécessaire pour se faire admirer, surtout en Grèce, dans ce pays tombé en dissolution, où les restes d'une littérature morte étaient abandonnés aux grammairiens et aux théologiens. D'ailleurs les qualités réelles de Gémistus, son instruction étendue dans tous les genres, sa profonde connaissance de l'antiquité classique, l'élégance même de son style, quoique un peu factice, et cette fleur d'atticisme dont il faisait parade [1], genre d'agrément si recherché des Grecs du

thon, tels que les extraits de Xénophon, de Polybe, de Diodore, d'Arrien, de Procope, de Zonaras, pour l'histoire; de Strabon et de Ptolémée pour la géographie; de ce dernier pour l'astronomie; de Théophraste pour l'histoire nat.: d'Aristoxène et d'Aristide Quint. pour la rhythmique. Mais il existe en outre quelques traités sortis de la plume même de Pléthon, traités de philosophie, de rhétorique, de géographie, d'astronomie, avouons-le même, d'astrologie, les uns déjà imprimés, la plupart inédits et épars dans les bibliothèques : on peut consulter à leur sujet Allatius, *de Georgiis*, déjà cité; Fabricius avec les notes de Harles, Bibl. gr., tom. VIII, p. 80, et tom. XII, p. 87, sqq.; les catalogues des grandes bibliothèques, notamment de celle de Saint-Marc à Venise, par Morelli, p. 245, sqq. et 269, sqq.; Kollarius, *de codd. mss. Georgii Gemisti operum*, dans le supplément à Lambécius, pag. 553, sqq. Un petit morceau que nous trouvons indiqué par M. Miller, pag. 379 de son catalogue, parmi les mss. perdus de l'Escurial, sous ce titre : « *Oraison funèbre des guerriers morts dans le Péloponèse, par Gé-* « *mistus Pléthon*, » n'était sans doute qu'un extrait de Thucydide, copié et peut-être commenté par Pléthon : il rentrerait ainsi dans la classe de ses compilations historiques. Quant à ses travaux sur Zoroastre, qui tiennent de plus près à notre sujet, et aux autres opuscules composés dans sa vieillesse, nous aurons occasion d'en parler plus tard.

1. Voir ci-après page LXXV de cette notice.

Bas-Empire, suffisent pour expliquer la grande réputation qu'il obtint parmi ses compatriotes.

Il l'augmenta par quelques ouvrages qui annonçaient la direction de son esprit vers les idées politiques. Ainsi, vers l'an 1415, on le voit adresser un mémoire à l'empereur Manuel, et un autre au prince Théodore (le jeune), fils de l'empereur et nouveau despote de Morée, *sur les affaires du Péloponèse* [1], c'est-à-dire, sur l'organisation intérieure de ce pays. Il y trace d'une main ferme des plans hardis de réforme plutôt sociale qu'administrative, et ne craint pas de s'offrir lui-même pour les mettre à exécution. Un autre mémoire au même empereur *sur les fortifications de l'Isthme* [2] doit être à peu près de la même date, ainsi qu'un développement admiratif et emphatique de l'oraison funèbre

1. Ces deux Mémoires, dont le premier se trouve manuscrit à la Biblioth. de Paris dans le n° 66 (suppl.), parurent à la suite des Eclogues de Stobée, édit. de Cánter, Anvers, 1575, in-fol.; ils n'ont pas été réimprimés. Au commencement du premier, Gémistus félicite l'empereur d'avoir enfin reconquis par la valeur de ses fils tout le Péloponèse. Cela ne peut s'entendre que de la soumission des derniers seigneurs italiens et catalans de l'Achaïe (Ducas, chap. 20, p. 102, éd. Bonn), fait qui se rapporte au dernier voyage de l'empereur Manuel en Morée, l'an 1415, après la mort de son frère Théodore, pour y consolider sur le trône de cette principauté son propre fils, Théodore le jeune (Ducas, ibid.). En effet, il ne resta plus dès lors aux étrangers que les villes de Clarence en Elide et de Patras en Achaïe, qui devaient être recouvrées par les Grecs sous le règne suivant (Chalcocondyl., liv. V, p. 240, éd. Bonn). C'est encore dans ce voyage que l'empereur acheva de fortifier l'isthme de Corinthe, et il en est beaucoup question dans les deux Mémoires de Pléthon, qu'il ne faut pas pour cela confondre avec le troisième Mémoire, dont on va parler.

2. Ce morceau, encore inédit, se trouve manuscrit dans la bibliothèque de Florence, cod. XXXIII, n° 6 du catalogue de Bandini, et dans celle de Vienne, cod. XC, n° 4 du catalogue de Lambécius.

prononcée par ce prince en l'honneur de son frère, éloge d'un éloge, rhétorique sur rhétorique, où le rhéteur ne cherche même pas à déguiser le courtisan [1].

Tout cela prouve qu'il y avait dans le caractère de Pléthon quelque chose qui le poussait en dehors des études purement littéraires et spéculatives [2]. Je ne sais si, les circonstances aidant, il serait devenu un grand homme d'État; les utopies qui règnent dans ses ouvrages en feraient douter. Néanmoins, les avis qu'il donna en plusieurs occasions sur des affaires politiques d'une haute importance [3] décèlent en lui beaucoup de jugement pratique; et le talent qu'il eut de conserver sa position intacte, malgré la hardiesse de

Quant à sa date, elle est marquée par son sujet. Les fortifications de l'isthme, commencées par ordre de l'empereur Manuel, en 1405 (Phranza, livr. I, ch. 35), furent terminées sous ses yeux en 1415 (Chalcocondyl., livr. IV, p. 183, sqq., éd. Bonn) : or il semble que ce Mémoire dut être adressé à l'empereur avec les deux précédents, ou peu de temps après. Voir la note précédente.

1. C'est, en effet, pendant ce voyage de 1415 que l'empereur Manuel prononça l'oraison funèbre de son frère (Chalcocond., liv. IV, p. 216), et que Pléthon put songer à faire l'éloge de ce discours. L'un et l'autre morceau sont imprimés dans l'*Auctarium novum Biblioth. Patr.*, t. II, pag. 1037 et suiv.

2. Un autre petit morceau politique, προσφωνημάτιον, appartient à l'extrême vieillesse de Pléthon ; nous en parlerons plus tard.

3. Voir Syropule, ou, comme on s'obstine à l'appeler, Sguropule, *Hist. du concile de Florence*, sect. VI, chap. 10 et 12 ; sect. VII, chap. 8, etc. Le vrai nom de cet auteur, du moins son nom officiel, est bien Syropule ; c'est ainsi qu'il signe lui-même au bas des actes du concile de Florence, et nous avons à Paris un manuscrit de sa main, Biblioth. impér., 1291, avec cette souscription : Ἐτελειώθη τὸ παρὸν βιβλίον διὰ χειρὸς ἐμοῦ μεγάλου ἐκκλησιάρχου διακόνου Σιλβέστρου τοῦ Συροπούλου (*sic*) ἐν ἔτει ϛϠμϛ΄ μηνὶ σεπτεμβρίῳ μηνὸς ια΄.

ses opinions, jusqu'à la fin de sa vie, peut être considéré comme une preuve d'habileté plus qu'ordinaire.

Mais ce n'est pas ici sous ce rapport que nous avons à l'examiner. Comme littérateur, comme érudit, comme savant, sa supériorité sur la plupart de ses contemporains était incontestable ; et c'est à tous ces titres qu'il eut l'honneur de compter parmi ses disciples l'illustre Bessarion. Ce grand homme, dont rien n'annonçait alors la haute destinée, jeune encore et n'ayant d'autre ambition que celle de se préparer à l'état monastique, était venu se fixer dans un couvent de Morée. Il fut heureux, comme nous l'apprend son panégyriste Platina [1], de pouvoir y profiter des leçons d'un maître si habile. Nous trouvons donc Pléthon à cette époque, c'est-à-dire, vers l'an 1420, en pleine possession de sa renommée, quoiqu'il eût dépassé la maturité de l'âge, sinon encore du talent ; il devait avoir plus de soixante ans. Hâtons-nous de dire, à la louange du maître et de l'élève, que ces rap-

1. Platina, *Paneg. in laudem Bessarionis*, avec les vies des Papes, Leipz. 1512, in-8°, p. 2, sq.: « Postremo autem, ne aliquid tanto in« genio deesset, Platonem (leg. Plethonem) quem alii Gemisto (leg. « Gemiston) vocant, doctissimum præceptorem et quem omnes se« cundum a Platone vocant, in Peloponneso, quo se contulerat doc« trinæ causa, nactus, mathematicis accurate imbuitur. » Ce mot *nactus* semble opposé à l'opinion de ceux qui ont écrit, comme Tiraboschi, t. VI, livre II, ch. 2, § 13, que Bessarion était venu tout exprès en Morée pour y prendre des lecons de Gémistus. Il y vint peut-être sans autre but que d'y faire l'apprentissage de la vie religieuse sous la direction de Dosithée, évêque de Sparte, qui bientôt, reconnaissant ses dispositions merveilleuses, les tourna vers la littérature et les sciences (Platina, *l. cit.*) Au reste, si l'on veut des détails curieux sur le séjour de Bessarion en Morée, et sur l'extrême pauvreté de ce grand homme au début de sa vie, il faut les chercher dans un discours que lui prête Syropule, sect. v, c. 11.

ports laissèrent dans l'âme de Bessarion l'impression d'une reconnaissance profonde et durable. Plus tard, malgré l'élévation de sa fortune et les exigences politiques de sa position, il ne cessa point d'avouer le sage de Sparte pour son maître [1] et d'entretenir avec lui une correspondance philosophique [2] : vivant, il l'avait honoré de ses respects, il les lui continua même après sa mort [3], et il protégea sa mémoire contre les attaques de ses ennemis [4].

En 1428, Gémistus reçut un autre grand hommage. L'empereur Jean Paléologue, voyageant en Morée, le consulta [5] sur la plus importante affaire politique qui occupât les esprits de ce temps, celle de la réunion des deux Églises [6]. On sait que la cour de Constantinople, impuissante désormais à se défendre par elle-même

1. Βησσαρίων καρδινάλης τῷ σοφῷ καὶ διδασκάλῳ Γεωργίῳ τῷ Γεμιστῷ, en tête d'une de ses lettres philosophiques : cependant voir ci-après pag. XIV, not. 4.

2. Nous parlerons plus tard de cette correspondance.

3. Voir sa lettre aux enfants de Pléthon pour les consoler de la mort de leur père, et celle qu'il écrivit à Nicolas Segondin sur le même sujet. Elles ont déjà été publiées par Allatius, *de Consensu*, pag. 937, et plus tard par Morelli, dans le catalogue des mss. de Saint-Marc. Nous les reproduisons cependant, avec les inscriptions funéraires composées par Bessarion lui-même en l'honneur de son ancien maître, dans notre Appendice, pièce XV et suiv.

4. Nous y reviendrons vers la fin de cette notice.

5. C'est Pléthon lui-même qui raconte ce fait dans Syropule, sect. VI, chap. 10. A la vérité, il le fait remonter à douze ans (on était alors en 1438); mais sa mémoire le trompe, c'est dix ans qu'il devait dire. Le voyage de l'empereur Jean en Morée eut lieu un an et demi après son avénement au trône. Il partit le 26 décembre 1427 (Phranza, liv. II, chap. 1), et il était de retour à Constantinople vers la fin de 1428 (même livre, ch. 2).

6. Réunion déjà tentée vainement sous presque tous les empereurs depuis Michel Paléologue.

contre les envahissements toujours croissants de la puissance musulmane, n'attendait plus de secours que du côté de l'Occident; mais la protection des Latins devait s'acheter au prix d'une conversion, et ce prix ne pouvait être débattu que dans un concile L'empereur avait envoyé des ambassadeurs en Italie pour négocier la convocation d'un concile général, où lui-même assisterait avec les chefs de son clergé. Gémistus, sans approuver ce projet, convint que l'on pourrait cependant, à force de prudence et d'habileté, en retirer quelques-uns des fruits qu'on en espérait. Mais il dissuada l'empereur de livrer l'église grecque à la merci de l'église latine en les réunissant toutes deux dans une même assemblée sans avoir bien stipulé auparavant la manière de compter les voix, et sans avoir assuré aux deux parties une égale influence dans les délibérations : conseil excellent, s'il eût été praticable! Nous croyons que dans l'esprit de Pléthon il cachait une opinion bien arrêtée sur l'impossibilité absolue de toute tentative de réconciliation.

Remarquons, au reste, que, dans le temps même où Gémistus était ainsi consulté sur les grands intérêts de la religion, à cette époque où, il faut bien le dire, il comptait encore Bessarion parmi ses plus fervents disciples, la pureté de ses opinions religieuses était déjà plus que douteuse. Il passait dès lors pour avoir en portefeuille un ouvrage contre le christianisme [1] : c'est Gennadius qui nous l'atteste, et son témoignage,

1. Cet ouvrage est justement celui que nous publions. On pourrait croire que l'existence d'un pareil livre à cette époque de la vie de Pléthon, est une anticipation gratuite de la part de ses ennemis; mais voir ci-après, pag. xx et suiv.

quelque partial qu'on le suppose, est ici trop précis pour pouvoir être facilement rejeté. « Je savais, dit-il, et de-« puis longtemps, quel homme c'était; j'étais même « instruit de l'existence de son ouvrage, tant par les « rapports de plusieurs personnes dignes de foi que « par les indices que j'avais pu moi-même en recueil-« lir, d'abord en Morée, et plus tard en Italie[1]. »

Or Gennadius, attaché à la cour par ses fonctions, ne semble guère avoir pu voyager en Morée autrement qu'à la suite de l'empereur et probablement dans la circonstance mentionnée ci-dessus. Gémistus passait donc dès lors pour ce qu'il fut toute sa vie, pour un esprit fort[2]. Cela n'empêcha pas qu'il ne fût choisi pour accompagner au concile l'empereur Jean Paléologue, en 1437. Tiraboschi[3] croit qu'il dut cet honneur à la recommandation de Bessarion, nouvellement promu à l'évêché de Nicée. Il put aussi être proposé pour cette distinction par son souverain immédiat, le prince Théodore (le jeune); ou peut-être l'Empereur se ressouvint-il des conseils qu'il avait autrefois demandés à ce même Pléthon, précisément sur les questions qui se débattaient en ce moment : mais la réputation du savant philosophe suffisait seule pour expliquer le choix dont il fut l'objet. Sa position sociale lui assignait d'ailleurs un rang honorable dans le cortége byzantin. Les historiens lui donnent à cette époque le titre de docteur[4] et de membre du sénat

1. Lettre à Joseph l'Exarque, dans notre Appendice, pag. 413.

2. Aussi Gennadius lui reproche-t-il d'avoir nourri ces opinions dès sa jeunesse, ἐκ παίδων, pag. 422, ἐκ νεότητος, pag. 424.

3. Tiraboschi, t. VI, livre II, ch. 2, déjà cité.

4. Τὸν διδάσκαλον τὸν Γεμιστόν, Syrop., sect. VI, ch. 12. Toute-

ou conseil impérial [1]. Ces honneurs étaient rehaussés par la dignité naturelle d'une vieillesse déjà octogénaire, mais belle comme les vieillesses de l'Orient, et forte encore de quinze ans de vie et de santé.

Au concile, il fit partie de la commission des six membres [2] choisis parmi les Grecs et chargés de soutenir pour eux la discussion, c'est-à-dire seulement, de préparer le travail de chaque session, d'y assister au nom de leur Église et d'y apporter le tribut de leurs lumières; car le droit de parler en assemblée générale était réservé spécialement à deux d'entre eux en leur qualité d'évêques, Bessarion de Nicée et Isidore de Russie. L'empereur l'avait expressément voulu ainsi [3], soit respect des règles canoniques, soit instinct des convenances, soit précaution contre la théologie toujours un peu suspecte des docteurs laïques. Nous voyons cependant Gémistus prendre une fois la parole dans le concile, peut-être par forme de simple observation, et clore une des sessions [4] par une re-

fois il ne faudrait pas attacher trop d'importance à ce titre : ce n'est peut-être ici, comme souvent dans les écrits de ce temps, qu'une qualification honorifique applicable à tous les savants. Nous le verrons plus bas donné aussi à Gennadius, pag. xxiv, not. 2.

1. Ἀπὸ δὲ τῆς συγκλήτου ὁ Γεμιστὸς ἐκ Λακεδαιμονίας, Ducas, ch. 31, p. 213, sq., éd. Bonn. Par sénat, σύγκλητος, on doit entendre le conseil impérial composé des principaux fonctionnaires de l'État : Phranza, liv. I, ch. 1, 12, 19, 35, etc. Il faut que Pléthon ait reçu ce titre à l'occasion de son départ pour le concile ; car la principauté de Morée, où il résidait, était, comme nous l'avons dit, tout à fait distincte de l'Empire sous le rapport administratif, et ses fonctionnaires par conséquent n'avaient rien de commun avec ceux de Constantinople.

2. Syropule, sect. vi, chap. 13. — 3. *Ibid.*, fin du chapitre.

4. Syropule, sect. vi, chap. 19. Ce fut dans la session du 14 octobre 1438, la troisième, selon le calcul de Syropule. Cependant

marque fort judicieuse. Singulier contraste de son rôle officiel avec ses sentiments personnels, s'il est vrai qu'à Florence même, pendant la durée du concile, il tenait le propos qu'on lui prête : « qu'avant peu d'années une seule religion serait enseignée partout et « universellement adoptée, religion qui ne serait ni « celle du Christ, ni celle de Mahomet, mais une autre « peu différente de celle des anciens Grecs [1]. » Ici ce n'est plus Gennadius, c'est un autre adversaire, et il faut le dire, un violent ennemi, George de Trébizonde, qui lui attribue ce langage, attestant l'avoir entendu lui-même : témoignage suspect, croyable pourtant, quand on le rapproche de l'extrême licence d'opinions qui régnait alors, et de tout ce que nous savons et saurons plus tard des idées religieuses de notre auteur.

Avec une telle disposition d'esprit, on peut deviner comment il employa son séjour en Italie. Hors sa participation nécessaire aux travaux du concile et les conseils auxquels il était souvent appelé [2], nous croyons

les actes du concile, soit grecs, soit latins, ne font aucune mention de l'observation de Gémistus, ce qui lui ôte son caractère officiel, mais non son importance.

1. George de Trébizonde, *Compar. Plat. et Arist.*, chap. avant-dernier : « Audivi ego ipsum Florentiæ, venit enim ad concilium cum Græcis, asserentem unam eamdemque religionem « uno animo, una mente, una prædicatione, universum orbem « paucis post annis esse suscepturum. Cumque rogassem, Christine an Machumeti ? Neutram, inquit, sed non a gentilitate differentem... Percepi etiam a nonnullis Græcis qui ex Peloponneso « huc profugerunt, palam dixisse ipsum, anteaquam mortem obiisset jam fere triennio, non multis annis post mortem suam et « Machumetum et Christum lapsum iri, et veram in omnes orbis « oras veritatem perfulsuram. »

2. Syropule, *passim*, et notamment sect. VII, ch. 8 ; sect. VIII, ch. 17 : sect. IX, ch. 6.

qu'il s'occupa beaucoup moins des affaires de son église que du soin de sa propre réputation. Il était fort lancé dans la société des gens de lettres et des gens du monde[1], fort avant surtout dans la faveur de Cosme de Médicis[2], à qui il expliquait la philosophie de Platon, toute neuve encore pour les oreilles italiennes. Telle fut l'impression de ces entretiens, que Médicis, au rapport de Ficin[3], conçut dès lors le projet, plus tard réalisé, de son académie platonicienne. Enfin ce fut dans ce temps qu'à la demande de plusieurs personnes et problablement de Médicis lui-même, il composa son petit traité *sur les Différences*

1. Gennadius le lui reprochait, dans sa réponse en faveur d'Aristote, pag. 55 de l'édition de M. Gass, 292 et 294 de notre Appendice, et lui-même s'en fait gloire dans sa réplique, App. pag. 294 : « Il ne te « manquait, lui dit-il, que d'envelopper ainsi dans les calomnies des « hommes beaucoup plus savants que toi... Nous savons bien que, « pendant ton séjour en Italie, tu as toujours évité leur société, sans « doute pour ne pas laisser surprendre le secret de ton ignorance... « Mais moi, je les ai fréquentés, je les ai connus, et j'ai pu me faire « une idée de leurs opinions philosophiques. » Il nomme ensuite quelques-uns de ces hommes, et entre autres Pomponius Lætus, dont nous aurons à reparler. Syropule, sect. v, ch. 2, nous le représente dînant chez les cardinaux, au grand scandale des Grecs schismatiques, et parlant philosophie à table.

2. Tiraboschi, t. VI, *loc. cit.*

3. Dans la préface de sa traduction de Plotin, Flor., 1492, fol. : « Magnus Cosmus, senatus-consulto Patriæ Pater, quo tempore « concilium inter Græcos atque Latinos sub Eugenio pontif. Flo- « rentiæ tractabatur, philosophum Græcum nomine Gemistum, « cognomine Plethonem, quasi Platonem alterum, de mysteriis « Platonicis disputantem frequenter audivit. E cujus ore fervente « sic afflatus est protinus, ut inde academiam quamdam alta « mente conceperit, hanc opportuno primo tempore pariturus. « Deinde cum conceptum tantum magnus ille Medices parturiret, « me electissimi medici sui filium, adhuc puerum, tanto operi « destinavit, etc. »

entre les doctrines d'Aristote et celles de Platon[1], premier signal de la controverse entre les deux écoles, et du mouvement qui devait ébranler d'abord et, deux siècles après, renverser la scolastique du moyen âge.

Est-ce alors, ou seulement à son retour en Grèce, que, dans son enthousiasme classique, il imagina de quitter son nom de Gémistus pour celui de *Pléthon*, qui en grec signifie la même chose ? Il y trouvait deux avantages : d'abord le nouveau nom sonnait mieux à une oreille attique[2], ensuite il ressemblait à celui de

1. Le titre est : Περὶ ὧν Ἀριστοτέλης πρὸς Πλάτωνα διαφέρεται. Ce petit ouvrage, imprimé plusieurs fois dans le seizième siècle (voir Fabricius, t. XII, p. 89, éd. Harles), est devenu fort rare. Comme il marque une époque, il a un grand intérêt pour les personnes qui s'occupent de l'histoire de la philosophie, et mériterait d'être réimprimé avec les pièces principales de la controverse entre Pléthon, Bessarion, Gennadius et quelques autres Grecs de ce temps-là, ce que M. W. Gass aurait bien dû faire dans son ouvrage : *Gennadius und Pletho,* déjà plusieurs fois cité, où il a publié des pièces moins importantes. Celle-ci est capitale, parce qu'elle fut l'origine de toute la querelle. La date en est certaine : Pléthon la composa à Florence, étant malade, comme il nous l'apprend dans sa réplique à Gennadius, p. 113, éd. Gass. On ne peut, au reste, mieux faire que de consulter, sur cette guerre philosophique, l'important mémoire de Boivin le jeune, cité ci-dessus, pag. II. Bien que ce sujet ait été traité ou au moins effleuré par tous ceux qui ont écrit sur l'histoire de la philosophie ou sur celle de la renaissance, principalement en Allemagne et en Italie, nous ne voyons pas qu'ils aient beaucoup ajouté au travail de l'académicien français.

2. Le mot Γεμιστός, *rempli,* n'est pas attique ; le premier exemple qu'on en cite est d'Athénée, qui l'emploie comme terme de cuisine, dans le sens de *farci.* Γεμίζω lui-même, quoique employé par Eschyle et par Euripide, et fort commun dans les écrivains postérieurs, semble d'un atticisme suspect ; il pèche contre l'analogie, qui voudrait γομίζω. Au contraire πλήθω, dans le sens passif, et son participe πλήθων, sont d'un usage ancien et poétique.

Platon [1]. C'était une petitesse ; on la lui passa dans un temps où ces changements commençaient à devenir ordinaires [2]. Ce nom, adopté d'enthousiasme par ses disciples et ses admirateurs, fit presque aussitôt oublier l'autre. Ses ennemis seuls en rirent ou le parodièrent [3] ; quelques-uns eurent la faiblesse de s'en indigner, comme d'un pas de plus vers le paganisme [4].

Pléthon, après le concile, retourna en Grèce, et sans

1. « Plethonem, quasi Platonem alterum. » Ficin, *loc. cit.*

2. La manie de quitter un nom d'origine barbare, pour en prendre un plus classique, ordinairement de même signification, commençait à se répandre en Italie, du temps de Pléthon. C'est à tort que quelques-uns ont fait honneur de cette invention à Pomponius Lætus : il est vrai qu'il y tenait plus que personne, et qu'il en avait fait une loi dans sa petite académie romaine, dont nous parlerons plus tard. A mesure que l'érudition gagnait du terrain, cette mode se propagea d'Italie en France, et surtout en Allemagne, où elle dura plus qu'ailleurs.

3. Dans un manuscrit de Pléthon, Biblioth. de Vienne, n° XLI, tom. VII du catalogue de Lambecius, en marge du titre : Τοῦ σοφωτάτου Γεωργίου τοῦ Γεμιστοῦ, περὶ Εἱμαρμένης, une main ennemie a ajouté cette note : Θαυμαστόν· οἶμαι δὲ τοῦτον εἶναι καὶ Πληνθύδιον καὶ Πλήθωνα.

4. Mathieu Camariote, dans son ouvrage contre Pléthon sur le Destin, au commencement du liv. I, prétend que ce sont les démons qui ont suggéré à notre auteur l'idée de prendre ce nouveau nom comme plus païen : Ὑφ' ὧν, ὡς εἰκὸς, καὶ Πλήθων, ἑλληνικώτερον δῆθεν, ἐκ Γεμιστοῦ τὴν ἀρχὴν ὀνομασθῆναι δεδίδακται. Manuel Holobulus, dans sa réfutation inédite du traité de Pléthon sur le Saint-Esprit, citée par Allatius, *de Georgiis*, dans Fabric., tom. XII, p. 85, éd. Harl. : Ὡς τῇ τοῦ Πλάτωνος λογικευθεὶς ἤδη ψυχῇ, καὶ ἀντὶ Γεμιστοῦ Πλήθωνα ἑαυτὸν κεκληκώς. George de Trebizonde, *Compar. Plat. et Aristot.*, chapitre déjà cité : « Is vulgo Gemis-« tus, a se ipso Plethon est agnominatus,... credo, ut se facile « de cœlo lapsum crederemus, et citius doctrinam et legem ejus « susciperemus. » Nous reviendrons sur ces trois ouvrages, inspirés, comme on le voit, par un violent esprit de dénigrement contre Pléthon.

doute immédiatement à Mizithra, où Filelfe nous le montre, en 1441, dans l'exercice de sa magistrature [1]. On ne peut douter que, dans l'ivresse de ses succès d'Italie, il n'ait repris alors avec plus d'ardeur et de suite son grand ouvrage *de la Législation* ou *des Lois*, destiné, selon lui, à produire dans le monde une révolution morale et religieuse; ouvrage depuis longtemps préparé dans l'ombre, auquel Gennadius faisait allusion tout à l'heure, et dont nous publions aujourd'hui les fragments. Que cet ouvrage fût déjà non-seulement conçu en projet, mais rédigé en partie, avant l'époque du concile, c'est ce qui résulte du témoignage déjà cité de Gennadius [2]; mais c'est

1. Lettres de Filelfe, liv. V, fol. lvij, édition de Paris, 1503 : « Franciscus Philelphus Saxolo Pratensi salutem. De tua in Pelo- « ponnesum, quam instituisti, profectione, accipe sententiam meam. « Fuit olim Peloponnesus in universa Græcia et viris et opibus « pollens, nunc iis vacua prorsus. Nam propter continuas barba- « rorum incursiones, incolarumque ignaviam, adeo est bonis exi- « nanita omnibus, ut præter unum Georgium Gemystum (sic), « virum certe et doctum et gravem et disertum, nihil invenias « dignum laude. Principes enim illi Palæologi, ipsi quoque inopia « pressi, vel suis sunt ridiculo ac prædæ. Itaque, præter unum Ge- « mystum, cætera illic omnia commiserationis sunt plena. Accedit « quod lingua etiam ipsa adeo est depravata, ut nihil omnino sa- « piat priscæ illius et eloquentissimæ Græciæ. Mores vero barbaria « omni barbariores. Quare, si me audias, non Peloponnesus tibi, « sed Thracia, hoc est, nova Roma Constantinopolis petenda est. « Illic enim et viri eruditi sunt nonnulli, et culti mores, et sermo « etiam nitidus. Quod eo magis tibi faciundum censeo, quod ne- « sciam quanta sit tibi Georgii Gemysti futura copia, si Pelopon- « nesum petieris : est enim jam admodum senex, quique magistra- « tum gerit nescio quem. Cæterum Constantinopolim petiturus, « poteris, si videbitur, ad virum ex itinere tantisper divertere, do- « nec præsens ipse coramque dijudices et regionem et viros. Vale. « Ex Mediolano, vi idus junias MCCCCXLI. »

2. Ci-dessus, page XIII et suiv.

aussi ce que démontrent les fragments presque textuels de ce livre qu'on trouve épars et dans le commentaire de Pléthon sur les oracles de Zoroastre et dans le traité même sur les différences entre Aristote et Platon, ainsi qu'on s'en convaincra par nos extraits de ces deux ouvrages à la fin de notre volume [1].

Certes, c'était alors ou jamais, à un âge où il ne reste plus guère d'avenir que dans la postérité, le moment de mettre la dernière main à ce livre qui, dans sa pensée, devait consacrer sa gloire et assurer le triomphe de ses opinions. Mais nous le verrons interrompu dans ce travail par d'autres occupations, et surtout par les attaques que lui attira sa levée de boucliers contre Aristote.

Boivin le jeune [2] remarque avec raison que la dispute sur Aristote s'émut d'abord entre les Grecs seuls et que les Italiens n'y prirent aucune part, trop peu familiers alors avec les doctrines de Platon, dont les ouvrages récemment importés en Occident n'étaient pas encore traduits [3]. Même entre les Grecs, les hostilités ne s'engagèrent que lentement. Les objections de Bessarion à Pléthon et les réponses de ce der-

1. Appendice, pièces II et III.

2. Mémoire déjà cité : Acad. des Inscript., t. II, p. 776.

3. Pétrarque et quelques autres littérateurs du siècle précédent, ainsi que le remarque Tiraboschi, tom. VI, *loc. cit.*, ne furent pas étrangers à la philosophie de Platon ; mais ils ne la connaissaient guère que par l'intermédiaire des anciens auteurs latins. Le procès entre Aristote et Platon n'avait donc pu jusque là être jugé en Italie, faute de pièces suffisantes. C'est ce qui résulte du passage formel de Pléthon dans sa réplique à Gennadius, p. 57, ed. Gass. de notre Append. pag. 296 : Πῶς οὖν οἱ μήτε ἱκανῶς Ἀριστοτέλους συνιέντες, Πλάτωνος δὲ καὶ τῶν Πλάτωνος λόγων παντάπασιν ἄπειροι,... δίκαιοι ἂν εἶεν τοῖν ἀνδροῖν τούτοιν κριταί ; C'est aussi la remarque de

nier [1], conçues dans les termes de la plus haute estime, ne ressemblent ni à un combat ni même à une escarmouche [2]. Le premier qui releva fièrement le

George de Trébizonde, *Compar. Plat. et Aristot.* lib. I, cap. 2 : « Id « latina oratione nunquam ferme alias (Plato enim latinus non « erat) commode fieri potuit. Nunc vero, quoniam multa ejus in « Romanam linguam traducta volumina, etc. » Et encore dans ces nombreux volumes dont il parle, comprend-il probablement les douze livres de Platon sur les Lois et un ou deux dialogues traduits par lui-même.

1. Une partie de cette correspondance nous a été conservée. La date en est incertaine ; nous la croyons pourtant antérieure aux attaques de Gennadius, et elle paraît devoir se placer entre 1441 et 1444. Elle roule principalement sur quatre thèses philosophiques, y compris celle du fatalisme, la plus importante de toutes, que M. Orelli en a extraite pour l'insérer dans son recueil de divers ouvrages grecs sur le Destin, Zurich, 1824, in-8°. Ces discussions, d'ailleurs assez courtes, ont pour point de départ les objections faites par Bessarion à diverses propositions du livre de Pléthon contre Aristote, et n'ont rien de commun avec le Traité des Lois. Viennent d'abord les quatre objections, ensuite les quatre réponses, et comme, à ce qu'il paraît, Bessarion, dans une lettre aujourd'hui perdue, avait insisté et demandé à connaître les passages de Platon ou de ses disciples en faveur du fatalisme, Pléthon, dans une dernière lettre, cite quelques-uns de ces passages, dont l'autorité, à vrai dire, ne nous paraît pas très décisive. Toutes ces pièces ont été imprimées en entier à la suite de Mathieu Camariote, Leyd. 1722, in-8°. Elles se trouvent manuscrites dans un grand nombre de bibliothèques, notamment à Paris, sous les n°s 462, 1739, 2376, 2966. Il faudrait y joindre le petit traité cité par Allatius, *de Georgiis*, et par Renaudot, dans la Bibl. gr. de Fabricius, t. XI. p. 431, ed. Harl., sous ce titre : Τοῦ αὐτοῦ [Βησσαρίωνος] πρὸς τὰ Πλήθωνος πρὸς Ἀριστοτέλην περὶ οὐσίας. Ce traité, inconnu en France, existe manuscrit à Venise, Florence, Munich, etc.

2. Nous verrons plus tard la part que prirent à cette guerre philosophique Théodore Gaza, Michel Apostolius, George de Trébizonde, et les violences auxquelles les deux derniers s'emportèrent. Ces faits se rapportent à une époque postérieure à la mort de Plé-

gant jeté à Aristote fut Gennadius. Obligé de parler souvent de cet homme célèbre, je l'appelle ainsi dès à présent, par anticipation du nom qu'il prit un peu plus tard en se faisant moine[1] et sous lequel il parvint au trône patriarcal. A l'époque qui nous occupe, c'était encore George Scholarius[2], grand juge et président du tribunal impérial[3], en même temps secré-

thon. Il ne s'agit ici que de la controverse qui eut lieu d'abord entre Bessarion et son ancien maître.

1. On le nomma Gennadius en le faisant patriarche, est-il dit dans la *Turco-Græcia* de Martin Crusius, p. 107, sans doute d'après Phranza, pag. 305, ed. Bonn : mais c'est une erreur fort bien relevée par Renaudot dans son excellent article sur la vie et les écrits de ce personnage, article inséré par Fabricius dans sa Biblioth. gr. t. XI, pag. 349 et suiv., ed. Harles. Le fait est que Gennadius était déjà moine sous ce nom en 1451 (Ducas, cap. 36, pag. 252), avant la prise de Constantinople et par conséquent avant d'être patriarche (voir ci-après, p. XXIV, not. 2). L'usage de changer de nom en entrant dans la vie monastique est commun aux Églises d'Orient et d'Occident. On remarquera qu'en général les moines grecs, dans le choix de leur nouveau nom, tiennent à conserver la lettre initiale de l'ancien; George devenu Gennadius en est un exemple.

2. L'origine de ce nom est incertaine. Au moyen âge, à Constantantinople, le mot σχολάριος avait perdu sa signification naturelle et s'appliquait aux *gardes du palais*, comme σχολή signifiait *cohorte*, etc. Cependant je penche à croire que ce mot servait aussi à désigner l'un des fonctionnaires laïques ou simplement minorés du clergé inférieur de Constantinople, peut-être le μαΐστωρ τοῦ κλήρου. On trouve dans les suppléments à Du Cange par Carpentier les mots *Scholarius* et *Scholasticus* employés dans les églises d'Occident avec le sens d'*Ecolâtre*. Il serait possible que Gennadius eût débuté par cet emploi. Dans les actes grecs du concile de Florence, son surnom Σχολάριος est quelquefois placé comme un titre avant son nom, ὁ Σχολάριος κὺρ Γεώργιος.

3. Κριτὴς τῆς βασιλικῆς κρίσεως, *Turco-gr.* p. 107. Καθολικὸς κριτής, Ducas, cap. 31, p. 214. Il portait déjà ce titre au moment du départ pour le concile (Ducas, ibid.), et lui-même se le donne encore après le concile, καθολικὸς κριτὴς τῶν Ῥωμαίων, dans le préam-

taire général de l'empereur[1] et docteur laïque à la suite de la cour[2], qualités qu'il portait déjà au concile de Florence, lorsqu'il s'y faisait remarquer par ses efforts en faveur de l'union. Mais ses idées avaient bien changé depuis cette époque; car il travaillait maintenant à rompre l'union avec autant de zèle qu'il en avait mis autrefois à la former[3]. Il semblait qu'un

bule d'un de ses ouvrages, ms. de Paris, 1290. (Voir Fabricius, tom. XI, pag. 384, ed. Harl.) L'histoire turco-grecque le lui conserve jusqu'au moment où il fut fait patriarche, mais probablement en se reportant à l'époque où il quitta la vie séculière. Toujours est-il qu'il conserva ses fonctions judiciaires plus de dix ans. Voir encore Fabricius, p. 352.

1. Καθολικὸς σεκρετάριος τοῦ βασιλέως, ainsi qu'il s'intitule dans le préambule déjà cité.

2. Ὁ διδασκάλος κῦρος Γεώργιος ὁ Σχολάριος, Syrop. sect. II, ch. 28. Διδάσκαλον τὸν Σχολάριον, *ibid.* sect. VI, ch. 12. Ici le mot διδάσκαλος peut être, comme on voudra, une qualification honorifique ou un titre : car on appelait ainsi, dans le clergé inférieur, celui qui était chargé d'expliquer telle ou telle partie du Nouveau Testament (voir encore Du Cange sur ce mot.) C'est sans doute en sa qualité de docteur que Scholarius, quoique laïque, faisait à l'empereur tous les vendredis, comme il nous l'apprend lui-même, une instruction sur l'Ecriture sainte (Fabricius, p. 355 et 384). Il est probable qu'il garda ces fonctions à la cour jusqu'à la mort de l'empereur Jean, époque où il se retira dans un cloître pour en sortir patriarche. Quant à ce que dit Phranza, pag. 305, passage déjà cité, qu'on le fit patriarche étant encore laïque, λαϊκὸν ἔτι ὄντα, il faut entendre que, bien qu'ayant pris l'habit religieux, il n'était pas encore dans les ordres, ce que nous verrons confirmé dans la suite de cette notice : autrement Phranza serait démenti par Ducas, chap. 6, p. 253. ed. Bonn, et par Gennadius lui-même, dans son mandement d'abdication : Τοῖς ἁπανταχοῦ πιστοῖς, κ. τ. λ. cité en latin par Fabricius, *loc. cit.*, pag. 360.

3. Ce changement total d'opinions et de conduite, et la bigarrure qui en résulte dans les œuvres de Scholarius, composées les unes pour, les autres contre l'Eglise latine, ont tellement étonné les savants, que plusieurs, ayant à leur tête Allatius, ont soutenu

secret pressentiment l'avertît de combattre d'avance pour l'indépendance du siége qu'il devait occuper un jour. Il fit trêve néanmoins à ses occupations théologiques pour défendre Aristote dans un écrit aujourd'hui perdu [1], sauf quelques extraits conservés par Pléthon lui-même dans sa réplique [2].

l'existence de deux écrivains différents sous un même nom. Mais cette opinion, réfutée par Renaudot dans son article déjà cité, est, je crois, abandonnée par tous les critiques de quelque valeur. Scholarius apporta au concile une véritable foi dans l'excellence des doctrines grecques, et la conviction, partagée par le patriarche Joseph, que le simple exposé des preuves suffirait pour faire revenir à la vérité tous les théologiens d'Occident. De là ses ménagements et ses flatteries pour la cour de Rome, qu'il espérait toujours regagner. Il ne faisait d'ailleurs en cela que se conformer au désir de l'empereur, qui voulait l'union à tout prix. Plus tard, la discussion ayant pris une tournure évidemment défavorable aux Grecs, qui n'étaient ni en nombre ni en force pour se défendre, il fallut se rabattre sur une transaction, et c'est alors que Scholarius, au nom d'une commission nommée à cet effet par les Grecs, rédigea la formule ambiguë que nous a conservée Syropule, sect. VIII, chap. 17. Cette formule, comme on devait s'y attendre, et comme Pléthon, meilleur politique, l'avait prévu, ne contenta personne. Les Latins exigèrent avec raison une déclaration plus explicite, et l'empereur insistant toujours, le temps s'écoulant, la misère se faisant sentir, les évêques d'Orient, moitié persuasion moitié lassitude, finirent par signer tout ce qu'on voulut. Mais Scholarius, qui, en sa qualité de laïque, n'avait point signé, conserva sa liberté de penser et d'agir. Son attachement à ses idées n'avait fait que s'accroître par l'inutilité de ses efforts. Il se rapprocha de Marc d'Éphèse, le seul évêque qui au concile eût protesté jusqu'à la fin, et devint après lui le chef de l'opposition.

1. Nous avons l'espoir de retrouver ce traité : il parait qu'il est compris dans les manuscrits découverts en Grèce par M. Minoïde Mynas, mais qui malheureusement n'ont pas tous été rapportés en France ou n'ont pas été publiés. Il comblera une lacune regrettable dans l'histoire de la philosophie au quinzieme siècle, et dans l'ouvrage de M. W. Gass, *Gennadius und Pletho*.

2. Voir notre Appendice, pièces V et VI.

Gennadius a toujours prétendu qu'il s'était engagé dans cette querelle beaucoup plus par zèle pour la religion que par amour d'Aristote, et qu'il eût gardé le silence s'il n'eût aperçu la pensée païenne de Pléthon sous sa tentative de réforme philosophique. Il le fait entendre dans sa lettre d'envoi à Marc d'Éphèse, morceau peu connu que nous publions pour la première fois [1]. Il le répètera dans sa lettre à Joseph l'Exarque, que nous publions aussi [2] et que nous aurons souvent occasion de citer. Mais quelle que fût au fond la pureté du motif, garda-t-il dans la forme toute la mesure convenable? Pléthon lui reproche des injures, des invectives, des menaces [3]. Nous ne trouvons, dans les extraits qui nous restent, qu'un ton de persiflage [4], offensant à la vérité, mais non jus-

1. Dans notre Appendice, pièce IV. — 2. Append. pièce XIX.

3. Dans sa réplique, pages 60, 64 et 116, ed. Gass; 298, de notre Appendice.

4. Par exemple, dans ce passage, déjà indiqué : « Pléthon nous « parle de ses amis d'Italie, à la prière desquels il prétend avoir « composé son acte d'accusation contre Aristote. Ces amis-là, dans « la compagnie desquels tout le monde a pu le voir, nous savons « fort bien qui ils étaient, tous gens aussi passionnés pour la philo- « sophie que Pléthon peut l'être pour la danse. » Le ton est un peu leste. Mais apres tout ce n'est là qu'une plaisanterie, déplacée sans doute dans un sujet grave. Gennadius semble s'être reproché plus tard ce défaut de formes : App. p. 368. Mais, au fond, il croyait si peu avoir manqué de modération dans cet ouvrage qu'il en appelle au jugement de tous ceux qui l'ont lu, et en recommande surtout à leur attention le commencement et la fin : Lettre à Joseph l'Exarque, p. 413. Il est vrai cependant qu'il y avait glissé quelques allusions plus ou moins indirectes aux doctrines de Pléthon, et que celui-ci les avait prises pour des menaces, car il en parle dans sa réplique, pag. 298 : Οὐδὲν φροντίσαντες, κ. τ λ. « Je m'effraie fort peu, lui « dit-il, de la menace que tu me fais de poursuivre tes invectives « contre moi... Car tu n'es pas une Méduse, mais tout au plus un

qu'à justifier de violentes représailles. Quoi qu'il en soit, l'amour propre du philosophe se soulagea en jetant sur le papier, sous forme de réplique, une amère diatribe; mais elle ne parut pas tout de suite. Avant de la publier, Pléthon l'envoya secrètement à l'empereur, comme pour la soumettre au jugement de ce prince, mais en effet pour s'assurer d'avance sa protection ou sa neutralité : en attendant il dissimula. Gennadius put même espérer que les choses n'en viendraient pas à une rupture ouverte, et il y eut une correspondance polie dans la forme, un peu aigre au fond, dont nous donnerons plus bas un échantillon curieux [1]. Cette suspension d'armes s'explique par deux circonstances : d'abord, Pléthon craignait peut-être l'influence de Gennadius à la cour; ensuite, il s'occupait alors de composer par ordre, dit-il [2], c'est-à-dire, à l'instigation de quelque personnage influent, peut-être du prince Démétrius, grand partisan du schisme, un traité *sur la Procession du Saint-Esprit* [3], qui parut quelque temps après.

« épouvantail pour les enfants. » Et plus clairement encore, p. 299, à propos d'un passage où Gennadius lui reprochait de nier l'inspiration et la révélation, de n'admettre que la raison humaine, Pléthon répond un peu en normand : « Je sais quelles sont les inspirations « et les raisons qu'il faut admettre ou ne pas admettre; pour toi « tu ne sais que médire et calomnier. »

1. Ci-après, pag. XXXI.

2. Append. page 312.

3. Ce traité existe manuscrit dans un grand nombre de bibliothèques, notamment à la Bibl. imp. de Paris, sous les numéros 949, 2045 et 66 du supplément; nous le publions à la fin de ce volume, App., pièce VII. Nous l'avions cru longtemps inédit; mais une note en marge du catalogue, sous le nº 66 (suppl.), nous apprend qu'il figure dans la collection de Dosithée, imprimée à Jassi en 1698, recueil très-rare et que nous n'avons pu nous procurer.

Nous ne parlerions pas de ce dernier ouvrage, tout théologique en apparence, s'il ne se rattachait précisément à notre sujet, et s'il n'était venu comme exprès pour justifier les méfiances de Gennadius. Nulle part, en effet, dans les précédents ouvrages de Pléthon, son système païen ne se montre aussi nettement arrêté que dans celui-ci. En voici les principaux traits dessinés avec une exactitude assez bizarre au début d'un traité sur le Saint-Esprit :

« L'ouvrage qui vient de paraitre en faveur des » Latins (il s'agit de quelque nouvelle publication de « Bessarion ou d'Argyropule [1]) s'appuie sur un prin-

1. D'Argyropule, selon une note de Constantin Lascaris en marge du manuscrit de Madrid, d'après Iriarte, cité par Harles sur Fabricius, Bibl. gr. t. XII, p. 95. Mais j'ai parcouru le discours d'Argyropule sur ce sujet dans Allatius, *Græcia orthodoxa*, t. I, p. 400, sqq., et dans le ms. 1191 de la Bibliothèque impériale ; je n'y trouve point la fameuse proposition : Ὧν αἱ δυνάμεις διάφοροι, καὶ αὐτὰ ἂν εἶναι ταῖς οὐσίαις διάφορα, qui devrait être au commencement, et sur laquelle portent les premiers coups de Pléthon. D'ailleurs, comme indépendamment du titre de cet ouvrage, la dédicace par Argyropule à Cosme de Médicis y est fort explicite et occupe tout l'exorde, on ne concevrait pas que Pléthon en eût ignoré l'auteur, et se fût borné à l'indiquer partout si vaguement : Οἱ συνθέντες τὸ βιβλίον. Il paraît donc qu'il s'agit d'un autre ouvrage, composé non par un laïque comme Argyropule, mais par un des prélats grecs du concile de Florence (cela semble résulter très-clairement de l'épilogue de Pléthon, dans notre Append. pièce VIII, pag. 312) ; et ce prélat n'était autre probablement que Bessarion lui-même, qui avait eu des raisons pour cacher son nom fort impopulaire parmi les Grecs schismatiques. Cette supposition expliquerait comment Pléthon, eût-il percé le voile de l'anonyme, aurait, par ménagement pour son illustre élève, évité partout de le nommer. Elle semble d'ailleurs confirmée par l'inscription du ms. de Florence, n° XVIII, ainsi rapportée dans Bandini : Πρὸς τὸ ὑπὲρ Λατίνων τοῦ Νικαίας βιβλίον, καὶ τοῦ Νικαίας ἀπολογίαι, καὶ τοῦ αὐτοῦ Πλήθωνος ἐπὶ τῷ τέλει ἀντίῤῥησις. En effet, ce titre annonce trois pièces : 1° le traité de Plé-

« cipe très-cher à la théologie grecque (c'est-à-dire, « païenne), mais très-contraire à celle de l'Église, sa- « voir, que des puissances ou facultés différentes ne « peuvent appartenir qu'à des essences différentes... « Quoi de plus contraire, en effet, au système de l'É- « glise ? Car la théologie grecque (ou païenne) plaçant « au-dessus de tous les êtres un Dieu unique, le Dieu « suprême, indivisible dans sa substance, et lui don- « nant plusieurs enfants et descendants de divers or- « dres, inférieurs ou supérieurs les uns aux autres, « chargés de présider chacun à une partie plus ou « moins importante du grand Tout, n'admet pourtant « pas qu'aucun d'eux puisse être égal à son père ni « même en approcher : elle leur donne, au contraire, « une essence de beaucoup inférieure, et par consé- « quent une divinité d'un ordre différent. En même « temps donc qu'elle les appelle fils de Dieu et Dieux « eux-mêmes, elle les reconnaît ouvrages de ce même « Dieu, ne croyant pas devoir, en parlant d'actes di- « vins, distinguer la génération de la création, non « plus que séparer la nature de Dieu de son activité.

thon sur le Saint Esprit, en réponse à l'ouvrage de l'évêque de Nicée (Bessarion), c'est-à-dire en réponse à l'ouvrage dont nous cherchons l'auteur; 2° une réplique de Bessarion; mais il paraît que cette réplique consistait seulement en quelques annotations marginales qui sont dans ce ms. de Florence; 3° une contre-réplique de Pléthon, aujourd'hui inconnue, mais à laquelle appartenait, selon toute vraisemblance, l'épilogue reproduit par nous : Πρὸς μὲν τἄλλά σου, κ. τ. λ. (App. pièce VIII), le même qui est dans le ms. de Florence, et qui a pour titre dans celui d'Athènes : Τοῦ αὐτοῦ [Γεμιστοῦ] πρὸς τὰς παρὰ τοῦ Βησσαρίωνος ἀντιλήψεις ἐπὶ τοῖς κατὰ τοῦ ὑπὲρ Λατίνων βιβλίου γραφεῖσιν ὑπ' αὐτοῦ ἀντιῤῥητικοῖς. Toujours Bessarion, comme on le voit.

« Elle établit ainsi entre les fils de Dieu des degrés « différents d'essence et de divinité, en vertu de quel « principe ? sinon que des puissances différentes ne « peuvent appartenir qu'à des essences différentes. « Mais l'Église évidemment rejette cet axiome : au- « trement elle ne dirait pas que le Fils est égal au Père « et de la même essence. Comme en effet le Père, etc. » Il poursuit sa discussion, désormais étrangère à notre sujet, s'appuyant ou feignant de s'appuyer sur les principes de la théologie ecclésiastique, comme il l'appelle par opposition à la théologie grecque ou païenne. Il ne parle même plus de cette dernière ; mais n'a-t-on pas vu sa prédilection pour elle percer à chaque mot dans le passage que nous venons de citer ? N'est-il pas même évident que sa prétendue théologie grecque n'est point celle des anciens, mais la sienne ? Et s'il restait quelque doute à ce sujet, il cesserait bientôt par la comparaison de ce même passage avec les chapitres conservés du Traité des Lois.

Gennadius ne s'y méprit point : aussi s'empressa-t-il de composer une réponse qu'il adressa sous forme de lettre à Pléthon lui-même, et qui sans doute fut en même temps publiée [1]. Cette lettre, dont le seul défaut est d'être trop longue, est un chef-d'œuvre d'habileté oratoire. La position était délicate : il fallait tout à la fois louer Pléthon d'avoir défendu la bonne cause et lui reprocher de l'avoir mal défendue, le féliciter sur son orthodoxie et lui faire sentir qu'on n'y croyait pas, le ménager comme un homme dangereux et l'intimider en lui montrant qu'on le connaissait et qu'on était

1. Elle se trouve dans le ms. 1297 de la bibliothèque de Paris ; nous la donnons à la fin de ce volume, Append., pièce IX.

prêt à le démasquer, le tout en gardant les ménagements de la politesse et les dehors d'une liaison encore existante, mais déjà bien près de se rompre. L'exorde peut donner une idée des rapports qui subsistaient alors entre ces deux hommes : « J'ai reçu, ô le meil-
« leur de mes amis et le plus savant, la lettre où vous
« m'assurez que vous m'aimez, que vous n'avez rien
« contre moi, et ne voulez rien faire par colère.
« Vous me dites aussi que vous avez envoyé à l'Empe-
« reur votre réplique à mon plaidoyer pour Aristote.
« Mais en même temps il paraissait de vous un traité
« contre les Latins dont vous ne me parlez pas, et
« votre silence sur ce sujet ressemble un peu à de la
« rancune... Le hasard a fait tomber ce traité entre
« mes mains. Quant à votre réplique au sujet d'Aris-
« tote, le très-auguste Empereur n'a pas jugé à propos
« de me la communiquer, et, si j'ose le dire, il s'est
« montré en cela plus jaloux que vous-même de votre
« gloire... Peut-être cet écrit que je regrette, quelqu'un
« viendra-t-il me l'offrir un jour, sans que je le de-
« mande, soit dans l'intention de me faire plaisir, soit
« dans l'espoir de me chagriner. » L'auteur passe ensuite en revue tous les arguments de Pléthon, les appuyant d'autres preuves plus solides ou les réfutant sous la forme d'une approbation polie. C'est ainsi qu'il félicite beaucoup Pléthon de n'avoir pas adopté les principes cités dans son discours comme empruntés à la philosophie grecque ou païenne. « Que s'il se trou-
« vait, ajoute-t-il [1], des hommes assez insensés pour

1. Même lettre, pag. 324. Voir ci-après comment Pléthon répondit à cette espèce de provocation par la publication de sa réplique au plaidoyer pour Aristote.

« vouloir aujourd'hui renouveler ces antiques folies « du paganisme, leur aveuglement serait impardon- « nable...... En effet, depuis que le Verbe lui-même « est venu enseigner au monde le grand principe de « l'unité divine, quel crime ne serait-ce pas de vouloir « refaire des Dieux multiples, de réchauffer après « tant de siècles les cendres éteintes du polythéisme, « et de demander à la philosophie non-seulement la « reconnaissance d'un nouvel Olympe que n'avait pas « rêvé le cerveau des poëtes, mais un culte nouveau, « une religion simplifiée [1], comme disent quelques- « uns, destinée à refondre la société et les mœurs « d'après les idées de Zoroastre, de Platon et des « Stoïciens [2]... S'il arrivait que de telles impiétés « vissent le jour dans quelque ouvrage, je m'engage à « les confondre : d'autres sans doute le feraient aussi « bien, mais je réclame l'honneur d'un tel combat; « j'attaquerai ce livre non par le feu [3], mais par la

1. Le texte porte ἁγιστεία; εὐσταλεῖς. Ces mots qui appartiennent au prologue du Traité des lois, y sont évidemment employés par opposition au culte chrétien. Ce prologue n'aurait pas dû, ce semble, être connu de Gennadius à cette époque; il en fait pourtant une analyse presque littérale dans tout ce passage de sa lettre sur le Saint-Esprit. Il faut qu'il lui ait été révélé par quelque indiscrétion.

2. C'est encore au même prologue que Gennadius emprunte ces détails sur les sources où son adversaire a puisé, à moins que le petit morceau de Pléthon : « Résumé des dogmes de Zoroastre et « de Platon, » n'eût déjà été lancé dans le public, pour juger de son effet sur l'opinion. Cet opuscule, dont le titre est un mensonge, n'est qu'un exposé sommaire des doctrines développées dans le Traité des Lois, à la suite duquel nous l'avons placé. Il ne faut pas le confondre avec le commentaire sur les oracles en vers de Zoroastre, dont nous aurons à parler plus tard.

3. Nous verrons que Gennadius ne tint point parole, et ne re-

« raison et la vérité. Le feu, c'est aux auteurs qu'il « faudrait le réserver. » Ce dernier trait est trop fort sans doute, et nous aimons à ne pas le prendre au sérieux; la charité nous oblige à croire que c'est un tour oratoire plutôt qu'une menace, menace qui, d'ailleurs, dans le pays où Gennadius écrivait n'avait de sens que comme allusion aux mœurs occidentales[1].

Pléthon ne répondit pas, mais Gennadius observe quelque part[2] que cette lettre eut du moins le bon effet de l'engager à plus de circonspection. D'ailleurs, qu'aurait-il répondu? des injures? Son arsenal était vide; il l'avait épuisé dans sa réplique en faveur d'Aristote. Il n'eut donc qu'à faire paraître alors cette pièce jusqu'alors gardée en portefeuille. Gennadius, qui avait désiré la connaître, sut au juste à quoi s'en tenir, et assurément, quelque idée qu'il eût pu s'en faire, il ne s'était pas attendu à un tel excès de violence. Nous avons cette diatribe; elle existe dans plusieurs manuscrits des bibliothèques de France et d'Allemagne; elle a été publiée récemment par M. W. Gass, à la suite de son ouvrage intitulé *Gennadius und Pletho*, Breslau, 1844. Elle donne une idée du carac-

cula pas devant l'emploi du feu. Il est vrai que ce fut le livre, et non l'auteur, qui fournit la matière de son auto-da-fé. Si sa promesse de ne pas brûler le livre eût été sérieuse, il l'aurait donc oubliée plus tard. Mais plus tard, comme nous le verrons, sa position changée lui imposait d'autres devoirs. Il faut croire aussi que, lorsqu'il s'exprimait de cette manière, il ne s'attendait pas à tenir un jour entre ses mains l'existence de cet ouvrage.

1. En effet, il n'y avait point en Grèce de bûchers pour les hérétiques. C'est Pléthon, au contraire, qui veut introduire cet usage dans sa république : voir le Traité des lois, pag. 126, et nos remarques ci-après, pag. LXXI.

2. Dans sa lettre à Joseph l'Exarque, pag. 414.

tère de Pléthon, et de la fureur que l'orgueil irrité d'un philosophe peut porter dans la controverse.

Gennadius, à son tour, garda le silence; c'était le parti le plus sage. D'autres causes, d'ailleurs, ne lui permirent pas de donner suite à ce triste débat. « J'en « fus empêché, dit-il, par le malheur de ma patrie [1]. » Ce mot semble d'abord se rapporter à la prise de Constantinople, et l'on serait tenté d'en conclure que tout ceci se passait la veille même de cette grande catastrophe. On aurait tort pourtant de le croire. Gennadius, dans sa lettre sur le Saint-Esprit [2], qui dut suivre de près et tout au plus à quelques mois de distance le traité de Pléthon sur le même sujet, fait évidemment allusion à l'avénement récent de l'empereur Constantin, qui commença, comme on sait, de régner en novembre 1448. On y voit aussi que Gennadius venait de prendre l'habit monastique [3], ce qu'il fit, à ce qu'il paraît, dès l'ouverture du nouveau règne, en haine du culte latin placé sur le trône. La réplique de Pléthon au sujet d'Aristote parut bientôt après, comme une vengeance pressée de se satisfaire. On voit donc que la publication de ces trois ouvrages reste à peu près renfermée entre les années 1448 et 1449; et par conséquent il faut croire qu'en parlant du malheur de sa patrie, qui lui aurait imposé le silence, Gennadius confond dans sa pensée toutes les calamités du dernier règne [4].

1. Lettre à Joseph l'Exarque, pag. 413

2. Append. p. 363 : Ἀλλὰ πολλή ἐστιν ἐλπὶς ἐπὶ τῷ καλλίστῳ βασιλεῖ, κ. τ. λ.

3. Append. p. 367 : Ὥς γ' ἐν τῷ νῦν σχήματι.

4. Pour beaucoup de Grecs, le règne du malheureux Constantin passa comme inaperçu dans l'ombre des derniers jours de l'empire. Prince hérétique, selon eux, il fut, même après sa mort, méconnu

Les dates que nous venons d'indiquer nous paraissent confirmées par d'autres indices. Ainsi, dans une réplique aux objections de Bessarion à son traité sur le Saint-Esprit, Pléthon parle du patriarche actuel comme s'étant opposé, lors du concile de Florence, à ce que la parole fût donnée aux laïques [1]. Or, il s'agit évidemment de Grégoire Mammas, de qui Syropule rapporte la même chose presque dans les mêmes termes [2]. Il fut fait patriarche en 1445, et s'enfuit de Constantinople, pour échapper aux fureurs des fanatiques, en 1451 : c'est juste au milieu de l'espace entre ces deux limites que nous étions placés tout à l'heure.

De plus, nous avons vu Pléthon prendre subitement le parti de publier sa diatribe contre Gennadius, déposée, comme nous le savions déjà, entre les mains de l'empereur Jean Paléologue. De hautes convenances se seraient opposées à cette publication du vivant de ce

et renié par ses sujets ingrats. Quelques-uns effacèrent de la liste des empereurs grecs le nom de ce prince dont le courage et la vertu jetèrent sur l'agonie de Byzance un dernier reflet de gloire. Un tel excès d'ingratitude ne s'explique que par l'aveuglement du zèle fanatique qui, pendant le siége de Constantinople, faisait dire à Luc Notaras, un des grands partisans de Gennadius, qu'il aimait mieux voir régner dans sa ville le turban turc que le chapeau latin : Κρειττότερόν ἐστιν εἰδέναι ἐν μέσῃ τῇ πόλει φακιόλιον βασιλεῦον Τούρκων ἢ καλύπτραν Λατινικήν, (Ducas, § 37, pag. 264, ed. Bonn), vœu impie dont il fut plus tard cruellement puni.

1. Append. pag. 312.

2. Sect. VI, chap. 23 : Ἤρξατο σκώπτειν [ὁ Γρηγόριος] τοὺς ἄρχοντας, καὶ μάλιστα ὅτε συνέβαινεν εἰπεῖν τινα ἐξ αὐτῶν τι περὶ ἐκκλησιαστικοῦ ζητήματος, προβαλλόμενος ὅτι οὐκ ἔξεστιν αὐτοῖς λέγειν εἰς τὰ τῆς Ἐκκλησίας ζητήματα, οὐδὲ προσήκει ἡμῖν παραχωρεῖν αὐτοῖς ὅλως λέγειν εἰς ταῦτα. C'est presque en propres termes le langage que lui prête Pléthon. Ce silence imposé aux laïques s'accordait d'ailleurs avec la politique de l'empereur : voir ci-dessus, p. XV.

prince; au contraire, après sa mort, il n'y avait plus d'obstacle. Mais combien de temps cet ouvrage était-il ainsi resté en dépôt? Quatre ans au moins; car nous devons croire que sa composition suivit de près l'apparition du livre auquel il répondait. Or nous supposons celui-ci écrit en 1443 ou 1444. On peut même trouver que c'est trop tard. En effet, le premier écrit de Pléthon contre Aristote fut composé, comme nous l'avons vu, en Italie, par conséquent en 1438 ou 1439, et Gennadius n'aurait répondu que quatre ans après! Mais ce dernier, dans le début de son plaidoyer, va lui-même au-devant de l'objection : « Le livre des calomnies contre Aristote « étant, dit-il [1], venu tard entre mes mains...... » Et en effet, il se peut que cet ouvrage, composé pour quelques savants italiens, en vue peut-être d'une publicité assez restreinte, peut-être à la veille de la clôture du concile, n'ait pas été connu de Gennadius pendant son séjour en Italie. Plus tard, les embarras du voyage, la dispersion des Grecs dans leurs diverses résidences, l'éloignement des lieux et la difficulté des communications, mais plus que tout cela les troubles religieux auxquels Gennadius ne prit que trop de part, purent fort bien, pendant quelque temps, dérober à sa connaissance le factum platonicien, ou lui ôter le loisir d'y répondre. Il semblerait même, d'après la réplique de Pléthon [2], que Gennadius avait hésité longtemps à faire paraître cet ouvrage, qu'il avait promis et qu'on attendait avec impatience; il ne s'y serait décidé que malgré lui, lorsqu'un plus long retard devenait impossible, soit qu'il ne fût pas content de son

1. A la fin de ce volume, pag. 292 et suiv.
2. Pag. 293.

travail, soit qu'il lui en coûtât de s'engager dans une polémique dangereuse contre un homme moins théologien que lui, mais plus exercé sur les matières philosophiques. L'objection perd ainsi toute sa force, et ne saurait prévaloir contre les raisons chronologiques que nous avons données et qui peuvent se résumer ainsi :

1438-39. Première attaque de Pléthon contre Aristote.

1443 (ou environ). Plaidoyer de Gennadius en faveur d'Aristote.

1444 (ou environ). Réplique de Pléthon, mais non publiée à cette époque.

1448-49. Traité de Pléthon sur le Saint-Esprit. Réponse de Gennadius à ce traité. Publication tardive de la réplique de Pléthon au plaidoyer en faveur d'Aristote.

A partir de cette controverse, nous n'entendons presque plus parler de Pléthon : seulement en 1450 il composa une courte oraison funèbre en l'honneur de l'impératrice douairière Hélène, veuve de l'empereur Manuel[1], comme en 1433 il en avait composé une

1. On y trouve quelques renseignements sur l'origine de cette princesse, qui eut de l'influence sous les deux règnes de son mari et de son fils. C'est à tort que les manuscrits de Phranza, livre III, § 1, en mentionnant sa mort, lui donnent le nom d'Irène : car on peut voir dans Du Cange, *Hist. byz. part.* I, la gravure de son portrait authentique, où elle est représentée entourée de sa famille, avec son nom, Ἑλένη, très-lisiblement écrit. Du reste, tous les détails contenus dans le discours de Pléthon s'accordent parfaitement avec le titre qu'on lit dans le ms. de Paris 1760 : Τοῦ σοφωτάτου καὶ λογιωτάτου κὺρ Γεωργίου τοῦ Γεμιστοῦ ἐπιτάφιος ἐπὶ τῇ βασιλίσσῃ Ἑλένῃ τῇ Παλαιολογίνῃ τῇ διὰ τοῦ θείου καὶ ἀγγελικοῦ σχήματος μετονομασθείσῃ Ὑπομανῇ μοναχῇ. Il faut donc se tenir en garde contre la confusion qui pourrait résulter d'un passage du

en l'honneur de la princesse Cléopa, femme de Théodore le jeune [1]. Son dernier opuscule paraît être le petit compliment qu'il adressa sans doute aussi vers 1450 au prince Démétrius, nouveau despote de Sparte, sur sa réconciliation avec son frère Thomas, despote d'Achaïe [2].

Ces morceaux font pressentir l'affaiblissement de l'âge. Cependant on peut croire que, jusqu'à la fin de sa vie, il ne cessa pas de travailler à son ouvrage sur les Lois, puisqu'il est certain que, même dans cette

même Phranza, liv. IV, § 23, sur la mort d'une autre Hélène Paléologine, également nommée en religion Hypomoné. Celle-ci était la fille du prince Thomas Paléologue, veuve du dernier crale de Servie, Phranz. II, § 19, et IV, § 1. Elle mourut au monastère de Sainte-Maure, en 1474; son éloge, par conséquent, n'aurait pu être prononcé par Pléthon. Le discours en l'honneur de son aïeule a été publié dans les *Anecdota* de MM. Mustoxidi et Schinas, à Venise, 1816, in-8°. Nous n'avons pu nous procurer ce recueil. Mais le discours lui-même est conservé manuscrit à Paris, sous les n°s 1760 et 903; seulement, dans le titre de cette dernière copie, il est attribué à Démétrius de Cydone.

1. Italienne, fille d'un Malatesta, mariée au prince Théodore en 1419 (Dumas, ch. 20, pag. 100), morte en 1433 (Phranza, liv. II, ch. 10). L'oraison funèbre de cette princesse a été éditée par Fülleborn à Leipzig, 1793, in-8°, avec celle de Bessarion par Michel Apostolius, en une petite brochure de quelques pages.

2. Ce petit discours se trouve manuscrit dans plusieurs bibliothèques; il est cité par Allatius *de Georgiis*, dans la Bibl. gr. de Fabricius. Nous l'avons trouvé à Paris, sous le n° 66 du supplément, et dans le ms. rapporté d'Athènes par M. Le Barbier (voir ci-dessus, page IV.) Le titre est, dans l'un : Γεωργίου Γεμιστοῦ προσφωνημάτιον, et dans l'autre, celui d'Athènes : Τοῦ αὐτοῦ προσφωνημάτιον εἰς τὸν ἅγιον ἡμῶν αὐθέντην καὶ δεσπότην κύριον Δημήτριον Παλαιόλογον τὸν Πορφυρογέννητον. Nous le croyons encore inédit. C'est vers la fin qu'on y parle de l'ambassade de Matthieu Asan, et de la joie que doit éprouver de cette issue pacifique le grand empereur de Constantinople (l'empereur Constantin), joie tempérée cependant

grande et prodigieuse vieillesse, il conserva toujours le libre usage de ses facultés [1].

Nous le voyons jusqu'à ses dernières années exercer paisiblement ses fonctions judiciaires à Mizithra [2], environné de la considération publique, objet d'une sorte de culte pour un cercle choisi de disciples qui se pressaient autour de lui. Il fut emporté par une courte maladie [3], laissant deux fils, à qui Bessarion écrivit pour les consoler [4]. L'Église lui donna une tombe [5], et il fut honoré de plusieurs oraisons funèbres, dont deux nous sont parvenues [6].

L'année de sa mort est incertaine. Précéda-t-elle ou suivit-elle la chute de l'Empire ? Car on sait qu'après la prise de Constantinople, la Morée, tributaire, mais non sujette des Turcs, conserva encore pendant quelques années ses princes Paléologues et une ombre d'existence nationale. Ainsi ce grand malheur, tout en affligeant la vieillesse de notre philosophe, n'eût rien

par le regret de n'avoir pas mieux réglé tout d'abord le partage des principautés et fait à Démétrius une meilleure part. Voir Chalcocondyle, liv. VII, pag. 374, ed. Bonn.; Phranz. liv. III, ch. 1.

1. Ces détails et quelques-uns de ceux qui suivent sont empruntés aux deux oraisons funèbres dont nous allons parler.

2. Voir ci-dessus, pag. XX, not. 1, et l'Append., p. 377.

3. Oraisons funèbres, pag. 381 et 393.

4. Voir ci-dessus, pag. XII, not. 3, et l'Append., pag. 404.

5. Voir ci-après, pag. LXXXVII, suiv.

6. Par Jérôme Charitonyme et Grégoire le Moine. Voir ces deux morceaux dans notre Appendice, pièces XIII et XIV; et sur la vie de Jérôme ou Hiéronyme, Charitonyme ou Christonyme, le même sans doute que Hermonyme de Sparte, un des plus anciens professeurs de grec à Paris, consulter Fabricius, t. XII, p. 102, sqq. ed. Harl. dont l'article a été rectifié à tort par l'éditeur, t. XI, p. 635, not. Quant à Grégoire le Moine, Γρηγόριος ὁ μοναχός, il n'est pas connu, et probablement il méritait peu de l'être.

changé à sa position, et ce que nous avons dit de ses dernières années s'explique dans l'une et l'autre hypothèse. Attachons-nous donc au seul document authentique que nous ayons [1] pour fixer le terme de sa vie. George de Trébizonde, dans son livre sur la comparaison de Platon et d'Aristote, dirigé en grande partie contre Pléthon, le fait mourir presque centenaire [2], trois ans avant l'époque où il écrivait. C'est cette époque qu'il s'agit d'établir.

Apostolo Zeno, dans ses curieuses recherches sur la biographie de quelques savants italiens de ce temps-là [3], suppose que l'ouvrage de George de Trébizonde fut écrit à Rome et devint même la cause principale de la disgrâce qui lui fit quitter cette ville en 1453. Mais cela n'est pas possible : car dans une note autographe citée par Zeno lui-même, il attribue son malheur à une autre cause, à ses commentaires sur l'Almageste [4], et dans l'ouvrage même qui nous occupe, il

1. Nous ne pouvons regarder comme authentique la petite note anonyme dont nous parlerons pag. XLIII : nous sommes loin pourtant de la mépriser, et, bien que dépourvue d'autorité, elle nous servira à contrôler nos conjectures.

2. *Compar. Plat. et Arist. lib. III, cap. penult.* « Centum enim « pene misera ætate annos complevit. » Plus haut il avait dit : « Antea quam mortem obiisset, jam fere triennio. » Voir ci-dessus, pag. XVI, not. 1.

3. *Dissertazioni Vossiane,* t. II, p. 21, sqq.

4. A la fin d'un manuscrit autographe de sa traduction de l'Almageste, conservé à la bibliothèque de Milan : « Pontifex sum- « mus Nicolaus V volumen traducendum mense martii tradidit, et « mense decembris anni ejusdem et librum traductum et commen- « tarios vidit absolutos, propter quos postea me destruxit. » *Dissert. Voss.* t. II, p. 13. L'année désignée dans cette note ne peut être que 1452. Le mécontentement du pape provint sans doute de la négligence et de l'infidélité du travail. Cette traduction, au reste, ne

fait allusion à des faits plus récents [1]; il cite lui-même deux autres de ses écrits, composés notoirement à Naples pendant son exil [2]; il se représente pauvre, infirme, persécuté, accablé de chagrin et de misère [3], ce qu'il n'eût point fait avant sa disgrâce, étant secrétaire du pape Nicolas V. Il résulte enfin d'un examen plus attentif de cet ouvrage qu'il fut composé à Naples, lorsque l'auteur songeait à quitter cette

parut que longtemps après, à Venise, en 1527, avec d'amples et encore insuffisantes corrections par Luc Gaurico de Naples.

1. Il y parle en plusieurs endroits de Constantinople au pouvoir des Turcs comme d'un fait accompli depuis quelque temps, et, au liv. III, ch. 8, il loue la belle conduite du cardinal Isidore de Russie, qui, lors du siége de cette malheureuse ville, tint bravement sa place auprès de l'empereur pendant le dernier assaut, et fut fait prisonnier, heureusement sans avoir été reconnu (voir Chalcocondyle, liv. VIII, p. 399, ed. Bonn.) Il représente ce même cardinal, après sa captivité, de retour à Rome, et dans un état de fortune plus que modeste, trouvant encore dans sa noble indigence les moyens de se faire chérir par ses bienfaits : « Et nunc, quamvis « in summa inopia, si suam dignitatem consideres, vivat, magni-« tudine tamen animi plura solus indigentibus largitur quam cæ-« teri pene omnes. » Ces seuls mots *et nunc* annoncent une époque postérieure au moins d'une ou deux années aux faits qu'on rapportait tout à l'heure.

2. Au liv. II, ch. 18, il parle de son commentaire sur le *Centiloquium* de Ptolémée, et au livre III, avant-dern. chap., il rappelle sa Défense des Problèmes d'Aristote, ou plutôt la défense de sa propre traduction des Problèmes contre les critiques de Gaza. Or, de l'aveu même de Zéno, p. 14 et 20, ces deux ouvrages furent composés à Naples et dédiés au roi Alphonse.

3. Liv. II, ch. 8 : « Neque laborem senes ægrotique recusaveri-« mus. » Liv. III, ch. 18 : « Senex, ægrotus, magno laborum numero « et paupertate oppressus. » Liv. III, ch. 19 : « Sed si authoritate « non persuasero, *Græcus* a *Græcis*, *Cretensis* a Thracibus aut a « Scythis, voluptatis inimicus a voluptatis amicis, veritatis filius « a falsitatis parentibus, tenuis a locupletibus amicis, privatus a « summa dignitate, notatus, oppugnatus. »

ville pour Venise [1], où en effet il vint s'établir après la mort du roi Alfonse son bienfaiteur. Or, la date de son arrivée à Venise est connue : un document certain la fixe à 1459 [2]. C'est donc entre 1453 et 1459 qu'il faut fixer la composition de son ouvrage. Aussi vers la fin de son troisième livre [3], fait-il allusion à Démé-

1. Au liv. III, ch. 11 et 12, il s'étend avec une complaisance affectée sur les louanges de Venise : pas un mot de Naples, et quant à Rome, il en parle comme d'un pays qu'il n'habite plus.

2. Vies des doges de Venise, dans le grand recueil de Muratori, t. XXII, col. 1167, passage cité par Zeno, *Diss. Voss.* t. II, p. 12. On y lit, sous la date de 1459 : « Venne d'agosto in questa terra « Giorgio Trabesonzio, e presentò al Doge il libro di Platone *de* « *Legibus*. » Il n'en résulte pas que la traduction des Lois de Pléthon soit de cette année : au contraire elle avait été faite à Rome par ordre de Nicolas V, à qui d'abord elle avait été dédiée. George, mécontent du pape, changea la dédicace. Il y conserva cependant un bel éloge de Platon, que Bessarion lui reproche, *Adv. calumn. Platonis*, lib V : « Reliquum est ut ipsum adversarium audiatis « laudantem Platoni doctrinam, mores, etc., ita ut virtutes Pla- « tonis quas prædicarit et... commendarit, nunc neget. » Assurément ce reproche semble fondé. Mais ce que Zeno n'a pas assez remarqué, c'est que du passage même qu'on vient de citer, il résulte que l'ouvrage contre Platon est postérieur à ce morceau de préface en son honneur. Il semble que l'auteur ait pris plaisir à rétracter un éloge arraché par les circonstances à sa haine originelle : « Ita ut ex adolescentia Platonem oderim, » dit-il dans le dernier ouvrage, liv. III, ch. 4; et c'est sans doute pour expliquer ou atténuer cette contradiction qu'au chapitre II du même livre il consent à louer une pensée, une seule, de Platon, sur la fusion des trois formes de gouvernement, pensée qu'il applique précisément à la république de Venise pour vanter son excellente constitution.

3. Chap. avant-dernier : « Nam librum quem de his rebus com- « posuit... ne publice legeretur et multis officeret, a Peloponnesi « principe Demetrio, sicut fertur, ereptus celatusque est. Quare « nisi diligenter ab iis qui similibus rebus præsunt, quæsitus igni « tradatur, scio quid dico,... major clades generi humano futura est « quam Machumetus invexit. » Ces mots, « ab iis qui similibus rebus

trius comme étant encore sur le trône du Péloponèse, et ce prince cessa de régner en mai 1460 [1]. Pléthon, mort trois ans auparavant, aurait donc achevé sa vie entre 1450 et 1456. Une note anonyme d'un manuscrit de Munich fixe sa mort au mois de juin 1452, il n'y a point d'objection valable à y opposer; et s'il est vrai qu'il mourut presque centenaire, nous avons eu raison de le faire naître vers l'an 1355 [2].

Nous avons dit qu'en 1460 Démétrius fut détrôné. Ménagé cependant comme beau-père du sultan, il fut transféré à Andrinople pour y finir ses jours dans une sorte de demi-captivité, qu'il ne sut même pas rendre honorable [3]. Sa femme dut suivre la sultane sa fille à Constantinople [4]. Ici commence une ère nouvelle dans

« præsunt, » et ceux-ci, « scio quid dico, » semblent une dénonciation indirecte et une demande de destruction du livre proscrit, adressée au patriarche Gennadius, que George de Trébizonde ne pouvait interpeller ouvertement à cause du schisme.

1. Les Bénédictins, dans l'Art de vérifier les dates, éd. 1770, pag. 391, disent 1458, mais par erreur.

2. C'est la note sans nom d'auteur, il est vrai, et sans origine connue, que nous trouvons indiquée au ms. 495 de Munich (fonds d'Augsbourg), fol. 50 : Μην. ἰουν. κϛ' Νιε' ἐτελεύτησεν ὁ διδάσκαλος ὁ Γόμοστος [*sic*] ἡμέρᾳ δευτέρᾳ, ὥρᾳ α' τῆς ἡμέρας. « Le docteur « Gemistus est mort le 26 juin de la 15e indiction, un lundi, à la « première heure du jour. » Or le 26 juin n'a pu tomber un lundi qu'en 1452, si l'on veut que ce soit une quinzième année d'indiction. C'est donc à cette date qu'il faut s'attacher.

Cela lui donne, comme nous l'avons dit, environ quatre-vingt-deux ans à l'époque du concile de Florence. Tiraboschi, et d'après lui M. Walz, dans sa préface à un ouvrage de rhétorique attribué à Pléthon (Collection des rhéteurs grecs, tom. VI), ont préféré l'année 1451, faute de connaître la note de Munich.

3. Phranza, liv. XIV, § 16, p. 396, ed. de Bonn.

4. Phranza, *ibid.*, § 18, p. 405. *Chronicon breve*, à l'année 1460. Gennadius, épître à Joseph l'Exarque, passage cité plus bas.

l'histoire du livre de Pléthon, et, pour la connaître, nous n'avons plus qu'à laisser parler le patriarche Gennadius dans sa lettre à Joseph l'Exarque [1]. « Après la mort de Gémistus, dit-il, son livre passa « entre les mains de ceux qui gouvernaient le Pélo« ponèse [2]. Dès qu'ils en eurent pris connaissance, ils « résolurent de me l'envoyer, et ils résistèrent aux « instances de ceux qui demandaient à en prendre des « copies [3]. Néanmoins, les circonstances ne leur per« mettant pas d'exécuter immédiatement leur pro« jet, ils conservèrent le volume, et plus tard, la

1. Voir à la fin de ce volume, p. 412 et suivv. Le vrai nom de Joseph l'Exarque nous est donné par le ms. de Paris 1294, écrit tout entier de la main de Gennadius lui-même. Renaudot, dans son article sur Gennadius, reproduit dans la Bibl. gr. de Fabricius, t. XI, p. 349, éd. Harl. et Boivin le Jeune, dans les Mém. de l'Acad. des inscr. tom. II, l'appellent Jean l'Exarque, trompés par le ms. 1289, où le nom est écrit en abrégé, 'Ιω', ce qui en effet signifierait Jean plutôt que Joseph, et de ces deux savants l'erreur a passé à Fabricius et à tous ceux qui l'ont copié. Avouons cependant que le prénom de Jean se trouve aussi dans quelques manuscrits étrangers, toujours par suite de cette malheureuse abréviation, qui aura trompé les copistes. Ce Joseph est le même à qui Gennadius adresse plusieurs de ses traités sur la Providence, dans le ms. 1294, et nous apprenons par le titre d'un de ces traités que c'était un moine de Thessalonique. Quant à sa qualité d'exarque, nous aurons occasion d'en parler ailleurs, pag. XLVIII, not. 2.

2. S'il fallait prendre à la lettre le passage de George de Trébizonde, rapporté ci-dessus, p. XLII, not. 3, ce ne serait point le hazard qui aurait fait tomber cet ouvrage, après la mort de l'auteur, entre les mains de Démétrius. Le prince, sans doute par un motif religieux et dans l'intérêt de la foi, s'en serait emparé d'autorité : « Ereptus celatusque est. »

3. Cela explique pourquoi il s'est conservé si peu de fragments de cet ouvrage en dehors des quelques débris rassemblés dans notre édition et qui proviennent tous ou presque tous de l'exemplaire original.

« suite des mêmes circonstances leur donna lieu de « me l'apporter eux-mêmes[1]. A l'ouverture du livre, « quelle ne fut pas ma douleur, etc. » Ici Gennadius donne une analyse du Traité des Lois, ou plutôt une simple indication des matières, parfaitement conforme à la table et aux fragments que nous possédons. Il hésita d'abord si, sur les simples titres des chapitres, il ne condamnerait pas l'ouvrage entier. Il se décida pourtant à le lire d'un bout à l'autre pour juger en parfaite connaissance de cause. « Cette lec- « ture, dit-il, m'occupa quatre heures, et je vis com- « ment le texte répondait aux promesses des titres. « En même temps, je me sentis agité par une foule de « sentiments divers. Je riais d'un tel excès d'absurdité; « je gémissais sur la perte de cette âme autrefois chré- « tienne; je détestais la malice des démons qui, en « l'éloignant des sentiers de la grâce, l'avaient préci- « pitée dans l'erreur. Et puis je maudissais la folle im- « piété dont le monde fut esclave pendant tant de siè- « cles, et je remerciais Dieu de nous en avoir délivrés. « Je déplorais enfin le malheur, la honte, l'opprobre « de notre nation. Fallait-il, hélas! à tant de maux « ajouter ce comble ! Fallait-il que tout l'honneur des « lettres grecques reposât sur la tête d'un seul homme, « et que tel fût pour cet homme le fruit d'une si longue « vie et de tant d'études !... Je m'affligeais de voir un « vieillard perdre tant de peine à choisir et à combiner « des mots pour en revêtir de si détestables idées : on « eût dit d'un habile artiste consumant sur une matière « vile et fragile le talent dont il pouvait faire un noble

1. Voir ci dessus, p. XLIII, not. 4.

« usage... Et quand, après cette lecture, pour la résu-
« mer dans ma pensée, j'eus repassé les titres et les
« préambules, mes yeux se remplirent de larmes,...
« et, comme si je parlais à Pléthon lui-même, comme
« s'il comparaissait devant moi pour entendre sa sen-
« tence : Insensé, lui dis-je, il n'y a qu'une loi, qu'une
« règle de la société humaine, c'est la doctrine sainte.
« Et toi, l'abandonnant pour de coupables systèmes,
« tu oses t'ériger en législateur ! Mais qui donc as-tu
« pensé séduire, etc. »

Il poursuit avec l'éloquence de la conviction, et nous regrettons de ne pouvoir ici donner en entier ce morceau remarquable. Par les grandes idées qu'il expose sur Dieu, sur la religion, sur les lois éternelles de la morale, ce passage seul justifierait la résolution que nous avons prise d'insérer la lettre tout entière à la fin de notre volume.

« Après avoir ainsi, ajoute-t-il [1], fait le procès à
« l'auteur, je refermai le volume, et le renvoyai à l'au-
« guste princesse, en lui mandant de le jeter au feu ;
« mais elle me le renvoya à son tour, en me mar-
« quant que c'était à moi qu'il appartenait à tous les
« titres d'exécuter la condamnation. » On voit par cette phrase que la princesse, épouse de Démétrius [2], avait joué un très-grand rôle dans cette affaire ; et c'est là ce qu'entend l'auteur anonyme dont nous publions la complainte oratoire sur la perte du

1. Lettre à Joseph l'Exarque, pag. 438.

2. C'était la princesse Asanina, fille de Paul Asan, d'une famille puissante à la cour. Son père l'avait mariée furtivement au prince Démétrius, malgré la volonté impériale, en 1441 : voir Phranza, liv. II, § 18. Elle mourut peu de temps après son mari, vers 1471 : ibid. liv. IV, § 23, pag. 449, éd. Bonn.

livre de Pléthon, quand il attribue ce malheur à une intrigue de femme [1].

Gennadius continue [2] : « Je voulus alors essayer d'en « conserver du moins quelques parties, celles qui se « rapportaient aux sciences physiques, à la logique ou « à d'autres matières semblables. Mais après un nou- « vel examen, je reconnus qu'aucune partie ne pou- « vait échapper à la censure, non-seulement à cause « du paganisme qui dominait tout l'ensemble, mais « aussi parce que l'erreur se glissait partout dans les « détails. »

Ici sont relatées plusieurs propositions étranges en morale, ou évidemment hostiles au christianisme, qui se trouvaient répandues dans le corps de l'ouvrage, et dont quelques-unes subsistent dans les morceaux qui nous restent. La conséquence fut que Gennadius livra tout au feu, à l'exception de quelques feuillets conservés comme pièces de conviction [3].

1. Plainte d'un Anonyme, à la fin de ce volume, p. 410 : « Je « sais (c'est Pléthon qu'on y fait parler) comment s'est ourdie cette « trame contre mon livre, par les relations d'un homme superstitieux (Démétrius) et de son sérail (c'est-à-dire, de la princesse « Asanina et de son entourage) avec un fourbe aussi méchant qu'ignorant (Gennadius). » Cette opinion sur les sentiments hostiles de la princesse avait germé de bonne heure dans la tête de Pléthon lui-même; et nous pensons que c'était elle qu'il soupçonnait d'avoir excité Gennadius contre lui. C'est ainsi du moins que nous entendons ces mots de sa réplique à son adversaire, pag. 60 de l'édition de M. W. Gass : « Tu ne rougis pas de te vanter de l'influence d'une femme, » littéralement d'une « femmelette, » οὐδ' αἰσχύνῃ ἐπὶ γυναίου πλεονεκτήματι μέγα αὐχῶν, et il ajoute : καὶ τούτου πορνιδίου τινὸς, expression bien irrévérencieuse, ne fût-elle même pas appliquée à une princesse.

2. Lettre à Joseph l'Exarque, pag. 438.

3. C'est lui-même qui nous l'apprend dans une note en marge

Tous ces détails, tirés de la lettre de Gennadius, ne sont pas sous sa plume un simple récit, mais bien un compte-rendu de sa conduite ; et la preuve que cette lettre est un acte officiel et, sous l'adresse de Joseph l'Exarque [1], une véritable circulaire, un mandement pastoral destiné à la plus grande publicité, c'est le dispositif qu'il y ajoute : « Et comme, dit-il, [2] il est « possible qu'il existe quelque part une copie de cet « ouvrage prise par les amis de l'auteur, soit de son « vivant, soit après sa mort, nous ordonnons, de la « part de Dieu, à tous et à chacun, de quelque manière « et en quelque lieu que ce livre leur tombe entre les « mains, de le brûler à l'instant même, s'ils en ont la « faculté, et quiconque sera convaincu de l'avoir ré- « célé, après une première et une seconde admonition, « s'il refuse ou s'il ne s'empresse pas de le détruire, « qu'il soit retranché de la communion des fidèles. » C'est bien là le langage de l'autorité épiscopale, et il faut en conclure que Gennadius écrivit cette lettre étant encore patriarche. A quel titre, en effet, après son abdication, aurait-il prononcé ces anathèmes ? La date de la lettre, et celle par conséquent de la destruction du

de cette même lettre, pag. 440, not. 1. « Je laissai, dit-il, atta- « chées aux couvertures du livre les tables des matières, et à la fin, « les hymnes composés par Pléthon en l'honneur de ses Dieux, « pour que ces pièces restassent à l'appui de mon jugement, s'il « devait être un jour attaqué ; tout le reste fut arraché et jeté aux « flammes en présence de témoins. »

1. Les exarques étaient dans ce temps-là les délégués du patriarche, espèce de légats qu'il entretenait dans les diocèses pour y transmettre ses ordres et y percevoir les droits dus à son siége. Il n'est donc pas étonnant qu'une lettre encyclique soit adressée à l'un de ces fonctionnaires.

2. Lettre à Joseph l'Exarque, pag. 440.

livre, est donc à peu près certaine. Cette lettre n'a pu être écrite avant 1460, puisque la translation de la famille régnante de Sparte, selon Phrantza, IV, § 16, est du printemps de cette année ; et elle ne peut être de beaucoup postérieure. Elle devrait même être antérieure, si l'on admettait, d'après l'histoire anonyme publiée par Martin Crusius, que Gennadius n'a occupé le trône patriarcal que cinq ans et quelques mois. Car en plaçant l'époque de sa consécration et de son institution définitive au printemps de 1454 (ce qui est le plus tard possible) [1], on n'arriverait qu'à la fin de l'an-

1. Gennadius fut en effet choisi pour patriarche par le sultan peu de jours après la prise de Constantinople (Phranza, livre III, ch. 11 ; Crusius, *Turcogr.*) Mais comme il n'était que moine laïque ou, si l'on veut, frère lai, ses fonctions furent d'abord purement administratives. Il s'occupa de rassembler les débris du clergé et de restaurer le matériel de quelques églises. Sa position était d'autant moins régulière que son prédécesseur, le patriarche Grégoire Mammas, obligé de quitter Constantinople en 1451 et de se réfugier à Rome, vivait encore et n'avait point abdiqué. Il fallut, pour régler cette affaire, convoquer à Constantinople un synode épiscopal, où Gennadius fut fait le même jour diacre, prêtre, évêque, patriarche. C'est lui-même qui nous l'apprend dans son mandement d'abdication : Τοῖς ἁπανταχοῦ πιστοῖς, κ. τ. λ., dont nous n'avons sous les yeux que la traduction latine, donnée par Allatius, *de Georgiis*, dans Fabric. t. XI, p. 368, éd. Harles. Il a même bien soin d'insister sur le grand nombre d'évêques d'Europe et d'Asie dont la présence donna à cette réunion l'apparence d'un concile national : «Synodus multorum episcoporum ex Europa et Asia confluen- « tium. » Quand on songe au désordre qui régnait alors à Constantinople et dans une partie de l'empire, à la nécessité d'envoyer les ordres du sultan dans les provinces, et de mettre en mouvement tous ces vieillards, on conçoit facilement que, la ville ayant été prise au mois de mai 1453, ils n'aient pu s'assembler avant l'automne de cette même année, ou peut-être avant le printemps de l'année suivante : toutefois ce dernier délai est le plus long qu'on puisse supposer ; il est même difficile de l'admettre.

née 1459. Pour que la destruction du livre puisse s'expliquer, il faut donc allonger au moins d'un an la durée du patriarcat de Gennadius, et rejeter son abdication à la fin de 1460. Mais le plus simple est d'admettre plusieurs abdications ou destitutions et plusieurs réintégrations successives, ce qui résulte au reste du titre d'un manuscrit cité par Renaudot dans la Bibl. gr. de Fabricius, tom. XI, p. 374, n° 9, éd. Harles. Comme il y a doute sur l'époque précise où Gennadius cessa définitivement d'être patriarche, notre renseignement peut servir à combler une lacune dans la chronologie de l'Église grecque [1].

Ainsi périt l'ouvrage que nous essayons de ressusciter au moins en partie. Éditeurs de Pléthon, protesterons-nous contre l'arrêt de sa condamnation, et y verrons-nous, comme ses partisans d'autrefois [2] ou comme quelques critiques plus modernes [3], un acte de fanatisme intolérant ou de basse jalousie ? Je pense, pour moi, tout différemment : à mes yeux, Gennadius fit son devoir. Chef de la religion de son pays, juge en matière de foi, il jugea, il condamna l'ouvrage déféré à son tribunal : à défaut du bras séculier, il exécuta lui-même la sentence. Et pourquoi aurait-il épargné un livre dont l'existence dangereuse, selon lui, pour la foi

1. La succession des patriarches est très-obscure après la prise de Constantinople, et tout ce qui peut jeter quelque jour sur cette partie de l'histoire ecclésiastique est d'un intérêt précieux.

2. Voir l'amère diatribe insérée dans notre Appendice, pièce XVIII, et déjà citée. Gennadius s'était attendu à ces attaques (voir sa lettre à Joseph l'Exarque, pag. 415), et l'on en trouve déjà le pressentiment dans sa lettre à Marc d'Éphèse, pag. 289.

3. Le savant et très-catholique Allatius a souscrit lui-même à ces accusations dans son traité *de Georgiis*, si souvent cité par nous, et elles ont été aveuglément répétées par les compilateurs.

et pour les mœurs, était remise entre ses mains? Est-ce que ce livre, par sa bizarrerie, qui pour nous en fait l'intérêt, mais n'en augmente pas le mérite, acquérait des droits à l'indulgence? Eût-il offert plus d'intérêt encore, fallait-il que le patriarche se plaçât au point de vue du philosophe ou du littérateur? Car, ne nous faisons pas illusion, il est peut-être curieux aujourd'hui d'éclaircir un point obscur d'histoire littéraire; il y a du plaisir à observer à cette distance la fermentation des idées dans certaines têtes, et le rapport de ces idées avec d'autres qui se sont développées un peu plus tard. Cette étude peut même donner lieu à des rapprochements de quelque utilité; mais rien de tout cela n'existait pour les contemporains. Ce qui existait, c'était le danger d'ajouter une cause nouvelle d'ébranlement à toutes celles qui déjà faisaient chanceler la foi dans les âmes : en Grèce, le triomphe matériel de l'islamisme et l'ascendant de la force physique sur une population grossière et ignorante; dans tout le reste de l'Europe, le relâchement général du principe religieux et l'engouement pour les souvenirs rajeunis du paganisme [1]. Était-ce le moment de laisser mettre la sape aux fondements mêmes du christianisme, et d'abandonner la religion, comme déjà vaincue, aux sarcasmes de son ennemi? Je dis aux sarcasmes, car Pléthon ne se faisait pas faute de ce genre d'attaques. « Trouve-t-il, dit Gennadius [2], dans nos lois ou dans

1. Cet engouement commence avec la renaissance, vers le temps de Pétrarque; il est dans toute sa force à la fin du quinzième siècle, en Italie du moins (car il gagna plus tard les autres contrées), et nous verrons à quels excès il fut porté dans certains esprits.

2. Lettre à Joseph l'Exarque, pag. 439.

« nos usages quelque chose de contraire à ses idées, « aussitôt ce sont à ses yeux des inventions de charlatans et de sophistes, des pratiques d'insensés, et, en « un mot, tous ses chapitres sont pleins du fiel qu'il « vomit contre le christianisme, injuriant nos dogmes « au lieu de les réfuter, imposant les siens sans les « démontrer. » A la vérité, dans ce qui nous reste, nous ne trouvons point cette violence de langage; elle est cachée sous une ironie dédaigneuse ou sous des périphrases transparentes. Mais tout le chapitre 1er de son premier livre, sous prétexte d'exposer les différences d'opinions entre les hommes, n'est-il pas une suite de critiques obliquement dirigées contre les pratiques de notre religion, contre le célibat, contre l'abstinence, contre les ordres religieux, contre la promesse des récompenses divines, contre l'efficacité des prières? Ces expressions mêmes de *sophistes* et de *charlatans* s'y lisent en toutes lettres [1]; et à qui fait-il allusion dans son chapitre 2 du livre I, quand il parle « des plus charlatans d'entre les sophistes, de ceux qui « réussissent à tromper les masses par de faux mira- « cles, miracles qui agissent d'abord sur l'esprit des « faibles, sont ensuite grossis par les rapports oraux « et par les récits des écrivains, puis entrent par l'édu- « cation dans nos croyances, et font le plus grand tort « aux États en accréditant des idées absurdes sur les « choses les plus importantes de la société [2]? » Avec

1. Ὑπὸ γοήτων δή τινων σοφιστῶν ἀναπεπεισμένοι, Traité des Lois, liv. I, ch. 1, pag. 18.

2. Οἵ γε μὴν γοητικώτατοι αὐτῶν, ἔργων δή τινας τερατείας, κ. τ. λ. *ibid.*, ch. 2, pag. 36. Au commencement du même chapitre, page 28, il parlait des sophistes « qui ont voulu élever leurs pré- « tentions au-dessus de l'humanité, » εἰσὶν οἳ αὐτῶν καὶ μείζω ἢ κατ'

nos habitudes de liberté philosophique, nous serions disposés à tolérer tout cela : mais un esprit vraiment religieux ne saurait se prêter à cette connivence, à plus forte raison un prêtre, un évêque; surtout si vous le constituez juge, et juge d'un ouvrage posthume non publié; s'il s'agit par conséquent d'exhumer les idées d'un mort, de violer le secret de son portefeuille, dernier asile de sa conscience, et de faire en son nom le mal qui n'existait encore que dans sa pensée.

Tels furent, n'en doutons pas, les motifs déterminants de Gennadius. Mais, encore une fois, la faiblesse du cœur humain mêla-t-elle à ces considérations religieuses quelque ombre de sentiments moins purs? Rien ne le prouve. Seulement on est tenté de le soupçonner, quand on songe aux derniers rapports de ces deux hommes, et aux circonstances qui avaient préparé de loin leur rupture. En effet, depuis le départ pour le concile [1], il semblait que la fortune eût pris plaisir à les tenir constamment en regard l'un de l'autre, avec tout ce qui peut éveiller l'instinct de la jalousie : les mêmes titres et une position à peu près égale, malgré une grande

ἀνθρώπους μετιόντες. Voir en outre des allusions trop claires au mystère de la Trinité, liv. I, ch. 1, vers la fin, et au commencement de la troisième prière de l'après-midi, ainsi que dans l'index du livre III, ch. 22. Une grande partie de l'Epinomis ou Conclusion est presque ouvertement dirigée contre le christianisme.

1. Il est curieux de suivre au concile la conduite de ces deux personnages. Pléthon, malgré son absence complète de principes religieux, et peut-être à cause de cela, s'était toujours montré fort opposé aux projets d'union (Syropul. sect. VI, ch. 9.) Gennadius, d'un esprit profondément religieux et convaincu, apportait à Florence des dispositions toutes différentes (voir ci-dessus, p. XXIV, not. 3.) Pendant tout le concile, Pléthon ne cessa de faire une opposition railleuse et méprisante jusque dans le conseil de l'empe-

différence d'âge; un talent égal, quoique divers, et une complète opposition de caractère et de principes. Gennadius pourtant s'est défendu contre ce soupçon avec l'accent de la vérité : « Quelques-uns, dit-il[1], ne voulant ni tenir compte des faits, ni s'en rapporter à l'opinion de ceux qui me connaissent et au témoignage de ma vie entière, ont prétendu que, dans mes rapports avec Pléthon, la jalousie m'avait poussé à la calomnie. Mais, j'en atteste Dieu, dont le nom ne saurait sans crime être invoqué à l'appui du mensonge, jamais, pendant tout le cours de ma vie, je n'ai déguisé ma pensée pour nuire à autrui. Il m'est plutôt arrivé de faire fléchir la vérité en faveur de quel-

reur (Syropul. sect. VII, ch. 9); il représente assez bien l'esprit du petit groupe d'opposants qui s'était formé autour du prince Démétrius (sur la conduite de ce prince, voir Syropul. sect. IX, ch. 11). Gennadius, au contraire, dévoué à l'empereur et attaché au patriarche, poursuit avec persévérance l'union projetée, et, pendant que Pléthon néglige la théologie pour la philosophie, l'Église pour le monde (voir ci-dessus, p. XVII), Gennadius absorbé dans les graves discussions qui s'agitent, occupé à chercher des citations et à rassembler des matériaux qui ne furent pas inutiles à Bessarion lui-même (Syropul., sect. VI, ch. 21), vit renfermé avec ses livres, étranger à la société des gens du monde : c'est son ennemi même qui lui rend involontairement ce témoignage, dans notre Append. p. 295. Ce fut pourtant Pléthon que l'on choisit pour faire partie de la commission des six, qui représentait dans le concile les intérêts et les opinions de l'Église grecque (voir ci-dessus, p. XV); il dut cet honneur sans doute à son grand âge, à sa science reconnue et à sa réputation de profond philosophe. Cette préférence ne ralentit point le zèle de Gennadius. On voit celui-ci, vers la fin du concile, rédiger consciencieusement la formule où il posait les dernières limites de ses concessions (Syropul. sect. VIII, cap. 17). Pléthon, qui n'avait jamais fait de concessions, ne fut pas réduit à se rétracter, et eut du moins cet avantage sur son rival.

1. Lettre à Joseph l'Exarque, pag. 414.

« qu'un par obligeance, quand cela ne pouvait porter « préjudice à personne, et j'en ai souvent été récom- « pensé par l'ingratitude... Mais quels pouvaient donc « être mes motifs de jalousie contre Pléthon ? Dieu m'a- « vait accordé assez d'avantages pour n'avoir rien à lui « envier. C'eût été le comble de la bassesse d'atta- « quer, sous prétexte de religion, un homme qui n'a- « vait eu aucun tort envers moi, et qui, à tout pren- « dre, ne le cédait en mérite à aucun de ses contem- « porains. »

Et ce qui semble confirmer ces protestations, c'est en effet la modération générale de sa conduite. On le voit, dans un de ses écrits [1], regretter et même désavouer tout ce qui, dans son plaidoyer pour Aristote, aurait pu blesser la partie adverse. Et ailleurs, tout en s'élevant avec force contre les doctrines du nouveau philosophe, il s'empresse de rendre justice à ses mœurs et à son talent. « Du reste, écrit-il à Marc d'Éphèse [2], « c'est un homme d'un vrai mérite, qui ne le cède à « personne pour l'étude approfondie du plus noble dia- « lecte de notre langue [3]... Il y joint une infinité d'au- « tres belles connaissances. Et quant à ses mœurs, il « mérite d'être proposé pour exemple aux jeunes gens « qui attachent du prix à la vertu [4]. »

1. Append., pag. 368.

2. *Ibid.*, pag. 289.

3. C'est-à-dire du dialecte attique, dont Pléthon s'était particulièrement occupé. Voir ci-après, pag. LXXV.

4. Plus tard, dans son discours contre les Automatistes, où il voit les choses d'une plus grande distance, il le traite plus sévèrement à quelques égards; mais cependant il rend encore hommage à sa grande réputation, à son instruction profonde et à l'élégance attique de son style, p. 41 de l'édition de M. W. Gass, ou dans notre Appendice, pièce XX.

Ce n'est point là le langage d'un ennemi. Pourquoi donc serions-nous envers Gennadius plus sévères que sa propre conscience? Mais quand même on s'obstinerait à lui supposer quelque animosité personnelle, il est certain que cette partialité, réelle ou non, dut avoir peu d'influence sur sa décision; car nous avons vu que, comme magistrat ecclésiastique, sa ligne de conduite était impérieusement tracée.

Pour nous, plus libres dans nos jugements, essayons d'examiner l'ouvrage, abstraction faite de toute préoccupation religieuse, par son côté purement philosophique. Le plan en était aussi large que le titre : *Traité des Lois* ou *Code de Lois, par Pléthon*, Πλήθωνος νόμων συγγραφή [1]. C'était un code complet de réforme sociale, politique, morale et religieuse. Nous pouvons juger de son contenu, soit par ce qui nous en reste et notamment par l'*Epinomis* qui le termine, soit par l'analyse qu'en fait Gennadius dans sa lettre à Joseph l'Exarque, soit par l'espèce d'abrégé qu'en a donné Pléthon lui-même sous ce titre : *Résumé des dogmes de Zoroastre et de Pythagore* [2]. Quoique les idées, ainsi que l'a re-

1. C'est le titre que lui reconnaissent les manuscrits, Πλήθωνος νόμων συγγραφῆς βιϐλίον α', βιϐλίον β', κ. τ. λ., et il est confirmé par Gennadius, dans sa Lettre à Joseph l'Exarque, de notre éd. pag. 418. Ce même Gennadius, dans un passage de notre Append., pièce XX, semble pourtant reconnaître un autre titre, Νομοθεσία, et Gaza, en effet, emploie quelque part cette désignation, ἐν τοῖς περὶ Νομοθεσίας βιϐλίοις, de notre texte pag. 60. Mais l'usage a adopté le premier titre sous la forme abrégée, περὶ Νόμων, en latin *de Legibus*.

2. Ce petit écrit paraît avoir été publié par Pléthon pour sonder l'opinion publique et répandre un avant-goût de ses doctrines. Présenté simplement comme un résumé des anciennes philosophies, il échappait à la censure. Peut-être aussi était-ce le manuel des initiés. Nous ne savons s'il était venu à la connaissance

marqué Gennadius [1], en fussent présentées sans apparence d'ordre ni de méthode [2], elles étaient pourtant liées dans la pensée de l'auteur, et formaient un ensemble complet. La morale s'y appuyait sur la philosophie, dont la religion n'était que la forme; la polititique maintenait par les lois l'établissement fondé sur la théorie.

Quant à cette philosophie sur laquelle reposait tout le système, la partie métaphysique, qui elle-même en faisait la base, s'offrait sous les dehors d'une cosmogonie antique, classant les différentes natures d'êtres d'après leur ordre de génération, en sorte que la place de l'un étant donnée, on pût en déduire sa nature, ses attributions, ses qualités, ses rapports, ses actions ou ses effets.

La grande idée qui dominait tout était celle d'un Dieu suprême communiquant son essence, d'une manière plus ou moins médiate et par des degrés toujours descendants, d'abord aux Dieux inférieurs, partagés eux-mêmes en plusieurs catégories, puis aux autres substances immatérielles, puis aux choses corporelles. Cette échelle d'êtres rappelle les *Éons* du gnosticisme, les *Séphiroth* de la cabale, et l'on retrouve ici cette manie commune à toutes les philosophies restées dans

de Gennadius. Nous le donnons à la suite du Traité des Lois, comme supplément nécessaire aux lacunes de ce dernier ouvrage.

1. Lettre à Joseph l'Exarque, pag. 416.

2. Pour s'en convaincre on n'a qu'à parcourir la table des matières conservée en tête de l'ouvrage. On sera étonné du décousu qui y règne. Gennadius, *loc. cit.*, a raison d'insister sur ce défaut capital, et d'en tirer une induction contre la justesse d'esprit de Pléthon; car, ainsi qu'il le fait observer, l'ordre est la marque d'un esprit sain : Σοφοῦ γὰρ τὸ τάττειν ἐστι.

l'enfance, de vouloir combler la lacune entre Dieu et l'être fini par un certain nombre d'êtres intermédiaires, qui tous sont des émanations divergentes et de plus en plus affaiblies du Dieu central : sorte de panthéisme rayonnant, bien différent de celui qui, depuis Pythagore, s'est perpétué sous diverses formes jusqu'à nos jours, et qui, répandant la vie dans la masse, sans mettre le centre nulle part, revient logiquement à l'athéisme.

Le nombre des Dieux intermédiaires, selon Pléthon, est considérable ; car chacun des principes constituants et des modes généraux de l'univers est placé par lui sous la garde de quelqu'un d'eux. Les noms païens qu'il leur donne sont, de son propre aveu, à peu près arbitraires [1]. Qu'importent, en effet, les noms ? On sait bien que les langues humaines n'ont point de termes propres pour exprimer les choses divines. Mais ces noms, dans la pensée de Pléthon, ne sont pas purement allégoriques. Il fait bien de ses Dieux des *idées* [2], selon le langage de Platon : mais ces idées ne sont pas seulement des abstractions conçues en Dieu, images préexistantes des réalités concrètes ; ce ne sont pas non plus seulement des lois, des forces, des rapports, susceptibles

1. Traité des Lois, liv. III, ch. 32.

2. Εἴδη, proprement *formes, apparences,* et par extension, *espèces;* dans Platon, *espèces essentielles,* ou comme on traduit ordinairement, *idées,* c'est-à-dire types primitifs des choses, existant en dehors des choses elles-mêmes et en dehors de l'entendement dans un monde supérieur. Εἶδος, chez Pléthon, est aussi la *forme* qui, soit en elle-même à l'état abstrait, soit unie avec la matière à l'état concret, constitue l'*espèce*. De là vient qu'il applique ce nom à toutes les espèces d'êtres, même purement matériels, pour peu qu'ils soient envisagés d'une manière générale. Aussi est-ce dans le langage de cet auteur un mot des plus difficiles à traduire.

d'être envisagés soit comme des attributs divers d'une substance unique, soit comme des formes purement subjectives de notre manière de concevoir. Tous ces Dieux, selon Pléthon, quoiqu'ils répondent à des idées philosophiques, ont bien leur *individualité propre* : ce sont des essences pensantes, voulantes, agissantes, capables de s'accoupler, par des unions sans doute purement spirituelles, et de procréer, spirituellement aussi; ou, disons vrai, ce sont des personnes et non des idées : autrement on ne pourrait les adorer, les prier, leur offrir un culte, des sacrifices; cette philosophie, sans cela, ne serait pas une religion.

Arrivons aux détails : tous les êtres, y compris l'Être des êtres, le Dieu suprême, Jupiter (ou *Zeus*, comme il l'appelle en grec, mais nous préférons garder ici les noms latins[1]), se partagent en quatre classes et en six sous-classes ou sections dans l'ordre suivant :

I. Dieu suprême................. ..		Jupiter seul.
II. Dieux supra-célestes ou de 2ᵉ classe.	1° Dieux olympiens	Neptune, Junon, etc.
	2° Dieux tartariens ou Titans	Saturne, Vénus, Pan, etc.
III Dieux intra-célestes ou de 3ᵉ classe.	1° Dieux célestes proprement dits	Soleil, Planètes, Etoiles.
	2° Dieux terrestres	Démons ou Génies

1. Dans cette notice, comme partout dans la traduction, nous donnons aux dénominations grecques des Dieux de Pléthon la forme latine, plus familière à la plupart de nos lecteurs.

IV. Êtres intra-célestes non divins.	1° Êtres pourvus de raison.	l'âme humaine.
	2° Êtres dépourvus de raison	Éléments, Animaux, Plantes.

Après Jupiter [1], les êtres de la seconde et de la troisième classe sont Dieux, tous immortels et impeccables, mais avec des degrés divers de nature et de puissance, comme aussi d'élévation, ceux de la deuxième classe habitant au-dessus du ciel, ceux de la troisième dans l'enceinte même de notre ciel.

La seconde classe se partage elle-même en deux sections, et d'abord celle des Dieux olympiens, tous fils légitimes de Jupiter, nés sans mère, immatériels, supérieurs au temps qui n'existe pas pour eux; ils président aux choses éternelles, savoir :

Neptune, le plus ancien et le plus puissant fils de Jupiter, le chef de tous ses frères, préside à l'ensemble de la création et de l'Univers. C'est le second démiurge ; en lui réside l'espèce (ou la forme spécifique), le terme (ou le fini), et le beau ; il correspond au *nûs* des Platoniciens, au *logos* ou *verbe* de Philon et des Chrétiens ;

Junon, sœur et femme de Neptune, préside au nombre et à la multiplication des êtres ; elle est le principe de la matière et, en quelque sorte, la troisième per-

1. Nous prenons cet exposé du système théologique de notre auteur dans le chapitre 5 du premier livre et le ch. 15 du livre II, dans les allocutions et les hymnes du livre III, dans l'Épinomis à la fin de ce même livre, et dans le résumé prétendu des dogmes de Zoroastre et de Pythagore, ajouté par nous à la suite du Traité des Lois, dont il n'est réellement qu'un abrégé.

sonne de la Trinité de Pléthon, quoique nulle part il n'emploie ce mot;

Apollon préside à l'identité;

Diane, à la diversité;

Vulcain, à la stabilité;

Bacchus, au mouvement spontané et toujours progressif;

Minerve, au mouvement communiqué et limité;

Atlas, aux astres en général;

Tithon, aux planètes;

Dioné, aux étoiles fixes;

Mercure, aux Démons;

Pluton, aux âmes humaines;

Rhée, aux éléments en général,

Latone, à l'éther;

Hécate, à l'air;

Téthys, à l'eau;

Vesta, à la terre.

Comme on le voit, les attributions de ces Dieux sont de moins en moins générales, depuis Neptune, qui domine tout l'ensemble, jusqu'à ceux de ses frères qui ne président qu'aux éléments ou seulement à quelque élément en particulier. Cette dégradation successive d'attributions est la règle constante de la classification pléthonienne Le domaine spécial de ces Dieux de la seconde classe (première section) finit aux éléments, c'est-à-dire à la limite extrême des choses immortelles: les choses mortelles relèvent pourtant d'eux, mais médiatement par les Dieux de l'autre section et des autres classes que nous allons énumérer.

Les Dieux tartariens ou Titans (seconde section de la deuxième classe), sont aussi fils de Jupiter, nés sans mère ainsi que leurs frères, mais illégitimes. Comment illégitimes, n'ayant pas de mère? C'est un mystère que Pléthon ne nous paraît pas expliquer suffisamment, et il semble ne leur refuser la légitimité que parce qu'il les fait moins puissants. Toujours est-il qu'ils sont, comme les autres, éternels et immatériels; mais ils ne président qu'aux choses mortelles, savoir :

Saturne, l'aîné et le chef des Titans, créateur en sous-ordre, et seulement des choses périssables, partageant même sa puissance créatrice avec le Soleil, préside à l'ensemble des choses mortelles;

Vénus, femme de Saturne, préside à la propagation des espèces;

Pan, au règne animal;

Cérès, au règne végétal;

D'autres Titans, à d'autres parties du monde corporel;

Proserpine, entre autres, au corps humain.

Pléthon suppose que Proserpine (le corps humain) a été enlevée par Pluton (l'âme humaine), et que l'homme, substance complexe, est résulté de leur union; on voit que même des mythes secondaires du paganisme il tire quelquefois un parti très-ingénieux.

Les astres (première section d'une troisième classe de Dieux) commencent une autre série d'êtres : ils sont Dieux encore, non plus éternels, mais immortels; non plus abstraits, mais unis à la matière. Ils ne sont plus les propres fils de Jupiter, et ils n'ont plus ce caractère commun aux deux classes précédentes d'être nés sans mère. Ils descendent, à la vérité, de Jupiter, mais indirectement par Neptune, qui leur a donné l'âme, conjointement avec quelqu'un de ses frères légitimes, et le corps, conjointement avec Junon leur mère. Comme Dieux, ils sont impeccables, infaillibles. De plus, ils voient tout, ils savent tout; ils règnent, d'ailleurs, en commun avec les Titans, sur toutes les choses mortelles qui sont sous le ciel, et leur classe comprend :

Le Soleil, chef de tous les astres, démiurge des classes inférieures, lequel, en commun avec Saturne, préside à tout l'ensemble des choses mortelles;

La Lune;

Les autres planètes;

Les autres astres.

Viennent ensuite les Démons ou Génies (seconde section de la 3e classe de Dieux). Ils sont également fils de Neptune, engendrés par ce dieu avec la coopération de Mercure, et ils ont un corps emprunté à Junon. Immatériels par eux-mêmes, ils habitent la terre; comme Dieux, ils sont immortels (quoique non éternels et quoique unis à la matière), impeccables, infaillibles, mais leur science ne s'exerce que par voie d'opinion ou de conjecture, bornée par conséquent, quoique toujours exacte. Ce sont les derniers de tous les Dieux et les exécuteurs de leurs ordres ici-bas. Le nombre en est très-considérable. Pléthon ne donne pas leurs noms.

Nous sortons ici de la sphère des Dieux, et nous arrivons à la première section de la 4e classe d'êtres, composée de l'âme humaine seulement. L'âme tient le milieu entre les Dieux et les êtres sans raison; elle est raisonnable comme les Dieux et comme eux immortelle, immatérielle (bien qu'unie à la matière); mais elle n'est pas Dieu, car elle est peccable et faillible. Elle est, comme les Dieux des deux sections précédentes, l'ouvrage de Jupiter, mais médiatement par Neptune, de concert avec Pluton, qui, tous deux, ont emprunté pour elle un corps à Junon, déesse de la matière.

Enfin arrivent au dernier rang (seconde section de la quatrième classe d'êtres) les choses privées de raison, purement matérielles ; et d'abord les éléments, qui semblent les dominer toutes : eux seuls, de toute cette section, sont immortels. Puis les animaux (y compris le corps humain), et les plantes. Toutes ces choses, comme nous l'avons vu, sont produites par Neptune et Junon ; elles sont régies par les Titans de concert avec les astres.

Que dire de toute cette cosmogonie ? sinon qu'elle est poétique, ingénieuse, parfaitement symétrique, très-habilement, quoique péniblement, élaborée, mais que, pareille à tous les systèmes issus de l'école platonicienne, elle ne repose sur rien : c'est de l'imagination, sans doute, mais non pas de la philosophie.

C'est de l'ensemble de tous ces êtres divins et non divins, les uns pures intelligences résidant au-dessus du ciel, les autres formés d'une âme et d'un corps, ou simplement d'un corps, les unes habitant au-dessus du ciel, les autres dans son enceinte (en dedans du ciel, comme porte habituellement le texte), que se compose le grand Tout, l'Univers de Pléthon, émané de la pensée de Jupiter, coéternel cependant à Jupiter lui-même, dont il procède en cause, mais non dans le temps. La volonté de Jupiter, qui a fait et organisé tout ce grand ouvrage, est une loi coéternelle aussi à son auteur, loi qu'il ne peut changer, parce qu'il ne peut se changer lui-même, qui est pour lui, par conséquent, une nécessité et la plus grande des nécessités[1], en sorte

1. Propres paroles du livre II, chapitre du Destin, page 66 : Τὴν μεγίστην πασῶν ἀνάγκην καὶ κρατίστην, αὐτὴν δι' αὑτὴν οὖσαν

qu'on voit partout, dans ce système, Jupiter, comme les autres Dieux, agissant dans les limites du possible, c'est-à-dire, de sa propre loi, inséparable de sa nature. De là le dogme du fatalisme, qui est fondamental dans le système de Pléthon, qu'il développe longuement dans un chapitre exprès du Traité des Lois [1], et qu'il soutenait opiniâtrément, même en dehors des idées de son livre, dans sa correspondance avec Bessarion, cherchant à s'appuyer de quelques passages équivoques recueillis çà et là dans les ouvrages de Platon, son maître [2].

Les autres idées métaphysiques de Pléthon, en tant qu'elles s'écartent des banalités élémentaires, se rattachent à son système général et en ont tous les défauts, c'est-à-dire, le vague, l'arbitraire, le fantastique. Quant à la psychologie, nous en avons vu les principaux traits. Il fait l'âme immortelle, immatérielle, quoique habituellement unie à la matière; éclairée, mais bornée et par conséquent faillible; soumise comme toute chose à la fatalité, libre cependant à sa manière, et par conséquent peccable [3]. Mais si l'âme est immortelle, que devient-elle après sa séparation du corps. Ici les textes nous manquent, et dans les fragments qui nous restent, nous ne trouvons rien d'assez explicite. Dans nos idées, et en cherchant à les rapprocher de celles de Pléthon, nous voudrions que l'âme, ou du

ἀνάγκην, οὐ δι' οὐδὲν ἕτερον, αὐτός ἐστιν [ὁ Ζεὺς] ὁ κεκτημένος, et plus bas, pag. 74 : Τῇ πρεσβυτάτῃ ἀνάγκῃ, καὶ ἡ μόνη αὐτὴ δι' αὑτὴν ἀναγκαίως ἔχει, τὰ δ' ἄλλα ἅπαντα δι' ἐκείνην, ἣν τἀγαθόν τε αὐτὸ καὶ τὸν Δία φαμεν.

1. Même livre, même chapitre.

2. Corresp. avec Bessarion, citée plus haut, p. XXII, not. 1.

3. Voir à ce sujet les distinctions beaucoup trop subtiles de Pléthon dans son chapitre du Destin, pag. 70 et suiv.

moins l'âme vertueuse, se réunît à la classe supérieure, à celle des Démons ou Génies. Mais le système ne le permet pas; ce serait rompre la hiérarchie et détruire l'éternelle démarcation entre les différentes natures d'êtres. Aussi Gennadius, dans son analyse [1], dit-il formellement que dans ce système « jamais l'âme ne monte « aux cieux. » Que devient-elle donc? « Elle revient, « ajoute-t-il, dans le corps et recommence le cercle « de la vie après des intervalles déterminés. » Ainsi nous retrouvons, et Gennadius le dit expressément, la *métempsychose*, rêverie commune au brahmanisme, au pythagorisme, au platonisme et à tous les systèmes puisés directement ou indirectement aux sources indiennes [2].

Remarquez, au reste, dans la métempsychose de Pléthon, comme dans tous les systèmes du même genre, ces intervalles entre les migrations : le but en est facile à comprendre. Car si l'âme, quoique soumise au destin, est libre et peccable, si par conséquent il y a lieu chez elle au mérite et au démérite, et si les Dieux se réservent le droit de punir ses fautes, comme Pléthon le reconnaît formellement dans son chapitre du Destin [3], où sera la punition? Sans doute dans le

1. Lettre à Joseph l'Exarque, à la fin de ce volume, pag. 439. Ce témoignage est confirmé par divers passages de Pléthon lui-même, notamment dans la prière du soir, pag. 196 et suiv., et dans l'Épinomis, pag. 250.

2. La métempsycose de Pléthon se rapprochait sans doute de celle de Philon, dans son Traité des Songes, pag. 585, éd. 1640. Tous deux l'ont empruntée à Platon, Républ. liv. X, et l'ont accommodée à leur manière. Platon, sans aucun doute, l'avait empruntée à Pythagore, le premier ou un des premiers qui ait apporté cette doctrine en Grèce : Ménage, sur Diog. de Laert. VIII, § 14.

3. Pag. 76 de notre édition, et ailleurs.

choix des régions que l'âme habitera dans l'intervalle de ses migrations. C'est ce que nous ne voyons formellement exprimé nulle part dans les fragments du Traité des Lois : c'est pourtant indiqué assez clairement à la fin de la prière du soir [1], et plus clairement encore dans le commentaire sur les oracles en vers de Zoroastre [2], ouvrage où Pléthon, sous le voile transparent d'un nom antique, a déposé le germe de ses propres idées.

Voilà pour la nature et les destinées de l'âme. Mais ses opérations, ses facultés? Assurément on pouvait se dispenser de répondre à ces questions dans un traité des lois; mais, comme tout s'enchaîne, et comme cet ouvrage est moins, après tout, un code de législation qu'un ensemble complet de philosophie, cherchons ce qui devait y être et ce que sans doute les lacunes nous ont dérobé, cherchons-le dans les ouvrages du même auteur écrits sous la même inspiration. Déjà, dans la comparaison d'Aristote et de Platon publiée en Italie, l'auteur avait formellement adopté l'opinion platonicienne que toutes les choses du monde inférieur ne sont que les images des idées d'en haut [3]. Cette théorie n'est aujourd'hui qu'indiquée dans quelques passages du Traité des Lois [4]; mais elle a dû y être plus développée, car l'auteur y tenait beaucoup. Il en a fait

1. Pag. 194 de notre édition.

2. Pag. 274 et suiv. de notre Appendice.

3. Traité des Différences entre Arist. et Plat., chap. 10 et 20, de nos extraits pag. 284 et suiv. George de Trébizonde relève cette proposition dans son ouvrage sur le même sujet, *Compar. Aristot. et Platon.*, lib. I, chap. 7 : « Sed hæc inferiora imagines idearum « esse scribit Gemistus. »

4. Notamment liv. III, chap. 15, pag. 115, où il est dit que les grandeurs mathématiques ne sont que des ombres et des images des idées divines, σκιὰς τῶν θείων καὶ εἴδωλα ἄττα ὄντα.

tout un chapitre de son traité sur Aristote et Platon [1]. Il la reproduit deux ou trois fois dans son commentaire sur les prétendus oracles de Zoroastre, où il dit [2] que l'Esprit du Père, le second démiurge, a fait toutes les choses en dedans du ciel simples images des choses supracélestes, en leur donnant pour support [3] la matière. Et, en effet, c'est là, comme nous l'avons dit, la base de l'idéologie platonicienne sur laquelle Pléthon a construit tout son système, ses Dieux, comme nous l'avons dit, n'étant originairement que des idées personnifiées.

Il est évident que ce système est contraire à tout progrès en psychologie; car il ne laisse aucune place à l'observation et à l'expérience dans l'étude de la généalogie des idées. Il explique tout *à priori*, d'après une vue sans doute ingénieuse, mais tout à fait arbitraire et fantastique. Pléthon aurait dû s'en défier, lui qui, dans le partage des attributions entre l'âme et le corps [4], place l'imagination [5] tout près des sens, dans une région inférieure de l'âme, et en fait la source de toutes les illusions, par opposition à l'intelligence [6] dont il fait notre attribut supérieur.

On doit s'attendre à trouver dans sa morale le même arbitraire, et par conséquent les mêmes aberrations. En effet, on ne le voit nulle part fonder l'idée du devoir sur une autre base que la nécessité de ressembler

1. De nos extraits, pag. 283, suiv.
2. De nos extraits, pag. 278.
3. Ou plutôt pour véhicule, ὄχημα ; c'est le mot favori de Platon et de son école.
4. Traité des Lois, pag. 186.
5. Τὸ φανταστικόν.
6. Νοῦς.

aux Dieux autant qu'il est en nous, pour nous maintenir dans le rang qui nous est assigné, intermédiaire entre les Dieux et les créatures sans raison. Car laisser asservir la partie immortelle de notre être à la partie mortelle, ce serait nous confondre avec les animaux, rompre, en quelque sorte, un des anneaux de la grande chaîne des êtres, et troubler ainsi, en ce qui nous concerne, l'ordre général. Mais on sent combien cette nécessité de ressembler aux Dieux, outre qu'elle n'est pas très-évidente pour tout le monde, outre qu'elle s'accorde assez mal avec la distinction absolue des différentes classes d'êtres, est une base mauvaise pour la morale : mauvaise en ce que la ressemblance ou la dissemblance est impossible à constater, les Dieux ne nous étant qu'imparfaitement connus ; en ce que, d'ailleurs, c'est appuyer presque uniquement la notion du devoir sur celle de notre propre dignité, c'est-à-dire, sur le plus dangereux de tous les sentiments, *l'orgueil*, qui a perdu le stoïcisme. Néanmoins, comme, dans les choses qui tiennent aux besoins pratiques de la société, toutes les philosophies bonnes ou mauvaises, de quelque principe qu'elles partent, doivent nécessairement se rencontrer en beaucoup de points, les lois morales de Pléthon sont justes en général et conformes à la doctrine universelle, par suite à la morale chrétienne qui en est la plus pure expression, sauf pourtant dans le philosophe réformateur un excès d'indulgence pour les plaisirs des sens [1], qui lui fait admet-

1. Voir comment il parle des plaisirs des sens, liv. III, ch. 31, pag. 120, suiv. Il est certain qu'il prescrivait dans certains cas, comme peine infamante, la prostitution légale, *ibidem*, page 124, vers la fin. Mais pour l'adultère et certains vices infâmes, il était impitoyable, *ibid*.

tre la polygamie au profit des hommes[1], et qui contraste avec le témoignage rendu par ses ennemis mêmes à la pureté de ses mœurs[2].

Quant au gouvernement, il n'en dessine pas nettement les formes, au moins dans ce qui nous reste de ses trois livres. Cette matière était traitée *ex professo* dans le livre I, chap. 20, et dans le livre III, chap. 6. Je pense, d'après quelques indices, que l'auteur inclinait vers une sorte de théocratie républicaine, analogue au gouvernement des Hébreux sous les Juges[3]. Si son ouvrage nous fût resté entier, sans doute nous y retrouverions aussi quelques unes des idées administratives qu'il exposait longtemps auparavant dans ses lettres sur les affaires du Péloponèse, comme le partage

1. C'est le témoignage formel de Gennadius, lettre à Joseph l'Exarque, à la fin de ce volume, pag. 439, et cela semble s'accorder avec le titre du chapitre 16 du livre III : περὶ τῆς ἑνὶ ἀνδρὶ γυναικῶν πλειόνων συνοικήσεως, et du chapitre suivant : περὶ τῆς κοινῶν γυναικῶν χρήσεως. Cependant, sans l'affirmation de Gennadius, on ne pourrait conclure rigoureusement du premier titre qu'une seule chose, c'est que dans ce chapitre 16, il discutait, peut-être sans l'approuver, la polygamie telle qu'il la voyait pratiquée autour de lui par les musulmans; et quant à la communauté des femmes, peut-être la restreignait-il à celles qui étaient vouées à la prostitution, soit volontaire, soit légale Voir la note précédente, et, à défaut de textes plus précis, comparer le passage du livre III, p. 90 : Πῶς οὖν ἂν καλῶς εἶχεν, κ. τ. λ.

2. Lettre de Gennadius, citée plus haut, p. LV, not. 3.

3. Voir ce qui nous reste du livre III, ch. 31, *sur les Jugements*, et le rôle qu'il y fait jouer, page 128, à l'exégète ou interprète des choses sacrées, c'est-à-dire sans doute, au prêtre. Il avait donc cherché à donner dans l'organisation sociale une grande influence à l'élément religieux. Cependant au même chapitre, même page, il est question d'un conseil, tout à la fois tribunal, συνέδριον, où siégent des juges sous le nom d'archontes ou magistrats, ἄρχοντες, probablement simple institution municipale.

des citoyens en trois classes, les prêtres, les guerriers et les travailleurs [1]. Mais nous n'insistons point sur des conjectures qui n'ont rien de solidement établi [2].

La législation civile était renfermée, sans doute, dans quelques chapitres du premier livre où nous trouvons ces titres : « CHAP. 18, sur les héritages; CHAP. 19, « sur les contrats; CHAP. 24, sur les jugements [3], » mais nous en ignorons complétement les dispositions.

La législation pénale était rigoureuse : la mort y était prodiguée sans mesure, et presque toujours par le feu : mort et supplice du feu contre tous ceux qui se livrent à des crimes contre nature; mort pour le viol et même la tentative de viol; mort pour l'inceste entre ascendants et descendants, ou entre frères et sœurs; mort pour le simple commerce avec une jeune fille non adulte; mort pour le meurtre d'une personne sacrée; et comme la philosophie ne se pique pas toujours d'être tolérante, à plus forte raison quand elle prétend s'ériger en religion, mort et supplice du feu contre tout sophiste convaincu d'avoir dogmatisé contre les principes posés dans ce livre [4].

Quant à la procédure criminelle, elle était plus in-

1. Mémoire au prince Théodore, cité plus haut, pag. IX.

2. Dans le catalogue des manuscrits de l'Escurial, par M. E. Miller, se trouvent indiqués, ms. 137, fol. 121, des extraits intitulés : Ἐκ τῶν πολιτειῶν καὶ τῶν νόμων αὐτοῦ [τοῦ Πλήθωνος]. Mais nous croyons qu'il s'agit tout simplement des restes par nous publiés du ch. 31 du livre III, parce que ce manuscrit de l'Escurial s'accorde en général avec ceux de Bavière.

3. Ce même titre, *sur les Jugements*, περὶ δικῶν, revient au livre III, ch. 31. Mais au livre I, il s'appliquait vraisemblablement à la législation civile, et au livre III, c'était, d'après ce qui nous en reste, un code de justice criminelle.

4. Traité des Lois, livre III, chap. 31.

dulgente que la pénalité ; peut-être même était-elle destinée à en tempérer les rigueurs. Nous ne savons comment était composé le tribunal que Pléthon appelle *Synédrion*[1], c'est-à-dire, *conseil*. Les jugements s'y rendaient à la pluralité des voix ; l'égalité de partage entraînait l'absolution. Il était permis aux juges de tenir compte des antécédents favorables de l'accusé, et si sa vie passée semblait plaider en sa faveur, la peine de mort pouvait être commuée en un simple emprisonnement à temps. Une grande latitude était laissée aux juges, beaucoup trop grande même : car dans tous les cas non prévus par la loi, ils étaient autorisés, même en matière pénale, à prononcer d'après leur conscience[2].

Mais les lois, les mœurs, le gouvernement, tout cela, dans la pensée de Pléthon, repose, comme nous l'avons dit, sur l'élément philosophique passé à l'état de religion. Aussi est-ce le culte qui couronne toute son œuvre, comme pouvant seul entretenir les croyances qui font la base de son système. Il y consacre toute la moitié du troisième livre[3]. Ce culte se compose en grande partie de prières faites en assemblée commune par le prêtre ou, à défaut de prêtre, par le plus notable de l'assistance. Ces prières sont de deux espèces, savoir de longues allocutions en prose et des hymnes très-courts en vers, ces derniers chantés en musique, si les ressources du lieu le permettent, et sur des modes différents[4] selon les jours. Car l'année

1. Même chapitre, et voir ci-dessus, pag. LXX, not. 3.

2. Même chapitre.

3. A partir du chapitre 34, et cette partie nous a été conservée tout entière.

4. Livre III, ch. 36. On y distingue quatre modes de musique :

tout entière est partagée en jours fériés et non fériés, et les prières sont indiquées pour chaque jour, férié ou non, dans l'espèce de bréviaire qui termine l'ouvrage et que nous devons à la découverte de M. Vincent [1]. Il en résultait la nécessité d'un nouveau calendrier, qui nous est resté, du moins dans ses idées fondamentales, et n'est pas la partie la moins ingénieuse ni la moins curieuse de l'ouvrage [2]. Les prêtres dont nous avons

l'hypodorien, consacré, comme le plus majestueux, à Jupiter et à tous les dieux ensemble ; l'hypophrygien, le second en majesté, consacré aux dieux olympiens; le phrygien, propre à exprimer la gaieté, consacré aux autres dieux ; le dorien, vif, animé, belliqueux, consacré aux hommes, dont la vie est un combat, et au dieu qui préside à leurs destinées. On n'y dit rien des autres variétés de ton énumérées dans Aristoxène, liv. II, pag. 37, dans Aristide, liv. I, pag. 23, et dans tous les ouvrages sur la musique antique. Mais quelle idée Pléthon pouvait-il se faire de celles même qu'il a conservées? Il est probable qu'il a appliqué un peu arbitrairement des noms anciens aux quatre tons qu'il trouvait les plus usités dans la musique grecque ou dans le plain-chant grec de son temps; c'est donc à cette époque qu'il faut se reporter, et non au delà. Les évaluations qu'on tirerait des divers systèmes sur la musique antique, outre qu'elles seraient peut être contestables, n'auraient pas ici d'application, et elles sont d'avance rendues inutiles par une note de M. Vincent, à la fin de ce volume.

1. Nous avons déjà dit, p. 1 et suiv., que cette découverte avait été l'origine de notre ouvrage.

2. Le calendrier de Pléthon (voir ce qui nous en reste, liv. I, ch. 21) mérite qu'on s'y arrête. Ce n'est ni celui de Méton ni celui de Jules César; c'est un mélange de tous les deux avec des changements ingénieux qui en rendent la symétrie plus exacte. Malheureusement la nécessité de compter les jours à rebours deux fois dans chaque mois, de deux semaines l'une, en rendrait l'usage fort incommode pour nous, bien que les Athéniens suivissent une pareille marche rétrograde dans la troisième décade de chaque mois; quant aux Romains, on peut dire qu'ils la suivaient constamment, puisqu'ils rapportaient chaque jour aux nones, aux ides ou aux calendes qui devaient suivre. Gaza, qui a connu le chapitre

parlé devaient être régulièrement institués[1], mais nous ne savons rien de l'organisation du sacerdoce. Leur fonction principale était sans doute de présider chaque jour aux prières, comme il est dit ci-dessus, et de temps en temps aux sacrifices : car il y avait aussi des sacrifices[2], mais cette partie du rituel nous manque. Il y avait des jours de jeûne[3], et des examens de conscience à la fin du mois[4], sans doute pour préparer aux sacrifices. Il y avait même une espèce de confession ; car nous voyons, au titre des Jugements[5], l'homme qui s'est senti atteint d'un désir adultère, se présenter à l'exégète, c'est-à-dire, à l'interprète des choses saintes, probablement au prêtre, pour lui confier le secret de sa faiblesse, et lui demander les moyens de s'en purifier. Il y avait un culte spécial pour les morts,

de Pléthon (voir les fragments à la suite de ce chapitre), le traite injustement, selon Allatius, *de Mensura temporum*, ou du moins, selon nous, trop lestement. On ne peut nier cependant que quelques-unes de ses critiques ne soient fondées, surtout lorsqu'il se plaint de la multiplicité des jours fériés, *hiéroménies*, qui enlèveraient trop de temps à l'agriculture et à l'industrie. Voir l'excellente note de M. Vincent à la fin de ce volume.

1. Pléthon emploie positivement le nom de prêtres, ἱερέων, livr. III, ch. 36, et dans sa Table de matières au livre I, ch. 22, où l'on voit même qu'il avait tracé pour eux des règles de vie. Il parle aussi de hérauts sacrés, espèce de *muezzim* ou de crieurs publics qu'il attache au service du culte, et qui devront être institués par un des prêtres, ὑπὸ ἱερέων του ἀναδεδειγμένοι, liv. III, *ibid*.

2. Voir, dans la Table en tête de l'ouvrage, les titres des chapitres 37, 38 et 39 du livre III.

3. Pléthon lui-même parle de ces jeûnes, au commencement du chapitre 36 de son livre III, et il les fait durer jusqu'au coucher du soleil, à la manière grecque.

4. Extraits de Gaza insérés par nous au Traité des Lois, à la suite du livre I, chap. 21, pag. 60 et suiv.

5. Liv. III, chap. 31, pag. 128.

et Pléthon insistait dans son livre sur les formalités de la sépulture[1]. Il est clairement question d'une espèce d'excommunication au chapitre des Jugements[2]. Tout cela évidemment imité du christianisme : les formules mêmes des prières portent en quelques endroits des marques sensibles d'imitation[3], et cette imitation devient impie dans un ouvrage précisément dirigé contre la religion dont elle parodie les pratiques.

Tel est dans son ensemble le système de Pléthon et le fidèle résumé de son livre. Nous n'insisterons point sur le côté littéraire, parce qu'il nous paraît n'avoir ici qu'une importance très-secondaire. Le style de Pléthon est lourd en général, chargé d'incises et embarrassé dans sa marche périodique ; le coloris en est terne, la diction plus correcte qu'élégante, si on ne lui compte pour élégances les idiotismes dont elle cherche à se parer et une affectation de formes attiques dont Lucien peut-être se serait beaucoup diverti[4].

1. A en juger par les titres des chapitres 26 et 27 du livre I : περὶ θεραπείας τῶν οἰχομένων, περὶ ταφῆς.

2. Liv. III, chap. 31, pag. 126, ἱερῶν συμπάντων εἴργεσθαι.

3. Voir notamment à la fin de la grande allocution du matin, pag. 154, des imitations très-sensibles de la préface qu'on chante à la Messe, et du *Te Deum*.

4. Lucien, *Anti-attic.*, se moque de cette manie des atticistes de son temps, qui croyaient ajouter beaucoup à l'élégance de leur style, en ramassant de vieilles formes déjà tombées en désuétude à Athènes dès le siècle d'Alexandre. Mais ce défaut était une très-grande qualité pour les Grecs du Bas-Empire, et nous avons vu Gennadius lui-même en faire à Pléthon un sujet d'éloge (ci-dessus, p. LV). Cependant Théodore Gaza, fort supérieur comme littérateur et comme critique à la plupart des Grecs de son temps, ne partage pas cette admiration, et semble même, dans son livre *des Mois*, ch. 12, parler assez légèrement de l'atticisme de Pléthon, qu'il montre travaillant et tourmentant son style pour lui donner ce vernis

Les prières que Pléthon appelle *Allocutions*, et où du moins il aurait dû chercher à mettre un peu de couleur, un peu d'onction, ne se distinguent, sauf les passages empruntés à nos rituels, que par leur longueur interminable et leur sécheresse désespérante. C'est toujours, et presque dans les mêmes termes, la répétition des mêmes idées cosmogoniques [1]. Quant aux hymnes en vers, ils valent encore moins que la prose, et n'ont de vers que le rhythme, encore fort saccadé, fort gêné et à peine reconnaissable [2].

d'antiquité : Καί τοι τἄλλα τὰ περὶ τὴν φωνὴν ἕπεσθαι προθυμούμενος Ἀττικοῖς, καὶ σφόδρα περὶ τοῦτο σπουδάζων.

1. On s'en convaincra en essayant de lire de suite le chapitre 36 du livre III du Traité des lois.

2. Ces hymnes font suite au chapitre 36. Ils sont au nombre de vingt-sept, chacun de neuf vers hexamètres, coupés en trois tercets, afin de pouvoir être divisés selon les besoins du rituel. Ils sont mal versifiés, et ne justifient pas du tout l'éloge de Lilius Gyraldus, *de Poetis nostri temporis, lib. II, sub init.* : « Hic quidem « Plethon et aliquando versibus lusit, dignis illis quidem tanto « philosopho, sed paucis admodum. » Pléthon eût mieux fait de n'écrire qu'en prose, et il y a en effet de lui un hymne en prose au Dieu unique, qui ne manque pas de majesté; nous le donnons en tête des pièces justificatives, p. 273. L'hymne au soleil, attribué à notre auteur par Allatius, *de Georgiis*, § 23, dans Fabricius, Biblioth. gr., pag. 98, ed. Harl., pourrait bien n'être autre que l'hymne de Proclus au même Dieu, retouché et remanié par notre auteur : on le trouve en effet, avec des corrections qui le défigurent, parmi des extraits de Pléthon, dans un ms. de Venise, analysé par Morelli, tom. I, cod. 406. Cependant George de Trébizonde, *Comp. Aristot. et Plat.*, chapitre déjà cité, semble avoir eu entre les mains un autre hymne au soleil dont il parle comme d'un morceau plus considérable : « Vidi, vidi ego et legi « preces in Solem ejus, quibus, sicut creatorem totius, hymnis « extollit atque adorat, tanta verborum elegantia, compositionis « suavitate, numeri sonoritate, schematum rebus accommodata « dignitate distinctum, ut nihil addi posse videatur, sententiis au-

Mais encore une fois, ce n'est pas là ce qui nous intéresse. La forme est peu de chose dans un sujet aussi grave. Ce qui doit fixer notre attention, c'est l'effort de Pléthon pour arriver par la philosophie à une nouvelle forme de civilisation, c'est la direction des idées d'un esprit fort au quinzième siècle. On voit combien, même dans les têtes les mieux organisées de cette époque, le véritable esprit philosophique était peu développé. Pléthon veut échapper à la scolastique, et il ne trouve de refuge contre elle que dans le néo-platonisme, la plus mauvaise de toutes les philosophies, puisque c'est la seule qui n'ait laissé aucune trace utile de son passage. Il se lance dans ces régions inconnues, et il ne s'aperçoit pas qu'en se traînant ainsi sur les errements d'une vieille école, il fait lui-même de la scolastique à sa manière. Seulement, au lieu d'emprunter ses idées à Aristote, il les emprunte à Platon, et encore les prend-il moins dans Platon lui-même que dans Platon arrangé, systématisé, refait par ses interprètes d'Alexandrie, qu'il imite dans leur travail de remaniement et dans leur licence d'interprétation. Puis, averti, comme eux, par un instinct de conscience ou de bon sens, de la faiblesse d'un système philosophique appuyé seulement sur l'imagination de ses inventeurs, il essaye de le renforcer en lui donnant les caractères d'une espèce de tradition qui se

« tem ita caute divinos Solis honores efferentem, ut ne doctissimi « quidem [nisi] attentius sæpiusque perlegerint, animadvertere « possint. » On ne sait s'il s'agit d'un hymne en vers ou d'une prière en prose : dans tous les cas, cette pièce parait perdue, si toutefois ce n'est pas celle de Proclus citée plus haut; car on ne peut avoir grande confiance dans les affirmations de George de Trébizonde, quoiqu'il prétende parler *de visu*.

rattacherait au berceau même des souvenirs historiques. On sait que ce fut la manie des néo-Pythagoriciens du premier siècle [1] et plus tard des néo-Platoniciens [2], de faire remonter leurs doctrines aux plus anciens sages de la Grèce, de l'Asie et de l'Égypte. De là tant d'ouvrages apocryphes sous les noms d'Orphée, d'Hermès et de Zoroastre; de Zoroastre surtout, dont les prétendus oracles formulés en mauvais vers grecs au commencement de notre ère, sont cités avec tant de complaisance dans les ouvrages de Proclus [3], et dont Pléthon s'était fait, on voit maintenant pourquoi, le commentateur [4]. A ces noms fameux, il ajoute arbitrai-

1. Les hymnes, bien différents de ceux de Pléthon et bien supérieurs pour le style, qui nous restent sous le nom d'Orphée, et dont Hermann a donné une excellente édition, sont, ainsi que les oracles de Zoroastre, dont nous parlerons tout à l'heure, des productions néo-pythagoriciennes du premier siècle avant et après notre ère. Les livres attribués à Hermès sont d'un néo-pythagoricien converti, d'un chrétien du premier siècle, mal dépouillé des traditions de son école. Les titres seuls de ces ouvrages prouvent la tendance que nous signalons à étayer les nouvelles doctrines du nom des anciens philosophes.

2. Proclus, que Pléthon a beaucoup imité, comme Gennadius le lui reproche et comme nous le verrons tout à l'heure, avait écrit un livre aujourd'hui perdu : Εἰς τὴν Ὀρφέως θεολογίαν, et un autre également perdu : Συμφωνία Ὀρφέως, Πυθαγόρου καὶ Πλάτωνος. Nous empruntons ces titres à Fabricius, Bibl. gr. tom. IX, p. 429, ed. Harles.

3. Proclus cite à tous moments, dans ses divers ouvrages, de prétendus oracles de Zoroastre, qu'il appelle λόγια, quoique écrits en vers, et, soit dit par parenthèse, en assez mauvais vers grecs. On en trouve également des traces chez les autres néo-platoniciens, et c'est de leurs écrits qu'ont été recueillis les nombreux fragments qui ont servi à Patrizzi, et d'après lui à Jean Leclerc, pour augmenter le texte si incomplet donné par les manuscrits et commenté par Psellus et par Pléthon.

4. Le travail de Pléthon sur l'interprétation des oracles de Zo-

rement ceux de plusieurs sages de l'ancienne Grèce; il ne craint pas d'y joindre les brahmanes de l'Inde, les mages de l'Asie, les Curètes mêmes de la fable[1]; et s'il ne remonte pas à Men ou Ménès, premier roi d'Égypte, antérieur de trois mille ans, dit-il, à Zoroastre, c'est que, par exception, au lieu d'admirer sa doctrine à titre d'antiquité, il la condamne, et même en termes assez durs[2].

Mais Gennadius, dans sa lettre à Joseph l'Exarque,

roastre, travail antérieur selon nous à sa déclaration de guerre contre Aristote et auquel nous avons déjà fait allusion page VII, note 4, a été imprimé avec celui de Psellus (probablement Psellus l'ancien) sur le même sujet, à la suite de ces mêmes oracles, dans l'édition qu'en a donnée Opsopœus, Paris, 1599, et qui se trouve ordinairement à la suite des Sibylles du même éditeur. Si l'on rencontre çà et là dans le commentaire de Psellus quelques opinions hétérodoxes empruntées à ses études néo-platoniciennes, on remarque à chaque page dans celui de Pléthon des indices bien reconnaissables de ses fausses idées théologiques, notamment sur la hiérarchie des êtres, sur le second démiurge, sur les divers modes de création, sur les destinées de l'âme humaine, sur les rapports de la philosophie de Zoroastre avec celle de Platon, etc. Voir les extraits que nous en donnons à la fin de ce volume, pag. 274 et suiv., avec les rapprochements indiqués en note.

1. Voir le Traité des Lois, liv. I, ch. 2, et l'Epinomis à la fin du livre III. Les mêmes noms et les mêmes idées reviennent, à propos d'une autre discussion, dans la réplique au plaidoyer de Gennadius pour Aristote, pag. 59 de l'édition de M. W. Gass, page 297 de notre Appendice.

2. Mêmes ouvrages et mêmes passages. Les manuscrits de Pléthon donnent partout à ce législateur des Égyptiens le nom de Μίν, gén. Μινός, ce qui pourrait faire croire, faute d'attention, qu'il s'agit du législateur des Crétois et ce qui a en effet trompé M. Hardt dans sa traduction latine. Il ne faut attribuer qu'à l'iotacisme des copistes cette forme extraordinaire du nom égyptien; sa vraie forme grecque est Μήν, gén. Μηνός, dans Hérodote, II, § 4 et 99, passages que Pléthon avait certainement dans l'esprit.

réduit ces prétentions à leur juste valeur : « Ce Zoroas-« tre, dit-il [1], et tant d'autres dont tu invoques les noms, « Minos, Eumolpe, Polyide, Tirésias, tu n'as pu voir « leurs livres, ni leur emprunter leur doctrine. Le peu « que nous savons d'eux, tu as pu seulement l'appren-« dre, comme tout le monde, soit par les témoignages « d'écrivains beaucoup plus récents, soit par les faux « ouvrages publiés sous leurs noms. Mais après eux, « et par-dessus tous, ton maître, c'est Proclus, dont tu « as glané les idées éparses dans ses longs et nombreux « ouvrages ; car tu cites bien à l'appui de tes opinions « Plutarque, Plotin, Jamblique, Porphyre ; mais Pro-« clus, dont tu t'es le plus servi, tu ne le nommes pas « une seule fois, sans doute pour n'avoir pas à parta-« ger avec lui la gloire de tes inventions : vaine pré-« caution, s'il est encore des hommes qui aient lu « Proclus, qui aient compris et condamné sa doctrine, « et si ces hommes voient et reconnaissent la source « de tes erreurs [2]. »

1. Pag. 423 de notre édition.

2. Proclus, en effet, dans sa Théologie de Platon et dans son Institution théologique, maissurtout dans le premier de ces deux ouvrages, dont l'autre n'est guère qu'une répétition fort diffuse, présente des rapports frappants avec la théodicée et la théogonie de Pléthon : les détails diffèrent, mais il y a proche parenté d'idées. Citons, pour exemples, cette unité première, Dieu par excellence, qui se ramifie en unités secondaires, formant un réseau de trinités entrelacées (Théol. III, ch. 1, sqq.); cette progression descendante d'êtres subordonnés les uns aux autres et partagés en cinq ordres : l'être proprement dit, la vie, l'intelligence, l'âme, le corps (même livre, ch. 6) ; ces deux divinités principales, ou plutôt ces deux modes d'essence d'une seule divinité, Jupiter et Vesta (dans Pléthon ce serait Neptune et Junon), présidant à trois triades de dieux, et les reliant ensemble à peu près dans cet ordre (ch. 22) :

Jupiter, en dehors et au-dessus de tous les autres ;

Toutefois, hâtons-nous de le dire, ce que Pléthon emprunta surtout aux néo-Platoniciens, ce fut l'orgueilleuse présomption d'une secte qui s'annonça comme devant rebâtir de fond en comble, sur les plans de son ancien maître, l'édifice de la connaissance humaine, et qui, sans faire apport à la science d'une seule donnée positive, prétendit dominer toutes les philosophies et toutes les religions. Ce qu'il leur emprunta encore, ce fut ce recours continuel aux emblèmes pour déguiser le vague des idées, ce goût ou plutôt ce besoin d'allégories qui aboutit chez eux tantôt aux absurdités du mysticisme, tantôt aux extravagances de la démonologie et de la théurgie. Ce fut enfin la haine du christianisme, caractère dominant de cette école. En effet, nous la voyons s'allier, dès sa naissance, avec le paganisme où elle trouvait plus de complaisance pour les systèmes et une plus grande flexibilité de dogmes.

Cérès, Junon, Diane;
Vesta (unissant la 2e triade à la 1re), Minerve, Mars;
Mercure (unissant la 3e triade à la 2e), Vénus, Apollon;
Au-dessus de ces neuf grands Dieux, la Nécessité et les Parques, ses filles, ch. 23; au-dessous, les Curètes ou Corybantes, ch. 13, les Démons ou Génies, ch. 16; et au-dessous encore, les âmes, et enfin les corps, ch. 6.

Toute cette hiérarchie, très-embrouillée dans Proclus, ressemble certainement à celle de Pléthon, qui, malgré de nombreuses différences, n'en est qu'une imitation un peu moins subtile et moins confuse. Gennadius a donc raison de s'étonner que le nom de Proclus ne soit pas cité une seule fois par son imitateur dans le Traité des Lois, où ses idées ont été mises si largement à contribution. Mais pour être juste, il faut ajouter qu'on le trouve cité plusieurs fois avec éloge dans d'autres ouvrages du même auteur, notamment dans sa correspondance philosophique avec Bessarion, extr. d'Orelli, pag. 236, et aussi dans sa réplique à Gennadius au sujet d'Aristote, pag. 55, éd. Gass.

Elle encouragea la persécution sous les derniers empereurs païens, triompha un moment sous Julien, et continua ses sourdes attaques jusqu'au temps de Justinien qui les fit cesser, malheureusement par des mesures de rigueur. Elle s'éteignit alors dans l'exil ou dans le silence. Au moyen âge, le seul qui remua ses cendres, Psellus l'Ancien fut obligé, dit-on, de composer un poëme pour se justifier du reproche de paganisme [1]. Elle renaît au quinzième siècle avec Pléthon, et nous voyons sous quelle forme. Cette fois, elle n'essaie plus de se déguiser : c'est la restauration du polythéisme ; ce sont les anciens Dieux avec leurs noms et leurs attributs, affublés seulement du manteau d'une philosophie qu'on croyait morte, venant redemander leurs temples, leurs autels et leur culte.

Quelle que fût, au reste, l'influence du nom et du talent de Pléthon, il n'est pas probable que son paganisme eût jamais fait beaucoup d'adeptes dans son pays. Nous savons, il est vrai, qu'il avait formé à Mizithra, de ses disciples les plus affidés, une société secrète. Michel Apostolius, dans une lettre que nous publions à la fin de ce volume, témoigne le désir d'en faire partie [2]. Un de ses grands admirateurs, Charitonyme ou Hermonyme, auteur d'une oraison funèbre en son honneur [3], se plaint de n'avoir pas été admis dans ce

1. Voir l'article *de Psellis*, § 11, dans la Biblioth. gr. de Fabricius, tom. X, pag. 41, éd. Harl.

2. A la fin de ce volume, pag. 370, suiv. Ce même Apostolius, dans deux lettres à Argyropule, *ibid.* p. 372, suiv., se montre un des croyants de la nouvelle Église. Est-ce qu'Argyropule, au moins pendant quelque temps, en aurait lui-même fait partie ?

3. A la fin de ce volume, p. 385, suiv. Il est remarquable que tout en avouant qu'il n'était pas admis à ces réunions, il ne laisse

cercle privilégié. Que se passait-il dans ces réunions ? Nous l'ignorons. Mais il est à croire que le maître y développait sa doctrine et y posait les fondements de sa réforme. Là, sans doute, on se dédommageait de la contrainte qu'imposaient extérieurement les convenances. On y parlait un singulier langage, si c'est à un souvenir de ses anciennes relations que Bessarion, le grand cardinal, empruntait cette expression au moins étrange d'une de ses lettres, où, en déplorant la mort de Pléthon, il le félicite d'être allé rejoindre les Dieux de l'Olympe et célébrer avec eux le chœur mystique d'Iacchus [1]. Mais enfin l'habileté pratique du maître, sa position sociale et les ménagements qu'elle lui imposait, durent pendant sa vie opposer de grands obstacles à la propagation de ses idées religieuses. Après sa mort, et surtout après l'occupation de Mizithra

pas d'en faire le plus grand éloge. A l'entendre, Pléthon seul attirait à Sparte le reste de savants que possédait encore la Grèce, réduite à peu près au Péloponèse. Après lui, que vont-ils devenir? Ils se disperseront dans toutes les parties du globe, *ibid.* Et nous les voyons en effet, peu de temps après, se réfugier dans le reste de l'Europe, à Paris même, où Hermonyme de Sparte (sans doute l'auteur de cette oraison funèbre) porta l'un des premiers la connaissance et le goût du grec. Voir ci-dessus, pag. XXXIX, not. 6.

1. A la fin de ce volume, pag. 404. Cette phrase, souvent citée et commentée, a fait beaucoup de tort à la mémoire de Bessarion. Il ne faut cependant pas s'en exagérer la portée. Le chœur d'Iacchus était la danse ou le chant des initiés aux mystères d'Éleusis, un des jours où ils sortaient du temple en procession solennelle : elle avait pris le nom d'Iacchus ou Bacchus, divinité mystique qu'on célébrait dans ces chants, et dont probablement le nom était répété à chaque refrain, comme celui de Pæan dans les hymnes en l'honneur d'Apollon. Le cardinal a donc voulu seulement exprimer que l'âme de Pléthon se réunirait dans le ciel à la troupe des bienheureux pour y célébrer éternellement les louanges de Dieu. C'est là, ce semble, la meilleure explication et celle à laquelle

par les Turcs, son école fut nécessairement fermée et dispersée[1]. L'évangile même de cette petite secte ayant péri avant sa publication par l'arrêt de Gennadius, elle n'eut plus d'étendard ni de point de ralliement. Sans cela, Pléthon aurait eu peut-être, comme de nos jours Saint-Simon, le rare honneur de donner son nom à une religion nouvelle.

Ses idées ne furent pourtant pas sans influence, du moins en Italie. Ce fut par l'inspiration de ses souvenirs, comme nous l'avons dit plus haut[2], que s'établit à Florence la plus ancienne de toutes les Académies, et d'abord sous la direction de Marsile Ficin. Les idées panthéistiques de l'école néo-platonicienne se font assez jour dans les écrits de ce dernier à travers l'obscurité mystique de son style pour qu'on puisse le regarder comme le disciple et le successeur immédiat de Pléthon[3]. Nous avons dit la passion des premiers

s'est arrêté Allatius, premier éditeur et traducteur de cette lettre. Voir dans ces expressions autre chose que des métaphores de mauvais goût, et surtout dans le nom d'Iacchus une allusion au saint nom du Rédempteur, ce serait prêter gratuitement à Bessarion une sorte de blasphème. Il n'en est pas moins vrai que, même dans le style mythologique dont la mode s'introduisait à cette époque, un tel abus de mots a quelque chose d'étrange et de blâmable sous la plume d'un prince de l'Église écrivant, dans une circonstance aussi grave, aux fils d'un homme dont il ne pouvait ignorer les idées païennes; il devait, après la mort de son ami, ou déplorer ouvertement ces idées, ou du moins éviter d'y faire allusion.

1. Charitonyme ou Hermonyme, dans son oraison funèbre de Pléthon, pressentait et prédisait cette dispersion. Voir ci-dessus, pag. LXXXII, not. 3, et à la fin de ce volume, pag. 386, not. 3.

2. Voir ci-dessus, pag. XVII.

3. On se demande souvent en parcourant les œuvres de Ficin, si ce chanoine de Florence était chrétien, ou quel mélange bizarre

Médicis et de leur savant entourage pour les doctrines académiciennes qui apparaissaient alors pour la première fois aux hommes de la renaissance [1]. Toutefois, l'esprit philosophique se développa moins vite dans cette société fort peu sérieuse que l'élément païen favorisé par les études de la renaissance et par la corruption des mœurs. On voit ce dernier régner seul dans une autre espèce d'Académie [2] qui se forma vers le même temps

s'était fait dans sa tête de deux théologies antipathiques et inconciliables. Il vécut pourtant tranquille et honoré dans sa patrie; et s'il ne put éviter les attaques de quelques théologiens moins tolérants, leurs coups ne purent l'atteindre sous la protection des Médicis. Il revint, au reste, dans sa vieillesse, à des idées plus saines et plus conformes à son état. Il avait pu voir, mais non connaître Pléthon, étant né seulement en 1433, six ans avant le concile.

1. Voir ci-dessus, pag. XVII. Témoin encore la lettre de Cosme à Ficin, dans les œuvres de ce dernier, lib. I, pag. 608, éd. de Bâle : « Contuli heri me in agrum Charegium, non agri, sed animi colendi gratia. Veni ad nos, Marsili, quam primum. Fer tecum Platonis nostri librum de summo bono, quem te isthic arbitror jam « e græca lingua in latinam, ut promiseras, transtulisse. Nihil enim « ardentius cupio quam, quæ via commodius ad felicitatem ducat, « cognoscere. Vale, et veni, non absque Orphica lyra. » Et enfin le récit des derniers moments de Cosme fait par Ficin, dans sa lettre à Laurent de Médicis, ibid. pag. 649 : « Denique Solonem philosophum imitatus, quum per omnem vitam vel in summis negotiis « egregie philosophatus esset, illis tamen diebus quibus ex hac umbra migravit ad lucem, quam maxime philosophabatur. Itaque « postquam Platonis librum de uno rerum principio ac de summo « bono legimus, sicut tu nosti qui aderas, paulo post discessit, « tanquam eo ipso bono quod disputatione gustaverat, re ipsa « abunde jam potiturus. »

2. Sur cette première académie de Rome (si toutefois on peut donner ce nom à une association libre de savants, de gens de lettres et d'amateurs), voir les détails par Mich. Cannesio, dans sa Vie de Paul II, éd. du cardinal Quirini, pag. 78 et suiv. citée par Tiraboschi, tom. VI, pag. 108, sqq. éd. Modèn. Le pape Paul II, qui la

à Rome, sans caractère officiel, par les soins de Pomponius Lætus, un des hommes les plus savants et des esprits les plus aventureux de son temps, un véritable païen du quinzième siècle, qui se vantait devant les papes eux-mêmes de vouloir défaire l'œuvre du Christ[1]. Or, ce Pomponius Lætus ou Sabinus n'est autre que Pierre de Calabre[2] dont Pléthon fait l'éloge dans sa réplique à Gennadius au sujet d'Aristote[3]. Il parle des relations qu'il avait eues en Italie avec ce savant (savant bien précoce, s'il fallait en croire ses biographes, qui le font naître en 1425, mais beaucoup trop tard[4]), et de la préférence donnée par ce dernier aux interprètes grecs d'Aristote sur les interprètes latins. Or, qui peut

persécuta et ne vint pas à bout de la détruire, lui reprochait d'être une réunion d'hérétiques et d'incrédules, où l'on affectait de ne porter que des noms païens, où l'on ne jurait plus que par Platon, etc. Le récit de ces persécutions est dans Platina, Vie de Paul II, pag. CCCLVI et suiv. de l'éd. de Lyon, 1512.

1. Sur les projets et les propos de Pomponius Lætus, tous les biographes sont d'accord : mais peut-être ont-ils adopté trop légèrement beaucoup d'anecdotes répandues à ce sujet ; voir Chaufepié, suppl. de Bayle, et les sources qu'il indique.

2. L'identité de Pierre de Calabre avec Pomponius Lætus ou Sabinus ne saurait être douteuse. Elle est reconnue par Thomas Blount, par Baillet, par Apostolo Zeno, et aujourd'hui par tous les savants. Ce bâtard de l'illustre maison de Sanseverini, né à Amendolara, dans la haute Calabre, s'obstina toujours, par une noble fierté, à refuser la reconnaissance tardive de sa famille naturelle. Il ne pouvait donc guère porter dans sa jeunesse que son nom de baptême et le nom de son pays. Les noms latins qu'il adopta plus tard tiennent en partie à la mode de son temps, en partie à ses opinions païennes : c'était ce qu'il appelait se débaptiser.

3. Le passage est à la page 56 de l'édition de M. W. Gass, pag. 295 de nos extraits : Τοῦτο μὲν γὰρ Πέτρος ὁ Καλαυρὸς, κ. τ. λ.

4. Il n'aurait eu que treize ans à l'époque du concile ! Donnons-lui en vingt, pour qu'il ait pu causer science avec Pléthon.

douter que la conversation n'ait souvent été beaucoup plus loin, et n'ait abordé le sujet cher à Pléthon d'une réhabilitation du paganisme ? A ce compte, le maître de Pomponius Lætus pourrait être, jusqu'à un certain point, responsable de toutes les folies païennes des quinzième et seizième siècles [1]. On ne peut du moins lui contester son influence sur le mouvement philosophique de son époque ; et dans ces fêtes où l'Académie de Florence brûlait sur les autels de Platon un encens profane, sinon sacrilége, elle aurait dû en réserver quelques grains pour le restaurateur de la doctrine du grand philosophe. Si Platon était le Dieu de la nouvelle religion, Pléthon en pouvait bien être le prophète. Mais si l'on n'en fit ni un Dieu ni un prophète, peu s'en fallut qu'on n'en fît un saint. Ses dépouilles mortelles, exhumées de la tombe où elles reposaient

1. Au commencement du seizième siècle, et à la veille de la réforme provoquée par tant d'abus, le cardinal Bembo, secrétaire de Léon X, ne comptait-il pas dans le sacré collége quatorze cardinaux païens ? Les goûts, sinon les opinions, du paganisme passèrent d'Italie dans le reste de l'Europe. Et de là, dans tous les ouvrages, à partir de la renaissance, l'abus de la mythologie mêlée à l'exposition de nos dogmes les plus saints, non-seulement dans les poëmes (Sannazar, le Mantuan, Vida, le Camoëns, etc.), mais encore au milieu de la prose la plus sévère. Nous en avons vu un singulier exemple dans une lettre de Bessarion, ci-dessus, p. LXXIII. Le style même de la chaire en fut infecté, et les prescriptions, d'ailleurs si sages, du Ve concile de Latran n'essayèrent pas d'attaquer ce mal. La peinture ne resta pas en arrière de la littérature, et peut-être avec plus d'excuse ; aussi conserva-t-elle plus longtemps ces habitudes profanes : témoins tous les plafonds de nos palais ; témoins ces mélanges de prélats en costume d'église et de divinités païennes dans les tableaux de Rubens. La mode de ces fades allégories a traversé trois siècles, et est venue expirer de nos jours, au commencement du dix-neuvième.

à Sparte, furent en 1475 transportées par un de ses admirateurs à Rimini, où elles dorment, probablement ignorées, sous les dalles de l'église Saint-François[1].

Nous ne reviendrons pas sur les attaques dirigées, en Grèce même, contre le paganisme de Pléthon, peu de temps après sa mort, par suite de la révélation de quelques parties de son grand ouvrage[2], ni des cla-

1. Sur l'exhumation des restes de Pléthon et sur leur translation dans l'église Saint-François à Rimini, par Sigismond-Pandolfe Malatesta, seigneur de cette ville, l'auteur à qui nous devons ce détail, Tiraboschi, tom. VI, éd. Modèn. pag. 354, en note, renvoie aux *Miscellanea* de Lucques, tom. V, pag. 120. Après bien des démarches pour nous procurer ce recueil, nous avons reconnu qu'il n'ajoutait rien au simple renseignement de Tiraboschi.

2. De ces attaques, la première en date est celle qui a pour titre: *Matthæi Camariotæ orationes duæ contra Plethonem de Fato*, imprimée en grec et en latin par Samuel Reimar, à Leyde, 1721, in-8°. Elle est partagée en deux discours, ou plutôt en deux diatribes pleines de fiel et de violence. Dès le commencement du premier discours on y traite Pléthon d'athée, Πλήθων ὁ ἄθεος, et un peu plus bas, ἀθεώτατος, de restaurateur des anciennes abominations du paganisme, τὴν παλαιὰν Ἑλλήνων βδελυγμίαν ἀνακινῶν, d'âme ouverte à tous les démons, πονηρῶν δὲ πνευμάτων πεπληρωκὼς τὴν ψυχήν; et dans le second discours, pag. 218, on lui reproche d'avoir dans sa vieillesse caché sa doctrine par hypocrisie, vivant d'une vie de lièvre, τὸ δὲ λεγόμενον, λαγὼ βίον ἔζη, ne se révélant qu'à ses adeptes, ὅσοι ἀμηγέπη αὐτῷ ἐπλησίαζον, mais gardant pour être publiés après sa mort des livres destinés à corrompre le genre humain, ἵνα μηδ' ἀποθανὼν γοῦν παύσαιτο τὸ τῶν ἀνθρώπων λυμαίνεσθαι γένος. Et cependant Matthieu, homme très-pieux et même très-dévot, à en juger par ses autres ouvrages, ne connaissait encore que le chapitre sur le Destin; il savait que le reste de l'ouvrage était gardé entre des mains sûres, celles du prince Démétrius, fort peu disposé à le laisser circuler dans le public, pag. 47 du premier discours. Qu'eût-il dit s'il eût connu tout ce que nous possédons de cet ouvrage? La seconde attaque, non moins virulente, est dans l'avant-dernier chapitre de la dissertation de George de Trébizonde, *Compar. Aristot. et Plat.*, dont nous avons déjà vu plusieurs passages

meurs en sens contraire auxquelles donna lieu la destruction de ce livre[1]. Nous dirons aussi très-peu de chose des dissentiments qui, en Italie, continuèrent d'agiter la petite cour de Bessarion à propos de la guerre soulevée en faveur de Platon contre Aristote. Nous remarquerons seulement que les hommes les plus graves et les plus instruits de cette société, Gaza, Segondin, Andronic, se rangèrent du côté d'Aristote[2]. Bessarion lui-même, quoique au fond dévoué à Platon, s'était fait contre ce dernier le défenseur d'Aristote sur quelques points de doctrine[3]. Mais sa prédilection éclata dans son immense diatribe contre George de Trébizonde, *adversus calumniatorem Platonis*[4]. Jusque-là il avait essayé de tenir la balance égale ; et nous avons un

fort injurieux à l'adresse de Pléthon, pag. XVI, not. 1, et pag. XIX, not. 4, ouvrage rédigé, comme nous l'avons dit ailleurs, vers 1455, imprimé à Venise en 1523, in-8. Une autre diatribe, mais plus récente de près d'un demi-siècle, est celle de Manuel Holobulus, orateur de la grande église grecque (comme il s'intitule), contre le traité de Pléthon sur le Saint-Esprit, traité déjà réfuté par Gennadius, et qui ne méritait pas de l'être une seconde fois. Nous n'avons pas à Paris l'œuvre d'Holobulus, mais elle existe manuscrite dans plusieurs bibliothèques, et Allatius, *de Georgiis*, dans Fabricius, t. XII, pag. 98, en cite en latin un morceau assez considérable.

1. Nous publions une lamentation inédite sur ce sujet, parmi nos pièces justificatives, pag. 408.

2. Voir la dissertation déjà plusieurs fois citée de Boivin le jeune, Mém. de l'Acad. des Inscr., tom. II, pag. 775.

3. Voir ci-dessus, pag. XXII, not. 1.

4. D'après ce que nous avons dit des attaques de George de Trébizonde contre Pléthon dans son livre sur la comparaison de Platon et d'Aristote, on peut s'étonner que Bessarion, dans les cinq livres de son grand ouvrage en réponse à celui de George, n'ait pas fait une seule allusion directe à son ancien maître et ami. Il le nomme une fois, au commencement du sixième livre, intitulé *de Natura et arte:* « Plethon Constantinopolitanus, vir nostra ætate

monument de son impartialité dans sa belle lettre à Michel Apostolius, qui s'était permis, croyant faire sa cour au cardinal, d'écrire trop légèrement contre Aristote [1]. Ces discussions, souvent racontées avant nous [2], nous éloigneraient trop du Traité des Lois.

Quant aux débris de ce dernier ouvrage, dispersés, comme nous l'avons dit, dans les bibliothèques de l'Europe, ils y furent longtemps oubliés des savants. Le fragment le plus connu a toujours été le chapitre du Destin [3], que l'auteur, à ce qu'il paraît, avait laissé trans-

« opinionum Platonis æmulus atque defensor, » et une autre fois, à la fin de ce même livre : « Equidem si quid ex meo judicio in « hanc quæstionem attuli, non Aristotelem damnans, non pro Ple- « thone contendens id feci. » Mais ce livre VI ne fait point partie intrinsèque de l'ouvrage, et lui est même antérieur. Le silence de Bessarion ne peut s'expliquer que par une discrétion facile à comprendre dans sa position officielle, après le bruit qu'avait dû faire la condamnation du Traité des Lois. Mais si dans l'ouvrage du cardinal le nom de Pléthon reste voilé, on n'en sent pas moins, à chaque instant, que l'avocat du philosophe d'Athènes est en même temps l'ami et le défenseur du philosophe de Sparte.

1. Cette lettre a été publiée par Boivin le jeune, en français, dans son mémoire déjà souvent cité, et en grec, avec une traduction latine, dans le tome III du même recueil académique, 1re part., pag. 303 et suiv.

2. Outre un grand nombre d'histoires de la philosophie, de la littérature et de la renaissance, on peut consulter les savants grecs de cette dernière époque, les ouvrages spéciaux de Börner et de Humphr. Hody.

3. Ce morceau se trouve dans un très-grand nombre de manuscrits, à Vienne, à Munich, à Florence, à Naples, à Madrid, etc. Il y en a quatre à la seule bibliothèque de Paris : 1996, 2077, 2826 (Falc.) et 66 du suppl. Il a été édité par Samuel Reimar, à Leyde, en 1722, et d'après lui, par Gasp. Orelli, avec le traité d'Alexandre d'Aphrodise sur le Destin et d'autres opuscules sur le même sujet. Hardt l'a également publié, dans le tome V de son catalogue, d'après le ms. 490 du fonds d'Augsbourg. Nous avons mis tous ces matériaux à profit dans notre édition. Nous ne croyons pas, au

pirer de son vivant, probablement en le communiquant à quelqu'un de ses amis [1]. La preuve ou du moins l'indice très-probable que ce chapitre était connu du vivant de Pléthon, c'est que, fort peu de temps après sa mort, il provoqua une réponse en deux livres de Matthieu Camariote [2]. Comme cette réfutation est antérieure à la destruction du livre des Lois [3], et comme

reste, qu'il puisse s'élever de doutes sur le point de savoir si cette dissertation de Pléthon faisait véritablement partie du Traité des Lois. D'abord, il est certain que ce dernier ouvrage contenait un chapitre sur le même sujet, περὶ Εἱμαρμένης. C'est le chapitre 6 du livre II, où notre morceau trouve sa place naturelle; et, en effet, dans le ms. de Vienne, au témoignage de Lambécius, il porte pour titre : περὶ Εἱμαρμένης, κεφ. ϛ', indication précieuse et concluante. D'ailleurs, l'opuscule que nous avons, débute évidemment comme un extrait d'un plus grand ouvrage : Πότερα δὲ ὥρισταί τε, κ. τ. λ. Enfin Pléthon y parle à chaque instant des Dieux au pluriel, et de Jupiter, leur chef, leur père et leur maître. C'est bien là le même système théologique que dans le livre des Lois, et un tel langage, à l'époque où Pléthon écrivait, n'aurait pas même eu de sens en dehors de ce système et de cet ouvrage.

1. Rien ne nous porte à croire que cet ami fût Bessarion, ni même que celui-ci ait jamais eu connaissance du chapitre dont il s'agit, au moins du vivant de son auteur. Ce qui semble prouver le contraire, c'est sa correspondance avec Pléthon sur diverses questions philosophiques, et entre autres sur celle du Destin (voir ci-dessus pag. XI, not. 3), sans aucune allusion au chapitre qui nous occupe ni au paganisme dont il est infecté. Quant à une lettre *ad Demetrium Porphyrogenetum* περὶ Εἱμαρμένης, dont parle ou semble parler Allatius, *de Georgiis*, apud Fabr. t. XII, pag. 95, éd. Harl. et qui aurait existé dans la bibliothèque des clercs réguliers de l'église des Saints-Anges à Naples, il ne faut pas s'en préoccuper : il y a eu là quelque erreur de copiste, et la lettre en question n'est autre que le προσφωνημάτιον dont nous avons parlé plus haut, p. XXXVIII, not. 2. Déjà M. Hardt, tom. V de son catalogue, p. 128, en avait fait l'observation.

2. Ci-dessus, pag. LXXXVIII, not. 2.

3. Cela résulte clairement du passage même où Mathieu Cama-

il n'avait été pris de ce livre aucune copie [1], il faut bien que le chapitre ait été publié séparément; aussi se trouve-t-il dans un grand nombre de manuscrits [2], et il a été imprimé plusieurs fois [3].

On peut croire aussi que le chapitre 21 du Ier livre, ou du moins la partie de ce chapitre qui contient une réforme assez ingénieuse du calendrier [4], avait vu le jour du vivant de l'auteur. Gaza, qui le cite souvent dans son *Traité des mois*, le connaissait, et même plus complet que nous; car il fait allusion à des détails aujourd'hui perdus; mais il n'en parle, il est vrai,

riote se plaint de ceux qui s'obstinent à garder entre leurs mains le livre de Pléthon : Τηρεῖσθαι δὲ παρὰ τοῖς τὰ ἐκείνου ἑλομένοις τε καὶ τιμῶσι · εἶναι γὰρ δὴ, φεῦ, εἶναί τινας καὶ ἄλλους τοὺς μετεσχηκότας τῆς Πληθωνικῆς λύμης. Mais cela n'est pas vrai : car nous savons, par la lettre à Joseph l'Exarque (voir la note suivante), que le livre était gardé en dépôt, précisément pour en empêcher la publication, par Démétrius, despote de Sparte, qu'on ne peut accuser d'avoir partagé les idées païennes de Pléthon.

1. C'est le témoignage formel de Gennadius à Joseph l'Exarque, de notre éd. pag. 416 : Καὶ πολλοῖς ἀπαιτοῦσιν ἐκγράφειν οὐκ ἠξίουν [οἱ ἄρχοντες] διδόναι.

2. A Paris, à Vienne et partout. Nous avons collationné tous ceux de Paris, et nous en donnons la liste dans la note en bas de ce même chapitre, pag. 64.

3. D'abord, par Samuel Reimar, en grec et en latin, Leyde, 1722, in-8o, à la suite, comme nous l'avons déjà dit, de l'ouvrage de Mathieu Camariote, avec la correspondance philosophique entre Bessarion et Pléthon, dont nous avons parlé ci-dessus, pag. XXII, not. 1 ; ensuite, mais sans la correspondance, par Hardt, dans le recueil d'Aretin, *Beytrage zur Geschichte*, etc. tom. VIII, pag. 580, sqq. et plus tard par le même, dans son Catalogue des mss. grecs de la bibliothèque de Munich, tom. V, pag. 92, sqq ; enfin, d'après Reimar et assez négligemment, par M. Gaspard Orelli, dans son recueil d'opuscules grecs sur le Destin, avec un extrait de la correspondance susdite.

4. Voir ci-dessus, pag. LXXV, not. 3.

qu'après la destruction de l'ouvrage. Ce morceau paraît n'exister aujourd'hui en manuscrit que sous le n° 336 de la bibliothèque de Munich, d'où il a été exhumé et reproduit textuellement par M. Hardt dans le troisième volume de son catalogue. Mais déjà, bien auparavant, il avait été publié, et même avec une phrase de plus, par Allatius, dans son Traité, aujourd'hui fort rare, *de Mensura temporum*, chap. XII, pag. 140. Il n'est pas impossible qu'il se retrouve un jour en entier [1].

A ces exceptions près, tout ce qui nous reste du Traité des Lois provient de l'exemplaire original détruit par les flammes. Gennadius lui-même nous apprend qu'il en conserva les tables des matières, adhérentes à la couverture, et les hymnes à la fin de l'ouvrage [2]. Mais il ne le pouvait guère sans laisser en même temps subsister quelques feuillets voisins. Aussi presque tout ce qui nous reste appartient-il au commencement du premier livre ou à la fin du troisième. Le peu de fragments intermédiaires qui ont survécu (sauf toujours le chapitre sur le Destin) doivent provenir de deux ou trois feuillets que la flamme aura

1. Il a existé autrefois dans le ms. de don Hurtado, déjà cité anciennement par Gesner, et plus tard par Allatius, *de Georgiis*, et qui est aujourd'hui à la bibliothèque de l'Escurial, n° 137 du catalogue de M. Miller. En effet, on le trouve mentionné dans la table en tête de ce manuscrit, sous le titre : Μηνῶν καὶ ἐτῶν τάξις καὶ ἡμερῶν ἀπαρίθμησις ; mais le feuillet qui le contenait a été arraché. Nous n'avons aucune raison de supposer qu'il contînt autre chose que ce qu'on trouve dans le ms. de Munich, presque en tout conforme à celui-ci.

2. Voir cette partie du récit dans une note de la main de Gennadius lui-même au bas de sa Lettre à Joseph l'Exarque, de notre édition page 440, not. 1.

épargnés et qui auront été retirés du feu par les personnes présentes.

En somme, voici tout ce que nous possédons : du premier livre, le préambule, la table des matières et les cinq premiers chapitres. Ces morceaux existent manuscrits dans les bibliothèques de Munich, de Vienne, de Naples[1], etc. Allatius les avait eus entre les mains[2], et même il en avait publié deux fois le préambule[3]. Ils ont tous été édités par Hardt[4] d'après le texte de Mu-

1. A Munich, dans le ms. 336, fol. 134, sqq. d'après lequel ils ont été reproduits par Hardt. Le chap. 4 : Ἐς θεοὺς τοὺς λογίους εὐχή, se trouve aussi à Munich, dans le ms. 495 du fonds d'Augsbourg. A Vienne, dans le ms. 91, analysé par Lambécius dans son VIIe volume, on retrouve le préambule et les cinq chapitres; mais le commencement de la table des matières a disparu jusqu'au chapitre 29 du IIIe livre, et, chose assez bizarre, le préambule est rejeté après la table. Les mêmes morceaux nous ont été signalés à Naples, par le savant bibliothécaire, M. Scotti. Le manuscrit d'Athènes, ou, si l'on veut, de Constantinople, dont nous devons la communication à la bienveillance de M. Le Barbier, contient aussi la table des matières (sans le préambule) et les chapitres 1, 3, 5, mais avec quelques omissions faites à dessein par le copiste.

2. Sans doute à la bibliothèque Barberine, où il atteste leur présence dans le ms. 263, avec cette note d'un anonyme : « Hoc « tantum ex divino illo volumine politicorum sive de legibus Ge- « misti ad nos pervenit; reliquum sacrilegus Scholarius flammis « consumpsit, veterique odio et inimicitiis adeo indulsit, ut ne « communi quidem utilitati pepercerit, sæviens in libros quando in « auctorem nequiverit. » Fabric. t. XII, p. 100, éd. Harl.

3. Dans son livre, aujourd'hui fort rare, *de Mensura temporum*, cap. 11, pag. 103, et dans son traité *de Georgiis*. Ce même préambule a été reproduit par Lambécius, dans son catalogue des manuscrits de Vienne, tom. VII, pag. 565, éd. Kollar, et par Hardt, avec les morceaux suivants.

4. Dans le recueil d'Aretin, tom. VI, pag. 270, et dans le catalogue de Munich, tom. III, p. 365, avec d'autres extraits du Traité des Lois. Mais la table des matières figure à part dans le même tome III, pag. 330, sqq. Voir ci-dessus, note 7.

nich, et c'est d'après lui que nous les publions de nouveau, après les avoir collationnés toutefois avec les manuscrits que nous avons pu consulter[1].

Au premier livre appartient encore, d'après Allatius[2], l'extrait dont nous avons plusieurs fois parlé, du calendrier de Pléthon, extrait qui nous a paru ne pouvoir se rapporter qu'au chap. 21, *sur le Culte des Dieux*.

Au second livre, outre le chapitre sur le *Destin*[3], il faut rapporter encore celui qui traite de l'*Instinct des animaux*, publié également par Hardt dans les recueils déjà cités[3]. Les dernières lignes de ce chapitre, vingt-sixième du livre, nous ont paru devoir en être détachées pour former le commencement du chapitre 27 sous un nouveau titre, *de l'Éternité de l'Univers*.

Vient enfin le troisième livre, et en particulier le chapitre 11, *sur la Mesure et la Proportion*, déjà publié par Hardt[4]; de plus un morceau considérable du chapitre 31, sur les *Jugements*, et le commencement du chapitre 32, fragment déjà imprimé par Fabricius dans sa bibliothèque grecque[5]. Nous ne donnons donc

1. Notamment avec le manuscrit d'Athènes.

2. Allat. *de Mensura temporum, loc. cit.*

3. Toujours d'après le ms. de Munich 336, où il vient immédiatement à la suite du morceau *sur la Mesure et la Proportion*. Il paraît qu'il en est de même dans le ms. de Vienne 91, analysé par Lambécius, et que ces deux manuscrits ne présentent, quant à ce fragment, aucune différence.

4. Toujours d'après le même manuscrit 336.

5. Biblioth. gr. (ancienne éd.), tom. XIV, pag. 140, d'après une brochure de Thryllitius, publiée à Wittemberg, en 1719, et que nous n'avons pu nous procurer. Dans le manuscrit d'où ce morceau a été tiré par son premier éditeur, il faisait suite immédiatement et sans lacune aux *Zoroastrea* (voir ci-dessous), en sorte que Thryl-

comme inédits, et encore sous toutes réserves, que les chapitres 14 et 15, sur la *Génération des Dieux*, retrouvés par M. Vincent dans un manuscrit de notre bibliothèque [1], et les chapitres 34, 35 et 36, dont la découverte, également due à M. Vincent [2], nous a mis sur la voie de toutes ces recherches, et qui contiennent, comme nous l'avons dit en commençant, presque tout le rituel, une des parties les plus curieuses de l'ouvrage. Cette partie, toutefois, serait restée fort incomplète si la bibliothèque de Munich, grâce au savant dont nous avons signalé l'obligeance, ne nous avait fourni des morceaux importants qui nous manquaient.

Quant à l'*Epinomis* qui termine ce livre, et qui est comme le résumé de l'ouvrage entier, Hardt l'avait publiée dans son tome V, d'après le ms. 490 du fonds d'Augsbourg. Elle se trouve manuscrite dans plusieurs

litius et Fabricius lui-même ont cru qu'il faisait partie de ce dernier ouvrage. On remarque absolument la même chose dans le ms. de Paris, n° 462, dont nous nous sommes servis. Hardt a donné la fin de ce morceau d'après son ms. 336, au tom. III, pag. 403 de son catalogue, et il paraît l'avoir aussi rencontré dans le ms. 48, dont il nous a donné l'analyse, sans en rien publier. Enfin, c'est sans doute encore ce même morceau qui figure au ms. de l'Escurial 137 du catalogue de M. Miller, sous le titre : Ἐκ τῶν πολιτειῶν καὶ τῶν νόμων αὐτοῦ.

1. Dans le ms. 2045, où personne avant M. Vincent n'y avait fait attention (voir le commencement de cette notice). Ils sont aussi à Vienne dans le ms. 28 du catalogue de Lambécius.

2. Ces morceaux avaient frappé l'attention de M. Vincent, à la Bibliothèque impériale de Paris, dans le ms. 66 du supplément. Hardt en a signalé aussi une grande partie dans le ms. de Munich 237 ; mais il ne paraît pas y avoir attaché assez d'importance, puisqu'il ne les a pas édités comme d'autres fragments du même ouvrage. Au reste, le ms. de Munich donne bien tous les hymnes en vers, mais il n'offre qu'une faible partie des prières en prose ou

grandes bibliothèques[1]. Nous en donnons une nouvelle édition, corrigée en plusieurs endroits d'après un manuscrit de Paris.

Un dernier morceau qui ne faisait point partie du Traité des Lois, mais que nous avons dû nécessairement y rattacher, parce qu'il formule la doctrine contenue dans ce livre, c'est le *Résumé des dogmes de Zoroastre et de Platon*[2], déjà édité deux fois au moins[3], mais dont nous publions un nouveau texte revu avec soin sur les manuscrits.

Enfin, comme Appendice de notre travail, et à titre de pièces justificatives, nous avons réuni à la fin de ce volume un certain nombre de morceaux, les uns inédits, les autres fort rares, dont quelques-uns sont importants. Ils se rattachent soit à l'ouvrage même de Pléthon, soit à l'histoire de ses opinions dans les dernières années de sa vie, soit à ses anciens démêlés avec Gennadius qui ne furent pas sans influence sur la destruction de son livre, soit à cette destruction même,

allocutions. Celui de Paris renferme toutes les allocutions et seulement une petite partie des hymnes, en sorte que ces deux manuscrits se complètent l'un par l'autre. Un autre manuscrit de Munich, 495, contient seulement trois hymnes : à Apollon, à Bacchus et à tous les Dieux, de notre édit. 7, 11 et 18, qu'on retrouve dans le ms. 137 de l'Escurial, d'après le catalogue de M. Miller.

1. A Florence, à Venise, à Naples, à Vienne, à Munich. Il manquait à Paris, au moins dans l'ancien catalogue ; mais on l'y trouve maintenant dans le ms. 66 du supplément, sur lequel nous l'avons collationné.

2. Ce morceau existe manuscrit dans un très-grand nombre de bibliothèques ; nous en avons à Paris seulement quatre copies sous les nos 462, 1603, 1739 (omis dans l'index du catalogue) et 2376.

3. D'abord par Thryllitius, dans la brochure déjà citée tout à l'heure, pag. xcv, not. 5, brochure dont la perte n'est pas fort à regretter, parce que Fabricius, dans son tome XIV, endroit déjà

soit aux jugements des contemporains sur l'auteur et sur l'ouvrage. En voici la liste rangée à peu près par ordre chronologique :

1° Prière de Pléthon au Dieu unique : inédite.

2° Extraits du commentaire de Pléthon sur les oracles de Zoroastre.

3° Extraits de l'ouvrage de Pléthon contre Aristote, intitulé : sur les Différences entre les doctrines de Platon et celles d'Aristote.

4° Lettre de Gennadius à Marc d'Éphèse, en lui envoyant sa réfutation de l'ouvrage de Pléthon contre Aristote : inédite.

5° Extraits de cette réfutation.

6° Extraits de la réplique de Pléthon.

7° Traité de Pléthon sur la procession du Saint-Esprit : inédit ?

8° Extrait de la réponse de Pléthon aux observations de Bessarion sur l'ouvrage précédent : inédit.

9° Réponse de Gennadius au Traité sur le saint Esprit : inédite.

10° Lettre de Michel Apostolius à Pléthon pour être admis au nombre de ses disciples : inédite.

11° Lettre du même à Argyropule : inédite.

12° Autre lettre du même au même : inédite.

13° Oraison funèbre de Pléthon par Jérôme Charitonyme.

14° Autre oraison funèbre, par Grégoire le Moine.

cité, l'a reproduite textuellement et, on peut dire, trop fidèlement, même avec les fautes.

1. Les sources où nous avons puisé ces documents et les manuscrits que nous avons consultés sont indiqués au bas de chaque morceau; c'est pourquoi nous nous bornons ici à une simple table des matieres.

15° Lettre de consolation de Bessarion aux enfants de Pléthon.

16° Vers de Bessarion en forme d'épitaphe pour Pléthon.

17° Envoi de cette lettre et de ces vers par Bessarion à Segondin.

18° Lamentation d'un anonyme sur la destruction du livre de Pléthon : inédite.

19° Lettre de Gennadius à Joseph l'Exarque, où il justifie sa conduite à l'égard de ce livre : inédite.

20° Extrait du discours de Gennadius contre les athées ou partisans du hasard, passage relatif à la condamnation du livre de Pléthon.

Le choix de ces morceaux n'a pas été fortuit, ni inspiré par le seul désir de mettre au jour quelques pièces inédites. On y verra les idées théologiques de Pléthon, d'abord saines en apparence (n° 1), s'altérer et déjà se trahir, quoique sous des formes voilées (n°s 2, 3); Gennadius commencer ses attaques moins contre Pléthon lui-même que contre ses doctrines déjà suspectes (n°s 4, 5); la guerre entre ces deux rivaux s'animer de plus en plus (n° 6), et s'échauffer surtout à propos du Traité de Pléthon sur le Saint-Esprit (n°s 7, 9); la petite secte Pléthonienne se grosssir de quelques noms connus (n°s 10, 11, 12); la mort du maître ouvrir carrière aux éloges enthousiastes de ses disciples et de ses admirateurs (n°s 13, 14), et donner lieu aux témoignages d'estime de Bessarion (n°s 15, 16, 17); la condamnation de son livre exciter la fureur de ses partisans (n° 18), et donner lieu par deux fois à Gennadius de publier sa propre justification (n°s 19, 20).

Ici s'est arrêté mon travail d'éditeur, et ici s'arrêtera

cette analyse. Ce que je viens de dire suffit, je crois, pour montrer avec quel soin j'ai évité de m'écarter de mon sujet, qui a toujours été exclusivement le Traité des Lois, c'est-à-dire, les doctrines, les pensées et les intentions cachées sous l'enveloppe de ce livre. Texte, notice et pièces justificatives ont constamment tendu vers le même but. La ne m'étais pas proposé d'abord d'y joindre une traduction : il me semblait qu'un tel secours était inutile pour la classe de lecteurs à qui mon ouvrage était destiné. Néanmoins, un des jeunes professeurs les plus distingués que l'agrégation ait donnés à l'enseignement, M. Pellissier, m'ayant proposé, pour mettre en français les idées de Pléthon, le concours de sa plume, connue depuis par l'élégante traduction des Soliloques de saint Augustin, je n'ai pas cru pouvoir rejeter une offre si obligeante. Je déclare donc que la traduction appartient en entier à M. Pellissier, sauf quelques changements de détail concertés entre lui et moi. Je me plais à rendre à mon habile collaborateur l'hommage que je dois à son talent et à sa complaisance.

Paris, 15 mars 1858.

C. ALEXANDRE.

ΠΛΗΘΩΝΟΣ

ΝΟΜΩΝ ΣΥΓΓΡΑΦΗ.

PLÉTHON.

TRAITÉ DES LOIS.

ΠΛΗΘΩΝΟΣ

ΝΟΜΩΝ ΣΥΓΓΡΑΦΗ.

Ἡ βίβλος[1] ἥδε περιέχει,

Θεολογίαν μὲν τὴν κατὰ Ζωροάστρην τε καὶ Πλάτωνα, ὀνομαζομένων τῶν διὰ φιλοσοφίας ἀναγνωριζομένων θεῶν τοῖς πατρίοις τοῖς Ἕλλησι θεῶν ὀνόμασιν[2], ἑλκομένοις ἑκάστοις ἐκ τοῦ[3] οὐ πάνυ τοι συνῳδοῦ φιλοσοφίᾳ, διὰ τὰς ὑπὸ[4] τῶν ποιητῶν διαστροφάς, ἐπὶ τὸ ὡς μάλιστα δὴ[5] φιλοσοφίᾳ συνῳδόν·

Ἠθικὰ κατά τε τοὺς αὐτοὺς σοφοὺς καὶ ἔτι μὴν[6] τοὺς Στωϊκούς·

Πολιτείαν δὲ Λακωνικήν, ἀφῃρημένου μὲν αὐτῆς τοῦ ἄγαν τῆς σκληραγωγίας καὶ τοῖς γε πολλοῖς οὐκ εὐπαραδέκτου, προστιθεμένης δὲ τῆς ἐν τοῖς ἄρχουσι μάλιστα[7] φιλοσοφίας[8], τοῦ κρατίστου δὴ τούτου τῶν[9] Πλατωνικῶν πολιτευμάτων·

1. Ex Hardtio juxta cod. Monac. 336; Lambecio juxta Vindob. 91, et Allatio apud Fabr. Bibl. gr. t. XII, p. 97, ed. Harl. In Mon. et Vind. titulo ascriptum est: Δημητρίου: Ἐκ τῶν λειψάνων τῆς Πληθωνίου βίβλου συνήχθησαν καὶ ταῦτα. Quod non semel adjectum legitur ad Plethonia, ut in Mon. 237, fol. 271, ante precationes. Est autem Δημητρίου nomen pristini possessoris horum fragmentorum, ejusdem qui manu sua addidit ad Mon. 336, fol. 1: Ἡ βίβλος ταύτη (sic) ἐστὶν κτῆμα ἐμοῦ Δημητρίου Ῥαοὺλ τοῦ Καβάκη Σπαρτιάτου καὶ Βυζαντίου: alibi scriptum, Ἕλληνός τε καὶ Θρᾳκός.

PLÉTHON.

TRAITÉ DES LOIS.

Cet ouvrage contient :

La THÉOLOGIE d'après Zoroastre et Platon : l'on a conservé aux Dieux reconnus par la philosophie les noms traditionnels des Dieux de la Grèce, mais en ramenant chacun de ces noms du sens moins philosophique qu'il a pris dans les fictions des poètes au sens le plus conforme à la philosophie ;

La MORALE d'après les mêmes sages, et en outre d'après les Stoïciens ;

La POLITIQUE sur le modèle de celle de Sparte, en retranchant d'une part les rigueurs excessives que le plus grand nombre ne saurait supporter, et en ajoutant de l'autre, surtout à l'usage des gouvernants, la philosophie, qui fait le principal mérite des institutions platoniciennes ;

2. Hardt. ὀνόμασι. Lamb. ὀνομάτων. — 3. H. ἐκ τὸν. Lamb. ἐκτὸς. All. ἐκ τῶν...συνῳδῶν. — 4. H. ὑπὸ non habet. — 5. All. δεῖ.

6. H. ἔτι μὲν, non ita bene.

7. All. et Lamb. post ἄρχουσι vocem hanc addunt, μάλιστα, quæ Hardtio deest, ad sensum tamen necessaria. — 8. H. post φιλοσοφίας sensum claudit ; reliqua cum sequentibus conjungit. — 9. H. τοῦ τούτων. All. τούτου τοῦ Πλατ.

Ἀγιστείας [1] εὐσταλεῖς, καὶ οὔτε περιέργους, οὐδ' αὖ τοῦ [2] δέοντος ἐκλιπεῖς·

Φυσικὰ δὲ δὴ κατὰ Ἀριστοτέλην τὰ πολλά.

Ἅπτεται δέ πως ἡ βίβλος καὶ λογικῶν ἀρχῶν, ἀρχαιολογίας τε Ἑλληνικῆς, καί πη [3] καὶ ὑγιεινῆς διαίτης.

1. Lamb. ἁγιστείας, pro quo in secunda ed. ἀριστείας. Lenem spiritum habent ceteri in ἀγιστείας, et sic infra non semel, ut eam

Le CULTE réduit à des pratiques simples, sans superfluité, et cependant suffisantes;

La PHYSIQUE en grande partie d'après Aristote.

Cet ouvrage touche encore aux principes de la logique, aux antiquités grecques et à quelques points d'hygiène.

fuisse Plethonis scripturam vix dubitemus, hoc nomen ab ἄγος derivantis. — 2. H. αὐτοῦ, et sic Lamb. et All. — 3. All. καί πως.

ΠΙΝΑΞ

ΤΗΣ ΤΟΥ ΠΛΗΘΩΝΟΣ ΒΙΒΛΟΥ.

Αἱ τοῦ πρώτου βιβλίου ὑποθέσεις[1].

α'. Περὶ διαφορᾶς τῶν περὶ τῶν μεγίστων ἀνθρώποις δοξῶν.

β'. Περὶ ἡγεμόνων τῶν βελτίστων λόγων.

γ'. Περὶ τοῖν δυοῖν ἐναντίοιν λόγοιν, τοῦ τε Πρωταγορείου καὶ τοῦ Πυῤῥωνείου[2].

δ'. Ἐς[3] θεοὺς τοὺς λογίους εὐχή.

ε'. Κοινὰ περὶ θεῶν δόγματα.

ς'. Περὶ Διὸς τοῦ βασιλέως.

ζ'. Περὶ θεῶν τῶν ὑπερουρανίων.

η'. Περὶ θεῶν τῶν ἐντὸς οὐρανοῦ.

θ'. Περὶ τῆς τῶν θεῶν συμπάντων[4] ἀϊδιότητος.

ι'. Περὶ τῆς Ποσειδῶνός[5] τε καὶ τῶν ἄλλων ὑπερουρανίων θεῶν γενέσεως.

ια'. Περὶ τῆς τῶν ἐντὸς οὐρανοῦ τοῦδε ἀθανάτων γενέσεως.

ιβ'. Περὶ τῆς τῶν θνητῶν γενέσεως.

ιγ'. Περὶ ἀνθρώπου γενέσεως.

1. Ex Hardtio juxta cod. Monac. 336, collato etiam a nobis codice Atheniensi, et sub finem parte aliqua codicis Vindob. 91 ex Lambecii fide. — 2. H. πυρωνίου. A. πειρωνείου. Sed barbarismos ultra notare negligemus.

TABLE

DES MATIÈRES.

PREMIER LIVRE.

3. H. εἰς, sed A. ἐς, more magis Plethonico, ut sæpe infra.

4. H. ξυμπάντων, atticismo minus Plethoniano; sed A. συμπ.

5. H. ποσιδῶνος, quod sæpe in his libris peccatum ultra non animadvertemus.

ιδ΄. Περὶ τῆς ἐπ' ἀμφότερα [1] ἀνθρώπου τοτὲ μὲν ἀμείνονος, τοτὲ δὲ χείρονος διαθέσεως.
ιε΄. Περὶ τῆς αὐτῆς τῶν καθεστώτων μονῆς.
ιϛ΄. Περὶ τῆς τοῦ ἤθους ἀρίστης καταστάσεως.
ιζ΄. Περὶ οἰκείας [2] καταστάσεως.
ιη΄. Περὶ κληρονομιῶν [3].
ιθ΄. Περὶ τῶν πρὸς ἀλλήλους συμβολῶν.
κ΄. Περὶ πολιτείας.
κα΄. Περὶ θεῶν θεραπείας.
κβ΄. Περὶ ἱερέων καὶ βίου αὐτῶν.
κγ΄. Περὶ καθαρμῶν.
κδ΄. Περὶ δικῶν.
κε΄. Περὶ ταφῆς.
κϛ΄. Περὶ θεραπείας τῶν οἰχομένων.
κζ΄. Περὶ τοῦ [4] ἐκ τῶνδε ἂν τῶν νόμων περιγιγνομενου ἀγαθοῦ.
κη΄. Διαίρεσις τοῦ ὄντος.
κθ΄. Περὶ διαφορᾶς αἰτίων.
λ΄. Περὶ ἀνάγκης τῶν αἰτίων.
λα΄. Περὶ ὀνομάτων τῶν πρεσβυτάτων θεῶν.

Αἱ τοῦ β΄ βιβλίου ὑποθέσεις.

α΄. Περὶ κριτηρίου τοῦ ἐπὶ τὴν τῶν προκειμένων σκέψιν.
β΄. Πρόληψις ἐννοιῶν κοινῶν.

1. H. ἐπ' ἀμφότερον. A. ut nos.
2. A. οἰκίας, quod notandum sensus causa.
3. H. κληρονομίων, pravo accentu. A. ut nos, sed alio loco. Nam in isto codice ordo capitum inversus est, sic: ιη΄. περὶ καθαρμῶν. ιθ΄. περὶ κληρονομιῶν. κ΄. περὶ δικῶν. κα΄. περὶ τῶν πρὸς ἀλλ.

DEUXIÈME LIVRE.

συμβολῶν. κϐ'. περὶ ταφῆς. κγ'. περὶ πολιτείας. κδ'. περὶ τῶν οἰχομένων. κε'. περὶ θεῶν θεραπείας. κϛ'. περὶ τῶν ἐκ τῶνδε... ἀγαθοῦ. κζ'. περὶ ἱερέων καὶ βίου αὐτῶν. κη'. διαίρεσις τοῦ ὄντος, et celera, ut apud H.

4. H. et A. περὶ τῶν ἐκ τῶνδε ἂν, deinde H. τῶν νόμων omittit, quod præbet A.

γʹ. Ὡς εἰσὶ θεοί.
δʹ. Περὶ προνοίας θεῶν.
εʹ. Ὡς οὐ κακῶν οἱ θεοὶ αἴτιοι.
ϛʹ. Περὶ εἱμαρμένης.
ζʹ. Περὶ πλήθους τῶν θεῶν.
ηʹ. Περὶ διαφορᾶς τῶν τῶν θεῶν γενῶν.
θʹ. Περὶ τῆς κατὰ Κούρητας [1] θεοσεβείας.
ιʹ. Περὶ θεῶν τῶν τε [2] ἑπτὰ πρεσβυτάτων καὶ τῶν ἄλλων ὑπερουρανίων.
ιαʹ. Περὶ τῆς τῶν ἐντὸς [3] οὐρανοῦ θεῶν γενέσεως.
ιβʹ. Κοινή τις ἀπόδειξις τῶν τῆς ψυχῆς τριῶν [4] εἰδῶν.
ιγʹ. Περὶ τῶν τῶν ἄστρων εἰδῶν.
ιδʹ. Περὶ τῶν τῶν ἑπτὰ ἀστέρων δυνάμεων.
ιεʹ. Περὶ τῶν τῶν ἀστέρων ἰδίων φορῶν.
ιϛʹ. Περὶ τῆς κοινῆς ἄστρων τε καὶ τοῦ παντὸς αἰθέρος περιφορᾶς.
ιζʹ. Περὶ τῆς τῶν ἄστρων ψυχῆς.
ιηʹ. Ὡς εἰσὶ δαίμονες.
ιθʹ. Ὡς οὐ πονηροὶ οἱ δαίμονές εἰσιν.
κʹ. Ἔλεγχοι τῶν κατὰ δαιμόνων διαβολῶν.
καʹ. Περὶ δαιμόνων διαφορᾶς.
κβʹ. Περὶ ἀθανασίας ψυχῆς τῆς ἀνθρωπίνης.
κγʹ. Περὶ τῆς τῶν θνητῶν δημιουργίας.
κδʹ. Περὶ [5] τῆς τοῦ ἀνθρωπίνου θνητοῦ δημιουργίας.
κεʹ. Περὶ αἰσθήσεών τε καὶ τῶν καθ' ἑκάστας.
κϛʹ. Περὶ τῶν τῶν θηρίων ἐνίοις κατὰ λόγον δρωμένων.
κζʹ. Περὶ τῆς τοῦ παντὸς ἀϊδιότητος.

1. Sic et hoc accentu κούρητας H. et A. — 2. A. τε non habet.
3. H. et A. ἐκτὸς, contra totius libri doctrinam. — 4. H. τρίτων.
5. Hinc ordo capitum in A. paulum invertitur, sic: κδʹ. περὶ

αἰσθήσεών τε καὶ τῶν καθ' ἑκ. αἰσθητῶν. κε'. περὶ των τῶν θηρ. κς'. περὶ τῆς τοῦ παντὸς ἀϊδιότητος. κζ' περὶ τῆς τοῦ ἀνθρ θν. δημιουργίας.

Αἱ τοῦ γ' βιβλίου ὑποθέσεις.

α'. Ἀνάληψις τοῦ περὶ εἱμαρμένης λόγου.
β'. Ἀνάληψις τοῦ περὶ ψυχῆς ἀνθρωπίνης ἀθανασίας λόγου.
γ'. Περὶ τέλους τοῦ βίου.
δ'. Περὶ φρονήσεώς τε καὶ τῶν φρονήσεως εἰδῶν.
ε'. Περὶ παίδων ἀγωγῆς.
ς'. Περὶ τῆς πολιτείας σχήματος.
ζ'. Περὶ ἀνδρείας [1].
η'. Περὶ τῶν ἐφ' ἡμῖν καὶ οὐκ ἐφ' ἡμῖν, διὰ μέσης τῆς περὶ ἀνδρείας ὑποθέσεως.
θ'. Περὶ εἰδῶν ἀνδρείας.
ι'. Περὶ σωφροσύνης.
ια'. Περὶ μέτρου τε καὶ συμμετρίας.
ιβ'. Περὶ εἰδῶν σωφροσύνης.
ιγ'. Περὶ δυνάμεως, διὰ μέσης τῆς περὶ εἰδῶν σωφροσύνης ὑποθέσεως.
ιδ'. Περὶ τῆς τῶν γονέων ἐκγόνοις οὐ μίξεως.
ιε'. Περὶ θεῶν γενέσεως, διὰ μέσης τῆς περὶ γονέων ἐκγόνοις οὐ μίξεως [2] ὑποθέσεως.
ις'. Περὶ τῆς ἑνὶ ἀνδρὶ γυναικῶν πλειόνων συνοικήσεως.
ιζ'. Περὶ τῆς κοινῶν γυναικῶν χρήσεως.
ιη'. Περὶ [3] κρεῶν ἐδωδῆς.
ιθ'. Περὶ μιᾶς τῆς ἐν οἰκίᾳ τῇ αὐτῇ κτήσεως.

1. H. ἀνδρίας, et sic infra. — 2. H. οὐ μίξεως male omisit.
3. Hinc in codice A. ordo alius est : ιη'. περὶ μιᾶς τῆς ἐν οἰκίᾳ ἑκάστῃ κτήσεως. ιθ'. περὶ κρεῶν ἐδωδῆς. κ'. περὶ σχέσεως. κα'. περὶ

TROISIÈME LIVRE.

Διός, ὡς οὐδὲ λόγ. κϐ'. περὶ τῆς παρὰ τὰς τελευτ. κγ'. περὶ τοῦ παντὸς, ὡς πλ. et cetera, ut apud H.

κ΄. Περὶ τῆς παρὰ τὰς τελευτὰς ἑκάστων οὐκ οἰκοφθορίας.

κα΄. Περὶ σχέσεως.

κϐ΄. Περὶ Διὸς, ὡς οὐδὲ λόγῳ διάκρισίς τις ἐν αὐτῷ ἐστιν.

κγ΄. Περὶ τοῦ παντὸς, ὡς πλεοναχῇ ἐστιν ἕν.

κδ΄. Περὶ ἀγαθῶν διαφορᾶς.

κε΄. Περὶ δικαιοσύνης.

κϛ΄. Περὶ εἰδῶν δικαιοσύνης.

κζ΄. Ἀρετῆς εἰδῶν σύγκρισις.

κη΄. Περὶ κακίας τρόπων.

κθ΄. Περὶ [1] τοῦ ἐν δωρεαῖς πρέποντος.

λ΄. Περὶ τῶν ἐς [2] τὸ κοινὸν ταμιεῖον [3] εἰσφορῶν.

λα΄. Περὶ δικῶν.

λϐ΄. Περὶ τῶν τῶν θεῶν ὀνομάτων.

λγ΄. Περὶ προσευχῆς.

λδ΄. Ἐς [4] θεοὺς προσρήσεις.

λε΄. Ὕμνοι ἐς [5] θεούς.

λϛ΄. Προσρήσεών τε καὶ ὕμνων χρήσεως διάταξις.

λζ΄. Τίσι τῶν [6] θεῶν τίνα θυτέα.

λη΄. Ἐπὶ τίσι πράξεσι, τίσι τε θεῶν καὶ ὅπως θυτέα.

λθ΄. Ὅπως ἔχουσι τῶν θυσιῶν [7] μεταληπτέα.

μ΄. Περὶ ἀκριβείας τῶν πρὸς τοὺς θεούς.

μα΄. Κατὰ τίνων εὐκτέα [8] τοῖς θεοῖς.

μϐ΄. Περὶ μαντειῶν.

μγ΄. Ἐπινομίς.

1. Hinc incipit elenchi pars quæ in codice Vindobon. 91 sola superest.

2. H. εἰς, ubi A. et Lamb. magis attice, ἐς, quanquam omnes

paulo post εἰσφορῶν habent. — 3. H. τάμειον, sic : sed A. ταμιεῖον, ut nos. — 4. H. εἰς. — 5. H. εἰς.
6. A τῶν omittit. — 7. H. θυσίων, male. — 8. A. εὐκτέον.

ΠΛΗΘΩΝΟΣ

ΝΟΜΩΝ ΣΥΓΓΡΑΦΗΣ

ΒΙΒΛΙΟΝ Α΄.

α΄. Περὶ διαφορᾶς τῶν περὶ τῶν μεγίστων ἀνθρώποις δοξῶν.

Τάδε συγγέγραπται [1] περὶ νόμων τε καὶ πολιτείας τῆς ἀρίστης, ᾗ ἂν διανοούμενοι ἄνθρωποι καὶ ἅττ' ἂν καὶ ἰδίᾳ καὶ κοινῇ μετιόντες τε καὶ ἐπιτηδεύοντες, ὡς δυνατὸν, ἀνθρώπων κάλλιστά τε καὶ ἄριστα βιῷεν, καὶ ἐς ὅσον οἷόντε, εὐδαιμονέστατα. Πεφύκασι γὰρ ἅπαντες ἄνθρωποι τούτου αὐτοῦ ὅτι μάλιστά τε [2] καὶ κυριώτατα ἐφίεσθαι, τοῦ ὡς εὐδαιμόνως βιοῦν· καὶ τοῦτο ἕν τε καὶ κοινὸν ἐπιθύμημα ὑπάρχει πᾶσιν ἀνθρώποις, τέλος τε ἑκάστῳ τοῦ βίου, οὗ δὴ ἕνεκα καὶ τἄλλα [3] πάντα μετίασί τε καὶ πραγματεύονται. Ἴενται μέντοι ἐς τὸ κοινὸν τοῦτο ἐπιθύμημα οὐκέθ' ὁμοίως ἕκαστοι διὰ τῶν αὐτῶν, ἀλλ' ἤδη διϊστάμενοι. Οἱ μὲν, ἣν [4] ὡς πλεῖστον ἡδόμενοι διαβιῶσιν, οὕτω [5] καὶ ὡς μάλιστα εὐδαιμονήσειν οἴονται, οὐκ ἄλλου ἢ ἡδονῆς [6] ἕνεκα πάσης τε καὶ παντοίας, ἧςπερ ἂν καὶ ὁθενοῦν οἷοί τ' ἂν ὦσιν ἀπολαύειν, ἅπαντ' ἂν πράττειν ἀξιοῦντες. Οἱ δ' ἐν χρημάτων κτήσει τὸ εὐ-

1. Ex Hardtio juxta cod. Monac. 336, hoc et sequentia quatuor capp. adducente: pars etiam ex Atheniensi codice, initia tantum primi capitis, et tertium pæne integrum, et quartum exhibente.

PLÉTHON.

TRAITÉ DES LOIS.

LIVRE PREMIER.

CHAPITRE I. — De la diversité des opinions entre les hommes sur les objets les plus importants.

Cet ouvrage traite des lois, des institutions, des croyances et des pratiques qui peuvent assurer aux hommes, dans la vie privée et dans la vie publique, le sort le meilleur, le plus beau, et aussi le plus heureux possible. En effet, telle est la nature de l'homme, qu'il tend avant et par-dessus tout au bonheur; c'est à la fois la fin unique et commune de l'humanité, et le but particulier de la vie de chacun; c'est en vue d'y parvenir qu'on poursuit et qu'on pratique toutes les autres choses. Tous sont emportés vers ce but commun, mais tous n'y vont pas par les mêmes voies, c'est là qu'ils se séparent. Les uns pensent trouver le bonheur principalement dans le plaisir; ils font tout en vue du plaisir seul; ils veulent, autant que possible, le goûter tout entier, sous toutes ses formes, de quelque nature qu'il soit, de quelque source qu'il vienne. Les autres placent le bonheur dans la possession des richesses; le seul travail de toute leur vie, c'est de s'enrichir

2. H. τε non habet, quod addit A.

3. H. τ' ἄλλα. A. rectius τἆλλα, et sic infra. — 4. H. ἦν, sed A. recte ᾖν. — 5. A. οὕτω δὴ καί. — 6. A. ἡδονῆς omisit.

δαιμον τίθενται, οὐδὲν ἄλλο πραγματευόμενοι διὰ βίου, ἢ ὡς πλουσιώτεροι ἀεὶ γίγνεσθαι αὐτοὶ αὐτῶν [1]. Οἱ δὲ περὶ δόξαν τε ἐπτόηνται, καὶ τοῦτο αὐτοῖς μάλιστα σπουδάζεται, ὅπως τιμώμενοί τε καὶ ἐπαινούμενοι ὑπὸ πλείστων ἀνθρώπων διαγένωνται. Οἱ δὲ, πάντα τἄλλα ὑπερβάντες, ἀρετὴν καὶ τὸ καλὸν [2] τέλος παντὸς τοῦ βίου πεποίηνται, ὡς μόνην ἂν ἀρετὴν τῷ ὄντι εὐδαίμονάς τε καὶ μακαρίους τοὺς ἐπιτηδεύοντας παρεχομένην. Καὶ μὲν δὴ οὐδ᾽ ἀρετῆς αὐτῆς οἱ αὐτοὶ ἅπασι [3] νόμοι. Οὐ γὰρ τὰ αὐτὰ πᾶσι καλά τε καὶ αἰσχρὰ ἔστιν ἰδεῖν, οὐδ᾽ ὁμοίως νομιζόμενα. Αὐτίκα οἱ μὲν λόγου τε καὶ μαθήσεων οὐδὲ δεῖν τι οὐδὲν πρὸς ἀρετὴν νομίζουσιν [4]· εἰσὶ δ᾽ οἳ καὶ σπουδῇ φεύγουσι πᾶσαν τὴν περὶ αὐτὰ διατριβὴν, λώβην τέ τινα ἡγεῖσθαι [5] καὶ διαφθορὰν σφῶν, ὑπὸ γοήτων δή τινων σοφιστῶν ἀναπεπεισμένοι· οἱ δ᾽ αὐτὰ ταῦτα καὶ κεφάλαιον ἀρετῆς ποιοῦνται, καὶ τούτου μάλιστα ἐπιμέλονται [6], ὅπως ὡς φρονιμώτατοί τε [7] καὶ σοφώτατοι γένωνται. Καὶ οἱ μὲν περὶ πλήθη τε θυμάτων καὶ τῶν ἄλλων ἁγιστειῶν ὡς μάλιστα σπουδάζουσιν· οἱ δ᾽ οὐδ᾽ ὅσιον ὅλως οὐδ᾽ ὁτιοῦν τούτων ἡγοῦνται· οἱ δὲ τὰ μὲν τῶν τοιούτων ὅσια, τὰ δ᾽ ἀνόσια ἥγηνται, ἄλλοι τε ἄλλα, καὶ τὰ αὐτὰ οἱ μὲν ὅσια, οἱ δ᾽ ἀνόσια νομίζοντες. Καὶ οἱ μὲν [8] μοναυλίαν τε καὶ ἀφροδισίων τὸ παράπαν ἀποχὴν κάλλιστόν τι καὶ θειότατον νομίζουσιν· οἱ δὲ γάμους τε καὶ παιδοποιήσεις τῆς μοναυλίας κάλλιόν τε ἥγηνται καὶ θειότερον [9]. Καὶ οἱ μὲν ἐδωδίμων τῶν [10] τῶν

1. H. αὑτοὶ αὑτῶν, sed A. recte αὑτῶν, aspero spiritu, et sic infra, quoties reflexo sensu occurret, vel non monentibus nobis.

2. A. post τὸ καλὸν distinguit.

3. H. ἅπασιν A. pessime ἅπασιν ὅμοιοι. — 4. H. νομίζουσι.

toujours de plus en plus. D'autres courent après la gloire; ils n'ont d'autre ambition que celle des éloges et de l'admiration de la foule. D'autres, enfin, négligent tout le reste pour consacrer leur vie entière au bien et à la vertu, persuadés que la vertu seule peut donner le vrai bonheur. La vertu elle-même n'a pas pour tous les mêmes caractères; on voit le bien et le mal changer selon les opinions et les usages. Ainsi, les uns croient que l'étude et la science ne sont d'aucune utilité pour la vertu; il en est même qui fuient scrupuleusement tout exercice d'esprit, quelques sophistes imposteurs leur ayant persuadé que la science n'est que mal et corruption; d'autres, au contraire, considèrent la science comme le principe de toute vertu, ils font tous leurs efforts pour acquérir le plus de savoir et le plus de sagesse possible. Ceux-ci mettent tous leurs soins à multiplier les sacrifices et les cérémonies religieuses; ceux-là vont jusqu'à condamner toutes ces pratiques; d'autres admettent les unes et rejettent les autres, mais avec si peu d'accord entre eux que les mêmes pratiques paraissent aux uns religieuses et aux autres sacriléges. Ceux-ci placent dans le célibat et dans l'abstinence complète des plaisirs sensuels la vie la plus belle et la plus divine; pour ceux-là, c'est une chose plus belle et plus divine de se marier et d'avoir des enfants. Quelques-uns font un choix parmi les ali-

5. H. et A. ἡγεῖσθαι, sed legendum videtur ἡγούμενοι.

6. A. επιμέλονται μάλιστα, inversis verbis. — 7. H. τε non habet, quod addit A. — 8. H. οἱ δὲ.

9. A. θειότατον. — 10. H. alterum τῶν omittit.

ἀνθρώπων τοῖς πολλοῖς νενομισμένων, αὐτοὶ διακρίνοντες ἕκαστα, τὰ μὲν ἀπόῤῥητα ποιοῦνται, ὡς δὴ οὐχ ὅσιον ὂν οὐδὲ γεύεσθαι αὐτῶν, τὰ δὲ προσίενται· οἱ δὲ πᾶσί τε ἐφιέντες, καὶ οὐδ' ὁτουοῦν τῶν τοιούτων, ὡς δὴ οὐχ ὅσιον ὂν εἴ τις φάγοι, ἀξιοῦντες ἀπέχεσθαι, τῷ μέτρῳ τῆς ἐδωδῆς τὸ καλὸν μόνῳ ὁρίζουσι. Καὶ οἱ μὲν αὐχμοῦ τε καὶ ῥυπαρίας ἀναπιμπλάμενοι ἀνέχονται· οἱ δὲ καὶ [1] καθαριότητα [2], ὡς δὴ τῶν καλῶν τι, ἐπιτηδεύουσι. Καὶ οἱ μὲν πτωχείαν τε ἐσχάτην καὶ ἀχρηματίαν ἐπαινοῦσιν [3]· οἱ δὲ καὶ χρημάτων κτήσεώς τι μέτρον προσίενται. Καὶ οἱ μὲν τῇ ἀναιδείᾳ μάλιστα φιλοτιμοῦνται· οἱ δὲ τῇ αἰδοῖ κατὰ τὰ κοινῇ τῶν ἀνθρώπων τοῖς πλείστοις νενομισμένα ἐμμένειν ἀξιοῦσιν, εὐσχημοσύνην πανταχῇ πρὸ ἀσχημοσύνης αἱρούμενοι. Ἔτι δ' οἱ μὲν ἐπιτηδεύειν μὲν ἀρετὴν οἴονται δεῖν, ἀλλ' οὐκ αὐτὴν δι' αὐτὴν, μισθῶν δέ τινων ἕνεκα ἢ ἄθλων, ὧν ἂν θεοὶ ἐπ' αὐτῇ παρέχοιεν, ὡς δὴ [4] αὐτὴν καθ' αὐτὴν [5] οὐκ ἂν πάνυ τοι εὔδαιμον ἐπιτήδευμα οὖσαν· οἱ δὲ οὐδενὸς ἕνεκα ἄθλου, ἀλλ' αὐτὴν δι' αὐτὴν [6] ἀρετὴν μετιέναι ἡγοῦνται δεῖν· οἱ δὲ καὶ αὐτὴν αὐτῆς ἕνεκα, καὶ ἄθλων τῶν ἐπ' αὐτῇ ἂν παρὰ θεῶν τοῖς ἐπιτηδεύουσι διδομένων.

Τοσαύτης οὖν καὶ ἔτι πλείονος ἀνωμαλίας τε οὔσης καὶ ταραχῆς κατὰ τὸν βίον τὸν ἀνθρώπινον, πᾶσα ἀνάγκη, εἰ μέλλοιμέν [7] ποτε ἀσφαλῶς τὸν ἄριστον αἱρήσεσθαι βίον καὶ τοῦ κοινοῦ τούτου καὶ ὑπὸ πάντων σπουδαζομένου τέλους τῆς εὐδαιμονίας μὴ διαμαρτήσεσθαι,

1. H. καὶ non habet. — 2. H. et A. καθαριότατοι : nos et sensus et grammaticæ causa emendavimus.

3. H. ἐπαίνουσιν, an pro ἐπαίρουσιν?

4. H. ὡς δέ. — 5. H. κατ' αὐτὴν, sed A. ut nos.

ments dont les hommes se nourrissent d'habitude, ils décident que les uns sont défendus et que c'est un crime de s'en nourrir, tandis que les autres sont permis; d'autres laissent une pleine liberté à cet égard, il n'est point d'aliment dont l'usage leur paraisse devoir être prohibé comme impie, c'est dans la tempérance seule qu'ils placent le bien. Ceux-ci consentent à croupir dans une malpropreté repoussante; ceux-là trouvent quelque mérite dans la propreté, et la recherchent. Les uns vantent la pauvreté et l'indigence; d'autres admettent la richesse dans une certaine mesure. Les uns affichent hautement l'impudeur; les autres respectent la pudeur et les lois générales des convenances, ils préfèrent en tout la décence à l'indécence. Il en est encore qui établissent en principe de rechercher la vertu, non pas pour elle-même, mais en vue de quelque récompense que les Dieux lui accorderaient, selon eux la vertu ne suffit pas à elle seule pour le bonheur; quelques-uns croient devoir la rechercher pour elle seule, et non dans l'espoir d'une récompense; d'autres enfin poursuivent la vertu, et pour elle-même, et pour les récompenses que les Dieux accordent à ceux qui la pratiquent.

Quand nous voyons sur ces points-là et d'autres encore les hommes se conduire d'après des principes aussi contradictoires, aussi confus, il est clair que si nous voulons choisir à coup sûr la meilleure règle de conduite et ne pas nous écarter du but commun que tous poursuivent, à savoir le bonheur, nous devons

6. H. αὐτὴν, et sic A. qui tamen paulo infra αὐτῆς habet, sed hæc postea non annotabimus.

7. H. et A. μεῖλοι μὲν.

μὴ εἰκῇ ἂν τὰ προστυχόντα αἱρεῖσθαι, ἀλλὰ προεξητακότας ἂν πρότερον ἱκανῶς, τίς ποθ' ὁ ἄριστος οὗτος βίος, καὶ ἐν τίνι τὸ εὔδαιμόν ἐστιν[1] ὡς ἀληθῶς, οὕτω τὴν αἵρεσιν ποιεῖσθαι. Τούτου δ' ἔτι πρότερον σκεπτέον ἂν εἴη, τί ποτ' ἐστὶν ἄνθρωπος, καὶ τίς ποτε ἡ φύσις τε αὐτοῦ καὶ δύναμίς ἐστιν. Μὴ γὰρ τοῦτο πρότερον μεμαθηκόσιν, οὐδ' ὅ, τι πράττουσιν ἡμῖν γένοιτο ἄμεινον, οἷόν τε ἔσται μαθεῖν, οὐδ' ὅ, τι χρησαίμεθ' ἂν ἕξομεν ἡμῖν αὐτοῖς. Ἔχει γὰρ οὕτω καὶ περὶ ὁτουοῦν[2] τῶν ἄλλων σκευῶν τε καὶ χρημάτων παντοδαπῶν· ὅτου ἄν τις μὴ τήν τε φύσιν καὶ δύναμιν τύχοι εἰδὼς, οὐδ' ἂν χρήσασθαι οἷός τ' εἴη τῷ τοιούτῳ ὡς δεῖ[3]. Μαθεῖν δ' αὖ ἱκανῶς, ὅ, τι ποτέ ἐστιν ἄνθρωπος, ἀμήχανον μὴ οὐ προεσκεμμένοις τε καὶ διεγνωκόσι πολὺ πρότερον ἔτι περὶ τῆς τῶν ὅλων φύσεως, τί μὲν πρεσβύτατον τῶν ὄντων, τίνες δὲ δεύτεραι καὶ τρίται φύσεις, τίνες δὲ ἔσχαται[4], καὶ τίς δύναμις ἑκάστων. Τούτων γὰρ δὴ διεγνωσμένων πρότερον, καὶ τὸν ἄνθρωπον αὖ ἐν αὐτοῖς τούτοις ὀρθῶς ἂν ἔχοι ἐπισκοπεῖν, τίσι[5] μὲν τῶν ὄντων καὶ πῇ ἐπικεκοινώνηκε, τίνων δὲ καὶ ὁπόσον ἀφέστηκεν, ἐκ δὲ τίνων συνέστηκεν, οἷος δὲ ὢν οἵαν τὴν δύναμιν εἴληχεν. Ἃ δὴ ἐξητακόσι[6] τε καὶ μεμαθηκόσιν ἱκανῶς, τοὐντεῦθεν ἤδη, καὶ ὅπως ἂν εἴη ἀνθρώπῳ βιωτέον, ὅ,τι τε καὶ ὅπως πράττοντι ἄμεινον ἂν εἴη καὶ λυσιτελέστερον, ῥᾴδιον ἂν γένοιτο καὶ οὐκέτι ἂν χαλεπὸν εἴη καταμαθεῖν.

Ἀλλὰ δὴ καὶ περὶ τῆς τῶν ἄλλων αὖ φύσεως, ὅπῃ ἔχει, οὐκ ὀλίγη πρός γε ἀλλήλους τοῖς ἀνθρώποις ἡ ἀμ-

1. H. ἐστι.

2. Abest hæc vox ὁτουοῦν ex A. — 3. Cetera hujus capitis A. non habet, ex H. solo nunc proferenda.

ne pas prendre au hasard la première route venue, mais d'abord rechercher avec soin quel est ce genre de vie, le meilleur de tous, où se rencontre le vrai bonheur, puis fixer notre choix. Mais auparavant encore, il faudra examiner ce qu'est l'homme, quelle est sa nature, quelles sont ses facultés. Sans cette étude préliminaire, nous ne pourrions savoir ce que nous avons de mieux à faire, ni connaître quel emploi nous devons faire de nos facultés. Car il en est ainsi de tout instrument et de tout objet quelconque : si l'on n'en connaît ni la nature ni les propriétés, on ne pourra en faire l'usage convenable. Or il est impossible de bien savoir ce qu'est l'homme si l'on n'a commencé par étudier à fond la nature des choses, si l'on n'a reconnu quel est le premier principe, quels sont les êtres du second, du troisième, du dernier ordre, quels sont les attributs propres à chacun de ces êtres. C'est après les avoir tous examinés qu'on pourra légitimement étudier l'homme au milieu d'eux, chercher quels sont les êtres dont il se rapproche et par quels côtés, quels sont ceux dont il s'éloigne et à quel degré, quels sont les éléments dont il a été formé; enfin, étant donnée sa nature, quelle est sa puissance. C'est après avoir suffisamment éclairci ces questions, qu'on pourra en tirer les règles pour la vie de l'homme; alors on connaîtra quelle est la conduite la meilleure et la plus utile, et cela sans peine et sans difficulté.

Mais la question de la nature des autres êtres n'est pas sujette à moins de discussions. Les uns pensent

4. H. ἔσχατοι, an atticismo in hac voce insolenti ?
5. H. τίσιν. — 6. H. ἑξετακόσι.

φισβήτησις[1]· ἔστι μὲν ὧν οὐδ' εἶναι θεοὺς τὸ παράπαν οἰομένων· τῶν δ', εἶναι μὲν, τῶν δ' ἀνθρωπίνων οὐκ ἂν προνοεῖν πραγμάτων· τῶν δὲ, προνοεῖν μὲν θεοὺς τῶν πάντων, τῶν τε ἄλλων καὶ τῶν ἀνθρωπίνων, εἶναί γε μὴν πρὸς τοῖς ἀγαθοῖς τοὺς αὐτοὺς καὶ τῶν κακῶν αἰτίους· τῶν δὲ, κακοῦ μὲν οὐδενὸς, τῶν δὲ ἀγαθῶν μόνων αἰτίους τοὺς θεοὺς εἶναι. Καὶ τῶν μὲν παραιτητοὺς οἰομένων εἶναι καὶ ὑπ' ἀνθρώπων παρατρεπτοὺς ἐφ' οἷς καὶ αὐτοὶ κρίναντες μελλήσωσιν ἀποτελεῖν· τῶν δὲ ἀπαρατρέπτους τε πάντη ἡγουμένων καὶ ἀμεταστρέπτους, γνώμῃ ἀεὶ τῇ σφετέρᾳ καθ' εἱμαρμένην χωρούσῃ ἕκαστα ἀποτελοῦντας[2], ᾗ ἂν[3] ἐκ τῶν ἐνόντων βέλτιστα ἕξειν μέλλοι. Ἔτι δὲ τῶν μὲν ἕνα[4] καὶ μόνον νομιζόντων θεὸν, ὡς οὐδέν γε ἄλλο σεμνὸν ὂν ὅλως ἢ τίμιον ἀνθρώποις· τῶν δὲ, πλείους, καὶ τούτους παραπλησίους γε ἀλλήλοις, καὶ τοὺς αὐτοὺς θεότητι· τῶν δ' ἕνα μὲν ἐξαίρετόν τε καὶ μέγιστον, τὸν πρεσβύτατον τῶν ὅλων ἀρχηγέτην, τοὺς δ' ἄλλους τὰ δεύτερά τε καὶ τρίτα φερομένους τῆς θεότητος. Καὶ τῶν μὲν ἔξω ἑνὸς τοῦ πεποιηκότος θεοῦ τὸ ἄλλο τόδε[5] πᾶν γεννητὸν χρόνῳ, ὥσπερ καὶ τῇ αἰτίᾳ, τιθεμένων, καί ποτε καὶ ἀπολεῖσθαι λυθησόμενον· τῶν δὲ, γεγενῆσθαι μὲν, διαμένειν δὲ τὸν ἔπειτα χρόνον ἐς ἀεὶ ἀνώλεθρον· τῶν δ', ἐν μέρει μὲν συνίστασθαί τε καὶ γίγνεσθαι, ἐν μέρει δ' αὖ λύεσθαί τε καὶ ἀπόλλυσθαι, καὶ τοῦτο οὕτω χωρεῖν ἀεὶ δι' αἰῶνος· τῶν δὲ, τῇ μὲν αἰτίᾳ γεννητὸν, τῷ δὲ χρόνῳ ἀγέννητον τὸ σύμπαν νομιζόντων τόδε[6] καὶ ἀνώλεθρον, καὶ πρός γε τοῦ καθεστακότος[7] ἀπαράλλακτον, τοῦ ἐφεστῶτος θεοῦ, ἅτε δὴ ἀεί τε ὡσαύ-

1. H. ἀμφίβητις, quod omnino corrigendum fuit.
2. H. ἀποτελοῦντες. — 3. H. ἢ ἄν. — 4. H. ἕν. — 5. H. τὸ δέ.

qu'il n'y a absolument pas de Dieux ; les autres croient que les Dieux existent, mais qu'ils ne veillent pas sur les affaires humaines ; d'autres enfin qu'ils veillent sur les affaires humaines et sûr toutes choses. Mais parmi ces derniers, les uns pensent que les Dieux sont les auteurs du mal comme du bien, les autres, qu'ils ne produisent que le bien et jamais le mal. Les uns admettent qu'ils peuvent se laisser fléchir par les prières des hommes et détourner des choses que dans leur sagesse ils croyaient devoir faire ; les autres qu'ils sont absolument inflexibles, et que fidèles à leur pensée toujours conforme aux arrêts du destin, ils conduisent chaque chose à la plus grande perfection possible. Ceux-ci croient qu'il n'y a qu'un seul Dieu, et nulle autre chose ne leur semble digne d'être respectée et honorée par les hommes ; ceux-là reconnaissent plusieurs Dieux unis par la communauté de nature en une même divinité ; selon d'autres, il y a un Dieu par excellence, un Dieu suprême, premier principe de toutes choses, et d'autres Dieux placés sur un deuxième et un troisième rang. Ceux-ci pensent qu'à l'exception du seul Dieu créateur tout a reçu l'être aussi bien dans le temps que par une cause, et que tout doit un jour périr et disparaître ; ceux-là, que le monde a été créé, mais qu'il subsistera éternellement ; d'autres enfin, qu'une partie du monde se forme et naît tandis qu'une autre se dissout et périt, cette succession ne devant jamais finir. Quelques-uns avancent que l'univers est l'effet d'une cause, mais qu'il n'a pas été créé dans le temps, et que par conséquent il est éternel et ne peut subir aucun changement de la part du Dieu qui l'a produit et qui veille sur lui, parce

6. H. τὸ δὲ. — 7. H. καθεστηκότος, quod activo sensu ferri non potest.

τως καὶ κατὰ ταὐτὰ ἔχοντος, οὐδ᾽ ἂν ἀργοῦ πώποτε οὐδ᾽ ὁπωστιοῦν διαγεγονότος, ἀεὶ δὲ καὶ κατὰ τὰ αὐτὰ ὡσαύτως καὶ τὸ πᾶν τόδε[1] παράγοντος. Παραπλήσια δὲ καὶ περὶ τῆς ἀνθρωπείας φύσεως διαφερομένων, [τῶν μὲν][2] τῇ ἄλλῃ θνητῇ τε καὶ θηρίων φύσει παραπλησίαν καὶ τὴν ἀνθρωπείαν οἰομένων, οὐδὲν ἐκείνων σεμνότερον ἐν ἑαυτῇ οὐδὲ θειότερον κεκτημένην· τῶν δὲ καὶ ἐς[3] τὴν θείαν τε δὴ καὶ πάντῃ ἀκήρατον ἀναγόντων ταῖς ἐλπίσι· τῶν δὲ μέσην δή τινα ἔχειν τε νῦν καὶ ἀεὶ ἕξειν χώραν τῆς τε θείας καὶ ἀθανάτου καὶ αὖ θνητῆς τὸν ἄνθρωπον νομιζόντων, μικτὴν ἐξ ἀμφοῖν.

Ταῦτ᾽ οὖν τοσαύτης ὄντα ταραχῆς τε πλέα καὶ ἀμφισβητήσεως εἰ μή τις ἐπισκεψάμενος ἕκαστα δι᾽ ἀκριβείας, καὶ κρίνας, οἵτινες τούτων καθάπαξ τῶν λόγων βέλτιστοι, ἀνεύροι τε τἀληθῆ, ὅπῃ ποτ᾽ ἔχει, καὶ ταῦτα ἑαυτῷ ἔμπεδα ποιήσαιτο[4], οὐδ᾽ ὅπως βιῴη ἂν τὸν αὐτοῦ εἴσεται βίον, ἀπορήσει τε ὅ,τι χρήσαιτο αὐτὸς αὐτῷ, εἰκῇ δὲ καὶ ὅ,τι ποτ᾽ ἂν τύχοι ἑκάστοτε αἱρούμενος ἂν καὶ διαπραττόμενος, λάθοι ἂν αὑτὸν ἀθλιώτατος, ἂν οὕτω τύχῃ, ἀνθρώπων ἀντ᾽ εὐδαίμονος γενόμενος.

β΄. Περὶ ἡγεμόνων τῶν βελτίστων λόγων.

Τίνι οὖν[5] ἄν τις τρόπῳ ἐπὶ τὴν τούτων ἔλθοι σκέψιν, ἢ τίσιν ἄν ποθ᾽ ἡγεμόσι χρησάμενος λόγων; Λέγουσι

1. H. τὸ δέ. — 2 Verba τῶν μὲν omisit H. — 3. H. εἰς.
4. B. ποιήσαντος.
5. Hoc caput in A. desideratur : atqui consulto omissum esse

que ce Dieu est de sa nature immuable, que jamais il ne se repose, mais travaille sans cesse, et d'après des principes toujours les mêmes, à la production de cet Univers.

Les dissentiments ne sont pas moindres au sujet de la nature humaine. Plusieurs pensent qu'elle est semblable à celle de tous les autres êtres mortels et des animaux, qu'elle n'a rien de plus noble ni de plus divin; d'autres lui permettent d'élever ses espérances jusqu'à la pureté parfaite de l'essence divine; quelques-uns assignent à l'homme une place intermédiaire qu'il doit toujours occuper, ils le considèrent comme un mélange de la nature divine et éternelle avec la nature mortelle.

Au milieu de l'incertitude, de la confusion qui obscurcit ces problèmes, si l'on n'examine pas avec soin chaque opinion, si l'on ne parvient pas à distinguer une fois pour toutes de quel côté sont les raisons les meilleures, de manière à trouver la vérité et à s'en assurer la possession, on ne pourra savoir comment régler sa vie, on hésitera sur la manière de se diriger, on embrassera, on suivra au hasard tout parti qui se présentera; enfin on deviendra, sans s'en douter, de tous les hommes peut-être le plus misérable, au lieu d'être heureux comme on espérait.

CHAPITRE II. — Des meilleurs guides pour la recherche du vrai.

Quelle est donc la manière de procéder dans l'examen de ces opinions, quels guides doit-on suivre dans

patet, quia supra nuntiata fuerant αἱ ἐπιγραφαὶ τῶν κεφαλαίων καὶ πέντε κεφάλαια : totidem igitur invenerat librarius.

μὲν γὰρ συχνοὶ περὶ αὐτῶν ποιηταὶ, σοφισταὶ, νομοθέται, φιλόσοφοι. Ἀλλὰ τούτων ποιηταὶ μὲν καὶ σοφισταὶ οὐκ ἄξιοι τῶν τοιούτων ἐξηγηταὶ κρίνοιντ' ἂν δικαίως· ποιηταὶ μὲν κολακείᾳ τε τὰ πολλὰ χρώμενοι καὶ πρὸς χάριν προσομιλοῦντες ἀνθρώποις, ἀληθείας δὲ καὶ τοῦ βελτίστου οὐ πάνυ τι φροντίζοντες· σοφισταὶ δὲ ἐπί τε γοητείαν τὰ πολλὰ τετραμμένοι, καὶ δόξαν μὲν αὑτοῖς ἐκ παντὸς τρόπου μηχανώμενοι, καὶ ταύτην εἰσὶν οἳ αὐτῶν καὶ μείζω ἢ κατ' ἀνθρώπους μετιόντες, ἀληθείας δ' οὐ μόνον οὐδὲν φροντίζοντες, ἀλλὰ καὶ συχνὰ περὶ τὴν ἀφάνισιν αὐτῆς τεχνάζοντες. Ἄμφω γὰρ τούτω τὼ γένη τὰ μὲν τῶν θεῶν πράγματα καθαιροῦντες εἰς τὸ ἀνθρωπινώτερον, τὰ δ' ἀνθρώπινα αἴροντες εἰς τὸ θειότερον ἢ κατὰ τὸ ἀνθρώπινον μέτρον, πάντα τε ἄνω κάτω κινοῦντες, τὰ μέγιστα τοῖς σφίσι προσέχουσι λυμαίνονται. Οὗτοι μὲν δὴ τοιοῦτοι τὰ πολλά. Παρὰ δὲ νομοθετῶν[1] τε καὶ φιλοσόφων μᾶλλον ἤπερ τινῶν ἄλλων ἀνθρώπων πύθοιτ' ἄν τίς τι ὑγιὲς περὶ τῶν τοιούτων. Οἵ γὰρ νομοθέται ἐπὶ τῷ κοινῷ ἀγαθῷ τοὺς νόμους ἂν τίθεσθαι ἀξιοῦντες, εἰκότως οὐδ' ἂν παντάπασιν αὐτοῦ διαμαρτάνοιεν· οἵ τε φιλόσοφοι τὴν ἐν τοῖς οὖσιν ἀλήθειαν κεφάλαιον εὐδαιμονίας ποιούμενοι, καὶ ταύτην πρὸ πάντων ἂν χρημάτων διώκοντες, εἰκότως ὡς μάλιστα, εἴπερ τινὲς ἄλλοι ἀνθρώπων, καὶ τυγχάνοιεν ἂν αὐτῆς. Ἀλλὰ δὴ ἡ τῶν πολλῶν φύσις ἀσθενεστέρα περὶ τὴν τῶν μεγίστων γνῶσίν τε καὶ κτῆσιν ἢ ὥστε τυγχάνειν ἂν τοῦ περὶ αὐτὰ ἀκριβοῦς· ὥστε εὐλαβητέον καὶ τούτων, ἅμα μὲν, τοὺς [δι'][2] ἀσθένειαν φύσεως ἀδυνάτους ἂν γενομέ-

1. H. νομοθέτων, et sic infra, nec fortasse sine consilio, sed ex

cette étude? Car ces sujets ont été traités par une foule de poëtes, de sophistes, de législateurs, de philosophes. Mais on peut à bon droit tenir les poëtes et les sophistes pour de mauvais guides en pareille matière : les poëtes sont fort enclins à la flatterie, ils n'ont d'autre but que de plaire aux hommes et font bon marché de ce qui est vrai, de ce qui est bien; les sophistes ne songent qu'à en imposer, aucun moyen ne leur coûte pour se faire une réputation, quelques-uns même élèvent leurs prétentions plus haut que la nature humaine; quant à la vérité, ils n'en ont aucun souci, ils cherchent même mille expédients pour la déguiser. Les uns et les autres rabaissent les Dieux jusqu'à l'homme, élèvent l'homme jusqu'à la Divinité, bouleversent toutes choses et ainsi font le plus grand tort à ceux qui les écoutent. Tels sont les poëtes et les sophistes pour la plupart. Mais les législateurs et les philosophes peuvent mieux que personne émettre sur les sujets qui nous occupent quelque opinion sensée. En effet, les législateurs se proposant toujours le bien commun, il n'est pas probable qu'ils s'en écartent toujours; et les philosophes, estimant que la vérité est l'élément principal du bonheur et la poursuivant de préférence à tous les trésors, doivent probablement la rencontrer mieux que personne. Toutefois, comme la plupart des hommes sont par leur nature incapables d'arriver pleinement à la connaissance et à la possession des plus grandes choses, il y a deux choses à craindre : c'est que, même parmi les philosophes et les législateurs, il ne s'en trouve qui aient été trop faibles

recentiorum quorumdam usu, ut in γεωμέτρων et similibus, vitandæ ambiguitatis causa.

2. H. τοὺς ἀσθ. omissa præpositione.

νους τὰ διὰ πάντων ἀληθῆ τε καὶ βέλτιστα ἀνευρεῖν, ἅμα δὲ, μή τισι[1] σοφισταῖς ἢ καὶ ποιηταῖς περιτυχών τις, δεινοῖς οὖσι τῶν πολλῶν τε καὶ οὐδὲν εἰδότων τὰ πολλὰ κρατεῖν, ὡς δή τισι σπουδαίοις νομοθέταις ἢ καὶ φιλοσόφοις ἐντυγχάνων, ἐξαπατηθῇ. Ἡμεῖς μὲν δὴ ἡγεμόνας ποιούμεθα τῶν λόγων, ἕνα μὲν νομοθετῶν[2] καὶ σοφῶν τὸν αὐτὸν παλαιότατον, ὧν ἀκοῇ ἴσμεν, Ζωροάστρην, Μήδοις τε καὶ Πέρσαις καὶ τῶν ἄλλων τοῖς πλείστοις τῶν πάλαι κατὰ τὴν Ἀσίαν, τῶν τε θείων καὶ ἄλλων καλῶν τῶν πλείστων ἐπιφανέστατον γενόμενον ἐξηγητήν. Μετὰ δὲ τοῦτον, ἄλλους τε καὶ Εὔμολπον, ὃς τὰς Ἐλευσινίας τελετὰς Ἀθηναίοις ἐπὶ τῇ τῆς ἡμετέρας ψυχῆς ἀθανασίᾳ κατέστησε, καὶ Μίνω Κρητῶν[3] γενόμενον νομοθέτην, καὶ Λυκοῦργον Λακεδαιμονίων, ἔτι δ' Ἴφιτόν τε[4] καὶ Νουμᾶν, οἳν ὁ μὲν τὰς Ὀλυμπιᾶσιν ἐς Δία τὸν μέγιστον θεὸν σὺν Λυκούργῳ τούτῳ κατέστησεν ἁγιστείας, ὁ δὲ Ῥωμαίοις ἄλλων τε συχνῶν καὶ τῶν περὶ θεοὺς καὶ οὗτος μάλιστα ἁγιστειῶν νομοθέτης ἐγεγόνει. Νομοθετῶν[5] μὲν δὴ μάλιστα τούτους· τῶν δ' ἄλλων σοφῶν, βαρβάρων μὲν Βραχμᾶνας Ἰνδῶν, καὶ Μάγους Μήδων, Ἑλλήνων δὲ ἄλλους τε καὶ Κούρητας[6] παλαιοτάτους τῶν ἐν μνήμῃ· οἵ γε[7] τὸν περὶ θεῶν δευτέρων τε καὶ τρίτων καὶ ὅλως τῆς τῶν Διὸς ἔργων τε καὶ παίδων ἀϊδιότητος καὶ τοῦ παντὸς τοῦδε λόγον, ἐκλελοιπότα τέως τοῖς Ἕλλησιν[8] ὑπὸ τῶν Γιγάντων καλουμένων, ἀσεβῶν δή τινων καὶ θεομάχων ἀνδρῶν, ἐπανενεώσαντο, λόγων τε ἀνάγκαις ἀναμφιλέκτων καὶ

1. H. τισιν. — 2. H. νομοθέτων. — 3. H. Κρήτων. — 4. H. Ἰφεστόν τε, librario forsitan Ἥφαιστον somniante.

5. H. νομοθέτων. — 6. H. Κουρήτας, unde forsan Κουρῆτας suspi-

pour découvrir le bien et le vrai, et d'autre part qu'on ne se trompe en prenant pour de sages législateurs ou pour des philosophes quelques sophistes ou quelques poëtes habiles à s'emparer de l'esprit ignorant du vulgaire.

Quant à nous, voici les guides que nous choisissons parmi les législateurs et les sages : c'est d'abord le plus ancien dont le nom nous soit parvenu, Zoroastre, qui a révélé, avec le plus grand éclat, aux Mèdes, aux Perses et à la plupart des anciens peuples de l'Asie, la vérité sur les choses divines et sur la plupart des autres grandes questions. Après lui viennent, entre autres, Eumolpe, qui a établi chez les Athéniens les mystères d'Éleusis pour y enseigner le dogme de l'immortalité de l'âme; Minos, législateur des Crétois; Lycurgue, des Spartiates : ajoutons Iphitus et Numa, dont le premier, de concert avec Lycurgue, fonda les jeux Olympiens en l'honneur de Jupiter, le plus grand des Dieux, et le second donna aux Romains un grand nombre de lois dont plusieurs relatives aux Dieux, et notamment aux cérémonies religieuses. Parmi les législateurs, voilà ceux que nous préférons. Parmi les autres sages nous choisissons, chez les Barbares, les Brahmanes de l'Inde et les Mages de Médie; chez les Grecs, entre autres et surtout les Curètes, que la tradition donne pour les plus anciens législateurs : ce sont eux qui ont rappelé l'existence des Dieux du second et du troisième ordre, l'immortalité des œuvres et des enfants de Jupiter, et celle de l'Univers tout entier, croyances qui avaient été détruites en Grèce par les Géants, ces êtres impies qui luttèrent contre les Dieux. Par la force de raisonnements invincibles, et par la guerre

ceris; sed κούρητας legimus jam in elencho libri I, cap. 9, et alibi legemus. — 7. H οἱ δέ. — 8. H. Ἕλλησι.

μάχῃ τῇ πρὸς τοὺς Γίγαντας κρατήσαντες τῶν τἀναντία αἱρουμένων καὶ θνητὰ πάντα ἔξω τοῦ ἑνὸς τοῦ πρεσβυτάτου γεννῶντος τιθεμένων. Μετὰ δὲ τούτους, ἄλλους τε καὶ τοὺς Δωδωναίους Διὸς ἱερέας τε καὶ ὑποφήτας, ἰδίᾳ τε Πολύειδον[1] τὸν μάντιν, ᾧ καὶ Μίνως ἐκεῖνος ἐπὶ σοφίᾳ συνῆν, καὶ Τειρεσίαν[2] ἄλλων τε πολλῶν καὶ καλῶν τοῖς Ἕλλησι, καὶ δὴ καὶ τοῦ περὶ ψυχῆς τῆς ἡμετέρας ἀνόδων τε ἐντεῦθεν καὶ αὖθις καθόδων ἀπείρων λόγου ἐξηγητὴν ἐπιφανέστατον γενόμενον· Χείρωνά τε τῶν κάτ' αὐτὸν καλῶν κἀγαθῶν ἀνδρῶν συχνῶν γεγονότων παιδευτήν τε καὶ πολλῶν καὶ καλῶν μαθημάτων τε καὶ ἐπιτηδευμάτων διδάσκαλον· τούς τε ἑπτὰ ἐκείνους τοὺς κατὰ Ἀναξανδρίδην τε καὶ Ἀρίστωνα βασιλεύοντας Λακεδαιμονίων μάλιστα ἀκμάσαντας· Χίλωνά τε τὸν Σπαρτιάτην, καὶ Σόλωνα τὸν Ἀθηναῖον, καὶ Βίαντα τὸν Πριηνέα, καὶ Θαλῆν τὸν Μιλήσιον, καὶ Κλεόβουλον τὸν Λίνδιον, καὶ Πιττακὸν τὸν Μιτυληναῖον, καὶ Μύσωνα τὸν Χηνέα· ἐπὶ δὲ πᾶσι τούτοις Πυθαγόραν τε καὶ Πλάτωνα, καὶ τοὺς ἀπ' αὐτῶν πολλούς τε καὶ ἀγαθοὺς γενομένους φιλοσόφους, ὧν εὐδοκιμώτατοι Παρμενίδης, Τίμαιος, Πλούταρχος, Πλωτῖνος[3], Πορφύριος, Ἰάμβλιχος. Οὗτοι γάρτοι πάντες τά τε πλεῖστα καὶ περὶ τῶν μεγίστων συνενεχθέντες ἀλλήλοις, τὰς κρατίστας δοκοῦσι τῶν ἀνθρώπων ἀεὶ τοῖς ἄμεινον φρονοῦσιν ἐξενηνοχέναι γνώμας. Οἷς δὴ καὶ ἡμεῖς ὁμολογοῦντες, οὐδ' αὐτοί τι περὶ τηλικούτων νεωτεριοῦμεν, οὔτε τοῖς χθές τε καὶ πρώην ὑπὸ σοφιστῶν δή τινων νενεωτερισμένοις θησόμεθα. Ἐπεὶ[1] καὶ τούτῳ αὐτῷ οὐ σμικρῷ διαφέρειν

1. Η. Πολύοιδον. — 2. Η. Πειρεσίαν. — 3. Η. Πλωτίνος

qu'ils firent aux Géants, les Curètes triomphèrent de leurs adversaires qui prétendaient que tout est mortel, excepté le seul créateur, antique principe de toutes choses. Après eux nous citerons les prêtres de Jupiter à Dodone et les interprètes de ses oracles ; plusieurs autres hommes inspirés, et en particulier le devin Polyide, que Minos lui-même cultivait pour sa sagesse ; Tirésias, qui donna aux Grecs un grand nombre de connaissances élevées, qui développa avec le plus d'éclat la théorie des migrations de l'âme et de ses retours sans fin sur la terre ; Chiron, précepteur d'un grand nombre de héros de son temps, auquel on doit beaucoup de connaissances et de découvertes importantes ; ajoutons les sept sages qui fleurirent avec éclat à l'époque où Anaxandride et Ariston régnaient à Sparte : Chilon de Lacédémone, Solon d'Athènes, Bias de Priène, Thalès de Milet, Cléobule le Lydien, Pittacus de Mitylène et Myson de Chène. A tous ces maîtres joignons encore Pythagore, Platon, ainsi que tous les philosophes distingués qui se sont formés à leur école, et dont les plus illustres sont Parménide, Timée, Plutarque, Plotin, Porphyre et Jamblique. Tous s'étant accordés sur la plupart des questions et sur les plus importantes, ils semblent avoir dicté leurs opinions, comme les meilleures, aux hommes les plus sensés qui se sont succédé après eux. Nous les suivrons donc, sans chercher à rien innover par nous-même sur de si grands sujets et sans accueillir aucune des innovations modernes de quelques sophistes. Il existe cette diffé-

1. H. ἐπὶ, solito mendo, neque ultra notando.

ἂν σοφοὺς σοφιστῶν, τῷ τοὺς μὲν σοφοὺς συνῳδὰ τὰ αὑτῶν τοῖς ἀεὶ παλαιοτέροις ἀποφαίνειν, ὡς οὐδὲ χρόνῳ τὴν ἀλήθειαν τῶν οὐκ ὀρθῶς ἄν τισιν εἰρημένων τε καὶ λεγομένων νεωτέραν οὖσαν· σοφιστὰς δὲ καινοποιεῖν τὰ πολλὰ πειρᾶσθαι, τοῖς νεωτέροις μάλιστα φιλοτιμουμένους. Ταῦτα γάρ τι αὐτοῖς πρὸς τὴν δόξαν τὴν κενὴν μάλιστα φέρειν, ἧσπερ ἕνεκα ἅπαντα πραγματεύονται. Ἡμεῖς δὲ τοῖς τε ὑπὸ τῶν τὰ βέλτιστα ἀεὶ φρονούντων καὶ ἐκ παλαιοτάτου νενομισμένοις τε καὶ λεγομένοις θησόμεθα, καὶ ἅμα λογισμῷ, τῶν γε ἡμετέρων κριτηρίων τῷ κρατίστῳ[1] τε καὶ θειοτάτῳ, ὡς δυνατὸν, δι' ἀκριβείας τὸ βέλτιστον περὶ ἑκάστου συνδοκιμάζοντες, ἐπικρινοῦμεν. Ποιητῶν μὲν γὰρ καὶ σοφιστῶν ὁπόσοι δὴ κακοῦργοι, λόγον μὲν οὐδένα οὐδέτεροι αὐτῶν, ὅτου[2] τι ὄφελος, περὶ τούτων ὧν δὴ ἑκάστοτε λέγουσι, φαίνονται ἀποδιδόντες, μαντείᾳ δὲ, ἐκ θεῶν δῆθεν σφίσι φοιτώσῃ, περὶ τῶν λεγομένων εἰδέναι ἑκάτεροι προσποιοῦνται. Καὶ ποιηταὶ μὲν τῇ τῶν ὀνομάτων τε καὶ ῥυθμοῦ χάριτι τὰ λεγόμενα ἐπιχρωννύντες, ταύτῃ τε κηλοῦντες[3] τοὺς ἀκούοντας, πείθουσι τοὺς οὐ δυναμένους διακρίνειν ὀνομάτων τε καὶ ῥυθμοῦ[4] τοῦ τῶν λεγομένων κάλλους ἢ αἴσχους. Καίτοι οὐδὲ τοῦ πείθειν ἂν αὐτοῖς πολὺς εἴη τις λόγος, τοῦ δὲ τέρπειν[5] μόνου τοὺς ἀκούοντας, ἄν τε δὴ πείθωσιν, ἄν τε καὶ μή· οἵ γ'[6] ἐοίκασι παρ' ἐνίοις καὶ πλέον τι ἢ βούλοιντ' ἂν διαπράττεσθαι. Σοφιστῶν δ' εἰσὶ μὲν οἳ καὶ παραλογισμοῖς δή τισιν ἀντὶ λογισμῶν ὀρθῶς περαινομένων κεχρημένοι, τῶν προστυχόντων

1. Π. κρατιστάτῳ. — 2. Π. ὅπου. — 3. Π. καλοῦντες.
4. Post ῥυθμοῦ addendum videtur χάριν, ex iis quæ præcesserunt.

rence capitale entre les sages et les sophistes, que les sages émettent des opinions toujours en harmonie avec les croyances plus anciennes, en sorte que, même par leur antiquité, les doctrines vraies l'emportent sur les propositions erronées qui ont été avancées ou qui le sont encore, tandis que les sophistes visent toujours au nouveau, seul objet de leur ambition. C'est, en effet, le meilleur moyen de parvenir à cette vaine gloire en vue de laquelle ils s'agitent. Pour nous, nous adopterons les doctrines et les paroles des hommes les plus sensés de l'antiquité; puis, à l'aide du raisonnement, le plus puissant et le plus divin de nos moyens de connaître, nous comparerons aussi exactement que possible tous les systèmes pour juger quelle est la meilleure opinion en toutes choses. Car le grand vice des poëtes et des sophistes, c'est de ne jamais donner aucune raison valable des opinions qu'ils mettent en avant; c'est à une inspiration prophétique des Dieux, qui sans doute vient les visiter, qu'ils feignent les uns et les autres de devoir ces connaissances. Ainsi les poëtes, ornant leurs paroles des charmes de l'expression et du rhythme, séduisent ceux qui les écoutent, et entraînent les esprits qui ne savent pas distinguer l'agrément du style et de l'harmonie d'avec la vérité ou la fausseté des pensées. Du reste, les poëtes s'inquiètent assez peu de persuader ceux qui les écoutent, il leur suffit de les amuser, qu'ils les persuadent ou non; mais il se trouve des hommes sur lesquels ils agissent plus même qu'ils ne cherchent à le faire. Pour les sophistes, les uns emploient de faux raisonnements au lieu d'arguments justes et vrais, et trompent ainsi les esprits grossiers;

5. H. τέρπνειν, ac deinde μόνου, ut nos, ubi vide ne μόνον sit reponendum. — 6. H. οἱ δ' ἐοίκ.

ἐξαπατῶσι τοὺς ἀμαθεστέρους· οἵ γε μὴν γοητικώτατοι αὐτῶν, ἔργων δή τινας τερατείας προσποιούμενοι, καὶ δόξαντες μὲν μεγάλα ἄττα θείᾳ δή τινι δυνάμει διαπράττεσθαι, τῇ δ' ἀληθείᾳ οὐδέν τι αὐτῶν τούτων ὧν τε προσποιοῦνται καὶ ᾗ προσποιοῦνται διαπραττόμενοι, τούτοις τε καταπλήξαντες πρότερον τῶν ἀνθρώπων [τοὺς] ἀνοητοτάτους[1] τά τε τοιαῦτα οὐ πάνυ τοι δυναμένους φωρᾶν· καὶ ἔπειτα ὑπὸ τῶν ταῦτα ἐπὶ τὸ μεῖζον λεγόντων τε καὶ συγγραφόντων συχνῶν καὶ ἄλλων ἐξαπατωμένων, τῶν δὲ καὶ τῶν τοιούτων λόγων ἔθει ἐκ νέων κρατουμένων, τὰ μέγιστα ταῖς πολιτείαις λυμαίνονται, περὶ πολλῶν καὶ ἀτόπων τῷ τε βίῳ ἡμῶν μέγα τι διαφερόντων πείθοντες. Λογισμοὶ δὲ δὴ ὀρθῶς περαινόμενοι τά τε ἀληθῆ, περὶ ὧν ἂν σκοποῖτό τις, ἐναργέστατα διδάσκουσι, παρέχουσί τε αὐτοὺς[2] τῷ ἀεὶ βουλομένῳ περὶ τῶν αὐτῶν ζητεῖν καὶ σκοπεῖσθαι, μηδέν τι ἧττον τῶν πρότερον μεμαθηκότων μηδ' αὐτὸν ἂν τἀληθῆ μανθάνειν, οἰκείαν, οὐκ ἀλλοτρίαν, τὴν ἐπιστήμην κτώμενον, οὐχ ὥσπερ οἱ ὑπὸ τῶν σοφιστῶν δὴ ἐξηπατημένοι, οὗτοι ἀεὶ διὰ τοὺς πρότερον[3] πεπεισμένους καὶ οἱ μετὰ ταῦτα ἐπιγιγνόμενοι συμπείθονται.

γ'. Περὶ τοῖν δυοῖν ἐναντίοιν λόγοιν τοῦ τε Πρωταγορείου καὶ τοῦ Πυῤῥωνείου.

Λόγω δὲ[4] δὴ ἐκείνω, ἀλλήλοιν μὲν ἐναντιωτάτω, ὁμοίως δ' ἀλαζόνε τε καὶ ἀτασθάλω, ἐκποδὼν ποιητέον·

1. H. ἀνοητάτους (sic) sine articulo, quem ob sensum addidimus.
2. Melius abesset αὐτοὺς, sed et ferri potest si ὥστε, paulo infra,

d'autres, les plus charlatans de tous, feignent d'opérer certains miracles et semblent accomplir de grandes choses par un pouvoir divin, mais en réalité, moyens et résultats, tout n'est qu'imposture : cependant ils frappent les esprits faibles et incapables d'examen; puis leurs mensonges grossis par des discours et des écrits venus plus tard en égarent beaucoup d'autres; enfin ces doctrines reçoivent de l'habitude de les entendre répéter dès l'enfance, une autorité qui fait le plus grand mal aux États en accréditant mille principes absurdes qui ont pour la conduite de la vie humaine les plus graves conséquences. Au contraire, les raisonnements bien déduits enseignent clairement la vérité sur les objets soumis à l'examen, et s'offrant d'eux-mêmes à la discussion d'une critique attentive, ils conduisent les derniers venus aussi bien que les premiers à une science personnelle et non pas empruntée, au rebours de ceux qui, trompés par les enseignements des sophistes, empruntent aveuglément leur persuasion à ceux qui se sont laissé persuader avant eux.

Chapitre III. — Sur les doctrines opposées de Protagoras et de Pyrrhon.

Ces deux doctrines, tout à fait opposées l'une à l'autre, mais également vaines et pernicieuses, doivent

ante μηδὲν τι subaudiatur. — 3. H. προτέρους.

4. Ex H. atque etiam ex A. codice, apud quem capiti primo statim hoc subjectum legitur. Jam vero ab initio A δὲ omittit.

οἴω[1] ὁ μὲν πάντα ἀληθῆ εἶναί φησιν, ὡς πάντων χρημάτων μέτρον ἂν ἄνθρωπον ὄντα, καὶ τὸ δοκοῦν ἑκάστῳ, τοῦτο καὶ ὄν· ὁ δ' οὐδ' ὁτιοῦν ἂν εἶναι ἀληθὲς, ὡς ἄνθρωπόν γε οὐκ ἂν ἄξιόν γε ὄντα κριτὴν οὐδ' ὁτουοῦν, ἢ καὶ[2] τὰ πράγματά που αὐτὰ ἄπιστα ὄντα. Ἄμφω γὰρ τούτω τὼ λόγω εὐπεριτρέπτω ὄντε, καὶ εὐελέγκτω ὁμοίως ἐστόν. Ἤν τε γὰρ πάντα ἀληθῆ τις φῇ, καὶ τὴν ἀντιφάσκουσαν τούτῳ δόξαν, ᾗ δὴ καὶ ἀνθρώπων οἱ πλεῖστοι τίθενται ὡς οὐ πάντα αὖ ἀληθῆ, ἐξ ἀνάγκης ἂν ὁμολογήσειεν· ἤν τε μηδ' ὁτιοῦν φῇ ἀληθὲς εἶναι, καὶ αὐτὸ αὖ τοῦτο ὡς οὐκ ἀληθὲς ἀποφανεῖ. Καὶ μὲν δὴ τυγχάνουσι σχεδὸν ἅπαντες ἄνθρωποι σοφωτέρους τε[3] ἄλλους ἄλλων ἡγούμενοι καὶ ἀμαθεστέρους, καὶ παρὰ μὲν τοὺς ἴασιν, ὡς μαθησόμενοί τι, τοὺς δὲ διελέγχουσιν, ὡς δὴ οὐκ ὀρθῶς γινώσκοντας περὶ ὧν ἂν καὶ οἴοιντό τι εἰδέναι· οὐκ ἄν, εἴ γε ἢ πάντας, ἢ μηδένα ἂν ἀληθῆ δοξάζειν ὑπελάμβανον. Ἔτι δὲ τὰ μὲν ἀντιφάσκοντα μήθ' ἅμα ἀληθῆ μήθ' ἅμα οὐκ ἀληθῆ ἅπαντες ἂν ἄνθρωποι φαῖεν· καὶ οὐδ' ἂν εἷς πρός γε ταύτην τὴν ἔννοιαν ἀμφισβητήσειεν· ὡσαύτως δὲ φαῖεν καὶ τῷ ἀΐδιον εἶναι τόδε τὸ πᾶν, τὸ μὴ ἀΐδιον ἀντιφάσκειν, ὥστ' οὐκ ἂν οὔθ' ἅμα ἀληθῆ, οὔθ' ἅμα οὐκ ἀληθῆ ἄμφω τούτω εἶναι τὼ δόξα, οὔτ' ἄλλω δή τινε ὅλως τῶν οὕτως ἐχόντων, ἀλλ' ἀληθῆ μὲν τὴν ἑτέραν πάντως, τὴν δ' αὖ ἑτέραν ψευδῆ. Καὶ μὴν οὐδ' ἂν περὶ τῶν μελλόντων ἔσεσθαι φήσειέ τις, ὥστ' ἂν πάντα, ᾗ ἄν τις δοξάσειεν, ἀποβαίνειν, οὔτ' ἂν πάντα αὖ ὡς ἑτέρως χωρεῖν· ἀλλ' ἔστι μὲν ἃ παρὰ δόξαν αὐτῶν, ἔστι δ' ἃ καὶ κατὰ δόξαν ἀποβαίνειν·

1. H. οἶα, sed A. οἴω, ut nos, elegantius. — 2. Abest καὶ ex H. — 3. A. τε non habet.

être également rejetées. Protagoras dit que tout est vrai, que l'homme est la mesure de toute chose, et que ce que chacun s'imagine existe par cela même; Pyrrhon soutient que rien n'est vrai, que l'homme est incapable d'être juge de rien, et qu'il n'en faut pas même croire le témoignage des choses. Leurs deux propositions sont faciles à retourner et par conséquent à réfuter : si l'on dit que tout est vrai, l'on sera forcé d'accorder la vérité de l'opinion contraire, qui est celle de la plupart des hommes, à savoir que toutes choses ne sont pas vraies; si l'on dit que rien n'est vrai, l'on convient que cette affirmation même ne l'est pas. En outre, la plupart des hommes reconnaissent des degrés dans le savoir et dans l'ignorance, ils vont demander des leçons aux savants et accusent les ignorants de ne pas posséder assez bien ce qu'ils prétendent connaître; en serait-il ainsi si les hommes croyaient que le vrai est partout ou qu'il n'est nulle part? Jamais non plus on ne dira que deux propositions contradictoires sont toutes deux vraies ou toutes deux fausses en même temps; c'est une opinion que personne ne discutera. Ainsi tout le monde dira que cette proposition : l'Univers est éternel, a pour contradictoire celle-ci : l'Univers n'est pas éternel, et qu'il ne peut se faire que ces deux propositions soient à la fois toutes deux vraies ou toutes deux fausses; dans tous les cas semblables, l'une des propositions est seule vraie et l'autre est fausse. De même pour l'avenir, personne ne soutiendra que tous les faits viendront nécessairement justifier ses prévisions ou que tous viendront les démentir, mais chacun sait ὥστ' ἂν καὶ τούτων τὰς μὲν ψευδεῖς εἶναι τῶν δοξῶν, τὰς δ' αὖ ἀληθεῖς, τῷ τε λόγῳ ἐκείνῳ καὶ πάνυ ἂν ἁλίσκεσθαι ψευδῆ τε ὁμοίως ὄντε καὶ οὐδὲν ἔχοντε ὑγιές. Οὐ μὲν δὴ [1] οὐδ' ἐκεῖνο ὑπολογιστέον, ὃ αὖ φασί τινες, ὡς κἂν [2] περὶ ὁτουοῦν τῶν ἄλλων ἡμῖν ᾖ τις ἀληθείας κατάληψις, ἀλλ' οὐδ' ὥς [3] περὶ τῶν θείων ἀνθρώποις οὖσι προσήκοι διασκοπεῖν πραγμάτων, ὡς οὔτ' ἂν εἰσομένοις [4] σαφὲς οὐδὲν περὶ αὐτῶν, ἅτε δὴ κρειττόνων ἢ καθ' ἡμᾶς, οὔτ' ἂν αὐτοῖς θεοῖς φίλον τοῦτο ἐπιτηδεύουσι, περιεργάζεσθαί τε δὴ [5] καὶ πολυπραγμονεῖν τὰ αὐτῶν. Οὐ γὰρ ἂν θεοὶ μάτην ἡμᾶς τῶν γε σφετέρων τούτων ἐποίουν ζητητικούς, εἰ μήτε ἐβούλοντο καὶ ζητεῖν ἂν περὶ αὐτῶν ἡμᾶς, μήτε τινὰ καὶ ἕξιν τοῦ εἴσεσθαί ποτ' ἂν σαφές τι περὶ τῶν τοιούτων ἔμελλον παρέξειν. Καὶ μὴν ὁμοίως ἂν ἄτοπον εἴη ὁποτερονοῦν [6], ἢ μηδ' [7] ὁτιοῦν ἂν περὶ τῶν τοιούτων ἡμᾶς διανοουμένους, ἐν ἴσῳ ἂν τοῖς θηρίοις καὶ ἀλόγοις βιοτεύειν, ἢ τὰ προστυχόντα εἰκῇ ἂν καὶ ἀβασανίστως παραδέχεσθαι· οὐ γὰρ οἷόν τε οὕτως ἔχοντας τῆς σπουδαζομένης ἂν εὐδαιμονίας τυχεῖν. Ἐπεὶ εἴποτε καὶ θεία τις τύχη συλλαβοῦσα ἐπιτυχῇ τινα τῆς περὶ ταῦτα ἀληθείας ἄνευ λόγου ποιήσειεν, ἀλλ' οὔτ' ἂν βεβαίως σχοίη ποτ' ἄν τις περὶ ἅττ' ἂν οὕτω δοξάσειεν, οὔτ' ἂν τελέως τις εὐδαίμων γένοιτο, οὐδ' ἐφ' ὁσονοῦν, λόγου [8] τε ἐστερημένος καὶ ἐπιστήμης τῆς περὶ τὰ μέγιστα, ὃς κἂν αὐτὸ τοῦτο ἀγνοοῖ, εἴτ' εὖ ἔχει αὐτῷ τὰ πράγματα, εἴτε καὶ μή. Οὐ γὰρ ἂν ἐξαρκοῖ τὸ εὖ πράττειν οἴεσθαι, ὃ κἂν τοῖς μαινομένοις δή που συμβαίνοι [9],

1. H. οὐ μὴν δέ. — 2. H. οὐκ ἄν, A. οἳ κἄν, ubi nos ὡς κἄν.
3. Pro οὐδ' ὥς, quod de nostro est, habent H. οὕτω, A. ὥστε, sic et hoc spiritu.

d'avance que certains faits les contrediront, tandis que d'autres seront d'accord avec elles, en sorte que certaines prévisions auront été vraies et les autres fausses. Ainsi ces deux doctrines sont également convaincues de fausseté et d'absurdité. Il ne faut pas tenir compte non plus de cette autre opinion, que, fussions-nous capables d'atteindre en quelque chose à la connaissance du vrai, il ne nous appartiendrait pas, en notre qualité d'hommes, de porter nos recherches sur les choses divines, à cause de l'infériorité de notre intelligence, et parce que les Dieux ne veulent pas que leur nature soit l'objet d'une indiscrète curiosité. En effet, les Dieux ne pourraient nous avoir donné en vain le désir d'étudier leur nature, s'ils avaient voulu nous interdire cette étude, et nous refuser la faculté d'acquérir sur eux quelques notions claires. D'ailleurs, il serait également absurde d'admettre que nous devons, ou bien n'avoir aucune idée de ces choses et vivre ainsi comme les brutes, ou bien accepter au hasard et sans examen toutes les imaginations qui se présentent, ce qui ne nous permettrait pas d'atteindre le bonheur que nous poursuivons. En effet, quand même, par un hasard divin, quelqu'un, sans le secours de la raison, rencontrerait la vérité sur ces matières, jamais, après l'avoir ainsi acquise, il ne la posséderait sûrement, et il ne pourrait jouir ni d'un bonheur parfait ni même d'aucun bonheur, n'ayant ni la raison ni la science nécessaires pour s'éclairer sur les questions les plus importantes, et ignorant même s'il est heureux ou non. Car ce n'est pas assez de s'imaginer être heureux, cela peut arriver

4. H. εἰσομένους. — 5. H. δὴ ignorat.
6. H. ὁπότερον, sine οὖν, quod in A. legitur.
7. H. μήθ'. — 8. A. λόγων. — 9. A. συμβαίνει.

ἣν μὴ καὶ ὅπη ποτὲ εὖ ἔχοι ἄν τῳ[1] τὰ πράγματα, τί τε ἀνθρώπῳ ἀγαθὸν ἢ κακὸν, καὶ ὅπη, ἱκανῶς εἰδῇ. Ἅμα δ'[2] οὔτε αἰσχροῦ τινος τοῖς θείοις μέτεστι πράγμασιν, ὥστ' ἂν μὴ βούλεσθαι θεοὺς τὰ αὐτῶν γινώσκεσθαι[3], οὔτε φθονερὸν τὸ θεῖον, ὥστ' ἂν ἀπαξιοῦν μὴ οὐ πρὸς τοῖς ἄλλοις καὶ τῷ γινώσκεσθαι ὠφελεῖν ἡμᾶς. Οὔτ' ἂν εἰ ὅτι μάλιστα κρεῖττόν ἐστιν ἢ καθ' ἡμᾶς τὸ θεῖον, οὐχὶ διὰ τοῦτο κἂν ἄγνωστον εἴη ἡμῖν, λογικοῖς τε ὁμῶς καὶ οὐ παντάπασιν αὐτοῦ ἀλλοτρίοις τὴν φύσιν γεγονόσιν. Οὓς καὶ ζητητικοὺς τῶν ἑαυτοῦ διὰ τοῦτ' ἂν[4] ἐποίησεν, ἵνα καὶ ζητοῖμεν, καὶ ζητοῦντες μανθάνοιμέν τι περὶ αὐτοῦ, καὶ μανθάνοντες τὰ μέγιστα ὠφελοίμεθα. Χρώμενοι γὰρ ἀρχαῖς ταῖς κοινῇ πᾶσιν ἀνθρώποις ὑπὸ θεῶν διδομέναις ἐννοίαις τε καὶ περὶ τοῦ θείου μαντείαις, ἢ καὶ ταῖς τῶν πλείστων καὶ βελτιόνων, καὶ ταύτας ἡμῖν βεβαίας αὐτοῖς τιθέμενοι, ἔπειτα ἀπὸ τούτων ἂν[5] λογισμοῖς ἕκαστα ἀναγκαίοις, ᾗ ἂν οἱ σοφοὶ ὑφηγῶνται, μετιόντες, θεῶν ἂν συλλαμβανόντων, τοῦ βελτίστου περὶ ἑκάστων λόγου οὐκ ἀποτευξόμεθα. Θεοῖς[6] δὴ τοῖς τῶν λόγων ἐφόροις εὐκτέον ἂν εἴη πρότερον, ἱλέως[7] ἐπιπνεῦσαι τῇδε τῇ συγγραφῇ.

1. H. ἔχην τῶ, nec melius A. ἔχοιντο : nos correximus.

2. H. δ' omittit. — 3. H. γιγνώσκεσθαι. — 4. H. ἑαυτοῦ τ' ἂν, omissis intermediis; sed A. ut nos.

5. H. ἂν non agnoscit, quod præbet A.

---

même à des fous; il faut encore savoir en quoi et comment l'on est heureux, ce qui est bon pour l'homme et ce qui est mauvais, et pourquoi. De plus, les choses divines ne renferment aucun vice qui puisse obliger les Dieux à les cacher, et ces Dieux sont incapables d'un sentiment de jalousie qui les empêcherait de joindre à leurs autres bienfaits celui de se laisser connaître. Et quoique la nature divine soit extrêmement au-dessus de celle de l'homme, on ne peut pas dire pour cela qu'il soit condamné à ne pas la connaître puisqu'il possède aussi la raison et des facultés qui ne sont pas tout à fait étrangères à la nature divine. Enfin, si les Dieux nous ont disposés à rechercher leur nature, c'est précisément pour que nous la recherchions, que nous la connaissions, du moins en partie, et retirions de cette connaissance les plus grands avantages. En effet, prenant pour principes les idées et les révélations données en commun par les Dieux à tous les hommes au sujet de la nature divine, ou du moins les idées du plus grand nombre et des plus vertueux, nous nous en pénétrerons fortement; puis, par des raisonnements rigoureux, tirant de ces principes les conséquences auxquelles les sages nous ouvriront la voie, avec l'aide des Dieux, nous ne pourrons manquer d'avoir sur chaque chose la meilleure opinion. C'est donc aux Dieux arbitres de la raison que nous devons, avant d'aller plus loin, adresser nos prières pour qu'ils favorisent ce travail de leur inspiration.

6. Hanc vocem et reliqua hujus capitis A. non habet. — 7. H. ἳλεως, pravo accentu.

δ'. Ἐς θεοὺς τοὺς λογίους εὐχή.

Ἄγετε δὴ, ὦ θεοὶ λόγιοι, οἵτινές τε καὶ ὅσοι ἐστὲ, οἳ ἐπιστήμας τε καὶ δόξας ἀληθεῖς ἐπιτροπεύετε, νέμετέ τε οἷςπερ ἂν ἐθέλητε [1] κατὰ τοῦ μεγάλου πατρὸς τῶν τε πάντων βασιλέως Διὸς βουλάς. Οὐ γάρ τοι ἄνευ ὑμῶν οἷοί τ' ἂν ἡμεῖς εἴημεν ἔργον ἀνύσαι τηλικοῦτον. Ἀλλ' ὑμεῖς ἡμῖν τῶνδε τῶν λόγων ἡγήσασθέ τε, καὶ δότε τήνδε [2] τὴν συγγραφὴν ὡς ἐπιτυχεστάτην γενέσθαι, κτῆμα ἀεὶ προκεισομένην τῶν ἀνθρώπων τοῖς ἐθέλουσιν ἂν καὶ ἰδίᾳ καὶ κοινῇ τὸν αὑτῶν βίον ὡς κάλλιστά τε καὶ ἄριστα καθισταμένοις ζῆν.

ε'. Κοινὰ περὶ θεῶν δόγματα.

Νόμοι μὲν δὴ, οὓς ὡς μάλιστα πρὸς τῶν ἀεὶ θείων ἀνδρῶν γενομένων παρειλήφαμεν, οἵδε εἰσί· Θεοὺς εἶναι σύμπασαν τὴν κρείττω τε καὶ μακαριωτέραν ἢ κατ' ἄνθρωπον φύσιν, οὓς δὴ καὶ ἀνθρώπων τῇ ἀγαθῶν τῶν σφετέρων περιουσίᾳ προνοεῖν, κακοῦ μὲν οὐδ' ὁτουοῦν οὐδενὸς, τῶν [δ'] [4] ἀγαθῶν ἁπάντων αὐτοὺς ὄντας τοὺς αἰτίους, εἱμαρμένῃ [5] τε ἀμεταστρόφῳ καὶ ἀπαρατρέπτῳ [7] τὸ ἀεὶ βέλτιστον ἐκ τῶν ἐνόντων ἑκάστοις ἀπονέμοντας Εἶναί τε αὐτοὺς πλείους μὲν, οὐ τοὺς αὐτοὺς δὲ θεότητι. Ἀλλὰ μέγιστον μὲν καὶ ἐξαίρετον ἕνα αὐτῶν, τὸν βασιλέα Δία, τῶν γε ἄλλων τῇ τε ἀξίᾳ καὶ φύσει ἀμηχάνῳ ὅσῳ δια-

1. H. ἐθέλητε, sine ἄν, quod A. dedit. — 2. A. τήνδε ignorat.
3. Caput hoc in A sicut illud alterum supra, omissum est.

CHAPITRE IV. — Prière aux Dieux arbitres de la raison.

Venez à nous, Dieux arbitres de la raison, qui que vous soyez, en quelque nombre que vous soyez, vous qui présidez à la science et à la vérité, qui les distribuez à qui bon vous semble, suivant les décrets du père tout-puissant, du roi de toutes choses, Jupiter. Sans votre assistance, nous serions incapables d'accomplir une si grande œuvre. Venez donc guider nos raisonnements, et accordez à cet ouvrage d'obtenir le meilleur succès possible, et d'être comme un trésor toujours ouvert à ceux d'entre les hommes qui veulent mener dans la vie publique ou privée la conduite la plus belle et la meilleure.

CHAPITRE V. — Principes généraux sur les Dieux.

Voici les croyances dont on peut le mieux affirmer qu'elles nous ont été transmises par une succession d'hommes divins. Les Dieux sont tous les êtres d'une nature plus élevée et plus heureuse que celle de l'homme. Ils déversent sur nous par leur providence le trop-plein de leur bonheur : aucun mal ne peut venir d'eux, ils sont les auteurs de tout bien; par une loi fatale et immuable ils attribuent à chacun le sort le meilleur possible. Il y a plusieurs Dieux, mais à des degrés différents de divinité. L'un d'eux, le plus grand de tous, c'est le Dieu suprême, le roi Jupiter, qui, en effet, les surpasse tous infiniment par sa majesté et l'excellence de sa nature : il a existé de toute

4. II. δ' non habet. — 5. II. εἱμαρμένῳ.

φέροντα, αὐτὸν μὲν ἀγένητον [1] πάντῃ τε [2] ὄντα καὶ παντως [3], ἅτε ἐξ οὐδενὸς τὸ παράπαν οὔτε ὄντα οὔτ' ἂν γεγονότα πώποτε, αὐτοπάτορα δὲ, καὶ μόνον τῶν πάντων αὐτὸν ἐξ αὐτοῦ, τῶν δ' ἄλλων ἁπάντων πατέρα τε καὶ δημιουργὸν πρεσβύτατον, ὄντως δὲ ὄντα τῷ ὄντι [4], καὶ εἰλικρινῶς ἕνα, καὶ τὸν ὅτι μάλιστα αὐτὸν αὐτῷ, αὐτό τε ὄντα, ὅ ἐστιν ἀγαθόν. Τοὺς δ' ἄλλους θεοὺς δευτέρους τε καὶ τρίτους θεότητι καθεστάναι, [τοὺς μὲν] [5] αὐτοῦ Διὸς παῖδάς τε καὶ ἔργα, τοὺς δὲ παίδων τε παῖδας καὶ ἔργα ἔργων γεγονότας, δι' ὧν σύμπαντα τά τ' ἄλλα καὶ τὰ ἀνθρώπεια τὸν βασιλέα Δία κατακοσμεῖν, ἄλλον μὲν ἄλλῳ μείζονι ἢ μείονι τοῦ παντὸς τοῦδε μέρει ἐπιστήσαντα ὕπαρχον, τῶν δὲ πάντων ἡγεμόνα Ποσειδῶ [6] τὸν μέγαν, ὃν πρεσβύτατόν τε καὶ κράτιστον τῶν ἑαυτοῦ ἐκγόνων γεγεννήκει, αὐτό τε τῶν ἑαυτοῦ ἔργων τὸ κάλλιστόν τε, ἐς ὅσον ἐνῆν, καὶ τελεώτατον. Καὶ τοὺς μὲν ἐξ αὐτοῦ Διὸς προσεχῶς γεγεννημένους ὑπερουρανίους θεοὺς εἶναι, δευτέρους θεότητι, σωμάτων μὲν καὶ ὕλης πάμπαν ἀφειμένους, εἴδη δ' ὄντας εἰλικρινῆ αὐτὰ καθ' αὑτὰ, καὶ νοῦς ἀκινήτους, ἀεί τε καὶ περὶ πάντα ἅμα μιᾷ τῇ ἑαυτῶν ἑκάστους νοήσει ἐνεργούς· οὓς οὐσίαν μὲν ἑκάστους ἀπ' αὐτοῦ ἴσχειν τοῦ Διὸς, ἀμερῆ μὲν ἐξ ἀμεροῦς, ἅπαντα δ' ἐν [7] ἑαυτῇ συλλήβδην τε καὶ καθ' ἓν προειληφυῖαν, ὁπόσων [8] γ' ἂν πλειόνων αὐτὸς ἕκαστος τοῖς ὑφ' ἑαυτὸν αἴτιος ᾖ. Τὰ δὲ προσόντα, ἔξω ἑνὸς τοῦ πρεσβυτάτου αὐτῶν Ποσειδῶνος [9], ἄλλους ὑπ' ἄλλων διατίθεσθαί τε καὶ κοσμεῖσθαι, τοῦ βασιλέως τε καὶ πατρὸς κοινωνίαν τοῖς ἑαυτοῦ παισὶν ἀλλήλοις τῶν ἀγαθῶν μεμηχανημένου· ὃ

1. Η. ἀγεννητον. — 2. Η. παντί τε. — 3. Η. παντος.
4. Η. virgula caret, quod quidem sensus causa notandum

éternité, il ne doit l'être ni la naissance a personne, il est son propre principe, et, seul de tous les êtres, n'ayant d'autre père que lui-même, il est le père et le premier auteur de toutes choses; il est d'une essence tout à fait essentielle, absolument un, éternellement identique à lui-même; il est le bien par essence. Les autres Dieux sont partagés en Dieux du deuxième et du troisième ordre, dont les premiers sont les œuvres, les enfants de Jupiter, . les seconds sont les œuvres de ses œuvres, les enfants de ses enfants : ce sont les instruments par lesquels le roi Jupiter gouverne toutes choses et en particulier les choses humaines; chacun d'eux est établi chef d'une partie plus ou moins grande de cet Univers; mais tous sont gouvernés par le grand Neptune, l'aîné et le plus puissant de tous les enfants de Jupiter, le plus beau possible de ses ouvrages et le plus parfait. Les Dieux nés immédiatement de Jupiter lui-même sont les Dieux supracélestes; ils ont une divinité de second ordre dégagée de tout lien des corps et de la matière; ce sont des formes essentiellement pures, des esprits immuables, toujours et en toutes choses agissant par la seule force de leur propre pensée; chacun d'eux tient de Jupiter lui-même une essence qui est indivisible comme celle de son auteur, mais qui renferme en soi, d'une manière collective à la fois et individuelle, tout ce qu'elle donne ensuite en le multipliant aux êtres inférieurs. Quant à leurs attributs, tous ces Dieux, excepté Neptune seul, le plus ancien d'entre eux, les reçoivent les uns des autres, leur roi et leur père ayant établi entre ses enfants une communauté et une réci-

5. H τοὺς μὲν omisit. — 6. H. Ποσειδῶ. — 7. H. δι ὧν.
8. An potius ὁπόσῳ legendum? — 9 H. Ποσειδῶνος.

δὴ αὐτοῖς καὶ ἀγαθῶν μετά γε τὴν ἑαυτοῦ κοινωνίαν το κράτιστον ἐμπεποιήκει. Καὶ Ποσειδῶ [1] μὲν, ὑπ' αὐτοῦ Διὸς μόνου κοσμούμενον, τοὺς ἄλλους ἅπαντας κατακοσμεῖν· τῶν δ' ἄλλων μείζους μὲν εἶναι τοὺς ὑπὸ μὲν ἐλαττόνων ἂν κοσμουμένους, αὐτοὺς δὲ πλείω τε ἂν δρῶντας ἐν τῷ παντὶ τῷδε καὶ μείζω· μείους δὲ τοὺς ἐλάττω μὲν καὶ μείω δρῶντας, αὐτοὺς δ' ἂν ὑπὸ πλειόνων κοσμουμένους. Ἄλλῃ τε οὖν διεννοχέναι αὐτὸ αὐτοῦ σύμπαν τοῦτο τὸ γένος τῶν θεῶν, μάλιστα δὲ καὶ τῶν διακρίσεων τῇ μεγίστῃ διακεκρίσθαι διχῇ, ᾗ τὸ μὲν γνήσιόν τι θεῶν γένος ὁ γεγεννηκὼς πατὴρ ἀπέφηνεν, ὁπόσον δὴ ἀϊδίων καὶ αὐτὸ ἔτι γόνιμον ἀπετελεσεν· ὁπόσον δὲ [2] θνητῶν ἤδη καὶ οὐκέτι ἀϊδίων, Τιτάνων τι γένος νόθον, ἅτε δὴ γενέσεως μὲν τῆς αὐτῆς τῷ προτέρῳ κεκοινωνηκὸς [3], τῆς δὲ δυνάμεώς τε καὶ ἀξίας πολλῷ που λειπόμενον. Καὶ τούτους σύμπαντας οὔτ' ἂν ἐν χρόνῳ οὐδ' ὁτιοῦν σφῶν ἔχειν αὐτῶν, ἅτε μένοντάς τε ἀεὶ καὶ πάμπαν ἀκινήτους· κινήσεως γὰρ μέτρον τὸν χρόνον εἶναι τοῖς δὲ αἰῶνα τοῦ βίου εἶναι μέτρον, οὗ δὴ οὐδὲν οὔτε οἰχόμενον, οὔτε μέλλον, οὐδὲ δὴ ὅλως πρότερόν τε καὶ ὕστερον, ἀλλὰ τὸ ὅλον ἅμα τε καὶ ἀεὶ ἐνέστηκεν. Οὔτ' ἂν τόπῳ θέσιν ἔχοντι περιληπτοὺς εἶναι· σωμάτων τε γὰρ καὶ περὶ σώματα τὸν τοιοῦτον εἶναι τόπον· τοὺς δὲ σωμάτων τε χωρὶς ἔχειν τὴν οὐσίαν, καὶ τόπον οἰκεῖον ἂν σφίσιν αὐτοῖς τὴν τάξιν κεκτῆσθαι, ᾗ τῶν τε προυχόντων ἂν καὶ ὑποδεεστέρων μέσος τις εἴληπται ἕκαστος. Ἡ δὴ καὶ σύμπαντα τὸν ὑπερουράνιον χῶρον διωρίσθαι μὲν καὶ καθ' ἑκάστους θεῶν· μάλιστα δ' ἂν καὶ τοῦτον διακεκρί-

1. Η. Ποσειδῶ — 2. Η. δή — 3. Η. κεκοινηκος sic.

procité de biens, le plus beau don qu'il leur ait fait après la participation à son essence. Quant à Neptune, gouverné par Jupiter seul, il gouverne tous les autres. Parmi les autres Dieux, ceux-là sont plus élevés qui ont le moins de supérieurs et qui font dans l'Univers plus et de plus grandes choses; moins élevés sont ceux qui font moins et de moindres choses et qui reconnaissent plus de supérieurs. On trouve encore à établir d'autres divisions dans cette classe de Dieux. D'après la plus importante, elle se divise en deux grandes familles : d'abord celle des fils légitimes de Jupiter, que leur père a doués de la faculté de produire aussi des êtres immortels; les autres Dieux, qui forment la famille illégitime des Titans, ne produisent que des êtres mortels et périssables; ils sont pareils aux premiers Dieux par la communauté d'origine, mais ils leur sont fort inférieurs en puissance et en grandeur. Tous ces Dieux sont à tous égards en dehors du temps, car ils subsistent toujours et sont absolument immuables. En effet, le temps est la mesure du changement, et ils ont l'éternité pour mesure de leur vie; il n'y a pour eux ni passé, ni avenir, ni avant, ni après; tout est pour eux éternellement présent. Ils ne peuvent être non plus circonscrits par le lieu dans l'espace, car c'est le propre des corps d'être ainsi circonscrits dans un lieu, et ils ne sont pas des corps, mais des essences pures. Cependant ils ont leur lieu propre, en ce sens qu'ils sont classés dans un ordre déterminé, de façon que chacun d'eux tient le milieu entre celui qui le précède et celui qui le suit. Ainsi tout le domaine supracéleste est partagé entre ces Dieux, mais la σθαι διχῆ, ᾗπερ καὶ τὸ σύμπαν τῶν θεῶν τούτων φῦλον, ἑκατέρῳ αὐτῶν γένει ἑκατέρας καὶ χώρου μοίρας ἀποδεδομένης, τῷ μὲν γνησίῳ αὐτῶν, Ὀλύμπου, τοῦ ἄνω τε αὐτοῦ χώρου τοῦ ἐκεῖ καθαρωτέρου [1], τῷ δ' αὖ λοιπῷ καὶ νόθῳ, Ταρτάρου, τοῦ κάτω τε αὐτοῦ καὶ ὑποβεβηκότος. Ἐκ δ' ἀμφοῖν τούτοιν τοῖν γενοῖν, τοῦ τε Ὀλυμπίου καὶ Ταρταρίου, ἕν τι μέγα καὶ ἅγιον, τὸν νοητόν τε σύμπαντα καὶ ὑπερουράνιον τῷ βασιλεῖ Διῒ κατεσκευάσθαι διάκοσμον, ἀεί τε ὄντα καὶ πάντων καλῶν πλέον, δευτέρων δή τινων τούτων θεῶν ἐς ἀριθμόν τινα αὐτάρκη [2] συνεστώτων, καὶ οὐδ' ἂν ἑνὸς ὧν ἂν ἐγγενέσθαι ἐχρῆν ἐπιδεᾶ, διακεκριμένον μὲν καθ' ἑκάστους αὐτῶν ὡς κάλλιστα ἀκριβεστάτῃ διακρίσει, ἵνα δὴ ὡς τελεώτατός τις καὶ ἕκαστος ᾖ αὐτῶν καὶ αὐτάρκης κατὰ δύναμιν, ἡνωμένον δ' ἅμα τῇ ἀλλήλων κοινωνίᾳ τῶν ἀγαθῶν, καὶ φίλτατον αὐτὸν αὐτῷ. Οὕτω γὰρ ἂν ἅμα ἕκαστοί τε [3] αὐτῶν καὶ τὸ ἐξ ἁπάντων ἕν τι ἔσεσθαι ἔμελλον, ἅτε δὴ ἔκ τε μιᾶς προϊόντες ἀρχῆς, καὶ ἐς ταὐτὸν αὖ τέλος τὸν σφέτερον πατέρα τε καὶ δημιουργὸν Δία τὸν μέγαν ἐπιστρεφόμενοι, ἄκρως τε ἕνα ὄντα καὶ ὅτι μάλιστα κράτιστον. Ὧ καὶ πάντα μὲν τἆλλα ὑπήκοά τε εἶναι καὶ φιλια, καὶ οὐδ' ἂν ἓν πολέμιον οὐδ' ἀνθεστηκὸς οὔτε δύσνουν [4]· μάλιστα δὲ θεοὺς τούτους ἐκείνῳ τε ὑπηκόους σύμπαντας σὺν εὐνοίᾳ, καὶ ἀλλήλοις συνήθεις τε εἶναι καὶ φίλους καὶ ταὐτὸν φρονοῦντας, τὰ μὲν τῶν τὴν ἀξίαν σφῶν ἂν αὐτῶν νεωτέρων ἡγουμένους, τὰ δὲ τοῖς πρεσβυτέροις ἂν ἑπομένους. Ἅπαντα γὰρ ἂν εὐνομίας τε ἄκρας καὶ εὐκοσμίας μεστὰ εἶναι τἀκεῖ. Τούτοις μὲν δὴ οὕτω τε καὶ τοιαῦτα τὰ πράγματα καθεστάναι. 5

1. H. καθαροτέρου — 2 H. αὐταρκῆ — 3. H. ἕκαστά τε.

principale division de ce monde supérieur est une division en deux parties qui correspondent aux deux familles de Dieux, et sont le siége particulier de chacune d'elles : les enfants légitimes de Jupiter habitent l'Olympe, région la plus élevée des cieux et la plus pure ; la race illégitime occupe le Tartare, séjour inférieur à l'autre. Ces deux familles distinctes, celle de l'Olympe et celle du Tartare, forment un ensemble grand et saint, monde intelligible et supracéleste ordonné par Jupiter roi, monde éternel, riche de tous les biens, renfermant tous ces Dieux du second ordre constitués en nombre suffisant et ne manquant de rien pour former un ensemble complet. Ces Dieux, séparés les uns des autres de la manière la plus exacte, en sorte que chacun d'eux soit dans ses attributions le plus parfait, le plus indépendant possible, sont en même temps réunis par la communauté des biens et par les liens d'une affection réciproque. Car, en même temps qu'ils ont un caractère individuel, ils forment cependant un tout, comme il convient à des êtres qui procèdent d'un même principe et tendent à une même fin, à savoir, leur père, leur auteur, le grand Jupiter, absolument un et tout-puissant. Toutes choses lui sont soumises et dévouées, sans lutte, sans opposition, sans mauvais vouloir ; mais ces Dieux surtout acceptent avec amour sa domination. Entre eux ils sont unis par un commerce amical et par la communauté de vues : d'un côté, ils dirigent les Dieux moins puissants et plus jeunes qu'eux ; de l'autre, ils se laissent guider par les plus anciens ; car, dans ce monde supérieur, il règne en toutes choses une harmonie et un ordre parfaits. Tel est l'état constant dans lequel tous ces Dieux se maintiennent.

4. H. συσνοῦν. — 5. Post τοιαῦτα addit H. καὶ, sine causa.

Ποσειδῶνος [1] δ' οὖν, ἔτι τε τῶν [2] ἄλλων θεῶν γνησίων τε αὐτοῦ ἀδελφῶν καὶ Ὀλυμπίων παῖδας, θεοὺς ἑτέρους τρίτους τῇ φύσει γεγονέναι, τοὺς ἐντὸς οὐρανοῦ τοῦδε, ζῶα λογικά τε καὶ ἀθάνατα, ψυχῶν μὲν ἐξ ἀναμαρτήτων, σωμάτων δ' ἀγήρων καὶ ἀκηράτων συνεστῶτας, κακῶν δὲ πάντῃ καὶ τούτους ἀμιγεῖς. Ὧν διχῇ αὖ τοῖς γεγεννηκόσι διακεκριμένων τὸ μὲν γνήσιον αὖ ἀποδεδεῖχθαι οὐράνιον γένος ἄστρων, ψυχῶν μὲν τοῦ κρατίστου τε εἴδους καὶ πάντων ἂν ἐπιστήμῃ ἐφικνουμένου γεγονὸς, σωμάτων [δ'] [3] ὅτι καλλίστων καὶ δραστηριωτάτων, κινητὸν μὲν ἤδη καὶ πλανητόν τι ὂν γένος θεῶν, κατὰ δὲ ταὐτὰ [4] περιϊόντας [5] ὁμαλῶς· τὸ δὲ νόθον αὖ σφίσι φῦναι χθόνιον γένος δαιμόνων, οὔτε σωμάτων ἂν παραπλησίων τὴν δύναμιν οὔτε ψυχῶν γεγονὸς, ἀλλὰ [6] τοῦ τε ὑποδεεστέρου ψυχῆς εἴδους καὶ οὐ πάντων μὲν ἂν ἐπιστήμῃ ἐφικνουμένου, ἔστι δ' ἃ καὶ δόξῃ, ὀρθῶς μέντοι ἀεὶ χωρούσῃ, ὑπολαμβάνοντος, οἷα δὴ καὶ ἀεὶ τοῖς ἑαυτοῦ κρείττοσιν ἕπεσθαι ἱκανοῦ, καὶ δι' ἐκείνους ἀεί τε καὶ περὶ πάντα ἀναμαρτήτου διαγιγνομένου. Θεοῖς δὲ τοῖς ἄλλοις ὑπηρετικὸν τοῦτο τὸ γένος γεγονέναι, καὶ τῇ ἀνθρωπείᾳ ζωῇ ἤδη καὶ φύσει προσεχές. Καὶ τέτταρα δὴ ταῦτα διακεκρίσθαι θεῶν γένη, δύο μὲν ὑπερουρανίων, τὸ μὲν Ὀλύμπιον, τὸ δὲ Ταρτάριον, δύο δὲ ἐντὸς οὐρανοῦ, τὸ μὲν οὐράνιον, τὸ δὲ χθόνιον, γενητῶν [7] μὲν πάντων τῇ αἰτίᾳ καὶ τῷ ἀφ' ἑτέρου εἶναι, τῷ δὲ χρόνῳ ἀγενήτων τε καὶ ἀνωλέθρων, ἅτε δὴ ἐξ ἐνεργοῦ ἀεὶ ὄντος τοῦ Διὸς, καὶ οὐδ' ὁσονοῦν ἀργὸν οὐδ' ἄχρι ψιλῆς μένον ἂν τῆς δυνάμεως οὔτε ἔχοντος οὔτ' ἂν ἐσχηκότος πώποτε, ἀεὶ προ-

1. H. Ποσιδ. — 2. H. ὧν pro τῶν. 3. H. δ' omittit. — 4. H. ταῦτα.

Neptune et ses frères légitimes les Dieux de l'Olympe ont des enfants qui forment des Dieux d'un troisième ordre; ces Dieux habitent l'enceinte de notre ciel, ce sont des êtres raisonnables et immortels, ils ont une âme impeccable et un corps qui échappe à la vieillesse et à la corruption, leur nature ne peut admettre aucun mal. Leurs créateurs les ont aussi répartis en deux classes. L'une est la famille légitime et céleste des astres, dont les âmes sont de l'espèce la plus pure et atteignent tout par leur science, et dont les corps sont les plus beaux et les plus actifs possible; ce sont des Dieux qui se meuvent et se déplacent, mais suivant une marche régulière. Vient ensuite la famille illégitime et terrestre des Démons : leur corps n'a pas la même vertu, non plus que leur âme, qui est d'une espèce inférieure et n'atteint pas à la science de toutes choses, bien qu'ils en conçoivent plusieurs par conjecture seulement, mais toujours avec exactitude, parce que toujours ils peuvent suivre les traces des Dieux de la classe supérieure, et, grâce à ceux-ci, toujours et en toutes choses demeurer infaillibles. Cette classe est chargée d'exécuter les ordres des autres Dieux, et touche immédiatement à la nature humaine. On distingue donc quatre classes de Dieux, deux sont supracélestes, l'une habite l'Olympe, l'autre le Tartare; les deux dernières habitent l'enceinte du ciel, l'une est céleste, l'autre est terrestre. Tous ces Dieux sont engendrés en ce sens qu'ils procèdent d'une cause et qu'ils ont reçu d'un autre l'existence; mais dans le temps, ils sont incréés et impérissables, car ils procèdent de Jupiter, qui est éternellement actif, qui n'est pas et

6. H περιιόντες. — 7. H. ἀλλὰ τούτου τοῦ τε. — 6. H. γεννητῶν.

ιόντων [1], καὶ οὔποτ' ἂν τοῦ εἶναι οὔτε ἠργμένων, οὔτ' ἂν παυσομένων. Εἶναι δὲ τοῦ θεοῦ τούτου [2] τήν τε οὐσίαν καὶ πρᾶξιν ταὐτὸν [3] καὶ ἀλλήλοιν ἥκιστ' ἂν διακεκριμένω· ἄκρως γὰρ δὴ ἓν εἶναι, καὶ οὐδαμῆ ἂν ἕτερον αὐτὸν αὐτοῦ. Νῷ δὲ διακεκρίσθαι μὲν ἤδη πρᾶξιν οὐσίας, ἐνεργὸν δὲ καὶ τούτῳ ἀεὶ καὶ οὐδαμῆ ἂν ἀργὸν προσεῖναι αὐτὴν, ὥστ' ἂν καὶ τὰ ἀπ' αὐτοῦ, ὧν ἂν μηδενὶ οὐ συγγενεῖ συναιτίῳ κεχρημένος αἴτιος γίγνοιτο, ἀΐδια ἔτι προϊέναι. Ψυχῇ δ' ἤδη, πρὸς τῷ τῆς οὐσίας τε καὶ πράξεως διακεκριμένῳ, καὶ μέν τι ἐνεργὸν, τὸ δὲ πλεῖστον ἀργὸν ἂν ἑκάστοτε λείπεσθαι τῆς πράξεως, ἐς ψιλὴν δή τινα ἀποπίπτον δύναμιν. Σώματι δὲ πρὸς πᾶσιν ἂν τούτοις καὶ τὴν οὐσίαν διακεκρίσθαι ἤδη ἐς εἶδος δή [4] τι καὶ ὕλην, οὐ κινητὴν μόνον, ἀλλὰ καὶ σκεδαστὴν δή τινα ἤδη φύσιν καὶ μεριστὴν ἐπ' ἄπειρον. Καὶ ταύτῃ μάλιστα ἀλλήλων τὰ ὄντα διενηνοχέναι. Τοὺς μὲν ὑπερουρανίους τῶν θεῶν οὐ τῷ χρόνῳ μόνον, ἀλλὰ καὶ τῷ ἀεὶ μένειν ἀγενήτους εἶναι, ἅτε πάμπαν τε ἀκινήτους καὶ αἰωνίους, οὐδέν τε ἐν σφίσιν αὐτοῖς οὐ πρότερον μὲν ὂν, ὕστερον δὲ εἰς γένεσιν ἰὸν, κτωμένους, αἰτίᾳ δὲ μόνον γεννητούς· τὸ γὰρ ἀπ' αἰτίου τὴν ὕπαρξιν ἴσχον πᾶν γεννητὸν εἶναι, γιγνόμενον ταύτῃ, ᾗ ἀφ' ἑτέρου ἀεὶ τὴν οὐσίαν διατελεῖ ἴσχον, καὶ οὐκ ἂν ἱκανὸν ἑαυτῷ ὂν πρὸς τὴν ὕπαρξιν. Τοὺς δ' ἐντὸς οὐρανοῦ αἰτίᾳ μὲν γεννητοὺς εἶναι· ὅσον μὲν γὰρ ἐς τὴν τῆς ψυχῆς αὐτοῖς ἥκει οὐσίαν, ἀγενήτους εἶναι, τῷ μονίμῳ τε αὐτῆς καὶ διὰ τοῦτο αἰωνίῳ· τὰ δ' ἐς πρᾶξίν τε αὐτῆς καὶ σωμάτων φύσιν, γεννητοὺς, τῷ κινουμένῳ τε αὐτῶν καὶ ἀεὶ γιγνομένῳ καὶ χρόνῳ ἤδη κατὰ μέρη ἕκαστα με-

1. H. ἀεὶ ὄντων προϊόντων — 2 H post τούτου addit καί.

n'a jamais été borné à la simple puissance sans acte; c'est pourquoi ils n'ont ni commencement ni fin. Dans Jupiter, l'essence et l'action sont identiques, il n'y a entre elles nulle distinction, car ce Dieu est essentiellement un, jamais il n'est différent de lui-même. Dans l'intelligence, l'action est distincte de l'essence, mais l'action est toujours en exercice, jamais en repos; aussi les créatures que l'intelligence produit sans le concours d'aucun être d'une autre classe sont-elles immortelles. Dans l'âme, on distingue de même l'essence et l'action ; mais quoique active en partie, l'âme est le plus souvent limitée dans son action et réduite au rôle de force inerte. Enfin, dans le corps, outre tout cela, l'essence est divisée en forme et matière, matière qui est non-seulement mobile, mais encore décomposable et divisible à l'infini. Voici encore une différence et la plus essentielle entre les êtres. Les Dieux supracélestes sont increés non seulement dans le temps, mais aussi par leur permanence, car ils sont absolument immuables et éternels, il n'est rien en eux qui n'étant pas auparavant se soit produit ensuite, enfin ils ne sont engendrés que par rapport à la cause; en effet, tout ce qui tire l'existence d'une cause est engendré en ce sens qu'il continue toujours de recevoir l'être d'une autre puissance et qu'il est incapable de suffire à sa propre existence. Les Dieux qui sont dans l'enceinte du ciel sont aussi engendrés quant à la cause : car par rapport à la substance de leur âme, ils sont increés, puisque leur âme est immuable et par suite éternelle; pour ce qui est de l'action de l'âme et de la nature du corps, ils sont véritablement créés, car ils sont soumis au mouvement, au renouvellement continu, et

3. H. ταυτὴν, sic. — 4. H. δέ.

τρουμένῳ. Χρόνον γὰρ ἄρχεσθαι μὲν ἀπὸ ψυχῆς τῆς τοῦδε ἂν ἡγουμένης τοῦ οὐρανοῦ, πρῶτον τὸ ἀεὶ κινητὸν αὐτῇ μετροῦντα τῆς πράξεως· χωρεῖν δ' ἤδη διὰ πάσης ψυχῆς τε καὶ σωμάτων φύσεως, εἰκόνα αἰῶνος γεγονότα, οὗ τὸ μὲν ἀεὶ οἴχεταί τε καὶ οὐκέτι ἐστὶ, τὸ δὲ μέλλει τε ἔτι καὶ οὔπω ἐστὶν, ἔστι δ' ἐν ἀκαρεῖ ἀεί τε καὶ νῦν [1], ὃ δὴ, ἄλλο καὶ ἄλλο ἀεὶ γιγνόμενον, τόν τε οἰχόμενον καὶ μέλλοντα διορίζει χρόνον. Καὶ τόπῳ δ' ἤδη θέσιν ἔχοντι τοὺς θεοὺς τούτους περιληπτοὺς διὰ τὰ συνόντα σφίσι γεγονέναι σώματα· καὶ διὰ ταῦτα τούτους μὲν ἐντὸς οὐρανοῦ, τοὺς δ' ἑτέρους ὑπερουρανίους εἶναι, ἅτε σωμάτων τε καὶ τόπου παντὸς τοῦ τοιούτου ἀφειμένους. Ἀξίᾳ μὲν δὴ συμπάντων θεῶν καὶ ὁπηοῦν γενητῶν τοὺς Ὀλυμπίους ὑπερφέρειν, ἀριθμῷ δ' ὡς ἐλαχίστους τούτους εἶναι, ὥσπερ αὖ δαίμονας· τοὺς μὲν Διὸς ἐγγυτέρω, εἰλικρινῶς ὄντος ἑνὸς, καὶ ἀριθμῷ εἶναι ἐλάττους, τοὺς δὲ πορρωτέρω πλείους, ἵνα δὴ καὶ ἀριθμῷ τοῦ ἑνὸς οἱ μὲν ὡς ἐγγυτέρω, οἱ δ' ὡς πορρωτέρω ὦσι. Τῶν δ' Ὀλυμπίων αὖ καὶ τοῦ παντὸς τοῦδε τὸν Ποσειδῶ [2] προτετιμῆσθαι, καὶ τούτῳ δευτέρῳ τὴν τῶν ὅλων ἡγεμονίαν πρὸς τοῦ βασιλέως Διὸς ἐπιτετράφθαι, κρατίστῳ τε καὶ τὴν ἀξίαν πρεσβυτάτῳ τῶν αὐτοῦ παίδων γεγονότι. Ὃν ὁ πατὴρ οὗτος Ζεὺς ἑαυτῷ μὲν οὐκέτι ἴσον (οὐ γάρ τοι οὐδὲν ἴσον τ' ἦν, τῷ αὐτῷ δι' αὑτοῦ ὄντι τὸ δι' ἑτέρου ἤδη ὂν ἴσον [3] ἂν ἔτι ἀποβῆναι [4]),……… ….

1. H. ἐν ἀκαρεῖ τε ἀεὶ καὶ νῦν.

2. H. Ποσιδῶ. — 3. H. ἄνισον pro ἴσον, plane contra mentem auctoris. — 4. Post parenthesim desunt verba nonnulla „quæ fa-

au temps divisible et mesurable. En effet, le temps a son principe dans cette âme qui gouverne notre ciel; il est premièrement pour elle la mesure du mouvement continu de son action; puis il se mêle à l'essence de toute âme et de tout corps : image de l'éternité, passé il n'est déjà plus; avenir, il n'est pas encore; il est un instant insaisissable, toujours et maintenant renouvelé, limite du passé et de l'avenir. Quant au lieu, ces mêmes Dieux peuvent aussi être circonscrits dans une partie déterminée de l'espace, parce qu'ils sont unis à des corps; c'est pourquoi on peut les nommer intracélestes, tandis qu'on nomme supracélestes les autres Dieux qu'on ne peut enfermer ni dans le corps ni dans aucun lieu. En grandeur, les Dieux de l'Olympe s'élèvent au-dessus de tous les autres Dieux, quelle que soit leur origine, mais en nombre, ils sont les plus limités. Il en est de même pour les Démons : ceux qui sont réellement plus près de Jupiter, qui est l'unité pure, sont aussi moins nombreux, ceux qui sont plus éloignés sont plus nombreux; ainsi les uns se rapprochent plus, les autres s'éloignent plus de l'unité. Mais au-dessus des Dieux de l'Olympe et de cet Univers est placé Neptune, auquel Jupiter roi a confié après lui le gouvernement de toutes choses, comme au plus puissant, au plus grand, à l'aîné de ses enfants. Cependant Jupiter ne l'a pas égalé à lui-même, parce qu'il serait contraire à l'équité de placer au même rang que l'être qui se suffit à lui même celui qui tient l'existence d'un autre.................................

cile quivis suppleverit, in hunc prope sensum : τῶν δ' ἄλλων ἁπάντων κρεῖττω ἐγέννησεν.

κα΄. Περὶ θεῶν θεραπείας.

..... Καὶ μὲν δὴ [1] καὶ μησὶ καὶ ἔτεσι τοῖς γε κατὰ φύσιν χρῆσθαι, μησὶ μὲν κατὰ σελήνην ἀγομένοις, ἔτεσι δὲ πρὸς τὰς ἡλίου τροπὰς, καὶ τούτων τὰς χειμερινὰς, ἀποκαθισταμένοις, ὅτε τὸ πλεῖστον ἡμῶν ὁ ἥλιος ἀποκεχωρηκὼς τῆς πρὸς ἡμᾶς αὖθις ἄρχεται προσόδου. Ἕνην [2] μὲν οὖν καὶ νέαν ἄγειν, ᾗ ἂν ἡμέρᾳ ἡλίῳ ἡ σελήνη συνιοῦσα ὑπὸ τῶν ἀστρονομίας ἐμπειροτάτων κρίνηται [3]. Τὴν δ' ἑξῆς νουμηνίαν, ἧς ἂν ἡγοῖντο μέσαι νύκτες αἱ [4] μετὰ τὴν τοῖν θεοῖν εὐθὺς σύνοδον, ἀφ' ἧς τὰς λοιπὰς ἁπάσας ἡμέρας τοῦ μηνὸς ἀριθμεῖν, τοὺς μὲν πλήρεις τε καὶ τριακονθημέρους ἄγοντας τῶν μηνῶν, τοὺς δὲ κοίλους τε καὶ μιᾷ τῶν ἑτέρων ἡμέρᾳ λειπομένους. Καὶ γὰρ αὖ καὶ τῶν νυκτῶν ἑκάστων τὴν μὲν ἑσπέραν τῇ οἰχομένῃ ἡμέρᾳ, τὸν δ' ὄρθρον τῇ ἐπιούσῃ λογίζεσθαι, καὶ τὰς μέσας [5] νύκτας ἀμφοῖν εἶναι ὅρον τοῖν [6] ἡμέραιν. Ἀριθμεῖσθαι [7] δὲ καὶ ὧδε τὰς μηνὸς ἑκάστου ἡμέρας· μετὰ μὲν νουμηνίαν, δευτέραν ἱσταμένου, καὶ τρίτην, καὶ ἑξῆς, ἐς τὸ πρόσω ἰόντι ἄχρις ὀγδόης· μετὰ δ' [8] ὀγδόην ἱσταμένου [9] ταύτην ἑβδόμην αὖ μεσοῦντος, εἶτα ἕκτην, καὶ ἑξῆς, ἀναστρέψαντι ἄχρι δευτέρας, μεθ' ἣν διχομηνίαν· εἶτα δευτέραν αὖ φθίνοντος, καὶ τρίτην, καὶ ἑξῆς, ἐς τὸ πρόσω αὖ ἰόντι ἄχρις ὀγδόης· μεθ' ἣν αὖ [10] ἑβδόμην ἀπιόντος, εἶτα ἕκτην, καὶ ἑξῆς, ἀναστρέψαντι αὖ [11] ἄχρι δευτέρας· μεθ' ἣν ἕνην, εἶτα ἕνην

1. Ex Hardtio juxta cod. Monac. 336, et Allatio *de Mensura temporum*, cap 11. qui tamen initia fragmenti resecuit.

2. Hinc Allatius incipit; et ipse quidem ἕνην ubique, leni spiritu; sed H. ἕνην magis attice, nisi semel uno loco.

3. All. κρίνεται; sed H. ut nos. — 4 All. ἃς, ubi H. bene αἱ.

Chapitre XXI. — Sur le culte des Dieux.

..... On suivra pour les mois et les années l'ordre indiqué par la nature, c'est-à-dire qu'on fera les mois lunaires et les années solaires, en réglant ces dernières sur les solstices et en prenant pour point de départ le solstice d'hiver, époque où le Soleil, arrivé à son point le plus éloigné, commence à se rapprocher de nous. On appellera vieille et nouvelle lune le jour où la Lune se trouvera en conjonction avec le Soleil d'après le calcul des personnes les plus entendues en astronomie. Le jour suivant, à partir du milieu de la nuit qui suivra la conjonction de ces deux divinités, sera la nouvelle lune ou premier du mois, à partir duquel on comptera tous les autres jours du mois au nombre de 30 pour les mois pleins, de 29 pour les mois caves, de manière que le soir de chaque nuit appartienne toujours à la veille, et le matin au jour présent, le milieu de la nuit étant la limite des deux jours Voici donc la manière de compter les jours de chaque mois : après la nouvelle lune on aura le deux du mois commençant, puis le trois, le quatre et ainsi jusqu'au huit; après le huit, viendra le sept du mois moyennant, puis le six, et ainsi en descendant jusqu'au deux qui précédera la dichoménie ou milieu du mois. On reprendra alors le deux du mois déclinant, le trois, et ainsi jusqu'au huit, après quoi viendra le sept du mois finissant, le six, et ainsi de suite, à rebours, jusqu'au deux, qui sera suivi de la vieille lune d'abord, et ensuite de la vieille

5. All. τὰς μὲν νύκτας. — 6. All. ταῖν, contra usum Plethonianum.

7. All. ἀριθμῆσαι. — 8. H. δ' omisit, quod habet All.

9. Sequens vox ταύτην supervacare nobis videtur, constans tamen apud H. et All. — 10. All. μεθ' ἣν ἄν, sed H. ut nos.

11. All. dedit αὖ, quod H. non habet.

τε καὶ νέαν, τοῦ μηνὸς πλήρους γιγνομένου [1]· ἢν δὲ [2] κοῖλος ὁ μὴν γίγνηται, μετὰ δευτέραν ἀπιόντος ἕνην τε καὶ νέαν εὐθύς. Τοῦ δ' ἔτους νέον μὲν μῆνα ἄγειν οὗ ἂν ἡγοῖτο σύνοδος ἡ μετὰ χειμερινὰς [3] εὐθὺς τροπάς, ἀφ' οὗ τοὺς λοιποὺς ἀριθμεῖν μῆνας, τὰ μὲν δωδεκάμηνα, τὰ δὲ καὶ τρισκαιδεκάμηνα ἄγοντας [4], τὸν ἐκ τῶν ἐμβολίμων γε ἑκάστοτε μῆνα ἐπεμβάλλοντας [5], ἐπειδὰν ὅ γε δωδέκατος τῶν χειμερινῶν μὴ ἐφίκηται τροπῶν [6]. Ἡλιοτροπίοις [7] δέ τισιν ἐς τὸ ἀκριβέστατον κατεσκευασμένοις κατὰ δύναμιν τὰς ἡλίου κρίνειν τροπάς.................

[Πλήθων [8] ἐν τοῖς περὶ Νομοθεσίας δὴ λόγοις περὶ ἡμερῶν καὶ μηνῶν καὶ ἐνιαυτοῦ ὑφηγούμενος, οὐκ ὀνομάζει, ὡς Ἀττικοὶ ἦγον, τοὺς μῆνας..... ἀλλ' ὅπερ ἂν ὁ τυχὼν εἴποι, ἁπλῶς οὗτος ἐκ τοῦ συμβεβηκότος καλεῖ τὸν μὲν πρῶτον, τὸν δὲ δεύτερον, καὶ τοὺς ἄλλους ὁμοίως, ὡς ἕκαστος ἔχει τάξεως πρὸς τὸν πρῶτον.......

Ἀριθμεῖν [9] δὲ τὰς μηνὸς ἑκάστου ἡμέρας Πλήθωνι μὲν δοκεῖ εἰς τέτταρα διαιροῦντας τὸν μῆνα, τὸ μὲν ἱστάμενον, τὸ δὲ μεσοῦν, τὸ δὲ φθῖνον, τὸ δὲ ἀπιόν............ Εὐμαρέστερον γὰρ, οἶμαι, διατίθεσθαι τὰ περὶ τὰς ἱερομηνίας οὕτω συνέβαινε, καίν' ἄττα [10] καθισταμένῳ ἱερά. .

Ἓξ δὲ [11] [ἱερομηνίας] ὁ τοῦ Πλήθωνος ἔχων [μὴν] πλέον τι τοῦ δέοντος ἀφαιρεῖται τῶν ἀναγκαίων ἔργων τῇ πόλει· ἀργεῖν γὰρ ἀνάγκη τοὺς ἄγοντας ἱερομηνίαν. Καὶ

1. All. γενομένου. — 2. H. ut nos; sed All. pro ἢν δὲ simpliciter habet εἰ, grammatica et usu repugnante.

3. Post χειμερινὰς reliqua desunt apud H. quæ ab Allatio nobis servata sunt.

4. All. ἄγοντες, ac deinde τὴν, ubi τὸν rescripsimus.

5. All. ἐπεμβάλλοντες. — 6. All. τρόπων. — 7. All. ἡλιοτροπείοις.

8. Gaza, libro περὶ Μηνῶν, seu *de Mensibus*, sub initium. Notan-

et nouvelle lune, dans les mois pleins, ou immédiatement de la vieille et nouvelle lune, si le mois est cave. Quant aux mois, on appellera mois nouveau celui qui suivra le solstice d'hiver, et les autres seront désignés seulement par leur rang jusqu'au douzième dans les années normales, jusqu'au treizième dans les années à intercalation, le treizième mois ou mois intercalaire se composant des jours qui resteront, quand le douzième mois n'atteindra pas exactement le solstice d'hiver. Pour la détermination du solstice, on se servira de cadrans exécutés avec la plus grande précision possible.....

« Pléthon, dans son traité des Lois, ayant à s'occu-
« per des jours, des mois et des ans, ne désigne pas
« les mois par leurs noms attiques,.... il les nomme
« simplement, d'après la place qu'ils occupent, par
« leurs numéros d'ordre, premier mois, deuxième
« mois et ainsi de suite...

« Il veut que pour le calcul des jours les mois soient
« partagés en quatre périodes, le mois commençant, le
« mois moyennant, le mois déclinant et le mois finis-
« sant... sans doute parce qu'il trouve cela plus com-
« mode pour la distribution des nouvelles fêtes qu'il
« juge à propos d'instituer.....

« Il donne à chaque mois six jours de fête ou hiéro-
« ménies, ce qui retranche beaucoup trop de temps
« aux travaux nécessaires à la vie sociale; car il faut
« bien que ces fêtes soient chômées. Ajoutez qu'il place

dum hæc et quæ sequuntur, usque ad hujus capitis finem, non ex ipsius Plethonii libri reliquiis, sed ex Gazæ opere decerpta esse.

9. Gaza, cap. Πῶς ἀριθμητέον τὰς τοῦ μηνὸς ἡμέρας, seu *de Modo numerandorum mensis dierum*. — 10. Gaz. ἄττα.

11. Gaza, cap. Εὕρεσις τῶν ἐπακτῶν, seu *de Inventione epactarum*.

ἅμα τρεῖς ἐφεξῆς ἱερομηνίας συμβαίνει ποιεῖσθαι, ἕνην μὲν Πλούτωνι, ἕνην[1] δὲ καὶ νέαν ἐπὶ τῇ ἑαυτῶν ἐπισκέψει, νουμηνίαν δὲ τῷ Διΐ...... Τίνες δ' ἂν εἴησαν ἱερομηνίαι, Πλήθωνι μὲν ἥρμοττε φάναι, ὡς δή τινας ἑτέρας τῶν ἡμῖν νομιζομένων νομοθετοῦντι....... Τῇ δ' ἡμῶν αὐτῶν ἐπισκέψει ἱερομηνίαν ὁρίσαι ἀνὰ ἕκαστον μῆνα, καὶ ἅπαξ τοῦ μηνὸς ἐπίσκεψιν ποιεῖσθαι τῶν πεπραγμένων ἡμῖν, ὡς ἀξιοῖ Πλήθων, οὐχ ἡμεῖς γε φαμέν· ἀλλὰ καθ' ἡμέραν ἑκάστην τοῦτο ποιεῖσθαι, κ. τ. λ.

Πλήθων δὲ[2] ἕνην μὲν τὴν εἰκοστὴν ἐνάτην, ἕνην δὲ καὶ νέαν τὴν τριακοστὴν λέγων, οὐδὲν ἀπᾷδον ἡμῶν φησι, τό γε περὶ τὸ πρᾶγμα. Ἣν γὰρ δευτέραν φθίνοντος ἡμεῖς ἀριθμοῦμεν, ἕνην καλεῖ, ἵν' ἴσως αὐτῷ ἱερομηνία οὖσα τῷ Πλούτωνι αὐτόθεν δὴ κἀκ τῆς προσηγορίας τὸ σεμνὸν ἔχῃ καὶ τραγικόν. Δεῖ γάρ καί τινος τοιούτου τοῖς περὶ τὰ ὅσια πραγματευομένοις.]

1. Sic Gaza, ἕνην, aspero spiritu, et sic infra, recte.

2. Gaza, cap. Πῶς δεῖ ἄγειν τοὺς χρόνους κατ' Ἀθηναίους, seu *de Temporum distributione secundum Atticos.*

« de suite trois hiéroménies, la vieille lune consacrée à « Pluton, la vieille et nouvelle lune occupée par l'exa-« men de conscience, la nouvelle lune consacrée à Ju-« piter... Mais qu'est-ce que ces hiéroménies? c'est à lui « de le dire, puisqu'il veut les créer en remplacement « des fêtes établies... Pour ce qui est de l'examen de « conscience à la fin du mois, et une seule fois par « mois, ce peut être son avis, ce n'est pas le nôtre; « selon nous, ce n'est pas trop de faire cet examen « chaque jour...

« Pléthon appelle vieille lune le vingt-neuvième jour « du mois, et le trentième, vieille et nouvelle lune. En « cela, il ne diffère pas beaucoup de nous quant au « fond des choses. Seulement, nous appelons second « jour du mois finissant celui qu'il aime mieux appeler « vieille lune, sans doute, parce que, voulant faire de « ce jour une hiéroménie consacrée à Pluton, il a cru « devoir lui donner un nom imposant et grave : il faut « bien passer ces sortes de choses à ceux qui se mêlent « d'innover en matière de religion. » (Gaza.)

ΝΟΜΩΝ ΣΥΓΓΡΑΦΗΣ

ΒΙΒΛΙΟΝ Β'.

ς'. Περὶ εἱμαρμένης.

Πότερα δὲ[1] ὥρισταί τε καὶ εἵμαρται ἅπαντα τὰ μέλλοντα, ἢ ἔστιν ἃ οὐδ' ὥρισται[2] αὐτῶν, ἀλλ' ἀορίστως τε δὴ καὶ ἀτάκτως χωρεῖ, καὶ οὕτως ὅπως ἂν τύχοι; Δηλαδὴ ὅτι ὥρισται ἅπαντα. Εἰ γὰρ ὁτιοῦν οὐχ ὡρισμένως γίγνοιτο[3] τῶν γιγνομένων, ἤτοι[4] ἄνευ τοῦ αἰτίου[5] γεγονὸς ἔσται, καί τι ἔσται τῶν γιγνομένων τὴν γένεσιν ἄνευ αἰτίου ἐσχηκός· ἢ οὐχ ὡρισμένως αὐτὸ, οὐδὲ σὺν ἀνάγκῃ τὸ αἴτιον ἀπεργάσεται, καί τι ἔσται τῶν αἰτίων, οὐκ ἀνάγκῃ[6], οὐδ' ὡρισμένως δεδρακός τι[7] ὧν ἂν δρῴη· οἷν οὐδέτερα δυνατά. Πολὺ δ' ἔτι μᾶλλον ἀδύνατον, εἰ τοὺς θεούς τις λέγοι[8] μεταβάλλεσθαί τε[9] περὶ τὰ σφίσιν ὑπὲρ τῶν μελλόντων ἐγνωσμένα, καὶ ἕτερ' ἄττα, παρ' ἃ ἐμέλλησαν[10] ἀποτελεῖν, εἴτε ὑπ' ἀνθρώπων λιταῖς ἢ τισι δώροις παραπειθομένους, εἴτε δὴ καὶ ἄλλως γέ πως αὐτὸ πάσχοντας. Κινδυνεύουσι γὰρ οἱ τὴν περὶ τῶν ἐσομένων ἀνάγκην τε καὶ εἱμαρμένην ἀναιροῦντες, ἢ καὶ

1. Ex Reimaro, Lugd. Batav. 1722, quem Orellius secutus est, et Hardtio juxta cod. August. 490, collatis a nobis codd. Par. 1996, 2077, 66 (suppl.), atque insuper Atheniensi codice.

2. Reim. et plerique codd. οὐ διώρισται. H. et 66, ut nos. A. οὐ διώρισταί τε καί. — 3. Reim. γίνοιτο, γινομένων, etc., sed codd. γιγν. et sic infra persæpe.

TRAITÉ DES LOIS.

LIVRE II.

CHAPITRE VI. — Du Destin.

Les choses futures sont-elles toutes déterminées et fixées à l'avance par le destin, ou bien en est-il qui n'aient rien d'arrêté et qui se produisent sans ordre et sans loi, comme le hasard les amène? Sans nul doute, toutes choses sont soumises à une loi; car si quelque événement se produisait sans être déterminé par une loi, ou bien il n'aurait pas sa cause, et il y aurait alors un fait qui se produirait sans cause, ou bien la cause qui le produit agirait sans détermination, sans nécessité, et il y aurait alors une cause qui ne produirait pas ses effets nécessairement et d'une manière déterminée : les deux choses sont également impossibles. Mais il est bien moins possible encore que les Dieux changent ce qu'ils ont résolu pour l'avenir et fassent autre chose que ce qu'ils ont fixé, déterminés à ce changement, par les prières des hommes, par certains présents ou par quelque autre raison semblable. En effet, en niant la nécessité et la prédétermination des faits à venir, on s'expose à refuser entièrement aux

4. Codd. plerique ἤτι, ubi 66, ἔτι, sed Reim. recte, ἤτοι.

5. Codd. plerique ἄνευ τοῦ αἰτίου, ut nos; sed Reim. et H. articulo carent, et sic A.

6. H. ἀνάγκης. — 7. Codd. duo, τις pro τι, male.

8. Reim. et duo codd. λέγει, sed H. cum 66, λέγοι, et sic A.

9. Reim. τε omisit. — 10. H. ἐμέλεσαν, 66 et A. ἐμέλησαν.

τῆς προνοίας ὅλως [1] τῶν τῇδε ἐκβάλλειν τοὺς θεοὺς, ἢ καὶ τὴν τῶν χειρόνων αὐτοῖς αἰτίαν ἀντὶ τῶν ἐκ τῶν δυνατῶν βελτίστων περιάπτειν, ἀμήχανον ὄν, μὴ οὐ θάτερα ἀεὶ, ἤτοι τὰ πρότερον ἢ ὕστερον αὐτοῖς ἐγνωσμένα, χείρω τῶν ἑτέρων εἶναι· ὥστε τοῖν δυοῖν ἂν τούτοιν [2] ἀσεδημάτοιν θατέρῳ πάντως τοὺς τὴν εἱμαρμένην ἀναιροῦντας περιπίπτειν. Ἀλλὰ τούτοιν γε [3] ἑκάτερα πολλαχῇ [4] ἀδύνατα, καὶ τὰ μέλλοντα ἅπαντα εἵμαρταί τε ἐξ αἰῶνος καὶ τέτακται, ὡς δυνατὸν αὐτοῖς, ὑφ᾽ ἑνὶ τῶν πάντων βασιλεῖ Διῒ [5] ταττόμενά τε καὶ ὁριζόμενα. Ὃς εἰ καὶ μὴ ὥρισται μόνος τῶν πάντων, οὐκέτ᾽ ὄντος τοῦ καὶ τοῦτον ὁριοῦντος [6] (ὑπὸ γὰρ τῶν ἑαυτῶν [7] αἰτίων ἅπαντ᾽ ἂν [8] ὁρίζεσθαι τὰ ὁριζόμενα), ὅμως κρείττων ὢν [9] ἢ ὥστε ὡρίσθαι, μένει τε ἀεὶ καὶ κατὰ τὰ αὐτὰ ὡσαύτως, καὶ τὴν μεγίστην πασῶν ἀνάγκην καὶ κρατίστην, αὐτὴν δι᾽ αὑτὴν οὖσαν ἀνάγκην, οὐ δι᾽ οὐδὲν [10] ἕτερον, αὐτός ἐστιν ὁ κεκτημένος, ὡς τήν τε ἀνάγκην τῆς οὐκ ἀνάγκης ἀμείνω οὖσαν, καὶ αὐτῷ [11] τὴν μεγίστην ἀναγκῶν, ἄκρως ἀγαθῷ ὄντι, μᾶλλόν τοι [12] προσήκουσαν. Καὶ τοῖς γε [13] προσεχῶς προϊοῦσιν [14] ἀπ᾽ αὐτοῦ ταὐτὸ τοῦτο δευτέρως μεθ᾽ ἑαυτὸν παρέχεται· οἰκεῖα [15] γὰρ ἂν ἑαυτῷ τὰ ἀπ᾽ αὐτοῦ παράγοι· καὶ ταῦτά τε ἅμα καὶ τἄλλα δι᾽ αὑτὸν πάντα ὁρίζει· καὶ οὐδὲν οὐθ᾽ οὕτω παμμέγεθες, οὔτ᾽ αὖ [16]

1. Pro ὅλως, omnes ὄντως, quod A. codex omisit, mox tamen ὅλως adverbium post ἐμβάλλειν additurus. — 2. Reim. τοιούτοιν, sed codd. τούτοιν, ut nos.

3. Reim. et codd. plerique τε habent, ubi 1996 rectius γε.

4. Reim. pæne solus πολλαχοῦ. — 5. H. et duo codd. Διῒ omittunt, quod habent Reim., 66 et A.

6. Reim. cum H. et plerisque codd. τοῦτον ἂν ὁριοῦντος, ubi rectius 1996 ἂν omittit. — 7. Codd. τῶν ἐν αὐτῷ, ubi Reim. recte, ἑαυτῶν.

Dieux la prévision des choses humaines ou à les accuser d'être les auteurs du pire, au lieu du mieux possible, puisque nécessairement, des choses qu'ils ont résolues en premier ou en second lieu, l'une doit être pire que l'autre : ceux qui nient absolument le destin tombent donc dans l'une ou l'autre de ces impiétés. Mais ces deux suppositions sont tout à fait impossibles; tous les événements à venir sont fixés dès l'éternité, ils sont rangés dans le meilleur ordre possible sous l'autorité de Jupiter, maître unique et suprême de toutes choses. Seul de tous les êtres, Jupiter ne connaît pas de bornes, puisqu'il n'y a rien qui puisse le borner, rien ne pouvant être borné que par sa propre cause; mais, trop grand pour pouvoir être borné, il demeure éternellement et parfaitement identique à lui-même, il a pour essence la nécessité la plus grande de toutes et la plus puissante, qui est par soi d'une manière absolue et ne dérive d'aucune puissance étrangère; car ce qui est nécessaire vaut mieux que ce qui est contingent, et la nécessité la plus grande convient à l'être essentiellement bon. A ceux qui procèdent immédiatement de lui, Jupiter communique le même attribut à un degré inférieur, car les êtres qu'il produit sont nécessairement de même nature que lui; il détermine ces choses et toutes les autres à cause de lui, et il n'y a rien de si grand ni de

8. A. ἅπαντα, sine ἄν.

9. Codd. κρεῖττον ἢ ὥστε. Reim. ut nos.

10. Reim. οὐδὲν omisit, quod dant codd. omnes præter A.

11. Cod. 1996, καὶ αὐτό. — 12. Reim. μᾶλλόν τι, sed codd. τοι.

13. Reim. καὶ τοῖς γέ ποτε πρ. ubi codd. τοῖς τε πρ. sine καί ac sine ποτέ. — 14. Male codd. quidam, ποιοῦσιν.

15. Reim. οἰκεῖα (pro quo typographus οἰκυῖα) μὲν γὰρ, sed codd. ut nos. — 16. H. ἂν pro αὖ, quod recte habent ceteri.

πάνυ σμικρὸν [1] οὕτως, ὥστ' ἂν αὐτὸν μὴ [2] οἷόν τε εἶναι τῷ ἀφ' ἑαυτοῦ [3] ὅρῳ ἐφικέσθαι· οὐδενὸς γὰρ ὅτου οὐκ αὐτὸν εἶναι τὸν αἰτιώτατον. Ἔτι δ' εἰ μὴ ὥριστο τὰ μέλλοντα, οὐδ' ἂν προεγινώσκετο [4], οὐ μόνον γε οὐχ ὑπ' ἀνθρώπων, ἀλλ' οὐδ' [5] ὑπὸ τῶν θεῶν ἂν οὐδενός· οὐ γὰρ οἷόν τε ὅλως γνῶσιν [6] ὑπάρξαι τοῦ πάντη ἀορίστου· οὐ γὰρ οὐδ' ὁπότερον [7] ἀληθὲς εἴη ἂν ὁρίσαι περὶ αὐτοῦ, οὔθ' ὡς ἔσοιτο, οὔτ' αὖ [8] ὡς οὐκ ἔσοιτο. Νῦν δ' [9] οἵ τε θεοὶ ἴσασι δήπου τὰ ἐσόμενα, οἵπερ καὶ ὁρίζουσί τε αὐτὰ, καὶ ἐν σφίσιν αὐτοῖς ἔχουσι παρόντα ἀεὶ τῇ αἰτίᾳ, κἂν μήπω τήν γε αὐτῶν γένεσιν ἀπειληφότα ᾖ· ἴσασι δὲ [10] οὐκ ἄλλως, ἢ τῷ διατιθέναι τε καὶ αἴτιοι εἶναι αὐτῶν· οὐ γὰρ ἂν τῷ [11] διατίθεσθαί πῃ ὑπὸ τῶν τῇδε γινώσκοιεν [12] αὐτά· οὐ γὰρ θέμις, οὐδ' οἷόν τε θεοὺς ὑπὸ χειρόνων καὶ μὴ ὄντων γέ πω διατίθεσθαι. Ἐπεὶ κινδυνεύουσιν ἔτι οἱ θεοὺς μὲν εἶναι νομίζοντες, τὴν δὲ περὶ τὰ τῇδε αὐτῶν πρόνοιάν τε καὶ εἱμαρμένην ἀναιροῦντες, καὶ τὴν περὶ τὰ τῇδε αὐτῶν γνῶσιν ἀναιρεῖν, οὔτ' ἂν τῷ διατίθεσθαι κρείττους ὑπὸ χειρόνων, γινωσκόντων, οὔτ' ἂν τῷ διατιθέναι, εἴπερ μηδὲ αἴτιοί εἰσιν αὐτῶν· δέον [13] πᾶν τὸ γινῶσκον, ἢ μεθέξει καὶ τῷ διατίθεσθαί πῃ ὑπὸ τοῦ γνωστοῦ γινώσκειν, ἢ αἰτίᾳ καὶ τῷ διατιθέναι, ἄλλως δ' οὐκ

1. H. πάνυ μικρόν, ubi celeri σμικρ. et A. πάντῃ pro πάνυ.

2. Reim. μὲν pro μὴ, quod Orell. emendavit.

3. H. et codd. ἀφ' αὐτοῦ (sic). — 4. Cod. unus προεγιγν.

5. H. et codd. plerique, οὐδὲ ὑπὸ θεῶν, omisso quem dat Reim. articulo τῶν.

6. H. et codd. ὅλως ἂν γνῶσιν, sed Reim. ἂν non habet.

7. H. et codd. οὐδὲ πότερον. — 8. Reim. οὔτ' ἂν, ubi codd. αὖ.

9. Reim. τονῦν δ' οἱ θεοὶ, pro quo Orell. e conj. τοίνυν δ' οἱ θεοὶ, sed codd. ut nos, nisi quod plerique δὲ non elidunt.

10. Reim. et codd. plerique. ἴσασί τε, sed H. δέ. — 11. H. τὸ pro τῷ.

si petit à quoi il ne puisse de lui-même assigner sa limite, parce qu'il n'y a rien dont il ne soit la cause suprême. D'ailleurs, si l'avenir n'était pas fixé, la prescience serait impossible, et pour les hommes, et même pour les Dieux; car on ne peut pas connaître avec certitude l'indéterminé, dont on ne saurait dire à l'avance avec exactitude s'il sera ou ne sera pas. Or, les Dieux connaissent l'avenir, puisque ce sont eux qui le fixent, et qu'ils l'ont présent en eux, comme en étant la cause, avant même qu'il ait reçu l'existence. Ils le connaissent uniquement parce qu'ils le disposent et le produisent; car ils ne peuvent le connaître comme étant eux-mêmes affectés par lui; en effet, il répugne, il est impossible d'admettre que les Dieux soient affectés par des choses d'une nature inférieure, et qui n'existent même pas encore. Ainsi, ceux qui pensent que les Dieux existent et qui leur refusent en même temps la prescience et la prédétermination des choses de ce monde, sont conduits à leur en refuser jusqu'à la connaissance; car ils ne les connaîtraient ni comme soumis à l'action de ces choses, puisque le moins parfait ne peut agir sur le plus parfait, ni comme agissant sur elles, parce qu'ils n'en seraient même pas les auteurs. Il est nécessaire, en effet, que ce qui connaît entre en rapport avec la chose connue, soit à titre de participation en subissant son action, soit à titre de cause en agissant

12. Sic codd. γινώσκοιεν, et sic infra sæpe ac fere ubique verbum istud cum uno γ, videturque ita scripsisse *Pletho*, *aurium judicio* obsecutus, non γιγν. ut vulgo apud Platonem.

13. Pro δέον, quod dant H. et codd. (unus 1996 δεῖ habet) legebatur apud Reim. ἀνάγκη γὰρ, ubi et sequentia aliter constabant : Πᾶν τὸ γινῶσκον ἢ αἰτίᾳ καὶ τῷ διατιθέναι, ἢ μεθέξει καὶ τῷ διατίθεσθαι γινώσκειν, inversis nempe verbis quibusdam, aliis omissis : nos H. et codd. sequimur.

ἂν γνώσεως συμβαινούσης, μή τινος ἂν καὶ γινώσκοντι [1] πρὸς γνωστὸν κοινωνίας γιγνομένης. Εἴτε καὶ αἴτιοι μὲν εἶεν τῶν τῇδε οἱ θεοὶ, μὴ ἀνάγκῃ [2] δὲ μηδ' ὡρισμένως εἶεν αἴτιοι, ὧν ἂν αἴτιοι γίγνοιντο, οὐδ' οὕτως ἂν εἰδοῖεν [3] ἅττα ποτὲ δράσουσι, μὴ οὐκ ἀναγκαίως τε ἐξ αἰῶνος πρὸς αὐτὰ καὶ [4] ἀπαρατρέπτως ἔχοντες. Ἀλλ' οἵ τε θεοὶ ἴσασι τὰ ἐσόμενα, καὶ ἀνθρώπων οἷςπερ ἂν ἐθέλοιεν, καὶ [5] καθόσον, προσημαίνουσι. Καί τισι καὶ προμεμαθηκόσι τῶν ἐσομένων ἔστιν ἃ, καὶ πειρωμένοις διαφυγεῖν, οὐδὲν [6] ἧττον ἄφυκτά τε αὐτοῖς ἐγένετο καὶ ἀναπόδραστα τὰ πεπρωμένα· τοῖς δὲ καὶ αὐτῷ τούτῳ τῷ [7] προμεμαθηκέναι τε καὶ πειρᾶσθαι διαφυγεῖν, τοῖς [8] πεπρωμένοις περιπεσεῖν συνέβη [9], οὕτω που καὶ τοῦτο εἱμαρμένον αὐτοῖς. Οὔκουν [10] ἂν εἶναι ἀνάλυσιν, οὐδὲ παρατροπήν τινα, τοῖς ἅπαξ ὑπὸ Διός τε [11] ἐγνωσμένοις ἐξ αἰῶνος, καὶ εἱμαρμένῃ δεδεμένοις [12].

Ἀλλ' εἰ πάντα ὥρισται, φαίη ἄν τις, καὶ οὐδὲν ὅ, τι μὴ [13] ἀνάγκης μετείληφε τῶν ὄντων τε καὶ γιγνομένων, ἔκ τε τῶν ἀνθρώπων οἴχοιτ' ἂν ἡ ἐλευθερία καὶ ἡ δίκη ἐκ τῶν θεῶν, τῶν μὲν ἀνθρώπων ἀνάγκῃ, ἅττ' ἂν πράττοιεν, πραττόντων, καὶ οὐκέτι οὔτ' ἂν κυρίων ἑαυτῶν ὄντων, οὔτ' ἂν ἐλευθέρων, τῶν δὲ θεῶν ἤτοι τοπαράπαν ἀφεστώτων ἂν τοῦ κολάζειν [14] τοὺς κακοὺς, ἢ οὐκ ἂν [15] ἐν δίκῃ κολαζόντων, εἴ γε δὴ ἀνάγκῃ οἱ κακοὶ κακοί. Ἀλλὰ

1. Reim. γινώσκοντος : H. et codd. ut nos. — 2. H. ἀνάγκης. — 3. Reim. cum H. et A. εἰδεῖεν : ceteri, εἰδοῖεν, ut Pletho sæpe.
4. H. et codd. plerique καὶ non habent, quod dant Reim. et A.
5. H. ἢ pro καί. — 6. H. οὐδέ.
7. H. et 66, αὐτὸ τοῦτο προμ. ceteri duo codd. αὐτὸ τοῦτο τὸ προμ.
8. Unus codex, τοῖς δὲ πεπρωμ. — 9. H. συνέσει. — 10. H. οὐκ οὖν
11. Reim. ut nos : sed H. et codd. post Διὸς non addunt τε : contra

sur elle, toute connaissance étant impossible à une autre condition qu'à celle d'un rapport entre le connaissant et le connu. Et quand bien même les Dieux seraient les auteurs des choses de ce monde, s'ils ne l'étaient pas d'une façon déterminée et nécessaire, jamais ils ne sauraient ce qu'ils doivent faire un jour, puisqu'ils ne le fixeraient pas nécessairement et de toute éternité d'une manière immuable. Mais les Dieux connaissent l'avenir, et parmi les hommes ils en choisissent auxquels ils le font connaître dans une certaine mesure. Quelques-uns de ces hommes ont voulu mettre à profit cette prévision d'une partie de l'avenir pour tenter d'y échapper, mais, comme les autres, ils ont trouvé les arrêts du Destin nécessaires et inévitables ; il en est même qui par cette prévision de leurs destinées et par leurs efforts pour s'y soustraire en ont amené l'accomplissement, cela même étant dans leur destinée. Il n'y a donc aucun moyen d'échapper, de se soustraire aux choses une fois décidées de toute éternité par Jupiter et fixées par le Destin.

Mais, dira-t-on, si tout est déterminé à l'avance, si aucun des faits présents ou à venir n'échappe à la nécessité, c'en est fait de la liberté humaine et de la justice divine : car, d'une part, les hommes agiront sous l'empire de la fatalité, ils ne seront pas maîtres d'eux-mêmes, ils ne seront pas libres; d'autre part, les Dieux renonceront complétement à punir les méchants, car ils ne seraient pas justes en les punissant,

1996 et 66 et A. ἐγνωσμένοις τε postea legendum præbent.

12. H. et A. διδομένοις : codd. reliqui, δεδομένοις, et sic Reim. sed Orell. δεδεμένοις, recte.

13. Reim. οὐδὲν μὴ sine ὅ,τι. Deinde 66, et A. ὅ,τι μὴ καὶ ἀνάγ.

14. A. τοῦ κολάζειν ἄν. -- 15. Reim. et H. οὐκ ἐν, sine ἄν, quod habent codd.

τοὺς μὲν ἀνθρώπους κυρίους ἂν ἑαυτῶν εἶναι, οὐ τῷ μὴ[1] ὑπ' οὐδενὸς ἂν τοπαράπαν ἄρχεσθαι, μήτε του ἄλλου, μήτ' ἂν αὐτῶν τῶν[2] θεῶν, ἀλλὰ τῷ ἔχειν μέν τι[3] ἐν ἑαυτοῖς ἄρχον, τὸ φρονοῦν, τὸ δὲ πολὺ ἀρχόμενον· καὶ τοῦ πολλοῦ τούτου ἓν[4], τὸ φρονοῦν τε καὶ φύσει βέλτιστον τῶν ἡμετέρων, κύριον ἂν εἶναι. Αὐτὸ δὲ δὴ τὸ φρονοῦν ὡς οὐκέτ' ἂν ἄρχοιτο[5] ὑπ' οὐδενὸς, οὐκ ἂν εἴη εἰπεῖν. Ὃ πρῶτον[6] μὲν τοῖς ἔξω πράγμασι[7] φαίνοιτ' ἂν ἑπόμενον. Ἔπειτα εἰ καὶ μὴ[8] ὡσαύτως ἅπασιν ἀνθρώποις τὸ φρονοῦν τοῦτο ὑπὸ τῶν αὐτῶν[9] πραγμάτων φαίνεται διατιθέμενον, οὐκ ἂν ὀρθῶς τις οἰηθείη μηδ' ἐξ ἀνάγκης ἂν ἕπεσθαι αὐτὸ[10] τοῖς πράγμασιν. Δῆλον γάρ ἐστι[11] τοῦτο συμβαῖνον παρά τε τὴν ἰδίαν αὐτοῦ τοῦ φρονοῦντος ἑκάστοτε[12] φύσιν, παρά τε τὴν ἄσκησιν. Ταὐτὸ γὰρ ὁτιοῦν πλείοσι μὲν, διαφέρουσι δέ πη[13] ἀλλήλων προσπίπτον, ὥς τι[14] δρᾶσον, διαφέροντά τοι[15] καὶ τὰ παθήματα ἐξ ἀνάγκης ἀπεργάσεται. Διαφέρειν γὰρ ἂν τὸ φρονοῦν[16] τοῦτο ἑκάστοις καὶ τὴν φύσιν καὶ τὴν ἄσκησιν· καὶ τῆς μὲν φύσεως τοὺς θεοὺς ἂν[17] κυρίους εἶναι, τῆς δ' ἀσκήσεως τὴν τοῦ [ἀσκοῦντος[18]] εἶναι δόξαν, προτέραν αὐτῷ[19] ἐγγενομένην, ἣν ἂν ἀμήχανον ἂν εἶναι ἐγγενέσθαι ὁτῳοῦν, μὴ οὐ[20] θεοῦ παραστήσαντος. Κυρίους μὲν

1. Cod. 1996, οὐ τὸ μή. — 2. A. τῶν omittit.
3. H. μέντοι. — 4. H. ἦν pro ἕν.
5. H. ἄρχοι pro ἄρχοιτο.
6. Verba ὃ πρῶτον et sqq. usque ad ἑπόμενον Orellio desunt, quum in Reim. et codd. legantur. — 7. H. πράγμασιν, et sic codd. plerique, præter A. — 8. Reim. et 2077, εἰ μή, sine καί.
9. Codd. plerique αὐτῶν non habent, quod dant Reim. H. et A.
10. Orell. solus αὐτὸ prætermisit.
11. H. et codd. præter A. δῆλον δ' ἐστίν.
12. Sic Reim. ἑκάστοτε, sed H. et codd. præter A. ἑκάστου.

puisque leur méchanceté est fatale et involontaire. Mais les hommes sont maîtres d'eux-mêmes, non pas comme n'ayant personne qui les gouverne, ni parmi les autres êtres, ni parmi les Dieux eux-mêmes, mais comme ayant en eux un seul principe qui commande, c'est-à-dire l'âme, et tout le reste qui obéit; c'est ce principe unique, le meilleur de notre nature, qui dispose de tout le reste. Mais cette âme elle-même, personne n'oserait soutenir qu'elle ne subit aucune domination. Elle est d'abord évidemment soumise à l'impression des choses extérieures; de plus, s'il est vrai que dans tous les hommes l'âme n'est pas soumise de la même manière aux mêmes influences, il n'en serait pas moins absurde de penser qu'elle ne subit pas nécessairement ces influences, puisque évidemment cela dépend du caractère propre à chaque âme en particulier, et aussi de l'exercice. En effet, un même événement quelconque venant à agir sur plusieurs hommes différents, produira nécessairement sur eux des impressions différentes; car leurs âmes diffèrent et par la nature et par l'exercice : or, la nature de l'âme dépend des Dieux, l'exercice dépend de l'intention préalable de celui qui le pratique, intention qui ne peut naître dans l'homme sans lui avoir été

13. H. δ' ἐπ' ἀλλήλων.

14. Reim. ὥστε δράσον. Codd. plerique, ὡς τὸ δράσον. H. et A. ὥς τι δράσον. — 15. H. et codd. διαφέροντά τι.

16. Reim. et H. et 1996, τὸ φρονεῖν. Codd. duo, τὸ φρονοῦν.

17. Orell. τοὺς θεοὺς μὲν, pro ἂν, quod habent codd. et Reim.

18. Reim. et H. et codd. ἀσκητέως, ubi nos propter sensum ἀσκοῦντος : nam aperte ἀσκητέως barbarismus ex priore ἀσκήσεως defluxit. H. deinde ante εἶναι habebat ἂν, et sic Reim.

19. Codd. 2077 et 66 et A. προτέραν τῳ, sed 66 αὐτῷ superscriptum habet. — 20. Omnes, μὴ τοῦ θεοῦ, sed A. μὴ οὐ.

οὖν [1] ἑαυτῶν τοὺς ἀνθρώπους εἶναι καθ' ὅσον που ἄρχουσιν αὐτῶν [2], κἂν [3] ἀρχόμενοι ἄρχωσιν· ἐλευθέρους δὲ εἶναί τέ πως καὶ μὴ εἶναι. Εἰ μὲν γὰρ ἐλευθερίαν τις τὴν οὐκ ἀνάγκην [4] καλεῖ, οὐκ ἂν ὀρθῶς φαίνοιτο καλῶν· ἀναγκάζοιτο γὰρ ἂν [5] δουλείαν τὴν ἀνάγκην καλεῖν. Τῇ δὲ δουλείᾳ [6] καὶ δεσποτείαν δήπου εἶναί τινα δεῖ [7], ᾗ δουλεύσει [8], δουλεία οὖσα. Τῇ οὖν πρεσβυτάτῃ ἀνάγκῃ [9], καὶ ἡ [10] μόνη αὐτὴ δι' αὐτὴν ἀναγκαίως ἔχει, τὰ δ' ἄλλα ἅπαντα δι' ἐκείνην, ἣν τἀγαθόν τε αὐτὸ καὶ τὸν Δία φαμέν, τίς ποτε ἔσται δεσποτεία ᾗ δουλεύσει [11]; οὐ γάρ που ἡ αὐτὴ [12] δεσποτεία ἅμα καὶ δουλεία ἔσται. Εἰ δὲ τῷ ἄρχεσθαί τε καὶ μὴ ὁριεῖταί τις τήν τε δουλείαν καὶ ἐλευθερίαν, οὐ μόνον οὐκ ἂν ἀνθρώπων οὐδεὶς εἴη ἐλεύθερος, ἀλλ' οὐδ' ἂν θεῶν [13] ἄλλος τις πλὴν Διός, ἄλλων μὲν ἄλλοις τῷ [14] ἄρχεσθαι δουλευόντων, ἁπάντων δ', ἀπὸ θεῶν ἀρξαμένων, τῷ κοινῷ δεσπότῃ Διΐ. Οὐ μέντ' ἂν δεινόν τι εἴη [15] τοῦτον τὸν [16] τρόπον ἡ δουλεία καθάπαξ [17], οὐδὲ φευκτόν. Ἡ γὰρ [18] τῷ ἀγαθῷ [19] δουλεία οὐ μόνον οὐ δεινὸν, ἀλλὰ καὶ λυσιτελές τε [20] καὶ φίλον καὶ αὐτῷ τῷ [21] δουλεύοντι· οὐδὲν γὰρ ἂν [22] ἀλλ' ἢ [23] ἀγαθὸν [24] ἀπολαύσειέ τις δουλεύων ἀγαθῷ. Εἰ δ' οὐ ταύτῃ [25] τις ὁριεῖται δουλείαν

1. Reim. κυρίους μὲν οὖν ἄν. H. κυρίους μὲν, omissis duabus particulis. Cod. 1996, μὲν ἂν οὖν. Ceteri cum Orellio, ut nos.

2. H. αὐτῶν. — 3. Cod. 1996 καὶ et postea ἄρχουσι.

4. Orell. solus, τὴν μὴ ἀνάγκην. — 5. Cod. 1996 ἂν non habet.

6. Cod. 1996, τὴν δὲ δουλείαν, male. — 7. Idem, δοκεῖ pro δεῖ.

8. Cod. 1996, ἣ οὐ δουλεύσει.

9. Post ἀνάγκῃ addit H. ἀναγκαίως, quod e sequentibus huc ascendit.

10. Pro ἡ, codd. plerique ᾗ. Deinde post ᾗ μόνη in codice 1996 verba quaedam e sequentibus huc illata sunt : τίς ποτε ἔσται δεσποτεία ἅμα καὶ δουλεία;

suggérée par un Dieu. Ainsi, les hommes sont maîtres d'eux en tant que gouvernant leur conduite, bien que cette domination soit soumise à une domination supérieure, et l'on peut dire qu'ils sont libres et ne le sont pas. En effet, ce serait évidemment une erreur de dire que la liberté est le contraire de la nécessité, car il faudrait alors appeler esclavage la nécessité: or, l'esclavage suppose une domination à laquelle l'esclave est soumis en sa qualité d'esclave; mais cette nécessité première qui seule existe absolument et par soi, tandis que c'est par elle que toutes choses existent, cette nécessité que nous appelons le bien absolu, Jupiter, à quelle domination sera-t-elle donc soumise? Car assurément, ce qui est domination ne peut être en même temps esclavage. Si d'un autre côté on appelle esclavage la soumission à un supérieur, et liberté l'affranchissement de toute domination, il n'y aura de libre ni un seul homme, ni même un seul des Dieux, excepté Jupiter; car chaque inférieur sera l'esclave de celui qui le gouverne, et tous seront esclaves de leur maître commun, Jupiter. De cette façon, la servitude n'aurait absolument rien de pénible ni que l'on dût fuir. En effet, l'esclavage sous un bon maître ne peut être fâcheux, bien plus, il est profitable et doux à l'esclave lui-même, parce qu'on ne peut attendre que du bien d'un bon maître. Mais si l'on n'ac-

11. Reim. et cod. 1996, ἢ οὐ δουλεύσει. H. ἡ οὐ. Ceteri, ut nos.

12. H. καὐτὴ pro ἡ αὐτή. In cod. 1996 desunt voces αὐτὴ δεσπ. mero, ut videtur, librarii lapsu. — 13. H. et 1996, θεὸς pro θεῶν.

14. Cod. 1996, τὸ ἄρχ. — 15. Reim. δεινόν τ' εἴη.

16. H. τοῦτον τρόπον —17. H. et codd. inversis verbis, καθάπαξ ἡ δουλ. — 18. Reim. εἴ γάρ. — 19. A. τῶν ἀγαθῶν. — 20. H. et Orell. λυσιτελές τι, sed Reim. et codd. τε habent.

21. Reisk. τῷ αὐτῷ, sed codd. αὐτῷ τῷ. — 22. A. ἂν non habet.

23. H. ἄλλο ἤ, sed codd. ἀλλ' ἤ. — 24. Cod. 2077, ἀγαθῶν, et sic A.

25. H. ταύτῃ non habet.

τε καὶ ἐλευθερίαν, ἀλλ' ἐκείνῃ μᾶλλον, τῷ κωλύεσθαι ἢ μὴ κωλύεσθαί τινα ζῆν ὡς βούλεται (βούλοιτο δ' ἂν πᾶς τις πράττειν τε εὖ καὶ εὐδαιμονεῖν), ἅπας μὲν ἂν ὁ εὖ πράττων κἂν ἐλεύθερος εἴη, ἄν τε ἀρχόμενος, ἄν τε μὴ, εὖ πράττων τυγχάνῃ [1]· ὡς γὰρ βούλεται, ζῴη ἄν· κακῶς δὲ πράττων τις οὔτ' ἂν, ὡς βούλοιτο, ζῴη, οὔτ' ἂν ἐλεύθερος δήπου εἴη. Κακῶς [2] δὲ πράττειν ἀνθρώπους οὐκ ἄλλῃ [3] ἂν ἢ κακοὺς γεγονότας, ὥστε οὐδ' ἂν κακὸς ἀνθρώπων οὐδεὶς βούλοιτ' ἂν γίγνεσθαι, εἴγε δὴ μηδὲ κακῶς ἂν πρᾶξαι [4]· ἀλλ' ἄκοντας κακοὺς τοὺς κακοὺς [5] γίγνεσθαι ἐξαμαρτάνοντας· οὐδ' ἂν ἐλεύθερον κακὸν εἶναι οὐδένα, τοὺς δὲ καλούς τε μόνους κἀγαθούς [6]. Τοὺς δὲ θεοὺς κολάζειν ἂν [7], οὐκ αὐτὸ τοῦτο τέλος [8] δήπου τό γε κολάζειν ποιουμένους, οὐδ' ἐπ' αὐτοῦ [9] καταστρέφοντας, ἀλλὰ τὰ ἁμαρτήματα ἐπανορθοῦντας. Ἐπεὶ γὰρ οὐχ οἷόν τ' ἦν μὴ [10] ἁμαρτάνειν πάντως τὸν [11] ἄνθρωπον, τοιοῦτόν τινα γεγονότα, ἔκ τε θείας καὶ ἐπικήρου φύσεως σύνθετον, ἀλλ' ἔδει τοτὲ [12] μὲν ἂν [13] κατὰ τὸ θεῖον τὸ ἐν αὐτῷ ἐπὶ τὴν τοῦ συγγενοῦς ἀφομοίωσιν ἀγόμενον [14] εὖ τε πράττειν καὶ μακαρίως ζῆν, τοτὲ δ' αὖ [15] ὑπὸ τοῦ θνητοῦ τοῦ ἐν αὐτῷ κατασπώμενον ὡς [16] ἑτέρως αὖ πράττειν· βοήθειάν τινα αὐτῷ καὶ τὴν διὰ τῶν [17] κολάσεων ταύτην ἐπανόρ-

1. H. τυγχάνοι, ubi codd. τυγχάνει, sed Reim. τυγχάνῃ, recte.
2. Cod. 1996, καθὼς pro κακῶς. — 3. Idem, οὐκ ἂν εἴη ἄν.
4. Reim. H. et codd. πράξαι, male.
5. H. et duo codd. κακοὺς tantum; sed Reim. et 66, κακοὺς τοὺς κακούς. — 6. Orell. solus, μόνους ἀγαθούς.
7. Cod. 2077, κολάζειν πῃ, pro ἄν.
8. Reim. οὐκ αὐτὸ τοῦτο τὸ τέλος. H. οὐκ ἂν τοῦτο τὸ τέλος, et sic plerique codd.; sed τὸ supervacare sensus monet, quod nec habet A.
9. Sic H. et codd. ἐπ' αὐτοῦ, ubi tamen præstaret ἐπ' αὐτό.
10. H. ἦν γε pro ἦν μή. — 11. H. τὸν πάντως ἄνθρ.

cepte pas cette définition de l'esclavage et de la liberté, si l'on dit que ces deux états consistent à être empêché ou non de vivre comme on veut; chacun voulant vivre heureux et content, quiconque sera heureux sera en même temps libre, qu'il ait un maître ou non, puisqu'il vivra comme il veut; le malheureux, au contraire, ne vivant pas comme il aurait voulu, ne sera pas libre. Or les hommes ne peuvent être malheureux que lorsqu'ils sont méchants; ainsi personne ne veut être méchant, puisque personne ne veut être malheureux : c'est donc contre sa volonté et par erreur qu'on devient méchant; par conséquent aucun méchant n'est libre, c'est le privilége des hommes honnêtes et vertueux. Que si les Dieux châtient les méchants, le but qu'ils se proposent et auquel ils aboutissent, n'est pas la punition en elle-même, mais le redressement des fautes. En effet, il est impossible que l'homme ne pèche jamais, puisqu'il est composé de deux natures, l'une divine, l'autre mortelle; tantôt il est entraîné par ce qu'il a de divin en lui vers l'imitation de cette perfection dont il participe, alors il est vertueux, il est heureux; tantôt emporté par ses instincts mortels, il tourne à mal; c'est alors que les Dieux viennent à son secours et qu'ils cherchent à le corriger par des punitions : ils

12. H. τοτὲ μὲν, ut nos, qui tamen infra τότε scribit. Reim. sive Orell. bis τότε. A. bis τοτέ. Ceteri inter utrumque accentum variant. Cod. 66, bis ποτὲ scribit. -- 13. A. ἂν omittit.

14. Sic Reim. sed H. et codd. ἀγομένους.

15. Reim. τότε δ' αὖ, ubi H. et codd. plerique, τότε δ' ἂν vel τοτὲ δ' ἂν : 1996, τότε ἂν : 66, ποτὲ δ' ἄν.

16. Reim. et H. ἑτέρως, sine ὡς, quod habent codd.

17. Reim. et A. καὶ διὰ τῶν κολ. ceteri, καὶ διὰ τὴν τῶν : sed H. ut nos, καὶ τὴν διὰ τῶν.

θωσιν τοὺς θεοὺς μεμηχανῆσθαι, ὥς ποτε τῷ κολασθῆναί τε καὶ δίκην δεδωκέναι ἀπαλλαγέντι τῆς κακίας, οἷόν περ νόσου σώματος [1] δηκτικοῖς τε καὶ ἀνιαροῖς τισι φαρμάκοις, ἄμεινόν τε πρᾶξαι γένοιτο καὶ ἐλευθερίας [2] ἀντὶ δουλείας μεταλαβεῖν [3], ὅτου μὴ ἠπιωτέρα τις ἐπανόρθωσις διὰ μοχθηροτέραν [4] τινὰ ἕξιν δύναιτο καθικέσθαι· ὥστ' [5] οὐδὲν ἂν κωλύειν [6] καὶ ἄκοντας κακοὺς ὄντας τοὺς κακοὺς ὅμως κολάζεσθαι, κακὸν [7] μὲν οὐδὲν προςπεισομένους, ἀλλ' ὠφελησομένους τῷ κολάζεσθαι. Ὡς μὲν οὖν εἰσί τε [8] θεοὶ, καὶ ὡς προνοοῦσιν ἀνθρώπων, καὶ ὡς [9] οὐ κακῶν αἴτιοι, καὶ ὡς εἱμαρμένη ἀπαρατρέπτῳ τὸ βέλτιστον ἑκάστοις ἀπονέμουσιν, ὡς γοῦν [10] μετρίως εἰρῆσθαι [11], ἱκανῶς ἤδη [12] εἰρήσθω.

κε'. Περὶ ἀθανασίας ψυχῆς τῆς ἀνθρωπίνης.

[Περὶ ψυχῆς [13] γὰρ λέγων ἀθανασίας [ὁ Πλήθων] τὰς εἰς τὸ σῶμα καὶ τὸν βίον ἐπανόδους αὖ τῶν ψυχῶν ἐν χρόνων τακταῖς περιόδοις, ὡς δύναται, κρατύνειν πειρᾶται, ἃς οἱ πολλοὶ μετεμψυχώσεις φασὶ, καὶ εἰς τὸν οὐράνιον τόπον οὐδέποτε ταύτας ἀνάγεσθαι ἀξιοῖ.]

1. H. σώματος non dat.
2. Cod. 66, καὶ ἐλευθερίαν. — 3. Orell. solus, μεταλαμβάνειν.
4. H. δι' ἀμοχθηροτέραν. — 5. H. ὡς, ubi ceteri, ὥστε.
6. H. et cod. 1996, κωλύει. A. κωλύοι.
7. Cod. 2077, ὥστ' οὐδὲν προσπ. sine κακόν.
8. Reim. H. et A. εἰσί τε θεοί. Orell. et nonnulli codd. εἰσὶν οἱ

---

veulent que ces châtiments qui lui sont infligés le délivrent de sa méchanceté, comme les remèdes amers et douloureux délivrent notre corps de la maladie; ils veulent que l'homme soit par là conduit à un état meilleur, et passe de l'esclavage à la liberté, quand ils jugent qu'à cause de sa mauvaise nature, des moyens de correction plus doux ne sauraient l'atteindre. Ainsi, rien n'empêche que l'homme ne soit puni, quoique sa méchanceté soit involontaire, puisque la punition, loin d'ajouter à ses maux, lui procure un bien. En résumé, il y a des Dieux, ils veillent sur les hommes, ils ne sont la cause d'aucun mal; enfin selon la loi inévitable du destin ils accordent à chacun ce qui lui vaut le mieux. Pour ne pas dépasser les bornes, nous nous arrêterons ici.

CHAPITRE XXII. — De l'immortalité de l'âme humaine.

« En parlant de l'immortalité de l'âme, Pléthon « essaie d'établir, selon le système de la métempsy- « chose, que les âmes rentrent dans les corps et « reviennent à la vie après certaines périodes de temps « déterminées, mais sans s'élever jamais jusqu'au cé- « leste séjour. (GENNADIUS) »

θεοί. — 9. Cod. 1996, καὶ οὐ sine ὡς.

10. H. γοῦν non habet. — 11. Cod. 1996, εἰρήσεται. — 12. H. ἱκανῶς εἰρήσθω, sine ἤδη.

13. Ex epistola Gennadii ad Josephum exarchum, in hujus voluminis fine proditura.

κϛʹ. Περὶ τῶν τῶν θηρίων ἐνίοις κατὰ λόγον δρωμένων.

Περὶ δὲ τῶν [1] τῶν θηρίων ἐνίοις κατὰ λόγον δρωμένων, ἄλλων τε δὴ συχνῶν καὶ τῶν γνωριμωτάτων [2], μελιττῶν τε πολιτείας, καὶ μυρμήκων οἰκονομίας, ἤπου καὶ ἀράχνου εὐμηχάνου θήρας, ἐκεῖνο φαμὲν, ὡς εἴγε ἰδίᾳ ταῦτα χρώμενα διανοίᾳ τὰ τοιαῦτα δρῴη, ἢ κρείττονι ἢ κατὰ τὴν ἀνθρωπίνην χρῷτο ἂν, ἢ χείρονι, ἢ παραπλησίᾳ. Ἀλλ᾽ εἰ μὲν κρείττονι ἐκέχρητο, ἐν ἅπασιν ἂν ἢ τοῖς πλείοσι κρεῖττον ἢ κατ᾽ ἄνθρωπον [3] ἔπραττε· φαίνεται δ᾽ ἐν τοῖς πλείστοις χεῖρον πράττοντα ἢ κατ᾽ ἄνθρωπον. Εἰ δὲ χείρονι, οὐκ ἄν που ἑνί γε ἀεὶ ἔργῳ ἀφωρισμένως προσεῖχεν ἕκαστον αὐτῶν, καὶ τοῦτο ὡς κάλλιστα σχεδὸν πραττόμένῳ· τελέας γὰρ ἂν διανοίας καὶ κρείττονος ἢ κατ᾽ ἄνθρωπον, τὸ πρὸς ἑνὶ ἀεὶ ἔργῳ τῶν καθ᾽ ἑαυτὴν τῷ καλλίστῳ ἔχειν ἑαυτήν. Εἰ δὲ καὶ τῇ ἀνθρωπίνῃ παραπλησίᾳ, οὐδ᾽ οὕτως οὔτ᾽ ἂν ἑνὶ ἔργῳ προσεῖχεν, οὔτ᾽ ἂν ἐν τοῖς πλείστοις χεῖρον ἢ κατ᾽ ἄνθρωπον [4] ἔπραττεν. Ἀλλὰ δῆλα [5] ἂν εἴη οὐκ ἰδίᾳ διανοίᾳ, τῇ δὲ τῆς τοῦδε τοῦ οὐρανοῦ ἡγουμένης ψυχῆς ἅπαντα ταῦτα ἄλλο [6] ἐπ᾽ ἄλλῳ χρώμενα, καὶ νοῖς χωριστοῖς τοῖς γε σφίσιν [7] ἄλλοις δὴ [8] ἄλλοις ἔξωθεν ἐφεστηκόσιν [9], οἷς ἡ ψυχὴ αὕτη τῶν τῇδε ἕκαστα προσάγει. Οἷς δὴ οὐ ταῦτα μόνα, ἀλλὰ καὶ τὰ ἀναίσθητα χρώμενα φανερά ἐστι, τά τε ἄλλα καὶ αἱ ἀμ-

1. Ex Hardtio juxta cod. Monac. 336, collato etiam a nobis codice Atheniensi. Post titulum ex cod. Vindob. 91 a se prolatum, addit Lambec. κεφάλαιον κϛʹ. Statim vero ab initio legit Hardt. περὶ δὲ τοῖς τῶν. A. plane ut nos, et sic in tit. — 2. A. addit τούτων.

3. H. κατὰ ἄνθρ. et sic infra; sed A. ut nos.

CHAPITRE XXVI. — Des actes raisonnables de quelques animaux.

Les actes de certains animaux qui paraissent attester une inspiration de la raison, comme, entre mille, ceux-ci, qui sont les plus connus : le gouvernement des abeilles, la prévoyance des fourmis, l'habileté de l'araignée à tendre ses filets, sont-ils l'œuvre d'une raison propre à ces animaux ? Cette raison serait alors ou supérieure, ou inférieure, ou égale à celle de l'homme. Mais si ces animaux avaient une raison plus éclairée que la nôtre, dans toutes ou presque toutes les circonstances ils agiraient mieux que l'homme, et il est visible que le plus souvent ils restent au-dessous de lui. Si cette raison était inférieure, chacun d'eux ne s'attacherait pas exclusivement à un seul ouvrage pour le porter presque à la perfection ; car il semble que ce soit le propre d'une intelligence accomplie et supérieure à celle de l'homme de s'appliquer toujours à un seul ouvrage pour le rendre le plus parfait possible. Si enfin leur esprit était égal à celui de l'homme, il ne se concentrerait pas ainsi sur un seul travail, pour se montrer ensuite dans tout le reste inférieur aux œuvres humaines. Il est donc évident que les animaux obéissent, non pas à une raison individuelle, mais à l'influence de cette âme qui gouverne notre monde, et des intelligences abstraites qu'elle fait présider à chacun de ces êtres et auxquelles elle attache chacun

4. H. et A. κατὰ ἄνθρ. — 5. A. δῆλον.

6. H. ἄλλῳ ἐπ' ἄλλῳ. — 7. A. τῆς γε σφίσιν, pro τοῖς, et uterque σφίσιν cum accentu suo, ut apud nos.

8. H. δὴ non habet. — 9. A. ὑφεστηκόσιν.

πέλου ἢ κολοκύντης ἕλικες, αἳ ἐὰν μὲν μηδὲν αὐταῖς τι[1] παρακέηται τοιοῦτον, οἵῳ περιελιχθῆναι, ἐπ' εὐθὺ φέρονται φερόμεναι, ἐὰν δὲ πτόρθος τις παρῇ[2], παραχρῆμα περιειλίχθησαν. Τῆς δ' αὐτῆς[3] ἂν ψυχῆς δυνάμει καὶ ἥ τε λίθος ἡ Ἡρακλεία ἕλκοι ἂν τὰ σιδήρια· καὶ χρυσοῦ τε καὶ τῶν ἄλλων τῶν συγγενῶν ὁ ὑδράργυρος παρὰ δόξαν ἐχόμενος ἀπαιωροῖτο· ὅ, τι τε ἂν ἄλλο παραπλήσιον γίγνοιτο, ἀπὸ ταύτης γίγνοιτ' ἄν. Ταύτην γάρ που[4] τὴν τόνδε ἐγγύθεν τὸν οὐρανὸν συνέχουσαν, ἐπί τε ἅπαν αὐτοῦ μέρος ἐξικνουμένην τῇ δυνάμει, καὶ τά τε ἄλλα κατὰ λόγον ἀπεργαζομένην, καὶ φίλα, ἃ ἂν δέοι, τιθεῖσαν παρὰ φίλα[5].

κζ'. Περὶ τῆς τοῦ παντὸς ἀϊδιότητος.

Τῆς δ' οὖν[6] θνητῆς τε καὶ ἐσχάτης[7] ταύτης γενέσεως Ἡλίῳ τε καὶ Κρόνῳ ἐξειργασμένης, κατὰ τὴν τοῦ τῶν ὅλων ἡγεμόνος Ποσειδῶνος[8] ἐπίταξιν, ὅ τε[9] οὐρανὸς ὅδε αὐτῷ Ποσειδῶνι ἀπετετέλεστο[10], καὶ ἔτι Διῒ τῷ βασιλεῖ ἡ σύμπασα τοῦ ὄντος γένεσις ἐκ πάντων τε καὶ παντοίων εἰδῶν αἰωνίων, ἐγχρόνων, ἀθανάτων, θνητῶν[11], ἐς ἕν τι παντελὲς σύστημα, ἐς ὅσον οἷόν τ' ἦν, κάλλιστά τε καὶ ἄριστα ἔχον, συγκεκροτημένη[12]. . . . .

1. A. voculam τι post sequens verbum rejicit, utique supervacaneam. — 2. H. παρῇς. — 3. H. τῆς δ' αὐτῆς.
4. H. γάρ του, sed A. που, ut nos.
5. Post hoc verbum in H. et A. sequitur sine lacuna ac sine titulo sequens caput, cujus nos initium ex elencho divinavimus.
6. Ex iisdem quibus priora fontibus.

d'eux en particulier. Il en est ainsi non-seulement des animaux, mais encore des choses inanimées ; on peut citer entre autres les vrilles de la vigne et de la citrouille, qui, si elles ne rencontrent rien à quoi s'enlacer, restent droites, et, si une branche se présente, s'y enroulent aussitôt. Par l'action de cette même âme, l'aimant attire le fer ; le mercure mis en contact avec l'or ou avec quelque autre métal du même genre, s'y attache d'une manière merveilleuse et se volatilise : tous les phénomènes semblables doivent être rapportés à la même cause. C'est cette âme qui embrasse notre monde d'ici bas, qui, par sa puissance, en gouverne toutes les parties, accomplit tout d'après la raison, et entre autres choses rapproche les êtres qui ont entre eux quelque affinité.

Chapitre XXVII. - De l'éternité de l'univers.

Quand le Soleil et Saturne eurent terminé cette dernière création mortelle d'après les plans de Neptune, chef de tout ce qui existe, alors non-seulement notre monde fut complétement achevé, grâce à ce même Dieu ; mais aussi, par la puissance de Jupiter le maître suprême, cet ensemble de créations composé d'une multitude d'êtres différents, éternels, temporels, immortels, mortels, forma un système universel aussi beau et aussi parfait que possible.....

7. A. καὶ ἐσγ. non habet. — 8. H. Ποσιδῶνος. — 9. H. ὅτε.
10. H. Ποσιδῶνι et ἀπετέλεστο.— 11. H. θνητῶν non habet, quod in A. legitur.—12. H. συγκεκροτημένῃ (sic). A. συγκεκροτημένην... Reliqua in utroque desunt.

ΝΟΜΩΝ ΣΥΓΓΡΑΦΗΣ

ΒΙΒΛΙΟΝ Γ΄.

ια΄. Περὶ μέτρου τε καὶ συμμετρίας.

Τὸ δὲ δὴ [1] καλὸν τοῦτο ἐν μέτρῳ τε καὶ τοῖς συμμέτροις διωκτέον [2], καὶ ὅλως ὅρῳ, οὐκ ἐν ἀμετρίᾳ, οὐδέ γε τῷ ἀορίστῳ τε καὶ ἀεὶ πλείονι. Καίτοι ἀπορήσειεν ἄν τις, εἰ τὸ μᾶλλον ὂν καὶ ἄμεινον ἅμα, τί δήποτε οὐ τὸ ἀεὶ πλέον [3], ἀλλὰ τὸ μὴ τὸ μέτριον ὑπερβάλλον, κάλλιόν τε ἅμα καὶ ἄμεινον; Ὅτι δὴ οὐ τὸ πλήθει τε πλέον καὶ ὄγκῳ μεῖζον μᾶλλον ὄν, οὐδ᾽ ὅλως τὸ τῷ ποσῷ ὑπερβάλλον, ἀλλὰ πολὺ πρότερον [4] τὸ πρὸς τὸ ἀνώλεθρον εὖ μᾶλλον πεφυκός. Εὖ δὲ [5] μᾶλλον πέφυκε πρὸς τὸ ἀνώλεθρον τὸ ἕν τε καὶ μᾶλλον ἡνωμένον· μᾶλλον δ᾽ ἥνωται [6] ἁπλοῦν μὲν συνθέτου, σύμμετρον δ᾽ ἀσυμμέτρου, τά τε ἀνάλογον ἔχοντα τῶν οὐκ ἀνάλογον ἐχόντων. Τὸ γὰρ αὐτὸ μέτρον, λόγος τε ὁ αὐτὸς, κοινὰ γιγνόμενα, τά τε μετρούμενα, τά τε ἀνάλογον ἔχοντα ὡς μάλιστα ἑνοῖ. Τὰ δὲ [7] μήτε ἐκ συμμέτρων τῶν ἑαυτῶν μερῶν, ἤπου ἀνάλογον ἐχόντων, μήτε πρὸς ἃ αὐτὰ τέτακται, καὶ ὧνπερ μέρη καὶ αὐτὰ ὄντα τυγχάνει, μετρίως [8] ἔχοντα, ἅτε δὴ οὐδ᾽ ἡνωμένα [9], πλεῖστον ἤδη καὶ τοῦ ἀνωλέθρου

1. Ex Hardtio juxta cod. Monac. 336, collato etiam a nobis codice Atheniensi. Apud Lambecium, ex codice Vindob. 91, titulo additum est, ἐκ τοῦ τρίτου, nempe βιβλίου.

2. Hardt. διοκτέον (sic). — 3. A. μᾶλλον, sed in marg. πλέον.

4. Desunt in H. hæc verba, ἀλλὰ πολ. πρότ. In A. legitur ἀλλὰ πο-

TRAITÉ DES LOIS.

LIVRE III.

CHAPITRE XI. — De la mesure et de la proportion.

Le beau, dont nous venons de parler, doit être cherché dans la mesure et dans la proportion ; il a besoin d'une limite fixe, et ne peut être ni une grandeur non mesurable ni un indéfini qui s'accroisse sans cesse. Cependant on fera peut-être cette objection : si le plus d'existence est en même temps le mieux, pourquoi n'est-ce pas ce qui s'accroît indéfiniment, mais ce qui reste dans la mesure, qui est le beau et le bien ? C'est que ce n'est ni le plus en nombre, ni le plus en volume, ni en un mot le plus en quantité qui existe au plus haut degré, mais bien plutôt ce qui est le mieux doué pour durer toujours : et ce qui est le mieux doué pour durer toujours, c'est l'unité et ce qui s'en rapproche le plus. Or le simple est plus un que le composé, ce qui est symétrique plus un que ce qui manque de symétrie, ce qui est proportionné plus un que ce qui ne l'est pas. En effet, la communauté de mesure ou l'identité de rapport est précisément ce qui fait l'unité des choses symétriques ou proportionnées. Mais ce qui n'a ni mesure ni proportion, soit entre ses propres parties, soit avec les choses auxquelles il se rapporte et dont il fait soi-même partie, manque

λύτροπον, et ad marg. πολὺ πρότερον. — 5. A. εὖ δή.

6. H. ἡνωμένου μᾶλλον δύναται. A. ut nos. — 7. H. τὰ δή.

8. Post μετρίως addunt H. et A. τε particulam, sane supervacuam — 9. A. ἡνωμένους.

ἀποπίπτει. Διὰ ταῦτα ἐν μέτρῳ τε ἀεὶ καὶ ὅρῳ τὸ μᾶλλόν τε ὂν καὶ ἅμα κάλλιόν τε καὶ ἄμεινον, οὐ τῷ ἀεί τε πλείονι καὶ ὅλως ἀορίστῳ. Καὶ περὶ μὲν τούτου ἐς τοσοῦτον.

ιδ'. Περὶ τῆς τῶν γονέων τοῖς ἐκγόνοις οὐ μίξεως.

Πρῶτον[1] περὶ τῆς γονέων ἐκγόνοις οὐ μίξεως σκεπτέον, οὐκ εἰ ὀρθῶς ἢ μὴ τὸ τοιοῦτον νομοθετεῖται· ἱκανὸς γὰρ ὁ ἀεὶ καὶ πᾶσιν ἀνθρώποις περὶ τούτου νομιζόμενος θεσμὸς ἀποφῆναι, ὡς τῷ[2] ὄντι θεῖος οὗτος ὁ νόμος ἀνθρώποις, καὶ ὀρθῶς δὴ ἔχων, εἴ γε θεῖος. Περὶ γὰρ τῶν ἄλλως ἄλλοις νομιζομένων, σκοπεῖν ἂν ἡμῖν προσήκοι, ποτέροις κάλλιον νομίζεται· περὶ δὲ τῶν πᾶσι παραπλησίως νομιζομένων, οὐκέτι καὶ ἀμφισβητεῖν, εἰ οὐκ ὀρθῶς νομίζεται, δεῖ· οὐ γὰρ ἂν θείας γε ἄνευ μαντείας ὁ αὐτὸς παρὰ πᾶσιν ἀνθρώποις ἐκράτει νόμος περὶ οὐδοτουοῦν. Ἀλλὰ τίνι δὴ λόγῳ ὀρθῶς νομίζεται τὰ τοιαῦτα, σκοπεῖν, τοῖς γε τελείαν τῶν νόμων ἕξουσιν ἐπιστήμην, καλῶς ἂν ἔχοι· περὶ γὰρ ἐνίων αὐτῶν οὐ πολλοῖς δῆλον τὸ τοιοῦτον. Αὐτίκα περὶ τῆς γονέων ἐκγόνοις οὐ μίξεως, ἀεὶ καὶ πάντων ἀνθρώπων ταὐτὸ νομιζόντων, οὐ πολλοὶ ἂν εἰδοῖεν[3] καὶ ὅτῳ ποτὲ λόγῳ ὀρθῶς ἔχει τὸ τοιοῦτον νόμιμον· ὥστ' οὐδ' ἂν περίεργον εἴη, περὶ τοῦ τοιούτου διασκέψασθαι.

Ἔστι δὴ πρῶτον οὐκ ἄδηλον ἡ τῶν ἀφροδισίων πρᾶ-

1. Ex codice Parisiensi 2045, ubi hoc et sequens caput uno tenore continuantur sub hac epigraphe: Ἀπὸ τοῦ βιβλίου τοῦ σοφωτάτου Γεωργίου τοῦ Γεμιστοῦ. Περὶ θεῶν γενέσεως διὰ μέσης

d'unité et par conséquent ne saurait durer toujours. Ainsi, c'est surtout dans la mesure définie que se trouvent au plus haut degré la plénitude d'existence, le beau et le bien tout à la fois, et non pas dans l'indéfini toujours croissant. C'en est assez sur ce sujet.

Chapitre XIV. — De la prohibition du commerce entre les parents et leurs enfants.

Il faut d'abord arrêter notre attention sur la prohibition du commerce entre les parents et leurs enfants, non pour discuter la convenance de cette loi ; son universalité et sa perpétuité suffisent à démontrer que ce sont bien les Dieux qui l'ont imposée aux hommes, et puisqu'elle vient des Dieux, elle est excellente. Sans doute, quand les législations humaines sont en contradiction, il nous appartient de chercher quelle est la meilleure d'entre elles; mais lorsqu'elles s'accordent toutes, il n'est pas permis de mettre en doute la justice de leur décision ; il faut dans cette unanimité, quel qu'en soit l'objet, reconnaître la marque d'une révélation divine. Mais la recherche des motifs est une étude digne de celui qui veut posséder à fond la connaissance des lois : car il en est plusieurs dont la raison échappe au vulgaire. Ainsi les hommes ont toujours été unanimes pour interdire le commerce entre les parents et leurs enfants, mais bien peu sauraient dire pourquoi cette défense est juste : cette recherche ne sera donc pas sans intérêt.

D'abord on conviendra que le commerce des sens

τῆς περὶ γονέων ἐκγόνοις οὐ μίξεως ὑποθέσεως : ἀτελές.

2. P. ὡς τό.—3. Sic infra εἶδοῖ et εἰδοῖμεν, et sic sæpe Pletho.

ξις ἐπὶ τῇ τοῦ θνητοῦ τοῦδε διαδοχῇ, καί τινα τρόπον ἀθανασίᾳ καὶ τούτου, παρὰ θεῶν ἡμῖν δεδομένη καὶ ὡς ἑτέρου τοῦ ὁμοίου τῷ χρωμένῳ γεννητική τις πρᾶξις καὶ αἰτία ἐστί· καὶ ὡς ἄμφω τούτω, ἥ τε ἀθανασία, ἥ τε ἑτέρου ὁμοίου γένεσίς τε καὶ αἰτία, θεοῖς μάλιστα προσήκετον· ἀθάνατοί τε γὰρ θεοὶ πάντες, καὶ οἵ γε αὐτῶν κρείττους καὶ ἑτέρων ὁμοίων, οἱ μὲν ἀθανάτων κἀκείνων, οἱ δὲ τῶν γοῦν θνητῶν τῶνδε, εἰσὶ γόνιμοι. Ἔπειτ' οὐδ' ὡς, τούτου οὕτως ἔχοντος, εἰ μέλλοι καλῶς πράττεσθαι ἡμῖν αὕτη ἡ πρᾶξις, δέοι ἂν καὶ ὡς μάλιστα εἰκῶ τινα τῆς τῶν θεῶν γενέσεως, ᾗ γεννῶσι θεοὶ, σώζειν, οὐδενὶ δήπου τῶν καὶ ὁσονοῦν νοῦ μετεχόντων οὐδὲ τοῦτ' ἄδηλον· οὐδ' ὡς παντὸς μᾶλλον τὰς σπουδαίας ἡμῖν τῶν πράξεων καὶ καλῶς πράττεσθαι δεῖ· οὐδ' ὡς καὶ σπουδαία ἡμῖν αὕτη ἡ πρᾶξις, ᾗ [1] μάλιστα μίμησις ἀθανασίας τε τῆς τῶν θεῶν καὶ ἑτέρων αἰτίας κἀν τῷ θνητῷ ἡμῶν τῷδε ἐμφαίνεται. Ἢν γάρ τις διὰ τὸ μὴ ἐν τῷ φανερῷ αὐτὸ δρᾶν τοὺς ἀνθρώπους, καὶ αἰσχρόν τι οἴηται [2] εἶναι, οὐκ ἂν δὴ ὀρθῶς οἴοιτο. Εἰσὶ γὰρ οἳ ἀνθρώπων, καὶ ἃ κάλλιστα νομίζεταί σφισι τῶν ἱερῶν, οὐκ ἐν τῷ φανερῷ δρῶσι τοῖς πολλοῖς. Ἀλλ' οἱ μὲν, ἀποσεμνύνοντες τὰ κάλλιστά σφισι τῶν ἱερῶν, ἀφανῆ τοῖς πολλοῖς ποιοῦσιν, ἵνα μὴ αὐτῶν τις τῶν θεάσασθαι τέως οὐκ ἐπιτηδείων καταφρονήσειεν ἰδών. Τὸ δ' ἀφροδισιάζειν οὐκ ἐν τῷ φανερῷ οἱ ἄνθρωποι δρῶσιν, ἵνα μὴ οἱ ὁρῶντες ἐρεθίζοιντο, σφόδρα που, οἳ [3] ἄνθρωποι, ἐρεθίζεσθαι, εἰ καὶ ὅτι μάλιστα οὐ πρὸς ἐπιθυμίαν, ἀλλ' οὖν πρός φαντασίαν γε τῆς αὐτῆς πράξεως, καὶ ἀπὸ μικρᾶς

1. Par. ᾗ. id est ᾗ. — 2. P. οἴεται.

a été institué par les Dieux pour perpétuer la race des mortels et pour lui donner, à elle aussi, une sorte d'immortalité ; en second lieu, que de la part de l'homme qui l'accomplit, cet acte est la cause efficiente qui produit un être semblable à lui ; enfin que ces deux choses, l'immortalité et la procréation d'un être semblable à soi, conviennent essentiellement aux Dieux ; car tous les Dieux sont immortels, et ceux qui sont plus puissants que les autres produisent des êtres semblables à eux-mêmes, soit immortels comme eux, soit mortels comme ceux d'ici bas. Dès lors, pour que cet acte soit bien accompli, il faut qu'il se rapproche autant que possible du mode de génération qui appartient aux Dieux : c'est un raisonnement que la plus faible intelligence doit comprendre et accepter. Il n'est pas moins évident que, plus une action est importante, plus nous devons chercher à la bien faire ; et l'on ne peut nier l'importance de cet acte qui dans notre nature mortelle est l'imitation de l'immortalité des Dieux et de leur manière de procréer. Car ce serait une erreur de croire que si nous n'accomplissons pas cet acte en public, c'est qu'il a quelque chose de honteux. En effet, beaucoup d'hommes ne veulent pas faire en public les actes religieux qu'ils regardent comme les plus saints ; pour célébrer leurs plus grands mystères, ils se cachent de la foule, dans la crainte que quelque spectateur, faute d'être suffisamment préparé à y assister, n'en fasse un objet de risée. Pour l'acte procréateur, si les hommes ne l'accomplissent pas en public, c'est de peur de porter le trouble chez ceux qui en seraient témoins, parce qu'en effet la faiblesse humaine les rend faciles à s'enflammer, sinon jusqu'au

3. P. οἱ ἄνθρ. accentu sensuque falso ; nos correximus.

τινος προφάσεως, πεφυκότες. Πῶς οὖν ἂν καλῶς εἶχεν, εἰ[1] γυναῖκά τις, ἣν μονολεχῇ ἑαυτῷ δέοι συνοικεῖν, ἐν ἄλλων ὀφθαλμοῖς ἐκίνει ἀπογεγυμνωκώς, εἴτε ἀνδρῶν, εἴτε γυναικῶν, οὐ τῆς κοίτης κοινωνῶν, ἐφ' ᾧ πρὸς φαντασίαν κἀκεῖνοι οὐκέτι εὐαγοῦς καὶ αὐτοῖς μίξεως ἐρεθισθήσεσθαι[2] ἔμελλον, οἱ μὲν, τοῦ τῇ αὐτῇ ἂν καὶ αὐτοὶ συγγίγνεσθαι[3], αἱ δὲ τοῦ ὑπὸ τοῦ αὐτοῦ ἂν καὶ αὐταὶ ἀφροδισιάζεσθαι, οὐκέτι οὐδετέροις τούτων εὐαγὲς ὂν καὶ τὸ ἔργον. Τῶν δ' οὐκ εὐαγῶν ἔργων οὐδ' αἱ φαντασίαι δήπου εὐαγεῖς· πολὺ δ' ἔτι[4] ἐναγέστερον τῷ ἐρεθίζοντι γίγνοιτ' ἂν αὐτὸ τὸ πρὸς τῶν φαντασιῶν τὰς τοιαύτας ἐρεθίζειν. Διὰ ταῦτα οὐκ ἐν τῷ φανερῷ ἀφροδισιάζειν τοὺς ἀνθρώπους νομίζεται. Ἐπεὶ ὅτι οὐκ αἰσχρὸν ἡγούμενοι οἱ ἄνθρωποι οὐκ ἐν τῷ φανερῷ αὐτὸ δρῶσι, δηλοῦσιν, ἐπειδὰν γαμῶσιν, ὡς ἐπὶ σπουδαίῳ τε καὶ σεμνῷ πράγματι ὡς πλείστους συγκαλοῦντες, καὶ μάρτυρας αὐτοὺς ποιούμενοι τῆς συνόδου, εἰδότας καὶ ἐφ' ὅτῳ συνίοιεν. Ἅτ' οὖν σπουδαίαν ταύτην οὖσαν ἀνθρώποις τὴν πρᾶξιν, καὶ ἐν τοῖς μάλιστά που καλῶς πράττεσθαι ἀνθρώποις δεῖ. Οὐ γὰρ ἄλλαι γε αἱ αἴσχισταί εἰσι τῶν πράξεων, ἢ αἱ μὴ καλῶς πραττόμεναι τῶν σπουδαίων. Οὐ γὰρ ἐξίσου γίγνεται, παιδιάν τέ τινα παῖσαι οὐ καλῶς, καὶ σπουδαίαν γε πρᾶξιν οὐ καλῶς μεταχειρίσασθαι. Εἰ δὲ δὴ καλῶς δεῖ αὐτὴν πράττεσθαι, καὶ εἰκῶ τινα τῆς τῶν θεῶν γενέσεως δεήσει αὐτὴν σώζειν, ἧπερ ἔφαμεν.

1. P. ἢ pro εἰ. — 2. P. ἐρεθήσεσθαι, an pro ἐρεθίσεσθαι? non usu quidem mediæ vocis insueto, sed temporis forma minus attica. — 3. P. συγγίνεσθαι. — 4. P. δέ τι.

désir, du moins jusqu'à l'imagination d'un pareil acte, et cela pour le moindre sujet. Comment donc serait-il bien à l'homme qui doit partager son lit avec une seule femme, de l'exposer nue à tous les regards pendant ses rapports avec elle ? Les spectateurs, hommes ou femmes, n'ayant aucune part à cet acte, seraient agités sinon par le désir, du moins par l'imagination d'une jouissance pour eux illicite ; les hommes voudraient avoir part aux faveurs de la même femme, les femmes voudraient se livrer avec le même homme aux mêmes plaisirs, bien que les uns ni les autres ne pussent se porter sans crime à cette action. Or, l'imagination seule des actions illégitimes est coupable, et ce serait chose encore plus coupable d'éveiller chez les autres de pareils désirs. Telles sont les raisons qui font dérober aux yeux le commerce des sens. Du reste, une preuve que ce n'est pas parce qu'ils le croient honteux que les hommes l'enveloppent de mystère, c'est la publicité qu'ils donnent au mariage : ils y appellent, comme à un acte grave et solennel, le plus de personnes qu'ils peuvent, et les font témoins de l'union nuptiale, quand tous savent quel est le but de cette union. Ainsi l'acte dont nous parlons étant un des plus importants qu'il soit donné à l'homme de faire, mérite que son accomplissement soit le plus parfait possible. En effet, il n'est rien de plus honteux qu'un acte important mal accompli. Car autre chose est jouer mal un simple jeu, autre chose ne pas apporter à un acte important les soins qu'il réclame. Puis donc qu'il faut que celui-ci soit le plus parfait possible, il conviendra, comme nous l'avons dit, qu'il soit une image de la génération des Dieux.

ιε´. Περὶ θεῶν γενέσεως διὰ μέσης τῆς περὶ γονέων ἐκγόνοις οὐ μίξεως ὑποθέσεως [1].

Περὶ δὴ θεῶν γενέσεως, καὶ ὡς γεννῶσι θεοὶ, πρότερον διασκεπτέον, ἵνα ἐκείνων εἰδότες τὰς γενέσεις, σκοπῶμεν ἤδη, καὶ ὅπη, εἰ ἐκγόνοις γονεῖς μιγνύοιντο, ταῖς ἐκείνων ἂν δρῷεν γενέσεσιν ἀπεοικότα. Ζεὺς μὲν οὖν, ὁ ἀνωτάτω βασιλεύς τε καὶ πατὴρ πρεσβύτατος, οὓς ἂν αὐτὸς θεῶν γεννῷ, ἀμήτορας γεννῷ ἂν, οὐδενὸς αὐτῷ ὄντος τοῦ ἐν θήλεος λόγῳ συναιτίου, ὧνπερ ἂν αὐτὸς αἴτιος εἴη, ἐσομένου. Ὧ καὶ, ἅτε μηδενὸς τοιούτου ὄντος, τὰ ἔκγονα ὕλης πάντη τε καὶ πάντως χωριστὰ γεννᾶταί τε καὶ πρόεισι. Τὸ γὰρ θῆλυ εἶναι, τὸ ἐς τὴν ὕλην ἅπασιν, ὧν ἂν παρῇ τῇ γενέσει, συμβαλλόμενον. Ὥσθ' ὧν ἂν θῆλύ τι τῇ γενέσει μὴ παρῇ, τούτοις οὐδ' ἂν ὕλης τι εἰκότως ἐπιγίγνοιτο, οὐδ' ἄν που ἐνείη τῇ οὐσίᾳ. Εἰ γάρ τι καὶ τοῖς ἐξ ἑαυτοῦ Ζεὺς ἄλλῳ ἐς ἄλλου γένεσιν συγχρῷτο, ἀλλ' ἐν παραδείγματος, οὐκ ἐν θήλεος λόγῳ συγχρῷτο ἄν. Ἕνα μὲν οὖν θεῶν τὸν κράτιστον, ὃν δὴ Ποσειδῶ καλοῦμεν, ἑαυτῷ ἀμέσῳ παραδείγματι χρώμενος γεννῷ ἄν· τοὺς δ' ἄλλους πάντας ἄλλον ἄλλου θεοῦ τῶν ἐξ ἑαυτοῦ γεννῶ [2] ἂν εἰκῶ, ὡς πάμμεγα [3] τὴν τοιαύτην γένεσιν [4] φαυλοτάτῳ πράγματι εἰκάσαι, τῇ διὰ πλειόνων ἐνόπτρων εἰδωλοποιΐᾳ· καὶ γὰρ κἀνταῦθα τὸ σῶμα τὸ

1. Apud codicem nostrum Parisiensem hic titulus non in fronte, sed in margine additus est hujus capitis, tanquam a priore non satis distructi.

2. P. γεννῶν. — 3. Placeret sane magis, ὡς παμμεγάλην ταύτην τὴν γένεσιν, κ. τ. λ. Sed potest utcumque subaudiri πρᾶγμα, quare nihil mutandum, vel post πάμμεγα addendum τι. — 4. P. γέννεσιν,

Chapitre XV. — De la génération des Dieux, d'après le principe de la prohibition du commerce entre les parents et leurs enfants.

Commençons par étudier la génération des Dieux et la manière dont ils procréent : nous comprendrons alors comment, si les parents avaient commerce avec leurs enfants, ils accompliraient des actes contraires aux lois de la procréation divine. Jupiter, le roi suprême, l'antique père des Dieux, a produit sans mère les Dieux auxquels il a donné naissance ; en effet il n'y avait aucun être qui pût concourir à titre de mère à la production de ce qu'il créait. De plus, en l'absence d'une participation de cette espèce, la matière n'entre absolument pour rien dans la création et la vie des êtres qui procèdent immédiatement de Jupiter. Car, dans *toute génération, le principe femelle est celui qui contribue à l'existence matérielle*, en sorte que les êtres à la production desquels aucun principe femelle ne concourt *ne peuvent ni recevoir du dehors, ni avoir en eux-mêmes rien de matériel*. Si Jupiter fait usage de ses créations pour la génération de créatures nouvelles, il emploie chacune à titre de modèle et non de mère. Ainsi il a engendré sans intermédiaire, à sa propre ressemblance, le plus puissant des Dieux, que nous appelons Neptune. Tous les autres il les a produits les uns par l'intermédiaire des autres en créant chacun d'eux à l'image des autres Dieux créés par lui ; à peu près, si l'on peut assimiler cette grande œuvre à une chose bien petite, comme les images sont reproduites et multipliées à l'aide de plusieurs miroirs. En effet, le

an pro γέννησιν? et sic infra non semel scriptum in hoc codice.

ὁρώμενον, ἕν τι ἄμεσον ἑαυτοῦ εἴδωλον συστῆσάν πως, τὰ ἄλλα ἤδη πάντα ἄλλο ἀπ' ἄλλου συνίστησιν εἰδώλου. Εἰ δὲ τούτοις ἄλλων τε δεῖ καὶ πλειόνων τῶν ἐνόπτρων πρὸς τὴν τοιαύτην εἰδωλοποιΐαν, τὴν μονάδα ἐννοῶμεν, ὡς τὸν ἀριθμὸν σύμπαντα αὕτη ἄλλον ἐς ἄλλου σύστασιν προσλαμβάνουσα γεννᾷ, συναιτίου ἑτέρου οὐδοτουοῦν προσδεομένη. Ἀλλὰ καὶ αὕτη ἡ γένεσις [1] ἄλλῃ τε τῇ τῶν θεῶν τῶν ὑπερουρανίων ἐκ Διὸς γενέσει [2] ἀπεοίκοι ἄν, καὶ ᾗ ἐς ἄπειρον αὕτη πρόεισι τῇ δυνάμει, ἐκείνης καὶ ἔργῳ καὶ δυνάμει ἐς ὡρισμένον τι περαινούσης πλῆθος. Τὴν μὲν γὰρ μονάδα, προσλαμβάνουσαν ἂν τὸν ἀεὶ γιγνόμενον ἀριθμὸν, ἕτερον γεννᾷν, ὥστ' εἰκότως καὶ ἐπ' ἄπειρον ἂν αὐτῇ τὴν τῶν ἀριθμῶν γένεσιν προϊέναι, ἀεὶ τὸν γιγνόμενον ἂν καὶ προσλαμβάνειν δυναμένῃ. Τὸν δὲ Δία τὸ ἤδη γεγονὸς εἶδος οὐ προσλαμβάνοντα, διαιροῦντα δὲ, καὶ τὰ αὐτῷ συλλήβδην τε καὶ καθ' ἓν ἐνόντα ἀναπτύσσοντα, καὶ τὸ μὲν ἀφαιροῦντα, τὸ δὲ λείποντα, οὕτω τὴν τῶν ἄλλων αὖ γένεσιν ἀπεργάζεσθαι εἰδῶν. Ἅτ' οὖν κατὰ ἀντιφάσεις διαιροῦντα, καὶ οὔτε μέσον ἂν λείποντα οὐδένων οὐδὲν, οὔτ' ἐπ' ἄπειρον ἂν ἐνὸν τὰς τοιαύτας προχωρεῖν διαιρέσεις, παύεσθαί ποτε διαιρέσεως τῆς τοιαύτης, ὡρισμένον τέ τι γεγεννηκότα εἰδῶν πλῆθος, καὶ ἐς ἕν τι αὐτὸ σύστημα πάντων τε καὶ παντοίων εἰδῶν πλῆρες συστησάμενον. Ὡς δ' οὕτω που ὁ Ζεὺς τὸ τῶν ὑπερουρανίων τούτων θεῶν πλῆθος γεννᾷ, καὶ οὔτε ἄλλῳ [ἐς] [3] τὴν ἄλλου γένεσιν συγχρώμενος, καὶ δὴ δεικτέον, ἐπεὶ ὅλως καὶ νῦν τῆς τούτων τῶν θεῶν ἐκ Διὸς γενέσεως ἐμνήσθημεν. Τριττὸν τὸ τῆς γενητῆς συμπάσης οὐσίας εἶναι εἶδος, καὶ οὐ πλεοναχῆ τήν γε

1. P. γέννεσις. — 2. P. γεννέσει. — 3. Deerat ἐς, nos addidimus.

corps qui est réfléchi, en produisant une image immédiate de lui-même, crée en même temps toutes les autres images, qui sont une reproduction les unes des autres. Et si l'on dit qu'au moins faut-il plusieurs miroirs différents pour cette production d'images, prenons pour autre exemple l'unité, qui d'elle-même engendre tous les nombres en se les ajoutant successivement, sans avoir besoin d'aucun autre élément. Cependant cette production des nombres diffère encore de celle des Dieux supracélestes engendrés par Jupiter, à plusieurs égards, et notamment en ce que la première se perpétue virtuellement à l'infini, tandis que la seconde est virtuellement et effectivement limitée à un certain nombre d'êtres. En effet, l'unité s'adjoint le nombre à mesure qu'il se produit pour en former un autre; c'est ainsi qu'elle-même perpétue à l'infini la production des nombres, puisqu'elle peut toujours s'adjoindre le dernier formé : mais Jupiter, au lieu de s'adjoindre les êtres déjà créés, les divise; il fait sortir de chacun d'eux les éléments qui y étaient implicitement renfermés, enlève l'un et laisse l'autre, c'est ainsi qu'il opère la création de nouveaux êtres. Or, comme ces divisions procèdent par la voie des contraires sans qu'il y ait jamais de milieu, elles ne peuvent se renouveler à l'infini, et doivent cesser enfin. Ainsi Jupiter produit un nombre borné de créatures, et de tous ces êtres différents il compose un seul et même système. Maintenant, que ce soit bien là la manière dont il engendre toute la classe des Dieux supracélestes, et non en se servant de l'un pour créer l'autre, c'est ce qu'il faut prouver, puisque nous en sommes venus à parler de la génération de ces Dieux par Jupiter. L'ensemble des substances créées est triple de sa nature, et n'est point primitivement divisible en plus de trois parπρώτην διαιρούμενον. Τὸ μὲν γὰρ αὐτῆς αἰώνιον εἶναι, ἀκίνητόν τε δὴ πάντῃ τε καὶ πάντως, καὶ οὐδοτιοῦν ἑαυτοῦ οὔτε παριὸν οὔτ' αὖ μέλλον ἔχον, ἀλλὰ τὸ σύμπαν ἐνεστηκὸς ἀεί· τὸ δ' ἔγχρονον μὲν, ἅτε κινούμενον τῷ πλείστῳ ἑαυτοῦ, ἀΐδιον μέντοι, καὶ οὔτ' ἂν ἠργμένον χρόνῳ, οὔτ' ἄν ποτε παυσόμενον· τὸ δ' ἔγχρονόν τε ὁμοῦ καὶ θνητὸν, ἀρχήν τε τῷ χρόνῳ τοῦ βίου καὶ τελευτὴν ἴσχον. Τούτων τῶν οὐσιῶν τριῶν οὐσῶν, τρεῖς που δεῖ καὶ τὰς γενέσεις εἶναι· καὶ μέγα τι διαφερουσῶν ἀλλήλων τῶν οὐσιῶν, μέγα τι ἀλλήλων καὶ τὰς γενέσεις διαφέρειν. Ἀνάλογον γὰρ ἔχειν δεῖν οὐσίας τε γενέσεσι καὶ γενέσεις οὐσίαις. Οὐκοῦν εἴ τι τῶν τῆς αἰωνίου οὐσίας ἐκ Διὸς προαιωνίου τε ὄντος καὶ μόνου δὴ τῶν πάντων αὐτοῦ δι' αὑτὸν, κἂν ἅπασα αὕτη ἡ οὐσία ἐκ Διὸς εἴη· οὐ γὰρ ἄν που αὐτῆς τοῦ μὲν ἐκ προαιωνίου, τοῦ δ' οὐκέτι ἐκ προαιωνίου ὄντος, ἔπειτα ἅπασα ἂν αἰώνιος εἴη. Ἀλλ' ὁ μὲν προαιώνιος Ζεὺς ἅπασαν ἂν γεννῷ αὐτὸς τήν γε αἰώνιον οὐσίαν· τὴν δὲ τῆς ἐγχρόνου μὲν, ἀϊδίου δὲ, γένεσιν τῇ αἰωνίῳ ἂν ταύτῃ οὐσίᾳ ἐπιτρέποι· τὴν δ' αὖ τῆς ἐγχρόνου τε ὁμοῦ καὶ θνητῆς, ταύτῃ αὖ τῇ ἐγχρόνῳ [καὶ][1] ἀϊδίῳ· ἵνα οὐσία ἑκάστη τὴν ἑαυτῇ προσήκουσαν ἀπολαμβάνῃ γένεσιν, καὶ ἔνθεν περ ἑκάστη παράγηται, ὅθενπερ καὶ παράγεσθαι αὐτὴν δεῖ, ἀπὸ τῆς ἑαυτῆς προσεχῶς ὑπερκειμένης ἑκάστης. Εἰ μὲν οὖν ἅπαντα τὰ κατὰ ταύτην τὴν οὐσίαν εἴδη καὶ ἀλλήλοις ἴσα ἦν, προῦχον δ' ἦν ἐν αὐτοῖς οὐδ' ὁτιοῦν, οὐδὲ λειπόμενον ἄλλο ἄλλου, κἂν ἐκ Διὸς μόνως ἅπασα αὕτη ἡ οὐσία ἦν. Ἐπεὶ δὲ τὸ μὲν τοιοῦτον οὔτ' ἔδει οὔτε γέγονεν (ἔδει δὲ[2] πρῶτον μὲν πάντων τε καὶ παντοίων εἰδῶν

1. P. καὶ non habet. — 2. P. ἔδει δή.

ties : la première est éternelle, partout et toujours immuable; elle n'admet ni passé ni avenir, mais elle est de toute éternité. La seconde existe dans le temps et est essentiellement soumise au changement; cependant elle est immortelle, elle n'a pas eu de commencement et n'aura jamais de fin. La troisième est à la fois temporelle et mortelle, elle a dans le temps un commencement et une fin. Comme il y a trois espèces de substances, il doit y avoir trois modes de générations, et si les substances diffèrent essentiellement entre elles, cette différence essentielle devra se trouver aussi entre les modes de génération; car les générations doivent être en rapport avec les essences, et les essences avec les générations. Par conséquent, si quelqu'un des êtres appartenant à la substance éternelle vient de Jupiter qui domine l'éternité et qui seul de tous les êtres existe par lui-même, tous les êtres de la même substance devront procéder également de Jupiter seul. Car s'ils procédaient en partie du principe prééternel, en partie d'un autre principe non prééternel, cette classe d'êtres ne serait pas tout entière éternelle Mais Jupiter, supérieur à l'éternité, a créé lui-même toute la substance éternelle; il a confié à cette substance éternelle la production de la substance temporelle et immortelle, et à celle-ci la production de celle qui est à la fois temporelle et mortelle; en sorte que chaque substance est produite par la génération qui lui convient, et chacune sort de la source d'où elle doit sortir, à savoir, de la substance qui lui est immédiatement supérieure. Que si les êtres appartenant à la substance éternelle étaient tous égaux entre eux, et qu'aucun ne fût supérieur ni inférieur à un autre, Jupiter serait par lui-même l'auteur unique de toute cette substance. Mais rien de semblable n'a dû arriver et n'est arrivé en effet : car il fallait d'abord ταύτην γενέσθαι τὴν οὐσίαν πλήρη, τῆς παμμεροῦς ἕνεκα τελειότητος· ἔπειτα τῶν τε ἐν αὐτῇ ἕκαστον ἕν τε καὶ μονογενὲς, τό τε αὖ σύστημα τὸ ἐξ ἁπάντων ὅλον τέ τι καὶ ἓν τῇ κοινωνίᾳ, ἵνα δὴ κατά τε μέρη καὶ ὅλον ἅμα αὐτογενεῖ [1] ὄντι τῷ γεννῶντι ὡς οἰκειότατα αὕτη ἡ οὐσία ἔχοι)· ἐπεὶ ταῦτα οὕτως ἔδει, πρῶτον μὲν ἕν γέ τι ἑαυτοῦ μόνως εἰκῶ πεποιημένος γεννᾷ, καὶ τοῦτο μὲν κράτιστον οὐσίας συμπάσης τῆς γε δὴ [2] γεννητῆς ἀποτελεῖ, ἔπειθ᾽ ἕτερον τούτου αὖ εἰκῶ, καὶ τἆλλα ἤδη ἄλλο ἄλλου εἰκῶ, λειπόμενα δὲ ἕκαστα ἑκάστων, ὥσπερ καὶ εἰκόνες εἰσίν. Ὡσπερανεὶ καὶ θνητῶν τις πατὴρ ἕνα μὲν τῶν παίδων ἑαυτῷ ὅτι ὁμοιότατον γεννήσειε, τοὺς δ᾽ ἄλλους τούτῳ τε ἤδη καὶ ἄλλον ἄλλῳ ἐοικότα. Ἀλλὰ τοῦτο μὲν, ὁπότε γίγνοιτο, παρὰ ῥώμην τε καὶ ἀῤῥωστίαν τὴν προϊεμένου γίγνοιτ᾽ ἂν σπέρματος. Τὸ γάρ που σπέρμα ἑκάστοτε τὸ τοιοῦτον, ὡς μὲν μάλιστα ἐῤῥωμένον προεθὲν, δι᾽ ἱκανήν τινα πέψιν [3] ἐς ἄῤῥεν τε ἔκγονον καὶ τῷ πατρὶ ὁμοιότατον ἀποβαίνειν· ἧττον δ᾽ ἐῤῥωμένον, ἤτοι ἐς θῆλύ τε καὶ τῷ πατρὶ ὅμοιον, ἢ ἐς ἄῤῥεν μὲν, τῇ δὲ μητρὶ ὅμοιον, ἢ ἐς τῇ τε μητρὶ ὅμοιον καὶ θῆλυ, ἢ οὔτε τῷ πατρὶ ὅμοιον, οὔτε τῇ μητρὶ, ἄλλῳ δέ τῳ τῶν οἰκείων, κατὰ λόγον τὸν τῆς πεψεως, ἢ οὐδὲ τῶν οἰκείων τῳ, ἀλλ᾽ ἁπλῶς ἀνθρώπῳ, ἢ οὐδ᾽ ἀνθρώπῳ ἐς ἅπαν ὅμοιον, ἀλλὰ καὶ ἐς ἕτερόν ποτέ τι ἀποβαίνειν, ἐπειδὰν μηδὲ πάμπαν γε ἄγονον δι᾽ ἀπεψίαν τὴν ἐσχάτην προΐηται. Οὐ γὰρ ἀπὸ διανοίας τοὺς ἀνθρώπους τοιάδε ἢ τοιάδε γεννᾶν· ἀλλὰ δημιουργεῖν μὲν ἀπὸ διανοίας,

1 P. αὐτογενής — 2. P. δεῖ.
3. P παψιν.

que cette substance contînt toutes les espèces les plus diverses pour posséder la perfection de la variété; ensuite que ces espèces fussent chacune simple et une en soi, et toutes réunies dans un tout qui fût un par son ensemble, pour que, dans chacune de ses parties et, dans l'ensemble, cette substance fût aussi semblable que possible à son créateur, qui existe par lui même. Les choses étant nécessairement ainsi, Jupiter commence par engendrer de lui-même un seul être à son image; il en fait la plus noble et la plus belle de toutes les choses créées; puis il en fait une autre à l'image de celle-là, et enfin toutes les autres créatures à l'image les unes des autres, leur perfection allant toujours en décroissant, comme il convient à des images. Il en est à peu près comme d'un homme qui engendrerait l'un de ses enfants aussi semblable que possible à lui-même, et les autres semblables à celui-là et semblables entre eux. Mais quand cela a lieu pour l'homme, c'est toujours en raison de la force ou de la faiblesse de la semence projetée. En effet, si cette semence est projetée dans toute sa force, grâce à une maturité suffisante, elle produit un mâle tout à fait semblable à son père; quand elle est moins puissante, son produit est femelle et semblable au père, ou mâle et semblable à la mère, ou semblable à la mère et en même temps femelle, ou sans ressemblance ni avec le père ni avec la mère, mais avec quelque autre membre de la même famille, selon son plus ou moins de maturité; ou bien ce rejeton ne ressemble pas même à un parent, mais simplement à un homme, ou enfin il n'est pas même tout à fait semblable à l'homme, mais il penche quelquefois vers une autre nature, quand il n'avorte pas par le manque absolu de maturité. Car la génération n'est pas soumise à la volonté de l'homme : sans doute γεννᾷν δὲ τῇ φύσει, ᾗ ἂν τὸ θνητὸν τόδε σῶμα ἑκάστοτε, ἄλλοτε ἄλλως, διατίθηται. Τὸν δὲ Δία τῇ ἄκρᾳ ἁπλότητι οὐκ ἄλλως μὲν γεννᾷν, δημιουργεῖν δ' ἂν ἄλλως· οὐδὲ γεννᾷν μὲν ἕτερα, ἕτερα δ' ἂν δημιουργεῖν· ἀλλὰ τὰ αὐτὰ καὶ δημιουργεῖν ὁμοῦ καὶ γεννᾷν, σύν τε νοήσει τῇ τοῦ οἷα ἂν γενέσθαι ἕκαστα δέοι, γεννῶντα, σύν τε αὖ τῷ πεφυκέναι ὡσαύτως παράγειν ἀεὶ τὰ παραγόμενα, δημιουργοῦντα. Ἄνθρωπον μὲν γὰρ οὐκ ἂν τοὺς παῖδας, οἵους διανοοῖτο ἑκάστοτε, γεννᾷν· τὴν δ' οἰκίαν καὶ τἄλλα σκευαστὰ δημιουργεῖν ἄν, οἷα διανοοῖτο, ὁπότε δὴ καὶ διανοοῖτο. Τον δὲ Δία, πεφυκότα ἀεὶ οὕτως, ὥστε βούλεσθαί τε ἅμα καὶ δύνασθαι, τοιαῦτα ἀπεργάζεσθαι ἕκαστα, οἷα ἂν πρὸς τὴν τοῦ ὅλου ἔργου τελειότητα κάλλιστά τε ἕξοντα καὶ ἄριστα εἰδοῖ, εἰκότως, καὶ δημιουργεῖν τε ὁμοῦ τὰ αὐτὰ καὶ γεννᾷν. Καὶ ἕν τε δὴ καὶ μονογενὲς ἕκαστον ποιεῖν, ἵνα μηδὲ περίεργον ποιοῖ μηδέν, καὶ τὸ ἐξ ἁπάντων αὖ ὅλον τέ τι καὶ ἕν, ᾗ ἐνεχώρει. Ἐνεχώρει δ' οὐκ ἄλλῃ, ἢ τῇ κοινωνίᾳ· κοινωνία δ' οὐδεμία ἄλλη ἂν μᾶλλον ἔπρεπεν αὐτοῖς, ἢ εἰ ἄλλο ἄλλου εἰκὼν ἐγίγνετο· οὕτω γὰρ ἂν ἅμα τε ἕτερον ἕκαστον γίγνοιτο εἶδος, καὶ κοινωνία τις εἴη εἰκόνι τε καὶ παραδείγματι. Καὶ οὐ μόνον τῶν γενῶν τὰ εἴδη εἰκόνες εἶεν ἄν, ἀλλὰ κἂν αὐτῶν τῶν γε ἀπὸ ταὐτοῦ [1] τινος γένους ἀντιδιαιρουμένων ἀλλήλοις εἰδῶν, ἅτε ἐς τελεώτερά τε ἄττα ἀεὶ καὶ ἀτελέστερα διαιρουμένων [2], θάτερα τὰ ἀτελέστερα τῶν τελεωτέρων εἰκόνες εἶεν, τὸ ἔγχρονον εἶδος τοῦ γε αἰωνίου, τοῦ τε ἀθανάτου τὸ θνητόν, καὶ

1. P. τουτοῦ (sic).
2. P. τῶν διαιρουμένων, addito contra sensum articulo.

l'acte procréateur dépend de sa volonté, mais la génération dépend de la nature qui met son corps dans telle ou telle disposition. Mais pour la nature parfaitement simple de Jupiter, engendrer n'est pas une chose, créer une autre ; il n'y a pas certaines créatures qu'il engendre et certaines autres qu'il crée ; engendrer et créer sont pour lui une même chose : il engendre par l'intelligence qu'il a de ce qu'il convient de produire, et il crée par sa nature qui est de produire. Ainsi l'homme ne peut pas engendrer des enfants tels qu'il les voudrait, mais il peut construire son habitation et en créer les accessoires comme il lui plaît et quand il veut. Jupiter, au contraire, dont l'essence éternelle est l'identité du vouloir et du pouvoir, produit tous les êtres qu'il juge propres à concourir à la perfection de son œuvre ; tout à la fois il les crée et les engendre. Il fait chaque être un dans sa nature, car il ne fait rien de superflu, et à l'ensemble qui résulte de ses créations il donne toute l'unité possible. Or il n'y avait ici d'autre unité possible que celle de la communauté, et aucune communauté ne sied mieux à ces choses que d'être l'image les unes des autres ; car ainsi chaque chose a son existence propre et séparée, et il existe en même temps une certaine communauté entre l'image et le modèle. Non-seulement les espèces sont les images des genres, mais elles le sont encore de toutes les espèces qui sortent d'un même genre par division successive et qui se partagent toujours en plus parfaites et moins parfaites, les moins parfaites étant l'image des plus parfaites, l'essence temporelle de l'essence éternelle, la nature mortelle de la nature immortelle, l'irrationnel du rationnel, et ainsi de suite. Dans cette communication d'essence, les λογικοῦ αὖ τὸ ἄλογον, τά τ' ἄλλα ἅπαντα ταύτῃ· ἅμα δ' ἐν τῇ κοινωνίᾳ τῇ τοιαύτῃ κἂν τὰ ὑποδεέστερα εἰκότως παρὰ τῶν προυχόντων ἑαυτῶν τὰ προσόντα σφίσιν ἴσχοι, ὥστε καὶ ἔτι ἂν μᾶλλον ἀλλήλοις κοινωνεῖν, ἅτε πρὸς τῷ [1] ὑποδεέστερα εἶναι, καὶ ἅμα οἰκείως ἂν ἔχοντα τοῖς προύχουσιν, ᾗ δὴ δεῖ ἔχειν τὰ ὁτιοῦν παρ' ἑτέρων ληψόμενα. Ὑποδεέστερά τε γὰρ καὶ ἅμα οὐκ ἀλλότρια εἶναι ἐκείνοις δεῖ, παρ' ὧν τι λήψεται. Τὸν οὖν Δία οὐσίαν μὲν ἑκάστοις τῶν γε αἰωνίων τούτων αὐτὸν παράγειν, παραδείγμασι μόνον τοῖς ἤδη [2] οἱ προγεγενημένοις ἄλλοις ἐπ' ἄλλων γένεσιν συγχρώμενον, τῆς τε ἀλλήλων αὐτῶν κοινωνίας ἕνεκα, εἰκόνων τε ἀεὶ ἐν παραδείγμασι καὶ παραδειγμάτων ἐν εἰκόσι κατὰ τὴν ὁμοιότητα ὄντων, καὶ ἅμα ἑτερότητος, τῷ ἕτερον ἑτέρου αἰεὶ ταύτῃ αἴτιον, ᾗ που καὶ δεῖ, γίγνεσθαι, [πάντων δὲ] [3] τὸν Δία, καθ' αὑτὸν μὲν τοῦδ' ἑνὸς δὴ, σὺν δὲ τῷδε τῷ παραδείγματι ἑτέρου αὖ τοῦδε, καὶ σὺν ἄλλῳ ἄλλου ἀεὶ, ἄχρι τῆς τοῦ παντός τε καὶ ὅλου συστήματος πληρώσεως. Παράγοντα δ' οὕτω αὐτὸν τὰς οὐσίας ἑκάστοις αὐτῶν (αὐτῷ γὰρ καὶ προσήκειν ἂν τὴν τῶν κρατίστων γένεσιν, οἵα δὴ ἡ αἰώνιος αὕτη σύμπασα οὐσία ἐστὶ), τὴν τῶν προσόντων αὖ ἑκάστοις ἐπικόσμησιν ἄλλοις ἤδη [4] ἐπιτρέπειν, [τῶν] [5] προυχόντων ἀεὶ τὰ ὑποδεέστερα κοσμησόντων. Καὶ πέρας δὴ τοῦτο τοῖς θεοῖς τούτοις τὴν κοινωνίαν λαμβάνειν, καθ' ἣν ἐς ἕν τι ἅπαντες σύστημα καὶ κόσμον ἕνα τὸν κάλλιστον ἐκ τῶν ἐνόντων συνεστᾶσι.

1. P. το. — 2. P. ἢ δή.
3. Desunt in codice voces πάντων δε, quas sensus causa addere necesse fuit, quanquam plus aliquid desideratur.

êtres inférieurs tiennent, comme de juste, de ceux qui leur sont supérieurs tout ce qu'ils ont d'attributs, d'où résulte entre les êtres un nouveau lien d'affinité, attendu qu'outre leur état de subordination, ils sont intimement liés à ceux qui les précèdent, comme doit naturellement l'être celui qui reçoit à celui qui donne. En effet, les natures inférieures doivent tout à la fois être subordonnées et ne pas rester étrangères à celles dont elles reçoivent quelque chose. Jupiter procure donc par lui-même l'existence à chacune de ces substances éternelles, et celles qu'il a produites ne sont employées par lui pour la création des autres qu'en qualité de modèles, afin de maintenir l'union mutuelle de ces êtres, les images se retrouvant dans les modèles et les modèles dans les images par la ressemblance, et en même temps leur distinction, chacun de ces êtres se trouvant ainsi, comme il le faut, dans le rapport de l'effet à la cause, et tous ayant pour cause commune Jupiter, lequel en effet produit par lui-même et de lui-même un seul être, puis sur le modèle de celui-ci en produit un autre, et d'après ce dernier un autre encore, et ainsi de suite, jusqu'à l'achèvement du système entier et complet. Leur ayant ainsi procuré l'existence, puisque c'est à lui qu'appartient la création des essences supérieures qui forment toute la substance éternelle, il leur laisse le soin de se dispenser les uns aux autres leurs attributs, dont les êtres supérieurs doivent orner ceux qui sont au-dessous d'eux. Le but et la fin de cette communauté entre les Dieux, c'est de former par leur réunion un seul système, un seul monde aussi parfait que possible. C'est ainsi que nos

4. P. ἀλλήλοις et ᾗδη (sic). — 5. Deerat τῶν, nos addidimus.

Δῆλαι δ' εἰσὶ καὶ ψυχαὶ αἵ γε ἡμέτεραι ὑπὸ ψυχῶν τῶν ἑαυτῶν προυχουσῶν θείων κοσμούμεναι, οὐκ ἂν καὶ ὑπὸ τῶν αὐτῶν παραγόμεναι, ἀλλ' ἐκεῖθεν, ὅθεν περ κἀκεῖναι, εἴ γε δὴ καὶ τῆς αὐτῆς αὐταῖς οὐσίας ἀϊδίου καὶ αὖταί εἰσιν. Εἰ δ' αὖταί γε οὕτω, κἂν οἱ ἐκεῖ θεοὶ οὕτω μὲν παράγοιντο, οὕτω δ' ἂν [1], ὥσπερ που καὶ λέγεται ἡμῖν, κοσμοῖντο, ἵνα δὴ καὶ ἀνάλογον τά τε τῇδε τοῖς ἐκεῖ, τά τε ἐκεῖ ἔχοι τοῖς τῇδε. Τῇ μὲν οὖν τῶν θεῶν τούτων ἐκ Διὸς γενέσει, ἅτε ἀμητόρων γεννωμένων [2], οὐκ ἂν πάνυ τοι ἥ γε ἀνθρωπίνη ἐοίκοι γένεσις· τῇ δ' αὖ τῶν ἄλλων πάντων καὶ ἀθανάτων καὶ θνητῶν ἔκ τε τούτων τῶν θεῶν καὶ παίδων [3] τῶν τούτων, μᾶλλον ἂν ἤδη καὶ τὴν ἀνθρωπίνην ἐοικέναι. Τὸν μὲν γὰρ πρεσβύτατον τῶν Διὸς παίδων Ποσειδῶ, εἶδός γε ὄντα, οὐ τόδε δή τι, οὐδὲ τόδε, ἀλλ' αὐτὸ τὸ σύμπαντα εἴδη καθ' ἕν τε καὶ συλλήβδην περιειληφὸς γένος εἰδῶν, καὶ τοῦ τῇδε ἔργῳ εἴδους παντὸς αὐτὸν εἶναι μετὰ Δία τὸν αἰτιώτατον. Δι' ἃ δὴ καὶ ἀῤῥενωπότατον τοῦτον εἶναι θεῶν· τὴν γὰρ ἄῤῥενα εἶναι φύσιν τὴν τοῖς γεννωμένοις τὸ εἶδος ἐπιφέρουσαν. Τὴν δ' αὖ τούτου εἰκῶ πρεσβυτάτην γεγενημένην ἐκ Διὸς Ἥραν περιειληφέναι μὲν καὶ αὐτὴν ὡσαύτως σύμπαντα εἴδη, οὐ μέντοι καὶ τήν γε ἴσην Ποσειδῶνι εἰληχέναι δύναμιν. Τὸν μὲν γὰρ ἔργῳ ἕν γε ἑαυτῷ ἅπαντα ἔχοντα εἴδη, καὶ τοῦ τῇδε ἔργῳ εἴδους παντὸς αὐτὸν γίγνεσθαι αἴτιον· τὴν δὲ ἔργῳ αὖ καὶ αὐτὴν ἅπαντα κεκτημένην εἴδη, οὐκέτι καὶ τοῖς τῇδε ἔργῳ οὐδοτουοῦν εἴδους αἰτίαν γίγνεσθαι· ἀλλ' ὕλης μάλιστα τῆς πρεσβυτάτης, ἣ αὖ ἅπαντα εἴδη δυνάμει, οὐκ ἔργῳ, ἐστίν·

1. P. δ' αὖ. — 2. P. γενωμένων (sic). — 3. P. παιδίων.

âmes sont évidemment ornées de leurs attributs par les âmes divines qui leur sont supérieures, non qu'elles soient produites par elles, mais elles sortent de la même source, étant comme elles d'une essence immortelle. Or, s'il en est ainsi de nos âmes, il doit en être de même des Dieux du monde supérieur; ils reçoivent leur existence et leurs attributs de la manière que nous avons dite, afin qu'il y ait analogie et rapport des choses d'ici-bas à celles de là-haut, et des choses de là-haut à celles d'ici-bas. Cependant la génération des Dieux supracélestes par Jupiter se faisant sans mère, ne peut être exactement rapprochée de la génération des hommes : celle-ci a plus de rapport avec la génération des autres êtres immortels et mortels par ces mêmes Dieux et par leurs enfants. En effet, le premier des enfants de Jupiter, Neptune, quoiqu'il soit réellement une forme, une espèce, n'est pas telle forme, telle espèce en particulier, mais il comprend en lui seul toutes les formes constitutives des espèces, et il est après Jupiter la cause première de la forme de cet Univers; aussi est-il le principe mâle par excellence, car c'est le principe mâle qui donne aux êtres leur caractère spécifique. Son image créée comme lui-même par Jupiter et la première après lui, c'est Junon qui renferme aussi toutes les espèces, mais qui cependant ne possède pas une puissance égale à celle de Neptune. Car Neptune possède en lui-même toutes les formes, et est effectivement et en acte, pour toutes les choses de ce monde et pour ce monde entier, la cause de leur forme : Junon les possède aussi toutes, mais elle ne devient effectivement pour aucune chose la cause de sa forme; seulement elle produit la matière primitive qui renferme toutes les formes en puissance, sinon en ἔργῳ γὰρ οὐ μόνον οὐχ ἅπαντα, ἀλλ᾽ οὐδ᾽ ὁτιοῦν ἐστιν αὐτῶν. Ταύτῃ τοι καὶ θήλειαν ταύτην τὴν θεὸν, θηλειῶν τε τὴν πρεσβυτάτην γεγενῆσθαι. Τὴν γὰρ θήλειάν που εἶναι φύσιν, τὴν τήν τε ὕλην καὶ τροφὴν τῶν γεννωμένων ἑκάστοις παρεχομένην. Καὶ ἔχειν δὲ τὼ θεὼ τούτω πρὸς ἀλλήλω ἀντιστρόφως τρόπον τινὰ, ᾗ ἡ καὶ σπέρμα τε καὶ αἷμα τὸ καταμήνιον πρὸς ἀλλήλω. Τοῦ μὲν γὰρ σπέρματός τε καὶ αἵματος τοῦ καταμηνίου, ἀμφοῖν οὐκ ἔργῳ, ἀλλὰ δυνάμει τό γε ἐσόμενον ἐχόντοιν εἶδος, τὸ μὲν σπέρμα ἐνεργείας τε ἐγγυτέρω μᾶλλόν ἐστι, καὶ τὸ εἶδος αὐτὸ μᾶλλον ἐπιφέρει· τὸ δ᾽ αἷμα τὸ καταμήνιον πορρωτέρω ὂν ἐνεργείας, ὕλη δὲ μᾶλλον τῷ γεννωμένῳ οἰκειοτάτη τις γίγνεται. Τοῖν δὲ θεοῖν τούτοιν ἔργῳ ἀμφοῖν ἅπαντα καθ᾽ ἓν κεκτημένοιν εἴδη, Ποσειδῶν μὲν καὶ τῶν τῇδε ἔργῳ εἰδῶν αἴτιός τε καὶ παραγωγός ἐστιν, Ἥρα δὲ, τῆς τῇδε ὕλης. Ὥστε εἰ καὶ φαύλη τις εἰκὼν καὶ πόῤῥω δὴ τῆς γε θείας καθαριότητος[1], ἀλλ᾽ οὖν τῆς τε πράξεως τούτοιν τοῖν θεοῖν καὶ σχέσεως τῆς πρὸς ἀλλήλω, οὐ πάνυ τοι ἀλλοτρία. Τὼ οὖν θεὼ τούτω ἀλλήλοιν κοινωνοῦντε, τῶν τῇδε τὰ ἀθάνατα αὐτὼ μάλιστα ἀπογεννᾷν. Καὶ τὼ τούτοιν δὴ κρατίστω παῖδε, Ἥλιόν τε δὴ καὶ Σελήνην, ἔχοντε αὖ καὶ τούτω παραπλησίως πρὸς ἀλλήλω, ᾗ δὴ καὶ τὼ αὐτὼ[2] γεγεννηκότε θεὼ, παραπλησίως αὖ καὶ αὐτὼ τὰ θνητὰ ἀπογεννᾷν, Ἥλιον μὲν τὸ ἐν αὐτοῖς εἶδος ἔκ τε εἰδῶν καὶ θεῶν τῶν Ταρταρίων ἐπιφέροντα, Σελήνην δὲ τῆς ὕλης μάλιστα ἡγουμένην ἑκάστοις. Εἶναί τε καὶ τούτω τὼ θεὼ, Ἥλιον μὲν τῶν γε ἐντὸς οὐρανοῦ ἀῤῥένων τὸν πρεσβύτατον, Σελήνην

1. P. καθορειότητος: sed jam nos supra καθαριότητα, lib. I.

acte; car, en acte, loin de les contenir toutes, elle n'en possède pas une seule. Ainsi, cette divinité est un principe femelle et le premier principe de ce genre. Telle est, en effet, la nature du principe femelle : il fournit à tous les êtres la matière et la nourriture. Entre ces deux divinités il existe à peu près la même corrélation qu'entre le sperme et le sang menstruel, qui tous deux renferment, non pas en fait, mais en puissance, un être à venir ; mais le premier a plus de rapport avec la force productrice, il donne plutôt la forme, tandis que le second, moins doué de la force productrice, est plutôt la matière propre à former l'être nouveau. Ainsi ces deux divinités possèdent effectivement en commun toutes les espèces : Neptune est la cause productrice de la forme ; Junon, de la matière. En sorte que notre comparaison, tout imparfaite et tout indigne qu'elle est de la pureté divine, rend assez bien compte du rapport mutuel et de l'action respective de ces deux divinités. Par leur union, elles produisent les créatures immortelles de notre monde, dont les plus puissantes, le Soleil et la Lune, sont unies ensemble par les mêmes rapports, et de la même manière qu'elles-mêmes ont été produites, produisent à leur tour les êtres mortels. En effet, le Soleil fournit à ces êtres la forme qu'il emprunte à des êtres supérieurs, c'est-à-dire, aux Dieux du Tartare ; la Lune leur fournit la matière placée spécialement sous son influence. Le Soleil est le premier des Dieux mâles qui habitent l'enceinte du ciel ; la Lune, la première des divinités femelles. Les

pag. 20, quæ Plethonis videtur esse scriptura. — 2. P. αὐτό.

δὲ τῶν αὐτῶν αὖ πρεσβυτάτην θηλειῶν. Καὶ τὼ τούτοιν δὲ, ἔκ γε θεῶν τῶν αἰωνίων, τῆς τῶν θνητῶν κοινωνὼ γενέσεως, Κρόνον τε καὶ Ἀφροδίτην, παραπλησίως καὶ αὐτὼ, ἐν τῶν γε θεῶν τοῖς Ταρταρίοις, πρὸς ἀλλήλω ἔχοντε, ᾗ δὴ μάλιστα καὶ Ποσειδῶν Ἥρα τε ἐν θεῶν ἔχετον τοῖς Ὀλυμπίοις, τὰ τῇδε θνητὰ καὶ αὐτὼ παραπλησίως ἀπογεννᾷν, Κρόνον μὲν τὸ εἶδος τὸ τοιοῦτον δήπου ἑκάστοις παρεχόμενον, Ἀφροδίτην δὲ, τὴν ὕλην· οὐ τήν γε πρεσβυτάτην τε καὶ ἀνώλεθρον ἅμα καὶ αὐτὴν, ἀλλ' ὅση τις, σωμάτων τῶν γε πρεσβυτάτων καὶ τῶν ἄλλων στοιχείων γιγνομένων ἀποκρινομένη, ἐπιφερομένη τε, ὡς [1] κἀκεῖνα, τὰ εἴδη, ἅ γε ἐν τοῖς ὅλοις ὑπάρχοντα σώμασιν ἐτύγχανεν, ὅθεν περ καὶ ἀποκέκριται, θνητὰ δ' ἤδη [2] αὐτὰ ἐπιφερομένη, οἰκειοτάτη αὐτὴ [3] ὕλη σώμασι τοῖς γε θνητοῖς γίγνεται ἑκάστοτε. Ὡς δ' οὐ μόνοις τοῖς περὶ Ἥλιον θεοῖς ἡ τῶν θνητῶν αὕτη ἐπιτέτραπται γένεσις, ἀλλὰ καὶ θεῶν τῶν αἰωνίων εἰσὶν οἳ, οἱ Τιτᾶνές τε καὶ Ταρτάριοι καλούμενοι, ὧν δὴ Κρόνος ἡγεῖται, τῆς τῶν θνητῶν αἰτίας αὐτοῖς κοινωνοῦσι, καὶ τῇδε ἂν λογιζόμενοι εἰδοῖμεν [4]. Ἴσως γὰρ ἄν τις οἰηθείη τὸν Ἥλιον ἐν νῷ ἔχοντα τῷ ἑαυτοῦ τὰ τῶν θνητῶν ταῦτα εἴδη, διανοητά τε καὶ καθ' ἑαυτὰ [5] οὐδαμοῦ ὑφεστηκότα, ὃν τρόπον καὶ ἀνθρώπων οἱ δημιουργοῦντες τὰ τῶν σκευαστῶν εἴδη, οὕτω τῶν θνητῶν αὐτὸν ἕκαστα παράγειν. Ἀλλ' ἡμεῖς γε ὁρῶμεν οὐχ ὡσαύτως τά τε σκευαστὰ ταῦτα ὑπὸ τῶν δημιουργούντων ἀποτελούμενα, τά τε φύσει συνιστάμενα ταῦτα τῶν θνητῶν ὑπὸ τοῦ Ἡλίου. Τὰ μὲν γάρ που σκευαστὰ ἅπαντα, ἕως μὲν ἂν

1. Γ. τέως. — 2. Γ. δ' ἤδη. — 3. Γ. αὕτη.

Dieux éternels leur ont associé, pour la création des êtres mortels, Saturne et Vénus, qui, parmi les dieux du Tartare, sont dans les mêmes rapports que Neptune et Junon parmi les Dieux de l'Olympe, et qui créent de la même manière les êtres mortels : Saturne donne également à chaque chose la forme, Vénus la matière. Sans doute, ce n'est pas la matière à la fois primitive et impérissable, mais une matière extraite des corps primitifs et des autres éléments, capable comme eux de revêtir les formes qui se trouvaient dans ces corps dont elle est extraite, mais ne les revêtant que passées déjà à l'état périssable, et devenant ainsi la matière la plus propre à former les corps mortels. Mais la génération des êtres mortels n'est pas dévolue seulement au Soleil et aux Dieux de cet ordre ; parmi les Dieux immortels, il en est plusieurs, les Titans et les Dieux du Tartare soumis à Saturne, qui prennent part à cette génération ; il sera facile de s'en convaincre par le raisonnement. Car on pourrait penser que le Soleil, ayant dans son intelligence les formes des êtres mortels encore purement intelligibles et n'existant de fait nulle part, enfante chacun de ces êtres de la même manière que les artistes produisent l'œuvre qu'ils ont conçue. Mais nous voyons que les ouvrages des artistes ne sont pas achevés de la même manière que les créations naturelles du Soleil. En effet, toutes les compositions des artistes, tant qu'elles sont dans la main de leur auteur, tant qu'il y travaille, s'avancent vers la

4. Sic cod. ut supra εἰδοῖ, εἰδοῖεν, et similia jam notata. — 5. P. καθ' ἑαυτό.

αὐτοῖς παρῶσιν οἱ δημιουργοῦντες καὶ ἐργάζωνται, ὁρῶμεν καὶ αὐτὰ ἐς τὴν τελειότητα προχωροῦντα τὴν ἑαυτῶν. καταλειφθέντα[1] δέ ποτε ἡμιτελῆ ὑπὸ τῶν δημιουργούντων, οὐκέτι οὐδὲ προχωροῦντα ἐς οὐδέν· ἔτι τε κατὰ λόγον τὸν τῆς μεταχειρίσεως, ᾗ ἂν αὐτὰ οἱ δημιουργοῦντες ἑκάστοτε ἐργάζωνται, καὶ αὐτὰ ἅπαντα ἀεὶ τελειούμενα. Τὰ δὲ φύσει ταῦτα συνιστάμενα, οὐ πρὸς τὸν αὐτὸν ἅπαντα λόγον τῶν τε προσόδων καὶ ἀποχωρήσεων τῶν τοῦ Ἡλίου ὁρῶμεν τελειούμενα, οὐδέ γε ζῶντα. Ἢ γὰρ ἂν ἅπαντα ἐφήμερα, ἢ γοῦν ἐπέτεια ἦν· ἔτι τε νύκτωρ οὐδὲν ἂν αὐτῶν προυχώρει ἐς τελειότητα. Νῦν δ' ὁρῶμεν καὶ νύκτωρ συχνὰ ἐπιδήλως τελειούμενα φυτά τε καὶ καρπούς. Τὸν μὲν οὖν Ἥλιον, οὐκ ἂν ὡσαύτως τελειοῦν ἕκαστα, προσάγοντά τε καὶ ἀποχωροῦντα. Οὔτε γὰρ ἂν νοῦν τὸν αὐτοῦ, ἄνευ τοῦ ἑαυτῷ συνόντος σώματος, αὐτὰ τελειοῦν. Οὐ γάρ τούς γε μεθεκτοὺς τούτους νοῦς, ἄνευ τῶν σφίσι συνόντων σωμάτων, οὐδ' ἂν ὁτιοῦν δρᾷν ἔς γε ἕτερα σώματα· τοῖς τε αὖ σώμασι πᾶσι, τοῖς τι δράσουσι, καὶ θέσεως δεῖν τοιᾶςδε ἢ τοιᾶςδε πρὸς τὰ πεισόμενα. Οὐδ' αὖ τὰ τελειούμενα αὐτὰ ἂν ὑφ' αὐτῶν τελειοῦσθαι· οὐδεμίαν γὰρ ἂν δύναμιν ἐς ἐνέργειαν[2] χωρεῖν, μὴ οὐχ ὑφ' ἑτέρας ἐνεργείας πρεσβυτέρας προβιβαζομένην· οὐκ ἂν οὖν οὔτε τὸ δυνάμει τέλειον, καὶ ἔργῳ ποτὲ τέλειον γίγνοιτο[3], μὴ οὐχ' ὑφ' ἑτέρου τοῦ ἔργῳ ἤδη τελείου ἐς τὴν τελειότητα προβιβαζόμενον. Ἀλλ' οὐδ' ἂν τὴν ὑπὸ Ἡλίου θερμότητα ἐγγεγονυῖαν, ἤ τι ἄλλο πάθημα, ἐναπειλημμένον ἂν ἑκάστοις τῶν θνητῶν, τελειοῦν

1. P. καταληφθέντα.
2. P. hic quoque ἐνεργίαν et infra ἐνεργίας, ut supra jam semel

perfection ; mais si jamais elles sont abandonnées avant la fin, elles ne font plus aucun progrès : enfin elles ne se perfectionnent jamais qu'en proportion du travail que les artistes y donnent. Au contraire, les créations de la nature ne sont pas soumises nécessairement à la présence et à l'absence du Soleil en ce qui concerne leur développement et leur vie. Autrement, tout serait éphémère ou annuel, et de plus, pendant la nuit, rien n'avancerait vers la perfection, tandis que nous voyons évidemment que les plantes et les fruits se développent même pendant la nuit. Or, ce ne peut être le Soleil qui les mène à leur perfection aussi bien absent que présent ; car il n'est pas permis d'attribuer cet effet à l'action de son intelligence séparée de son corps En effet, ces intelligences qui ont une existence en participation ne peuvent agir sans leur corps sur les autres corps ; et quant aux corps, ils ont besoin pour agir sur les autres d'être dans telle ou telle position par rapport à ceux sur lesquels ils doivent agir. On ne dira pas que ces choses se perfectionnent par elles-mêmes : car aucune puissance ne vient à l'acte sans y être poussée par l'action d'une force antérieure ; ainsi ce qui est parfait en puissance ne le deviendrait jamais en fait s'il n'était poussé à la perfection par une autre essence qui déjà possède en fait cette perfection. Ce n'est pas la chaleur reçue du Soleil ou une autre modification quelconque cachée sous l'enveloppe de chacune des choses mortelles qui pourrait les mener à leur perfection en l'absence du Soleil : car ce qui achève doit

aut bis, contra accentum in hac voce vulgo receptum.

3. P. γίνοιτο. — 4. P. εἴδῃ.

αὐτὰ καὶ τοῦ Ἡλίου ἑκάστοτε ἀποχωροῦντος· πρεσβύτερον γάρ που τό γε τελειοῦν τοῦ τελειουμένου εἶναι δεῖ· εἴδους δὲ καὶ ὅλως οὐσίας οὐδὲν πάθημα πρεσβύτερον, τό γε προσγιγνόμενον, τούτου, ᾧ ἂν ἑκάστοτε προσγίγνηται. Λείπεται δὴ, εἴδη ἅττα καθ' ἑαυτὰ ὑφεστηκότα, ἐν τῷ ὑπερουρανίῳ ὄντα χώρῳ, ταῦτα μετὰ μὲν ἀλλήλων μόνων οὐκέτι οἷά τε εἶναι παράγειν, ἅττ'[1] ἂν παράγοι τῇδε, ὥσπερ που τὰ πρεσβύτερα αὐτῶν, ἃ δὴ Ἥλιόν τε καὶ Σελήνην, τά τ' ἄλλα ἀθάνατα τῶν τῇδε παράγει· ἀλλὰ καὶ τῆς Ἡλίου τε καὶ θεῶν τῶν περὶ Ἥλιον, ἐπὶ τὸ παράγειν, ἅττ' ἂν καὶ αὐτὰ παράγειν δέοι, κοινωνίας δεῖσθαι· ἐπειδὰν μέντοι τι ταύτῃ παραχθῇ, καὶ σύστασίν τινα ἤδη λάβῃ, τότε δὴ καὶ αὐτὰ οἷά τ' εἶναι ἤδη δι' αὐτῶν αὐτὸ ἐπί τινα χρόνον τελειοῦν τε καὶ σώζειν· καὶ τὰ μὲν καὶ αὐτῶν τελεώτερα, καὶ μᾶλλον ἂν αὐτὸ δύνασθαι· τὰ δ' ἀτελέστερα, ἧττον. Διά τοι ταῦτα, οὐ πρὸς τὸν αὐτὸν ἅπαντα λόγον τῶν τε προσόδων καὶ ἀποχωρήσεων τῶν τοῦ Ἡλίου τελειοῦσθαι τὰ θνητὰ, οὐδέ γε σώζεσθαι. Συμβαίνειν τε αὐτοῖς παραπλήσιόν τι τρόπον τινὰ, οἷον καὶ τοῖς ἀφιεμένοις· καὶ γὰρ καὶ ταῦτα ἀφεθείη μὲν ἂν οὐδαμῶς, μηδενὸς ἀφιέντος· ἐπειδὰν μέντοι τις ἀφῇ ὁτιοῦν αὐτῶν, παραλαμβάνοντα ἤδη[2] τὸν ἀέρα αὐτὸ[3] ἐπί τινα χρόνον φέρειν τῇ ἀντιπεριστάσει, οὐ τοῦ γε ἀφεικότος προσαπτομένου ἔτι, οὐδὲ κινοῦντος. Τὰ μὲν οὖν ὑπ' ἀνθρώπων σκευαστὰ, σώζεσθαι μὲν, ἐφ' ὅσον ἂν αὐτὰ ἡ φύσις σώζῃ, διὰ τὸ ἐκ φυσικῶν τινων σωμάτων ἕκαστα αὐτῶν συντίθεσθαι· τελειοῦσθαι δὲ πρὸς λόγον ἀεὶ τὸν τῆς μεταχειρίσεως, ᾗ ἂν αὐτὰ οἱ δημιουργοῦντες

1. P. ἅτ' ἄν.

toujours être antérieur à ce qui lui doit son achèvement, et aucune modification d'une espèce ou d'une substance quelconque ne peut être antérieure à l'objet modifié. Il reste donc à admettre la nécessité de certaines essences qui subsistent par elles-mêmes dans le domaine supra-céleste. Elles sont incapables de rien produire entre elles seules de ce qu'elles produisent ici-bas. Ainsi, par exemple, les plus élevées d'entre elles ont bien pu produire le Soleil et la Lune et les autres êtres immortels existants dans l'enceinte du ciel : mais pour former ici-bas les êtres dont la production les concerne, ces divinités ont besoin du concours du Soleil et des autres Dieux de sa classe. Cependant, une fois la création achevée, quand l'objet a déjà pris quelque consistance, alors elles peuvent par elles-mêmes l'achever et le conserver pour quelque temps, les plus parfaites usant sans doute de cette faculté plus pleinement et plus longtemps que celles qui sont douées d'une moindre perfection. C'est ce qui fait que la perfection et la vie des ouvrages de la nature ne sont pas en proportion du voisinage ou de l'éloignement du Soleil. Il leur arrive quelque chose d'analogue à ce qu'éprouvent les corps lancés dans l'espace : car les corps lancés ne le seraient pas si quelqu'un ne les lançait; cependant, une fois lancés, ils continuent de se mouvoir, parce que l'air s'en empare et les porte pendant quelque temps par l'effet même de la résistance, sans que celui qui les a lancés continue d'y toucher ni de les mouvoir. Ainsi donc, les œuvres de l'homme sont conservées autant que la nature les conserve, parce qu'elles sont toutes formées d'éléments naturels; mais elles ne peuvent être achevées qu'à proportion du travail que les artistes consacrent

4. P. ἤδη (sic). — 5. P. αὐτόν.

ἑκάστοτε ἐργάζωνται· εἰ μὴ ὅ,τι περ ἂν αὐτῶν, συμπέψεώς τινος δεόμενον, τῇ φύσει αὖ καὶ ταύτῃ ἐπιτρέποιτο. Τὰ δὲ πολλὰ ἐκείνως εἰκότως τελειοῦσθαι· οὐ γὰρ εἶναι αὐτοῖς τὰ παραληψόμενά τε καὶ δι' αὐτῶν τελειώσοντα, ἅτε τῶν δημιουργούντων σὺν τῶν χειρῶν τῇ ἀποστάσει καὶ τὰ ἐν ταῖς διανοίαις εἴδη, οἷς τέως παραδείγμασι χρώμενοι εἰργάζοντο, ἀπαγόντων τῶν δημιουργουμένων. Οὐ γὰρ αὐτὸ καθ' αὑτὸ εἶδος χωρὶς ἕκαστον αὐτῶν ὑφεστηκέναι, ἀλλ' ἐν θεῷ τῷ Πλούτωνι, ὃς εἴδους σύμπαντος τοῦ ἀνθρωπείου προέστηκε, σύμπαντα ἔχων ἐν ἑαυτῷ καθ' ἕν τι, τά γε ἀνθρώπεια πράγματα, ἐνόντα, καὶ ταῦτα ὡσαύτως καὶ καθ' ἕν τι τοὺς δημιουργοῦντας χωρὶς ἤδη ἕκαστον, καὶ ἄλλον ἄλλο, ταῖς διανοίαις ὑποδέχεσθαι. Ὥσπερ που καὶ ἀριθμὸν τὸν μαθηματικὸν καὶ μεγέθη τὰ μαθηματικὰ καθ' ἕν τι τῇ θεῷ Ἥρᾳ ἑκάτερον αὐτοῖν προσόντε, ἥ[1] καὶ ἀπειρίας ἁπάσης προέστηκε τῆς κατ' αὐτὰ, διὰ τὸ καὶ ὕλης τὴν αὐτὴν προεστάναι, τὴν ψυχὴν ἤδη αὐτὰ ἐκτάδην ὑποδέχεσθαι, σκιὰς μέν που τῶν θείων καὶ εἴδωλα ἄττα ὄντα, πρὸς δ' ἀκριβῆ κἀκείνων ἀνθρώποις ἐπιστήμην ἀναγωγότατα. Τὰ μὲν οὖν σκευαστὰ ἀνθρώποις εἰκότως ταύτῃ τελειοῦσθαι. Τὰ δὲ φύσει συνιστάμενα, ἅτε πρὸς παραδείγματα καθ' ἑαυτὰ ὑφεστηκότα συνιστάμενα, εἰκότως αὖ οὐδὲ πρὸς τὸν αὐτὸν ἅπαντα λόγον τῶν τε προσόδων καὶ ἀποχωρήσεων τῶν τοῦ Ἡλίου τελειοῦται, ὄντων αὐτοῖς καὶ τῶν παραδειγμάτων τούτων, τῶν μὲν τελεωτέρων, τῶν δὲ ἀτελεστέρων τινῶν, καὶ τῶν μὲν μᾶλλον ἂν δυναμένων καὶ δι' αὐτῶν τελειοῦν τὰ ἀπὸ σφῶν, τῶν δ' ἧττον τὸ τοιοῦτο δυναμένων. Καὶ εὐ-

1 P. ἡ, leni spiritu, contra sensum.

à chacune d'elles. A moins que quelqu'une de leurs parties ayant besoin d'une certaine maturité, ne soit abandonnée aux soins de la nature. Mais, en général, elles n'avancent vers la perfection que dans la mesure que nous avons dite; car rien ne peut les reprendre en sous-œuvre et les achever. En effet, dès que la main de l'artiste leur fait défaut, la forme qui était dans la pensée de l'artiste et qui lui fournissait son modèle s'éloigne en même temps que lui. En effet, il n'y a point de forme ici-bas qui existe par elle-même. Elles n'existent toutes qu'en Pluton, qui préside à toute forme humaine et renferme en lui seul les choses humaines dans leur tout et dans chacune de leurs parties, tandis que les artistes les renferment dans leur esprit seulement une à une et séparées les unes des autres. Il en est de même à peu près du nombre mathématique et des grandeurs mathématiques, qui existent les unes et les autres en Junon, laquelle en effet préside à leur infini, puisqu'elle préside à la matière en général, et qui sont ensuite reçues par l'âme humaine sous une forme étendue, ombres et fantômes en quelque sorte des idées divines, mais néanmoins propres à conduire l'homme à une connaissance exacte de ces idées. Telle est donc la manière dont les œuvres des hommes arrivent à leur perfection. Quant aux substances naturelles, étant formées d'après des modèles qui existent par eux-mêmes, il est clair que leur perfection ne doit pas dépendre également de la présence et de la disparition du Soleil, car elles ont pour soutiens ces modèles, les uns plus parfaits, les autres moins, les premiers pouvant mieux perfectionner leurs ouvrages, les seconds moins doués de cette faculté. Rien de plus rationnel, λογώτατα δὴ αἵ γε οὐσίαι αἱ τῶν ὄντων τὰς σφῶν ἑκάστη προσηκούσας γενέσεις διειλήχασιν· ἡ μὲν πρεσβυτάτη, ἡ αἰώνιος, τὴν ἐξ αὐτοῦ Διὸς μόνου· ἡ δὲ μετ' αὐτὴν καὶ δευτέρα, ἡ ἔγχρονος μὲν, ἀΐδιος δὲ, τὴν ἐκ τῶν τούτου παίδων μόνων, πλειόνων μὲν[1] ὄντων, πάντων δ' ἀδελφῶν ἀλλήλοις, ἅτε δὴ ἐξ αὐτοῦ ὄντων τοῦ Διός· ἣν δὴ γένεσιν καὶ Ποσειδῶνι ἐπιγράφομεν, ὥσπερ ἄρα ἀρχιτέκτονι τὴν τῆς οἰκίας δημιουργίαν, καὶ νίκην τὴν τῆς στρατιᾶς στρατηγῷ. Οὐσία δὲ ἐσχάτη, ἡ ἔγχρονός τε ὁμοῦ καὶ θνητὴ, οὐκέτι οὐδὲ τὴν ἐκ πάντων ἀδελφῶν ἀλλήλοις θεῶν εἴληχε γένεσιν, εἴ γε δὴ τῶν ταύτην παραγόντων τὴν οὐσίαν θεῶν, οἱ μὲν αὐτοῦ Διὸς εἰσὶν, οἱ δὲ Ποσειδῶνος παῖδες· Κρόνῳ δὲ δὴ καὶ Ἡλίῳ καὶ ταύτην ἐπιγράφομεν, τοῖς τῶν ταύτης παραγωγῶν θεῶν τῆς οὐσίας ἡγεμόσι. Καὶ περὶ μὲν θεῶν γενέσεως, ᾗ δὴ θεοὶ γεννῶσιν, ἱκανὰ ἤδη καὶ ταῦτα. Ἐπὶ δὲ τὴν προκειμένην αὖ ὑπόθεσιν ἐπανιτέα.

Πεπερασμένων γὰρ θεῶν, τῶν μὲν ἀῤῥένων, τῶν δὲ θηλειῶν, καὶ τῶν μὲν τὸ εἶδος τοῖς[2] ἐξ ἑαυτῶν ἂν ἐπιφερόντων ἀῤῥένων, τῶν δὲ τὴν ὕλην αὖ παρεχομένων θηλειῶν, ἔτι οὐδ' ἐκεῖνο ἄδηλον, ὡς καὶ πάντες θεοὶ, οἱ μὲν τῇ ἄῤῥενι, οἱ δὲ τῇ θηλείᾳ προσήκοιεν ἂν φύσει. Τοὺς μὲν γὰρ γονίμους αὐτῶν ἀνάγκη ἤτοι τοῦ εἴδους, ἢ τῆς ὕλης μᾶλλον καὶ τῶν ὕλῃ προσηκόντων, αἰτίους, οἷσπερ ἂν γεννῶσιν, εἶναι. Τοὺς δὲ μὴ γονίμους, οἷοι τῶν ἐντὸς οὐρανοῦ τοῦδε οἱ πολλοί εἰσιν, ἔργον γοῦν τι ἀνάγκη αὐτοὺς ἔχειν, καὶ μὴ ἀργούς τινας τηνάλλως μένειν· οὐδὲ γὰρ ζῆν ἐστιν ἐν τῷ πάμπαν ἀργεῖν. Ἔχοντας δέ τι ἔργον ἑκάστους θεῶν,

1. P. παίδων μόνων ὄντων πλειόνων μὲν, male inversis, ut nobis quidem visum est, verbis. — 2 P. τῆς.

en effet, que cette convenance entre les différentes classes d'essences et les causes de chacune d'elles : la première, éternelle, a pour cause Jupiter seul; celle qui la suit, existant déjà dans le temps, mais immortelle, a pour cause créatrice les seuls enfants de Jupiter, qui sont plusieurs, tous frères entre eux, puisqu'ils procèdent de Jupiter lui-même; mais nous attribuons spécialement cette création à Neptune leur chef, comme à l'architecte la construction d'un édifice, et au général le gain d'une bataille. La troisième et dernière essence, qui est à la fois temporelle et mortelle, ne doit pas sa naissance à des Dieux qui soient tous frères entre eux; mais ceux qui la produisent sont nés les uns de Jupiter lui-même, les autres de Neptune; et en général nous en attribuons la génération à Saturne et au Soleil, chefs des Dieux qui produisent cette sorte d'essence. Mais c'en est assez sur la génération des Dieux ; revenons maintenant à notre premier sujet.

Nous avons démontré que les Dieux se divisent en mâles et femelles; que les mâles fournissent la forme aux êtres qui proviennent d'eux, que les femelles donnent la matière; il est donc évident maintenant que tous les Dieux doivent appartenir par leurs attributs les uns à la nature mâle, les autres à la nature femelle. Car ceux des Dieux qui sont doués de la faculté créatrice doivent nécessairement être pour leurs créatures la cause ou de la forme qui les spécifie ou de la matière et de ses propriétés. Ceux qui ne sont pas doués de cette faculté créatrice, tels que la plupart de ceux qui habitent l'enceinte de notre ciel, doivent nécessairement avoir quelque occupation et ne peuvent rester entièrement désœuvrés : car ce n'est pas une vie que le repos absolu. Or chacun d'eux devant avoir une tâche à ἀνάγκη αὖ, ἤτοι ἀῤῥενοπρεπὲς αὐτὸ, ἢ θηλυπρεπές τι ἔχειν. Καὶ γὰρ ἤτοι δραστικὸν, ἢ παθητικόν τι αὐτὸ ἕξουσι· τούτοιν δ' ἤδη δῆλον, ὡς τὸ μὲν ἀῤῥενοπρεπὲς, τὸ δὲ θηλυπρεπές. Καὶ γὰρ τὸ εἶδος, οὗ τῇ αἰτίᾳ τὸ ἄῤῥεν μάλιστα[1] οὐσιοῦται, δραστικόν· ἡ δ' ὕλη, ἧς αὖ τῇ[2] αἰτίᾳ τὸ θῆλυ, παθητικώτατον. Ὥστ' οὐ μόνον τῶν θεῶν τοὺς μὲν τῷ ἄῤῥενι μᾶλλον, τοὺς δὲ τῇ θηλείᾳ προσήκειν ἂν φύσει, ἀλλὰ καὶ τῶν ὄντων πάντων, ἐν οἷς μὲν ἄν τό τε εἶδος καὶ τὸ δρᾷν ἐπικρατῇ, τῷ ἄῤῥενι ἂν μᾶλλον προσήκειν αὐτὰ φύσει· ἐν οἷς δ' ἂν ἥ τε ὕλη καὶ τὸ πάσχειν, τῇ θηλείᾳ· ἰσοῤῥόπως δ' ἐπαμφοτερίζον[3] τῶν γε ὄντων ὁτιοῦν, τῶν χαλεπωτάτων ἂν εἶναι εὑρεῖν. Ἐχόντων δὲ ταύτῃ τῶν ὄντων, καὶ ἄλλων τε ἄλλοις πεφυκότων κοινωνεῖν καὶ ἄλλως ἄλλων, ἐνίας μὲν αὐτοῖς κοινωνίας εἰκῶ τινα μόνον τῆς ἄῤῥενός τε καὶ θήλεος λόγῳ κοινωνίας ἴσχειν· τὴν δὲ καὶ ἐφ' ἑτέρων γενέσει ἐνύλων κοινωνίαν, αὐτὴν εἶναι τὴν ἄῤῥενός τε καὶ θήλεος λόγῳ κυριωτάτην κοινωνίαν. Ταύτην δὴ τὴν κοινωνίαν οὐδένα ἂν θεῶν τοῖς ἐξ αὐτοῦ κοινωνεῖν. Οὔτε γὰρ τὸν Δία τῇ Ἥρᾳ ἐν θήλεος λόγῳ κοινωνεῖν, ὅν γε[4] οὐδ' ἄλλῳ οὐδενὶ τῶν πάντων, ἀλλ' ἐν παραδείγματος, ἐν ὧν θεῶν γενέσει καὶ ταύτης παραδείγματος δέοι τῆς θεοῦ· οὔτε Ποσειδῶ Σελήνῃ[5], οὔθ' Ἥλιον Ἥρᾳ[6]............

1. P. μάλλιστα (sic). — 2. P. αὔτη.
3. P. ἐπαμφοτερίζων (sic). — 4. P. ὄν γε. — 5. P. σελήνην.
6. Deest aliquid, quod et declarat addita titulo in codice nostro vox ἀτελές.

remplir, cette tâche devra tenir en quelque chose au principe mâle ou au principe femelle. Car nécessairement ils doivent jouer un rôle actif ou passif; et de ces deux rôles, celui-là convient évidemment au principe mâle, celui-ci au principe femelle. La forme, qui est la cause et l'élément nécessaire du principe mâle, représente l'action; la matière, qui est l'élément du principe femelle, représente essentiellement la passivité. Ce ne sont donc pas seulement les Dieux qui se rapportent les uns à la nature mâle, les autres à la nature femelle; mais encore, parmi tous les êtres, ceux en qui dominent la forme et l'action se rattachent surtout à la nature mâle, ceux en qui dominent la matière et la passivité se rapportent au principe femelle; par suite, il serait très-difficile de trouver un être parfaitement neutre entre ces deux natures. Tous les êtres, quels qu'ils soient, étant ainsi destinés à un commerce mutuel d'une nature diverse selon ceux qu'il rapproche, ce commerce, pour quelques-uns, présente seulement une image des rapports entre les deux sexes; mais pour les êtres matériels, lorsqu'ils travaillent à la production d'autres êtres, ces rapports sont tout à fait sexuels dans le sens propre du mot. Or, dans ce commerce, jamais un Dieu ne s'unit à ceux qui sont issus de lui. En effet, Jupiter n'a pas avec Junon, pas plus qu'avec une autre divinité quelconque, les rapports du mâle avec la femelle; il ne s'en sert que comme d'un modèle pour la production des êtres divins qui ont besoin que cette Déesse contribue en tant que modèle à leur génération. On peut en dire autant de Neptune avec la Lune, du Soleil avec Junon...

λα'. Περὶ δικῶν.

.... Οὐκ ἰδίᾳ [1] χρώμενα [2] διανοίᾳ, ὑπὸ δὲ ψυχῆς τῆς τοῦδε [3] ἡγουμένης τοῦ οὐρανοῦ ἀγόμενα τῆς τοῦ Ἡλίου, ἔτι δὲ Κρόνου τε καὶ νῶν τῶν ἄλλων προεστηκότων χωριστῶν, οἳ παρὰ τοῦ Ἡλίου παραλαμβάνοντες ἕκαστα, τῆς τε γενέσεως καὶ τοῦ βίου κατάρχοντος [4] αὐτοῖς, ἄγουσι καὶ αὐτοὶ ἤδη κατὰ τὰ ἐν μέν σφισι καθ' ἓν ἐνόντα, ἐν δ' αὐτοῖς τοῖς ἀγομένοις διακριδὸν προσγίγνεσθαι [5] πεφυκότα. Ἅτ' οὖν ὑπὸ τοιούτων τὰ θηρία νῶν ἀγόμενα θειοτέρων, τά τ' ἄλλα οὐ περιέργως ποιεῖ (οὔτε γὰρ ἂν ὑπὸ ἰδίας ἐπί τι περίεργον διανοίας ἀχθείη· οὐ γάρ ἐστιν αὐτοῖς· οὔτ' ἂν ὑπὸ τῶν ἔξωθεν ἀγόντων θειοτέρων τούτων νῶν· οὐδὲ γὰρ θέμις·) καὶ δὴ καὶ τὴν τοιαύτην πρᾶξιν πολὺ ὀρθότερον κατά γε τοῦτο τῶν ἀνθρώπων πράττει. Ἄνθρωποι μὲν γὰρ ὑπὸ τοῦ καὶ [6] ἰδίᾳ διανοίᾳ τε καὶ δόξῃ χρῆσθαι, ἁμαρτητῇ μέντοι αὐτῇ [7], συχνὰ ἔν τε ἄλλοις καὶ δὴ καὶ ἐν τῇ τοιαύτῃ πράξει ἁμαρτάνουσιν, οὐ παρὰ [8] φύσιν μὲν, περιεργότερον δὲ μόνον αὐτῇ χρώμενοι, ἀλλ' ἤδη καὶ παρὰ φύσιν, ὃ καὶ κομιδῇ ἤδη αἴσχιον ἐκείνου γίγνεται [9]. Τῶν δὲ θηρίων οὐδὲν τὸ [10] τοιοῦτον ἁμαρτάνει. Τὰ γάρ τοι ἑτέροις μιγνύμενα εἴδεσιν αὐτῶν, πεφυκέναι καὶ ταῦτα πρός τι τοιοῦτον [11] νομιστέον, ὥστ' ἂν καὶ

1. Ex Fabricio, Bibl. Gr. t. XIV, p. 140, vet. ed., partim etiam, sed ultima tantum, ex Hardtio juxta cod. Mon. 336, sed præcipue ex cod. Paris. 462. Notandum vero Fabricium et cod. Par. hæc habere sine ulla lacunæ nota continuo post Zoroastrea infra legenda. Initium valde congruit cum lib. I, cap. 26, supra, pag. 80.

2. Fabr. χρώμενον. — 3. P. τοῦδ' elidit. — 4. Sic Fabr. et P. non κατάρχοντες, et recte quidem. — 5. P. προσγίνεσθαι.

6. Videtur καὶ delendum. — 7. Post αὐτῇ addit P. χρῆσθαι e prio-

Chapitre XXXI. — Des jugements.

.... Ils agissent (les animaux sans raison), non d'après leur propre intelligence, mais sous la direction de l'âme qui gouverne notre ciel, je veux dire de l'âme du Soleil, et aussi sous la direction de Saturne et des autres esprits qui ont leur existence séparée de la matière, et qui président aux différentes parties de l'Univers. Ceux-ci, empruntant leurs sujets au Soleil, qui est pour les animaux le principe de la génération et de la vie, les gouvernent suivant la puissance qui leur a été donnée, puissance qui pour eux est une, mais qui se partage entre les différents êtres soumis à leur action. Ainsi guidés par ces esprits plus divins, les animaux ne sauraient jamais rien faire qui ne fût à faire : car ce ne serait pas d'après leur propre intelligence, ils n'en ont pas ; ce ne serait pas non plus par l'influence extérieure de ces esprits divins, il n'est pas permis de le supposer. C'est encore pour cela qu'ils accomplissent leurs actes, et en particulier celui-là (l'acte procréateur), bien mieux que les hommes. Car les hommes, placés sous l'influence de leur propre intelligence et d'un jugement faillible, se trompent souvent, aussi bien dans cet acte que dans tout le reste, faisant de leurs facultés un usage tantôt conforme à la nature, mais superflu, tantôt même, ce qui est bien plus honteux, contraire à la nature. Or les animaux ne sauraient commettre aucune faute semblable. Que si quelqu'un d'eux s'unit à des espèces différentes, mais voisines de la sienne, on doit croire que cela tient aux

ribus repetitum. — 8. Fabr. et P. οὐ κατὰ, plane contra sensum : nos correximus. — 9. P. γίνεται.

10. Par. οὐδέν τοι τοιοῦτ. Fabr. οὐδέν τι. Nos morem Plethonianum secuti sumus. — 11. Fabr. τοιοῦτο ἄν.

ἑτέροις τῶν οὐ τῶν αὐτῶν μὲν τοῖς εἴδεσιν, ὁμοειδῶν δὲ καὶ ἐγγὺς ἀλλήλων μίγνυσθαι. Εἰ οὖν ἀσθενεστέρα τις ἀνθρώποις αὕτη ἡ ἐπιθυμία ἦν, ἄλλως ἂν περὶ τοῦ τοιούτου νομοθετεῖν ἔδει. Νῦν δ' οἱ θεοὶ εἰδότες που, διὰ τὸ ἁμαρτητῇ τῇ δόξῃ τοὺς ἀνθρώπους χρῆσθαι, περί τε συχνὰ ἄλλα τοῦ δέοντος ἐκπεσουμένους, καὶ δὴ καὶ τῷ ἀφροδισιάζειν αὐτῷ οὐ μόνον περιεργότερον χρησομένους, ἀλλὰ καὶ τοὐναντίον αὖ ἐνίους καὶ πάμπαν αὐτοῦ ἀφεξομένους, τοὺς μὲν οὐδ' εὐαγὲς ὅλως 'αὐτὸ νομίσαντας[1], τοὺς δ' εὐαγὲς μὲν, κάλλιον δὲ ὅμως τὸ ἀπέχεσθαι· τοὺς δὲ καὶ τὰς παιδοτροφίας τε καὶ γυναικοτροφίας ὑπὸ τρόπου δυσκολίας ὀκνήσοντας[3]· δυσχερανοῦντας δὲ καὶ τὰς τῶν παίδων μάλιστα ἀποβολὰς ἐνίους οὕτως, ὡς μᾶλλον ἂν αἱρήσεσθαι μηδὲ ποιεῖσθαι παῖδας ἢ ποιουμένους ἀποβάλλειν, δέον τὸ μὲν περὶ τοῦ τῶν παίδων βίου αὐτοῖς θεοῖς[4] ἐπιτρέπειν, αὐτοὺς δὲ τοῦ ἑαυτοῖς καθήκοντος ἔργου καὶ λειτουργίας τῆς ἔς τε γένος τὸ κοινὸν καὶ τὸ πᾶν τόδε μὴ ἀφίστασθαι· καὶ ταῦτ' οὖν οἱ θεοὶ εἰδότες ἀνθρώποις διὰ τὸ ἁμαρτητὸν τῆς δόξης συμβησόμενα, οἷα καὶ νῦν συμβαίνει ἐνίοις, ἵνα μὴ, συχνῶν[5] τοῦ ἀφροδισιάζειν ἀπεχομένων, ἡ ἐκ Διὸς ὑπὲρ τῆς θνητῶν καὶ ἀθανάτων ἐν τῷ ἀνθρώπου[6] εἴδει κοινωνίας πρόνοια διακωλύηται[7], ἰσχυροτάτην δὴ ταύτην τὴν ἐπιθυμίαν ἐνέθεσαν[8] ἀνθρώποις, οὐκ ἂν ῥᾳδίως κρατηθησομένην, εἰ μὴ οἷσπερ ἂν ἰσχυροτάτη αὖ ἥ γε ταύτην τὴν ἐπιθυμίαν ἐπέχουσα παρίσταιτο[9] δόξα. Τὴν δὲ τοῦ[10] ἀφροδισίων πάμπαν

1. P. οὐδ' ἐναγὲς (sic) αὐτὸ ὅλως αὐτὸ νομ. Fabr. ut nos.
2. Post νομίσαντας, desunt Fabricio verba τοὺς δ'— ἀπέχεσθαι.
3. Fabr. ὀκνήσαντας. — 4. Fabr. θεούς.
5. P. συχνὸν, male; Fabr. ut nos. — 6. Fabr. ἀνθρώπων.

rapports physiques des espèces entre elles. Au reste si l'ardeur des sens était moins forte chez les hommes, on n'aurait pas besoin d'une législation aussi sévère. Mais les Dieux savaient que les hommes se gouvernent par *une imagination sujette à l'erreur*, et qu'ils devraient, par suite, quelques-uns du moins, se tromper aussi dans l'usage de leurs facultés sensuelles, tandis que d'autres s'en interdiraient complétement l'exercice, soit comme illégitime, soit comme moins parfait que l'abstention de ces jouissances; que d'autres en seraient détournés par la misanthropie de leur caractère qui leur ferait fuir l'embarras de nourrir une femme et des enfants; que d'autres enfin seraient retenus par la crainte de perdre leurs enfants, malheur à leurs yeux plus redoutable que de n'en point avoir du tout, au lieu de s'en remettre à cet égard à la volonté des Dieux, et de n'en accomplir pas moins le devoir qui nous est imposé de concourir à la propagation de l'espèce et à la conservation du grand tout. Les Dieux, donc, sachant tout cela, et que la faiblesse du jugement de l'homme l'entraînerait dans toutes ces erreurs, comme nous en avons des exemples autour de nous, n'ont pas voulu qu'un trop grand nombre d'hommes s'abstenant des plaisirs des sens missent en défaut la prévoyance avec laquelle Jupiter maintient par l'intermédiaire de l'espèce humaine un lien entre les êtres mortels et les êtres immortels; c'est pourquoi ils ont inspiré aux hommes une telle passion pour ces jouissances, qu'elle l'emporte sur toutes les autres, et qu'il est bien difficile d'en triompher, à moins qu'elle ne soit combattue par la force d'une opinion plus puissante encore Mais cette opinion qu'il faut s'abstenir

7. P. διακωλύεται.— 8. P. γενέσθαι (sic, mirum), pro ἐνέθεσαν, quod Fabr. habet. — 9. P. παρίσταται. — 10. P. τὴν δὲ τῶν ἀφρ.

ἀφεκτέον [1] εἶναι δόξαν, οὐκ ἂν πάνυ πολλοῖς ἰσχυροτάτην ᾔδεσαν προσπεσουμένην, ἀλλὰ τοὺς πολλοὺς τῶν ἐς ταύτην ἂν ἐμπεσουμένων τὴν δόξαν, ἀσθενεστέρως ἂν ἐς αὐτὴν ἐμπεσουμένους ἐγίνωσκον [2], ὡς ὑπὸ ἐπιθυμίας ἰσχυροτάτης ἐνοχλούσης οὐ χαλεπῶς ἂν ἀσθενῶς ἀντιβαίνουσαν δόξαν κρατηθησομένην. Τοῖς δὲ θεοῖς μᾶλλον τοῦ μὴ ἀφροδισίων τοὺς ἀνθρώπους πάμπαν τῷ αὐτῷ [3]... ...... εἴγε καὶ πολίτην πρὸς τοῖς ἄλλοις τὸν ἄνθρωπον, καὶ οὐ μονωτήν [4] τινα εἶναι δεῖ. Διὰ ταῦθ' ἡμεῖς θανάτῳ τοὺς πολλοὺς τῶν ἐν τοῖς τοιούτοις μιαινομένων εὐθύνομεν, αὐτούς τε ἀθλιότητος ἀπαλλάττοντες, καὶ τὰς πόλεις αἴσχους [5]. Τοὺς μὲν οὖν παρὰ φύσιν μιαινομένους ἄν, εἴ ποτέ τινες ταύτῃ μιαινόμενοι ἁλίσκοιντο, ἀῤῥενομιξίᾳ δή, ἢ θηριομιξίᾳ, ἤ τινι καὶ ἄλλῃ τοιαύτῃ τῶν τῶν ἀνθρώπων τοῖς μοχθηροτάτοις ἐξευρημένων [6] ῥητῇ τε καὶ ἀῤῥήτῳ μυσαρίᾳ, πυρὶ καθαίρειν, τόν τε δρῶντα ὁμοῦ καὶ [7] πάσχοντα ζῶντε καίοντας· κἂν θηρίον ὠχευκώς τις ἁλῷ, καὶ τοῦτο αὐτῷ συγκαίοντας ὡσαύτως. Μοιχούς γε μὴν αὐτοὺς μὲν ὡσαύτως καίειν, καὶ προαγωγοὺς πρὸς αὐτοῖς, ἄν τε ἄνδρες, ἄν τε γυναῖκες αἵτινεςοῦν ὦσι. Γυναῖκας δὲ δὴ τάς γε [8] μοιχευτρίας τῇ τῶν πορνῶν προεστηκυίᾳ περικείραντας παραδιδόναι, τὸν λοιπὸν πορνευσούσας βίον, ἵνα ἀνθ' ὧν ἑαυτὰς μονολεχεῖς οἷς καθωμολόγηντο οὐκ ἐφύλαξαν, τοῖς ἄλλοις, ὅσον τὸ ἐπ' αὐταῖς [9], μονολεχεῖς τὰς καθωμολογημένας σώζωσι [10], τῇ τῶν πρὸς ταύτην ἂν μαλακῶς ἐχόντων τὴν ἐπιθυμίαν οὐκ ἐναγεῖ τινι θερα-

1. P. ἀφεκτέαν, unde nec immerito suspiceris ἀφεκτέα.
2. Fabr. ἐγίγνωσκον.—3. Lacuna in codice nulla, nec apud Fabr.
4. Fabr. μόνω τὴν, sic divise. — 5. Fabr. αἴ... sic interrupta voce cum parvulæ lacunæ indicio. — 6. Fabr. ἐξευραμένων.

complétement des plaisirs sensuels, ils savaient qu'elle trouverait, au fond, peu de partisans, et que si elle tombait dans quelques esprits, la plupart du temps elle n'y serait pas assez forte pour ne pas céder facilement aux persécutions incessantes du plus puissant de tous les désirs. Mais bien plus qu'une abstinence complète [ils ont craint l'usage dépravé de ces plaisirs]....... parce que l'homme, entre les autres devoirs de sa nature, doit vivre comme un citoyen, comme un être sociable, et non comme un solitaire. C'est pour cela que nous punissons de mort la plupart de ceux qui se dégradent par de telles actions; nous voulons en même temps les délivrer de cet état misérable et sauver à leur patrie une pareille honte. Ceux qui commettraient des actes contre nature, par exemple, ceux qui seraient convaincus du crime de pédérastie ou de bestialité, ou de quelqu'une de ces infamies qui ne se rencontrent que chez les hommes les plus corrompus, ceux-là doivent être punis par le feu, et il faut brûler en même temps le criminel et sa victime, ou s'il a exercé sa brutalité sur quelque animal, brûler l'animal avec lui. Il faut également brûler et les hommes coupables d'adultère, et ceux, hommes ou femmes, qui les auront poussés ou aidés à ce crime. Quant aux femmes adultères, elles auront les cheveux rasés et seront livrées à l'inspectrice des femmes publiques pour être abandonnées à la prostitution, afin que si elles n'ont pu conserver leur fidélité à celui à qui elles la devaient, elles servent du moins à maintenir les autres femmes dans la fidélité conjugale, en offrant aux passions des hommes trop enclins à la luxure un remède tolérable aux yeux de la loi. On condamnera au

7. Videtur deesse τόν. — 8. P. τάς τε, ubi Fabr. τάς γε, recte.
9. Fabr. ἐπ' αὐτῆς. — 10. P σώζουσιν, sed Fabr. ut nos.

πείᾳ. Καίειν δ' ὡσαύτως, κἂν τις γυναῖκα ἥντινοῦν βιάσηται, πλὴν πόρνης, κἂν ἑταιροῦσα, μηδέπω πεπορνευκυῖα, ἐλεγχθῇ. Καὶ πόρνην δὲ βιασάμενόν ποτε καίειν, ἤν γε αἱμοῤῥοίας τῆς γυναιξὶν εἰωθυίας οὐ καθαρεύουσαν βιάσηται. Τούτους μὲν οὖν πάντας, ἅτε καὶ ἐναγεστάτους, ἐν ἰδίοις τισὶν ἀπάγοντας πολυανδρίοις καίειν, οὐ τοῖς κοινοῖς. Τριττὰ γὰρ οὖν καὶ εἶναι ἑκασταχοῦ τὰ πολυάνδρια, ὅροις εὐδήλοις δή τισιν ἀλλήλων διακρινόμενα, ἓν μὲν ἱερεῦσιν, ἕτερον δὲ τῷ ἄλλῳ δήμῳ, ἄλλο δὲ τὸ τοῖς ἐναγέσι τούτοις, οὗ καὶ σοφιστῶν, ἥν τις παρὰ τὰς ἡμετέρας ταύτας δόξας σοφιζόμενος ἁλῷ, ζῶν καὶ οὗτος κεκαύσεται. Καὶ ἢν θυγατρί τις ἢ μητρὶ ἁλῷ μιχθεὶς ἤ τινι τῶν ἄνω τε καὶ κάτω τούτων. Ἢν δὲ τῶν τινι ἄλλων οἰκείων, ἀποῤῥήτων μέντοι καὶ αὐτῶν, προσμιχθείς τις ἁλῷ, ἀτιμίᾳ τε ζημιοῦσθαι, ἕωσπερ ἂν ἱκανῶς καθαρθῇ, καὶ πρὸς τῇ ἀτιμίᾳ καὶ ἱερῶν συμπάντων εἴργεσθαι [1]. Ἐν τούτῳ τῶν ἐναγῶν τῷ πολυανδρίῳ [2] καὶ ἀνδροφόνον [3] καίειν, ὅς ποτε ἂν τῶν τινα ἐναγεστέρων φόνων [4] ὑπὸ τῶν ἀρχόντων τετολμηκέναι κριθῇ. Ἢν δὲ παρθένῳ τις, ἢ καί τινι κεκινημένῃ, ἀνδρὶ μὲν οὐ καθωμολογημένῃ, ὑπὸ δὲ κυρίῳ τῳ τέως τρεφομένῃ, ἑκούσῃ μιχθεὶς οὕτως ἁλῷ, ὥστ' ἂν καὶ θάνατον αὐτῷ εἶναι τὴν ζημίαν, ἐν τῷ κοινῷ πολυανδρίῳ καιόμενον θάπτεσθαι, οὗ δὴ καὶ τοὺς [5] ἧττον ἐναγεῖς τολμῶντας [6] τῶν φόνων. Βιαίους δὲ δὴ καὶ μοιχοὺς οὐ μόνον διαπεπραγμένους ζημιοῦν, ἀλλὰ κἂν τις

1. Fabr. εἴργεσθαι. Deinde lacuna videtur esse aliqua seu sententiarum, seu verborum, cujus tamen apud Fabr. nota nulla, nec in cod. Par. — 2. Fabr. τῶν πολυανδρίων. — 3. Fabr. et P. ἀνδροφόνων. — 4. Fabr. φόνῳ (sic). P. φόνον. — 5. Videtur deesse alterum τούς. — 6. P. τολμῶνται, sed Fabr. ut nos.

même supplice du feu celui qui violerait une femme quelconque, à moins que ce ne fût une femme publique, fût-elle même convaincue de libertinage, si elle ne fait pas publiquement métier de son corps, et fût-ce même une femme publique, si on lui fait violence aux époques où la nature interdit l'approche de ce sexe. Tous ceux qui se seront souillés de ces crimes, les plus infâmes de tous, seront brûlés dans les enceintes désignées pour contenir leurs restes, et non dans les cimetières communs. Car il y aura dans chaque lieu trois cimetières séparés par des clôtures très-apparentes, un pour les prêtres, un autre pour le commun des citoyens, un troisième pour ces grands criminels, et c'est aussi dans ce dernier qu'on brûlera vif le sophiste qui oserait attaquer nos croyances. Ce même supplice est réservé au coupable d'inceste avec une mère, une sœur, ou toute parente en ligne directe ascendante ou descendante. Si un homme est convaincu d'avoir eu commerce avec quelque autre parente à un degré prohibé, il sera puni de la flétrissure, jusqu'à ce qu'il soit suffisamment purifié, et en outre l'accès des choses sacrées lui sera interdit. On brûlera encore dans le cimetière des impurs et des infâmes celui qui sera jugé par les magistrats coupable d'un meurtre sujet à expiation. Si quelqu'un est convaincu de commerce avec une jeune fille vierge, ou qui, sans être vierge ou sans être fiancée à personne, serait encore en tutelle, le coupable, quand même cette jeune fille se serait donnée volontairement à lui, sera puni de mort, mais brûlé et enseveli dans le cimetière commun, qui sera également accordé comme lieu de sépulture aux coupables d'un meurtre non sujet à expiation. Au reste, le viol et l'adultère ne seront pas punis seulement quand ils auront été accomplis, mais la tentative même en sera punie également quand βιαζόμενος μὲν, οὐ τυχὼν δὲ [1], ἁλίσκηται, ἢ πειρῶν μὲν, οὐ διαπεπραγμένος δὲ, καὶ τοῦτον οὐδὲν [2] ἧττον τῇ αὐτῇ ζημίᾳ ζημιοῦν. Τῇ γὰρ γνώμῃ καὶ οὗτος βίαιος ἢ μοιχὸς οὐδὲν ἧττον τοῦ διαπεπραγμένου. Ἀξιοῦμεν δ' ἡμεῖς, ἢν γυναικός τις ἑτέρῳ ὁτῳοῦν καθωμολογημένης ἔρωτι ἑαυτοῦ ἁλισκομένου αἰσθάνηται, παρ' ἐξηγητήν τε εὐθὺς ἰόντα καὶ [3] τὸ πάθος ἐξαγορεύοντα, καθαρμόν τε αὐτοῦ τοῦ πάθους αἰτεῖν, καὶ τοῦ μὴ ἐς μεῖζον ἐμπεσεῖσθαι [4] κακὸν ἀσφάλειαν, κρατήσαντος ἂν τοῦ πάθους τῆς ψυχῆς, καὶ ἐπὶ ἱερὰ [5] βαδίζοντα. . . . .

. . . .

καὶ θανάτῳ [6] ἤδη ζημιοῦν. Τῶν δ' ἀδικημάτων ἀμφισβητουμένων, ταῖς πλείοσιν ἂν τῶν ψήφων τὸν φεύγοντα ἁλίσκεσθαι. Ἀπολύεσθαι δὲ μὴ ἀδικεῖν, οὐ μόνον ἀπ' ἐλαττόνων τῶν καταψηφιζομένων, ἀλλὰ κἂν ποτέ πω ἴσαι γένωνται. Ἔτι [7] μέντοι κἀκεῖνο τῷ περὶ δικῶν λόγῳ προσκείσθω, ὡς ἐὰν [8] ἀδικήματός τις τοιούτου παρὰ τῷ συνεδρίῳ κρινόμενος, οἵῳ ἂν θάνατον τὴν ζημίαν ἐπικεῖσθαι, καλὰ ἅττα ἑαυτῷ ἔργα προπεπραγμένα ἐπιδείξῃ, μεγέθει ἢ πλήθει ὑπερβάλλειν τὸ ἀδίκημα δοκοῦντα, τοῦτον, ὡς οὐκέτ' ἂν δυσόρθωτον, οὐδὲ τὴν φύσιν κακὸν, δυστυχίᾳ δὲ δὴ τῶν ἄλλων κεχρημένον [9] τινὶ καὶ παιδείας [10] ἐνδείᾳ, μὴ δὴ [11] θανάτῳ ἔτι, ἀλλὰ δεσμοῖς τισιν εὐθύνειν χρονίοις. Ἀλλὰ περὶ μὲν τῶν τοιούτων ἅλις. Εἰ γάρ τι ἡμῖν καὶ παραλέλειπται, ἀλλ' οὖν τά γε ἐν ὅλῃ

1. Fabr. δ' elidit.

2. P. οὐδὲ ἧττον. — 3. P. καὶ non habet, quod dat Fabr. — 4. P. ἐμπεσεῖται.

5. Codex Mon. 48, teste Hardtio, ἱερᾶ (sic), atque hic in illo codice, sicut apud Fabr., post vocem βαδίζοντα finem esse hujus fragmenti, idem nos monet. Sed caremus ipsius codicis lectioni-

elle auraitéchoué; car pour ces crimes la tentative est regardée comme aussi criminelle que l'action. Quant à l'homme qui se sentirait violemment épris d'une personne fiancée ou mariée à un autre, nous voulons qu'il aille aussitôt trouver l'interprète des choses saintes, lui révéler la maladie de son âme et lui demander un moyen de s'en purifier ou un préservatif contre le mal plus grand où il tomberait si la passion venait à triompher de son âme. Alors, s'approchant des lieux saints. . . . .

. . . .

et dès lors le punir de mort. Mais quand le crime n'est pas évident, l'accusé est jugé à la pluralité des voix; et en ce cas, il sera juste de l'absoudre non-seulement s'il n'a contre lui que la minorité des voix, mais encore si elles sont également partagées. Ajoutons à ce chapitre sur les jugements un dernier article. Si un homme convaincu par le tribunal d'un de ces crimes qui sont punis de mort, prouve qu'il a fait antérieurement quelques bonnes actions dont l'importance ou le nombre semble dépasser la grandeur de sa faute, on devra le considérer comme n'étant ni incorrigible ni naturellement pervers, mais comme ayant été victime de quelque circonstance malheureuse en dehors de sa nature, par exemple, de l'insuffisance de son éducation, et alors, au lieu de le punir de mort, il faudra le corriger par une prison temporaire. Mais c'est assez parler de ce sujet : car si nous avons laissé quelque lacune, les lu-

bus, ex quo fragmentum hoc, tanquam Zoroastreum, citavit quidem Hardtius, typis vero non edidit.

6. Ab his jam verbis, usque ad capitis finem, Hardtium solum sequimur, id est, cod. Mon. 336, deficientibus Par. et Fabr.

7 Hardt. ἐπί. — 8. H. ἕνα. — 9. H. κεχρημένου.

10. H. παιδίας. — 11. H. δέ.

ἤδη τῇ βίβλῳ εἰρημένα ἱκανὰ, θεῶν ἂν συλλαμβανόντων, τοιαύτην[1] τοῖς ἡμετέροις ἄρχουσιν ἐμποιῆσαι ἕξιν, οἵαν, καὶ περὶ ὧν οὐχ ἡμῖν[2] διασεσάφηται, αὐτοὺς καλῶς τε καὶ εὖ διαγινώσκειν.

λϐ΄. Περὶ τῶν τῶν θεῶν ὀνομάτων.

Λοιπὰ δὲ δὴ[3] ἡμῖν τὰ περὶ τῶν τῶν θεῶν ἁγιστειῶν[4], ἃ καὶ αὐτὰ ἔτι ἐπεξεργαστέα ἐστίν. Οὐ γὰρ ἂν σμικρόν τι διαφέροι, ὀρθῶς ἢ μὴ ἁγιστεύειν τοῖς θεοῖς, εἰ αἱ μὲν συνῳδοὶ[5] ταῖς περὶ θεῶν δόξαις ἁγιστεῖαι κἂν ἐκείνας κρατύνοιεν, αἱ δὲ μὴ[6], κἀκείνας καὶ ὑποσείοιεν. Ὡς δὲ ἐκ τῶν περὶ θεῶν δοξῶν ἅπαντα ἤρτηται τά γε ἡμέτερα, ὥστε που καὶ εὖ ἢ κακῶς πράττεσθαι, οὔτοι δὴ ἀμφίλογον νοῦ ὁσονοῦν μετέχουσιν ἀνθρώποις· ὥστε καὶ ταῦθ' ἡμῖν ἐπεξεργαστέα ἔτι. Καὶ πρῶτόν γε αὐτῶν περὶ τῶν τῶν θεῶν ῥητέα τε ὀνομάτων, καὶ ἐπιδεικτέα, ὡς οὐ μεμπτῶς ἡμεῖς τοῖς πατρίοις θεῶν ὀνόμασιν ἐπὶ τῶν διὰ φιλοσοφίας ἀναγνωριζομένων κεχρήμεθα θεῶν. Οὔτε γάρ που λόγοις ἀεὶ ἐχρῆν ἀντ' ὀνομάτων σημαίνειν τοὺς θεούς· οὐ γὰρ καὶ τοῖς πολλοῖς ῥᾴδιον τὸ τοιοῦτο· οὔτ' αὐτοὺς καινὰ ὀνόματα θεμένους, ἢ βάρβαρα ἐπαγαγομένους, ἐνὸν πατρίοις χρήσασθαι. Ἀλλὰ φαίη ἄν τις, ὡς κατακέχρανται ταῦτα τὰ ὀνόματα ὑπὸ τῶν τοὺς μύθους τῶν ἐκ φιλοσοφίας περὶ θεῶν λόγων ἀπῳδοὺς πλασαμένων ποιητῶν, καὶ οὐκέτι δὴ ἐχρῆν αὐτοῖς κεχρῆσθαι. Ἀλλὰ μὴ οὐ

1. H. τοιαύτ'. — 2. H. οὐχὶ μῖν (sic).
3. Ex Hardtio, cum priore capite, cui sine lacuna subjectum hoc legitur in cod. Monac. 336.

mières répandues dans le cours de cet ouvrage suffiront, avec l'aide des Dieux, pour mettre nos magistrats en état d'éclaircir parfaitement eux-mêmes les points que nous aurions pu laisser dans l'obscurité.

Chapitre XXXII. — Sur les noms des Dieux.

Il nous reste encore à traiter de ce qui concerne le culte des Dieux ; et certes il n'est pas sans importance que les cérémonies en soient bien ou mal réglées : car si elles sont en harmonie avec les croyances religieuses, elles peuvent les affermir ; sinon, les ébranler. Or, pour peu qu'on ait de sens, on reconnaîtra aisément que toute la conduite de notre vie et toutes nos actions, en tant que bonnes ou mauvaises, dépendent de nos croyances religieuses. C'est donc un sujet que nous devons traiter à fond. Mais il faut d'abord parler des noms des Dieux, et prouver que nous avons eu raison de conserver leurs noms antiques aux Dieux dont la philosophie nous a fait reconnaître l'existence. On ne pouvait pas désigner chaque Dieu par une périphrase au lieu d'un nom, ce qui serait embarrassant pour le commun des hommes, ni leur donner des noms de notre invention, ni leur en appliquer de barbares, quand il était si aisé d'employer ceux qui furent en usage chez nos ancêtres. Cependant, dira-t-on, ces noms ont été souillés par les poëtes qui ont dénaturé les révélations de la philosophie au sujet des Dieux pour en faire des fables mensongères, et à ce titre ils devaient être rejetés. Mais on ne peut pas dire,

4. Hardt. ἀγιστείων, hoc accentu. Spiritum, falsum necne, mutare non audemus, ob allatas jam supra causas.

5. H. συνῳδαί. — 6. H. κρατύνοιέν τε ἂν κἀλεινας και ὑποσ.

τοιαύτη [1] ἡ τῶν ὀνομάτων φύσις ᾖ, οἵα δὴ [2], ἣν καὶ ἅπαν ὁτιοῦν ὄνομα χρανθῇ, καὶ κεχραμμένον αὐτὸ μένειν ἐς ἀεὶ, ἀλλ' οἵα [3] μᾶλλον, ἣν μὲν ἐπὶ φαύλης τέ τις καὶ ἐναγοῦς δόξης ὀνόματι ὁτῳοῦν χρήσηται, κεχράνθαι δὴ αὐτῷ καὶ τοὔνομα· ἣν δ' ἕτερος τῷ αὐτῷ ἐφ' ὑγιοῦς τε καὶ εὐαγοῦς χρήσηται δόξης, ἄχραντον τούτῳ ἤδη καὶ τοὔνομα γίγνεσθαι. Οὕτω μὲν γὰρ ἄχραντον ὄνομα, ὡς μηδέποτε ὑπὸ μηδενὸς κεχράνθαι, οὐκ ἂν ῥᾳδίως τις εὕροι. Ἐπεὶ καὶ αὐτὸ τὸ Θεοῦ ὄνομα φαίη τις ἂν κεχράνθαι, ὅτε καὶ ἀνθρώπων γε ἐνίοις πολλῶν ἀγῶν μεστοῖς ἔπιπε......

λδ'. Ἐς θεοὺς προσρήσεις.

Ἑωθινὴ ἐς θεοὺς πρόσρησις [4].

Ζεῦ βασιλεῦ, αὐτοὼν, αὐτοὲν, αὐτοαγαθὲ, σὺ μέγας, μέγας τῷ ὄντι καὶ ὑπέρμεγας· ὃς γέγονας μὲν ἐξ οὐδενὸς, οὐδέ σου [5] οὐδὲν οὐδαμῇ οὔτε αἴτιον οὔθ' ὅλως πρεσβύτερον οὔτ' ἔστιν οὔτε γέγονεν· ἀλλ' αὐτὸς διὰ σαυτὸν προαιώνιός τε, καὶ μόνος δὴ τῶν πάντων πάντῃ τε καὶ πάντως ἀγένητος εἶ· τῶν δ' ἄλλων ἁπάντων, ὁπόσοις τι τοῦ εἶναι μέτεστιν, αὐτὸς πρεσβύτατός τε αἴτιος καὶ ἀρχηγέτης· δι' ὅν τε καὶ ἐξ οὗ ἅπαντα ἔστι τε, καὶ γίγνεται, καὶ συνέστηκε, καὶ εὖ τε καὶ βέλτιστα ἐκ τῶν ἐνόντων ἔχει, ὁπόσα αἰώνιά τε καὶ ὑπερουράνια, ὅσα τε ἐντὸς οὐρανοῦ τοῦδε καὶ ἔγχρονα, ὅσα τε ἀθάνατα, ὅσα τε αὖ θνητὰ καὶ μοῖραν ἐσχάτην τῶν ὄντων εἰληχότα· τὰ

1. Η. μὴ οὗτοι αὐτή. — 2. Η. οἷα δὴ, hoc accentu. — 3. Η. οἷα.

en parlant des noms, qu'une fois souillés ils le demeurent à jamais; leur nature est d'être souillés quand ils sont employés dans un sens mauvais et criminel, mais dès qu'ils sont pris dans un sens pur et sain, ils perdent aussitôt toute trace de souillure dans la bouche de la personne qui les emploie. En effet, il serait difficile de trouver un nom si saint et si pur, qu'il n'ait jamais été souillé par personne. Car on pourrait dire que le nom même de Dieu l'a été, lorsque des hommes chargés des plus grands crimes ont...

Chapitre XXXIV. — Allocutions aux dieux.

Allocution du matin.

Jupiter roi, être, unité, bonté absolue, tu es grand d'une grandeur réelle et suprême. Tu n'as été produit par rien, tu ne procèdes d'aucune cause, nul être n'est et n'a été avant toi. Car tu es par toi-même éternel et prééternel; seul de toutes choses, tu es essentiellement incréé, tandis que tu es la cause première et productrice de tout ce qui participe à l'être. Par toi et de toi tout vient, tout naît, tout s'établit et se maintient dans le meilleur ordre possible; soit les essences éternelles et supracélestes; soit celles qui habitent l'enceinte de notre ciel et qui existent dans le temps, les unes immortelles, les autres mortelles, et celles-ci placées au dernier degré des êtres. Aux premières tu communiques

1. Ex codice Monac. 237, et Par. 61 (suppl.). — 2. M. οὐδέπου.

μὲν αὐτοῦ σοῦ δημιουργοῦντός τε καὶ τἀγαθὰ αὐτοῖς παρέχοντος[1], τὰ δὲ τούτων τῶν γε ἐκ σοῦ ἤδη γεγονότων ἄλλα δι' ἄλλων παράγοντος, προνοοῦντός τε, ὅπως ὡς βέλτιστα μὲν καὶ αὐτὰ καθ' αὑτὰ ἕκαστα ἐκ τῶν ἐνόντων σχοίη, τοῦ δὲ παντὸς τῇ καταστάσει, οὗ σοι μάλιστα καὶ ὁ πλεῖστος λόγος, πόλυ πρότερον λυσιτελέστατα. Μεθ' ὃν δὴ μέγας αὖ καὶ σὺ, ὦ ἄναξ Πόσειδον, μεγίστου τε καὶ πρεσβυτάτου πατρὸς μέγιστε, ἐς ὅσον γε ἐνῆν, καὶ πρεσβύτατε παῖ, ἀμῆτορ δὴ, αὐτὸ τῶν τοῦ πατρὸς ἔργων τὸ κράτιστόν τε ἐς δύναμιν καὶ τελεώτατον, τῶν τε ἄλλων πάντων μετὰ τὸν πατέρα ἡγεμὼν, οὐρανοῦ δὲ τοῦδε πάτερ τε καὶ δημιουργὲ δεύτερε. Μετὰ δὲ τοῦτον καὶ σὺν τούτῳ, καὶ σὺ, ὦ Ἥρα βασίλεια, θύγατερ μὲν Διὸς πρεσβυτάτη γε, Ποσειδῶνος δὲ τούτου δάμαρ, καὶ τῶν τε ἐντὸς οὐρανοῦ τοῦδε θεῶν [2] μῆτερ, τῆς τε καθ' ὕφεσιν [3] πάσης καὶ ἐς πλῆθος τῶν ὄντων προόδου ἡγεμών. Ὑμεῖς τε ἑξῆς, ὦ λοιποὶ πάντες θεοὶ Ὀλύμπιοι, Διὸς μὲν τοῦ μεγάλου ἀμήτορες πάντες γνήσιοί τε ἔκγονοι, τῶν δ' [4] ἐντὸς οὐρανοῦ τοῦδε ἀθανάτων τῷ ὑμετέρῳ ἡγεμόνι τε καὶ ἀδελφῷ πρεσβυτάτῳ Ποσειδῶνι ἄλλος ἄλλου συνδημιουργοί. Ἐν οἷς δὴ καὶ σὺ, ὦ Πλούτων ἄναξ, τοῦ ἡμετέρου προστάτα ἀθανάτου, τέταξαι. Μακάριός γε μὴν καὶ σὺ, ὦ ἄναξ Κρόνε, τῶν Διὸς νόθων ἐκγόνων, ἀμητόρων καὶ ὑμῶν [5], ἢ δὴ καὶ σύμπαντες ὁπόσοι ἐξ αὐτοῦ Διὸς, πρεσβύτατε [6], τῆς τε θνητῆς φύσεως συμπάσης προστάτα. Καὶ μετὰ τοῦτον σύν τε τούτῳ, καὶ ὑμεῖς, ὦ λοιποὶ Τιτᾶνες πάντες Ταρτάριοι, τῆς αὐτῆς θνητῆς φύσεως ἄλλος ἄλλου μέρους τῷ ὑμετέρῳ δὴ τούτῳ ἡγεμόνι τε καὶ

1. Ρ. παρεχοντας.

par toi-même immédiatement l'existence avec tous les biens ; aux autres, tu la donnes par l'intermédiaire de tel ou tel des êtres nés directement de toi, et tu veilles à ce qu'elles soient le plus parfaites possible, non-seulement en elles-mêmes, mais plus encore par rapport à l'ordre de l'univers, qui est ton but suprême.

Après Jupiter, tu es grand aussi, Neptune roi, le plus grand et le premier né du plus grand et du premier des pères, toi qu'une mère n'a pas enfanté, mais qui es la plus puissante et la plus parfaite possible des œuvres de Jupiter. Tu es le chef des êtres après ton père, souverain du ciel avec lui, second père et second créateur de notre monde. Après lui et avec lui, sois honorée, Junon reine, première fille de Jupiter, épouse de Neptune, mère des Dieux que renferme notre ciel, cause permanente de la multiplication des êtres inférieurs. Et vous, autres Dieux de l'Olympe, enfants légitimes du grand Jupiter, nés sans mère, vous qui contribuez à produire tous les êtres immortels renfermés dans l'enceinte du ciel, en commun avec Neptune votre chef et le premier de vos frères. Ta place est avec eux, Pluton roi, Dieu tutélaire de notre principe immortel. Et toi aussi, tu es bienheureux, ô Saturne roi : entre les fils illégitimes de Jupiter, nés sans mère, comme tous ceux qui procèdent directement de Jupiter, tu es le premier et le plus auguste, et c'est toi qui présides à tout l'ensemble de la nature mortelle. Après lui et avec lui, vous venez, Titans, Dieux du Tartare, vous qui prenez chacun votre part dans la création de cette même nature mortelle, de concert avec Saturne votre chef et

2. P. θεοῦ pro θεῶν. — 3. P. ὕφεσι. — 4. P. τοῦ δ'.
5. M. ἡμῶν ἤδη. — 6. P. πρεσβυτάτου.

ἀδελφῷ πρεσβυτάτῳ Κρόνῳ, ἐν αἰωνίῳ[1] τέως τῇ ὑμετέρᾳ οὐσίᾳ, συνδημιουργοί. Καὶ μὲν δὴ μακάριος καὶ σὺ, ὦ ἄναξ Ἥλιε[2], τῶν Ποσειδῶνος τε καὶ Ἥρας ἤδη ἐκγόνων γνησίων πρεσβύτατε καὶ κράτιστε· ᾧ[3] Ποσειδῶν γε οὗτος, νοῦν[4] μὲν νεώτερον ἑαυτοῦ ἀδελφὸν πρὸς τοῦ πατρὸς Διὸς παρειληφὼς, αὐτός γε μὴν ψυχὴν δι' αὑτοῦ[5] τε καὶ τοῦ ἑαυτοῦ ἀδελφοῦ τούτου νοῦ ἀπειργασμένος, σῶμα δὲ δι' Ἥρας μᾶλλόν τοι, ἅτε δὴ τῆς γε ὕλης παραγωγοῦ θεοῦ, τῶν ἄλλων σωμάτων τε καὶ ψυχῶν ἑαυτοῦ τε ἔργων τὼ καλλίστω τε καὶ ἀρίστω ἀποτετελεσμένω[6], καὶ ἔπειτα ἐς ταὐτὸν αὐτῷ τῷ νῷ τούτῳ[7] συνθεὶς, καὶ ὑπεζευχὼς[8] σῶμα μὲν ψυχῇ, ψυχὴν δὲ[9] νῷ, κοινόν τινα ὅρον τε καὶ[10] σύνδεσμον ταῖν μοίραιν ἀμφοῖν, τῆς θ' ὑπερουρανίου, καὶ τῆς ἐντὸς οὐρανοῦ τοῦδε συνεστήσατο[11], ἡγεμόνα τε[12] παντὸς οὐρανοῦ τούτου ἀπέφηνε, καὶ τῆς θνητῆς ἐν αὐτῷ φύσεως συμπάσης, μετά γε Κρόνου, δημιουργόν. Μετὰ δὲ τοῦτον καὶ σὺν

1. M. ἐναιωνίῳ.

2. M. in margine habet, περὶ οὗ ὁ πᾶς λόγος, quæ librarii videtur esse vel lectoris annotatio, multa in hoc libro ad Solis divinitatem pertinere observantis. — 3. P. οὗ pro ᾧ.

4. M. in infima paginæ ora : Ἆράγε (cod. ἄρ' ἄγε), ὦ ἀγαθὲ, ὁ νοῦς οὗτος ὃν καλεῖς ἀδελφὸν, ἐστὶ (cod. ἔστι) πατὴρ καὶ πρεσβύτατος πάντων καὶ αἴτιος. Ποῦ γὰρ ἂν οἰκειότερον ἐν τῷ παντὶ εἶναι ἢ ἐν τῷ ἡλιακῷ σώματι, τῷ (cod. ὧ) τῶν καλῶν καὶ ἀγαθῶν πάντων αἰτίῳ, εἶναι; Ibid. pag. sq. hæc addita sunt : Πρὸς μὲν τὰ νοητὰ (cod. νοιτὰ) πάντα εἴη καὶ ἀσάφεια (cod. ἀσάφια)· πρὸς δὲ τὰ αἰσθητὰ (cod. ἐστιτὰ) οὐδ' ὅλως (cod. ὅλος). Ὅμως (cod. ὅμος) ἡ ἐπιστήμη, ὅπου κλίνει (cod. κλίνη), καὶ βοηθεῖ ἀναγκαίως (cod. ἀναγγέως). Καὶ ὡς ἐπὶ τὸ πολὺ (cod. ὅς ἐπὶ τὸ πολεῖ) ὁ νοῦς τοῦ ἡλίου οὐ κινεῖται (cod. κινήτε), πλὴν κατὰ συμβεβηκὸς (cod. συμβεβικὸς)· καὶ ὁ ἥλιος αὐτὸς φέρεται ὑπὸ τῆς σφαίρας, καὶ οὐ κινεῖται (cod. κινῆτε). Ὁ νοῦς ἄρα τοῦ ἀρίστου τῶν αἰσθητῶν (cod. ἐστιτῶν) ἐστὶ (cod. ἔστι) καὶ τῶν νοητῶν (cod. νοσι-

le premier de vos frères, et cela sans rien perdre de la plénitude de votre essence éternelle.

Tu es bienheureux aussi, Soleil roi, le premier et le plus puissant des fils légitimes de Neptune et de Junon. Neptune ayant reçu de Jupiter pour aide et pour associé un frère plus jeune que lui, une intelligence supracéleste, a par lui-même, et avec le concours de ce frère, créé une âme; puis, avec Junon, et surtout par elle, puisqu'à elle appartient spécialement la production de la matière, il a créé un corps : âme et corps les plus beaux et les plus parfaits de toutes les âmes et de tous les corps : puis, les unissant à cette intelligence elle-même, et soumettant le corps à l'âme et l'âme à l'intelligence, il a formé de cet assemblage une sorte de lien et de terme commun entre la nature supracéleste et celle qui est renfermée dans notre ciel : cet être intermédiaire, c'est toi, ô Soleil, chef de tout le ciel, et créateur, en commun avec Saturne, de toute la nature mortelle que le ciel renferme. Après le Soleil et avec lui, nous vous saluons, Planètes,

τῶν) το ἄριστον (cod. τῶ ἄριστον). Δημήτριος. Demetrium illum vix alium intelligas quam Demetrium Rhaül, qui se hunc librum inter suos habuisse. in codicis Monacensis initio (confer supra, pag. 2, not.) testatus est. Quæ vero hic ascripsit, pertinent ad verba Plethonis σὺν ἐπιστήμῃ περὶ ἅπαντα ἀκριβεῖ, et sunt hominis inepti ad astrologiæ commenta nimis proni : fingit enim cuncta ex solis intellectu pendere. Certe quis νοῦς iste sit, ne Pletho quidem satis nos docet, a quo nihil de ea re apertius, saltem in superstitibus fragmentis, declaratur. Videtur inter legitimos Jovis filios, infra Junonem, fuisse collocandus, ideoque ad Apollinem referri posse, vel ad Atlantem, astrorum præsidem, infra, pag. 160.

5. M. ψυχὴν δὲ δι'. — 6 M. ἄποτε τελεσομενω — 7. P. τῶν ὦ τούτω.
8. P. ὑπεζευκείς. M. ὑπεζεσχώς. — 9. P. ψυχὴ δέ.
10. P. κοινούτιν χορόν σε καί. M. etiam σε pro τε. — 11. P συνεστη σειτο (sic). — 12. M. in margine, ἄναξ ἡγεμών.

τούτῳ καὶ ὑμεῖς, ὦ λοιποὶ πλάνητες ἀστέρες, τῷ ὑμετέρῳ [1] ἡγεμόνι τε καὶ ἀδελφῷ πρεσβυτάτῳ τούτῳ τήν τε γένεσιν ὁμοίαν καὶ σύστασιν εἰληχότες, καὶ τῶν περὶ τὴν θνητὴν αὐτῷ φύσιν πράξεων κοινωνοὶ καθεστηκότες, τοῦ τε δαιμόνων τῶν χθονίων φύλου, κατὰ μέρη ὑμῖν νενεμημένου, ὕπαρχοι, καὶ πρός γε ἔτι ψυχῶν τῶν ἡμετέρων [2]. Πρὸς δὲ τούτοις, καὶ ὑμεῖς, ὦ ἀνωτάτω ἄστρα, ἐπί τε θεωρίαν [3] τῶν ὄντων σὺν ἐπιστήμῃ περὶ ἅπαντα ἀκριβεῖ [4], καὶ τόν γε ἐς Δία μάλιστα τὸν μέγαν ἀφειμένα ὕμνον. Μεθ' ἃ μακάριοι καὶ ὑμεῖς, ὦ χθόνιοι δαίμονες, ἡ ἐσχάτη μὲν θεῶν μοῖρα, καὶ θεοῖς τοῖς ἄλλοις ὑπηρετική, τῇ τε ζωῇ τῇ ἡμετέρᾳ ἤδη καὶ φύσει προσεχής, ἀναμάρτητός γε μὴν καὶ αὐτὴ ἔτι, καὶ κακῶν τις ἀπαθής. Ὦ σύμπαν μακαρίων θεῶν γένος, τήνδε ἡμῶν πρόσρησιν ἑωθινὴν ἱλεῴ τε καὶ εὐμενεῖς πρόσεσθε [5]. Ὦ τὰ ἡμέτερα ἐκ Διὸς ἐπιτροπεύοντές τε καὶ ἐπισκοποῦντες θεοί, οἳ δεόντως [6] τά τε ἄλλα περὶ ἡμᾶς μεμηχάνησθε, καὶ ἐγρηγόρσει τε καὶ ὕπνῳ τόνδε ἡμῶν τὸν βίον μεμερίκατε, ταύτης πρὸς τὴν τοῦ θνητοῦ ἡμῶν τοῦδε σώματος ἐς τὸν ἀπονενεμημένον αὐτῷ χρόνον σωτηρίαν δεόμενον τῆς καταστάσεως· δοίητε δὴ καὶ νῦν ἐξεγρομένοις [7] τε καὶ ἐκ τῆς κοίτης ἤδη ἀναστᾶσι, καλῶς τε καὶ εὖ, καὶ ᾗ ἂν καὶ ὑμῖν φίλον ὡς μάλιστα εἴη, τήνδε τε τὴν ἡμέραν, καὶ δὴ καὶ μῆνα καὶ ἐνιαυτὸν οὗ ἐπιβεβήκαμεν, καὶ τοῦ βίου τὸ λοιπὸν διελθεῖν. Ὑμῖν γάρ τοι [8] τῶν γε ὑμετέρων αὐτῶν, φθόνος οὐδείς, μὴ οὐ καὶ οἷς τε ἂν καὶ καθ' ὅσον ἐγχωρεῖ [9], κοινωνεῖν. Καὶ δὴ διδοῖτε [10] καὶ ἡμῖν [11],

1. P. ἡμετέρῳ.
2. M. ὑμετέρων. — 3. M. θεωρίας. — 4. M. et P. ἀκριβεία.
5. M. suprascriptum habet προσεσθαι. — 6. P. οἱ δὲ ὄντως.
7. M. ἐξυγρομένοις. — 8. M. τὸν pro τοι. — 9. M. ἐγχηρειοῖ (sic).

astres errants, vous dont l'origine et la formation sont semblables à celles de votre chef, de votre premier frère, vous qui partagez avec lui la souveraineté de la nature mortelle et en même temps la direction des Démons terrestres ainsi que celle de nos âmes, selon la part assignée à chacun de vous. Après eux, nous nous adressons à vous, astres supérieurs, vous qui avez été créés pour surveiller l'ensemble des êtres avec une science certaine de toutes choses, et lancés dans l'espace pour célébrer en chœur le grand hymne en l'honneur principalement de Jupiter. Je vous invoque enfin, Démons terrestres, Dieux du dernier degré, vous qui, inférieurs aux autres Dieux et soumis à leurs ordres, touchez immédiatement à la nature humaine, mais qui êtes, comme tous les Dieux, infaillibles et à l'abri de tous les maux.

Que toute la race bienheureuse des Dieux prête une oreille propice et bienveillante à cette prière du matin. Oui, c'est vous, ô Dieux, qui, sous la direction de Jupiter, veillez à la conduite des choses humaines; c'est vous qui, entre autres marques de votre prévoyance à notre égard, avez séparé la vie en deux parts, le sommeil et la veille, alternative nécessaire à la conservation de ce corps mortel pendant la durée qui lui est assignée. A partir donc de ce moment où nous nous éveillons et sortons de notre couche, donnez-nous de bien passer, c'est-à-dire, en la manière qui vous convient le mieux, ce jour, ce mois, cette année que nous allons parcourir, et le reste de notre vie. Car vous avez le droit de communiquer une part de vos biens à qui il vous plait dans la mesure du possible. Répandez-les sur nous dont la nature est immortelle, mais non sans mélange; et puisque vous nous avez

10. P. διενοοῖτε. — 11. P. ὑμῖν.

οὓς οὐκ ἀκήρατον μὲν, ἀθάνατον δ' ὅμως εἰληχότας[1]. φύσιν, καὶ τῷ θνητῷ τέως τῷδε ἐνδεδήκατε, τῆς τοῦ παντὸς πληρώσεως ἕνεκα καὶ ἅμα εὐαρμοστίας, ἵνα ᾖ τι καὶ τοῖνδε αὖ τοῖν μοίραιν ἀμφοῖν μεθόριόν τε καὶ[2] σύνδεσμος, τῆς θ' ὑμετέρας τῆς ἀθανάτου τε ταύτης καὶ πάμπαν ἀκηράτου, καὶ αὖ τῆς[3] ἐπικήρου τε τῆσδε καὶ θνητῆς, μὴ οὐ πάνυ τοι ὑπὸ τοῦ θνητοῦ τούτου κρατεῖσθαι· ἀλλὰ τὸ κατὰ φύσιν ἡμῶν ἡγεμονικὸν καὶ ἄμεινον, ὑμῖν τε συγγενὲς, ὅπως αὐτὸ μὲν πάντη ὑμῖν, ᾗ ἂν καὶ οἷόν τ' εἴη, ἕποιτο, τοῦ δὲ παρ' ἡμῖν αὐτοῖν χείρονος ἐγκρατές τε εἴη καὶ ἄρχον, ὅτι μάλιστα ἀνέχοιτε· καὶ ταῖς τε πράξεσιν ἡμῶν[4] καὶ ἔργοις, οἷς ἂν ἀεὶ ἐγχειρῶμεν, ὅπως κατὰ λόγον τε καὶ νόμον τὸν ὑμέτερον ἐγχειροῖμεν, συλλαμβάνοιτε· ὡς μὴ ὑπὸ τοῦ θνητοῦ ἡμῶν καὶ ἀλόγου κρατηθέντες, ἔς τε τῆς ἡμετέρας αὐτῶν φύσεως τὸ πλημμελὲς ὑπενεχθέντες, ὑμῶν ὡς πορρωτάτω ἀποσταῖμεν, ἀλλ' ἡμῶν αὐτῶν τῆς οὐσίας τὸ κυριώτατον, ἀθάνατόν τε ὂν καὶ ὑμῖν συγγενὲς, θεραπεύοντες, καὶ τοῦτο ὡς βέλτιστόν τε καὶ ὑμῖν τοῖς πάντα τε ἀγαθοῖς καὶ μακαρίοις ἑπόμενον[5] παρασκευάζοντες, κοινωνοῦντες[6] ἐς ὅσον δυνατὸν ὑμῖν, ὑμῖν τε ὡς οἰκειότατα ἔχοιμεν τοῦ τῇ συγγενείᾳ ὡς μάλιστα καθήκοντος παρά γε δὴ ἑκάστας[7] τῶν πράξεων τῇ ἀποδόσει, καὶ τήν τε θνητὴν τήνδε οὕτω ὡς μάλιστα φύσιν[8] κοσμοῖμεν, αὐτοί τε, ἔς γε δύναμιν, τῇ ὑμετέρᾳ δὴ ταύτῃ κοινωνίᾳ ὡς μακαριώτατα πράττοιμεν. Διδοῖτε δὴ, ὦ θεοὶ, καὶ νῦν καὶ ἀεὶ, πρῶτον μὲν ἃ χρὴ περὶ ὑμῶν φρονεῖν, ὃ δὴ ἡμῖν ἀγαθῶν ἁπάντων ἡγοῖτ' ἄν· φρονήσεως μὲν γὰρ συμπάσης οὔ-

1. M. εἰληχότες. — 2. M. μεθόριόντος καί. 3. P. αὐτῆς. 4. P. ὑμῖν.

attachés à ce corps périssable en vue de la plénitude et de l'harmonie du grand tout, pour qu'il y eût un lien commun entre les deux natures, la vôtre immortelle et parfaite, l'autre mortelle et imparfaite, du moins faites en sorte que nous ne soyons pas entièrement dominés par l'élément mortel. Puisse la partie supérieure et excellente de notre être, qui est semblable à votre nature, s'attacher à vous, autant que possible, en tout et partout; puisse-t-elle dominer et gouverner la partie moins noble de nous-mêmes; et à cette fin soutenez-la, ô Dieux, autant que possible : faites que toutes les actions, toutes les œuvres que nous entreprendrons soient dirigées selon votre raison et votre sagesse; que le principe mortel et irrationnel ne s'empare pas exclusivement de nous, et que la partie faible de notre nature, prenant le dessus, ne nous entraîne pas loin de vous; faites au contraire que nous exercions la partie supérieure de notre être, essence immortelle semblable à la vôtre, à vous suivre sans cesse, autant que possible, et à se rapprocher de vous, qui êtes toujours bons et heureux, à entretenir avec vous, autant qu'il est en notre pouvoir, une alliance intime, une communion familière, en adaptant chacune de nos actions aux règles que nous impose la parenté de notre nature avec la vôtre. Qu'ainsi se perfectionne, le plus qu'il se peut, notre nature mortelle, et que dans la mesure de nos forces, cette participation à votre être nous rapproche de la plus grande félicité possible. Surtout accordez-nous, ô Dieux, et maintenant et toujours, comme première faveur, d'avoir de vous une juste idée; ce sera pour nous la source de tous les biens. Car il ne peut y

5. Ante ἑπόμενον addi velimus μάλιστα. — 6. Placeret magis κοινωνοῖμεν, ac deinde vacat ὑμῖν. — 7. M. ἑκάστης. — 8. P. φύσει.

ποτ' ἄν τι προσγένοιτο οὐδ' ἡμῖν κάλλιον ἄλλο χρῆμα οὐδὲ θειότερον, ἢ [1] τῶν ἡμετέρων τοῦ θειοτάτου ἡ [2] θειοτάτη πρᾶξίς ἐστιν· αὐτῆς δέ γ' αὖ ταύτης, οὐκ ἂν ἄλλη τις καλλίων γένοιτο οὐδὲ μακαριωτέρα τῆς περὶ ὑμῶν τε καὶ Διὸς τοῦ μεγάλου. Ἐπεί τοι [3] οὔτε τὴν περὶ ὑμῶν γνῶσιν ἄνευ τῆς περὶ Διὸς εἴη ἂν [4] ὀρθῶς λαβεῖν, οὔτε τὴν περὶ Διὸς αὖ, τῆς περὶ ὑμῶν χωρίς. Οὐ γάρ ἔστιν ἀγαθὸν ἄκρως [5] ἐκεῖνον ἐννοῆσαι, μὴ οὐ καὶ [6] ὑμῶν αὐτὸν δημιουργὸν, ὡς ἀρίστων τινῶν καὶ μακαριωτάτων αὐτῷ γεγονότων, διανοηθεῖσιν· ὁ γὰρ πάντων οὗτος βασιλεὺς, ἅτε ἄκρως αὐτὸς ὢν ἀγαθὸς, καὶ ἑτέρων, ὡς ἐκ τῶν δυνατῶν, βελτίστων τε καὶ ὁμοιοτάτων ἑαυτῷ αἴτιός τε καὶ παραγωγὸς γεγονέναι ἐβουλήθη τε, καὶ γέγονε δὴ ὑμῶν τῶν γε δευτέρων θεῶν· ὧν αὖ τοῖς [7] κρατιστεύουσι καὶ τρίτων ἔτι ἑτέρων θεῶν δύναμιν παραγωγῆς παρέσχεν, ἵν' ἑαυτῷ ἔτι δὴ καὶ μᾶλλον ταύτῃ ὁμοίους [8], ἐς ὅσον γε ἐνῆν, ἀπειργασμένος ᾖ. Καὶ οὕτω δὴ ἐς τριττὴν [9] ἡ θεότης πεπλεονακυῖα μοῖραν, μιᾶς τῆς μεγίστης τε καὶ πρεσβυτάτης, τῆς τοῦ Διὸς, τὼ λοιπὼ ἑτέρω ἀφ' ἑαυτῆς τὴν μὲν ἀμέσως [10], τὴν δὲ δι' αὐτῆς αὖ ταύτης προβεβληκυίας, ἅπαντα ἀγαθῶν πλέα ἀπέφηνεν. Ἀλλ' ὁ βασιλεὺς οὗτος Ζεὺς καὶ τὸ σύμπαν ἔτι ὡς ἄριστον τόδε ἀπεργαζόμενος, παντελές τε αὐτὸ καὶ ἓν ἅμα ἐποίει. Ἐξ οὖν ἀϊδίων τε καὶ θνητῶν ἅμα αὐτὸ συντιθεὶς, ὧν τὴν γένεσιν ἑκάστων ἄλλην γε ἄλλοις ἐπέτρεψεν [11] ὑμῶν, καὶ σύνδεσμόν τινα ἔτι ἐν αὐτῷ ἀμφοῖν τούτοιν τοῖν μοίραιν, τὸ ἡμέτερόν τε καὶ ἀνθρώπινον γένος μηχανᾶται. Ὃ δὴ ὑμεῖς Διὸς γνώμῃ τοῖς οὖσιν ἐμποιοῦντες, καὶ ἀθάνατόν

1. M. et P. ἡ, contra sensum. — 2. P. ἢ. — 3. M. ἐπί τοι.
4. M. οὐκ ἂν pro εἴη ἄν. — 5. P. ἄκρος. — 6. P. μὴ οὐαί.

avoir en nous rien de plus beau ni de plus divin que la pensée en général, qui est l'acte le plus divin de notre partie la plus divine : et aucun usage de la pensée ne saurait être plus beau ni plus heureux que celui qui se rapporte à vous et au grand Jupiter, puisqu'il est impossible, sans connaître Jupiter, de se faire une juste idée de vous, de même qu'on ne peut, sans vous connaître, se faire une juste idée de Jupiter. En effet, on n'embrasse pas toute l'étendue de sa bonté si on ne le considère comme artisan suprême de votre essence, Dieux bons et heureux, sortis de lui. Car ce roi de toutes choses, qui est la bonté même, a voulu être le principe et la cause de Dieux puissants et excellents, semblables à lui-même, et il vous a engendrés au second rang des Dieux : puis il a donné aux plus élevés d'entre vous la force de produire un troisième ordre de divinités, afin de vous rendre encore, autant que possible, semblables à lui sous ce rapport. Ainsi la divinité se compose de trois essences dont la première, la plus grande et la plus auguste, est celle de Jupiter; les deux autres en émanent, celle-ci immédiatement, celle-là par l'intermédiaire de la seconde ; et de là tous les biens qui remplissent l'univers. Mais c'est le roi Jupiter, auteur de ce tout admirable, qui en a fait la perfection et l'unité. Il l'a composé d'êtres immortels et d'êtres mortels, dont il a partagé la génération entre vous, ô Dieux ; de plus, il a voulu qu'entre ces deux sortes d'êtres il y eût un lien : ce lien, c'est notre nature, la nature humaine. Vous donc, exécuteurs de la pensée de Jupiter, vous nous avez donné une place parmi les êtres, vous

7. P. αὐτοῖς. — 8. P. ὁμοίη. M. ἵν' ἑαυτῷ ἔτι δὴ μᾶλλον καὶ ταύτης ὁμίους. — 9. P. τριτὴν, nec aliter M.
10. M. ἀμέσος. — 11. P. ἐπέτραψεν.

τέ τι καὶ ὑμῖν συγγενὲς εἶδος, τήνδε ἡμετέραν ψυχὴν, θνητῇ συντιθέντες φύσει, πρῶτα μὲν ἐν τῷ ἀθανάτῳ τούτῳ ἡμῶν τὸ εὔδαιμον ἡμῖν ὡρίσατε· ἔπειτα ἐν τῷ καλῷ τε καὶ τῇ τοῦ καλοῦ μεθέξει, αὐτοῦ ἡμῖν τυγχάνειν παρέσχετε, τοῦτο[1] δ' ἐν τῇ ὑμετέρᾳ μιμήσει, ἅτε καὶ ἐν ὑμῖν προτέροις τε ὂν καὶ πρώτως[2] τὸ καλόν. Ἀλλὰ δὴ ἡ τῶν ὄντων θεωρία, καὶ τῶν ἐν ὑμῖν[3] καλῶν εἴη ἂν τὸ κυριώτατον· ὥστε καὶ ἡμῖν τοῦτ' ἂν τῶν ἔργων τὸ κάλλιστον εἴη, καὶ ἅμα εὐδαιμονίας τὸ κυριώτατον. Καὶ μάλιστα ἐπειδὰν αὐτὸ περὶ τὰ κάλλιστά τε καὶ ἄριστα τῶν ὄντων πράττωμεν, ὑμᾶς τε δὴ καὶ τὸν ὑμέτερόν τε καὶ τῶν πάντων ἀρχηγέτην Δία, ἔπειτα καὶ περὶ τὸ σύμπαν τε τόδε, καὶ ἔτι τὴν ἡμετέραν[4] αὐτῶν ἐν τούτῳ γνῶσιν. Πρὸς οὖν τούτων τε ἕκαστα καὶ τῶν ἄλλων ἡμῖν ἁπάντων καλῶν, ὑμεῖς, ὦ θεοὶ, συλλαμβάνετε, ὧν χωρὶς, οὐδενὸς ἔστι τῶν ἀγαθῶν τυχεῖν. Καὶ πρῶτον μὲν τῶν καλῶν, ταῦτά τε ἡμῖν καὶ τὰ τοιαῦτα τῶν δογμάτων ἐμπεδοῦτε. Ἔπειτα, ἅτε καὶ δεδιδαγμένους ὑφ' ὑμῶν, οἷοί τέ τινες γεγόναμεν, ἥν τε τοῦ παντὸς χώραν εἰλήχαμεν, καὶ ἐλευθέρους ὅτι μάλιστα διασώζετε, μὴ συνατυχοῦντας, μήδε συνταπεινουμένους τῷ ἡμῶν αὐτῷ χείρονι, μήδ' ὑπὸ τῶν οὐ κατὰ γνώμην ἂν ἡμετέραν[5] προσπιπτόντων αὐτῷ ταραττομένους· ἅτε ἅμα μὲν οὐδὲν πρὸς ἡμᾶς τῶν πρὸς τὸ θνητὸν ἡμῶν τούτων ὄντων· ἡμῶν γὰρ τῆς οὐσίας τὸ κυριώτατον, τὸ ἀθάνατόν ἐστιν, ἐν ᾧ ὑμεῖς ἡμῖν καὶ τὸ εὔδαιμον ὡρίσατε· ἅμα δ' οὐδ' ἀεὶ, οὐδ', ὡς ἂν αὐτοὶ ἐθέλοιμεν, ἐξ ἅπαντος τῶν τοιού-

1. M. παρέσχητε, ac deinde ambo codd. τούτου : nos correximus. — 2. M. πρώτος, ubi P. nobiscum, πρώτως, pro quo vide an πρώτοις legi possit.

avez uni une substance immortelle analogue à votre nature, à savoir notre âme, avec une nature mortelle, et vous avez placé notre bonheur d'abord dans ce lien qui nous rattache au principe immortel, ensuite dans le beau et dans la participation du beau, c'est-à-dire, dans l'imitation de vous-mêmes, en qui réside primitivement le beau absolu. Mais la contemplation des êtres est pour vous un des plus grands biens attachés à votre nature : ce doit donc être aussi pour nous la meilleure des actions et le comble de la félicité, surtout quand nous élevons notre pensée vers ce qu'il y a de plus grand et de plus beau entre tous les êtres, c'est-à-dire, vers vous, et vers celui qui commande et à vous et à toutes choses, Jupiter, le roi suprême, ensuite vers l'ensemble de l'univers, et enfin vers la connaissance de nous-mêmes qui en faisons partie. Pour obtenir chacun de ces biens et tous les autres où nous pouvons aspirer, aidez-nous, ô Dieux, vous sans lesquels aucun bien n'est possible. Mais, comme premier de tous les biens, affermissez en nous ces croyances que nous venons d'exprimer, et les autres pareilles : et puisque vous avez daigné nous instruire de notre origine, de notre essence et de la place que nous occupons dans l'Univers, conservez-nous libres autant que possible, sauvez-nous du malheur et de l'humiliation d'être asservis à la partie la plus basse de notre être, et empêchez que nous ne soyons troublés de tout ce qui peut lui arriver de contraire à nos désirs. Car d'abord ces choses ne doivent être rien pour nous, puisqu'elles n'atteignent en nous que la nature mortelle, et non la partie supérieure de notre être, cette nature immortelle à laquelle vous avez attaché pour nous le bonheur. Et

3. Pro ὑμῖν, quod habent codices, cave ἡμῖν reponi velis.
4. P. ὑμετέραν. — 5. P. ὑμετέραν.

των διδομένων ἡμῖν. Οὐ γὰρ ἄν τι ἡμῖν καὶ θνητὸν συνῆν, μὴ οὐ καὶ τοιούτων αὐτῷ παθημάτων [1] συμπιπτόντων· οὐδ' ἂν ἔκ τε ἀθανάτου καὶ θνητῆς μοίρας συνετεθείμεθα, οἵουσπερ ὑμεῖς [2] ἐν τῷ παντὶ τῷδε γεγονέναι βεβούλησθε· καὶ δέον, ἐφ' ὅσον τε καὶ ὡς ἂν τὰ τοιαῦτα ἑκάστοτε ὑφ' ὑμῶν διδῶται, οὕτω που καὶ [3] χρῆσθαι ἡμᾶς αὐτοῖς, σὺν τῇ ἡμετέρᾳ αὐτῶν εὐσταθείᾳ τε καὶ ἐλευθερίᾳ, ἣν ὑμεῖς ἡμῖν σὺν τῷ βελτίονι λόγῳ παρέχετε, ᾧ πρὸς τῶν δεινῶν τὰ τοιαῦτα, τούς γε δὴ εὐμοιρίας ἡμῶν τυγχάνοντας ἑκάστοτε, ἀμυντηρίῳ ὁπλίζετε. Ἀβέλτεροί τε γὰρ ἂν εἴημεν τούς γε [4] καθάπαξ κρείττους βιάζεσθαι πειρώμενοι, καὶ ἄδικοι ἅμα, τῶν οὐ παρὰ τῶν κυρίων διδομένων ἀντιποιούμενοι, ἀντὶ τοῦ χάριν ἐπὶ τοῖς ἤδη ἡμῖν διδομένοις, οὐ μεμπτοῖς οὖσιν, εἰδέναι. Μὴ οὖν τῶν τινος τοιούτων ἕνεκα ὑμᾶς ποτε μεμψαίμεθα [5], ἑτέρως αὐτῶν, ἢ ὡς ἂν ὑφ' ὑμῶν [6] διδῶται, ἐφιέμενοι· τῷ δ' ἀφ' ὑμῶν πεπρωμένῳ πράως παντὶ εἴκοντες, ἅτε καὶ βέλτιστα ἡμῖν [7] ἐκ τῶν ἐνόντων ὑμᾶς χρωμένους εἰδότες, καὶ ταύτῃ ὑμῖν πρὸς τοῖς ἄλλοις κοινωνοῖμεν τῆς γνώμης, ὑμῖν τῷ ταὐτὰ βούλεσθαι κοινωνοῦντες. Μὴ ἀνθρώπῳ χαλεπήναιμεν [8], τῷ μὲν ἑαυτῷ δοκοῦντι ἕπεσθαι πεφυκότι, ἡμῶν δ' οὐχ ἁπτομένῳ, ἣν αὐτοὶ ἅμα μὲν ἡμῖν αὐτοῖς προσέχειν [9], ἅμα δὲ τοῖς οἰκειοτάτοις ἡμῶν αὐτῶν ἀγαθοῖς ἀγαπᾷν εἰδῶμεν. Μὴ τῶν τινος καλῶν καὶ ὑμῖν φίλων πράξεως καθηκούσης ἀποσταῖμεν, δέει ἂν κωλυθέντες πόνων, ἢ τῶν τινος ἡμῖν μὴ ἐς ἅπαν οἰκείων

1. M. παραθημάτων. — 2. P. οἵους παρ' ὑμεῖς. — 3. P. οὕτω καί.
4. M. τούς γε non habet. — 5. M. μεμψάμεθα.
6. P. ἡμῶν. — 7. M ὑμῖν suprascriptum habet.
8. P. χαλεπῆναί με. — 9. M προσέχον

en second lieu, il n'est pas possible que les choses nous soient toujours données telles que nous les voudrions : car il n'y aurait rien de mortel en nous, si nous étions à l'abri de tous ces accidents, et nous ne serions plus un composé de deux essences, l'une éternelle, l'autre périssable, tels enfin que vous avez voulu que nous fussions au milieu du grand tout. Puis donc que nous devons, dans la mesure de notre condition et selon la part qu'il vous plait de nous faire, user des biens que vous nous donnez, faites que nous en usions avec le calme et la liberté, caractères de cette raison supérieure que vous nous avez départie comme une arme destinée à combattre les funestes influences du dehors, si nous avons le bonheur de savoir nous en servir. Car ce serait folie de nous révolter contre ceux qui sont plus puissants que nous ; ce serait injustice de regretter les biens que vous ne nous avez pas donnés, au lieu d'être pleins de reconnaissance pour ceux que vous nous avez accordés, et qui certes ne sont pas à mépriser. Puissions-nous donc ne jamais nous plaindre de vous pour aucune de ces choses, ni la désirer autre qu'il ne vous a plu de la faire ; mais, acceptant sans résistance tout ce que vous avez décrété, et sachant que vous nous traitez toujours le plus favorablement possible, entre autres rapports de notre intelligence avec la vôtre, ayons celui de partager en tout votre volonté. Faites que nous n'ayons jamais de ressentiment contre l'homme, qui après tout est né pour agir selon son propre arbitre, et qui ne peut nous atteindre si nous savons fixer sur nous-mêmes notre attention et nous contenter des biens qui seuls nous sont propres. Faites aussi que nous ne reculions point devant une action belle et en rapport avec votre volonté et notre devoir, par la crainte ou des peines qu'elle nous coûterait ou de la ἀποϐολῆς, ἢ τῆς παρὰ τῶν γε οὐκ ἐμφρόνων [1] ἂν ἀνθρώπων ἀδοξίας. Τὸ φρονοῦν τε ἡμῶν καὶ θειότατον τῶν ἡμετέρων ἔγκρατές τε εἶναι ἡμῶν τοῦ παντὸς καὶ ἄρχον [2], ᾗ ἂν δέοι μάλιστα, ἐπιῤῥωννύοιτε [3], αὐτὸ τἆλλα ἡμῶν τάττον τε καὶ διακοσμοῦν κατὰ φύσιν, ἄμεινον [4] χείρω, ὅρους τε ἑκάστοις ἐπιτιθέν. Ἡδονῶν τε οὖν τῶν διὰ τοῦδε τοῦ σώματος, ἐκείνῳ ἐμμένοιμεν μετριώτατα [5], ἄχρις οὗ ἂν ἐθέλοιεν πρὸς τὴν τῆς ψυχῆς ἢ καὶ σώματος ἀμείνω ἕξιν μὴ βλαϐεραὶ εἶναι, εἰ μὴ καὶ συλλαμϐάνειν τι ἡμῖν, καθ' ὅσον που οἷαί τ' ἂν εἶεν, πρὸς τὸ βέλτιστον· μηδέ τις ἡμῶν ἐπίϐουλός τε καὶ ἄτοπος κρατήσειεν ἡδονὴ, κακίω δή τι τὴν ψυχὴν, ἤ που καὶ τὸ σῶμα, ἀπεργαζομένη. Χρημάτων τε τῶν ταύτας δυναμένων [6] μέτρον τὰς τοῦ βίου χρείας εὐλόγους εἰδοῖμεν, καὶ μὴ ἐς ἀπέραντον ἔν γε ἡμῖν αὐτοῖς τὴν τούτου ἐπιθυμίαν λάθοιμεν αὔξοντες, κακὸν δή τι ἀνήνυτον. Δόξῃ γε μὴν τῇ παρὰ τῶν καλῶν κἀγαθῶν μόνῃ προσέχοιμεν, συμμάρτυράς τε ἕξοντες καὶ βεϐαιωτὰς τῶν καλῶν, εἴ ποθ' ὑμεῖς καλόν τέ τι ἡμῖν καὶ σπουδαῖον διδοῖτε διαπράξασθαι, τῆς δὲ παρὰ τῶν οὐκέθ' [7] ὁμοίων τούτοις [8], οὐδὲ τὰς περί τε καλῶν καὶ ἀγαθῶν δόξας πάνυ τοι ἀκριϐούντων, ἄχρι τοῦ, εὐδοκιμοῦντες ἂν καὶ παρὰ τοῖς τοιούτοις, πρός γε ἀρετῆς μηδέν τι βλάπτεσθαι, ὅπη δὴ καὶ ταύτης δέοι, φροντίζοιμεν· κενὴ [9] δέ τις ἡμῶν [10] καὶ πρὸς ἀρετὴν βλαϐερὰ δόξα μήποτε κρατήσειε. Τὰς ἐν ἡμῖν αὐτοῖς σχέσεις, αἷς τοῖς ἑκάστοτε κοινωνοῖς προσηρμόκατέ τε καὶ συνδε-

1. M. ἐμφόνων. — 2. P. ἄργων ᾗ. — 3. P. ἐπιῤῥωνύοι τε.
4. M. ἄμηνον. — 5. Suppl. ὅρῳ vel μέτρῳ.
6. Intellige, τῶν ταύτας τὰς ἡδονὰς πορίζειν δυναμένων.
7. M. οὐκ ἔσθ'. — 8. P. τούτως. M. ταύτης.

perte de quelqu'un des biens qui ne nous sont pas réellement propres ou de la désapprobation des hommes peu sensés. Fortifiez la partie pensante et divine de notre être, afin qu'elle règne et domine en nous autant qu'il se pourra, qu'elle soit la maîtresse et la souveraine de toutes nos autres facultés, comme il convient à ce qui est supérieur relativement à ce qui est inférieur, et qu'elle impose à chacune d'elles ses justes limites. Quant aux plaisirs qui viennent par les sens, jouissons-en le plus modérément possible, en tant qu'ils nous semblent ne pouvoir nuire en rien au bon état de notre corps et de notre âme, sinon même contribuer pour leur part à rendre cet état le meilleur possible. Ne laissons pas un plaisir trompeur et insensé s'emparer de nous pour ravaler notre âme et quelquefois endommager notre corps. Ne considérons les richesses, instruments des plaisirs, que comme un moyen de satisfaire aux besoins raisonnables de la vie, et prenons garde d'en laisser croître en nous jusqu'à l'infini le désir, qui deviendrait une source intarissable de maux. Quant à l'opinion, ne tenons compte que de celle des hommes vertueux, sûrs de trouver en eux des témoins prêts à nous encourager et à nous soutenir toutes les fois que vous nous aurez donné d'accomplir quelque action belle et honnête. Pour celle des hommes qui, bien au contraire, n'ont que des idées fausses sur la vertu, n'en faisons cas et ne cherchons à mériter leur estime qu'autant qu'elle ne coûte aucun sacrifice à la vertu, dans toutes les circonstances où le devoir est engagé. Ainsi puissions-nous ne jamais nous abandonner au désir de je ne sais quelle gloire stérile et funeste à la vertu. Les liens et les rapports que vous avez établis

9. M. μενὴ (sic). — 10. P. et M. ἡμῖν.

δήκατε, φυλάττειν ἀκεραίους διδοῖτε, τῇ τῶν πρὸς ἑκάστους ἡμῖν καθηκόντων ἀποδόσει, καὶ ἰδίᾳ τε οἷς ἂν ἑκάστοτε κοινωνοῖμεν, ἀπὸ γονέων μάλιστα ἀρχόμενοι, οὓς δὴ ἡμῖν ὑμῶν αὐτῶν εἰκοῦς τῇ ἡμῶν [1] τοῦ θνητοῦ αἰτίᾳ προβέβλησθε. Χρηστοὶ εἴημεν, ἀγαθοῦ ἀεί τινος τῇ ἑκάστου κοινωνίᾳ μάλιστα πρέποντος, κακοῦ δ' οὐδενὸς οὐδενὶ ἑκόντες εἶναι γιγνόμενοι αἴτιοι, οὐδ' ὀλέθρου [2] τινὸς ἴσχοντες χώραν [3] δεινοῦ τε καὶ δυσσυμβόλου [4] ζώου. Τό τε [5] κοινὸν τῆς πόλεώς τε καὶ γένους, ἐς ὃ τελοῦμεν, συμφέρον πρὸ τοῦ ἰδίου ἀεὶ τιθείμεθα [6], ὑμῖν ἑπόμενοι, οἳ ἐκ Διὸς τοῦ μεγάλου αὐτοαγαθοῦ τε ἅμα καὶ αὐτοενὸς ὄντος προεληλυθότες [7], τό τε πᾶν τόδε ἅμα μὲν καὶ καθ' ἕκαστον, ὅτι κάλλιστόν τε ἐκ τῶν ἐνόντων καὶ ἄριστον, ἅμα δὲ καὶ κοινῇ, ἕν τε ἐκ πολλῶν, καὶ αὐτὸ πρὸς αὐτὸ ἡρμοσμένον, παράγοντός τε καὶ ἀπεργαζομένου, ὅπως ἂν καὶ ταύτῃ ἔτι κάλλιόν τε εἴη καὶ ἄμεινον, καὶ αὐτοὶ πᾶσι μὲν ἀεὶ ἀγαθῶν ἔστε [8] αἴτιοι, καὶ ἀλλήλοις, καὶ τοῖς λοιποῖς δὴ τῶν ὄντων, ὧν προέστατέ τε καὶ ἡγεῖσθε, ἔτι δὲ μέρεσί τε καὶ τοῖς ὅλοις· τὸ δὲ τῶν ὅλων ἀεὶ κοινὸν ἀγαθὸν τοῦ ἑκάστῳ ἰδίου τε καὶ [οἰκείου [9]] μέρους ἁπανταχῆ προτετιμήκατε [10]. Καὶ μὲν δὴ καὶ ἁγιστείας τὰς πρὸς ὑμᾶς, ὡς χρή τε καὶ οὕτω μάλιστα τελοῖμεν, ὡς ὑμᾶς μὲν οὐδέν τι τούτων τῶν παρ' ἡμῶν δεομένους εἰδότες· ἡμῶν δ' αὐτῶν τὸ φανταστικόν τε καὶ τῷ θειοτάτῳ ἡμῶν προσεχέστατον πλάττοντές τε καὶ τυποῦντες, καὶ ἅμα μὲν καὶ αὐτῷ [11] τοῦ θείου τέ τι καὶ καλοῦ ἀπολαύειν δι-

1. M. ὑμῶν. — 2. Sic ὀλέθρου codd. et videtur adjective sumi. non sine exemplis, sed præstaret ὀλεθρίου. — 3. M. ἔχοντες χ. δ. P. ἴσχοντες εἶναι δεινοῦ, retracta huc e prioribus voce εἶναι.

4. P. δυσσυμβούλου. — 5. P. τότε. — 6. P. τιθέμεθα, et sic M.

7. P. et M. προεληλυθότι. — 8. P. ἔσται ἔτιοι.

entre nous et chacun des êtres avec lesquels nous participons, faites, ô Dieux, que nous les conservions fidèlement en rendant à chacun ce qui lui est dû en vertu de ces rapports; et particulièrement à ceux avec lesquels nous vivons d'un commerce habituel, à commencer par nos parents, qui sont pour nous vos propres images, puisqu'ils sont la cause de notre nature mortelle. Soyons bons en procurant à chacun tout le bien qu'il a droit d'attendre de nos rapports avec lui; mais ne soyons jamais causes volontaires d'un mal, et ne jouons pas le rôle d'un être odieux, malfaisant et insociable. Puissions-nous, dévoués au bien de la ville et de la famille dont nous faisons partie, faire toujours passer ce bien avant le nôtre, marchant ainsi sur vos traces, ô Dieux issus du grand Jupiter. Car, si ce Dieu, qui est la bonté par excellence, l'être absolu, a créé et produit l'Univers dans son tout et dans ses parties; dans ses parties, dont chacune est la meilleure et la plus belle possible; dans son tout, un et multiple à la fois, et parfaitement proportionné avec lui-même pour en être encore plus beau et meilleur; vous, ô Dieux, vous travaillez pour votre part à produire sans cesse le bien, soit entre vous, soit pour les autres êtres que vous présidez et gouvernez, et cela en toutes choses, pour les parties comme pour le tout, préférant néanmoins toujours l'intérêt du tout à celui des parties. Accomplissons vos rites sacrés le mieux possible et surtout comme il convient à qui sait que vous n'en avez pas besoin, mais que c'est un moyen d'agir sur notre imagination, faculté la plus voisine de la partie divine de notre être, de la former, de l'élever jusqu'à ce qui est beau et di-

9. Vel addendum videtur οἰκείου, quod nos fecimus, vel delendum τε καί.— 10. P. προστετιμήκατε.— 11. M. αὐτό. In apographo Parisiensi desunt verba nonnulla : καὶ τυποῦντες — θείου τε τι.

δόντες, ἅμα δ' ἡμῶν τῷ θειοτάτῳ εὐήνιόν τε παρασκευάζοντες καὶ εὐπειθές· τό τε εὐσεβὲς καὶ ὅσιον ἐν τῷ μήτε παντάπασιν ἂν ἐκλιπεῖν τῶν ἁγιστειῶν τῶν [1] πρὸς ὑμᾶς τιθέμενοι, μήτε αὖ τὸ [2] μέτριόν τε, καὶ ὁπόσον γ' ἂν ἡμῶν [3] τὸ φανταστικὸν ἱκανὸν πλάττειν [4], ὑπερβάλλοντες [5]. Ἐν ἅπασι τελείους [6] καὶ καθ' ὅσον οἷόν τε ἀναμαρτήτους ἐφ' ἑκάστοις, οἷςπερ ἂν πράττοιμεν, διασώζοιτε, τούτοις καὶ τοῖς τοιούτοις νόμοις τε ἑκάστοτε πρὸς τὸν βίον χρωμένους καὶ κανόσιν· ἂν δέ τι καὶ ἁμαρτηθῇ, ὡς ταχεῖαν τε καὶ ἅμα ἱκανὴν τὴν ἐπανόρθωσιν ἐπάγοιτε, τὸν ἀμείνω εὐθὺς λόγον καὶ [7] τῶν τε ἀγαθῶν καὶ κακῶν ἀκριβῆ τινα γνώμονα, ἐπὶ τοῖς ἡμῖν ἂν ἡμαρτημένοις παριστάντες [8], ὃς ἁμάρτημά τε δὴ καὶ ψυχῆς κακίαν πάντων κράτιστος ἐγγενόμενος ἰάσασθαι. Οὕτω γὰρ ἂν καὶ ἡμεῖς ὑμῖν, κατὰ γοῦν δύναμιν τὴν ἡμετέραν, οἰκειούμενοι, ὡς μεγίστων ἂν καὶ αὐτοὶ ἀγαθῶν τῶν παρ' ὑμῖν, οἷς φθόνου οὐ μέτεστιν οὐδ' ὁσονοῦν, ἐφ' ὅσον περ ἂν καὶ ἐξείη [9], ἀπολαύοιμεν· ἐν μὲν ταῖς ἄλλαις [τῶν [10]] πράξεων ὑμῖν, ᾗ ἂν καὶ οἷοί τ' εἴημεν, ἑπόμενοι, τῷ τε ταὐτῷ ἑκάστης πράξεως κοινωνοῦντες ὑμῖν· ἐν δὲ τοῖς ἐς ὑμᾶς ὕμνοις καὶ τὰς ὑμετέρας εὐαγεστάτας εἰκοῦς ἐν τῷ ἡμῶν αὐτῶν κυριωτάτῳ [11] λαμβάνοντες· σὺν δὲ ὑμῖν τε καὶ ἐφ' ὑμῖν, Δία τὸν μέγαν ὑμνοῦντες, ἐν οὗ τῇ θεωρίᾳ πάντες οἱ ταύτης καὶ ἐφοσονοῦν τῆς πράξεως κοινωνοὶ τὴν κρατίστην τε καὶ μακαριωτάτην ἴσχομεν διάθεσιν. Ἀλλ' ὦ θεῶν μέγιστέ τε καὶ ἐξαίρετε Ζεῦ, ὦ αὐτοπάτορ πάτερ, ὦ πρεσβύτατε τῶνδε τῶν πάντων δημιουργὲ, ὦ αὐτοκράτορ τε τῷ ὄντι καὶ αὐτοτελὲς βασιλεῦ, παρ' οὗ βασι-

1. P. τῶν omisit. — 2. P. et M. αὐτό. — 3. Codd. ὑμῶν. — 4. P. πλάττει. — 5. P. ὑπερβάλλοντι, sed M. divise ὑπερβάλλον τι.

vin, et en même temps de la rendre plus soumise et plus docile à notre raison. Faisons consister la sainteté et la piété à ne rien négliger des cérémonies qui vous sont consacrées, mais sans dépasser la mesure suffisante pour régler notre imagination. Ainsi rendez-nous en toutes choses aussi parfaits que possible, et dans nos actions conservez-nous à l'abri des fautes et des erreurs, en nous dirigeant dans toute la conduite de la vie par ces lois et autres semblables dignes de nous servir de règles. Si nous tombons dans quelque faute, relevez-nous le plus tôt possible, et ramenez nous au bien en faisant luire à nos yeux une raison plus saine, un discernement exact du bien et du mal, moyen le plus sûr de nous guérir de nos erreurs et de nos vices. De cette manière, unis à vous dans la mesure de nos forces, nous jouirons, autant qu'il nous est permis, des biens infinis qui existent en vous, et où l'envie ne saurait trouver aucune place. Attachés ainsi à vous suivre, autant que possible, dans toute notre conduite, nous vous serons associés par l'identité de nos actes. Dans nos hymnes en votre honneur, nous emprunterons les images les plus dignes de vous à la partie la plus élevée de notre être. Et avec vous, et par-dessus vous, nous célébrerons le grand Jupiter, dans la contemplation duquel tous ceux qui peuvent y prendre une part quelconque, trouvent l'état le plus parfait et le plus heureux. O Jupiter, le plus grand et le plus éminent des Dieux, père qui n'as d'autre père que toi-même, premier auteur de toutes choses, roi tout-puissant et absolu, par qui sur les autres êtres toute royauté et toute puissance est établie,

6. M. τελέους. — 7. Melius fortasse καὶ deleretur. — 8. P. et M. περιστάντες. — 9. M. ἐξίσυς, haud dubie pro ἐξ ἴσης. — 10. Deest τῶν in codd. sed confer infra, pag. 156, not. 6. — 11. P. κυριώτατα.

λεία τε πᾶσα καὶ ἀρχὴ ἄλλη ἐπ' ἄλλοις τῶν ὄντων καθέστηκέ τε καὶ εὐθύνεται καὶ ὀρθοῦται, ὑπὸ σοί τε καὶ τῷ σῷ κράτει [1], ὦ κυριώτατέ τε καὶ ἐς τὰ μάλιστα μειλίχιε [2] δέσποτα, ᾧ [3] τὰ πάντα ἐν δίκῃ τε ὅτι μάλιστα, καὶ ἐπ' ἀγαθῷ ἅμα τῷ σφετέρῳ δουλεύει, πρὸς μὲν σοῦ γεγονότα τε καὶ ὄντα, γεγονότα δὲ σοὶ, οὐδὲν μὲν αὐτῶν δεομένῳ, ἀλλ' ἅτε δὴ ἄκρως αὐτῷ ἀγαθῷ ὄντι, καὶ ἀγαθὰ ἅπαντα κατὰ δύναμιν ἀποτελέσαι βουληθέντι. Σὺ γὰρ δὴ ἀγαθῶν ἁπάντων τὸ πρεσβύτατόν τε ὁμοῦ καὶ ἔσχατον, ὡς [4] οὐχ ἕτερόν τι ἔπειτα ἀγαθὸν, ἀλλ' αὐτὸ ὃ εἶ, ἀγαθὸν εἶ. Σὺ τῶν μακαρίων ἑκάστοις τῆς γιγνομένης μακαριότητος ἀφειδὴς χορηγός. Σὺ εὐεργέτης μεγάλων τε καὶ τῷ [5] ὅλῳ ἐς ὅσον οἷόν τε συμφορωτάτων ἀγαθῶν. Σοῦ τοῦ κλέους τὰ πάντα πλέα, ὃν τὰ [6] θεῶν σύμπαντα γένη ὑμνεῖ τε, καὶ τοῦτο ἑαυτῶν τῆς πράξεως τὸ κράτιστόν τε καὶ μακαριώτατον ἄγει· ὃν Ποσειδῶν ὁ σὸς πρεσβύτατός τε καὶ κράτιστος παῖς, αὐτός τε ὑμνεῖ, καὶ τοῖς ἄλλοις πᾶσιν, ὥσπερ καὶ τῶν ἄλλων συμπάντων καλῶν, καὶ αὐτοῦ τούτου πρώτου ἡγεῖται· ὃν ἡ τούτῳ τε σύνοικος Ἥρα καὶ τῶν γε ἐντὸς οὐρανοῦ τοῦδε θεῶν ἀμήτωρ μήτηρ, σύμπας τε ὁ τῶν λοιπῶν Ὀλυμπίων θεῶν ἀριθμός· ὃν Κρόνος τε καὶ Τιτᾶνες οἱ θνητῶν προστάται· ὃν Ἥλιος ὁ τοῦδε ἡγεμὼν τοῦ οὐρανοῦ, οἵ τε [7] ἄλλοι αὐτοῦ ἀδελφοί τε καὶ ὕπαρχοι πλανῆτες· ὃν ὁ τῶν ἀνωτάτω ἄστρων χορός· ὃν τὸ χθόνιον σύμπαν δαιμόνων γένος, καὶ θεῶν ἡμῖν προσεχέστατον· ὃν καὶ ἡμῶν ἔσχατον τὸ ἀνθρώπινον τόδε γένος, ὡς δύναμις ἑκάστῳ. Η σε νῦν καὶ ἡμεῖς ὑμνοῦμέν

1. P. σωκράτει. M. σῶ κράτι.
2. M. μειλιχίας. — 3. P. ὦ, interj.
4. Codex uterque ὅς, pro quo videtur ὡς necessario reponendum.

dirigée, gouvernée, sous toi et sous ton autorité suprême; ô maître souverain, et en même temps le meilleur de tous les maîtres, à qui toutes choses sont soumises en toute justice et pour leur propre bien; si ces choses sont nées et si elles existent, c'est par toi, c'est aussi pour toi, pour toi qui n'as pas besoin d'elles, mais qui, étant essentiellement bon, as voulu faire toutes choses aussi bonnes que possible. De tous les biens, en effet, tu es le premier et le dernier, en sorte qu'il ne faut pas chercher le bien ailleurs qu'en toi, dont il est la propre essence. Tu es pour les bienheureux le dispensateur inépuisable de leur félicité. Tu es le bienfaiteur qui prodigue à tous les êtres les plus grands biens et les plus conformes possible au bien universel. Tout est plein de ta gloire; toutes les classes de Dieux te célèbrent, et regardent ce culte comme le plus beau et le plus heureux de leurs actes. A cette adoration s'associe Neptune, le premier et le plus puissant de tes enfants, qui préside pour les autres êtres à tous les biens et à celui-là par-dessus tous les autres; de même aussi Junon son épouse, mère, elle-même sans mère, de tous les Dieux qui habitent l'enceinte de notre ciel; de même tous les autres Dieux de l'Olympe; et Saturne aussi et les Titans qui gouvernent les mortels; le Soleil, roi de notre ciel, ainsi que ses frères et subordonnés, les astres appelés errants ou planètes; le chœur entier des astres supérieurs; la race terrestre des Démons qui touche immédiatement à notre espèce; enfin au dernier rang l'espèce humaine; tous les êtres en un mot, chacun selon sa puissance. Nous donc aussi, nous

5. M. τῷ non habet. — 6. P. πλέα ὄντα.

7. M. ἥ τε. Ibidem margini ascriptum est a librario, βασιλευς ἡγεμὼν τοῦ οὐρανοῦ ἄρχει (cod. ἀρχεῖ).

τε καὶ ἅμα ἀγαθῶν τὰ κράτιστα παρὰ σοῦ ἡμῖν ἐκ τῶν ἐνόντων γενέσθαι εὐχόμεθα. Ἵλαθι δὴ καὶ σῶζε, ἄγε τε σὺν τῷ παντὶ τῷδε καὶ τὰ ἡμέτερα[1], ὅπῃ σοι ἄριστα ἔγνωσταί τε καὶ περὶ ἡμῶν, καὶ ἅμα πέπρωται ἐκ τοῦ παντὸς αἰῶνος.

Ταύτην τὴν πρόσρησιν[2] τρισὶ μὲν ἑξῆς μηνὸς τοῦ νέου ἡμέραις, νουμηνίᾳ τε δὴ καὶ δευτέρᾳ καὶ τρίτῃ ἱσταμένου σὺν τῷ περὶ τοῦ μηνός τε ὁμοῦ καὶ ἐνιαυτοῦ διεξιέναι κώλῳ· ταῖς δ' ἄλλαις νουμηνίαις σὺν μόνῳ[3] τῷ περὶ τοῦ μηνὸς, ἐξαιροῦντας τὴν ἐνιαυτοῦ ῥῆσιν[4]. Ἱερομηνίαις δὲ ταῖς ἄλλαις καὶ ἔτι ἡμερῶν ταῖς βεβήλοις, καὶ τὸ περὶ ἀμφοῖν τοῦτο ὅλον, τοῦ τε μηνὸς καὶ ἐνιαυτοῦ, κῶλον ἐξαιρεῖν. Ἐν μέντοι τῶν ἡμερῶν ταῖς βεβήλοις ταύταις, καὶ μετὰ τὸ κῶλον ἐκεῖνο, Αὐτοί τε[5] ἔς γε δύναμιν τῇ ὑμετέρᾳ δὴ ταύτῃ κοινωνίᾳ ὡς μακαριώτατα πράττοιμεν, ἐξαιροῦντας τὸ μεταξὺ πᾶν χωρίον, βραχυλογίας ἕνεκα, ἐπάγειν, Ἐν μὲν ταῖς ἄλλαις[6] τῶν πράξεων, ὑμῖν, ᾗ ἂν καὶ οἱοί τ' εἴημεν, ἑπόμενοι, καὶ τὰ ἑξῆς ἄχρι τῆς προσρήσεως τελευτῆς.

Δειλινῶν ἐς θεοὺς προσρήσεων πρώτη[7].

Ἄναξ Πόσειδον, σὺ Διὸς τοῦ μεγάλου παῖς πρεσβύτατός τε καὶ κράτιστος. Σὺ ἐξ ἀγενήτου τε πάντῃ

1. M. τῇ ἡμετέρᾳ. — 2. Hæc et sequentia desunt in codice Monacensi, relicta paginæ vacua parte. Sequens vero folium statim incipit ab allocutione quæ apud nos vespertinarum tertia, illic secunda est. Jam igitur solum sequimur Parisiensem.

te célébrons, et nous te supplions de répandre sur nous les plus grands biens dans la mesure possible des choses. Sois-nous favorable, conserve-nous, gouverne-nous au milieu de ce grand Univers, accorde-nous enfin ce que tu peux vouloir pour nous de plus favorable dans ta bonté parfaite et en même temps selon l'arrêt fixé de toute éternité.

Cette allocution doit être récitée chacun des trois jours qui commencent le premier mois, avec l'hymne du mois et celui de l'année. Dans les autres mois, on ne la récitera qu'une fois le jour de la nouvelle lune ou premier du mois, en y joignant l'hymne du mois, et supprimant celui de l'année. Dans les autres hiéroménies, et aussi pendant les jours profanes, il faudra supprimer ces deux morceaux, à savoir, l'hymne mensuel et celui de l'année. Enfin, pendant les jours profanes, après ce passage : « Et que, dans la mesure de nos forces, cette participation à votre être nous rapproche de l'éternelle félicité, » pour abréger, il faut passer tout ce qui suit, et reprendre à : « Attachés ainsi à vous suivre autant que possible, dans toutes nos actions, » et le reste jusqu'à la fin de l'allocution.

Suite des allocutions aux Dieux.

Première allocution de l'après-midi.

Neptune roi, c'est toi qui de tous les enfants de Jupiter, le roi suprême, es le plus ancien et le plus puis-

3. P. συνμώνω. — 4. P. φύσιν, absque sensu.
5. Supra, p. 140, extr.
6. Supra, p. 152, post med.
7. Ex cod. Paris. 66 (suppl.)

πάντως καὶ αὐτοπάτορος, οὐ πάντη μὲν ἀγέννητος, ἅτε γεγονὼς τῇ γε αἰτίᾳ, ἐς δὲ δύναμιν πάντων τελεώτατος [1] ἀρετῇ τε καὶ ἀξίᾳ τῶν ὁπηοῦν γεννητῶν γεγένησαι· καὶ τούτου ἕνεκα πρὸς τοῦ πατρὸς καὶ ἡγεμονίαν τὴν τῶν ὅλων τῶνδε ἐπιτέτραψαι, αὐτοεῖδος τε ὢν καὶ αὐτοπέρας καὶ αὐτοκαλόν· δι' οὗ πάντα τὰ ὄντα, τοῦ τε εἴδους σφῶν καὶ πέρατος τυγχάνοντα, καὶ κάλλος ἅμα τὸ αὐτοῖς προσῆκον ἕκαστα ἀπολαμβάνει. Σὺ θεῶν τῶν τρίτων τε καὶ ἐντὸς οὐρανοῦ τοῦδε πατήρ τε καὶ δημιουργὸς πρεσβύτατος μετὰ Δία τὸν μέγαν. Μεθ' ὃν αὖ ἡ βασίλεια [2] Ἥρα, πατρὸς μὲν τοῦ αὐτοῦ σοι φῦσα, σοῦ δὲ λειπομένην τήν τε ἀξίαν καὶ φύσιν ἐσχηκυῖα, ἅτε δὴ οὐδὲ δέον πλείω ἄττα ἀλλήλοις παρισούμενα ἐν τῷ ὑμετέρῳ καὶ ὑπερουρανίῳ χώρῳ γενέσθαι τε καὶ εἶναι, ἀλλὰ μονογενὲς ἕκαστον, ἵνα δὴ καὶ τοῦτο αὐτοενὶ ὄντι τῷ γεννῶντι ὡς ὁμοιότατα ἔχοι τε, αὕτη οὕτω γεγονυῖα καὶ τοιαύτη τις οὖσα, καὶ τῆς ἐς τὰ ὑφειμένα [3] τῶν ὄντων προόδου καὶ πλήθους καὶ ἀπειρίας αὐτῶν προστατεῖν εἴληχεν· εἰκότως, ἅτε πρώτως σοῦ τε τοῦ τελεωτάτου τῶν γεγονότων ἀποβεβηκυῖα [4], καὶ ἐν τῶν ὄντων τῷ ἀριθμῷ πλεονάσασα, καί σοι συνοικοῦσα ἁγνῶς τε καὶ θείως, παίδων τῶν σῶν θεῶν μήτηρ σοι καθέστηκεν. Εἶθ' ἑξῆς οἱ ἄλλοι πάντες θεοὶ Ὀλύμπιοι, Διὸς μὲν βασιλέως παῖδες γνήσιοι, σοὶ δ' ἀδελφοί, ἄλλος ἄλλην ἐσχηκότες φύσιν, ὁ μέν τις κρείττω, ὁ δ' ἀεὶ ὑποδεεστέραν, καὶ τῆς ἑαυτῷ προσηκούσης ἐν τῷδε τῷ παντὶ ἕκαστος μοίρας προστατεῖν, ὑπὸ σοὶ ἡγεμόνι, εἴληχεν· Ἀπόλλων μὲν ταυτότητος [5],

1. P. τελεωτάτη. — 2. P. βασιλεία.
3. P. ἐστυφειμένα, nos correximus : est enim ὕφεσις vox Plethoni de hac re familiaris.

sant. Tu es né d'un père absolument incréé et qui n'a eu d'autre père que lui-même. On ne peut dire que tu sois toi-même incréé, puisque tu procèdes d'une cause ; mais tu surpasses par la grandeur et la dignité de ta puissance tous les êtres créés. Aussi ton père t'a-t-il confié l'autorité sur toutes les créatures, à toi qui es essentiellement la forme, le fini et le beau, à toi de qui tous les êtres reçoivent la forme et le fini avec la part de beauté qui leur convient. Tu es, après le grand Jupiter, le père et l'auteur le plus ancien des Dieux de la troisième classe, de ceux qui habitent dans l'enceinte de notre ciel. Après toi, vient la reine Junon, née du même père que toi, mais inférieure à toi en dignité comme en nature : car il ne faut pas que dans les régions supracélestes où vous régnez se trouvent plusieurs divinités égales; elles doivent être chacune seule de son espèce, afin d'avoir encore ce rapport de plus avec l'être par excellence qui vous a tous engendrés. Telle est l'origine et la nature de Junon chargée de présider à la naissance, à l'accroissement et à la multiplication infinie des choses d'un ordre inférieur, et avec raison : car, procédant primitivement de toi, qui es la plus parfaite des choses créées, elle a commencé en soi la pluralité des êtres, et s'unissant à toi par des liens chastes et divins, elle est devenue la mère de tes enfants célestes. Après elle, viennent dans leur ordre tous les autres Dieux de l'Olympe, qui sont tes frères, comme toi fils légitimes de Jupiter roi : leur nature varie, supérieure chez les uns, inférieure chez les autres; mais tous ont reçu dans l'ensemble des choses les attributions qui leur conviennent et qu'ils exercent sous ton autorité : Apollon a sous sa loi l'identité,

4. P. ὑποβεβηκυῖα. 5. P. ταυτοτητα.

Ἄρτεμις δὲ ἑτερότητος, καὶ Ἥφαιστος μὲν στάσεώς τε καὶ τῆς ἐν ταὐτῷ μονῆς, Διόνυσος δὲ αὐτοκινησίας τε καὶ ὁλκῆς, τῆς τε ἐς τὸ τελεώτερον ἀναγωγῆς, Ἀθηνᾶ δὲ τῆς ὑφ' ἑτέρων κινήσεώς τε καὶ ὤσεως, τοῦ τε περιέργου ἀποκρίσεως· καὶ ἄστρων μὲν τῶν γνησίων σῶν παίδων, κοινῇ μὲν Ἄτλας, ἰδίᾳ δὲ πλανήτων μὲν Τιθωνὸς, τῶν δ' ἀπλανῶν Διώνη· δαιμόνων δὲ τῶν χθονίων, καὶ σύμπαντος τοῦ θείου ἐσχάτου τε καὶ ὑπηρετικοῦ φύλου, Ἑρμῆς· ἡμῶν δὲ τοῦ ἀθανάτου, τῆς ἡμετέρας φύσεως κυριωτέρου μέρους [1], Πλούτων· σωμάτων δὲ τῶν πρεσβυτάτων τε καὶ τῶν ἄλλων στοιχείων, κοινῇ μὲν Ῥέα, ἰδίᾳ δὲ, αἰθέρος μὲν, τοῦ θερμοῦ τε καὶ διακριτικοῦ αὐτῶν, Λητώ· ἀέρος δὲ, τοῦ ψυχροῦ τε καὶ συνεκτικοῦ, Ἑκάτη· ὕδατος δὲ, τοῦ ὑγροῦ τε καὶ διαρρύτου, Τηθύς· γῆς δὲ, τοῦ ξηροῦ τε καὶ πηκτοῦ, Ἑστία. Οὗτοι πάντες Διὸς βασιλέως γνήσιοί τε καὶ κράτιστοι γεγονότες παῖδες, τό τε ἄνω τοῦ ὑπερουρανίου χώρου καὶ αὐτὸ τοῦ παντὸς τὸ ἁγιώτατον, Ὄλυμπον ἀπειληφότες, καὶ συμπάσης τῆς κινητῆς μὲν, καὶ ἀμφότερα τῇ τε αἰτίᾳ καὶ τῷ ἀεὶ γίγνεσθαι διὰ τὴν κίνησιν γενητῆς, τῷ δὲ χρόνῳ ἀγενήτου φύσεως προσταπεῖν ὑπὸ σοὶ εἰλήχασιν ἡγεμόνι, ἄλλος ἄλλην αὐτοῖς ἀπειληφότες μοῖραν. Σὺ γάρ τοι τούτοις σύμπασι κορυφαῖος ἡγεμὼν, μετὰ Δία τὸν βασιλέα, ἐφεστὼς, τό τε πέρας ἑκάστοις τῶν πράξεων ἐπιτίθης, καὶ τὸ πᾶν τόδε κοσμεῖς. Ἐπὶ σὲ καὶ ἡμεῖς πρῶτον ἐπιστρεφόμεθα, ἅτε καὶ ὑπὸ σοὶ ἡγεμόνι [2] προσεχεῖ τῇ κυριωτέρᾳ ἡμῶν καὶ ἀθανάτῳ δεδημιουργημένοι [3] μοίρᾳ. Καὶ σεβόμεθά τε, καὶ χάριν ἐφ'

1. P. κυριώτερον μοίρας (sic). — 2. Post ἡγεμόνι, lacunam aliquam suspicamur: saltem subest aliquid vitii.

Diane, la diversité; Vulcain, l'immobilité et le repos; Bacchus, le mouvement volontaire, et l'élan vers la perfection; Minerve, le mouvement communiqué, l'impulsion qui se borne à son effet et repousse le superflu; Atlas, l'empire général des astres tes enfants légitimes; Tithon, en particulier, celui des planètes, et Dioné, celui des étoiles fixes; Mercure, l'autorité sur les Démons terrestres, dernière classe des divinités subalternes; Pluton, sur la partie la plus relevée de notre être qui constitue notre nature immortelle; Rhée, sur les corps primitifs et les éléments en général; mais en particulier, Latone préside à l'éther et à la chaleur qui sépare les éléments; Hécate, à l'air et au froid qui les rapproche; Téthys, à l'eau et à l'humidité qui les rend fluides; Vesta, à la terre et à la sécheresse qui les rend compactes. Tous ces Dieux, enfants légitimes et les plus puissants de Jupiter roi, occupent l'Olympe, c'est-à-dire, le sommet de la région supracéleste, la partie la plus pure de l'espace; c'est de là que, chacun selon ses attributs, ils gouvernent sous ta direction la nature muable, qu'on peut dire créée parce qu'elle est le produit d'une cause et qu'elle est l'objet d'une création continuelle par le mouvement, mais increéée en ce sens qu'elle n'a jamais commencé. Toi, soumis au seul Jupiter, tu es le guide et le chef de tous les autres; c'est toi qui marques la limite de leur action et qui ordonnes le grand tout. Aussi c'est à toi que nous adressons d'abord nos invocations, comme cela est juste, puisque l'ordre même de notre création nous a placés sous ta direction immédiate, ta nature te mettant en rapport direct avec la partie principale de notre être, celle qui est immortelle. Nous

3. P. δεδημιουργημένη, minus recte.

οἷς ἡμῖν ἐδωρήσω τε καὶ δωρῇ ἀγαθοῖς ὁμολογοῦμεν. Καὶ ὑμνοῦμεν σέ τε καὶ μετὰ σὲ καὶ σὺν σοὶ τοὺς σοὺς ἀδελφοὺς, θεοὺς Ὀλυμπίους [1]. Ὦ πρῶτοι αἰώνιοί τε θεοὶ καὶ χρόνου κρείττους, οἷς δὴ οὔτε οἰχόμενόν τι οὔτε μέλλον ἐστὶν, ἀλλὰ τὸ ὅλον ἀεὶ ὑμῖν πάρεστί τε καὶ ἐνέστηκε, τήνδε ἡμῶν πρόσρησιν δειλινὴν, ἵλεῴ τε[2]....... ποιούσης ἀϊδιότητος τὰ ἔσχατα εἰληχότες ἡμεῖς, τοῦ πλέονος ἤδη ἡμῖν τῆσδε τῆς ἡμέρας ὑπεῤῥυηκότος, ἀναφέρομεν· εἴ τις ἐν ἡμῖν αὐτοῖς ἕξις ἐπιεικὴς, ταύτῃ τῇ ὑμετέρᾳ [3] μνήμῃ ἐπισκευάζοντες· καὶ μὴ τῶν ἡμερῶν τε καὶ μηνῶν καὶ ἐνιαυτῶν συμφθίνειν ἐῶντες [4] ταῖς παρόδοις, ἀλλ' ἄφθιτον καὶ ἀκέραιον ὑφ' ὑμῖν σωτῆρσι τὸ ἐν ἡμῖν θεῖον διασώζειν πειρώμενοι. Ὦ Πόσειδον ἄναξ, ὦ Πλούτων ἡμέτερε προστάτα, ἄλλοι τε πάντες θεοὶ Ὀλύμπιοι, ἡμεῖς μὲν οὐκ ἄνευ ὑμῶν οὐδ' ὁτιοῦν τῶν ἀγαθῶν οἷοί τ' ἂν εἴημεν μεταλαβεῖν. Ἀλλ' ὑμεῖς ἡμῖν ἔς τε ἀρετὴν, καὶ τὰς καλλίους ἁπάσας πράξεις, ἐν αἷς δὴ καὶ ἡμῖν τὸ εὔδαιμον κυροῦται, συλλαμβάνετε, τάς τε ἄλλας, καὶ ἐς τοῦ Διὸς τοῦ μεγάλου θεωρίαν τε καὶ ὕμνον, ἐφ' ὃν ἔσχατον δι' ὑμῶν ἐπιστρεφόμεθα, ὃς ὑμῖν τε καὶ ἡμῖν καὶ ἅπασι τοῖς οὖσιν ἁπάντων τῶν ἀγαθῶν δοτήρ τε καὶ χορηγὸς πρώτιστος, τοῖς δὲ δὴ λογικοῖς ἡμῖν καὶ τὴν ἑαυτοῦ, ὡς ἐφικτὸν ἑκάστοις, θεωρίαν παρέχων, συμπάντων κεφάλαιον ἀγαθῶν ἐπιτίθησιν.

Καὶ ταύτης τῆς προσρήσεως ἐν τῶν ἡμερῶν ταῖς βεβή-

1. P. ὀλυμπίω (sic). — 2. Post hæc verba lacuna est unius, ut videtur, lineæ hæc fere continentis : δέξαισθε, ἣν ὑμῖν τῆς τὴν μεγίστην τῶν εἰδῶν διαφορὰν ποιούσης, κ. τ. λ. — 3. P. ἡμετέρα. — 4. P. ἐῶντε.

t'honorons et te rendons grâces pour les biens que tu nous as donnés et que tu nous donnes; nous chantons des hymnes à ta gloire, et nous célébrons après toi et avec toi tes frères, les Dieux de l'Olympe. O vous, divinités éternelles et supérieures au temps, vous qui ne connaissez ni passé ni avenir, mais pour qui tout est présent et actuel, recevez favorablement cette allocution que nous vous adressons du degré inférieur où nous sommes placés dans l'échelle des êtres, à cette heure où déjà plus de la moitié du jour est passée, afin que, s'il est en nous quelque disposition vertueuse, elle se fortifie par la présence de votre pensée, et que nous ne laissions pas dépérir, par la succession des jours, des mois et des années, ce qu'il y a de divin en nous, mais qu'au contraire nous le conservions, grâce à vous, sans corruption et sans mélange. Neptune roi, et toi, Pluton, qui veilles sur les mortels, et vous tous, Dieux de l'Olympe, sans vous il ne nous est permis de jouir d'aucun bien; venez-nous en aide pour nous rendre la vertu facile, et assistez-nous dans les bonnes actions, qui nous assurent, à nous aussi, une part de félicité. Toutes sont dignes de votre assistance, mais surtout celle qui consiste à fêter et célébrer le grand Jupiter, vers qui nous nous tournons en dernier lieu, comme à celui qui est pour nous comme pour vous et pour tous les êtres le dispensateur suprême de toutes les grâces, et qui, nous accordant, en notre qualité d'êtres raisonnables, la faculté de nous élever, autant que le comporte la nature de chacun de nous, vers la contemplation et la célébration de son essence, met ainsi le comble à tous ses bienfaits.

Dans cette allocution, aux jours non consacrés, après

λοις, μετὰ τὸ κῶλον ἐκεῖνο [1], Καὶ τῆς ἑαυτῷ προσηκούσης ἐν τῷδε τῷ παντὶ ἕκαστος μοίρας προστατεῖν ὑπὸ σοὶ ἡγεμόνι εἴληχεν, ἐξαιροῦντας [2] τὸ μεταξὺ χωρίον, ἐπάγειν, Σὺ γάρ [3] τοι τούτοις σύμπασι κορυφαῖος ἡγεμὼν, καὶ τὰ ἑξῆς ἄχρι τῆς προσρήσεως τελευτῆς.

Δειλινῶν ἐς θεοὺς προσρήσεων δευτέρα [4].

Ἄναξ Κρόνε [5], σὺ παντὸς τοῦ νόθου τε καὶ Ταρταρίου θεῶν φύλου Διῒ τῷ μεγάλῳ παῖς πρεσβύτατος γέγονας, καὶ διὰ τοῦτο καὶ τὴν τούτων αὐτῶν ἡγεμονίαν ἐπιτέτραψαι. Σὺ σὺν Ἡλίῳ τῷ οὐρανοῦ τοῦδε ἡγεμόνι, τὴν συμπάσης τῆς θνητῆς φύσεως δημιουργίαν ἐπιτέτραφθον. Σοὶ Ἀφροδίτη συνοικεῖ, τῆς ἐν θνητοῖς τῇ διαδοχῇ ἀϊδιότητος προστάτις [6]. Ὑπὸ σοὶ οἱ τῆς τοιαύτης φύσεως τεταγμένοι εἰσὶ προστάται πάντες, ἄλλος ἄλλην αὐτῆς ἀπειληφότες μοῖραν· Πὰν μὲν τῆς τῶν ζώων τῶν ἀλόγων προεστηκὼς ἰδέας, Δημήτηρ δὲ τῆς τῶν φυτῶν, ἄλλοι τε [7] σύμπαντες οἱ κατὰ μέρη, οἱ μὲν μείζω, οἱ δὲ μείω, τῶν θνητῶν ἕκαστα διειληφότες. Ἐν οἷς καὶ Κόρη, ἡ τοῦ ἡμετέρου θνητοῦ προστάτις θεὸς, ἣν δὴ Πλούτων, ὁ τοῦ ἡμῶν αὖ ἀθανάτου ἄρχων, ἡρπακὼς, ἔχει τε καὶ σύνεστι, θεὸς Ὀλύμπιος θεοῦ Ταρταρίας ἐρασθεὶς, κοινωνίαν τε Ταρτάρῳ πρὸς Ὄλυμπον τοῖς τοῦ πατρὸς Διὸς θεσμοῖς μηχανώμενος. Καὶ σὺ δ', ὦ ἄναξ Ἥλιε, Διὸς μὲν τοῦ μεγάλου τῷ ἐν σοὶ θείῳ νῷ, Ποσειδῶνός τε τὰ ἐς ψυχὴν καὶ σῶμα,

1. Supra, p. 158, extr. — 2. P. ἐξαιροῦνται. — 3. Supra, p. 160.
4. Ex cod. Paris. 66 (suppl.), ubi tituli initio δειλινοῦ pro δειλινῶν

ce passage : « Mais tous ont reçu dans l'ensemble des choses les attributions qui leur conviennent et qu'ils exercent sous ta direction, » il faut supprimer ce qui suit pour reprendre à : « Toi, soumis au seul Jupiter, tu es le guide et le chef de tous les autres, » et continuer l'allocution jusqu'à la fin.

Suite des allocutions aux Dieux.

Seconde allocution de l'après-midi.

Saturne roi, tu es le premier de toute la race des Dieux du Tartare, enfants illégitimes de Jupiter, le roi suprême : c'est pourquoi tu as reçu l'autorité sur eux. Avec le Soleil, chef de notre monde, tu as été chargé de la création de la nature mortelle. Tu as pour compagne Vénus, qui préside à la transmission de l'éternité dans le monde mortel par la succession des êtres. Sous toi se rangent tous ceux qui gouvernent ces êtres selon les différentes attributions qu'ils ont reçues : Pan, qui règne sur la classe entière des animaux dépourvus de raison, Cérès, protectrice des plantes, et tous les autres Dieux auxquels ont été confiées des parts différentes du domaine mortel. Parmi eux est Proserpine, qui dirige la partie mortelle de notre être. Pluton, qui préside à notre nature immortelle, a enlevé cette déesse, et il la retient comme épouse : ainsi un Dieu de l'Olympe, épris d'une déesse du Tartare, établit un lien entre le Tartare et l'Olympe d'après les décrets de Jupiter. Et toi, Soleil roi, fils le plus ancien et le plus puissant du grand Jupiter par l'intelligence divine qui est en toi, comme aussi de Neptune par la

legitur. — 5. P. χρόνει — 6. P. προστάτης. — 7. P. ἄλλοι τέ σε σύμπ.

πρεσβύτατός τε καὶ κράτιστος γεγονὼς παῖς, κοινὸς μὲν ὅρος τῶν θ' ὑπερουρανίων καὶ τῶν ἐντὸς οὐρανοῦ θεῶν, ἡγεμὼν δὲ τοῦ παντὸς οὐρανοῦ τούτου πρὸς Ποσειδῶνος τοῦ σοῦ πατρὸς καθέστηκας. Σὺ μετ' ἄλλων ἐξ ἀδελφῶν τε σῶν καὶ ὀπαδῶν, Σελήνης, Ἑωσφόρου, Στίλβωνος, Φαίνωνος, Φαέθοντός τε καὶ Πυρόεντος [1], περιπορευόμενοι, καὶ Κρόνῳ τε καὶ τοῖς ἄλλοις Τιτᾶσι κοινωνοῦντες, τὴν θνητὴν σύμπασαν ἀποτελεῖτε φύσιν. Σὺ καὶ τοῖς πολλοῖς τε καὶ ἀνωτάτω τοῦ οὐρανοῦ τοῦδε ἄστροις, τῆς μεγαλοπρεποῦς ταύτης [2] χορείας ἡγῇ. Ὑπὸ σοὶ καὶ τὸ χθόνιον τῶν δαιμόνων ὑπηρετικόν [3] τε τοῖς ἄλλοις θεοῖς τέτακται φῦλον. Σὺ καὶ ἡμῶν τοῦ τε ἀθανάτου ἡγῇ, καὶ τὸ θνητὸν μετὰ Κρόνου τε καὶ τῶν ὑπὸ Κρόνῳ Τιτάνων πλάττετέ τε [4], καὶ ἐφ' ὅσον πέπρωταί γε ἑκάστοις, διασώζετε. Δι' ἃ δὴ καὶ ὑμᾶς ἡμεῖς μετὰ Ποσειδῶ τε καὶ τοὺς ἄλλους θεοὺς τοὺς Ὀλυμπίους σεβόμεθά τε, καὶ χάριν ὧν καὶ δι' ὑμῶν ἔχομεν ἀγαθῶν [5] ὁμολογοῦμεν. Δεόμεθά τε καὶ ὑμῶν, τοῦ τε ἀθανάτου ἡμῶν ἐπὶ τὴν καλλίω τε καὶ [6] ἀμείνω ἕξιν τοὺς ἡγουμένους ἡγεῖσθαι, καὶ τὸ [7] θνητὸν εὐήνιόν τε ἡμῖν καὶ εὔχρηστον κατὰ δύναμιν παρέχεσθαι. Καὶ διδοῖτε [8], ὦ θεοί, καὶ τῆσδε ἤδη τῆς ἡμέρας τὸ πολὺ περὶ τῶν πράξεων τὰς καθηκούσας διατετριφόσι [9], δεῖπνόν τε ἀναγκαῖον τῷ θνητῷ ἡμῶν τῷδε σώματι ὡς χρή τε καὶ σὺν ἀρετῇ ἑλέσθαι, δικαίως μὲν πεπορισμένους, εὐγνωμόνως δὲ τοῖς διηκονηκόσι χρησαμένους, τοῖς τε συνδείπνοις [10] ἴσως, ἐγκρατῶς δὲ καὶ πρὸς ὑγίειαν εὐχρήστως

1. Nomina sunt græca planetarum, quæ nec latine nec gallice verti sinit ambiguitatis periculum : cfr. pag. 210. Ceterum cod. ut nos. στίλβωνος, φαίνωνος, non στίλβοντος, φαίνοντος. — 2. P. ταύτας. 3. P. ὑπηρετικήν. — 4. P. πλάττεταί τε. — 5. P. ἀγαθοῦ.

nature de ton âme et de ton corps, limite commune entre les Dieux supracélestes et ceux qui habitent l'enceinte du ciel, tu as été chargé par ton père Neptune du gouvernement de tout ce ciel qui nous environne. Toi donc et tes six frères et compagnons : la Lune, Lucifer, Stilbon, Phænon, Phaéthon et Pyroïs, vous parcourez le ciel; et tous, vous unissant à Saturne et aux autres Titans, vous parfaites l'ensemble de la nature mortelle. C'est toi qui conduis dans les régions les plus élevées de notre ciel ce chœur brillant et nombreux des astres. Sous toi vient se ranger aussi cette race terrestre de Démons chargée d'exécuter les ordres des autres Dieux. Enfin tu présides encore à la partie immortelle de notre nature, et avec le concours de Saturne et des Titans qui lui obéissent, tu formes l'autre partie, à savoir, notre corps mortel, et tu la conserves autant que le permet la destinée de chacun de nous. C'est pourquoi, après Neptune et les autres Dieux de l'Olympe, nous vous invoquons aussi et vous adressons des actions de grâces en reconnaissance des biens que nous tenons de vous. Nous prions ceux d'entre vous que ce soin concerne, de guider notre nature immortelle vers le bien et le beau, et de rendre autant que possible notre nature mortelle soumise et docile. Accordez-nous, ô Dieux, maintenant que nous avons consacré la plus grande partie de ce jour à l'accomplissement de nos devoirs, de prendre le repas nécessaire à notre corps mortel dans les conditions qui conviennent à des hommes vertueux, c'est-à-dire, d'abord avec la conscience de l'avoir gagné justement, puis avec reconnaissance pour ceux qui l'ont préparé et amitié pour ceux qui le partagent avec nous, enfin avec tem-

6. P. καὶ non habet. — 7. P. τὸν θνητὸν.
8. P. δίοιτε. — 9. P. διατριφόσιν. — 10. P. divise, σὺν δείπνοις.

προσενεγκαμένους [1], ἔτι τε καθαρίως [2] τε ἅμα καὶ ἀθρύπτως· καὶ τὸ λοιπὸν τῆς τε ἡμέρας καὶ τοῦ βίου, ὡς κάλλιστά τε καὶ ἄριστα κατὰ δύναμιν διελθεῖν. Ἐς δὲ τὴν Διὸς τοῦ βασίλεως θεωρίαν τε καὶ ὕμνον, ὁπότε τε ἄλλοτε δέοι, καὶ δὴ καὶ τηνικάδε, ὅπως, ἐφ' ὅσον ἡμῖν ἐφικτὸν, ἀξίως ἐν τῇ προσρήσει ὑμνήσαιμεν, καὶ ὑμεῖς συλλάβετε.

Καὶ ταύτης τῆς προσρήσεως ἐν τῶν ἡμερῶν ταῖς βεβήλοις μετὰ τὸ κῶλον ἐκεῖνο [3], Ἄλλος ἄλλην αὐτῆς ἀπειληφότες μοῖραν, ἐξαιροῦντας τὸ μεταξὺ χωρίον, ἐπάγειν, Καὶ σὺ δ' [4], ὦ ἄναξ Ἥλιε, καὶ τὰ ἑξῆς ἄχρι τοῦ, Σὺ μετ' ἄλλων [5] ἓξ ἀδελφῶν τε σῶν καὶ ὀπαδῶν· ἔπειτα ἐξαιροῦντας αὖ τὰ μεταξὺ τῶν ἓξ πλανήτων ὀνόματα, ἐπάγειν, Περιπορευόμενοι [6] καὶ Κρόνῳ τε καὶ τοῖς ἄλλοις Τιτᾶσι κοινωνοῦντες, καὶ τὰ ἑξῆς ἄχρι τῆς προσρήσεως τελευτῆς. Ἐν μέντοι ταῖς νηστείαις, τούτων μὲν οὐδέτερον· τὸ δὲ περὶ τοῦ δείπνου μόνον [7] ἐξαιρεῖν [8] χωρίον, ἅτε οὐ τηνικαῦτα δειπνήσοντας.

Δειλινῶν [9] ἐς θεοὺς προσρήσεων τρίτη τε [10] καὶ κυριωτάτη πασῶν, ἡ ἐς τὸν βασιλέα Δία [11].

Αὐτοὼν [12], αὐτοὲν, αὐτοαγαθὲ Ζεῦ, ὃς τῷ μηδαμόθεν ἑτέρωθεν γεγονέναι, ἀλλ' αὐτὸς ἐκ σαυτοῦ εἶναι, ὄντως [13]

1. P. προσενεγκαμένω. — 2. P. καθαρείως.
3. Supra, p. 164, sub med. — 4. Ibid. sub finem. — 5. p. 166, initio.
6. Ibid. paulo infra. — 7. P. μόνου. — 8. P. ἐξεῖν (sic).
9. Ex cod. Monac. 237, magnam etiam partem ex Par. 66 (suppl.).

pérance et profit pour notre santé, comme avec propreté et sans recherche. Donnez-nous d'employer le reste de ce jour et de notre vie de la manière la meilleure et la plus belle qui soit en notre pouvoir. Aidez-nous enfin à contempler le roi Jupiter et à le célébrer par nos hymnes toutes les fois qu'il le faut, mais surtout en ce moment, afin que nos prières soient aussi dignes de lui que possible.

Dans cette allocution, aux jours non consacrés, après ce passage : « Selon les différentes attributions qu'ils ont reçues, » il faut supprimer ce qui suit pour reprendre à : « Et toi, Soleil roi, » continuer jusqu'à : « Toi donc et tes six autres frères et compagnons, » retrancher ici les noms des six planètes pour reprendre à : « Vous parcourez le ciel, et tous, vous unissant à Saturne et aux autres Titans, » et continuer jusqu'à la fin de la prière. Aux jours de jeûne, il ne faut rien retrancher; on supprimera seulement le passage relatif au repas, puisqu'il ne doit avoir lieu que plus tard.

Suite des allocutions aux Dieux.

Troisième allocution de l'après-midi, la plus importante de toutes, adressée à Jupiter roi.

Être, unité, bonté absolue, Jupiter, toi seul ne dois l'existence à aucune autre càuse que toi-même, toi seul

usque ad verba εἴδει τε καὶ νῷ, infra, pag. 178.

10. M. δευτέρα τε. Nam ibi, quum priores duæ omissæ fuerint, statim hæc post matutinam subit, ideoque secunda dicitur.

11. Addit M. alterum titulum satis corruptum : Δειλινῶν ἐς θεοὺς πρόσρησις (sic). — 12. M. αὐτὸ ὢν, αὐτὸ ἕν, αὐτὸ ἀγ. — 13. P. οὕτως.

τε ὢν τῷ ὄντι εἶ, καὶ ἔτι εἰλικρινῶς ἕν, οὐ πολλά τε ὁμοῦ ὁ αὐτὸς καὶ ἕν, ἅτε δὴ οὐδ' ἑνὸν[1] οὔτ' ἂν ἐξ ὁμοίως τῶν πάντων ἀγενήτων[2] ἕν τι συστῆναι, ἑτέρου γὰρ ἂν δέοιτο καὶ κρείττονος ἅμα τοῦ συνέξοντος· οὔτ' ἂν ἐξ ἑνὸς μὲν ἀγενήτου, τῶν δ' ἄλλων ἀπὸ τούτου ἤδη προϊόντων, οὐ γὰρ ἂν ἔτι συμφυᾶ τῷ αὐτῷ δι' αὐτὸ ὄντι[3] τὰ δι' ἕτερον ἤδη ὄντα, καὶ[4] τοσούτῳ διακρινόμενα, προΐοι. Σὺ δ' ἕν τε μόνως καὶ αὐτὸς σαυτῷ πάντῃ πάντως[5] ὁ αὐτὸς ὤν, τοῦθ' ὃ εἶ, αὐτὸ εἶ τἀγαθὸν, καὶ διὰ ταῦτα ἄκρως τε ἀγαθὸς εἶ, καὶ πρὸς τἆλλα πάντα, ἐκ σοῦ τε ὄντα[6] καὶ διά γε σὲ κάλλιστα ἔχοντα, αὐτὸς ἀσύμβλητον ἔχων τὴν ὑπεροχὴν, πάτερ πατέρων αὐτοπάτορ[7], δημιουργέ τε δημιουργῶν, γενητῶν ἀγένητε, καὶ βασιλεῦ βασιλέων τε καὶ ἀρχόντων πάντων ὑπέρτατε, ὃς μόνος τῷ ὄντι αὐτοκράτωρ τε καὶ ἀτελὴς εἶ, ἐς ὃν οὐδὲν οὐδενὶ ἔξεστιν, ἀλλ' αὐτὸς ἄρχουσι πᾶσι, μείζοσί[8] τε ὁμοῦ καὶ μείοσι, τὰς πρεπούσας ἑκάστοις καταστάσεις τε καὶ θεσμοὺς νέμεις, καὶ πάντα εὐθύνων ὀρθοῖς, ὀρθοτάτῃ[9] τε δὴ καὶ ἀπαρατρέπτῳ γνώμῃ· δέσποτα, δέσποτα μέγιστέ τε ὁμοῦ καὶ κυριώτατε, δεσποτῶν τε αὖ ἐς τὰ μάλιστα καὶ κυρίων πάντων μειλίχιε, ᾧ τὰ πάντα ἀπὸ τοῦ πρεσβυτάτου ἀρξάμενα[10] ἄχρι τῶν ἐσχάτων, δουλεύει δουλείαν[11] πασῶν δικαιοτάτην τε καὶ ἐπὶ τῷ σφετέρῳ ἅμα ἀγαθῷ, ἅτε πρὸς μὲν σοῦ γεγονότα τε καὶ ὄντα, γεγονότα δὲ σοὶ, οὐδὲν

1. P. οὐδ' ἑνὸς, ubi M. οὐδὲ ἑνόν.
2. M. ἀγενήτων omisit, ac deinde uterque cod. ἐς ἕν τι.
3. P. οὔτι. — 4. P. κοὐ. — 5. M. πάντος (sic).
6. Post ὄντα, linea hæc integra, καὶ διά γε -ἔχων, abest ex apographo nostro Parisiensi.
7. P. αὐτοπάτωρ.

es d'une essence vraiment essentielle et d'une unité absolue, non pas d'une unité multiple, car il ne se pourrait faire ni que plusieurs êtres tous incréés se réunissent en un seul tout, puisqu'ils auraient besoin d'un autre être plus puissant pour les assembler, ni qu'un seul être étant incréé, d'autres procédant de lui vinssent se fondre en lui, parce qu'il n'y aurait plus communauté de nature entre ce principe existant par soi-même et les êtres qui, tirant d'ailleurs leur origine, se distingueraient de lui par cette différence capitale. Mais seul tu es l'unité, tu es toujours et en tout identique à toi-même, tu es le bien absolu : aussi es-tu souverainement bon en toi-même ; et par rapport aux autres êtres descendus de toi et constitués par toi dans un état de perfection, tu as sur eux tous une supériorité incommensurable. Père des pères, qui es à toi-même ton propre père, créateur des créateurs, auteur incréé de toutes les choses créées, roi des rois, qui domines sur toutes les puissances ; seul tu es maître absolu, indépendant, rien ne peut contre toi, mais, commandant à tous ceux qui commandent, grands ou petits, tu fixes à chacun d'eux son état et ses lois, tu les règles et les diriges tous de la manière la plus droite par ton immuable volonté ; maître souverain, maître des maîtres, et en même temps maître doux et bon entre tous, auquel tout se rattache comme à son principe originel depuis le premier jusqu'au dernier des êtres, pour servir dans une juste servitude qui est le bien suprême de ceux qu'elle enchaîne ; car c'est par toi qu'ils ont été créés

8. M. μείζουσι, et postea μείουσι.

9. P. ὀρθοτάτους.

10. M. ἀρξάμενος.

11. Confer simillima de Fato, supra, lib. II, cap. 6, pag. 74.

μὲν αὐτῶν δεομένῳ, τὸ δὲ σαυτῷ ἄκρως ἀγαθῷ ὄντι προσῆκον ἀποδοῦναί τε βουληθέντι, καὶ ἀγαθὰ ἅπαντα, ὁπόσα τε καὶ ἐς ὅσον γε ἐνῆν κάλλιστα ἔχοντα παραγαγόντι· σὲ ὑμνοῦμεν, οἱ συμπάσης τῆς λογικῆς φύσεως τὸ ἔσχατον εἰληχότες ἡμεῖς, καὶ εὐφημοῦμέν τε, καὶ γεραίρομεν οἷς δυνάμεθα ὡς εὐαγεστάτοις γέρασι, τήν τε περὶ σὲ πᾶσαν διατριβὴν ἡμῶν τῆς πράξεως τὸ μακαριώτατον ἄγομεν. Σὲ πολὺ πρὸ ἡμῶν καὶ ἡ θεῶν σύμπασα νοερά τε καὶ λογικὴ φύσις [1] ὑμνεῖ. Σὺ γὰρ δὴ θεὸς ὤν, προαιώνιός τε καὶ πάντη πάντως ἀγέννητος, ἄκρᾳ γνώμης χρηστότητι [2] οὐκ ἐφθόνησας μὴ οὐ καὶ θεῶν γεννητῶν τινων πατήρ τε καὶ δημιουργὸς γεγονέναι [3], τῶν μὲν αὐτὸς διὰ σαυτοῦ ἀμητόρων γε, τῶν δὲ καὶ διὰ τούτων αὖ [4] τῶν πρεσβυτάτων, τῶν γε ἐκ σοῦ ἤδη γεγονότων. Σὺ μὲν γὰρ τῆς σεαυτῷ προσηκούσης τῶν ὄντων μοίρας, τῆς ἀκινήτου τε δὴ καὶ αἰωνίου, καὶ ὕλης ἐπ' ἄπειρόν τινος μεριστῆς οὐσίας χωρὶς οὔσης, αὐτὸς διὰ σαυτοῦ γίγνῃ δημιουργὸς, ἃ δὴ εἴδη τε αὐτὰ καθ' αὑτὰ ὑφεστηκότα παράγεις, καὶ θεούς τινας σαυτῷ τε μᾶλλον ὁμοίους [5] καὶ ὑπερουρανίους, οὐδένα μὲν οὐδενὶ ἴσον αὐτῶν, ἀλλ' ἄλλον ἄλλου [6] ἀεὶ λειπόμενον, ἵνα δὴ καὶ εἷς ἐν τῇ ἰδέᾳ τῇ ἑαυτοῦ ἕκαστος ὤν, σοὶ καὶ τοῦτο ὅμοιον ἔχωσιν· ἔτι δὲ σύμπαντας ἐς μὲν ἀριθμόν τινα αὐτάρκη περαίνοντας, ἐς δ' ἕν τι μέγα καὶ τέλειον συνιόντας αὖ σύστημα, τὸν ὑπερουράνιον σύμπαντα διάκοσμον, ἵνα δὴ ἰδίᾳ τε ἕκαστος, καὶ ἅμα κοινῇ ἓν ἅπαντες ὦσι· τούτους ἐς δύο τὼ [7] πλεῖστον ἀλλήλοιν διεννενοχότε [8] διελὼν γένη, τὸ μὲν, γνήσιόν τι

1. P. φύσιν. — 2. P. χρηστότητος.
3. P. male huc verba intrudit, καὶ διὰ τούτων, ex linea sequenti.
4. P. διὰ τοῦ τῶν αὐτῶν πρεσβυτάτου. — 5. P. ὁμοίως.
6. M. ἀλλ' ἄλλου ἄλλος. — 7. M. et P. τῷ. — 8. M. et P. διενηνόχατε.

et qu'ils existent, par toi et pour toi qui n'avais aucun besoin d'eux, mais qui as voulu satisfaire à ta bonté suprême en produisant tous les biens possibles au degré le plus parfait possible. C'est pourquoi nous te chantons et nous exaltons tes bienfaits par de pieux hommages, nous tous placés, bien qu'au dernier degré, dans le domaine de la nature raisonnable; nous te célébrons et nous t'offrons les hommages les plus pieux qu'il soit en nous de t'offrir. Un exercice religieux dont tu es l'objet est pour nous le plus fortuné de tous les actes. Mais nos hommages sont dès longtemps devancés par ceux de la nature intelligente et raisonnable des Dieux. En effet, Dieu prééternel et incréé, dans la suprême bonté de ta pensée, tu n'as pas dédaigné de procréer d'autres Dieux, les uns par toi-même sans le secours d'une mère, les autres par l'intermédiaire du plus ancien de ces mêmes Dieux qui sont sortis de toi. Car d'abord tu es par toi-même l'auteur des êtres qui forment la classe la plus rapprochée de ta nature, de ceux dont la substance est immuable et éternelle; et sans le concours de la matière divisible à l'infini, toi-même par toi-même, tu produis des êtres existants en eux-mêmes, des Dieux plus que tous les autres semblables à toi, à savoir, les Dieux supracélestes. Séparément, aucun d'eux n'est égal à l'autre, puisqu'ils sont tous relativement inférieurs ou supérieurs, afin que chacun d'eux étant un dans son individualité, par là encore se rapproche de toi autant que possible; mais, collectivement, ils forment un nombre suffisant et un grand et parfait ensemble qui constitue le système supracéleste; de sorte que chacun jouit de sa personnalité et se fond pourtant dans l'unité générale. Tu as divisé ces Dieux en deux familles, l'une composée de tes enfants légitimes : ce sont les σεαυτοῦ ἔκγονον Ὀλύμπιόν τε θεῶν γένος ἀπέφηνας· τὸ δὲ, Τιτάνων τι γένος Ταρτάριόν τε καὶ νόθον, ἅτε γενέσεως μέν σοι τῆς αὐτῆς τῷ προτέρῳ κεκοινωνηκὸς, τῆς δὲ δυνάμεώς τε καὶ ἀξίας πολλῷ που λειπόμενον. Καὶ Τιτάνων μὲν τούτων Κρόνον τὸν πρεσβύτατόν τε καὶ ἡγησόμενον· τῶν δ' Ὀλυμπίων τε καὶ ἅμα τῶν πάντων πρεσβύτατόν τε καὶ ἐς ὅσον γε ἐνῆν κράτιστον, Ποσειδῶ τὸν μέγαν γεγέννηκας [1], εἰκῶ τε αὐτὸν σεαυτοῦ, ἐς τὸ ἀκριβέστατον ἐξεικασμένην, κατά γε δὴ τὸ ἐγχωροῦν, ἀπειργασμένος, καὶ πέρας τῆς τῶν ὄντων συμπάσης γενέσεως τελειότητος. Καὶ δὴ ἵνα σοι καὶ ἔτι μᾶλλον ὁμοίως ἔχῃ, τήν τε τῶν ἁπάντων [2] αὐτῷ ἀρχήν τε καὶ ἡγεμονίαν ἐπιτρέπεις, καὶ πρός γε ἔτι τὴν τοῦδε τοῦ οὐρανοῦ γένεσίν τε καὶ δημιουργίαν, συνεργοῖς καὶ [3] τοῖς ἄλλοις ἀδελφοῖς ἄλλῳ ἐπ' ἄλλο χρωμένῳ θεοῖς. Οὗτός σοι τόνδε τεκταινόμενος τὸν οὐρανὸν, σέ τε μιμούμενος, καὶ μηχανώμενος, ὅπως σοι ὡς κάλλιστα αὐτὸν ἕξοντα ἀπεργάσαιτο, καὶ τρίτην ἔτι θεῶν τινα φύσιν γεγεννηκὼς αὐτῷ ἐγκαθίστησι, ψυχῇ ἤδη καὶ σώματι συμπεπηγότων, ἵνα δὴ ἐγγύθεν αὐτὸν σώζοιέν τε συνόντες, καὶ ἅμα κοσμοῖεν. Αὐτὸς γὰρ ἑαυτῷ τε καὶ συμπάσῃ τῇ καθ' ἑαυτὸν οὐσίᾳ, τῇ ὕλης πάντῃ τε καὶ πάντως χωριστῇ, παραδείγματι χρώμενος, εἴδη μὲν καὶ τῷδε ἐνεποίει τῷ οὐρανῷ, καὶ συνετίθει ἐξ εἰδῶν αὐτὸν, οὐκέτι μέντοι πάντῃ χωριστῶν τινων, ἀλλ' ἐφ' ὕλης, ἧσπερ Ἥρα αὐτῷ ἀδελφή τε δὴ ἅμα καὶ δάμαρ χορηγὸς ἦν, βεβηκότων, ἐκείνων γε μὴν εἰκόνων, καὶ πρὸς ἐκεῖνα ἀφωμοιωμένων. Ὧν διττὸν [4] τὸ γένος ἀπεργαζόμενος, τὸ μὲν πάντῃ ἀχώριστόν τι τῆς ὕλης ἐποίει καὶ ταύτης ἐξημμένον, τὸ ἄλογον δὴ εἶδος σύμπαν, τὸ δ' [5]

1. P. γεγένημαι. — 2. M. παντων.

Dieux de l'Olympe; l'autre est la race des Titans, Dieux du Tartare, tes enfants illégitimes. Ceux-ci tirent de toi leur origine comme les autres, mais ils sont bornés à une infériorité de puissance et de dignité. Le plus ancien des Titans, celui que tu as créé pour être leur chef à tous, est Saturne. Le plus ancien et le plus puissant des Dieux de l'Olympe, et en même temps de tous les Dieux, est le grand Neptune, celui que tu as fait ton image la plus parfaite possible, le terme extrême de la perfection dans tout l'ensemble des êtres. Pour l'assimiler encore plus à toi, tu lui as donné l'autorité souveraine sur le monde, et de plus la faculté de produire et de créer tous les êtres renfermés dans l'enceinte du ciel, en s'adjoignant toutefois quelqu'un de ses frères pour chacune de ces créations partielles. Lui, alors, organisant notre ciel pour toi et à ton exemple, cherchant en vue de toi à mener les choses à leur plus haut point de beauté, crée une troisième nature de Dieux composés de corps et d'âme qui de plus près veillent à l'ordre et à la conservation des choses. Or, voici comme il les engendre : prenant pour modèle sa propre nature et toute la nature intelligente et immatérielle qui l'environne, il crée aussi des idées pour notre monde, mais des idées à qui il ne donne pas une existence tout à fait séparée; il les fait au contraire unies à la matière que lui fournit Junon sa sœur et son épouse, de sorte toutefois qu'elles n'en soient pas moins les images des autres idées, c'est-à-dire, des idées du monde supérieur sur lesquelles elles sont modelées. Il en forme une double catégorie, l'une entièrement dépendante de la matière : ce sont tous les êtres sans raison; l'autre qui n'en dépend plus, mais

3. P. καὶ omittit. — 4. P. διττήν. — 5. P. τόδ'.

οὐκέτι αὐτῆς ἐξημμένον, ἀλλὰ τοὐναντίον αὐτὸ ἔχον αὐτὴν ἐξημμένην[1], καὶ ἔργῳ μὲν οὐ χωριστὸν, τῇ δὲ δυνάμει χωριστόν τέ τι καὶ αὐτὸ ὂν, καὶ τῇ καθ' ἑαυτὸν οὐσίᾳ τῇ ὑπερουρανίῳ ταύτῃ συγγενέστερον, τὴν ψυχὴν δὴ[2] τὴν λογικήν. Ἧς αὖ τριχῇ τὸ εἶδος διαιρῶν, τὸ μὲν πάντων τέ τι ἐπιστημονικὸν ἐποίει, καὶ γνήσιον ἑαυτοῦ ἔκγονον, τὸ τῶν ἄστρων, θεῶν γεγονὸς γένος οὐράνιον· τὸ δ' οὐ πάντων μὲν ἐπιστημονικὸν, ὀρθοδοξαστικὸν δὲ πάντων, ὧν γ' ἂν[3] μὴ τῇ ἐπιστήμῃ ἐφικνοῖτο, νόθον τέ τί οἱ καὶ χθόνιον[4] γεγονὸς γένος δαιμόνων, καὶ θεῶν τε ἔσχατον πάντων, καὶ τούτοις ὅπῃ δέοι ὑπηρετικόν· τὸ δ' οὐ[5] περὶ πάντα ὀρθοδοξαστικὸν, ἀλλ' ἁμαρτητόν τε, καὶ οὐ πάνυ τοι[6] σπουδαῖον ἑαυτοῦ ἔκγονον, τήν γε ἡμετέραν καὶ ἀνθρωπίνην ψυχὴν, τοῦ τῶν δαιμόνων τούτου γένους ἐφεξῆς που γεγονυῖαν. Τοῦ δ' ἑτέρου τε καὶ ἀλόγου εἴδους τέτταρα τὰ πρεσβύτατα ἐποίει σωμάτων εἴδη, πῦρ τε καὶ ἀέρα καὶ ὕδωρ καὶ γῆν· ὧν τοῦ καλλίστου τε καὶ ἐλαχίστην[7] ἐν μεγίστῳ ὄγκῳ κεκτημένου ὕλην, τοῦ πυρὸς, καὶ ταῖς γε ψυχαῖς τὰ ὀχήματα[8] ἀπολαμβάνων ὑπεζεύγνυ, τοῦ μὲν λαμπροῦ τε αὐτῶν καὶ φλογώδους, τῶν ἄστρων, τοῦ δ' ἀοράτου καὶ αἰθερίου, τῶν τε[9] δαιμόνων καὶ ψυχῶν τῶν ἡμετέρων· συνετίθει τε οὕτω γε δὴ[10] ἔκ τε ψυχῆς καὶ σώματος ζώων τριττὰ ἀθανάτων τε καὶ λογικῶν γένη, τοῖς Ὀλυμπίοις τῶν ἀδελφῶν, ἄλλῳ ἐπ' ἄλλο[11], συνεργοῖς ἐς τῶν τῇδε ἀθανάτων τὴν γένεσίν τε καὶ δημιουργίαν χρώμενος, τῶν τε τριττῶν τούτων ζώων γενῶν, τῶν τε τεττάρων ἐκείνων σωμάτων πρεσβυτάτων. Ἔτι δὲ τοῦ

1. M. iterum ἐξημμένον. — 2. P. δὲ pro δή. — 3. P. ὧν γάρ.
4. P. οἱ καὶ χθόνιοι, ubi pessime M. οἰκοχθόνιόν γε γεγονός.
5. P. ὑπηρετικήν· τί δ' οὐ. — 6. P. et M. πάνυ τι.

qui au contraire la tient sous sa dépendance. Celle-ci, sans avoir une existence séparée de fait, l'a cependant virtuellement, et par là se rapproche plus de ta nature, c'est-à-dire, de celle des êtres supracélestes : c'est l'âme raisonnable. Cette âme se partage en trois espèces : la plus élevée, celle qui connaît tout, est fille légitime de Neptune lui-même, elle forme la race des astres divins ; l'âme qui ne connaît pas tout, mais qui a une opinion saine de tout ce qu'elle connaît, est une fille illégitime de Neptune, c'est l'âme déjà terrestre des Démons ou Dieux du dernier ordre, n'agissant que sous la direction des grands Dieux ; enfin vient l'âme qui n'a point de toutes choses une opinion exacte, qui est sujette à l'erreur et qui n'est pas la plus parfaite des œuvres de son Créateur : c'est notre âme, l'âme humaine, qui vient immédiatement après celle des Démons. Quant à l'autre substance, celle qui est privée de raison, Neptune en a fait quatre espèces principales de corps : le feu, l'air, l'eau et la terre. Choisissant le plus beau de ces éléments, celui qui contient le moins de matière sous le plus grand volume, à savoir, le feu, il a fait de sa partie la plus pure et la plus brillante le véhicule des âmes des astres, et de l'autre, invisible et éthérée, le véhicule de nos âmes et de celles des Démons. Ainsi unissant toujours une âme à un corps, il en a composé les trois classes inférieures d'êtres immortels et raisonnables. Toutefois il n'a pas agi seul, mais il s'est servi du concours de ses frères, les autres Dieux Olympiens, dont chacun a pris sa part dans la création des êtres immortels de notre ciel, à savoir des trois espèces d'âmes, et dans celle des quatre espèces de corps les plus anciennes de toutes et les plus im-

7. M. ἐλαχίστου. — 8. P. ὀχμήματα. — 9. P. et M. τά τε.
10. P. οὕτω δὲ δή. — 11. P. τῶν ἀδελφῶν ἐπ' ἄλλω.

γένους τοῦ τῶν ἄστρων, τὸ μὲν πολὺ ἀπλανὲς πεποιηκὼς, ἐπί τε θεωρίαν τὴν τῶν ὄντων ἀφῆκε καὶ ὕμνον τὸν σόν. Ἑπτὰ δ' αὐτῶν πλανητὰ ἀπειργασμένος [1], ἄλλο πρὸς ἄλλο εἶδος τῶν αἰωνίων ἴδιόν τε καὶ προσεχὲς, πρῶτα μὲν ἕκαστον αὐτῶν τῷ ἰδίῳ τούτῳ εἴδει τε καὶ νῷ [2] ὑπεζεύγνυ, καὶ συνετίθει ἔκ τε νοῦ τινος αἰωνίου καὶ ψυχῆς καὶ σώματος τριττήν τινα ἔχον ἕκαστον φύσιν, κοινωνίαν τέ τινα καὶ σύνδεσμον τῷ τε ὑπερουρανίῳ διακόσμῳ καὶ οὐρανῷ τῷδε σοῖς κρατίστοις μηχανώμενος θεσμοῖς. Καὶ αὐτῶν ὃν κάλλιστόν τε καὶ ἄριστον γεγεννήκει, Ἥλιον, τῆς τε τῶν ἐν τῷδε τῷ οὐρανῷ φύσεων τελειότητος πέρας αὐτὸν ἀπειργασμένος καὶ νῷ τῶν μεθεκτῶν τούτων τῷ κρατίστῳ ὑπεζευχὼς [3], τούτῳ καὶ τὴν τοῦδε τοῦ οὐρανοῦ παντὸς ἡγεμονίαν ἐπέτρεψεν, ἐπεί σοι ἔδει καὶ θνητῆς τινος τόδε τὸ πᾶν μετασχεῖν φύσεως, ἵνα σοι ὄντως [4] ἅπαν ἀποτελεσθῇ. Ἡλίῳ τε δὴ τούτῳ, καὶ ἅμα Κρόνῳ τῶν σῶν νόθων πρεσβυτάτῳ παίδων [5], τὴν τούτων γένεσιν ἐπιτρέπει· ᾧ [6] ἐπὶ ταύτης ἤδη τῆς λειτουργίας τεταγμένω, τῶν θηρίων τε καὶ φυτῶν παντοδαπῶν, εἴ τέ τι ἄλλο τούτοις συγγενὲς πέφυκεν, ἀπεργάζεσθον γένεσιν, συνεργοῖς ἄλλῳ ἐπ' ἄλλο καὶ τοῖς ἄλλοις ἑκάτερος [7] ἀδελφοῖς χρωμένω, ὁ μὲν τοῖς Ταρταρίοις, ὁ δὲ τῶν πλανήτων τοῖς λοιποῖς. Ὧν δὴ τὴν πλάνην τε καὶ κίνησιν τοτὲ μὲν προσαγόντων, τοτὲ δ' ἀπαγόντων τῶν διατιθεμένων, θνητὰ καὶ τὰ γεννήματα [8] ἀποβαίνειν· τοὺς

1. P. ἀπειργασμένου, sed M. ut nos.

2. Magna hic incipit lacuna codicis Parisiensis, in quo statim ab his verbis transitur ad versum sextum hymni metrici 26 : σώματος ἐμμελέεσσι, κ. τ. λ. sine ulla vel intervalli nota vel metrorum distinctione.

3. M. ὑποζευχώς. — 4. M. ὄντος, cum ω superscripto.

portantes. Pour les astres, il en a établi deux classes : l'une, nombreuse, immobile, occupée à contempler les êtres et à te glorifier ; l'autre, composée de sept astres errants qui ressemblent et correspondent chacun à quelqu'une des idées éternelles : et pour cela il a d'abord uni chaque astre à l'idée ou intelligence qui lui est propre ; il l'a composé d'une intelligence éternelle, d'une âme et d'un corps, et ainsi il en a fait une triple nature qui sert de lien et de rapport entre ce monde et le monde supracéleste, rapport admirable établi par tes lois toutes-puissantes. Il a fait le plus beau et le meilleur d'entre eux, le Soleil, terme suprême de la perfection des créatures contenues dans l'enceinte du ciel. Il l'a uni à la plus puissante de ces intelligences susceptibles de se communiquer, et l'a chargé du gouvernement du ciel : car il fallait que l'Univers eût aussi sa part de la nature mortelle, afin que rien ne manquât à ton ouvrage. La production des êtres dont se compose notre monde a été confiée au Soleil et en même temps à Saturne, le premier de tes enfants illégitimes. Tous deux, chargés de cette mission, produisent les animaux, les plantes de toute espèce et tous les êtres d'une nature analogue, aidés dans cette création chacun par ses autres frères, à savoir, l'un par les Dieux du Tartare, l'autre par les planètes. Celles-ci, dans leur mouvement et leur révolution, se rapprochant ou s'éloignant tour à tour des êtres sur lesquels elles agissent, en font ainsi des

5. Hic ad marginem codicis ascriptum est eadem manu : καὶ μάλα γνησίω · τῷ τοῦ ἀγαθοῦ ἐκγόνω, id est, γνησίῳ, τῷ..... ἐκγόνῳ. Quod nos quidem vix intelligimus, nisi ægre tulit librarius nothæ originis maculam Saturno inuri ejusque fratribus, quippe qui, non minus quam Olympii illi, ab ipso boni auctore procedant.
6 M. ὦ. — 7. M. ἑκατέροις. — 8. M. γενήματα.

γάρ τοι ἑτέρους τούτων δημιουργοὺς, τοὺς μένοντάς[1] τε δὴ καὶ Ταρταρίους, οὐκ ἄνευ τῆς τούτων κοινωνίας γεννᾷν ἱκανούς σοι γεγονέναι. Οὗτοι καὶ ψυχὰς τὰς ἡμετέρας, ἀθανάτους μὲν πρὸς Ποσειδῶνος γεγονυίας, οὐκέτι δ' ἀκηράτους πάμπαν, παρειληφότες, τῇ θνητῇ τῇδε ἑκάστοτε διὰ τακτῶν τινων ἑκάστῳ[2] χρόνων φύσει συντιθεῖσί τε καὶ πάλιν ἐνθένδε ἀπολύουσι, σύνδεσμόν τινα ἐκ τῶν ἐνόντων δυοῖν τοῖν ἐν τῷδε τῷ οὐρανῷ μοίραιν, τῆς τε ἀθανάτου καὶ θνητῆς, σοῖς μὲν θεσμοῖς, τοῦ δὲ σφῶν ἡγεμόνος ἐντολαῖς Ποσειδῶνος μηχανώμενοι. Καὶ δὴ οὕτω σοι ἡ σύμπασα τοῦ ὄντος γένεσις ἐν τριττοῖς φύσεων γένεσιν ἀποτετέλεσται, τοῦ μὲν πρεσβυτάτου, πάμπαν τε δὴ ἀκινήτου τινὸς καὶ αἰωνίου γένους, αὐτοῦ σοῦ γεγονότος δημιουργοῦ· τοῦ δ' ἀϊδίου μὲν καὶ αὐτοῦ, κινητοῦ δ' οὖν καὶ ἐγχρόνου, τῶν σῶν παίδων τοῦ κρατίστου Ποσειδῶνος τῆς γενέσεως ἡγησαμένου· τοῦ δ' αὖ ἐσχάτου τε καὶ θνητοῦ παντὸς, Ἡλίου τε δὴ καὶ ἅμα Κρόνου τῇ γενέσει λειτουργούντοιν. Συνδέδεται [δέ[3]] σοι ἀλλήλοις τὰ γένη, τὸ μὲν πρεσβύτατον τῷ μέσῳ, τῇ Ἡλίου τε καὶ πλανήτων τῶν ἄλλων συστάσει· τὸ δ' αὖ μέσον τῷ ἐσχάτῳ, τῇ ἡμετέρᾳ τε καὶ τῶν ἡμετέρων πραγμάτων καταστάσει. Καὶ ἕν τέ τί σοι τὸ πᾶν καὶ παντελὲς ἅμα ἀπείργασται, καὶ ταύτῃ τε δὴ κάλλιστα ἔχον, καὶ ἀΐδιόν τι γεγονὸς, οὐ πρότερον μὲν οὐκ ὂν, ὕστερον δέ σοι καὶ ἐξ ὑπογυίου ἐς τὴν γένεσιν παρηγμένον, οὐδ' αὖ ποτε ἀπολούμενον· ἔτι δὲ τὸ αὐτό τε ἀεὶ καὶ ἀκίνητον σῶζον σχῆμα, ἅτε σοι οὔτ' ἂν μὴ παράγειν πότ' αὐτὸ ὂν θεμιτὸν, ἀγαθῷ ἄκρως πεφυκότι, οὔτ' αὖ χεῖρόν γέ ποτε ἐξὸν[4] ἀποδοῦναι, ἢ οἷον ἂν γεγονὸς ὅτι δὴ κάλλιστον εἴη. Ἐν τούτῳ

1. M. μὲν ὄντας.

créatures mortelles. Car les autres Dieux préposés à la naissance de ces dernières, habitants immuables du Tartare, sont incapables de rien produire sans le concours des planètes : leur fonction est de prendre nos âmes que Neptune a créées immortelles, mais non tout à fait pures, de les attacher, pendant le temps marqué pour chacun de nous, à la nature mortelle, et plus tard de les dégager de ce monde terrestre, de manière à établir, d'après tes lois et sous les ordres de Neptune, un lien entre les deux essences distinctes qui composent le monde, l'essence immortelle et l'essence mortelle. Ainsi, tout l'ensemble des êtres créés par toi se divise en trois ordres d'êtres : le premier, immuable et éternel, dont toi-même es le créateur immédiat; le second, immortel aussi, mais soumis aux lois du mouvement et du temps, à la génération duquel préside Neptune, le plus puissant de tes fils; le dernier enfin, inférieur et mortel, dont le Soleil et Saturne dirigent ensemble la création. Toi, tu as uni entre eux ces trois mondes, le premier au second par le système que forment le Soleil et les autres astres, et le second au dernier par la création de notre nature et de tout ce qui s'y rattache. De cette création tu as fait un tout parfait, un tout immortel et non sorti subitement du néant où il aurait été d'abord, ni condamné à y rentrer plus tard. En même temps il conserve perpétuellement une forme immuable; car tu ne pouvais ni te dispenser de le produire, parce que tu es infiniment bon, ni le faire inférieur au plus haut degré de perfection qu'il pût atteindre. Dans cet

2. Vide an ἑκάστῃ malis.
3. Copulam δὲ, græcæ sic linguæ usu postulante, addidimus.
4. M. ἔξον.

τῷ παντὶ, γέρας τι τοῦτο κάλλιστον τῇ λογικῇ φύσει συμπάσῃ, τὴν σεαυτοῦ ἔννοιάν τε καὶ θεωρίαν παρέσχες, ἧς καὶ ἡμεῖς τὸ ἔσχατόν σοι γεγόναμεν. Καί σε καὶ ἡμεῖς σὺν τῶν θεῶν τοῖς σύμπασι γένεσιν, ὡς δύναμις καὶ ἡμῖν, ὑμνοῦμεν, Ποσειδῶνος τοῦ μεγάλου, ὥσπερ καὶ τῶν ἄλλων πάντων πᾶσι καλῶν[1], καὶ τούτου ἡμῖν ἡγουμένου. Σὺ μέγας τῷ ὄντι καὶ ὑπερμέγας, ὃς ἀξίας αὐτὸς ὢν ὅρος ὅ γε ὕψιστός τε καὶ ἐξαίρετος, καὶ τῶν ἄλλων ἑκάστοις τὰς ἀξίας θεῶν τε ὁμοῦ καὶ πάντων γενῶν, ᾗ ἂν αὐτοῖς τε ἑκάστοις αἱ ἀξίαι κατὰ δίκην εἶεν, καὶ τῷ ὅλῳ ἅμα ὅτι δὴ μάλιστα πρέποιεν, ὁρίζεις. Ἦ καὶ ἡμᾶς ἐς μεθόριόν τέ τι καὶ σύνδεσμον τελεῖν τῆς τε ἀθανάτου καὶ θνητῆς τέταχας μοίρας. Καὶ ἔν τε[2] τοῦ παντὸς χώρᾳ ταύτῃ κατέστησας, καὶ ἐν τῷ καλῷ καὶ ἡμῖν, τοῖς θεοῖς ὁμοίως γέ πως, τὸ εὔδαιμον ἔνειμας, τοῖς μὲν ἡμῶν μᾶλλον αὐτοῦ, τοῖς δ' ἧττον τυγχάνειν ἑκάστοτε διδοὺς, τῆς τῆς ὅλης αὖ ἡμῶν φύσεως ἕνεκα ἁρμονίας· ἁμαρτάνουσί τε ἐπανορθοῦσθαι αὖθις[3] ἑκάστοτε, τοῖς μέν που ῥᾷον, τοῖς δὲ καὶ χαλεπώτερον, παρέσχες· πρὸς τὸ καὶ ἑκάστῳ μὲν ἐκ τῶν δυνατῶν λυσιτελὲς, τῷ δ' ὅλῳ τε καὶ συμπάσῃ τοῦ ὄντος τῇ γενέσει πολὺ πρότερον λυσιτελέστατα τεταχὼς τε ἕκαστα τῶν τε ἄλλων καὶ τῶν ἡμετέρων, καὶ εἱμαρμένῃ ἅμα ἀπαρατρέπτῳ ἐξ αἰῶνος δοὺς, διά τε θεῶν, οἷς σοι τὰ τοιαῦτα ἐπιτέτραπται, ἕκαστα ἀποπληρῶν. Ἀλλὰ δὴ ἵλαθί τε καὶ σῶζε, ἄγε τε σὺν τῷ παντὶ τῷδε καὶ τὰ ἡμέτερα, ὅπῃ σοι ἄριστα ἔγνωσταί τε καὶ περὶ ἡμῶν, καὶ ἅμα πέπρωται ἐκ τοῦ παντὸς αἰῶνος.

1. M. καλλῶν. — 2. M. ἐν τε. — 3. M. αὖτις.

Univers, tu as donné à toute la nature raisonnable un sublime privilége, c'est la faculté de te connaître et de te contempler, et tu nous y as admis les derniers comme étant au dernier rang de cette nature. De concert donc avec toutes les races de Dieux, nous te célébrons selon la mesure de nos forces, et sous la direction du grand Neptune, qui préside aussi à cet acte comme à tout ce qui est beau. Oui, tu es grand et souverain par excellence, toi qui, étant le terme extrême et suprême de toute grandeur, dispenses à chacun des êtres, divins ou autres, la part de dignité qui appartient à chacun d'eux en particulier et s'accorde le mieux avec l'ensemble. C'est ainsi que tu nous as fait une condition à la fois mortelle et immortelle, qui tient le milieu et sert de lien entre les deux natures. Telle est la place que tu as voulu nous assigner dans l'Univers, et pour nous, comme pour les Dieux, tu as fait consister le bonheur dans le bien, le mesurant aux uns avec plus d'abondance, aux autres avec plus de parcimonie, toujours en vue de l'harmonie générale. En même temps tu as rendu toujours possible aux pécheurs le retour à l'ordre, plus facile pour les uns, plus pénible pour les autres. Ainsi tu as tout disposé pour le plus grand bien de chaque être et pour le plus grand avantage de l'ensemble, plaçant toutes choses sous la loi éternelle d'un destin inévitable, et accomplissant les détails de ton œuvre par les Dieux auxquels tu as confié ce soin. Sois-nous donc propice, conserve-nous, gouverne-nous avec cet Univers selon ce que tu peux vouloir pour nous de plus favorable dans ta bonté parfaite et en même temps selon l'arrêt fixé de toute éternité.

Ἑσπερινὴ ἐς θεοὺς πρόσρησις [1].

Σοί, ὦ βασιλεῦ Ζεῦ, πάντων ὧν τέ ποτε ἔσχομεν καὶ νῦν ἀεί τε ἔχομεν ἀγαθῶν, πρώτῳ καὶ μάλιστα τὴν χάριν ἴσμεν. Σὺ γὰρ δὴ οὐχ ἕτερόν τι ἔπειτα ἀγαθὸν, ἀλλ' αὐτὸ ἀγαθὸν ὢν, καὶ πᾶσι τοῖς ἄλλοις ὁ αὐτὸς πρεσβύτατός τε ὁμοῦ καὶ ἔσχατος καὶ ὅλως κυριώτατος τῶν ἀγαθῶν αἴτιος εἶ. Μεθ' ὃν δὴ καὶ ὑμῖν, ὦ Πόσειδόν τε καὶ ἄλλοι πάντες θεοὶ, δι' ὧν ἐκ Διὸς καὶ ἐς ἡμᾶς τἀγαθὰ ἥκει [2], ἀεί τε καὶ ἑκάστοτε ἴσμεν χάριν, καὶ μάλιστα ἐπὶ ταῖς μείζοσί τε καὶ τελεωτέραις τῶν δωρεῶν ἃς πρὸς ὑμῶν ἔσχομέν τε καὶ ἔχομεν [3]. Οὓς ἐν μεθορίῳ τῆς τε ὑμετέρας ἀθανάτου καὶ αὖ θνητῆς φύσεως καταστήσαντες, καὶ συνθέντες κοινόν τινα ὅρον καὶ σύνδεσμον τοῖν μοίραιν ἀμφοῖν, τῶν μὲν θνητῶν [4] ἁπάντων τῇ ὑμῶν συγγενείᾳ, καὶ τῆς τε ἀθανασίας τῇ μετουσίᾳ, τῇ τε ἐν τῷ καλῷ, ἐνδεεστέρως μὲν συχνῷ, ὑμῖν δέ γε ὁμοίως παραγιγνομένῃ μακαριότητι προτετιμήκατε· ἔδοτέ τε κοινωνεῖν ἄλλοις τε δὴ ὑμῖν καὶ πρώτῃ τῇ ὑμῶν γνώσει, ἔπειτα τῇ τῶν λοιπῶν τῶν ὄντων σὺν λόγῳ καταλήψει, οἰκειοτάτης ὑμῖν αὐτοῖς πράξεως ταύτης μεταδεδωκότες, εἶτ' αὖ καὶ τῇ ἡμετέρᾳ [5] αὐτῶν γνώσει, παραπλήσιον καὶ τοῦτο τῇ ὑμετέρᾳ δόντες δυνάμει, οἳ καὶ αὐτοὶ ὑμᾶς αὐτοὺς μάλιστα

1 Et hæc protinus ex codice Monac. 237.

2. M. ἕλκει, ubi nos ἥκει jure restituimus, ipso Plethone palam favente, infra, pag. 192, l. 12 et 23.

3. M. ἔχωμεν. — 4. M. θνητῶν τῶν ἀπ.

5. M. τὰ ἡμέτερα.

Suite des allocutions aux Dieux.

Allocution du soir.

A toi d'abord, à toi surtout, Jupiter roi, nous rendons grâces de tous les biens que nous avons jamais possédés, que nous possédons, ou que nous posséderons jamais. Le bien c'est toi, hors de toi il n'est pas d'autre bien ; car tu es à la fois pour tous les êtres le premier et le dernier, en un mot, le souverain principe de tout bien. Après Jupiter, c'est toi, Neptune, et vous tous autres Dieux, qui nous transmettez les bienfaits de Jupiter ; c'est vous que nous remercions toujours et en toute occasion pour tous vos dons, mais surtout pour ceux-ci, les plus grands et les plus parfaits dont nous ayons ou puissions avoir la jouissance. D'abord, vous nous avez placés comme en un milieu, entre la nature des êtres mortels et la vôtre qui est immortelle. Vous avez fait de nous la commune limite de ces deux natures et la chaîne qui les rattache l'une à l'autre. Vous nous avez élevés au-dessus de tout ce qui est mortel en nous unissant à vous par des liens de parenté, en nous communiquant votre immortalité et cette glorieuse béatitude qui nous est donnée dans un degré sans doute inférieur, mais pourtant à votre ressemblance. Vous voulez bien que nous vous touchions encore par d'autres points, et d'abord par la connaissance que nous avons de vous, puis par notre intelligence capable d'embrasser tout ce qui existe, un des plus beaux priviléges de votre propre nature, dont vous avez daigné nous faire part. Enfin, nous nous connaissons nous-mêmes, et aucun autre de vos dons ne nous rapproche plus étroitement de vous puisque nul ne possède à un plus haut degré γινώσκετε [1]. Καὶ τούτοις μὲν ἡμῶν τὸ κράτιστόν τε καὶ τῶν λοιπῶν τῶν ἡμετέρων ἡγεῖσθαι τεταγμένον, καθ' αὑτὸ κεκοσμήκατε. Δεδώκατε δὲ καὶ τὸ χεῖρον ἡμῶν, καὶ μάλιστά τε καὶ πρῶτον τὸ αὐτῷ [2] τῷ κρατίστῳ ἡμῶν προσεχέστατον, τοῦ λοιποῦ αὖ παντὸς ἡγούμενον, τὸ φανταστικὸν, ταῖς πρὸς ὑμᾶς ἁγιστείαις ὠφελεῖν, τυποῦντας ὡς δυνατὸν καὶ συνεξομοιοῦντας τῇ τοῦ κρείττονος ἀρίστῃ καταστάσει, ὡς αὐτῷ τε εὐήνιον γίγνοιτο, καὶ ἅμα τοῦ θείου τέ τι καὶ καλοῦ καὶ τοῦτο ἀπολαύοι [3]. Δεδώκατε τῇ πρὸς τὸ ὁμόφυλόν τε καὶ πᾶν τὸ ἀνθρώπινον χρηστότητι ὑμᾶς μιμεῖσθαι, οἱ ἀγαθῶν ἀεὶ, κακοῦ δ' οὐδενὸς οὐδενί ἐστε αἴτιοι. Δεδώκατε τῇ πολιτικῇ ἀλλήλων [4] κοινωνίᾳ ὑμῖν καὶ ταύτῃ κοινωνεῖν, τῇ πρὸς ὑμᾶς, ὡς οἷόν τε, ὁμοιότητι, οἱ ταὐτοῦ πατρὸς γεγονότες τοῦ βασιλέως Διὸς, αὐτοενὸς ὄντος, καὶ ἀλλήλοις αὐτοὶ πλεῖστον ἥνωσθέ τε καὶ κεκοινωνήκατε. Καὶ μὲν δὴ καὶ τοῦ πρὸς δόξαν ἡμῶν τῆς ψυχῆς ἐπιῤῥεποῦς κρατεῖν τῷ βελτίστῳ ἡμῶν ἔδοτε, ἀτιμάζοντι μὲν ὅσον παρ' αὐτῆς κενὸν, τοῦ δὲ χρησίμου τε μόνου αὐτῆς, καί πη καὶ πρὸς ἀρετὴν λυσιτελοῦς [5], οὐ πάνυ τοι ὀλιγωροῦντι. Οὐ μὲν οὖν οὐδ' ὑπὸ τοῦ θνητοῦ τοῦδε πάμπαν κρατηθησομένους περιείδετε· ἀλλὰ καὶ δύναμιν ἔδοτε τὰ βελτίω φρονήσασιν, ἄρχειν [6] μὲν αὐτοῦ ἡμῶν τῷ κρατίστῳ· ἡδονῶν μὲν τῶν δι' αὐτοῦ παρὸν ἀπολαύειν, οὐ πρὸς τὴν ἐξουσίαν ἀπολαύουσιν, ἀλλὰ

1. M. γιγνώσκετε, sed receptam in Plethonis codicibus orthographiam sequimur, de qua vide supra, pag. 68, not. 12.

2. M. τὸ αὐτῷ τε κρατ., sed τε utique vacat.

3. M. ἀπολάβοι, sed Pletho alibi verbo ἀπολαύω utitur, ubi eadem iisdem pæne verbis recurrunt.

4. M. ἀλλήλοιν. — 5. M. λυσιτελοῦν.

6. M. ἄρχον.

que vous la connaissance de soi-même. C'est ainsi que vous avez particulièrement perfectionné ce qu'il y a de meilleur en nous, ce qui doit commander chez nous à tout le reste. Vous avez voulu, en outre, que la faculté qui vient ensuite la première, qui touche de plus près à ce qu'il y a de meilleur en nous, et domine tout le reste, en un mot, que l'imagination fût utilement pour elle appliquée aux cérémonies du culte, se formant et se modelant ainsi autant que possible sur ce qu'il y a de plus beau dans notre partie supérieure, pour obéir ensuite plus docilement à la raison et toucher encore par cet autre côté au beau et à la nature divine. Vous avez permis en outre que par notre bonté envers nos proches et envers tout le genre humain, nous puissions imiter votre bonté, ô Dieux qui êtes la source de tout bien et qui ne causez jamais de mal à personne. C'est à vous que nous devons cette société civile qui nous unit les uns aux autres, et nous rapproche aussi de vous, en nous assimilant autant que possible à la conformité de nature qui vous unit, vous, fils d'un même père, de Jupiter roi, qui est l'unité même, et liés en conséquence les uns aux autres par la plus étroite communauté possible. En outre, pour que la partie de notre être qui se laisse naturellement aller à l'opinion, pour que l'imagination n'exerçât pas sur nous trop d'empire, vous l'avez soumise à la raison, cette meilleure partie de nous-mêmes, qui méprise dans l'opinion tout ce qu'elle a de vain pour n'en considérer que ce qui peut être utile même au progrès dans la vertu. Ainsi, vous n'avez pas permis que nous fussions entièrement assujettis à notre nature mortelle ; vous nous avez accordé, si nous sommes sages, le pouvoir de nous gouverner à l'aide de la partie supérieure de notre être, jouissant, quand cela est permis, des τάξιν τε αὐταῖς καὶ ὅρον τὸν πρέποντα ἐπιτιθεῖσι· χρημάτων δὲ[1] τῶν ταύτας δυναμένων[2], τὰς αὐτοῦ δὴ τούτου τοῦ θνήτου χρείας εὐλόγους ποιουμένοις μέτρον· αὐτοῖς δὲ δὴ, καὶ ἐν τούτῳ ἔτι μένουσιν, ἐλευθέροις[3] εἶναι, δεινόν γε οὐδὲν ἡμῖν αὐτοῖς ἡγουμένοις τῶν[4] τῷ θνητῷ τούτῳ ἡμῶν οὐ κατὰ γνώμην δὴ ἡμετέραν προσπιπτόντων, ὧν γ' ἂν ὑμεῖς, τῆς πρὸς αὐτὸ ἀπολύοντες ἄγαν κοινωνίας, ἐπιφέροιτε, εἴτε δι' αὐτοῦ τοῦ δαιμονίου ὑμῖν τε τοῖς κρείττοσιν ὑπηρετικοῦ φύλου, εἴτε καὶ διὰ τοῦ ἡμῖν τε ὁμοφύλου καὶ ἀνθρωπείου τούτου γένους, τοῦ μὲν καθαρτικῶς τε ἡμῖν καὶ θεραπευτικῶς χρωμένου, τοῦ δὲ ἄλλως ἂν ἡμῖν ἀγνωμόνως διὰ ψυχῆς ἀπαιδευσίαν προσφερομένου. Καὶ μὲν δὴ καὶ αὐτῶν[5] συχνά ποτε ἡμῖν αὐτοῖς τῶν τῷ χείρονι ἡμῶν τούτων οὐκ εὐχερῶν[6] αἱρεῖσθαι δίδοτε, ἄχρι τοῦ καὶ ὅλον ἔσθ' ὅτε, ἐὰν δέῃ, τὸ θνητὸν τόδε προΐεσθαι[7] τοῦ καλοῦ τε ἕνεκα καὶ τῷ γε κρείττονι ἡμῶν λυσιτελοῦς· ἐς γὰρ τοσοῦτον τοῦ θνητοῦ τῷ ἀθανάτῳ ἡμῶν κρατεῖν ἔδοτε. Ταύταις ἡμᾶς μείζοσί τε καὶ καλλίοσι δωρεαῖς τετιμήκατε, τὸ κρεῖττον ἡμῶν καὶ κυριώτατον ἀνέχοντές τε καὶ κοσμοῦντες, οἷσπερ ἂν ἡμῶν καὶ ὁπότε τῶν λογισμῶν τούς γε ἀμείνους ἐπιπνεύσητε. Οἵας δὲ καὶ τῷ θνητῷ ἡμῶν ἔδοτε ἀφορμὰς, τὰς μὲν ἐς τὸ τῷ ἀθανάτῳ ὑπηρετεῖν, τὰς δὲ ἐς τὸ ὑπ' αὐτοῦ ὠφελεῖσθαι· τὰς δ' ἐς ἰδίας τινὰς ἡδονὰς, ἀνεμεσήτους τε καὶ τῷ κρείττονι οὐ βλαβερὰς, ἄλλας[8] τε δὴ οὐκ ὀλίγας, καὶ ὄψει ὄμματα κεκοσμημένα, ἔς τε συχνὰ ἄλλα καθ' αὐτὴν χρησιμωτάτῃ αἰσθήσεων, καὶ ἐς τῶν οὐρανίων τε

1. M. τε pro δέ. — 2. M. ταύτης δυνάμεως, sed vide p. 148, n. 6.
3. M. ἐλευθέρους. — 4. M. τοῦ pro τῶν. — 5. M. αὐτοῖς.
6. M. εὐχερῶς et αἱροῦσθαι. — 7. M. ποιεῖσθαι. — 8. M. ἄλλοις.

plaisirs du corps, mais modérément et sans tomber dans la licence, c'est-à-dire, en leur imposant la règle et la borne convenables, en prenant pour mesure des jouissances de cette espèce les besoins raisonnables du corps, de manière à rester libres même pendant notre séjour sur cette terre, et à ne pas regarder comme un grand malheur ce qui peut arriver à cette partie mortelle de notre être contrairement à nos désirs, lorsqu'il vous plaît, ô Dieux, de nous détacher ainsi de la participation à votre bonheur, soit par l'entremise des Démons exécuteurs de vos ordres, soit par la faute de nos semblables, pour notre expiation et notre pacification dans le premier cas, dans l'autre par l'effet de mauvais sentiments dus chez les hommes au défaut d'éducation morale. Vous nous donnez même souvent de préférer volontairement, bien plus, de rechercher ce qui doit blesser cette partie inférieure, au point de la sacrifier quelquefois entièrement en vue du beau et pour l'utilité de la meilleure partie de notre être, tant vous avez attribué de puissance à notre nature immortelle sur celle qui ne l'est pas. Telles sont, avec d'autres plus grandes encore, les faveurs dont vous nous avez comblés, élevant et embellissant ce qu'il y a en nous de meilleur et de plus puissant par les raisonnements salutaires que vous daignez en chaque occasion nous inspirer.

Mais que de facultés n'avez-vous pas aussi données à notre corps, soit pour servir notre partie immortelle et dominante, soit pour profiter de son secours, soit pour goûter certaines jouissances qui nous sont propres, parfaitement innocentes et sans danger pour cette meilleure partie de nous-mêmes! Ainsi, entre vos autres dons, les yeux sont doués de la vue, le plus utile de nos sens pour l'observation de tous les objets extérieurs et τούτων σώματων ἐπίσκεψιν τῷ θειοτάτῳ ἡμῶν συλλαμβανούσῃ, ἀφ' ὧν ἄλλα τε συχνὰ καὶ καλὰ ἔστι μανθάνειν, καὶ ἡμερῶν τε ἀριθμὸν καὶ μηνῶν καὶ ἐνιαυτῶν, οἷς τὸν βίον ἡμῶν αὐτῶν μετροῦσι πάρεστιν ἐν τάξει τέ τινι πράττειν καὶ αὐτοῖς καὶ κόσμῳ τῶν γε ἡμετέρων τὰ πολλά. Ἔτι δ' ὦτά τε ἀκοῇ καὶ στόμα φωνῇ κατηρτισμένον, χρησιμώτατα αὖ ὀργάνων ἐπὶ τῷ ἀλλήλοις ἡμᾶς κοινωνεῖν, ἃ [1] ἂν τῇ ψυχῇ ἔνδον ἕκαστοι διανοώμεθα, ὡς μὴ παντάπασιν ἡμῖν ἐς τῶν διανοημάτων ἀλλήλων τὴν κοινωνίαν τάδε τὰ σώματα ἐπιπροσθεῖν. Ὄσφρησιν ἐν μυκτῆρσιν, ἄλλως τε ὀδμῶν χάριτος ἀνεμεσήτου ἀπολαυστικήν τινα αἴσθησιν, καὶ τροφῆς ὑγιεινῆς τε καὶ νοσώδους πόῤῥωθεν ἔτι καὶ πρὸ πείρας τῷ ἡδεῖ τε καὶ ἀηδεῖ ὡς τὰ πολλὰ κριτικήν. Γεῦσιν ἔτι ἐν στόματι, χυμῶν τῶν περὶ τὴν ἀναγκαίαν ταύτην τροφὴν ὑγιεινῶν, σὺν ἡδονῇ ὡς τὰ πολλὰ, τῷ θιγεῖν [2] ἤδη κριτικήν· ἧς καὶ παντοδαπὰς δεδώκατε ἀφορμὰς, ἀφ' ὧν καὶ ἐς τὸ ἡμῶν τοῦ βίου τὰς τροφὰς παρέσχετε αἱρεῖσθαι, δασμὸν ἀναγκαῖον τῷ θνητῷ ἡμῶν, καὶ τοῦ ἀεὶ κινουμένου τῷ ῥέοντί τε καὶ ὑπαπιόντι τῆς ὕλης ἀποπλήρωσιν, ἕωσπερ ἂν ἡμῖν αὐτὸ ὑφ ὑμῶν [3] σώζεσθαι πεπρωμένον εἴη. Καὶ μὲν δὴ καὶ πρὸς τὸ θνητόν τε τῶν ἡμετέρων καὶ οὐκ ἐς ἀεὶ ἐσόμενον, τὴν τοῦ ἄῤῥενός τε ἡμῶν καὶ θήλεος γένους ἔδοτε συνουσίαν, πιθανωτάτην τῇ τέρψει· ὑφ' ἧς ἐν ταῖς αὐταῖς καταστάσεσι διατελεῖ [4] ἀεὶ μένον τὸ ὅλον γένος, τῇ ἀεὶ διαδοχῇ τοῦ ἐπιγιγνομένου τῆς τοῦ ἀεὶ ἀπιόντος χώρας ἀναπληρουμένης, ὑπάρχον τε ταῖς αὐταῖς ἀριθμῷ ψυχαῖς, ἄλλοτε ἄλλων, ἐν τακταῖς τισι χρόνων περιόδοις, θνητῶν

1. Deest ἃ in cod. — 2. M. θίγειν, ac deinde pro ἤδη suspicamur ἅμα. — 3. M. ἀφ' ὑμῶν. — 4. M. διὰ τελῆ.

principalement de ces grands corps célestes dont la connaissance nous procure celle de tant de belles choses, notamment du cours des années, des mois et des jours, mesure nécessaire de notre vie pour que la plupart de nos actions puissent se faire à propos et en ordre. De même, les oreilles sont disposées pour l'ouïe, et la bouche pour la voix ; ce sont des organes indispensables pour communiquer entre nous par la manifestation mutuelle de ce que chacun a dans l'esprit, en sorte que l'obstacle matériel du corps n'empêche pas toute relation entre les intelligences. Vous nous avez donné aussi l'odorat, dont le siége est dans les narines, comme un moyen de goûter le plaisir innocent des odeurs, et aussi de distinguer souvent à distance, avant même de la goûter, la nourriture saine de celle qui ne l'est pas, d'après sa bonne ou sa mauvaise odeur. Vous avez placé le goût dans la bouche pour juger au passage les sucs destinés à notre alimentation, les savourer souvent avec plaisir et les apprécier dès l'instant même où nous les touchons. Vous avez attribué à cet organe du goût des instincts variés pour choisir la nourriture qui soutient notre vie, tribut nécessaire à notre corps, aliment indispensable de ce renouvellement de la matière qui toujours vient ou s'en va pendant le temps que le destin nous permet, avec votre aide, de conserver notre enveloppe mortelle. C'est encore en vue de cette partie mortelle et périssable que vous avez institué cette union des deux sexes, si attrayante par le plaisir. Par là se maintient toujours dans le même état l'ensemble de l'espèce, une succession non interrompue faisant prendre à un nouvel individu la place de celui qui s'en va. Ainsi les âmes, toujours en égal nombre, trouvent à la fin de chaque période des corps qui viennent sucσωμάτων κοινωνίαν ὑπὲρ τῆς σφετέρας, ἐφ' ἧς εἰσιν ὑφ' ὑμῶν τεταγμέναι, λειτουργίας μὴ ἀπορεῖν. Δεδώκατε δὲ καὶ τεχνῶν ἄλλαις ἐπ' ἄλλοις κατασκευαῖς τὴν τοῦ θνητοῦ ἡμῶν ἔνδειάν τε καὶ ἀσθένειαν παραμυθεῖσθαι, τὰς χεῖρας ἡμῖν ὄργανα ἐπιτηδειότατα πρὸς τῶν ἔργων τὰ τοιαῦτα μεμηχανημένοι. Δεδώκατε ζώων τῶν ἀλόγων ῥώμαις τε καὶ ἄλλων πρὸς ἄλλα ἐπιτηδειότησιν, ἐς ὃ βουλοίμεθα αὐτοὶ, χρῆσθαι, οἰκεῖα τἀκείνων πλεονεκτήματα ποιουμένοις. Καὶ τούτων γὰρ ἁπάντων σοι πρώτῳ τε καὶ ἐξαιρέτῳ, ὦ βασιλεῦ Ζεῦ, τῷ πρεσβυτάτῳ τε καὶ κυριωτάτῳ τῶν ἀγαθῶν δοτῆρι, τὴν χάριν ἴσμεν. Μεθ' ὃν καὶ ὑμῖν, ὦ θεοὶ, δι' ὧν γε μέσων καὶ ἐς ἡμᾶς ἐκ Διὸς ἥκει τἀγαθά· καὶ δικαιότατόν γε ὑμῖν ὅτι πλείστην εἰδέναι τὴν χάριν, οἳ οὔτε ἀμειβόμενοι, οὔτε ὠφέλειάν τινα ἀντιληψόμενοι, τἀγαθὰ ἡμῖν παρέσχετέ τε καὶ παρέχετε· ἀλλ', ἅτε [1] αὐτοαγαθοὶ φύντες, καὶ αὐτοὶ τοῖς [2] ἄλλοις ἀφθονώτατα τῶν ἀγαθῶν, ᾗ καὶ δύναισθ' ἂν μάλιστα, μεταδίδοτε ἑκάστοτε. Τῶν τε οὖν ἄλλων ὑμῖν ἴσμεν ἀγαθῶν χάριν, ἐκείνων δὲ πολύ τε πρότερον καὶ μάλιστα, ἐν οἷς δὴ ἡμῶν τῇ ψυχῇ ἐς ἀρετῆς καὶ τοῦ καλοῦ λόγον συλλαμβάνετε. Ταῦτα γὰρ κράτιστά τε ἀγαθῶν καὶ ἅμα τῷ κυριωτάτῳ νέμετε ἡμῶν, ὧν οὐδέν γε ὅ,τι οὐκ ἀφ' ὑμῶν γε καὶ δι' ὑμῶν καὶ ἐς ἡμᾶς ἥκει. Ὑμῖν μὲν γὰρ πρώτοις τε καὶ δευτέροις ἐκ Διὸς τἀγαθὰ, τοῖς μὲν μένοντά τε καὶ αἰώνια, τοῖς δ' οὐκ αἰώνια [3] μὲν, ἀΐδια δέ γε ἄλλως, καὶ ἅμα ὁμαλά τε καὶ ἀμιγῆ κακῶν· μετὰ δ' ὑμᾶς τε καὶ δι' ὑμῶν και ἡμῖν, οὐ μέντοι ὁμαλῶς [4] γε ἔχοντα

1. M. ἅτε ἐξ αὐτὸ ἀγαθοὶ, unde suspicamur ἅτε δή.
2. M. τῆς, sed aperte pro τοῖς.
3. M. οὐ καὶ αἰώνια. — 4. M. ὁμαλός (sic).

cessivement leur prêter leur ministère pour les emplois que vous leur avez assignés. En outre, vous nous avez permis de suppléer à l'insuffisance de nos moyens physiques par les procédés des arts variés selon leur objet, et pour cela vous nous avez donné les mains, instruments nécessaires à la confection de tant d'ouvrages de toute sorte. Vous nous avez encore permis d'employer à nos usages la force et les aptitudes particulières des animaux, et de nous approprier ainsi les avantages de leur nature. Pour tous ces biens, ô Jupiter roi, c'est à toi, d'abord et surtout, que nous devons rendre grâces, comme au premier et au plus puissant de nos bienfaiteurs. Après lui, c'est à vous, ô Dieux, par l'entremise desquels ces biens nous viennent de Jupiter. N'est-il pas bien juste que nous soyons animés de la reconnaissance la plus profonde envers vous, qui, sans rien nous devoir et sans aucun espoir de retour, nous avez accordé et nous accordez encore tant de bienfaits, et qui, bons par essence, voulez ainsi répandre abondamment autour de vous tout ce qui est bon, prodigues de vos dons autant qu'il vous est possible. Grâces vous soient rendues pour tous vos bienfaits en général, mais d'abord et surtout pour ceux par lesquels vous faites entrer notre âme dans les voies du beau et de la vertu : car ce sont là les premiers de tous les biens, et vous les accordez à la meilleure partie de notre être; aucun d'eux ne vient que de vous ou par vous jusqu'à nous qui en jouissons. Car c'est vous qui recevez au premier et au second degré les biens émanés de Jupiter : vous les recevez les uns égaux en durée à l'éternité, les autres sinon éternels, perpétuels du moins, et absolument purs de tout mélange de maux. Après vous et par vous, nous les recevons à notre tour, mais non plus parfaiἔτι, οὐδ' ἀδιάλειπτα, τῇ γε μὴν ἀεί τε ἀναλήψει αὐτῶν, καὶ τῷ ἀθανάτῳ καὶ ἡμῶν τῆς ψυχῆς, καὶ αὐτὰ ἀΐδια. Τοῦ μὲν γὰρ θειοτάτου τε ἡμῶν καὶ ὑμῖν συγγενεστάτου, τοῦ φρονοῦντος, ὑμεῖς ἐφαπτόμενοι [1], ἄγετέ τε ἡμᾶς ἑκάστοτε, οἷ ἂν δέοι, καὶ κατευθύνετε, ὡς οὕτω μάλιστ' ἂν καὶ ἡμᾶς εὖ τε καὶ μακαρίως πράξοντας, ἕωσπερ ἂν καὶ ἡμεῖς ὑμῖν τε ἕπεσθαι οἷοί τε ὦμεν, καὶ τῶν καλῶν δι' ὑμῶν τυγχάνειν. Ἀπολειπόμενοι δ' ἡμεῖς ὑμῶν διὰ τὴν τοῦ θνητοῦ τοῦδε κοινωνίαν, καὶ οὐκέτι ὑμῖν ἑπόμενοι, οὐδ' ἃ δεῖ φρονοῦντες, ἐν κακοῖς τε [2] ἤδη διὰ τὴν ὑμῶν ἀπόλειψιν γιγνόμεθα, καὶ ἁμαρτήματά τε δὴ περὶ ἡμᾶς καὶ κακίαι [3] καὶ πονηρά τις ἕξις. Ἀλλ' ὑμεῖς ἀναλαμβάνετέ τε αὖθις ἑκάστοτε, καὶ ἐπανορθώσαντες, εἴτε ἐκ τοῦ παραχρῆμα λογισμῶν τῶν γε ἀμεινόνων ἐπιπνοίᾳ, εἴτε δικῶν τινων πρότερον ἄλλοις ἄλλων ἐπιφοραῖς, μὴ οὐκ ἐκ τοῦ παραχρῆμα ἂν ἐνδεχομένοις τῶν λογισμῶν τοὺς ἀμείνους διὰ μοχθηροτέραν τινὰ ἕξιν, εἴτε καὶ τῇδε ἔτι μένοντας, εἴτε ἐκεῖσε οἰχομένους, τοῖς ἀγαθοῖς αὖ παντὶ τρόπῳ δίδοτε. Οὕτω γὰρ ἂν ὑμᾶς κολάζειν, οὕς τε ἂν καὶ ὅτε δὴ κολάζητε, ἐπανορθοῦντάς τε τὰ ἁμαρτήματα, καὶ τὰς κακίας ἑκάστοτε ἰωμένους, ὧν οὐχ οἷόν τ' ἦν μὴ μετίσχειν τοὺς τῷ θνητῷ τῷδε κεκοινωνηκότας, ᾧ δὴ ἐνδεδήκατε, τὸ τῆς ἀθανάτου τε καὶ θνητῆς μοίρας διεστηκὸς ἐν ἡμῖν μιγνύντες, τῶν τε ὄντων ὑμῖν καὶ τοιούτου τινὸς ὑπὲρ εὐαρμοστίας δεομένων, ἡμᾶς τε ἐπὶ ταύτης, ἐν τῶν ὄντων τῇ παντελεῖ τῇδε πόλει, οὔτε περιέργου, οὔτε πάνυ τοι δὴ φαύλης οὔσης τῆς λειτουργίας τεταχότες. Ὧν δὴ ὑμῖν καὶ αὐτῶν χάριν ἴσμεν, ἐπί τε εὐεργεσίᾳ κολάζουσι, καὶ τἀγαθὰ καὶ ἡμῖν, οὓς ἀθανάτους καὶ αὐτοὺς

1. M. ὑφαπτόμενοι. — 2. M. δὲ pro τε. — 3. M. κακία.

tement continus et sans intermittence, toutefois perpétuels encore à cause de leur renouvellement successif et de l'immortalité de notre âme. Car vous donnez toute votre sollicitude à cette intelligence, notre attribut le plus divin, qui nous rattache à vous par une sorte de parenté; vous nous poussez sans cesse vers le bien et nous dirigez dans le droit chemin, sachant que nous serons heureux, nous aussi, tant que nous serons capables de marcher sur vos traces et d'atteindre par vous au beau. Mais lorsque, cédant l'empire à notre partie mortelle, nous nous éloignons de vous, lorsque nous cessons de vous suivre et dirigeons mal nos pensées, nous tombons, par suite de cet abandon, dans des fautes, dans des vices, et dans un état aussi malheureux que coupable. Vous alors, vous nous relevez et nous redressez, soit à l'instant même par l'inspiration de sentiments meilleurs, soit en nous frappant de châtiments divers si nos mauvaises dispositions nous empêchent de céder tout de suite à la sagesse qui nous inspire : c'est ainsi que vous nous ramenez au bien de toutes façons, soit pendant, soit après cette vie. Quand il vous arrive de nous punir, c'est pour réparer nos fautes et nous guérir des vices dont il est impossible que nous n'ayons pas une part à cause de cette nature inférieure que vous avez associée à l'autre, mêlant ainsi en nous ce qui semblait incompatible dans les deux natures mortelle et immortelle, d'abord parce que cela vous a paru nécessaire en vue de l'harmonie universelle, ensuite parce que dans cette société générale des êtres vous nous destiniez des fonctions qui ne sont certes ni inutiles ni méprisables. Nous vous rendons grâces à vous qui ne punissez que pour faire le bien, et qui, nous ayant créés immortels par notre côté le meilleur et le plus τῇ κρείττονί τε καὶ κυριωτέρα[1] δεδημιουργήκατε, ἀΐδια τῇ ἀεὶ ἀναλήψει μεμηχανημένοις. Ἀλλ', ὦ θεοὶ, τήνδε ἡμῶν τὴν ἑσπερινήν τε καὶ ἔννυχον προσέμενοι πρόσρησιν, δότε καὶ νῦν, εἴ τι τῇδε τῇ ἡμέρᾳ ἡμαρτήκαμέν τε καὶ θεσμοὺς τοὺς ὑμετέρους παραβεβήκαμεν, ἢ καὶ βίῳ τῷ πρόσθεν, εἰ ἁμαρτοῦσι μὴ ὑπῆρξέ πω ἐπανωρθῶσθαι, λύσιν τε καὶ ἐς τὸ δέον αὖθις ἐπάνοδον· γνώμας τε τὰς ἀμείνους περὶ τῶν πρακτέων παραστήσαντες, καὶ ἀγαθῶν τε καὶ κακῶν γνώμονα λόγον[2], τῶν προσγεγονότων ἡμᾶς κακῶν ἐκκαθήρατε[3]. Διδοῖτέ τε τῶν μὲν καλῶν ἀεὶ ἐπίδοσιν ἴσχειν, τῶν δ' ἡμαρτημένων τε καὶ ἁμαρτανομένων ὡς ταχεῖαν τὴν ἀπόλυσίν τε καὶ ἐπανόρθωσίν, ἕως τὸν ἀφ' ὑμῶν πεπρωμένον τοῦ βίου τοῦδε χρόνον ἐκπλήσαντες, ἐς ἐκεῖνον ἀφικώμεθα τὸν βίον, τὸν ἀμείνω τε δὴ καὶ θειότατον, τοῦ τε ἐκ τοῦ θνητοῦ τοῦδε σώματος ἀπηλλαγμένον[4] ὄχλου[5]. Εἰ γὰρ τῆς[6] τῶν ὅλων ἕνεκα ἐν ἡμῖν κοινωνίας[7] τῷ θνητῷ ἡμᾶς τῷδε ἐνδεδήκατε, ἀλλὰ καὶ χρόνον ἀπέδοτε, ἐν ᾧ τὸ θεῖον ἡμῶν καθ' αὑτὸ ἐν τῷ μέρει ἑκάστοτε γιγνόμενον, θειοτέρας τε καὶ ἑαυτῷ μᾶλλόν τι προσηκούσης ἅψεται ζωῆς, τοῖς μὲν[8] προαποιχομένοις συνοργιάσον, ὑμῶν δὲ τοῖς ἡμῶν ἐγγυτέρω πεφυκόσιν ἐναργέστερον συνεσόμενον, διδαχθησόμενόν τε ὑπ' αὐτῶν ἃ δέοι, καὶ πάντα κάλλιόν τε καὶ ἄμεινον πρᾶξον, ὡς μὴ ἀεὶ κακῶν τῶν ἐκ τοῦ θνητοῦ τοῦδε ἀναπίμπλαιτο, ἀλλ' ἔχοι τι καὶ βίῳ πολλῷ τοῦδε κρείττονι καὶ θειοτέρῳ χρῆσθαι, τά τε ἄλλα καὶ χρόνου μήκει τὸν τῇδε οὐ σμικρῷ ὑπερβάλλοντι· πεφυκότες γε ὑμεῖς τῶν χειρόνων τὰς

1. Vel subaudi vel adde μοίρᾳ, et cfr. pag. 160, extr.
2. M. λόγων. — 3. M. ἐκκαθάρατε — 4. M. ἀπηλλαγμένου.
5. Hic paginam vacuam habet cod. sine ulla sensus lacuna.
6. M. τοῖς. — 7. M. κοινωνίαν. — 8. M. τοῦ μὲν τοῖς προαπ.

parfait, nous prodiguez des bienfaits immortels aussi par leur perpétuel renouvellement. Exaucez, ô Dieux, cette prière du soir que nous vous adressons. Si dans cette journée nous avons failli par infraction de vos lois, ou si ayant failli dans notre vie passée, nous n'avons pas encore réparé nos fautes, accordez-nous-en le pardon et faites-nous rentrer dans la bonne voie. Préparez-nous par de bonnes pensées à de bonnes actions, accordez-nous la raison pour distinguer les bonnes pensées des mauvaises, et purifiez-nous ainsi des souillures attachées à notre âme. Donnez-nous, avec le progrès dans le bien, la prompte réparation et le prompt repentir du mal que nous avons commis ou que nous commettons. Qu'un jour enfin, après avoir accompli le temps que vous avez assigné à cette vie, nous jouissions de cette autre vie plus heureuse et plus divine, dans laquelle nous serons délivrés des entraves de notre corps mortel. Car si, pour nous faire servir de lien à l'ensemble du grand tout, vous nous avez attachés à cette nature périssable, vous nous avez aussi assigné un temps après lequel notre partie supérieure rendue à elle-même, chaque fois que son tour sera venu, entrera dans une existence plus divine et plus conforme à sa nature; elle ira célébrer des fêtes avec ceux qui l'auront précédée, entrera plus intimement en communauté avec ceux d'entre vous dont la nature est plus rapprochée de la sienne, apprendra dans cette société ce qu'il lui importe de savoir, et jouira en tout d'un sort meilleur et plus beau, afin qu'elle ne soit pas toujours remplie des misères de ce corps mortel, mais qu'elle goûte aussi d'une vie meilleure et plus divine, préférable à l'autre sous tous les rapports et notamment par sa durée beaucoup plus longue. Car, par votre nature, en nous donnant les ἀμείνους, ἐκ γοῦν τῶν δυνατῶν, πράξεις πολυχρονιωτέρας ἀπονέμειν [1], καὶ ὅλως τῶν κακῶν πολὺ μείζω τἀγαθὰ, ὅτε περ καὶ σαφέστερόν τε καὶ ἄμεινον τὰ ἡμέτερα αὐτῶν δώσετε εἴσεσθαι, καὶ τῶν τε πρόσθεν βίων ἑκατέρων, τῶν τε τῇδε, τῶν τε ἐκεῖ, ἐπὶ πλεῖστον μεμνήσεσθαι, συνάπτουσιν ἀλλήλοις τῇ μνήμῃ, ὧν νῦν βαθεῖά τις ἡμᾶς ἔχει [2] λήθη, διά τε τοῦ τῇδε παρὰ τὴν πρώτην ἡλικίαν διεξεληλυθότας ποταμοῦ λήθης, ἔν τε τῇ ἄλλῃ ἀπό γε τοῦ θνητοῦ τοῦδε ἀχλύι μένοντας· τῶν τε μελλόντων ἅμα ἐναργεστέραν πρόγνωσιν ἕξειν, ἧς νῦν βραχύ τι εἴδωλον ἐκ τοῦ δαιμονίου τε καὶ ἡμῖν [3] προσεχεστάτου ὑμῶν φύλου, καθεύδουσί τε καὶ τοῦ διὰ τῶν αἰσθήσεων ὄχλου ἀπηλλαγμένοις ἐπιπέμπεται, ἔστι [4] δ' οἷς καὶ ὕπαρ διὰ γνώμης θειοτέραν τινα ἀνάτασιν λαμβανομένοις. Ἀλλ', ὦ μακάριοι ἥρωες, ἡ θειοτάτη τε καὶ προύχουσα τοῦ ἡμετέρου γένους φύσις, δι' ὧν, τῷ τῇδε ἐπιδημούντων βίῳ, μεγάλων ἀρχαὶ ἀγαθῶν τῷ κοινῷ ἡμῶν ἑκάστοτε ἐκ θεῶν ἐπιπέμπεται, χαίρετε· ὦ πρόγονοί τε ἡμῶν καὶ γονεῖς, θεῶν δὴ ἡμῖν εἰκόνες τῇ ἡμῶν τοῦ θνητοῦ αἰτίᾳ γεγονότες· ὦ σύνοικοί τε ἡμῶν καὶ σύντροφοι, ὦ φράτορές τε καὶ ἄλλοι οἰκεῖοι, εἴτε [5] πρεσβύτεροι ἡμῶν ἐν τῷδε τῷ βίῳ γεγονότες, εἴτε καὶ νεώτεροι, οἱ [6] αὐτόσε ἐς τὴν θειοτέραν τε καὶ μακαριωτέραν προαφῖχθε [7] ἡμῶν ζωήν· ὦ ἑταῖροί [8] τε καὶ φίλοι πάντες· ὦ πολῖται, οἵ τε ἄλλοι, καὶ οἱ τῶν κοινῶν ἡμῶν καλῶς προστάντες, οἱ δὲ καὶ τὸν τῇδε βίον ὑπὲρ τῆς τοῦ κοινοῦ τε καὶ ὁμοδόξου γένους ἐλευθερίας ἀποβεβληκότες, ἢ τῶν καθεστηκότων τε

1. M. ἀπονεμον. — 2. M. εχη, id est, ἐχῃ.
3. M. ὑμῖν. — 4. M. ἔτι. — 5. M. οἵ τε.
6. M. οἱ. — 7. M. προαῖχθαι. — 8. M. ἕτεροι.

biens, vous êtes toujours disposés à nous les donner plus durables, autant que possible, et plus grands que les maux. Ils seront plus grands surtout lorsque vous nous donnerez, dans cette vie future, de mieux connaître tout ce qui nous concerne, de nous souvenir de nos vies passées soit ici, soit là bas, et de les comparer toutes alors présentes à notre mémoire, elles qui sont aujourd'hui pour nous complétement effacées, parce que nous avons, pendant le premier âge de cette vie, traversé le fleuve de l'oubli, et que le reste du temps, nous sommes enveloppés des ténèbres de notre nature mortelle. Bien plus, nous possèderons alors une prescience plus claire de l'avenir, dont nous avons à peine aujourd'hui une image incomplète, qui nous arrive par l'entremise des Démons, race la plus voisine de la nôtre, alors que le sommeil nous débarrasse du tumulte des sensations, ou qui même parfois se révèle à certains hommes dans l'état de veille par une tension plus forte et une excitation plus divine de leur faculté de penser. Et vous, bienheureux héros, dont la nature s'élevant au-dessus de la nôtre se rapproche le plus de la divinité, vous qui, pendant votre séjour sur cette terre, êtes pour le genre humain les auteurs visibles des grands biens qu'il plaît aux Dieux de lui envoyer, salut à vous. Salut encore à vous, nos ancêtres, nos parents, qui êtes pour nous des images de la divinité, comme auteurs immédiats de notre nature mortelle; à vous aussi, familiers et commensaux, confrères et parents, qui plus vieux ou plus jeunes que nous, êtes entrés avant nous dans la vie plus heureuse qui nous attend; et vous tous, compagnons et amis, et vous, nos concitoyens, vous notamment qui avez bien présidé à nos intérêts communs, vous surtout qui avez fait le sacrifice de votre vie pour la liberté de vos compatriotes et de ceux qui pensent comme vous, ou pour le maintien de leur καὶ εὖ ἐχόντων σωτηρίας, ἢ οὐκ ὀρθῶς ἔστιν ὧν κεκινημένων ἐπανορθώσεως· χαίρετέ τε πάντες, καὶ ἐπειδὰν ἡ ἐκ θεῶν εἱμαρμένη καὶ ἡμᾶς ὡς ὑμᾶς καλῇ, ἵλεῳ τε καὶ εὐμενεῖς ὑποδέξασθε φίλους παρὰ φίλους ὑμᾶς ἀφιξομένους. Ὦ δαιμόνων ἄλλοι τε καὶ οἱ ἡμῖν προσεχέστεροι, καὶ ἐπὶ τούτοις, Πλούτων, ἡμέτερε προστάτα, ὑμεῖς ἡμῖν τῇδέ τε, ὅπως καλοὶ κἀγαθοὶ γιγνοίμεθα, συλλαμβάνετε, αὐτόσε τε ἀφικομένους, ὅταν καθήκῃ, ἵλεῳ δέξασθε. Ὦ πάντες, οἳ τὰ ἡμέτερα ἐφορᾶτε, Θεοὶ, τά τε ἄλλα ὅπως εὖ καὶ καλῶς πράττοιμεν, ἐπιμελεῖσθε ἡμῶν καὶ νῦν καὶ ἀεί· καὶ τῇ κοίτῃ ἤδη, ἣν τῷ θνητῷ ἡμῶν ἀναγκαίαν ἀνάπαυλαν παρέσχετε[1], καθαρᾷ τε πάσης οὐκ εὐαγοῦς πράξεως καὶ κοσμίᾳ χρήσασθαι παρασκευάσατε· καθεύδουσί τε ἵλεῳ ἐπιπνεύσαιτε, καὶ τῇ ὑμετέρᾳ ὄναρ ὁμιλίᾳ ψυχαγωγήσαντες, κακῶν τε ἀπαθεῖς καὶ ἀμερεῖς ἐξαναστήσαιτε[2], τῆς εὐθείας τε ὁδοῦ καὶ ἐπὶ τὰ καλά τε καὶ ὑμῖν φίλα φερούσης ἐχομένους. Καὶ τά τε ἄλλα κατορθοῦν τῶν καλῶν διδοῖτε, καὶ ὑμᾶς, ὡς πρέπει, ὑμνεῖν, σὺν δ' ὑμῖν τε καὶ ἐφ' ὑμῖν[3] Δία τὸν μέγαν. Ὦ αὐτοπάτορ Ζεῦ· ὦ θεῶν ἀμητόρων σοι γεγεννημένων τῶν γ' ὑπερουρανίων προσεχὲς πάτερ· ὦ τῶνδε τῶν πάντων τῶν μὲν ἤδη προϊόντων πρεσβύτατε δημιουργέ· ὦ αὐτοκράτορ τε τῷ ὄντι καὶ αὐτοτελὲς βασιλεῦ, ὑφ' οὗ μόνου ἀνυπευθύνου τοῖς πᾶσιν ἐφεστῶτος ἅπασα ἀρχὴ εὐθύνεται· ὦ κυριώτατε πάντων δέσποτα· σὺ μέγας τῷ ὄντι καὶ ὑπέρμεγας· καί σου τὰ πάντα τῆς δυνάμεως καὶ κλέους πλέα[4]. Ἀλλ' ἵλαθί τε δὴ, καὶ σῶζε, ἄγε τε σὺν τῷ παντὶ τῷδε καὶ τὰ

1. M. παράσχετε. — 2. M. ἐξαναστήσετε. — 3. M. ὑφ' ὑμῖν
4. M. πάντα pro πλέα.

prospérité, ou au besoin pour sauver la chose publique en danger. Honneur à vous tous, et lorsque la volonté inébranlable des Dieux nous appellera, comme elle vous a appelés, faites-nous un accueil doux et favorable, voyez en nous des amis qui viennent trouver des amis. Et vous tous, Démons, principalement ceux d'entre vous dont l'espèce est la plus rapprochée de la nôtre, et au-dessus de vous, Pluton, protecteur de la nature humaine, soyez bienveillants pour nous, assistez-nous ici-bas, afin que nous devenions bons et honnêtes, et quand nous irons là où vous êtes, au temps fixé, accueillez-nous favorablement. Vous tous, Dieux qui veillez sur nous, protégez-nous aujourd'hui et toujours, pour que la vertu dirige notre conduite, et cette nuit faites-nous trouver sur une couche pure, exempte de toute souillure déshonnête, le repos indispensable à notre nature mortelle. Inspirez-nous heureusement pendant notre sommeil; unissez-vous en songe à notre âme pour la diriger, et réveillez-nous demain à l'abri de toute influence pernicieuse, disposés à marcher dans cette bonne voie qui nous conduira au bien et à tout ce qui vous plaît. Accordez-nous de faire en tout ce qui est bien, et entre autres choses de chanter convenablement vos louanges, et avec vous et par-dessus vous de bien célébrer le grand Jupiter. O Jupiter, qui ne procèdes que de toi-même, père et auteur immédiat de tous les Dieux nés sans mère, des Dieux supracélestes; premier auteur aussi de tout ce qui existe, même par voie de procession médiate; ô roi véritablement suprême et souverain, qui seul indépendant tiens sous ta dépendance toutes les puissances, ô maître le plus absolu de toutes choses, tu es grand, d'une grandeur réelle et supérieure à tout; l'Univers est plein de ton pouvoir et de ta magnificence. Sois-nous propice, conserve-nous, gouverne-nous avec cet ἡμέτερα, ὅπῃ σοι ἄριστα ἔγνωσταί τε καὶ περὶ ἡμῶν, καὶ ἅμα πέπρωται ἐκ τοῦ παντὸς αἰῶνος.

λε'. Ὕμνοι ἐς θεούς [1].

Ὕμνος πρῶτος διετήσιος, ὁ ἐς Δία.

Ζεῦ πάτερ, αὐτοπάτορ, πρέσβιστέ [2] τε δημιοεργέ,
Παγγενέτορ βασιλεῦ, πανυπέρτατε, ἔξοχε πάντων,
Παγκρατὲς, αὐτοεόν τε, καὶ αὐτοὲν, αὐτό τε ἐσθλόν·
Ὃς τάδε σύμπαντ' ἐξ αἰῶνος ἀπειρεσίοιο,
Ὁππόσα μὲν μείζω αὐτὸς, διὰ δ' αὐτέων τἆλλα
Γείναο, οἷά τε ἦδ' ἐφ' ὅσον ἐνέην γε ἄριστα·
Ἵλαθι, σῶζε, ἄγων σὺν τοῖσιν ὅλοισι καὶ ἄμμε [3]
Σῶν διὰ παίδων αἰὲν ἀγαυῶν [4], οἷς ἐπέτρεψας,
Ἡ σοι καὶ τὰ καθ' ἡμέας, οἷ' ἄρ' ἔδει, πέπρωται.

Ὕμνος δεύτερος, διετήσιος καὶ οὗτος, ὁ ἐς θεούς.

Αὐτοεόντος παγγενέταο Ζηνὸς ἀγαυοὶ
Παῖδες ὕπαρχοί θ' [5], οἵ τε ξὺν δίκῃ ἡγεῖσθ' ἡμέων
Μὴ ὑμέας ποτ' ἀγοὺς ἄμμες λήξαιμεν ἔχοντες,
Μηδὲ νόμοισι χρεώμενοι ὀρθοῖς, ἠδὲ [6] φίλοισιν
Ὕμμιν [7], καδδύναμιν, μούνοις τε εὖ [8] ἄμμε τιθεῖσιν.

1. Ex cod. Monac. 237, ubi ad titulum additum est τοῦ πλήθωνος. Tres præterea hymni, 7, 11 et 18, ex codice item Monacensi, sed olim Augustensi, 495. Quædam etiam in fine, jam ab hymno 26 fere medio, ex cod. Paris. 66 (suppl.).

2. M. πρέσβυστέ. — 3. M. ἄμμες.

4. M. ἀγανῶν, sed mensura obstat, et confer hymn. II. v. 1. etc.

5. M. ὑπαρχοίες, οἵ τε — 6. M. οἰδέ.

Univers selon ce que tu peux vouloir pour nous de plus favorable dans ta bonté parfaite et en même temps selon l'arrêt fixé de toute éternité.

Chapitre XXXV. — Hymnes aux Dieux.

Hymne Ier, annuel ou pour toute l'année, à Jupiter.

Jupiter, qui es ton père à toi-même, premier et universel créateur, roi tout-puissant qui domines sur tous les êtres et qui les gouvernes tous, qui es l'être, l'unité, le bien même, qui de toute éternité as fait toutes les choses existantes, les plus grandes par toi-même, les autres par celles-ci, en donnant à toutes le plus haut degré de perfection possible, sois-nous propice, protége-nous, en nous guidant avec tout le reste de la nature par le ministère de tes fils toujours vénérables, auxquels tu as départi ton autorité, en sorte que nos destinées s'accomplissent telles qu'elles doivent être et telles que tu les as fixées toi-même.

Hymne II, également pour toute l'année, aux Dieux.

Fils vénérables de Jupiter, de ce Dieu qui existe par lui-même et qui a tout créé, vous qui nous gouvernez sous son autorité avec justice, faites que nous ne cessions jamais de vous prendre pour guides et d'obéir selon notre pouvoir aux lois que vous approuvez et qui seules peuvent nous diriger dans la bonne

7. Sic M. cum spiritu aspero, ὕμμιν, et sic infra ὕμμες, etc., quod, regulæ licet contrarium, mutare abstinemus. At in ἄμμε, ἄμμες et ceteris primæ personæ, regulam vulgo reperimus observatam.

8. Melius τ' εὖ, sed an verius? Nam diphthongos omnes ante vocalem corripere amat Pletho.

Ἀλλά τοι, ὦ θεοί, ἡνίοχον νόον ἰθύνοντες
Ἀμμὸν, ὃν ὔμμιν ὁμόγνιον ὔμμες[1] ἐφιδρύκατ' ἄμμιν,
Τῇ τ' ἄλλῃ εὖ τὸν βίοτον διάγεν παρέχοιτε,
Καὶ δὲ Δί' ἔσχατον ὑμνεῖεν[2] σύν γ' ὔμμι διδοῖτε.

Ὕμνος τρίτος, ἐπιμηνίων πρῶτος[3], ἐς Δία.

Ζεῦς μέγας, ὄντως[4] Ἰανὸς, αὐτοπάτωρ, προπάτωρ τε
Πάντων, τῶν ὁπόσοις τὸ ἐὸν[5] τελέει γένεσίς[6] τε,
Οὐ μὴν[7] ἐξ ὑπογυίου αὐτέων[8] γ' οὐδὲν ἐοργώς,
Ἀλλ' ἐξ ὅσσου πέρ τε[9] καὶ αὐτὸς ἔην, ἐκ τόσσου
Καὶ τάδ' ὁμοῖια ῥέζων, οὔποτ' ἐών γ' ἂν ἀεργός,
Οὐδέ κεν ἧσσον τῆς γε ἑῆς[10] δυνάμεως εὖ ἔρδων[11],
Ἧ οἱ καὶ ἔδει, αὐτὸ ὅ ἐστ' ἐσθλὸν[12] τελέθοντι.
Ὠὴ, ὦ Ζεῦ παμμεδέων βασιλεύτατε[13]· ὠὴ,
Ὦ μάκαρ ἄκρως· ὠὴ, ἀφειδὲς δῶτερ[14] ἐάων.

Ὕμνος τέταρτος, ἐπιμηνίων δὲ δεύτερος, ἐς Ποσειδῶ.

Ὦ μέγ' ἄναξ, Διὸς υἱὲ πρεσβυγένεθλε, Πόσειδον,
Συμπάσης τῆσδ' ἀγλαΐῃ προὔχων σθένεΐ τε,
Ὁππόση ἐκ Διός ἐστι γένεσσις, τῆς τε καὶ ἶφι
Ἀρχέμεν ἠδὲ[15] ἀνάσσεν δεύτερος ἐκ πατρὸς ἔσχες,
Ὅς τ' αὖ ἔξοχος ὅσσῳ ἀπείρῳ[16] ἐστὶ προπάντων,
Οὕνεκ' ἄρ'[17] οἶος ἐόντων πάμπαν ἔστ' ἀγένητος.
Σοὶ μὰν καὶ τόνδ' οὐρανὸν εὐρέα, πατρὸς ἐφετμαῖς,

1. M. ὗμες, et in fine ἄμιν.
2. An potius ὑμνείειν? Sed infra βιόεν, et alia similia : quare nihil mutandum. Nec sane quisquam a nobis postulet cuncta in his hymnis ad veras grammaticæ vel metricæ rationes exigi.
3. M. δεύτερος, errore transcribentis.
4. M. ὄντος, et in fine, αὐτοπάτωρ προπάτορ τε, ubi optio fuit.

voie. Réglez vous-mêmes l'esprit qui nous conduit et que vous avez créé d'une nature semblable à la vôtre; accordez-nous de bien ordonner en tout notre vie, mais surtout de bien célébrer avec vous le grand Jupiter.

Hymne III, le premier des hymnes mensuels, à Jupiter.

Le grand Jupiter, véritable Janus, qui est son père à lui-même, père suprême de tout ce qui reçoit l'être et la naissance, n'a rien produit par une création instantanée; mais depuis qu'il existe lui-même, il fait ses créatures semblables à lui, n'étant jamais inactif et, dans le bien qu'il fait, ne restant jamais au-dessous de sa puissance, ainsi qu'il convient à sa nature puisqu'il est par essence le bien même. Salut, Jupiter, roi tout-puissant et souverain; salut, Dieu infiniment heureux; salut, généreux dispensateur de tous les biens.

Hymne IV, le deuxième des hymnes mensuels, à Neptune.

O grand roi, le premier né de Jupiter, Neptune, qui l'emportes par la beauté et par la force sur toute créature émanée de Jupiter; ta puissance dirige et gouverne toutes choses en second ordre après ton père, qui l'emporte infiniment sur tous les êtres, comme étant, seul de tous, absolument increé. C'est à toi que la volonté de ton père a confié la création de ce vaste

5. M. ὁποσεσοιτὸ (sic). — 6. M. γένεσίν τε.
7. M. οὔμενα (sic). — 8. M. τέων, ubi nos αὐτέων.
9. M. πάτερ τε, si apographo fides, ac deinde ὕην pro ἔην.
10. M. τῆς γῆς.
11. M. ἐρέδων. — 12. M. ὃ ἐθεσθλόν. — 13. M. βασιλεῦ τάτε.
14. M. ἀφειδῶς δῶτε (sic). — 15. M. ἠδ'.
16. M. ἀπείρον. — 17. M. ἂν pro ἄρ'.

Τεῦξαι ὑπῆρξεν, ἐν ᾧ δή σοι[1] κἄμμες γεγάαμεν·
Τοῖσιν ἄρ' ἤπιος αἰὲν ἰδ' ἵλαος, ὦ πάτερ, εἴης[2].

Ὕμνος πέμπτος, ἐπιμηνίων δὲ τρίτος, ἐς Ἥραν.

Ἥρα, πρέσβα θεὰ, θύγατερ Ζηνὸς μεγάλοιο,
Τῆς τε Ποσειδάων πόσις, ὅς ῥ' ἔστ' αὐτὸ ὅ ἐστιν
Καλὸν, μῆτερ μέν τε θεῶν, τοὶ οὐρανοῦ ἐντὸς,
Ἠδ' ὕλης παραγωγὲ, ἕδρης τοῖς τῇδ' εἴδεσσιν,
Δυνάμεώς τε δότειρα προπάσης, ᾗ μέν[3] τ' ἄλλης,
Ἠδέ θ' ᾗ εἰς[4] ἀρετὴν φέρει ἀγλαΐην τε ἅπασαν,
Τῇ τε νόμους συνάγεις, ἐξ' ὧν τοι τοῖσιν ὅλοισιν
Πληθὺς, ἀϊδιότης[5] θ' ἅμα ἐγγέγαεν· σὺ καὶ ἄμμιν
Εὖ βιόεν δίδου, ἐς ῥ' ἀρετὴν ἵλεως προφέρουσα.

Ὕμνος ἕκτος, ἐπιμηνίων τέταρτος, ἐς θεοὺς τοὺς Ὀλυμπίους.

Ἄνα[6] Ποσείδαον, μεγάλοιο Διὸς παῖ ἄριστε,
Ὅς τε προπάσης τῆσδε γενέσσιος ἐκ πατρὸς ἡγέαι·
Σύ θ', Ἥρα, τεῦ ἁγνὴ δάμαρ, ἐσθλή τ' αὖ βασίλεια·
Ἄπολλόν τε καὶ Ἄρτεμι, καί ῥ' Ἥφαιστ', ἰδὲ Βάκχε,
Καὶ Ἀθήνη, ἑπτὰ θεοὶ τοὶ κρέσσονές ἐστε
Τῶν ἄλλων πάντων μετ' ἄρ' ἔξοχον ὑψιμέδοντα·
Ἄλλοι θ', οἵ[7] ῥα Ὄλυμπον ναίετε, τῶνδέ τε τῆδε
Ἀθανάτων πατέρες καὶ δ' ἡμέων ἐν τούτοισιν
Ἐστὲ, ἵλαοι ἄρ' εἴητ' ἄμμιν[8] εὐμενέες τε.

1. M. ἐν ᾠδῆσι.

2. Ad hunc hymnum in margine paginæ superiore hæc ascripta sunt: Εὔχομαι (cod. εὔχομε) πρὸς σὲ, ὦ Πόσειδον, μὴ καὶ αὐτὸς γένοιο (cod. γενίω) πρὸς τὸν πατέρα, ὥσπερ ἐκεῖνος πρὸς τὸν ἑαυτοῦ, Κρόνον (cod. κρώνον). Facetum sane commentatorem!

3. M. ᾗ μέν. — 4. M. θ' ᾗ εἰς.

ciel dans lequel tu nous as placés. O notre père, sois donc toujours pour nous bienveillant et propice.

Hymne V, le troisième des hymnes mensuels, à Junon.

Junon, auguste déesse, fille du grand Jupiter, épouse de Neptune qui est le beau par essence, mère des Dieux qui habitent l'enceinte du ciel, toi qui produis la matière, et donnes aux espèces existantes dans ce monde le siége de toutes leurs facultés, notamment de celles qui les portent au bien et au beau; c'est encore toi qui donnes au monde les lois selon lesquelles s'effectue la propagation des êtres et par là leur perpétuité: accorde-nous de bien vivre, et que ta bonté nous inspire la vertu.

Hymne VI, le quatrième des hymnes mensuels, aux Dieux de l'Olympe.

Neptune roi, le plus noble fils du grand Jupiter, toi qui as reçu de ton père le gouvernement de toute la création; et toi, Junon, sa chaste épouse, reine également bienveillante; Apollon, Diane, et vous aussi, Vulcain, Bacchus et Minerve; vous les sept divinités supérieures à toutes les autres après le maître suprême et souverain; et vous tous habitants de l'Olympe, pères des créatures immortelles et entre autres des âmes humaines, soyez-nous bienveillants et propices.

5. In ἀϊδιότης prius ι producitur, ut infra hymn. XIII, v. 6: nam in πληθὺς finalem corripit Noster, licenter omnia.

6. M. ἄναξ, sed et ipsum ἄνα metro repugnat, et præstaret ὦ 'να, nisi infra quoque recurreret baud semel ἄναξ, eadem mensura.

7. M. θεοί. — 8. M. εἴη τ' ἄμιν. Utique peccat ultima syllaba, nisi deinde legas εὐμμενέες τε.

Ὕμνος ἕβδομος, ἐπιμηνίων πέμπτος, ἐς Ἀπόλλωνα [1].

Ἄναξ Ἄπολλον, φύσεως τῆς ταὐτοῦ ἑκάστης
Προστάτα ἠδ' ἡγῆτορ, ὃς ἄλλα τε ἀλλήλοισιν [2]
Εἰς ἓν ἄγεις, καὶ δὴ τὸ πὰν [3] αὐτὸ, τὸ πουλυμερές περ
Πουλύκρεκόν [4] τε ἐὸν, μιῇ ἁρμονίῃ ὑποτάσσεις·
Σύ τοι ἔκ γ' ὁμονοίης καὶ ψυχῇσι φρόνησιν
Ἠδὲ δίκην παρέχεις, τά τε δὴ κάλλιστα ἐάων,
Καὶ ῥ' ὑγίειαν σώμασι, κάλλος τ' ἄρ καὶ τοῖσιν·
Σὺ δὴ καὶ [5] ἵμερον θείων καλλῶν δίδου αἰὲν,
Ἄναξ, ἡμετέρῃσι ψυχαῖς· ὠὴ παιάν.

Ὕμνος ὄγδοος, ἐπιμηνίων ἕκτος, ἐς Ἄρτεμιν.

Ἄνασσ' Ἄρτεμι, ἣ φύσεως τῆς θατέρου ἡγέαι
Προστατέεις τε· παρειληφυῖα γὰρ ἕν τε τὸ σύμπαν,
Εἶτ' ἐς [6] τοὔσχατον ἄλλῃ καὶ ἄλλῃ διακρίνεις
Ἐς μὲν πλείω εἴδεα, ἐς δέ θ' ἕκαστ' ἐξ εἰδέων,
Ἔκ τε ὅλων αὖ ἐς μέρε' ἄρθρα τε· σὺ καὶ ψυχαῖς [7]
Ἔκ τῆς πρὸς τὸ χέρειόν σφων διακρίσιος ἀλκὴν
Σωφροσύνην τε διδοῖς, ἰσχύν τ' αὖ ἀρτεμίην τε
Σώμασιν. Ἀλλ', ὦ πότνα, φυγὴν σὺ ἑκάστοτε αἰσχρῶν
Ἄμμι διδοῦσα, πολύπτωτον βίον ὄρθοε [8] ἀμμόν.

1. In hunc hymnum habemus variantes lectiones codicis Monacensis 495, fol. 68. Ibi enim reperitur cum duobus aliis mox secuturis, nempe 11 et 18. — 2. M. ἀλλήλησιν, sed 495, ut nos.
3 Cod. 495, καὶ δὴ καὶ τὸ πᾶν : sed πὰν, non πᾶν, scribendum fuit metri causa. — 4. Sic codd vix græce pro πολύκρεκτον.

Hymne VII, le cinquième des hymnes mensuels, à Apollon.

Apollon roi, toi qui règles et gouvernes l'identité en toute chose, qui établis l'unité entre tous les êtres, qui soumets aux lois de l'harmonie ce vaste Univers, si varié, si multiple, c'est encore toi qui établis l'accord entre les âmes et en fais sortir la sagesse et la justice, les plus précieux des biens; c'est toi qui donnes aux corps la santé et la grâce. Inspire donc toujours à nos âmes l'amour des beautés divines; salut, ô Péan.

Hymne VIII, le sixième des hymnes mensuels, à Diane.

Diane reine, toi qui règles et gouvernes la diversité, tu as reçu l'Univers dans son unité primitive, et tu le divises ensuite jusqu'aux limites du possible d'abord en espèces, puis les espèces en individus, enfin chaque tout en ses parties. En séparant les âmes de la partie grossière qui les accompagne, tu leur donnes la force et la prudence, en même temps que tu donnes aux corps la vigueur et la bonne constitution qui les conserve. O Déesse vénérable, accorde-nous de fuir tout ce qui est mal, et dirige les différents actes de notre vie trop sujette à l'erreur.

5. Cod. 495, σὺ δὲ καὶ, et postea καλῶν, et in fine ἐαὶν pro αἰέν, ac versu sequenti ἡμετέροισι.

6. M. divise εἶ τ', et in fine διακρίνῃς. — 7. M. ψυχάς.

8. M. ὄρθε' ἀμμόν, barbare : ut vero supra βιόεν, ita nunc ὄρθοε legendum videtur, et sic infra ἀνορθόετε, hymn. 8, v. ult.

Ὕμνος ἔνατος, ἐπιμηνίων ἕβδομος, ἐς θεοὺς τοὺς οὐρανίους.

Ὦ τοῦδ' οὐρανοῦ ἄναξ Ἥλιε, ἵλαος εἴης,
Ἵλεως καὶ σὺ, Σελήνη, εἴης πότνια ἱρὴ[1],
Φωσφόρε τ', ἠδὲ Στίλβων, ἀγλαὼ ἠελίοιο
Αἰὲν ὀπάονε, ὕμμες τ', ὦ Φαίνων Φαέθων τε
Καὶ Πυρόεν, τοὶ πάντες ὕπαρχοι ἠελίοιο
Ἐστὲ ἄνακτος, καὶ τά τοι ἀμφὶ προνοίην ἡμέων
Κείνῳ, οὗ κε δέοι, συμπρήσσετε· ὑμνέομεν δὴ
Ὕμμε καὶ ἄμμες, ἀγαυοὺς ἡμείων[2] μελεδωνούς,
Ἄλλα θ' ἅμ' ἄστρα, προϊστορίῃ[3] γε ἀφειμένα θείῃ.

Ὕμνος δέκατος, ἐπιμηνίων ὄγδοος, ἐς Ἀθηνᾶν.

Ἀθήνη ἄνασσα, ἣ εἴδεος οὐδαμᾶ ὕλης
Χωριστοῖο προστατέεις ἠδ' ἡγέαι[4], αὐτὴ
Τουτέῳ δημιοεργὸς ἐοῦσα μετ' εὐρυάνακτα[5],
Ἐκ σέθεν εἶδος[6] ἅπαν προέχοντα, Ποσειδάωνα·
Ἥτε κινήσιος ὥσει γιγνομένης συμπάσης
Αἰτίη ἐσσὶ, τά κεν περίεργα προσγίγνοιτο,
Αὐτὴ ἑκάστων ἐξωθεῦσα· ἀτὰρ καὶ ἀφ' ἡμέων,
Ἥν τι ἑκάστοτε πλημμελὲς ἀφραίνουσι πελάζῃ,
Ὦ θεὰ, σὺν νόῳ[7] θυμὸν ἐγείρουσ' ἐς δέον ἀμμόν.

Ὕμνος ἑνδέκατος, ἐπιμηνίων ἔνατος, ἐς Διόνυσον.

Βάκχε πάτερ, ψυχῶν λογικῶν γενέτορ πασάων[8],
Ὅσσαι[9] οὐράνιαι, ὅσσαι τ' αὖ δαιμόνιαί γε,

1. M. ἱερή. — 2. M. ἡμέων. — 3. M. πρὸς ἱστορίῃ. — 4. M. ἐγέαι.

Hymne IX, le septième des hymnes mensuels, aux Dieux du ciel.

O Soleil, roi de notre ciel, sois-nous propice; toi aussi, sois-nous propice, Lune, vénérable déesse; et toi, Lucifer (astre de Vénus), et toi Stilbon (astre de Mercure), tous deux compagnons assidus de l'éclatant Soleil, et vous, Phénon, Phaéthon, Pyroïs (astres de Saturne, de Jupiter, de Mars), qui tous obéissez au Soleil votre roi, et qui l'assistez, en tout ce qui convient, dans le gouvernement des choses humaines, nous vous célébrons comme nos brillants protecteurs, avec les autres astres qu'une providence divine a lancés dans l'espace.

Hymne X, le huitième des hymnes mensuels, à Minerve.

Minerve reine, toi qui régis et gouvernes la forme concrète non séparée de la matière, c'est toi aussi qui la produis, après le puissant Neptune qui tire de toi toute forme ; tu es aussi la cause de tout mouvement communiqué par impulsion; enfin tu repousses de chaque chose tout ce qui serait inutile ou superflu. Toutes les fois que notre folie nous portera à commettre quelque faute, que tes inspirations, ô Déesse, d'accord avec celles de l'intelligence, ramènent notre âme au devoir.

Hymne XI, le neuvième des hymnes mensuels, à Bacchus.

Bacchus, que toutes les âmes raisonnables, tant celles des Dieux du ciel et des Démons que celles des

5. M. εὐρὺ ἄνακτα.— 6. M. ἔνθ' ἓν εἶδος.—7. Pro νόῳ vide utrum νῷ malis an νοΐ. — 8. Cod. 495, πασέων, quo de codice notata vide ad hymn. VII. — 9. Idem codex, ὅσαι, bis et ter.

Ὅσσαι θ' ἡμέτεραι, μετ' ἄνακτα Ποσειδάωνα
Ὥστε κινήσιος [1] ἐσθλοῦ ἑλκομένης γε ἔρωτι,
Ἠδ' ἀναγωγῆς τῆς ἐπὶ λώϊον [2] αἴτιος ἐσσί·
Σὺ καὶ ἄμμι δίδου ἀγαθῆς [3] ἀπολειπομένοισιν
Θειοτέρης τε ἑκάστοτε πρήξιος, ἄφρονι γνώμῃ,
Αἶψά [4] που ἐπὶ ταύτην σὺν νόῳ αὖ ἀνάγεσθαι,
Μὴ ἐσθλῶν πέρι ἄμμε ἐῶν [5] ἐπὶ δηρὸν ἀφραίνεν [6].

Ὕμνος δωδέκατος, ἐπιμηνίων δέκατος, ἐς Τιτᾶνας.

Τὸν θνητῆς φύσεως συμπάσης δημιοεργὸν,
Εἶ' ἄγεθ' [7], ὑμνήσωμεν ἄνακτα Κρόνον, Διὸς υἷα,
Πρεσβύτατόν θ', ὁπόσοι νόθοι ἐκ Διὸς ἄλλοι ἔασιν
Ταρτάριοι Τιτῆνες, τούς ῥα καὶ αὐτοὺς σὺν τῷ
Ὑμνείωμεν, πάντας ἀρ' ἐσθλοὺς, νόσφι τε κηρῶν [8],
Θνητῶν ἠδ' ἐπικήρων περ γενετῆρας ἐόντας·
Ἀφροδίτην τε δάμαρτα Κρόνου δὴ τουτέῳ ἱρήν,
Πᾶνά τε θηρῶν ἀρχὸν, φυτῶν τ' αὖ Δήμητραν,
Θνητοῦ [9] θ' ἡμετέροιο Κόρην, ἄλλους τε πρόπαντας.

Ὕμνος τρισκαιδέκατος [10], ἐπιμηνίων ἑνδέκατος, ἐς Ἥφαιστον.

Ἥφαιστ' ἄναξ, ὅς τε θεῶν ὑπερουρανιώνων,
Ὅσσοι Ὀλύμπιοι, ὅσσοι Ταρτάριοι θ' ἅμα, ἡγέαι
Προστατέεις τε, μετ' εὐρυάνακτα Ποσειδάωνα,
Τοῖσιν καὶ χώρην τε νέμεις ἕδρην τε ἑκάστῳ·
Ὅς στάσεως ἐν ταυτῷ, τῷ θ' ὅλῳ αἴτιος ἐσσὶ,

1. Idem, ὃς τῆνδε νήσιος.
2. Idem, λώλιον. — 3. Idem, ἀγαθοῖς.
4. In αἶψα ultima male producitur.

hommes, reconnaissent comme leur père, toutefois après le puissant Neptune, c'est toi qui es la cause du mouvement produit par l'amour de la vertu et l'aspiration vers le mieux. Si quelquefois, par un égarement de notre esprit, nous cessons de tenir une conduite digne des Dieux, accorde-nous d'être aussitôt ramenés au bien par la raison, et ne nous laisse pas trop longtemps errer loin de la vertu.

Hymne XII, le dixième des hymnes mensuels, aux Titans.

Allons chantons le créateur de toute la nature mortelle, Saturne roi, fils de Jupiter, le plus ancien de ses enfants illégitimes, qui sont les Titans, Dieux du Tartare. Nous les chanterons aussi avec lui : car tous sont bons et exempts de tout mal, quoiqu'ils aient créé des êtres mortels et sujets au mal. Chantons aussi Vénus, épouse sacrée de Saturne, Pan qui préside aux animaux, Cérès aux plantes, Proserpine à notre nature mortelle, enfin tous les autres.

Hymne XIII, le onzième des hymnes mensuels, à Vulcain.

Vulcain roi, toi qui marches à la tête de tous les Dieux supracélestes, de ceux de l'Olympe et du Tartare, chef de toute cette classe d'êtres après le tout-puissant Neptune, toi qui fixes à chacun son domaine et sa place, qui maintiens dans son identité l'ensemble des choses et chacune de ces choses en particulier,

5. Idem ἐῶν omittit, quod pro participio sumendum.
6. M. ἄφραινεν, pravo accentu.
7. M. εἰ ἀγαθ'. — 8. M. κυρῶν. — 9. M. θνατοῦ.
10. M. τρεισκαιδέκατος, magis quidem contra usum quam contra analogiam.

Ἠδέ θ' ἑκάστοις, τοῖσιν ἀϊδιότητα πορίζες[1]
Αὐτὸς ἄρ', ἠὲ Ποσειδῶν, πατρὸς ἑοῦ διὰ βουλάς·
Σὺ φρούρει καὶ ἄμμε[2], διδοὺς μάλα δὴν καλῇσιν
Ἐν πρήξεσσιν ἑκάστοτε μίμνεν[3] γιγνομένοισιν.

Ὕμνος τεσσαρεσκαιδέκατος[4], ἐπιμηνίων δωδέκατος, ἐς δαίμονας.

Ἀθανάτοισι σὺν ἄλλοις καὶ τούς γε προσεχῆας
Ἄμμιν[5] τούτους ὑμνήσωμεν δαίμονας ἁγνούς,
Τοί ῥα θεοῖς τὰ πρὸς ἡμέας ἄλλοις θειοτέροισιν
Εὖ μάλ' ὑπηρετέοντες, συχνὰ ἰδ' ἐσθλὰ ἅπαντα
Ἄμμι διδοῦσι, τὰ δὴ ἔς γε σφέας ἐκ Διὸς αὐτοῦ
Χωρέει πάντα, θεῶν διὰ τῶν ἄλλων κατιόντα·
Ἔνθεν τοι καὶ ἡμέας, οἱ μὲν καθαίροντες[6],
Οἱ δ' ἀνάγοντες, τοὶ δὲ φρουρεῦντες, σώζουσιν,
Ῥεῖα[7] μάλ' ὀρθοῦντες νόον· ἀλλ' ἵλεῳ εἴητε.

Ὕμνος πεντεκαιδέκατος, ἐπιμηνίων τρισκαιδέκατος[8], ἐς σύμπαντας θεούς.

Ζεῦ ὕψιστε, θεῶν ὅς τ' ἔξοχος ἐσσὶ προπάντων,
Δημιοεργὸς ἐὼν πρέσβιστος[9] [παγ]γενέτωρ τε·
Ὕμμες τ', ὦ πάντες θεοὶ, ὅσσοι Ὀλύμπιοί ἐστε,
Ὅσσοι Ταρτάριοί θ', ἠδ' οὐράνιοι, χθόνιοί τε·
Διδοῖτ'[10], εἴ τις ἁμαρτὰς δεινὴ, ἀτάσθαλά τ' ἔργα,
Ἄμμι καθηραμένοισιν, ἀμύμοσιν ὔμμι πελάζεν,
Ἦ κε μάκαρ χἠμῖν γίγνοιθ' ὁ βίος[11]· καί ῥ', ὦ Ζεῦ,

1. M. πόρο ζές. — 2. M. ἄμμα. — 3. M. μίμεν.
4. M. τέταρτος καὶ δέκατος : nos usum scribendi eumdem, quem hactenus Pletho, sequimur. — 5. M. ἄμιν τούτοις. — 6. Versus horridus, qui videtur in καθαίροντες primam producere.

leur donnant ainsi l'immortalité de concert avec Neptune, d'après les décrets de son père ; veille sur nous, accorde-nous, une fois venus à l'existence, de rester toujours dans la voie de la vertu.

Hymne XIV, le douzième des hymnes mensuels, aux Démons.

Avec les autres immortels, célébrons aussi les Démons bienfaisants, dont la nature touche immédiatement à la nôtre. Chargés d'exécuter les ordres des Dieux supérieurs en tout ce qui nous concerne, ils répandent sur nous tous les biens qu'ils reçoivent eux-mêmes de Jupiter par l'intermédiaire des autres Dieux. Ainsi les uns nous purifient, les autres nous élèvent au-dessus de nous-mêmes, d'autres nous protégent et nous sauvent en redressant facilement notre esprit. Soyez-nous favorables.

Hymne XV, le treizième des hymnes mensuels, à tous les Dieux.

Jupiter souverainement grand, supérieur à tous les Dieux, créateur tout-puissant et le premier auteur de toutes choses; vous tous, Dieux de l'Olympe, Dieux du Tartare, Dieux du ciel et Dieux de la terre, accordez-nous, dans le cas où nous commettrions une faute grave, une action impie, d'en être purifiés, et de nous rapprocher de vous, êtres impeccables, afin d'assurer ainsi le bonheur de notre vie. Nous t'im-

7. M. ῥῆα. — 8. M. τρεισκαιδ. ut jam supra.

9. M. post ἐὼν distinguit, et idem, calami lapsu, γενέτωρ habet, non παγγενέτωρ.

10. M. δίοιτ'. — 11. In M. ascriptum est θ' ὄλβιος.

Σὺ ἐπὶ πᾶσιν, ὃς ἄρ πάντων κυριώτατος ἐσσὶ,
Πρώτιστόν θ' ὡυτὸς τελέθων, πύματόν θ' ὁμοῦ ἐσθλόν.

Ὕμνος ἑκκαιδέκατος, ἱερῶν δὲ πρῶτος, ἐς Δία.

Ζεῦς οἷος πάμπαν ἀγένητός τ' αὐτοεών τε,
Παγγενέτωρ δέ τε, παμμεδέων θ', ὃς πάντα οἷ[1] αὐτῷ
Ἐγκρύπτων καθ' ἓν, οὐδέ τι χωρὶς, ἔθεν γε ἕκαστ' ἄν
Ἐκπροΐησι διακριδὸν, ἕν τι καὶ οὕτω ὅλον γ' αὖ
Τοὔργον συντελέων, πάμπληρες κάλλιστόν τε
Εἰς ὃ[2] ἐνῆν, ἅτε ἓν καὶ πάγχυ ἐὼν φθόνου ἐκτός.
Ἀλλ', ὦ Ζεῦ, σὺ καὶ ἄμμε τεῶν παίδων δι' ἀγαυῶν
Σὺν τῷ ὅλῳ ἄγε, οἷ τεῒν ἔγνωσται, ἰθύνων·
Καί τ' ἀρχὰς[3] δίδου ἄρχεν εὖ, ἔργα τ' ἀνύεν[4] πρήξεων.

Ὕμνος ἑπτακαιδέκατος, ἱερῶν δεύτερος, ἐς θεοὺς τοὺς Ὀλυμπίους.

Εἶ' ἄγεθ', ὑμνείωμεν[5] ἄνακτα Ποσειδάωνα,
Ὅςτε πρεσβύτατος παίδων Διός ἐστι προπάντων,
Ἠδὲ κρατιστος, τῆςδε τε δεύτερος ἐκ πατρὸς ἀρχὸς
Συμπάσης γενέθλης[6], ἠδὲ προσεχὴς ἡμείων[7]
Δημιοεργὸς· σὺν τῷ καὶ Ἥρην βασίλειαν,
Ἥτε θεάων πρεσβυτάτη αὖ ἔφυ Διῒ πατρί·
Πρὸς δὲ καὶ ἄλλους ὑμνείωμεν[8], ὅσοι ἐν Ὀλύμπῳ
Εἰσὶ θεοὶ, τοὶ ἀθανάτων τῶν ἐνθάδε πάντες
Προστάται ἠδὲ παραίτιοι· ἀλλ' ἵλεῳ εἴητε.

1. M. οἳ (sic), non οἱ encliticum.
2. M. ἧς ὃ. — 3. M. καί ε ἀρχάς. — 4. M. τ' ἂν ὕεν (sic).

plorons par-dessus tous, Jupiter, le plus puissant de tous, toi qui es en même temps, le premier et le dernier des biens.

Hymne XVI, le premier des hymnes sacrés, à Jupiter.

Jupiter est le seul être absolument incréé, il est son principe à lui-même; créateur et conservateur de l'Univers, il renferme toutes les choses sans exception dans son unité, d'où il les fait sortir chacune séparément pour les faire ainsi contribuer à l'unité de son œuvre, œuvre aussi complète et aussi belle que possible, la seule sur laquelle l'envie n'ait point de prise. O Jupiter, dirige-nous donc avec l'Univers, par l'intermédiaire de tes vénérables enfants, vers le but marqué dans ta sagesse; pour cela fais-nous bien commencer et bien finir chacune de nos actions.

Hymne XVII, le deuxième des hymnes sacrés, aux Dieux de l'Olympe.

Allons, chantons Neptune roi, le premier et le plus puissant de tous les enfants de Jupiter, second chef après son père de toute la création, et immédiatement après lui l'auteur de notre propre existence. Avec lui, Junon reine, la première des Déesses nées de Jupiter. Chantons encore tous les Dieux qui habitent l'Olympe, et qui sont les auteurs secondaires et les protecteurs de tout ce qu'il y a d'immortel dans l'enceinte du ciel. Soyez-nous tous propices.

5. M. ἢ ἄγε θυμνύωμεν (sic). — 6. M. γεν ὅλης (sic).
7. M. ἡμέων. — 8. M. ὑμνήωμεν.

Ὕμνος ὀκτωκαιδέκατος, ἱερῶν τρίτος, ἐς πάντας θεούς.

Ὦ πάντες θεοί, οἵτε[1] μετὰ Ζῆν' ἔξοχα ἐσθλὸν
Πάμπαν ἀμύμονές ἐστε καὶ αὐτοί[2], νοσφί τε κηρῶν·
Τῶν ῥα Ποσειδάων κορυφαῖος ἰδ' ἐκ[3] Διὸς ἀρχός·
Οἵ θ' ὑπερουράνιοι πέλεθ', οἵ τ' αὖ οὐρανοῦ ἐντὸς,
Πάντες ἀγαυοί, ὕμμε γε, οἵτε φύσιν καὶ αὐτοὶ
Ὕμμιν[4] συγγενέ' ἔσχατοι ἔσχομεν, ὑμνέομεν δή.
Ὠή, ὦ μάκαρες τ' αὐτοί, δῶταί τε ἐάων,
Ἀλλὰ καὶ ἄμμιν[5], τοῖσι βίος μὴ αἰὲν ἀκηδὴς,
Καλὰ αὖ[6] ὕμμες ἰδ' ἐσθλὰ νέμοντες, ἀνορθόετ' αἰέν.

Ὕμνος ἐννεακαιδέκατος, ἱερῶν τέταρτος, ἐς σύμπαντας τοὺς μετὰ τοὺς Ὀλυμπίους θεούς.

Ὦ Κρόν' ἄναξ, ὃς Τιτήνων ὑπερουρανιώνων,
Καὶ αὐτῶν μεδέεις· σύ θ' ὃς οὐρανοῦ αὖ τοῦδ'[7] ἡγέαι,
Ἥλιε, παντὸς, τῷ τε πλάνητες ἕπονται ἄλλοι·
Τοῖιν θνητῶν[8] σύμπασ' ἐξέβλαστε γενέθλη,
Ἀμφοῖν ἐκ σφῶϊν, Κρόνου ἠδέ τ' ἄρ' Ἠελίοιο·
Τιτῆνες δὲ δὴ ἠδὲ πλάνητες, ὕπαρχοι, σφῶϊν
Ἄλλοι ἐπ' ἄλλα συνεργοί· ἀτὰρ καὶ ὕμμε γε ἄμμες
Ὑμνέομεν, συχνὰ καὶ δι' ὑμέων[9] ἐσθλά τ' ἔχοντες·
Σὺν δ' ὕμιν[10] καὶ ἀπλανέ' ἄστρ', ἰδὲ δαίμονας ἁγνούς.

1. Codex Monac. 495, supra jam citatus, εἴ τε.
2. Cod. 495, αὐτοί, ut nos, ubi M. αὐτόν.
3. Cod. 495, κορυφαῖος δὲ ἡ διὸς. 4. Cod. 495, ὑμῖν.
5. M. ἡμῖν, sed cod. 495, ut nos. 6. Cod. 495, ἂν pro αὖ

Hymne XVIII, le troisième des hymnes sacrés, à tous les Dieux.

O Dieux, vous tous qui, après Jupiter, le Dieu éminemment bon et parfait, êtes comme lui exempts de toute souillure et de tout mal, vous à qui Jupiter a donné pour chef et pour coryphée le grand Neptune, soit que vous habitiez au-dessus ou en dedans du ciel, êtres vénérables, recevez nos hommages; car nous participons à votre nature, et sommes vos parents, quoique au degré le plus éloigné. Salut, vous qui possédez et dispensez tous les biens; faites que, sujets au mal par notre nature, nous soyons cependant relevés sans cesse de nos infirmités par tout ce que vous nous accorderez de bien et de beau.

Hymne XIX, le quatrième des hymnes sacrés, à tous les Dieux inférieurs à ceux de l'Olympe.

O Saturne roi, qui gouvernes les Titans, ces Dieux supracélestes, et toi qui règnes sur tout notre ciel, Soleil, chef de toutes les autres planètes, vous les deux grandes sources d'où est sortie la race des mortels issue à la fois de Saturne et du Soleil, et vous tous, Titans et planètes, qui obéissez à ces deux divinités et qui vous associez diversement à leurs travaux, nous vous célébrons aussi, car nous tenons de vous de grands biens, et avec vous nous chantons encore les astres fixes et les Démons bienfaisants.

7. M. αὐτοῦ δ'. — 8. M. τοῖ ἴνθη τῶν (sic), ac deinde σύμπαν.
9. M. ἡμέων. — 10. M. ὑμμῖν.

Ὕμνος εἰκοστὸς, ἱερῶν πέμπτος, ἐς Πλούτωνα.

Ὦ ̓ναξ Πλούτων, ἀνθρωπείης φύσιος ἀρχὲ
Ἠδὲ προστάτα, ἐκ Διὸς αὐτοῦ τοῦτο λελογχὼς [1],
Πάντα καθ' ἓν, τά κεν ἄμμι διακριδὸν ἐγγίγνοιτο
Ἠδὲ ἐνείη, ἔχων, εὖ προστατέειν [2] καὶ ἡμέων
Πάμπαν τ' ἐνθάδε, ἠδ' ἐνθένδ' ἀνάγων αὖ αἰέν·
Ὃν περὶ ἥρωες, φύσις [3] ἡμέων γ' ἡ προέχουσα,
Ἠδ' ἄλλοι φίλοι ἡμείων [4] καλοὶ ἀγαθοί τε·
Τῷ τε Κόρη θεὸς ἐσθλὴ Ταρτάρεός [5] γε σύνεστιν,
Ἄμμι τὸ θνητὸν προσδεῦσ' ἐς [6] δέον· ἵλαος εἴης.

Ὕμνος εἷς καὶ εἰκοστὸς, ἱερῶν ἕκτος, ἐς Δία.

Ζεῦ πάτερ, ὀβριμοεργὲ, μεγασθενὲς, ἀρχὲ ἐάων,
Παγγενέτορ· σῷ μὲν νόῳ, ἔξοχα ἐσθλὸν ἐόντος,
Οὐδ' ἄμμες καλῶν τῶν ἔν ῥα θεοῖς γεγάαμεν
Ἄμμοροι· ἀλλὰ ἀναγκαίῃ [7] τῇ ἐκ τοῦ θνητοῦ
Καὶ ἄμ' ἁμαρτητοὶ, ἐπανορθωτοὶ δέ τ' αὖ αἰέν.
Δὸς [8] δὴ ἄμμιν καὶ νῦν ἀμπλακιῶν κακότητος
Λυθεῖσιν, διὰ παίδων σῶν, οἷς τ' ἐπέτρεψας,
Εὐαγέεσσιν [9] τοῖς νόον ὀρθὸν ἔχουσι πελάζειν,
Ὡς [10] τὶν ἑκάστοτε μειλιχίῳ συνίοιμεν ἰδ' ἱλέῳ.

1. M. λελαχως. — 2. M. προστατεεν, hoc accentu.
3. M. φύσιν. — 4. M. ἥμεων. Deinde melius esset καλοί τ' ἀγαθ.
5. M. ταρταρέους. — 6. M. εἰς. 7. M. ἀναγκαιη.
8. M. δὲ pro δός. — 9. M. εὐαγέσιν, τῷ νόον, absque sensu.

Hymne XX, le cinquième des hymnes sacrés, à Pluton.

Pluton roi, chef et protecteur de la nature humaine par la fonction que tu as reçue de Jupiter lui-même, toi qui possèdes, réunis en toi, tous les divers attributs qui se partagent entre nous, protége-nous en toutes choses ici-bas maintenant, et lorsqu'un jour tu nous élèveras vers les régions supérieures. Autour de toi se rangent les héros, dont la nature excelle par-dessus la nôtre, et tous nos autres amis bons et vertueux. Heureux époux de Proserpine, déesse du Tartare, dont la fonction est de nous attacher autant qu'il le faut à la partie mortelle de notre être, sois-nous propice.

Hymne XXI, le sixième des hymnes sacrés, à Jupiter.

O Jupiter, puissant par ta force et par tes œuvres, principe de tout bien, créateur de toutes choses, par la vertu de ton intelligence et de ta nature qui est le bien même, nous ne sommes pas étrangers aux biens dont jouissent les Dieux ; mais par la loi de notre nature mortelle, nous sommes capables de tomber dans des fautes, capables aussi de nous en relever. Donne-nous donc d'échapper aux liens dangereux du vice, et, par l'entremise de tes enfants, auxquels tu as confié ce soin, rapproche-nous des hommes justes dont l'intelligence est droite, afin qu'ainsi nous te trouvions toujours bienveillant et favorable.

10. M. ὦ pro ὡς. Deinde melius fortasse legeretur συνέοιμεν. In fine, M. ἴλλω.

Ὕμνος δύο καὶ εἰκοστὸς, ἐφημερίων δὲ πρῶτος, ἡμέρᾳ ἀδόμενος δευτέρᾳ.

Μὴ[1] ὑμῖν ἐσθλῶν τὴν χάριν, ὦ μάκαρες θεοὶ, εἰδὼς
Παυσαίμην, τά τέ μοι διὰ ὑμέων[2] σύμπαντ' ἐστὶν
Ἠδ' αἰὲν γέγονεν, τῶν δώτης δὴ ὕπατος Ζεῦς.
Μὴ κοινοῦ ἀγαθοῦ γένεος ὀλιγωρήσαιμι
Τοῦ 'μοῦ[3], ὅτου τίς μοι δύναμις· πρόφρων δὲ τὸ κοινὸν
Δρῶν εὖ, τοῦθ' ἅμα καὶ ἐμὸν εἰδοίην[4] μέγ' ὄνειαρ.
Μὴ κακοῦ, ᾧ κεν ἑκάστοτε συμβάλλοι, γιγνοίμην
Αἴτιος ἀνθρώπων, ἀγαθοῖο[5] δὲ, ᾗ κε δυναίμην,
Ὡς μάκαρ ὔμμιν ἐϊσκόμενος κἀγὼ γιγνοίμην.

Ὕμνος τρεῖς καὶ εἰκοστὸς, ἐφημερίων δεύτερος, ἡμέρᾳ ἀδόμενος τρίτῃ.

Μὴ μοι[6] ἀκοσμίη, ὦ θεοὶ, εἴη τερπνῶν ἡδέων,
Ἀλλ' αὐτῶν ὅρον αἰνοίην, ἐς ὃ μὴ κακίη τις
Ψυχῇ ἢ [καὶ?] σώματι προσγίγνοιτο ἀπ' αὐτῶν.
Μὴ ἀπλήστως ἀμφὶ χρήματ' ἔχοιμι· μέτρον δὲ
Ποιοίμην καὶ τουτέων, σώματος ᾗ τέ κε χρείω
Κοσμίη εἴη, ὡς αὐταρκίῃ ἀγαλλοίμην.
Μὴ κενεῆς ποτε δόξης αἱμύλοιο[8] γενοίμην
Ἥσσων, κεῖνο ἄρ' αὐτῆς χρηστὸν μοῦνον ἐγνωκὼς,
Ὅττι κεν εἰς ἀρετὴν θείην φέροι ἀτρεκέα τε.

1. M. τὴ pro μή.
2. M. δι' ὑμεων, versu claudicante. Malimus sane διά γ' ὑμέων.
3. M. τοῦ μοῦ, sine crasi. Deinde vide an ὅπου malis.
4. An potius εἰδείην? Sed Pletho passim, εἰδοῖμι : quare nihil mutandum. Deinde M. μή γ' ἔναρχ.— 5. M. ἀγαθοὶ δέ.— 6. M. μή με.

Hymne XXII, le premier des hymnes quotidiens, se chante le deuxième jour.

Puissé-je ne jamais cesser, ô Dieux bienheureux, de vous rendre grâces pour les biens que je dois à votre bonté et dont Jupiter est le suprême dispensateur. Puissé-je ne pas négliger de contribuer au bien commun de ma race selon mon pouvoir, n'ignorant pas que travailler pour le bien commun, c'est servir mon propre intérêt. Loin d'être jamais l'auteur du mal qui pourrait arriver aux hommes, puissé-je faire leur bien autant qu'il sera en moi, pour approcher ainsi de votre béatitude.

Hymne XXIII, le deuxième des hymnes quotidiens, se chante le troisième jour.

Puissé-je ne pas m'abandonner à un usage immodéré des plaisirs, mais y mettre des bornes telles qu'ils ne puissent être nuisibles ni à mon âme ni à mon corps. Puissé-je, au lieu d'être insatiable de richesses, donner pour mesure à mes désirs les besoins modérés du corps, afin que j'aie le bonheur de me suffire à moi-même. Puissé-je ne pas me laisser prendre aux séductions d'une vaine gloire, et me souvenir que l'opinion des hommes n'a de prix qu'autant qu'elle peut nous porter à la vertu divine et véritable.

7. Post ἢ addimus καὶ metri causa, et sic fere legeramus in allocutione ad Deos, pag. 148.

8. An potius αἱμυλίοιο, propter metrum?

Ὕμνος τέσσαρες [1] καὶ εἰκοστὸς, ἐφημερίων τρίτος, ἡμέρᾳ ᾀδόμενος τετάρτῃ.

Μή με καθαιροῖεν [2] τύχαι, ὦ θεοὶ, θνητὸν ἐμεῖο
Καββάλλουσαι ἑκάστοτε, εἰδότα ἀθάνατόν μοι
Τὴν ψυχὴν, θνητοῖο δὲ χωριστὴν, ἰδὲ θεῖον [3].
Μὴ ὅσα ἀνθρώπων πάρα τρηχέ' ἀπαντᾷ [4], τουτέων
Μή με ταράττοι μηδὲν, ἐλευθερίην ἀσκεῦντα [5],
Μηδὲ κακῇ ἰδέῃ γε χρείοσι δουλεύοντα.
Μὴ, καλοῦ ποτε εἵνεκα πρῆξαι ἔς γ' ἐμὲ ἧκον,
Θνητοῦ ἐμοῦ πεφιδοίμην, ἀλλ' ὡς ἀθάνατός μοι
Ἡ γε ψυχὴ ἐοῦσα ἄριστα ἔχοι, μέλοι [6] αἰέν.

Ὕμνος πέντε καὶ εἰκοστὸς, ἐφημερίων τέταρτος, ἡμέρᾳ ᾀδόμενος πέμπτῃ.

Ὄλβιος, ᾧ κεν ἑῆς [7] ψυχῆς μέλῃ ἀθανάτοιο
Αἰὲν, ὅπως ὡς καλλίστη τελέθοι [8], θνητοῦ δὲ
Μὴ πάνυ τοι κήδηται, ἢν δὲ δέῃ [9], καὶ ἀφειδέῃ.
Ὄλβιος, ὅς κε βροτῶν τοῖς τι πλήσσουσιν ἑαυτὸν
Μήποτε δουλοῖ [10] ἀγνωμονέουσιν· ἔχων δὲ ψυχὴν
Ἀτρεμέ' αὐτὸς, κείνων τῆς κακίης περιείη.
Ὄλβιος, ὅς κ' ἐπὶ δαιμονίῃσι τύχῃσι μὴ αὐτὸς
Ψυχὴν ἀλγέῃ πικροτέρῃσι [11], φέρῃ δέ τε ῥεῖα,
Ἐν τῷ αὐτέου [12] ἀθανάτῳ [μόνον] ἐσθλὸν ὁρίζων.

1. M. δ' καὶ εἰκ. quod idem valet.
2. M. καθαροῖεν, et in fine ἐμοῖο, quod mendum est, sed auctori fortasse potius quam librario imputandum.
3. Præstaret θείην, ut supra hymn. 23, v 9, et alibi.

Hymne XXIV, le troisième des hymnes quotidiens, se chante le quatrième jour.

Faites, grands Dieux, qu'en presence des maux qui peuvent frapper la partie mortelle de mon être, je ne me laisse pas abattre, mais que je songe à mon âme immortelle, distincte du corps et toute divine. Que les difficultés qui naissent du commerce avec les hommes ne me troublent pas dans l'exercice de ma liberté, et que de mauvaises illusions ne me rendent pas esclave du mal. Toutes les fois qu'il s'agira pour moi de faire le bien, que je n'épargne point mon corps mortel, mais que la plus grande perfection possible de mon âme immortelle soit toujours l'objet de mes soins.

Hymne XXV, le quatrième des hymnes quotidiens, se chante le cinquième jour.

Heureux celui qui veille toujours à la perfection de son âme immortelle, n'ayant que peu de souci de son corps mortel, et même, s'il le faut, prêt à le sacrifier. Heureux celui qui ne se rend pas l'esclave des hommes dont la méchanceté le frappe, celui dont l'âme impassible s'élève au-dessus de la perversité de ses ennemis. Heureux celui qui, loin de s'affliger des calamités de cette vie, les supporte sans se plaindre, bornant son bonheur à sa nature immortelle.

4. M. ἅπαντα, distinctione facta non post hanc vocem, sed post τουτέων. — 5. M. ἀσκεῦτα (sic). — 6. M. μέλλοι.

7. M. indivise, κενεῆς. — 8. M. τελέθει. — 9. M. δίη.

10. Sic M. δουλοῖ active, ut cum ἑαυτὸν construatur.

11. M. προτέρησιν, et in fine, ῥῆα.

12. M. αὐτέω. Deinde μόνον e conjectura addidimus, metri causa.

Ὕμνος ἓξ καὶ εἰκοστὸς, ἐφημερίων πέμπτος, ἡμέρα ἀδόμενος ἕκτῃ.

Ὄλβιος, ὅς κεν μὴ μερόπων δόξαις κενεῇσιν
Ἀφραδέως [1] προσέχων, ἀλλ' αὐτῷ εὖ φρονέοντι,
Ἰθείῃ γνώμῃ ἀρετὴν θείην μελετῴη·
Ὄλβιος ὅς κεν μὴ κτεάνων ἀπερείσιον [2] αἰὲν
Πληθὺν μὰψ εἰκῇ τε διώκῃ· ἀλλὰ χρέεσσιν [3]
Σώματος [4] ἐμμελέεσσι [5], τὸ αὐτῶν μέτρον ὁρίζῃ·
Ὄλβιος, ὅς κεν τέρψιος αἴσιμον οὖρον ἄγῃσιν,
Ἥ κεν μὴ ψυχῇ προσεφέλκηται κακίης τι,
Ἢ καὶ σώματι, ἀλλ' ἀρετῇ θείῃ συναείδῃ [6].

Ὕμνος ἑπτὰ καὶ εἰκοστὸς, ἐφημερίων ἕκτος, ἡμέρα ἀδόμενος ἑβδόμῃ.

Ὄλβιος, ὅς κεν μὴ ἰδίῃ αὐτὸς πλεονεκτῶν,
Δεινῇ ὑπ' ἀφραδίῃ κακὰ τεύχῃ ἀνθρώποισιν,
Ἐσθλὰ δ' ἀεὶ, αὐτοῖς μακάρεσσι θεοῖσιν ὁμοῖος.
Ὄλβιος, ὅς κεν μὴ κοινοῦ ἀγαθοῦ ὀλιγωρέῃ
Οὗ γένεος· μᾶλλον δ' εἰδὼς καὶ τοῖσι θεοῖσιν
Τοῦ κοινοῦ μέλον [8], οὐδ' ὅς ἄρ' αὐτὸ καταπροδιδοίη.
Ὄλβιος, ὅς κε θεοῖσιν ἑκὼν τὴν χάριν, ἅσσ' ἂν
Εἴῃ οἱ, εἰδῇ [9], καὶ δὲ πρὸ πάντων αὐτῷ Ζηνὶ,
Ἔνθεν πρώτου καλά τε ἐσθλά θ' ἅπασι πρόεισιν.

1. M. ἀφραδεων. — 2. M. ἀπερήσιον,
3. M. χρέσσιν.
4. Ab hoc versu rursus utimur codice Parisiensi, 66 suppl., qui supra interruptus fuerat. Confer pag. 178, not. 2.

Hymne XXVI, le cinquième des hymnes quotidiens, se chante le sixième jour.

Heureux celui qui ne s'attache pas follement aux vaines opinions des hommes, mais qui, n'écoutant que les conseils de sa raison, marche d'un esprit ferme et droit à la recherche de la divine vertu. Heureux celui qui ne poursuit pas aveuglément la possession de richesses sans bornes, mais qui donne pour mesure à ses désirs les besoins raisonnables de son corps. Heureux celui qui se laisse sagement aller au vent favorable des plaisirs permis, tant que son âme n'en peut recevoir de fâcheuses impressions non plus que son corps, et en se conformant toujours aux divines lois de la vertu.

Hymne XXVII, le sixième des hymnes quotidiens, se chante le septième jour.

Heureux celui qui ne cherche point à tout prix son propre avantage, et ne se laisse pas emporter par une passion insensée à faire du mal aux autres hommes, mais qui leur fait au contraire tout le bien possible, semblable en cela aux bienheureux immortels. Heureux celui qui ne néglige pas l'intérêt commun de sa race, mais qui, sachant que les Dieux eux-mêmes s'intéressent au bien général, se garde d'y faire obstacle. Heureux celui qui rend grâces aux Dieux des bienfaits qu'ils lui accordent, et qui, par-dessus tout, remercie Jupiter, source première du bon et du beau.

5. M. ἐμμελλέσι. P. ἐμμελέεσι.
6. P. συναείδει, ubi M. εἴδη tantum, sed in litura.
7. P. θεοῖσι. — 8. M. μᾶλλον.
9. P. εἰ δή.

Οὗτοι [1] καὶ ἐς θεοὺς ἑπτὰ καὶ εἴκοσιν ὕμνοι οἱ σύμπαντες, ἐννέα τε ἕκαστος στίχων [2], καὶ ἐν ἑξαμέτρῳ ᾀδόμενοι [3] τόνῳ, μέτρου τοῦ ἡρωϊκοῦ, ὅςπερ ἄρα κάλλιστος ῥυθμῶν. Οὔσης γὰρ συλλαβῆς τῆς μὲν μακρᾶς, τῆς δὲ βραχείας, καὶ τῆς μὲν βραχείας ἑνὸς ἀεὶ γιγνομένης χρόνου, τῆς δὲ μακρᾶς δυοῖν μὲν τὰ πολλὰ, ἐν δὲ ταῖς μελῳδίαις ἔσθ' ὅτε καὶ πλειόνων, τοῦ δὲ μέτρου τούτου τοῦ ἡρωϊκοῦ δυοῖν μόνοιν χρωμένου ποδοῖν, δακτύλῳ τε δὴ καὶ σπονδείῳ, καὶ ὄντος τοῦ μὲν δακτύλου ἔκ τε μιᾶς μακρᾶς θέσεως καὶ δυοῖν βραχειῶν ἄρσεως, τοῦ δὲ σπονδείου ἔκ τε μιᾶς μακρᾶς θέσεως καὶ μακρᾶς ἄρσεως, ἡ ἐκ μὲν μακρᾶς ἀμφοῖν τοῖν ποδοῖν τούτοιν ἀρχὴ, ἐς δὲ ἄρσιν τελευτὴ, καὶ ἅμα ἀλλήλοιν ἰσότης, γενναιότητός τι τούτῳ δὴ μᾶλλον ἢ ἄλλῳ ὁτῳοῦν ῥυθμῷ περιποιεῖ.

λϛ'. Προσρήσεών τε καὶ ὕμνων χρήσεως διάταξις.

Ἐπεὶ δὲ δὴ [4] ἡμῖν αἵ τε ἐς θεοὺς προσρήσεις, οἵ τε ὕμνοι ἐκτέθεινται ἤδη, ῥητέα δὴ, ὡς χρὴ ἑκάστοις αὐτῶν χρῆσθαι. Καὶ πρῶτον μὲν καιρὸν ἑκάστῃ προσρήσει εἶναι, τῇ μὲν ἑωθινῇ τὸν ἀπὸ κοίτης τε καὶ πρὸ ἀρίστου τοῖς γε ἀριστῶσι, τοῖς δ' ἄλλοις πρὸ τῶν καθηκόντων ἔργων· ταῖς δὲ δειλιναῖς τὸν μετὰ μεσημβρίαν τε ἀεὶ καὶ πρὸ τοῦ δείπνου· τῇ δ' ἑσπερινῇ τὸν ἀπὸ δείπνου τε καὶ πρὸ τῆς κοίτης· πλήν γε δὴ τῆς ἐπὶ νηστείᾳ προσρήσεως

1. Desunt hæc et sequentia codici Monac.; leguntur in Par.
2. P. στίχον. — 3. P. ᾀδομένῳ.

Ces hymnes en l'honneur des Dieux sont au nombre de vingt-sept en tout, chacun de neuf vers. On les chante sur la mesure de l'hexamètre héroïque, qui est le plus beau de tous les rhythmes. En effet, il y a deux sortes de syllabes, la longue et la brève; la brève toujours d'un temps, et la longue le plus ordinairement de deux temps, mais quelquefois d'un plus grand nombre lorsque les paroles sont chantées. Or le vers héroïque n'emploie que deux pieds, le dactyle et le spondée. Le dactyle est formé d'une longue pour le temps frappé, suivie de deux brèves pour le temps levé; le spondée est formé d'une longue pour le frappé et d'une longue encore pour le levé. Ainsi ces deux pieds commençant tous deux par une longue et se terminant au temps levé, étant de plus égaux pour la mesure, donnent à ce rhythme un caractère de majesté dont nul autre n'approche.

Chapitre XXXVI. — Instruction pour l'usage des allocutions et des hymnes.

Maintenant que nous avons fait connaître les allocutions et les hymnes, nous devons expliquer la manière de s'en servir, et d'abord le moment qu'il faut choisir pour chaque allocution. Celle du matin doit être faite entre le lever et le déjeuner, pour ceux qui déjeunent, bien entendu; pour les autres, c'est avant de se livrer à leurs affaires. L'allocution de l'après-midi doit être faite entre le milieu du jour et l'instant du repas; enfin, celle du soir entre le repas et le coucher, excepté les jours de jeûne : car ces jours-là elle

4. Ex cod. Paris. 66 (suppl.).

ἑσπερινῆς· ταύτῃ γὰρ μετὰ μὲν δυσμὰς τὰς τοῦ ἡλίου ἀεὶ, πρὸ δὲ τοῦ δείπνου χρῆσθαι. Καιροὶ μὲν δὴ οὗτοι προσρήσεως ἑκάστης. Τόπος δὲ, τά τε ἱερὰ, καὶ πᾶς ὁ κόπρου τε ἀνθρωπίνης καὶ νεκρῶν ἀνθρωπείων δὴ καὶ τούτων καθαρεύων θηκῶν. Χρῆσθαι δ' αὐταῖς ἑκάστοτε ὧδε. Πρῶτον μὲν τὸν ἱεροκήρυκα οἰκείως ἐφ' ἑκάστῃ προσρήσει τὸ κήρυγμα κηρύττειν, ἐὰν μὲν τῶν τις καθάπαξ ὑπὸ ἱερέων του ἀποδεδειγμένων ἱεροκηρύκων παρῇ· εἰ δὲ μὴ, ὅν γ' ἂν ἱερεὺς, ἣν παρῇ, ἤ τις ἄλλος τῶν παρόντων, ὅς ποτ' ἂν ἡλικίᾳ τύχῃ ἤ τῳ ἄλλῳ ἂν σχήματι σεμνότατος, τηνικαῦτα ἐπιτάξῃ. Τὸ δὲ κήρυγμα ἐκεῖνο εἶναι, Ἀκούετε, οἱ θεοσεβεῖς· ὥρα ἑωθινῆς ἢ δειλινῆς ἢ ἑσπερινῆς θεοῖς προσρήσεως· ὅλῃ διανοίᾳ, ὅλῃ γνώμῃ, ὅλῃ ψυχῇ, θεούς τε πάντας καὶ ἐπ' αὐτοῖς Δία τὸν βασιλέα προσείπωμεν. Οὗ ἐν μὲν ἡμερῶν ταῖς βεβήλοις ἅπαξ, δὶς δὲ ταῖς ἱερομηνίαις, ταῖς δέ γε νουμηνίαις καὶ τρὶς κεκηρυγμένου, πρῶτα μὲν, ἄνω τε ἅπαντας βλέψαντας, καὶ ἐς γόνατε ἄμφω κεκλιμένους[1], τώ τε χεῖρε ἠρκότας ὑπτίω, ἐπᾴδειν, Ἵλεῳ εἴητ', ὦ θεοί. Σὺν ᾧ προσφθέγματι, θεοὺς πρότερον τοὺς Ὀλυμπίους προσκυνεῖν τῇ μὲν δεξιᾷ τοῖν χειροῖν[2] τοῦ ἐδάφους ἁπτομένους, τοῖν δὲ γονάτοιν θάτερον ἐν τῷ τῇ χειρὶ τοῦ ἐδάφους ἅπτεσθαι ὑπαίροντας. Ἐσάπαξ δὲ τό τε πρόσφθεγμα τοῦτο ἐπᾴσαντας, καὶ ἐσάπαξ προσκυνήσαντας, ἐπ' ἀριστερᾷ αὖ θεοὺς τοὺς λοιποὺς προσκυνεῖν, ὡσαύτως τε καὶ ταὐτὸ ἐπᾴδοντας. Εἶτ' αὖ Διῒ τῷ βασιλεῖ ἐπᾴδειν μὲν, Ζεῦ βασιλεῦ, ἵλαθι· προσκυνεῖν δὲ ἀμφοῖν μὲν τοῖν γονάτοιν, ἀμφοῖν δὲ καὶ τοῖν χειροῖν, καὶ ἐπὶ τούτοις τῇ κεφαλῇ τοῦ ἐδάφους ἁπτο-

1. P. κεκλιμένου. — 2. An potius χεροῖν.

sera faite après le coucher du soleil et toujours avant le repas. Telles sont donc les heures marquées pour chaque allocution. Quant aux lieux, ce sont d'abord les temples, et ensuite un endroit quelconque pur de toute souillure humaine, de tout reste mortel humain et de tout ce qui pourrait en contenir.

Voici maintenant la manière de procéder aux diverses invocations. D'abord pour chacune d'elles une proclamation est faite par le héraut sacré, si toutefois il s'en trouve un régulièrement institué par un prêtre pour remplir cette fonction : dans le cas contraire, il en sera désigné un pour la circonstance, soit par le prêtre, s'il y en a un, soit par celle des personnes présentes qui sera la plus respectable par son âge ou à tout autre titre. La proclamation se fait en ces termes : « Écoutez, vous « tous qui honorez la divinité; voici l'heure d'adresser « aux Dieux la prière du matin (ou de l'après midi, ou « du soir). Invoquons les Dieux de tout notre cœur, de « tout notre esprit, de toute notre âme; invoquons-les « tous, et en particulier Jupiter qui règne sur eux. » Cette proclamation se fait aux jours consacrés une fois seulement, deux fois aux hiéroménies, et trois fois aux néoménies. Aussitôt, tout le monde doit porter ses regards en haut, se mettre sur les deux genoux, lever les mains en les renversant en arrière, puis chanter : « O Dieux, soyez-nous propices. » En même temps qu'on fera cette invocation, il faut adorer les Dieux, d'abord ceux de l'Olympe, en appliquant la main droite sur le sol et soulevant en même temps l'un des deux genoux. L'invocation étant ainsi faite une fois et l'adoration une fois, il faut ensuite adorer de même, mais de la main gauche, tous les autres Dieux en chantant la même formule. En troisième lieu, il faut s'adresser à Jupiter roi en chantant : « Jupiter roi, sois-nous propice, » et μένη. Τρὶς δὲ τό τε πρόσφθεγμα τοῦτο ἐπᾴδειν, καὶ τρὶς προσκυνεῖν, καὶ μίαν σύμπασαν ταύτην προσκύνησιν λογίζεσθαι. Ἡ ἑκάστης μὲν ἡμέρας μιᾷ οὑτωσὶ χρῆσθαι καθ' ἑκάστην πρόσρησιν· ταῖς δ' ἱερομηνίαις, καὶ τριπλασιάζειν. Προσκυνεῖν δὲ, ἱερέως, ἢ τοῦ ἄλλως τῶν γε παρόντων σεμνοτάτου, κατάρχοντος τῆς προσκυνήσεως, ἐπᾴδοντάς τε, τὸ μὲν ἐς θεοὺς πρόσφθεγμα, ἐν μὲν τῇ ἐπὶ δεξιᾷ προσκυνήσει, ὑποφρυγιστὶ, ἐν δὲ τῇ ἐπ'[1] ἀριστερᾷ, φρυγιστί· τὸ δ' ἐς Δία, ὑποδωριστί. Μετὰ δὲ, τοῦ γε ἱεροκήρυκος αὖ κεκηρυχότος, Τῇ ἑωθινῇ ἐς θεοὺς[2], ἢ δευτέρᾳ, ἢ τρίτῃ τῇ ἐς τὸν βασιλέα Δία, ἢ τῇ ἑσπερινῇ ἐς θεοὺς προσρήσει, πρόσχωμεν[3], ἢ τῇ ἑσπερινῇ[4] ἐς Δία, ἐς γόνατε ἄμφω κεκλιμένοι, οὕτω τόν γ' ὑπὸ τῶν παρόντων τοῦ σεμνοτάτου ἐπιτεταγμένον[5], τὴν τῇ ὥρᾳ καθήκουσαν ὕπερ ἁπάντων[6] τῶν παρόντων πρόσρησιν διεξιέναι.

Τῆς δὲ προσρήσεως πεπαυμένης ἢ προσρήσεων, κεκηρυχότος αὖθις τοῦ ἱεροκήρυκος, Τοῖς ὕμνοις τοῖς [ἐς[7]] θεοὺς πρόσχωμεν[8], ᾄδεσθαι τοὺς ὕμνους, ἐν μὲν τῶν ἡμερῶν ταῖς βεβήλοις ψιλῶς τὰ πολλὰ, ἐν δὲ ταῖς ἱερομηνίαις τὰ πολλὰ ἐν μέλει. Καὶ ἐν μὲν ταῖς βεβήλοις ταύταις ἡμέραις, πρῶτον μὲν τὸν ἐπιμήνιον, ἔπειτα τῶν ἐφημέρων τὸν καθήκοντα, καὶ τρίτον τὸν πρῶτον τῶν συμπάντων, τόν γε ἐς Δία διετήσιον, ἐσάπαξ ἕκαστον ᾀδόμενον. Ἐν δὲ ταῖς ἱερομηνίαις, πρῶτον μὲν τῶν ἱερῶν τὸν καθήκοντα, ἔπειτα τὸν ἐπιμήνιον, πλήν γε δὴ

1. P. ἀπὶ ἐριστ.

2. Deesse videtur ἡ δειλινῇ πρώτῃ. — 3. P. πρόσχωμεν, ut nos, non πρόσσχωμεν. — 4. Hæ quinque voces, ἢ τῇ ἑσπ. ἐς Δ. vacare nobis videntur. — 5. P. ἐπιτεταγμένων. -- 6. P. divise, ἃ πάντων.

7. Deest ἐς in codice. — 8. P. πρόσχωμεν, ut nos.

cette fois se prosterner des deux genoux et des deux mains et appliquer la tête contre le sol. Cette invocation doit être répétée trois fois, et trois fois suivie d'une adoration, mais le tout ensemble ne compte que pour une seule adoration. Tous les jours il faut en user ainsi une fois à chaque allocution ; mais aux hiéroménies il faut répéter le tout trois fois. L'adoration doit être commencée par un prêtre ou par la plus considérable des personnes présentes. De plus, le chant de l'invocation aux Dieux doit être sur le ton hypophrygien dans l'adoration sur la main droite, sur le ton phrygien dans l'adoration de la main gauche, et sur le ton hypodorien dans celle que l'on fait à Jupiter. Ensuite, le héraut sacré fera une nouvelle proclamation en ces termes : « Écoutons l'allocution qui va être faite, » soit celle du matin adressée aux Dieux, soit la première, la seconde de l'après-midi ou la troisième adressée à Jupiter roi, soit enfin celle du soir aux Dieux. Aussitôt tout le monde se mettra à deux genoux, et celui qui aura été désigné par la personne la plus importante de l'assemblée lira pour tous les assistants l'allocution propre à la circonstance.

L'allocution ou les allocutions étant terminées, le héraut sacré fait cette nouvelle proclamation : « Écoutons les hymnes aux Dieux, » et aussitôt on chante les hymnes, aux jours non consacrés sans accompagnement pour l'ordinaire ; mais aux hiéroménies, le plus souvent avec accompagnement de musique. Aux jours non consacrés, on commence toujours par l'hymne mensuel, puis vient celui des hymnes quotidiens qui convient à la cérémonie, et en troisième lieu le premier hymne annuel à Jupiter ; chacun d'eux doit être chanté une fois. Mais dans les hiéroménies on commence par l'hymne sacré qui convient à la cérémonie, τοῦ πρώτου τῶν ἐπιμηνίων· τοῦτον γὰρ καὶ πρὸ τῶν ἱερῶν ᾄδεσθαι πάντων. Ἄδεσθαί τε τούτοιν μὲν ἑκάτερον ἐς, δὶς ἔν γε ταῖς ἱερομηνίαις, μετὰ δὲ, τρίτον τὸν διετήσιον τὸν ἐς Δία ἐς τρίς. Τὸν δὲ δεύτερον τῶν συμπάντων ὕμνων, διετήσιόν τε καὶ αὐτὸν ἐς θεοὺς, ἐν ταῖς δειλιναῖς προσρήσεσιν ᾄδεσθαι, διὰ μέσων τῆς τε πρώτης καὶ δευτέρας, καὶ αὖ δευτέρας τε καὶ τρίτης, ἐν μὲν ταῖς ἱερομηνίαις ὅλον καθ' ἑκατέραν χώραν, ἐν δὲ τῶν ἡμερῶν ταῖς βεβήλοις, ὑπερήμισυ μὲν αὐτοῦ κατὰ τὴν προτέραν, τὸ δέ γε λοιπὸν κατὰ τὴν ἑτέραν. Ἄδεσθαι δ', ἔν γε μέλει ᾀδομένους [1], ἄμφω μὲν τὼ διετησίω καὶ ἐπιμηνίων τόν τε πρῶτον καὶ τρισκαιδέκατον [2], ἔτι δὲ τῶν ἱερῶν τόν τε πρῶτον καὶ τρίτον καὶ ἕκτον, ὑποδωριστί. Τῷ γὰρ Διῒ τῷ βασιλεῖ καὶ αὖ πᾶσιν ὁμοῦ τοῖς [3] θεοῖς ταύτην τὴν ἁρμονίαν ἀπονέμομεν, μεγέθους τε ἔχουσαν πλεῖστον, καὶ ἅμα θαῤῥαλέῳ τε καὶ ἡρωϊκῷ [4] προσήκουσαν ἤθει. Τὸν δ' αὖ δεύτερον τῶν ἐπιμηνίων, τρίτον τε καὶ τέταρτον καὶ πέμπτον, ἕκτον τε καὶ ὄγδοον δὲ καὶ ἔνατον καὶ ἐνδέκατον, πρὸς δὲ δεύτερον τῶν ἱερῶν, ὑποφρυγιστὶ, τῆς ἁρμονίας αὖ ταύτης τῶν θεῶν τοῖς Ὀλυμπίοις ἀπονεμομένης, μεγέθει τε δευτερούσης ἔν γε ἁρμονίαις, καὶ ἅμα θαυμαστικῷ τῶν καλῶν προσηκούσης ἤθει. Τὸν μέντοι ἐπιμηνίων ἕβδομον δέκατόν τε καὶ δωδέκατον, καὶ ἔτι τέταρτον τῶν ἱερῶν, φρυγιστὶ, τοῖς [5] μετὰ τοὺς Ὀλυμπίους θεοῖς ταύτης αὖ τῆς ἁρμονίας ἀπονεμομένης διὰ τὸ μεγέθους τε μέσως πως ἔχειν, καὶ ἅμα εὐθυμουμένῳ προσήκειν [6] ἤθει. Τὸν δέ γε

1. P. ἀδομένη.
2. P. τρεῖς καὶ δέκ.
3. P. πᾶσιν ὁμοῦ τοι τοῖς θεοῖς, ubi τοι vacare visum est.
4. P. ἐρρωτικῷ (sic). — 5. P. τούς. — 6. P. προσήκει.

et on continue par l'hymne mensuel, à moins que ce ne soit le premier des hymnes mensuels, qui par exception doit précéder tous les hymnes sacrés. Chacun des deux hymnes sera chanté deux fois dans les hiéroménies, et trois fois ensuite l'hymne annuel en l'honneur de Jupiter. Le second hymne annuel, adressé aux Dieux, doit être chanté au milieu des prières de l'après-midi à deux reprises, entre la première et la deuxième et entre la deuxième et la troisième, et chaque fois en entier dans les hiéroménies ; mais aux jours non consacrés, les deux tiers seulement, c'est-à-dire, les six premiers vers, se chantent dans le premier intervalle, et le reste dans le second. Quand les hymnes sont chantés en musique, les deux annuels, le premier et le treizième des mensuels, le premier, le troisième et le sixième des hymnes sacrés se chantent sur le ton hypodorien : car nous assignons cette harmonie à Jupiter roi et à tous les Dieux collectivement, à cause de son caractère de grandeur et parce qu'aucune ne convient mieux à l'expression des sentiments fiers et héroïques. Les deuxième, troisième, quatrième, cinquième, sixième, huitième, neuvième et onzième des hymnes mensuels, en outre, le deuxième des hymnes sacrés, se chantent sur le ton hypophrygien, parce que nous attribuons aux Dieux de l'Olympe cette harmonie qui tient le second rang pour la grandeur et qui est propre à exprimer l'admiration des belles choses. Le septième, le dixième et le douzième des hymnes mensuels, aussi bien que le quatrième des hymnes sacrés se chantent sur le ton phrygien, attendu que nous attribuons aux Dieux d'une classe inférieure à ceux de l'Olympe cette harmonie qui pour la grandeur occupe un rang intermédiaire et qui convient à l'expression des sentiments doux et paisibles.

πέμπτον τῶν[1] ἱερῶν, τούς τε ἐφημέρους πάντας, ὁπότε δὴ ἐν μέλει καὶ οὗτοι ᾄδοιντο, δωριστὶ, τῆς ἁρμονίας αὖ ταύτης ἀνθρώποις καὶ τῷ ἀνθρώπων προστάτῃ θεῷ ἀπονεμομένης, διὰ τὸ ἐναγωνίῳ μάλιστα προσήκειν ἤθει, ἀγῶνος ἀεὶ διὰ τὸ τῆς φύσεως εὐόλισθόν τε καὶ ἁμαρτητὸν τῶν γε ἀνθρωπείων δεομένων πραγμάτων.

Καὶ μὲν δὴ συμπάντων τῶν γε ἐπιμηνίων ὕμνων τριῶν ὄντων καὶ δέκα, γιγνομένων δὲ τοσούτων καὶ τῶν μηνῶν, ἐπειδὰν ἐμβόλιμος προσγίγνηται τῷ ἔτει μὴν, ᾀδομένου τε ἑκάστου τῶν ὕμνων ὅτῳ ἂν μηνῶν ἔκ γε τῆς τάξεως καθήκῃ· ἀπὸ μὲν τῆς πρὸ τῆς νουμηνίας ἑσπέρας ἀρχομένου, τελευτῶντος δὲ ἐς τὴν τῆς ἐπιούσης ἕνης τε καὶ νέας δείλην, ἐπειδὰν δωδεκάμηνον τὸ ἔτος γίγνηται, τὸν μὲν δωδέκατον τῶν ὕμνων μετὰ[2] τὰς ἑσπερινὰς τοῦ δωδεκάτου μηνὸς ᾄδεσθαι προσρήσεις[3], τὸν δ' αὖ τρισκαιδέκατον[4] κατὰ τάς τε ἑωθινὰς καὶ δειλινάς. Ὄντων δὲ τῶν ἱερῶν ἓξ ὕμνων, τοσούτων δὲ καὶ ἱερομηνιῶν μηνὸς τῶν γε πλήρων[5] ἑκάστου ἀγομένων, πλήν γε δὴ τοῦ τε νέου καὶ τοῦ τελευταίου· καὶ ᾀδομένου τοῦ μὲν πρώτου τῶν τοιούτων ὕμνων νουμηνίᾳ, ὀγδόῃ δ' ἱσταμένου τοῦ δευτέρου, διχομηνίᾳ δὲ τοῦ τρίτου, ὀγδόῃ δὲ φθίνοντος τοῦ τετάρτου, καὶ[6] τοῦ μὲν πέμπτου ἕνῃ, τοῦ δ' ἕκτου ἕνῃ τε καὶ νέᾳ, ἀρχομένων τε ἑκάστων ἀπὸ μὲν τῆς πρὸ τῆς[7] οἰκείας ἱερομηνίας ἑσπέρας· τελευτώντων δ' ἐς τὴν τῆς ἱερομηνίας δείλην, ἐπειδὰν μὴ πλήρης ὁ μὴν γίγνηται, τῆς ἕνης ἐκλειπούσης, τὸν μὲν πέμπτον τῇ πρὸ τῆς ἕνης τε καὶ νέας ᾄδεσθαι ἑσπέρᾳ, τὸν δ' ἕκτον αὐτῇ τῇ ἕνῃ

1. P. τὸν pro τῶν.
2. P. κατά. — 3. P. προσρήσει. — 4. P. τρεισκαιδέκ.
5. Sic cod. πλήρων, hoc accentu.
6. P. ὃ τοῦ μὲν, sine καί. — 7. P. πρώτης, ubi nos πρὸ τῆς.

Enfin le cinquième des hymnes sacrés, et tous les hymnes quotidiens lorsque ceux-ci se chantent en musique, reçoivent l'harmonie dorienne, harmonie par nous réservée aux hommes et à celui des Dieux qui préside aux destinées humaines, parce qu'elle a un caractère guerrier et, comme tel, propre à peindre les combats que notre nature fragile a sans cesse à soutenir dans les affaires de la vie.

Les hymnes mensuels étant au nombre de treize et les mois ayant le même nombre, quand l'année admet un mois intercalaire, nous chantons ces hymnes suivant leur rang, chacun pendant le mois qui lui correspond, en commençant au soir qui précède la néoménie et finissant à l'aprè -midi du dernier jour du mois. Seulement, quand l'année n'a que douze mois, le douzième hymne se chante à l'*invocation du soir* du douzième mois, et l'hymne treizième aux invocations du matin et du milieu de la journée.

Quant aux hymnes sacrés, comme ils sont au nombre de six, et comme les mois pleins ont juste autant d'hiéroménies, à l'exception seulement du premier et du dernier mois qui en ont davantage, on chante le premier de ces hymnes à la néoménie, le deuxième au huitième jour du mois, le troisième au milieu du mois, le quatrième au huitième jour avant la fin du mois, le cinquième au jour de la vieille lune et le sixième au jour de la vieille et nouvelle lune, en observant que pour le chant des hymnes chaque jour est censé commencer au soir qui précède l'hiéroménie correspondante et finir dans l'après-midi du jour même. Mais lorsque le mois n'est pas plein, comme alors le jour de la vieille lune manque, l'hymne cinquième se chante le soir qui précède le dernier jour, et le sixième le matin et l'après-midi de ce dernier jour.

τε καὶ νέᾳ, ἕωθέν[1] τε δὴ καὶ δείλης. Μηνὸς δὲ τοῦ νέου καὶ[2] τῆς δευτέρας τε καὶ τρίτης ἱσταμένου ἱερομηνίαιν ἀγομένοιν, τοῖν μὲν πρὸ αὐτοῖν ἑσπέραιν, τὸν καθήκοντα τὸν ἐφημέρων πρὸς τῷ ἐπιμηνίῳ ᾄδεσθαι, δηλαδὴ ὅτι πρὸ μὲν τῆς δευτέρας τὸν πρῶτον, πρὸ δὲ τῆς τρίτης τὸν δεύτερον, δίς τε ᾀδομένω καὶ τούτω ἑκατέρω καὶ ἐν μέλει, διὰ τὸ ἱερομηνίαιν καὶ τούτω ἡγεῖσθαι τὼ ἑσπέρα. Αὐτῇ δὲ δευτέρᾳ τῇ τε τρίτῃ, ἕωθέν τε δὴ καὶ δείλης, τοὺς αὐτούς τε ᾄδεσθαι ὕμνους καὶ ὡσαύτως, οὕς περ καὶ τῇ νουμηνίᾳ. Τοῦ δὲ δὴ λοιποῦ ἐφθημέρου[3] τούτου, ᾄδεσθαι μὲν τοὺς καθήκοντας τῶν ἐφημέρων πρὸς τῷ ἐπιμηνίῳ· ᾄδεσθαι δ' ἐσάπαξ μὲν, ἐν μέλει δὲ, οὐκ ἐν τῶν ἄλλων ἡμερῶν ταῖς βεβήλοις ἕν γε μέλει ᾀδομένους, ἀλλὰ ταῖς ἱερομηνίαις ἀεὶ, εἰ μή που ἀπορία τις εἴη τῶν μελῳδησόντων. Ἄδεσθαι δ' ὡσαύτως τοὺς ὕμνους, ἐσάπαξ τε δὴ καὶ ἐν μέλει, καὶ μηνὸς τοῦ τελευταίου ἀπιόντος, ἀφ'[4] ἑβδόμης δὴ ἄχρι τετράδος, καὶ ἔτι μὲν ταῖς προτεραίαις τε καὶ ὑστεραίαις ἱερομηνιῶν τριῶν τῶνδε, μηνὸς τετάρτου ὀγδόης ἱσταμένου, διχομηνίας μηνὸς ἑβδόμου, καὶ ὀγδόης φθίνοντος δεκάτου μηνός. Ταύταις μὲν οὖν ἡμερῶν βεβήλοις, ἐσάπαξ μὲν, ἐν μέλει δὲ, τοὺς καθήκοντας ᾄδεσθαι τῶν ἐφημέρων. Τετράδι δ' ἀπιόντος μηνὸς τοῦ ἐσχάτου, ἑσπέρας ἱερομηνιῶν ἐπιουσῶν, ᾄδεσθαι μὲν καὶ τηνικαῦτα πρὸς τῷ ἐπιμηνίῳ τόν γε δεύτερον τῶν ἐφημέρων, δίς γε μὴν ἑκάτερον, καὶ ἐν μέλει ᾄδεσθαι. Τρίτῃ μέντοι ἕωθέν τε δὴ καὶ δείλης τὸν πέμπτον ᾄδεσθαι τῶν ἱερῶν πρὸ τοῦ ἐπιμηνίου. Τῇ δὲ μετ' αὐτὴν δευτέρᾳ, ἑσπέρας μὲν τῆς ἡγουμένης, τὸν πρῶτον τῶν γε ἐφημέρων πρὸς τῷ ἐπιμηνίῳ, δὶς καὶ

1. P. ἑωθέν, leni spiritu, et sic infra non semel.
2. Delendum καί. — 3. P. ἐφημέρου. — 4. P. ἐφ' pro ἀφ'.

Le deuxième et le troisième jour du premier mois étant des hiéroménies, le soir qui précède chacun de ces jours on ajoute l'hymne du jour à l'hymne mensuel, à savoir, le premier hymne la veille du second jour, et le second la veille du troisième jour, chacun d'eux par deux fois et en musique, chaque soir appartenant à l'hiéroménie du jour suivant. Le matin même et l'après-midi du deuxième et du troisième jour, on chante les mêmes hymnes et de la même manière que le premier jour du mois. Pendant le reste de cette première semaine du mois nouveau, on chante chaque jour l'hymne quotidien avec l'hymne mensuel, une fois seulement et en musique, quoique la musique ne soit pas d'usage en général aux jours non consacrés, mais seulement aux hiéroménies, où elle s'emploie toujours, à moins qu'on ne manque de musiciens. Les hymnes se chantent de même, une fois et en musique, pendant la dernière partie du dernier mois, du septième au quatrième jour; et aussi la veille et le lendemain de trois hiéroménies spéciales placées dans le corps de l'année, savoir, le huitième jour du quatrième mois, le milieu du septième mois, et le huitième jour avant la fin du dixième. Dans ces jours, quoique non consacrés, on chante une fois en musique l'hymne quotidien du jour. Le quatrième jour avant la fin du dernier mois, c'est-à-dire, la veille au soir des hiéroménies qui le terminent, il faut chanter, avec l'hymne mensuel, le deuxième des hymnes quotidiens, chacun deux fois et en musique. Le matin et l'après-midi du troisième jour on chante le cinquième des hymnes sacrés avant l'hymne mensuel. Le soir qui précède le second jour, on joint le premier des hymnes quotidiens à l'hymne mensuel, et tous deux se chantent deux fois et en musique; le matin et l'aprèsτούτῳ καὶ ἐν μέλει ᾀδομένῳ, ἕωθεν δὴ καὶ δείλης, τοὺς αὐτούς τε ὕμνους καὶ ὡσαύτως, οὕςπερ καὶ τῇ ἕνῃ τε καὶ νέᾳ. Καὶ μὲν δὴ, καὶ τῇ μετ' αὐτὴν ἕνῃ, ἣν πλήρης γε ὁ μὴν γίγνηται, ἕωθεν μὲν καὶ δείλης, τοὺς αὐτοὺς αὖ ᾄδεσθαι ὕμνους καὶ ὡσαύτως· ἑσπέρας δὲ τῆς ἡγουμένης, τὸν πέμπτον τῶν ἱερῶν, εἶτα τὸν ἐπιμήνιον. Ἢν δὲ κοῖλος γίγνηται ὁ μὴν, καὶ ἀντὶ τῆς ἕνης ἐκλειπούσης τετράδι τοῦ αὐτοῦ δὴ [1] ἀπιόντος ἄγηται ἡ νηστεία, τῇ μὲν πρὸ αὐτῆς ἑσπέρᾳ τὸν τρίτον ᾄδεσθαι τῶν ἐφημέρων, αὐτῇ δὲ τῇ τετράδι τοὺς αὐτοὺς οὕςπερ καὶ τῇ ἕνῃ τε καὶ νέᾳ καὶ ὡσαύτως, ἄλλα δὲ δὴ ὅτι καὶ ὁ ἐς Δία διετήσιος τρίτος τε καὶ ἔσχατος, μετὰ τοὺς ἄλλους ἑκάστοτε, ἡνίκ' ἂν ὕμνοι οἱ [2]............

μγ΄. Ἐπινομίς.

Ἃ μὲν οὖν [3] τῆς βίβλου ἐν ἀρχῇ ἡμῖν τῆςδε προυτέθη, ἐξείργασταί τε σὺν τῶν θεῶν τοῖς τῶν τοιούτων ἐφόροις, ἐφ' οὓς δὴ ἡμεῖς καὶ Ποσειδῶ κορυφαῖον τήνδε ἀναφέρομεν τὴν συγγραφὴν, καὶ διαπεπέραταί γε ἱκανῶς. Ἐπιδέδεικται γὰρ ἡμῖν, ἥτις τε ἀρχὴ τῶν πάντων, καὶ ἐν τοῖς πᾶσιν αὖ [4] τίνες μὲν πρῶταί τε φύσεις καὶ τῇ ἀρχῇ προσεχεῖς, τίνες δὲ δεύτεραι, τινὲς δὲ τρίται καὶ ἔσχαται [5], ὅ τε ἄνθρωπος ἐν αὐταῖς τίνα ποτὲ τὴν χώραν

1. In codice, post αὐτοῦ δὴ, inserta est vox ἐφημέρου sine sensu, e prioribus huc delata, ac deinde legitur ἀπιόντες.

2. Sequuntur in cod. Paris. sine ulla lacunæ nota lineæ duæ, τῶν γε ἐν αὐτοῖς χρησίμων ἕνεκα, εἰδότας (cod. εἰ δύο τὰς) μέντοι ὡς συχνὰ αὐτοῖς καὶ φαῦλα ἐγκαταμέμικται, quæ sunt ultimæ Plethonii

midi de ce second jour, on chante les mêmes hymnes et de la même manière qu'au dernier jour du mois. Le jour suivant, qui est celui de la vieille lune, si le mois est plein, le matin et l'après-midi on chante les mêmes hymnes, et le soir le cinquième des hymnes sacrés, puis l'hymne mensuel. Si le mois est cave, et qu'au lieu de la vieille lune, qui manque, on célèbre le jeûne au quatrième jour avant la fin du mois, la veille au soir on chantera le troisième des hymnes quotidiens, et le jour du jeûne on chantera les mêmes hymnes et de la même manière que le dernier jour du mois. Il est bien entendu que l'hymne annuel à Jupiter doit être chanté le troisième et dernier après les autres, toutes les fois que les hymnes.....

CHAPITRE XLIII. — Epinomis ou Conclusion.

Ce que nous nous étions proposé au début de cet ouvrage a été accompli avec le secours de ceux d'entre les Dieux qui président à ce genre de travaux ; à eux ainsi qu'à Neptune leur chef nous faisons hommage de cette œuvre. Elle est achevée dans la mesure suffisante : car nous avons montré quel est le principe de toutes choses, et entre toutes choses quelles sont les natures de premier ordre immédiatement attenantes au principe suprême, quelles sont celles du second et celles

libelli de Aristotelis et Platonis discrimine, neque ad libros de Legibus ullatenus pertinent.

3. Ex Hardtio juxta cod. Monac. 490, collato cum cod. Paris. 66 (suppl.). Statim autem a principio habet P. τα μὲν οὖν.

4. H. αὖ non habet.

5. H. et P. ἔσχατοι, quæ poetica, non attica est licentia.

εἴληχε, καὶ[1] ἐκ τίνων συνέστηκεν, οἵῳ τε ὄντι αὐτῷ οἷος καὶ βίος προσήκει, ὥστε δὴ καὶ εὐδαιμόνως ζῆν. Οὗ δὴ, κυριωτάτου τε ὄντος καὶ κοινοῦ ἐπιθυμήματος, ἅπαντες μὲν ἄνθρωποι ἐφίενται, ζητοῦσι δ' αὐτὸ οὐκ ἐν τῷ αὐτῷ ἅπαντες βίῳ, ἀλλ' ᾧ[2]...... ἀποδέδεικται ἕκαστα ἀπ' ἐννοιῶν τε καὶ ἀξιωμάτων οὐκ ἀσθενῶν τινων καὶ ἀμφιλόγων, ἄλλων τε δὴ, καὶ τριῶν μεγίστων ἐκείνων, ἑνὸς μὲν, τοῦ ὡς ἡ ἀρχὴ αὕτη τῶν πάντων, ὁ μέγιστος θεὸς, ὅν γε[3] ἡμεῖς πατρίῳ φωνῇ Δία καλοῦμεν, ἄκρως ἀγαθός ἐστιν, οὐδεμιᾶς αὐτῷ ἀγαθοῦ ὑπερβολῆς μὴ οὐκ ἐς ὅσον οἷόν τε βελτίστῳ εἶναι λειπομένης[4]· ἑτέρου δὲ, τοῦ τάς τε οὐσίας ταῖς γεννήσεσι ταῖς αὐτῶν, καὶ τὰς γεννήσεις ταῖς οὐσίαις ἀνάλογον ἔχειν δεῖν[5]· καὶ τρίτου[6], τοῦ καὶ τὰ ἔργα ταῖς οὐσίαις, καὶ τὰς οὐσίας τοῖς ἔργοις τοῖς σφετέροις ἀνάλογον δεῖν καὶ αὐτὰ ἔχειν.

Τούτων γὰρ ὑποκειμένων ἀξιωμάτων βεβαίων, ἐκ μὲν τοῦ πρώτου, ἄλλα[7] τε ἡμῖν τῶν καλῶς ἐχόντων δογμάτων ἀποδείκνυται[8], καὶ ὡς τὸ πᾶν ἅμα μὲν ἀΐδιον τῷ Διῒ γέγονεν, ἅμα δὲ καὶ ὅ τι δὴ κάλλιστον ἐκ τῶν ἐνόντων γεγονὸς, ἐν τῇ αὐτῇ μένει[9] ἐς τὸν πάντα αἰῶνα καταστάσει, ἔκ γε δὴ τοῦ καθάπαξ αὐτῷ ἀποδεδειγμένου σχήματος ἀπαρακίνητον. Οὐ γὰρ ἂν ἐγχωροίη, ὅ,τι περ βέλτιστον ὄντα τὸν θεὸν ἢ μὴ παράγειν ποτὲ τοὔργον τὸ αὑτοῦ, μηδ' εὖ ποιεῖν μηδοτιοῦν (δέοι γὰρ ἂν τὸ αὐτὸ[10] βέλτιστον καὶ ἄλλοις τοῦ οἰκείου ἀγαθοῦ ἐς ὅσον τε ἐγχωρεῖ καὶ ἀεὶ μεταδιδόναι), ἢ εὖ τε ποιοῦντα καὶ παρά-

1. H εἴληχεν ἤ.

2. Lacuna est in utroque codice, etsi nullo prodita nisi sensus indicio, quæ ita fere supplenda est : ἀλλ' ᾧ ζητητέον ἢ μὴ, καὶ διὰ τίνων πράξεων, ἀποδ. — 3. H. οὗ γε. — 4. H. λιπομένης.

du troisième et dernier ordre, quelle place l'homme occupe parmi elles, de quels éléments il est composé, et d'après sa nature quel genre de vie convient à son bonheur. Le bonheur est le but suprême et commun que tous les hommes poursuivent; seulement tous ne le cherchent pas dans le même genre de vie. Où faut-il le chercher, et par quelle conduite y arrive-t-on, c'est ce que nous avons fait voir en détail, par des idées et des propositions qui ne sont ni faibles ni contestables, mais qui reposent sur trois axiomes fondamentaux. Le premier est que le principe de toutes choses, ce Dieu suprême qui, dans la langue de nos pères, s'appelle Jupiter, est infiniment bon, aucune perfection ne lui manquant pour être le meilleur possible; le second, qu'il doit y avoir un rapport réciproque entre les essences et leur mode de génération; le troisième enfin que les actes des différents êtres doivent avoir une certaine relation avec leurs essences, et leurs essences avec leurs actes.

Une fois ces principes solidement établis, le premier nous révèle, entre autres vérités importantes, que l'univers coexiste éternellement à Jupiter, que ce merveilleux ensemble restera toute l'éternité immuable dans son état, constant dans la forme qui lui a été primitivement donnée. Il ne serait pas possible, en effet, qu'un Dieu qui est l'essence même du plus grand bien possible, ne produisît pas son œuvre et ne fît aucun bien; car ce qui est le bien par excellence doit nécessairement faire participer à ce bien d'autres êtres autant que possible; et s'il fait le bien, s'il produit

5. H. δεῖ. — 6. H. καὶ τοῦ τρίτου τοῦ, sed P. ut nos.
7. H. et P. ἄλλη. — 8. H. ἀποδεδείκνυται, barbare.
9. H. et P. μὲν, ubi nos e conjectura μένει. — 10. H. et P. οὕτω.

γοντα, ἐνδεέστερόν ποτε τῆς δυνάμεως εὖ ποιῆσαι [1], καὶ χεῖρόν ποτε [2] ἕξον τὸ αὑτοῦ ἔργον ἀποδοῦναι, ἢ οἷον ἂν γεγονὸς ὅ,τι δὴ [3] κάλλιστον εἴη. Δῆλα γὰρ δὴ ὡς τῶν καθεστηκότων εἴ τι Ζεὺς παρακινήσειε, καὶ τὸ πᾶν, εἴτ' ἔτι [4], εἴθ' ὕστερον, χεῖρόν γε ἕξον [5] ἀποδοίη. Ἐπεὶ κἂν μόριόν τι [6] αὑτοῦ μεταβάλῃ [7], ἤτοι [8] οὐ πρότερον μεταβάλλειν εἰωθὸς, ἢ οὐκ ἐς τὸ εἰωθὸς μεταβαλὸν [9], ἀμήχανον μὴ οὐ καὶ ὅλον [10] αὐτῷ συμμεταβαλεῖν [11] τὸ σχῆμα. Τὸ γὰρ αὐτὸ σχῆμα, μὴ οὐχὶ πάντων ὡσαύτως μενόντων τῶν μορίων, οὐχ οἷόν τε σώζεσθαι.

Ἐκ δὲ δὴ ἀξιώματος τοῦ δευτέρου [12] ἡ τῶν θείων πραγμάτων ἡμῖν διαφαίνεται κατάστασις. Διαιρούσης γὰρ τῆς τῶν πάντων οὐσίας ἔς τέ τινα ὅμοιόν τε ἀεὶ καὶ [13] κατὰ πάντα τὰ αὐτὰ [14] ὡσαύτως ἔχουσαν, ἔς τε τὴν ἐς χρόνον μὲν κινητὴν, ἀΐδιον δὲ, καὶ ἐς τρίτην τὴν [15] θνητὴν, ἐπειδὴ ἑκάστῃ οὐσίᾳ [16] γεννήσεως ἰδίας καὶ τῆς γε ἀνάλογον αὐτῇ ἐξούσης δεῖ [17], τὴν μὲν τῆς πρώτης [18] γέννησιν τῇ ἀρχῇ τῶν πάντων ἀπονέμομεν, τῷ Διΐ· τὴν [19] δ' αὖ τῆς δευτέρας τῷ τῆς πρώτης ταύτης κορυφαίῳ οὐσίας Ποσειδῶνι, χρωμένῳ καὶ τῶν ἀδελφῶν τοῖς γνησίοις ἄλλῳ ἐπ' ἄλλο [20] συνεργοῖς· τὴν [21] δὲ τῆς τρίτης τῶν τε τῶν Διὸς νόθων πρεσβυτάτῳ Κρόνῳ, καὶ Ἡλίῳ τῶν Ποσειδῶνος

1. H. εὐποιῆσθαι (sic). — 2. H. τότε et uterque ἕξον.
3. H. ὅτι δέ. — 4. H. et P. εἴτε τι. — 5. H. et P. ἕξον.
6. H. εἰρόον τι (sic). P. εἴριόν τι. — 7. H. μεταβαλεῖν. P. μεταβαλεῖ.
8. H. et P. ἤ τε. — 9. H. μεταβαλών.
10. H. καὶ ὅλον, sine τὸ, ut nos; P. καὶ τὸ ὅλον.
11. P. συμμεταβαλόν. H. συμμεταβαλών.
12. H. et P. τοῦ βίου, quia librarios decepit numeri nota.
13. H. καὶ ἀεὶ καὶ κατὰ, ubi prius καὶ recte omisit P.
14. H. et P. πάντα τε αὐτά. — 15. H. εἰς τρίτην τε θν.

son œuvre, il ne peut pas la faire à moitié, ni produire un ouvrage qui soit au-dessous de sa puissance, ou qui puisse jamais être ou devenir moins parfait que le mieux possible. Car il est évident que si Jupiter changeait quelque chose à l'ordre établi, il rendrait l'ensemble inférieur à ce qu'il est, soit dès à présent, soit plus tard. En effet, si la moindre parcelle du tout est changée, soit qu'elle n'ait pas l'habitude de changer, soit qu'elle change autrement que d'habitude, il est impossible que par cela même l'ensemble ne change pas de figure; car il ne peut se faire que la même figure se conserve, quand toutes les parties ne demeurent pas dans le même état.

Le second principe nous éclaire sur la constitution des choses divines. Car l'essence de toutes choses se partageant en trois ordres : d'abord la nature toujours la même et essentiellement immuable; ensuite celle qui est perpétuelle, mais soumise au changement dans le temps; enfin la nature mortelle; comme il faut à chaque essence une génération propre et conforme à sa nature, nous attribuons la première création au principe de toutes choses, Jupiter; le second ordre de créations à Neptune, qui est le premier dans le premier ordre de substances, et qui se fait aider pour chacun de ses ouvrages par quelques-uns de ses frères légitimes; enfin le troisième ordre de créations au premier des fils illégitimes de Jupiter, Saturne, et au Soleil, le plus puissant des fils légitimes de Neptune, tous deux

16. H. ἑκάστη οὐσία δι' ἅς καὶ τῆς γεννήσεως τῆς γε ἀναλόγου (sic). P. item, nisi quod γεννήσεως omittit et ἀνάλογον scribit.

17. Verbo δεῖ in codice suprascriptum est η, ut δέῃ fiat. H. vero δείτειν (sic). — 18. H. et P. τὴν πρώτην. — 19. H. et P. τῆς δ' αὖ.

20. H. ἄλλῳ ἐπ' ἄλλον. P. ἄλλο ἐπ' ἄλλο. — 21. H. et P. τῆς δέ.

γνησίων τῷ κρατίστῳ, χρωμένοιν νυν καὶ τούτοιν[1] ἄλλῳ ἐπ' ἄλλο[2], Κρόνῳ μὲν τῶν συμπάντων νόθων ἀδελφῶν, Ἡλίῳ δὲ τῶν ἑαυτῷ ὁμοιοτέρων τῶν γνησίων, Πλανήτων[3] διὰ τὴν πλεοναχῇ φορὰν καλουμένων.

Ἐκ δ' αὖ τοῦ[4] τρίτου ἀξιώματος τὰ περὶ τῆς φύσεως ἡμῖν τῆς τοῦ ἀνθρώπου ἀποδείκνυται, ὡς ἐκ δυοῖν ὅ γε ἄνθρωπος σύνθετός ἐστιν εἰδοῖν[5], τοῦ μὲν θηριώδους καὶ θνητοῦ, τοῦ δὲ ἀθανάτου τε καὶ τοῖς θεοῖς συγγενοῦς. Ἐπεὶ γὰρ τοῖς ἔργοις ὁ ἄνθρωπος, τοῖς μὲν θηριώδεσι[6], τοῖς δὲ καὶ τοῖς τῶν θεῶν παραπλησίοις χρώμενος φαίνεται, ἀνάγκη που καὶ τῶν ἔργων τούτων ἑκατέροις οὐσίαν ἰδίαν τὴν ἀνάλογον ἕξουσαν ἀποδιδόναι. Ὡς δ' ἔστι θάτερα ἀνθρώπῳ τῶν ἔργων τοῖς τῶν θεῶν παραπλήσια, καὶ ταῦτα αὐτῶν τοῖς σπουδαιοτάτοις, ἐναργές· οὔτε γὰρ τοῖς θεοῖς τῆς τῶν ὄντων θεωρίας ἄλλο σπουδαιότερον φήσομεν εἶναι ἔργον, ἧς[7] κεφάλαιον ἡ Διὸς ἔννοια· ὅ τε ἄνθρωπος φαίνεται τῆς τε ἄλλης αὐτοῖς θεωρίας[8] τῶν ὄντων κοινωνῶν, καὶ οὐδὲ τῆς Διὸς ἐννοίας ἀπολειπόμενος, ἄχρι ἧς ἐσχάτης καὶ αὐτοὶ θεοὶ ἐξικνοῦνται. Δέοι ἄρα ἂν αὐτῷ καὶ οὐσίας τῇ τῶν θεῶν παραπλησίας[9] τῆς καὶ τοὔργον παραπλήσιον ἀποδωσούσης, καὶ ἀθανάτου δή, εἴ γε καὶ οὐσία ἀθάνατος ἡ τῶν θεῶν· οὐ γάρ ποτ' ἂν θνητὸν γένοιτο ἀθανάτῳ παραπλήσιον οὐδ' ἐφ' ὁσονοῦν· οὐ γὰρ οὐδὲ συμβλητὸν ὅλως τὸ πεπερασμένην ἔχον τὴν τοῦ εἶναι δύναμιν καὶ ἐπιλείπουσαν τῷ ἀνεπίλειπτον[10] ἔχοντι καὶ ἄπειρον. Διὰ ταῦτα δὴ καὶ ἐν τῶν πράξεων

1. H. τοῦτο, ιν, ita divisa voce. — 2. H. ἐπ' ἄλλον.

3. H. et P. πλανητῶν, sed Pletho ubique πλάνητας eos, non πλανήτας, vocat. — 4. H. et P. αὐτοῦ.

5. H. et P. ἰδεῖν. — 6. H. θηριώδους.

7. H. et P. οἷς.

étant assistés dans cette œuvre, Saturne par ses frères illégitimes comme lui, le Soleil par tous ses frères légitimes appelés Planètes à cause de l'irrégularité de leur cours.

Le troisième principe nous dévoile la nature de l'homme, à savoir, que c'est un composé de deux natures, l'une animale et mortelle, l'autre immortelle et semblable à celle des Dieux. Car, puisque évidemment l'homme accomplit des actes tantôt dignes de la bête et tantôt semblables à ceux des Dieux, il faut nécessairement assigner à ces deux sortes d'actes une substance propre et qui soit en rapport avec eux. Certains actes humains sont semblables à ceux des Dieux, ce sont évidemment les plus importants. En effet, on ne peut dire que pour les Dieux il y ait une occupation plus importante que la contemplation des êtres, dont l'acte principal est l'intuition de Jupiter : or l'homme peut évidemment s'associer à cette contemplation des êtres, il participe même à l'intuition de Jupiter, dernière limite à laquelle les Dieux eux-mêmes puissent parvenir. L'homme a donc besoin d'une substance semblable à celle des Dieux, qui puisse produire des effets semblables à ceux qu'ils produisent, enfin qui soit immortelle, puisque la substance des Dieux est immortelle. Car il ne peut y avoir la moindre ressemblance entre une nature mortelle et une nature immortelle. Comment, en effet, comparer ce qui n'a qu'une puissance d'être imparfaite et bornée avec ce qui en possède une infinie et sans limites ? Aussi est-ce dans

8. P. τῇ τε ἄλλῃ αὐτῆς θεωρία, et sic fere H. qui tamen θεωρίας habet, unde nos reliqua correximus.

9. Sic P. nisi quod hic, ut infra, παραπλήσιον scripsit : H. παραπλησίας, τῆς δὲ τοὔργον παραπλήσιον ἀποδούσης.

10. H. et P. ἀνεπίληπτον.

τῶν τῇ [1] πρὸς θεοὺς συγγενείᾳ προσηκουσῶν τῇ ἀποδόσει, καὶ αὐτοὶ ἐπὶ πολλοῖς ἄλλοις ἐπιεικέσι διδασκάλοις τό γε εὔδαιμον ἀνθρώπῳ ἀποφαίνομεν [2], ὃ καὶ τῆς βίβλου ἡμῖν τῆσδε ἔργον, ὡς [3] εὐδαιμονεστάτους τοὺς τοῖσδε τοῖς [4] λόγοις προσέχοντας [5] ἐκ τῶν ἐγχωρούντων ἀνθρώπῳ [6] ἀπεργάζεσθαι.

Ὥς γε μὴν ἐκ δυοῖν ὁ ἄνθρωπος συντέθειται εἰδοῖν [7], καὶ ἐξ ἑτέρου ἡμῖν, οὐδὲ τούτου ἀμφιλόγου, ἀποδείκνυται ἀξιώματος, τοῦ μηδοτιοῦν τῶν ὄντων εἶναι, ὃ ἂν [8] αὐτὸ ἐπὶ τὸν αὑτοῦ ὄλεθρον ὁρμήσειεν, ἀλλ' ἅπαντα τοῦ σώζεσθαί τε καὶ εἶναι ἐς δύναμίν γε μὴ μεθίεσθαι. Τοῦτο γὰρ λαμβάνουσι τὸ ἀξίωμα, καὶ ἔπειτα αὖ τῶν [9] ἀνθρώπων τοὺς αὐτοὺς αὑτοὺς [10] ἀποκτιννύντας [11] ἐπιβλέπουσιν, ἐναργεστάτως καταφαίνεται οὐ τὸ θνητὸν ἡμῶν ὂν τὸ αὐτὸ αὑτὸ [12] ἀποκτιννὺν [13], ἀλλά τι ἕτερον τούτου τε κρεῖττον, καὶ οὐ συναπολούμενόν γε, ἅτε οὐδ' ἂν τούτου ἐξημμένον, οἷά περ τὰ [14] θνητὰ ἅπαντα εἴδη [15], ἃ δὴ τῶν σωμάτων τέως οἷς [16] ξύνεστιν ἐξημμένα, τούτοις καὶ λυομένοις συνδιόλλυται· οὐ γάρ ποτ' ἂν αὐτῷ οὐ μόνον γε οὐκ ἐς τοσοῦτον, ἀλλ' οὐδ' ἂν ἐπὶ σμικρόν τι ἀντέβαινεν, εἰ αὐτοῦ ἐξῆπτο· ἀλλ' οὐσίαν ἰδίαν τε ἔχον καὶ ἐφ' ἑαυτῆς ὑφεστηκυῖαν [17], ὃ ἐπειδὰν μηκέτι ἑαυτῷ λυσιτελεῖν τὸν μετὰ τοῦ θνητοῦ βίον οἰηθῇ (εἴτ' ὀρθῶς, εἴτε καὶ μὴ, τοῦτο οἰηθέν· οὐδὲν γὰρ διαφέρει) κτεῖνάν [18] γε αὐτὸ, ὡς ἄλλο ὂν, ἄλλου, κακοῦ δὴ [19] δόξαντος καὶ οὐκ εὐχεροῦς συνοίκου, ἀπαλλάσσεται.

1. P. τὰ pro τῇ. — 2. P. ἀποβαίνομεν. — 3. P. εἰς pro ὡς.
4. H. τοῖς omittit. — 5. H. προσέχοντες. — 6. H. ἀνθρώπων.
7. H. recte εἰδοῖν, ubi P. εἰδεῖν, sine sensu. — 8. H. κἂν.
9. H. et P. αὐτῶν. — 10. H. et P. τοὺς αὐτοὺς αὐτοὺς, bis leni spiritu.

l'accomplissement des actes qui conviennent à sa parenté avec les Dieux que nous venons, après plusieurs maîtres illustres, montrer à l'homme son bonheur, le but de cet ouvrage étant de rendre ceux qui écoutent nos leçons aussi heureux qu'il est permis à une créature humaine de l'être.

Que l'homme soit un composé de deux natures, cette vérité nous la démontrons par un autre principe également incontestable, c'est qu'il n'y a pas un seul être qui aille de soi-même au-devant de sa destruction; tous au contraire font leurs efforts pour soutenir et conserver, autant qu'il dépend d'eux, leur existence. Ce principe posé, quand on voit certains hommes se donner la mort, on comprend bien clairement que ce n'est pas la partie mortelle de notre être qui se tue elle même, mais que c'est l'acte d'une partie différente et meilleure qui ne peut périr avec le corps, et qui ne lui est pas subordonnée comme le sont toutes les espèces mortelles, soumises aux corps auxquels elles sont attachées, et incapables de leur survivre lorsqu'ils périssent. Car si cette partie de notre être dépendait du corps, elle ne lui résisterait ni jusqu'à cet excès de violence, ni dans la moindre chose. Mais ayant une essence propre et qui subsiste par soi-même, dès qu'elle a jugé que la vie commune avec l'élément mortel ne lui serait plus utile (qu'elle ait bien ou mal jugé, peu importe), elle tue ce corps comme lui étant étranger et se délivre ainsi d'un compagnon qui lui paraît fâcheux et incommode.

11. H. et P. ἀποκτινύντας, ac paulo infra P. ἀποκτινύν, mendo in codicibus frequenti, si mendum est.

12. H. αὐτὸ bis leni spiritu; P. αὑτὸ semel. — 13. H. ἀποκτείναιν.

14. H. τὰ non habet. — 15. H. ᾗδη. — 16. H. τὲ ὡς οἷς.

17. H. ὕφεστι μιᾶς. — 18. H. κτεῖν ἄν. — 19. H. δέ.

Τὴν μέντοι ἀθανάτου τε καὶ θνητοῦ ἐν ἡμῖν μίξιν ὑπὸ ἁρμονίας τοῦ παντὸς θεοῖς τοῖς ἡμῶν δημιουργοῖς κατὰ Διὸς θεσμοὺς[2] μεμηχανῆσθαι ἀξιοῦμεν, ὡς τοῦ οὐρανοῦ τοῦδε δύο μοίρα[3], ἥ τε ἀθάνατος καὶ ἡ θνητή, μεθορίῳ τινὶ τῷ ἀνθρωπείῳ[4] τούτῳ σχήματι συνδεοίσθην[5]. Ἵνα μὲν γὰρ πλῆρές τε ᾖ τὸ πᾶν καὶ παντελὲς, ἔκ τε ἀθανάτου καὶ θνητοῦ αὐτὸ ἔδει συνεστάναι, ἵνα μὴ διεστήκῃ[6] αὐτὸ αὑτοῦ, μηδὲ διεσπασμένον ᾖ, ἀλλ' ἐς ἕν τι τῷ ὄντι σύστημα συνεστήκῃ[7]. Ὡς γὰρ ἔστιν ἄττα[8] τῶν ἐν αὐτῷ οὐ σμικρῷ ἀλλήλοις διαφόρων μεθορίοις[9] τισὶν ἐκ τῶν ἐνόντων συνηρμόσθη[10], οὕτω καὶ ἀθανάτοις τὰ θνητὰ τῷ κατὰ τὸν ἄνθρωπον τοῦτον μεθορίῳ συνεδέθη. Εἰ μὲν οὖν τῷ αὑτοῦ ἀθανάτῳ τὸ θνητὸν ἀεὶ συνῆν, κἂν αὐτὸ ἀθάνατον ἀπέβαινεν, ἐκ τῆς πρὸς τὸ ἀθάνατον ἀεὶ συνουσίας ἀπαθανατιζόμενον, καὶ οὐκέτ' ἂν ἀθανάτου[11] τε μοίρας μεθόριον[12] καὶ θνητῆς, ὅπερ ἔδει, ὁ ἄνθρωπος ἦν, ἀλλὰ τοῖς ἀθανάτοις ἂν ὅλως συνετέτακτο. Εἴτε καὶ ἅπαξ τὸ ἀθάνατον τῷ θνητῷ ὡμιληκὸς, τὸν λοιπὸν ἅπαντα χρόνον ἀπήλλακτο αὐτοῦ, ᾤχετ' ἂν καὶ οὕτω τὸ ἀθανάτων τε καὶ θνητῶν μεθόριον[13] ἅπαξ γεγονὸς, οὐκ ἀεὶ μὲν ὂν μεθόριον, οὐδ' ἀεὶ[14] θνητὰ ἀθανάτοις συναρμόττον, ἀλλὰ ἅπαξ γε συνηρμοκὸς, καὶ ἔπειτα σὺν τῇ αὑτοῦ τοῦ[15] θνητοῦ ἀπαλλαγῇ καὶ ταύτην ἂν[16] τὴν ἁρμονίαν λελυκός. Κατελείπετο[17] ἄρα παρὰ[18] μέρος μὲν τῷ θνητῷ το ἀθά-

1. Præstaret ἐπὶ ἁρμονίᾳ. — 2. P. δεσμούς. — 3. H. μοῖραι.
4. H. ἀνθρωπίνῳ. — 5. P. συνεδοίσθην. H. συνιδοίσθην.
6. H. et P. διεστηκεν. — 7 H. et P. συνέστηκεν.
8. H. et P. ὥσπερ ἐστὶν ἄλλα. 9. P. μενορίοις.
10. P. συνηρμοσθαι. — 11. H. θανατου.
12. H. et P. μοίρας καὶ μεθόριον — 13 H et P. μεθορίων.
14. P. οὐδ' ἂν, sine ἀεί.

Ce mélange de deux natures, l'une mortelle et l'autre immortelle, dans l'homme, nous jugeons qu'il a été fait d'après les ordres de Jupiter, en vue de l'harmonie universelle, par les Dieux qui nous ont créés. Ils ont voulu que ces deux éléments de toutes choses, l'essence mortelle et l'essence immortelle, s'unissent dans la nature humaine qui est placée comme au milieu d'elles. En effet, pour être complet et entier, l'Univers devait contenir, rapprochés et soudés ensemble, ces deux éléments, le mortel et l'immortel; c'est ainsi qu'au lieu d'être divisé et déchiré il forme un système réellement un. Car, de même que dans l'Univers bien des choses fort différentes entre elles peuvent s'unir grâce à leurs limites communes, de même l'essence mortelle et l'essence immortelle s'unissent dans la nature humaine qui leur sert à toutes deux de limite. Si dans l'homme la partie mortelle restait toujours unie à la partie immortelle, la première deviendrait elle-même immortelle, rendue telle en effet par cette union constante avec la nature immortelle, et l'homme ne serait plus comme il doit l'être la limite entre les deux natures, il rentrerait tout à fait dans la classe des Dieux. Si, d'un autre côté, la nature immortelle s'unissait un instant à la nature mortelle pour l'abandonner le reste du temps, c'en serait fait de cette union des deux natures qui ne serait plus un lien permanent entre les deux éléments mortel et immortel, mais une union passagère, laquelle, une fois l'élément mortel enlevé, serait aussitôt dissoute et dissoudrait avec elle l'harmonie générale. Il reste donc à dire que l'union des deux natures existe partiellement,

15. P. τῇ pro τοῦ. — 16. H. ἂν non habet.
17. H. et P. ἄλλ' εἴπετο. — 18. H. παρὰ non habet.

νατον κοινωνεῖν, παρὰ δὲ μέρος, τούτου γε ἀπολλυμένου, καθ' αὐτό τε ἑκάστοτε γίγνεσθαι [1], καὶ ζῆν χωρίς, καὶ τοῦτο οὕτω τὸν ἀεὶ χωρεῖν καὶ ἄπειρον χρόνον.

Ταῦτα τὰ [2] δόγματα τοῖς ἀπὸ Πυθαγόρου [3] μάλιστα καὶ Πλάτωνος δέδοκται [4] σοφοῖς. Ταῦτα ἄλλων τε ἐθνῶν ἐξηγηταῖς, καὶ δὴ καὶ τῶν ἡμετέρων προγόνων τοῖς [5] τὴν κατὰ Κούρητας ἐκείνους καλῶς τε καὶ εὖ διαδεδεγμένοις [6] θεοσέβειαν. Ταῦτα Ζωροάστρῃ, καὶ τοῖς ἀπ' αὐτοῦ. Ἐς ὃν ἡμεῖς, ἕνα δὴ ἄνδρα ἀρχαιότατον τῶν γε ἐν μνήμῃ, τὰ τοιαῦτα ἀναφέρομεν τῶν δογμάτων, οὐκ ἀπ' ἐκείνου καὶ ἦρχθαι ἡγούμενοι αὐτά· συναΐδια γὰρ ἂν τῷ [7] παντὶ οὐρανῷ καὶ ἐν ἀνθρώποις ταῦτα δὴ τἀληθῆ δόγματα εἶναι, κἂν εἰ ἔστι μὲν ὅτε παρὰ πλείοσιν, ἔστι δ' ὅτε παρ' ἐλάττοσι κρατεῖ [8], τοῖς γε δὴ ἀπ' ἐννοιῶν κοινῶν τῶν ὑπὸ θεῶν ταῖς ψυχαῖς ἡμῶν ἐντεθειμένων [9] καλῶς τε καὶ εὖ ὡρμωμένοις· ἀλλ' ὅτι τῶν ἐς ἡμᾶς ὀνομαζομένων οὗτος δογμάτων τῶν γε ὀρθῶν ἐξηγητής ἐστιν ὁ παλαιότατος [10], πλείοσιν ἢ πεντακισχιλίοις ἱστορούμενος τῆς Ἡρακλειδῶν καθόδου ἔτεσι πρεσβύτερος. Τὸν γάρ τοι Μῆνα [11] τῶν Αἰγυπτίων νομοθέτην, ἔτι αὖ καὶ τούτου [12] πλείοσιν ἢ τρισχιλίοις ἔτεσιν ἱστορούμενον πρεσβύτερον, οὐ σοφόν τινα φήσομεν οὐδὲ σπουδαῖον γεγονέναι νομοθέτην. Οὐ γάρ ποτ' ἂν οὕτω περιέργους τὰς τῶν θεῶν ἁγιστείας [13] καὶ φαύλας γε παρενομοθέτει [14], εἰ μὴ καὶ τὰ δόγματα αὐτῷ φαύλως προσεῖχεν. Εἰ γὰρ τοῖς ἀπ' ἐκείνου ἱερεῦσι

1. H. γίνεσθαι. — 2. H. ταῦτα δὲ δογμ.
3. P. Πυθαγορίου. — 4. P. δέδοται. — 5. H. et P. τῆς.
6. H. et P. διαδεδεγμενους. — 7. H. ἂν τῷ, recte, sed P. αὐτῷ.
8. H. et P. κρατῇ. — 9. P. ἐκτεθειμ.
10. Post hanc vocem H. lacunam indicat, quæ nulla est.
11. H. μίνοα (sic), ubi P. μίνα, quum sane μῆνα scribendum

temporairement, et que chaque fois que le corps est détruit, elles rentrent toutes deux dans leur indépendance respective, ce qui se renouvelle indéfiniment pendant toute l'éternité.

Ces principes ont été professés surtout par les philosophes de l'école de Pythagore et de celle de Platon. Ils ont également inspiré plusieurs législateurs chez d'autres peuples, et ont subsisté chez ceux de nos ancêtres qui ont recueilli par tradition la saine doctrine des Curètes. On les retrouve encore chez Zoroastre et ses disciples. C'est à ce sage, le plus ancien de ceux dont l'existence nous est connue, que nous les attribuons, non que nous pensions cependant qu'il les ait découverts : car ces principes, aussi vieux que le monde, ont existé de tout temps parmi les hommes; s'ils réunissent tantôt plus, tantôt moins de suffrages, du moins ont-ils toujours ceux des hommes qui se conduisent d'après les principes généraux que les Dieux ont mis dans nos âmes; mais c'est que de tous ceux dont les noms sont venus jusqu'à nous, Zoroastre est le plus ancien interprète de ces dogmes purs : il est, dit-on, antérieur de plus de cinq mille ans au retour des Héraclides. Quant à Ménès, le législateur des Égyptiens, qui passe pour antérieur encore de plus de trois mille ans, il ne peut être considéré comme un législateur sage et digne d'estime. Jamais il n'aurait établi une religion aussi chargée de pratiques inutiles et mauvaises, si le fond même de sa doctrine n'eût été vicieux. Si

esset; sed is vir in Plethonis codd. sæpius Μὴν quam Μῆν vocatur, qua de re nos aliquid ad præfationem nostram.

12. H. et P. τοῦτον.

13. H. hic et paulo infra, ἁγιστείας, sic, aspero spiritu, quum idem alibi lenem præferat, magis ex more Plethonio.

14. H. φαυλάς γε ἐνομοθέτει. P. φαύλας γὰρ ἐνομοθ.

τὰ δόγματα τοῖς γε Ζωροαστρείοις [1] τούτοις παραπλήσιον ἔσχεν, ἀλλ' οὗτοι καὶ παρὰ Μηνὸς [2] τοιαῦτα ἐκδεδόσθαι αὐτὰ φήσομεν· ἀλλ' ὕστερον αὐτοὺς διὰ τὴν περὶ σοφίαν ἀνευρηκέναι σχολήν· καὶ ἔπειτα οὐ καὶ τὰς ἁγιστείας οἵους τε γενομένους [3] διορθώσασθαι διὰ νόμον ἐκ μὲν [4] Μηνὸς [5] αὐτοῖς καθεστηκότα, ἄριστα δ' ἔχοντα καὶ σωτήριον εὐνομουμένοις, οὐ μέντοι καὶ φαύλοις γε χρωμένοις νόμοις, τὸν τῶν πατρίων μὴ ἐῶντα τολμᾷν μηδὲ τὸ σμικρότατον [6] κινεῖν, [ὥστε [7]] δόγμασι μὲν διατελεῖν αὐτοὺς σπουδαίοις χρωμένους, ἁγιστείας [8] δὲ τοὺς πολλοὺς φαύλας τελεῖν. Γεγονέναι μὲν οὖν καὶ ἄλλοις ἄλλους νόμους ἐπιεικεῖς τινας· καὶ εἶναί γε ἐνίους [9] τῶν μὲν Ζωροαστρείων τούτων τοῖς δόγμασιν οὐκ ἀπῳδοὺς [10], οὔτοι μὴν καὶ τῆς ἀκριβείας εἰς ἅπαν γε ἐφικνουμένους [11], ἐν οἷς καὶ τούς τε Ἰνδῶν καὶ Ἰβήρων τῶν [12] ἑσπερίων γεγονέναι [13], τούτους μέν γε καὶ Ζωροάστρῃ τούτῳ συγχρόνως [14] σχεδὸν ἐσχηκότας· Ἰβήρων μὲν οὔτε τοῦ νομοθέτου ἔτι καὶ ἐς [15] ἡμᾶς ὀνομαζομένου, οὔτε τῶν νόμων μενόντων αὐτοῖς· Ἰνδοῖς δὲ τῶν τε νόμων καὶ ἔτι μενόντων πολλῶν, καὶ τοῦ νομοθέτου Διονύσου λεγομένου, ὃς Ἰνδῶν κεκρατηκώς τε καὶ ἄρξας ἔπηλυς [ἤθεσί [16]] τε λέγεται καὶ νόμοις τισὶν ἐπιεικέσι τὸ γένος διακεκοσμηκέναι. Τούτῳ καὶ ὁ ἐκ Σεμέλης πολλῷ ὕστερον γεγονὼς Διόνυσος ἤτοι ὁ αὐτὸς ἂν εἴη τῇ ψυχῇ, ἢ τὸν βίον σφόδρα τις [17] ἐζηλωκώς· ἀστρατωτάτω [18] δὲ τὼ ἄνδρε ἄμφω. Ὃ κἂν [19]

1. P. Ζωροαστρίοις. — 2. P. παράρινος. H. παρὰ μηνὸς, recte.
3. H. γενομένας. — 4. H. διανέμοντα μέν. — 5. H. et P. μινός.
6. H. et P. σμικρώττον.
7. Codd. ὥστε non habent. — 8. H. ἁγιστείαις, et paulo infra, φαύλαις. — 9. P. ἔνιοι. — 10. H. ἀποδοὺς.
11. H. ἐφικνούμενα. — 12. P. καὶ ἑσπ. — 13. P. γεγοναί (sic).

les prêtres qui le suivirent eurent des principes semblables à ceux de Zoroastre, il ne faut pas croire qu'ils les aient reçus de Ménès; ils les trouvèrent plus tard dans leur recherche de la sagesse, et cependant ils ne purent apporter aucune réforme au culte qu'ils professaient, parce que Ménès leur avait imposé une loi utile sans doute et salutaire aux peuples qui ont une bonne législation, mais non à ceux dont les lois sont mauvaises : il leur avait défendu de faire jamais le moindre changement aux lois du pays; ainsi, tandis qu'eux-mêmes reconnaissaient les vrais principes, ils laissaient le peuple livré à ses pratiques insensées. De plus, quelques autres législations ont pu avoir leurs bons côtés, plusieurs même n'ont pas été sans rapport avec les principes de Zoroastre, cependant elles sont restées loin encore de la perfection. Telles sont les lois des Indiens et des Ibères occidentaux, qui datent presque de la même époque que celles de Zoroastre. Le nom du législateur des Ibères n'est pas venu jusqu'à nous, et il ne s'est rien conservé de leurs lois. Quant aux Indiens, une partie de leur législation subsiste encore, et leur législateur s'appelait Dionysus ou Bacchus. Venu du dehors, il conquit les Indes, y établit son empire, et par la sagesse de ses institutions civilisa, dit-on, les habitants. Un autre Bacchus, fils de Sémélé, né beaucoup plus tard, doit avoir été identique au premier quant à l'âme, ou au moins imitateur de sa vie et de ses principes : tous deux, quoi qu'il en soit, n'ont rien eu de guerrier.

14. P. συγχρονους. H. ἐσχρόνους. — 15. H. εἰς

16 P. ἐπηλύς τε. H ἐπηλυς ταις, sine accentu, ut appareat vocem aliquam excidisse. Nos e conj. ἤθεσι addidimus ob sensum.

17 H. et P τιν', ita elisum. — 18. P. ἀστροχωτάτω. H. ἀστυχωτατω, ac deinde ἀνδρί. — 19. H. ὂν ἄν.

περὶ Ἡρακλέους τις νομίσειε, τοῦ τε ἐξ Ἀμφιτρύωνος καὶ Ἀλκμήνης, τοῦ τε πολλῷ τούτου παλαιοτέρου γεγονότος, τοῦ Τυρίου· στρατιωτικωτάτω [1] δ' αὖ τούτω τὼ ἄνδρε [2]. Φέρειν δὲ δὴ τὰς περιόδους παραπλησίους καὶ βίους ἑκάστοτε καὶ πράξεις, καὶ οἴσειν γε ἀεί· γεγονέναι τε οὐδὲν οὐδεπώποτε καινὸν, οὐδὲ γίγνεσθαι [3], ὃ μὴ καὶ πρότερόν ποτε ταὐτὸ γέγονε τῇ ἰδέᾳ [4], ἅμα τε καὶ [5] αὖθίς ποτε ἔσται. Ἐπεὶ δ' [6] ἀνάγκη, ἀθέου μὲν οὐδενὸς ὄντος γε ἔθνους, ἄλλοις δ' ἄλλων γιγνομένων καὶ διαφόρων περὶ τοῦ θείου ἀνθρώποις τῶν δοξῶν, μίαν μὲν καὶ τὴν αὐτὴν ἀεὶ τὴν κρατίστην εἶναι, τὰς δ' ἄλλας φαυλοτέρας, καὶ τούτων αὖ ἄλλην ἄλλης τῆς κρατίστης ἐγγυτέρω, τὰς δὲ ποῤῥωτέρω, καὶ ποῤῥωτάτω δὴ [7] ἐνίας, ἡμεῖς κρατίστῃ οὔσῃ τῇ κατὰ Ζωροάστρην ταύτῃ προστιθέμεθα [8], ᾗ καὶ ἡ κατά τε Πυθαγόραν καὶ Πλάτωνα συνενήνεκται [9] φιλοσοφία, ἀκριβείᾳ τε τῶν ἄλλων ἁπασῶν [10] πλεονεκτούσῃ δοξῶν, καὶ ἅμα πατρίῳ καὶ ἡμῖν οὔσῃ. Ἐν οὖν ταύτῃ μόνῃ δὴ [11] ἀκραιφνοῦς τῆς μακαριότητος, ὁπόση ἡμῖν δυνατὴ ἐνεῖναι, ἐντυγχάνειν ἀξιοῦμεν. Ἐν δὲ ταῖς ἄλλαις, καθ' ὅσον περ ἂν ἑκάστη ταύτης ἀπολείπηται [12], κατὰ τοσοῦτον καὶ μακαριότητος μὲν τοὺς χρωμένους ἀπολείπεσθαι, ἀθλιότητι δὲ πελάζειν, καὶ ἀθλιωτάτους δὴ τοὺς ταῖς ποῤῥωτάτω ταύτης δόξαις χρωμένους ἀποβαίνειν, ἅτε καὶ ἐν σκότει [13] δεινῷ, τῇ περὶ τῶν μεγίστων ἀμαθίᾳ, καλινδουμένους.

Ἀλλ' εἴποι ἄν τις ὡς τῶν σοφιστῶν ἔνιοι, οἷς καὶ ἀν-

1. H. στρατικωτάτω. — 2. H. ἀνδρί.
3. H. et P. γίνεσθαι.
4. H. et P. γεγονέναι τε ἰδέᾳ vel ἰδέα. — 5. H. ἃ μήτε καί.
6. P. ἐπειδὰν ἀνάγκη. H. ἐπειδ' ἀνάγκη μὲν ἀθέου μὲν, sic iterata

On peut croire à peu près la même chose des deux Hercule, l'un fils d'Amphytrion et d'Alcmène, l'autre né plus anciennement à Tyr, qui tous deux au contraire ont été très-guerriers. C'est qu'en effet les périodes de temps amènent et amèneront toujours, à des époques réglées, des vies et des actions identiques, en sorte que jamais rien n'est arrivé de précisément nouveau, rien n'arrive qui ne soit déjà arrivé dans son espèce et ne doive se reproduire un jour.

Quoique aucun peuple ne soit athée, cependant les hommes ont sur la divinité des opinions très-diverses. Il faut donc de toute nécessité qu'il y en ait une toujours la même, qui soit la meilleure ; les autres lui sont inférieures, plus rapprochées ou plus éloignées de la vérité, et quelques-unes nécessairement plus éloignées que toutes les autres. Pour nous, nous restons attachés à la doctrine que nous savons la meilleure, à celle de Zoroastre, professée aussi par Pythagore et par Platon : elle l'emporte sur toutes les autres par l'exactitude, et de plus elle est chez nous nationale. C'est donc à elle seule que nous demandons le plus pur bonheur auquel il nous soit permis de prétendre. Quant aux autres doctrines, plus elles s'éloignent de la nôtre, plus ceux qui s'y attachent s'éloignent du bonheur, et se rapprochent de l'infortune ; et ceux qui professent les opinions les plus différentes de la nôtre sont ceux qui tombent au dernier degré du malheur, puisqu'ils sont plongés dans d'effrayantes ténèbres par leur ignorance des principes les plus importants.

Mais, dira-t-on peut-être, quelques sophistes admi-

copula.—7. H. δε.—8. H. προτιθ.—9. H. nec male. συνενήνεγκται.
10. H. πασῶν.
11. H. δὴ καὶ ἀκρ. — 12. H. ἀπολείπεται.
13. H. ἐν ᾄδει τε δεινῷ, sed P. ut nos.

θρώπων πάμπολλοι ἕσποντο, μείζω τὰ ἀγαθὰ τοῖς σφίσι πειθομένοις τῶν ὑφ' ἡμῶν περὶ τὸ ἀνθρώπειον γένος ἀποφαινομένων καταγγέλλουσιν, εἴ γε καὶ εἰς εἰλικρινῆ τινα ἥξειν αὐτοὺς ἀθανασίαν διατείνονται, θνητῷ οὐδενὶ οὐκέτι ἐγκαταμιχθησομένην, τῶν ἡμετέρων λόγων οὔποτε παύσεσθαι[2] ἀξιούντων τὰς ψυχὰς ἡμῶν θνητῇ ἑκάστοτε κοινωνούσας φύσει, ὁπότε δὴ[3] ἑκάστη ἡ[4] περίοδος καθήκοι[5]. Ἀλλὰ πρῶτον μὲν καὶ ἀνθρώπων οὐ τοῖς μείζω ὑπισχνουμένοις συμβάλλειν μᾶλλον[6] ἢ τοῖς πιστοτέροις οἵ γε εὐφρονοῦντες ἀξιοῦσιν[7], οὔκουν[8] οὐδὲ τῶν λόγων οἱ μείζους ἐλπίδας ὑποτείνοντες πρὸ τῶν πιστοτέρων αἱρετέοι· οὐ γὰρ ἂν λυσιτελοῖ, ἐλπίσι μείζοσι μὲν, κεναῖς δὲ καὶ ἀνηνύτοις, κηλουμένοις[9], ψεύδεσί τισιν[10] ἐνδιατρίβειν περὶ τῶν μεγίστων καὶ οὐχ ὑγιέσι[11] δόξαις. Κακοδαιμονίας γὰρ τοῦτο δὴ τὸ χείριστον, ἐψεῦσθαι περὶ τῶν θεῶν καὶ τῶν μεγίστων ἀνθρώποις διανοημάτων, καὶ ἕτερα οἴεσθαι ὧν χρὴ φρονεῖν περὶ αὐτῶν. Ἔπειτα οὐδὲ θαυμαστὸν οὐδὲν, εἰ ἅ γε ἡμεῖς περὶ τὸ γένος ἀποφαίνομεν τὸ ἀνθρώπειον, καὶ μείζω ἅμα τῶν ὑπὸ τῶν σοφιστῶν τούτων ἐπαγγελλομένων φανείη σκοποῦσιν[12] ὀρθῶς. Πρῶτον μὲν γὰρ αὐτοὶ οὐχ ὁλόκληρον τὴν ἀϊδιότητα οὐδ' ἀρτίαν[13], οὔτε ὅλῳ τῷ οὐρανῷ, οὔτε τῇ ψυχῇ τῇ ἀνθρωπίνῃ ἀξιοῦσιν, οὐκ ἐπ' ἀμφότερα, ἀλλ' ἐπὶ θάτερα μόνον, τὸ μέλλον, φάσκοντες τῇ γενέσει τῶν ὄντων τὴν ἀϊδιότητα ἔσεσθαι. Τὸν γάρ τοι οὐρανὸν χρόνῳ τε ἠργμένον[14] ποιοῦσι, καὶ ἅμα τοῖς πράγμασι[15] τοῖς ἀνθρωπείοις συμμετασκευασθήσεσθαι ἀξιοῦσιν, ἵνα πιθανώτεροι γοῦν, οἷς ταῦτα διαγ-

1. H. σφισιν — 2. P. παύσασθαι — 3. H. δὲ.
4. H. ἡ non habet. — 5. H. καθέλκοι. — 6. H. et P. συμβάλλειν οὐ μᾶλλον, iterata sic negatione, quæ jam præcesserat.

res de la foule promettent hautement à ceux qui les suivent des biens plus grands que ceux que nous annonçons au genre humain; ils promettent une brillante immortalité que ne souillera aucun mélange mortel, tandis que, selon notre doctrine, les âmes ne cesseront pas, chaque fois que leur tour sera venu, d'être attachées de nouveau à quelque corps mortel. Mais, d'abord, il est sage en général de traiter de préférence non avec ceux qui promettent le plus, mais avec ceux qui méritent le plus de confiance, et de même, il ne faut pas préférer les discours qui étalent de plus belles espérances à ceux qui sont plus dignes de crédit. Quel profit y a-t-il à conserver, sur les questions les plus importantes, des espérances brillantes, mais vaines et sans effet, et à se laisser charmer ainsi par de beaux mensonges au lieu d'opinions vraies et saines? C'est le comble du malheur d'être trompé sur les Dieux et sur les croyances les plus importantes pour l'homme, et d'avoir à ce sujet des opinions contraires à la vérité. Mais d'ailleurs, il ne serait pas étonnant que les destinées annoncées par nous au genre humain parussent à de bons juges préférables encore aux promesses de ces sophistes. D'abord, ces prétendus sages ne reconnaissent une éternité absolue et complète ni à l'Univers, ni à l'âme humaine, accordant aux êtres l'éternité non dans les deux sens, mais dans un seul, celui de l'avenir. Ils avancent que le monde a eu un commencement dans le temps, et qu'il sera soumis au même changement que les choses humaines. Ils croient ainsi faire plus d'illusion à ceux qui les écoutent, d'un côté en

7. P. ἀξιοῦσι. — 8. H. οὐκ οὖν. — 9. H. et P. χολουμένοις (sic).
10. P. τισί. — 11. H. ὑγίευσι (sic).
12. H. σκοποῦσι. — 13. H. et P. αἰτίαν. — 14. P. ἥρσμενον (sic).
15. H. πραγμασιν.

γέλλουσι [1], φαίνοιντο, τοῦτο μὲν μὴ καθ' ἑαυτὰ τὰ ἀνθρώπεια [2] πράγματα, ἀλλὰ τῷ ὅλῳ φάσκοντες συμμεταϐαλεῖν, τοῦτο δὲ καὶ βραχὺν μέν τινα χρόνον φαῦλα, τὸν δὲ μετὰ ταῦτα καὶ ἄπειρον σπουδαῖα τὰ ἔργα τὸν θεὸν ἀποδώσειν ἀξιοῦντες. Πιθανώτερον γάρ πως τὸ τοιοῦτον ἢ εἰ ἄπειρον μὲν [3] χρόνον τὸν πρότερον φαῦλα, ἄπειρον δ' αὖ τὸν μετὰ ταῦτα σπουδαῖα ἔφασκον ἀποδώσειν. Ἡμεῖς δ' ἀρτίαν [4] τε, καὶ οὐχ ἡμίτομον οὐδὲ χωλὴν, τῇ ψυχῇ τῇ ἀνθρωπίνῃ τὴν ἀιδιότητα ἀποφαίνοντες, καὶ μεῖζον τοῦ ταύτῃ ἀποφαίνομεν ἀγαθόν. Δῆλα γὰρ δὴ ὅτι ἐπ' ἀμφότερα αὕτη ἡ ἀϊδιότης τῆς ἡμιτόμου ἐκείνης πολὺ μείζων καὶ καλλίων, καὶ τὸ οὕτως ἀΐδιον τοῦ ἐκείνως [5] πολὺ τελεώτερον [6] καὶ κάλλιον. Ἴσως μὲν οὖν ὑπολάϐοι ἄν τις, ὡς τὸ μὲν οἰχόμενον οὐκέτι δή ἐστιν, οὐδ' ἔστιν αὐτοῦ αὖθις [7] πειραθῆναι [8], τὸ δὲ μέλλον, εἰ οὐδέ πω καὶ τοῦτ' ἔστιν, ἀλλ' οὖν, διὰ τὸ ἔσεσθαί ποτε, τοῦ οὐκέτι ἐσομένου μᾶλλον γ' ἂν εἴη, ὥστε καὶ ἄμεινον εἴη ἄν· ἐπεὶ [9] καὶ τὴν ἐπιθυμίαν τοῦ μὲν οἰχομένου μεθίεσθαι ἤδη, πρὸς δὲ τὸ ἐσόμενον, ὡς δὴ καὶ μᾶλλον ὄν, ὅλην τετράφθαι· τὴν οὖν ἐπ' ἀμφότερα ταύτην ἀϊδιότητα μὴ ὄντι μόνῳ τῆς ἐπὶ θάτερον, τὸ μέλλον, γιγνομένην μείζω, οὔτ' ἂν μείζω [10] τῇ ἀληθείᾳ, οὔτ' ἂν καλλίω εἶναι. Ἀλλ' ἡμεῖς [11]......

1. P. διαγγέλουσιν. — 2. H ἂν εἴη, sic, pro ἀνθρώπεια.
3. H. μὲν non habet.
4. P. αἰτίαν. — 5. H. ἐκείνου. — 6. H. τελεότερον.
7. H. οὐδ' ἔστιν omittit. — 8 P. πειρασθῆναι. — 9 H ἐπί.
10. H. et P. μείζων.

soutenant que les choses humaines ne changeront pas seules, mais avec tout l'Univers; d'autre part, en annonçant que le règne du mal doit être court et qu'ensuite Dieu donnera aux hommes un bonheur éternel et absolu. Et en effet, cette doctrine est plus spécieuse que s'ils plaçaient une éternité de maux avant une éternité de biens. Pour nous, en reconnaissant à l'âme humaine une éternité entière, non pas amputée et boiteuse, nous lui faisons par cela même une plus belle part. N'est-il pas évident, en effet, que cette immortalité qui embrasse le passé et l'avenir est bien meilleure, bien plus belle que cette immortalité tronquée, et que les natures qui en jouissent sont plus élevées et plus parfaites? Mais peut-être viendra-t-on m'objecter que ce qui est passé n'est plus et qu'on n'aura plus à l'éprouver, tandis que l'avenir, s'il n'est pas encore, ayant cependant, par cela seul qu'il doit être un jour, plus d'existence que ce qui ne doit plus jamais être, lui est en ce sens préférable. C'est ainsi, dira-t-on, que le desir néglige le passé pour se tourner vers l'avenir comme ayant plus d'existence. En conséquence, cette éternité dans les deux sens ne surpassant celle qui embrasse l'avenir que par un non-être, n'est en réalite ni plus grande, ni meilleure. Mais nous.....

11. Post hæc desunt omnia quæ sequebantur, incendio quippe Plethonii libri absumpta, unde in fine codicis Florentini, teste Bandinio, t. II, p. 317, annotatum est : Ζητητέον τὰ ἐπιόντα, εἰ καὶ ἀνεύρετα· ἠφάνισται γὰρ ὑπὸ Σχολαρίου, ὥς φασι.

ΠΛΗΘΩΝΟΣ

ΖΩΡΟΑΣΤΡΕΙΩΝ ΤΕ ΚΑΙ ΠΛΑΤΩΝΙΚΩΝ

ΔΟΓΜΑΤΩΝ ΣΥΓΚΕΦΑΛΑΙΩΣΙΣ

Ἐκεῖνα[1] μάλιστ' ἂν δέοι κεφάλαια εἰδέναι τόν γε δὴ φρόνιμον ἐσόμενον. Πρῶτον μὲν ἐκεῖνο[2] περι θεῶν, ὡς εἰσίν. Εἷς μὲν αὐτῶν Ζεὺς ὁ βασιλεὺς, μέγιστός τε καὶ ἐς ὅσον γε ἐνῆν ἄριστος, τοῖς ὅλοις τοῖσδε ἐφεστηκὼς, καὶ θεότητι[3] ἐξαίρετος, αὐτὸς μὲν πάντῃ τε ὢν καὶ πάντως ἀγένητος[4], τῶν δ' ἄλλων ἁπάντων πατήρ τε καὶ δημιουργὸς πρεσβύτατος. Τούτου δὲ παῖς μὲν πρεσβύτατος, ἀμήτωρ γε, δεύτερος δὲ θεὸς[5], Ποσειδῶν, τά τε δευτερεῖα τῆς κατὰ πάντων ἡγεμονίας πρὸς τοῦ πατρὸς ἐπιτετραμμένος, καὶ ἔτι[6] τὴν τοῦδε τοῦ οὐρανοῦ γένεσίν τε καὶ δημιουργίαν, θεοῖς καὶ[7] ἑτέροις χρώμενος ὑπάρχοις, τοῖς μὲν ἀδελφοῖς, ἀμήτορσι πᾶσιν ὑπερουρανίοις, Ὀλυμπίοις τε δὴ καὶ Ταρταρίοις· τοὺς δὲ καὶ αὐτὸς ἐξ Ἥρας ἤδη, θεοῦ τῆς γε ὕλης παραγωγοῦ, γεννῶν, τοὺς ἐντὸς οὐρανοῦ τοῦδε, τό τε δὴ οὐράνιον γένος ἄστρων, καὶ τὸ τῇ ἡμετέρᾳ[8] ἤδη φύσει προσεχὲς δαιμόνων γένος χθόνιον. Ὃς καὶ Ἡλίῳ, παίδων τῶν ἑαυτοῦ τῷ πρεσβυτάτῳ, ἡγεμονίαν τε τὴν τοῦδε τοῦ οὐρανοῦ ἐπιτέτραφε, καὶ ἔτι γένεσιν

1. Ex Fabricii Bibl. gr. t. XIV, pag. 137, ed. vet. collatis codd. Paris. 462, 1603, 1739 et 2376.
2. Cod. 1603, ἐκεῖνα.
3. Sic recte Fabr. : at plerique codd. θειότητι.
4. Codd. ἀγέννητος, sed Fabr. ut nos.
5. Deest θεὸς in 1739. Fabr. δευτ. τε θεος

PLÉTHON.

RÉSUMÉ DES DOCTRINES DE ZOROASTRE ET DE PLATON.

Voici les principes les plus nécessaires à connaître pour qui veut penser en homme sage.

D'abord, touchant les Dieux (I), il faut croire qu'ils existent réellement. L'un d'eux est Jupiter roi, le plus grand de tous et le meilleur dans la seule limite du possible. Il préside à tout cet univers ; sa divinité est d'un ordre tout à fait à part ; il est lui-même en tout et dans tous les sens increé, en même temps qu'il est le père et le premier auteur de tous les êtres. Son plus ancien fils, engendré sans mère, est Neptune : c'est le second Dieu, et il a reçu de son père la seconde place dans le gouvernement de toutes choses, et en outre le droit de produire et de créer tous les êtres renfermés dans l'enceinte de notre ciel, toutefois avec le concours et par le ministère d'autres Dieux, dont les uns sont ses frères, nés comme lui sans mère, tous habitant au-dessus du ciel, tant ceux de l'Olympe que ceux du Tartare ; d'autres sont engendrés par lui-même, avec le concours de Junon, déesse productrice de la matière : ce sont les Dieux qui habitent dans l'enceinte de notre ciel, savoir, les Astres, race céleste, et les Démons, race terrestre, qui déjà touche immédiatement à l'espèce humaine. Au Soleil, l'aîné de ses

6. Fabr. ἐπί, sed codd. nobiscum. ἔτι, et sic infra.
7. Cod. 462, θεοῖς τε καὶ, male.
8. Codd. plerique ἡμέρα, sed recte 1739 et 1603, ἡμετέρα.

τὴν τῶν ἐν αὐτῷ θνητῶν, ταύτην μέντοι καὶ σὺν Κρόνῳ, θεῶν τῶν γε Ταρταρίων Τιτάνων [ἀδελφῷ [1]] τε καὶ ἡγεμόνι. [Τῶν [2] Ὀλυμπίων θεῶν τοὺς Ταρταρίους διαφέρειν τῷ τοὺς μὲν Ὀλυμπίους τῶν ἐν τῷδε τῷ οὐρανῷ ἀθανάτων παραγωγούς τε εἶναι καὶ προστάτας, τοὺς δὲ Ταρταρίους τῶν τῇδε θνητῶν προστατεῖν· ὥστε καὶ Κρόνον τῶν Ταρταρίων, τὸν δ' αὐτὸν καὶ Τιτάνων κορυφαῖον εἶναι [3], καὶ σύμπαντος τοῦ θνητοῦ εἴδους προστάτην. Ἥραν δ' ἐν τοῖς Ὀλυμπίοις τεταγμένην δευτέραν μετὰ Ποσειδῶ, ὕλης τῆς πρεσβυτάτης, ἀνωλέθρου καὶ αὐτῆς οὔσης, τῷ αὐτῷ Ποσειδῶνι ἐς τὰ ἔργα παραγωγόν τε εἶναι καὶ προστάτιν [4] · αὐτὸν δὲ Ποσειδῶ σύμπαντος εἴδους προστατεῖν καὶ ἀθανάτου καὶ θνητοῦ, κορυφαῖον μὲν τῷ παντὶ ἐφεστῶτα, συντεταγμένον γε μὴν καὶ αὐτὸν τοῖς ὅλοις· τὸν γάρ τοι Δία μόνον τῷ ἐξαιρέτῳ τῆς θεότητος καὶ τῷ παντὶ ἐξαίρετον ἐφεστάναι.]

Πρῶτον [5] μὲν οὖν τοῦτο οὕτω τε καὶ ταύτῃ μάλιστα ἀκριβούμενον νομίζειν. Ἔπειθ' ὡς καὶ τῶν ἡμετέρων προνοοῦσιν οὗτοι οἱ θεοί, οἱ μὲν αὐτῶν προσεχῶς ἐφαπτόμενοι, οἱ δὲ διὰ τῶν σφῶν ὑποδεεστέρων, ἅπαντες δὲ κατὰ θεσμοὺς τοὺς τοῦ Διὸς ἅπαντα κατευθύνοντος [6]. Εἶθ' ὡς τῶν μὲν κακῶν οὐδενός, οὔτ' ἄλλῳ οὐδενὶ τῶν πάντων,

1. Codd ἀδελφῷ non habent. Fabr etiam καὶ omisit. Sed ἀδελφῷ necessarium videtur, et alias apud Plethonem in eadem phrasi recurrit, ut in allocutione matutina, supra, pag. 134, extr.

2. Hæc et quæ sequuntur uncis inclusa, usque ad ἐφεστάναι, desunt in codicibus hoc quidem loco. Sed inventa sunt in Parisiensis bibliothecæ codd. 1603, fol. 209 v°, et 1739, fol. 266 v°, Zoroastreis præmissa statim post titulum, exordii cujusdam instar, videnturque olim a Plethone ad marginem libri sui jam transcripti adjecta serius fuisse. Id certe testatur apud Morellium, in catalogo bibl.

enfants, Neptune a confié le gouvernement du ciel et la génération des êtres mortels qui y sont contenus, mais en lui associant, pour l'exercice de ce dernier pouvoir, Saturne, frère et chef des Titans, dieux du Tartare. Une différence entre les Dieux de l'Olympe et ceux du Tartare, c'est que les Dieux de l'Olympe produisent et gouvernent toutes les choses immortelles dans l'enceinte du ciel et que les Dieux du Tartare président aux choses mortelles d'ici-bas. Ainsi Saturne, chef des Dieux du Tartare ou des Titans, préside en même temps au gouvernement de toute créature mortelle. Junon, qui, parmi les Dieux de l'Olympe, est placée la seconde après Neptune, lui fournit pour ses œuvres la matière primitive, éternelle, à laquelle elle-même préside. Quant à Neptune, il gouverne tous les êtres; chef des immortels et des mortels, il préside à tout, et toutefois il est lui-même coordonné à l'ensemble des choses. Car Jupiter seul, par sa divinité prééminente, domine l'Univers d'une manière tout à fait à part.

Voilà, pour le premier article, le sommaire le plus exact de ce qu'il faut croire. De plus (II), ces Dieux, par leur providence veillent particulièrement à nos destinées, les uns immédiatement par eux-mêmes, les autres par l'intermédiaire des Dieux inférieurs, mais toujours d'après les décrets de Jupiter qui règle toutes choses. (III). Ils ne sont cause d'aucun mal, ni pour

S. Marci, codex Venetus 406, qui Plethonis autographus creditur, in quo istud additamentum, scholii instar, initio Zoroastreorum ad marginem ascriptum est.

3. Cod 1739, ὄντα. — 4. Cod 1603, προστάτην.

5. In codd. statim hæc sequuntur post voces supra lectas, καὶ ἡγεμόνι.

6. Sic plerique codd, pro quo unus male, κατευθύνοντα, nec melius Fabr. et 1739, κατευθύνοντες.

οὔθ' ἡμῖν, τῶν δ' ἀγαθῶν αὐτοί εἰσιν οἱ αἰτιώτατοι. Ἐπὶ δὲ τούτοις, ὡς καὶ εἱμαρμένῃ ἀμεταστρόφῳ καὶ ἀπαρατρέπτῳ ἐκ Διὸς χωρούσῃ, κατά γε δὴ τὸ ἐνὸν βέλτιστον [1], ἕκαστα περαίνουσι [2]. Καὶ ταῦτα μὲν περὶ θεῶν.

Περὶ δὲ τοῦ παντὸς, πρῶτον μὲν αὖ [3] ὡς αἴδιον τόδε τὸ πᾶν, ἐν ᾧ [4] δὴ καὶ οἱ δεύτεροί τε οὗτοι καὶ τρίτοι θεοὶ, τῷ Διΐ [5] γέγονε, καὶ οὔτε [6] ἠργμένον χρόνῳ, οὔτ' αὖ [7] ποτε τελευτῆσον. Ἔπειθ' ὡς καὶ ἐκ πολλῶν τῶν πάντων ἐς [8] ἕν τι ἡρμοσμένον. Εἶθ' ὡς ἄριστα ἐκ τῶν ἐνόντων τῷ πεποιηκότι, ὅτι δὴ μάλιστα ἀρίστῳ ὄντι, μεμηχανημένον, οὐ λελοιπότι οὐδ' ἡντινοῦν ὑπερβολήν. Ἐπὶ τούτοις [9] αὖ, ὡς καὶ ὡσαύτως ἀεὶ ἐν τῷ καθεστηκότι σχήματι σωζόμενον [10] ἀπαρακίνητον. Τοσαῦτ' οὖν καὶ περὶ τοῦ παντός.

Περὶ δὲ αὖ ἡμῶν αὐτῶν, πρῶτον μὲν ὡς θεοῖς ἡ ψυχὴ [11] ἡμῶν οὖσα συγγενὴς ἀθάνατός τε μένει ἐν οὐρανῷ τῷδε τὸν ἅπαντα χρόνον καὶ ἀΐδιος. Ἔπειθ' ὡς καὶ σώματι τῷ θνητῷ τῷδε ὑπὸ θεῶν κοινωνήσουσα ἑκάστοτε, ἄλλοτε ἄλλῳ [12], καταπέμπεται, τῆς τοῦ παντὸς ἕνεκα ἁρμονίας, ὡς καὶ θνητῶν ἀθανάτοις ἔν γε ἡμῖν καὶ εἴδει τῷ ἡμετέρῳ κοινωνούντων, τὸ πᾶν καὶ ταύτῃ αὐτὸ αὐτῷ [13] συνδέοιτο. Εἶθ' ὡς τὸ καλὸν ἡμῖν, οἰκείως τῇ πρὸς θεοὺς συγγενείᾳ,

1. Codd. plerique, βέλτιον, sed Fabr. et 1739 recte, βέλτιστον.

2. Cod. 462, περαίνωσι, alii παραινοῦσι, pessime.

3. Cod. 1603, οὖν pro αὖ.

4. Sic cod. 1739, recte, et sic fere 1603, ἐν ᾧ δε, quæ voces in 2376 vix legi possunt, ideoque in 462 et Fabr. a librario omissa sunt, relicta parva in textu lacuna.

5. Pro τῷ Διΐ, Fabr., quod bene notandum, ἐκ τοῦ Διος.

6. Fabr. οὔτ' elidit. — 7 Recte 462, αὖ ποτε, ubi plerique ἄν.

8. Fabr. εἰς ἕν τι. Plerique codd. ut nos, ἐς ἕν τι, sunt tamen qui ὡς ἕν τι. Pessime 1803, ἐκ πολλῶν παντα ἐς ἕν τι.

nous, ni pour aucun des êtres; au contraire ils sont essentiellement les auteurs de tout bien. En outre (IV), c'est d'après la loi d'un destin immuable, inflexible, émané de Jupiter, qu'ils accomplissent tous leurs actes dans la limite du mieux possible. Tels sont les principes pour les Dieux.

Quant à l'Univers (V), y compris les Dieux du second et du troisième ordre, il faut croire qu'il est éternel, c'est-à-dire, qu'il est l'œuvre coéternelle de Jupiter, qu'il n'a pas eu de commencement dans le temps et n'aura pas de fin. (VI). Il est composé de parties rassemblées et coordonnées en un seul tout. (VII). Il a été créé de la manière la plus parfaite possible par l'ouvrier infiniment parfait, qui n'y a laissé rien à ajouter. (VIII). Toujours le même dans son état primitif, il se conserve éternellement immuable. Tels sont les principes sur l'Univers.

Quant à nous-mêmes (IX), notre âme étant d'une nature semblable aux Dieux, demeure immortelle et éternelle dans l'enceinte qui est la limite de notre monde. (X). Toujours attachée à une enveloppe mortelle, elle est envoyée par les Dieux, tantôt dans un corps, tantôt dans un autre, en vue de l'harmonie universelle, afin que l'union de la nature mortelle et de la nature immortelle dans la nature humaine contribue à l'unité de l'ensemble. (XI). Pour être à la hauteur de notre nature divine, nous devons considérer le beau et le bien comme la fin qui convient à notre vie. Enfin (XII),

9. Cod. 2376, ἐπὶ ταύτης. — 10. Cod. 462, σχηματιζόμενον.

11. Quibusdam desunt voces, ἡ ψυχή, quas habent codd. 1739 et 1603, et sic Fabr.

12. Codd. plerique ἄλλο, sed 1739 et 1603, ἄλλῳ, ut nos.

13. Codd. 1739 et 1603, αὐτὸ tantum; celeri αὐτὸ αὐτῷ, leni utrumque spiritu, et sic Fabr.

τὸ προσῆκον τοῦ βίου τέλος [1]. Ἐπὶ δὲ πᾶσιν, ὡς καὶ τὸ εὔδαιμον ἡμῖν, ἐν τῷ ἀθανάτῳ ἡμῶν, ὃ καὶ τῆς οὐσίας ἀνθρώπου ἐστὶ τὸ κυριώτατον, ὑπὸ τῶν τὸ γένος ἡμῶν συστησαμένων θεῶν ὥρισται.

Ταῦτα δὴ [2] ιδ´ σύμπαντα κεφάλαια περί τε θεῶν, καὶ τοῦ παντὸς τοῦδε, καὶ φύσεως τῆς ἡμετέρας, εἰδέναι τε δεῖ [3] καὶ νομίζειν, εἰ μέλλοι τις [4] ἃ χρὴ ὡς μάλιστα φρονῶν, καὶ φρόνιμος τῷ ὄντι ἔσεσθαι.

1. Omissum τέλος in codd. quibusdam, sed est in 1739 et 1603, et apud Fabr. — 2. Codd. 1739 et 1603, ταῦτα δέ.

les Dieux, en fixant les lois de notre existence, ont placé notre bonheur dans la partie immortelle de notre être qui en est aussi la plus importante.

Voilà, sur les Dieux, sur l'Univers et sur la nature humaine, les douze principes qu'il faut connaître et admettre si l'on veut penser le mieux possible et mériter vraiment le nom de sage.

3. Fabr. et codd. omnes, δεῖν, male.

4. Fabr. εἰ μέλλει τις, sed codd. μέλλοι, ut nos.

ΕΠΙΜΕΤΡΟΝ.

APPENDICE

OU

PIÈCES JUSTIFICATIVES.

I.

ΠΛΗΘΩΝΟΣ

εὐχὴ εἰς τὸν ἕνα Θεόν[1].

Θεὲ παγγενέτορ[2], πανυπέρτατε, ἔξοχε, παμμέγιστε βασιλεῦ, ὕψιστε, πανοίκτιρμον[3], φιλανθρωπότατε μόνε καὶ συμπαθέστατε, ὡς ἀνεξιχνίαστον, ὡς ἀνεξερεύνητον καὶ ἄφατον [τὸ[4]] τῆς σῆς ἀγαθότητος πέλαγος, ἡ ἄπειρος φιλανθρωπία. Δέομαι οὖν σου, βασιλεῦ οὐράνιε, ἡ αὐτοαγαθότης, ἡ αὐτοαλήθεια, ἡ ὄντως ὀντότης, ἡ τῶν ὄντων ζωὴ, χάρισαί μοι τὴν ἡμέραν τήνδε, καὶ δὴ καὶ μῆνα, καὶ ἐνιαυτὸν, ἐφ' ᾧ νῦν βέβηκα, ἀσκανδάλιστον, ἄνοσον, ἀναμάρτητον, ὑγιᾶ, εὐένδεκτον, καὶ δοίης μοι καὶ τὸ λοιπὸν τοῦ ἐμοῦ[5] βίου εὖ τε καὶ ὥς σοι φίλον διαπερᾶναι. Διέγειρον[6] πρὸς ὑπόμνησιν καὶ τελείωσιν ὧν δεῖ, καὶ ἀποτρο-

1. Ined. ex codice Atheniensi, fol. 66, r.

2. Cod. παγγένετορ, retracto accentu contra grammaticorum regulam atque ipsius Plethonis usum in αὐτοπάτορ, αὐτοκράτορ, et ipso παγγενέτορ, hymn. 1 et 21.

3. Cod. πανοικτίρμον.

4. Addendum fuit τὸ, quum sequens linea articulo palam gauderet, ἡ ἄπειρος φιλανθρ.

5. Cod. τοὐμοῦ, poetice nimis, ut videtur.

6. Cod. ut nos, διέγειρον, sine copula ac sine pronomine, ideoque suspecta nobis lectione; et fortasse legendum διεγείρων, ut cum prioribus jungatur.

πὴν ὧν οὐ δεῖ, ὅπως εὐάρεστός[1] σοι διατελῶ ἔν τε τῇ μαθήσει, ἔν τε λόγῳ, ἔν τε ἔργῳ, καὶ ἐν πάσῃ τῇ τοῦ βίου διαγωγῇ, μέλπων σε, ὑμνολογῶν, εὐχαριστῶν καὶ μεγαλύνων σε τὸν μόνον ἀληθινὸν καὶ δεσπότην ἡμῶν. Θεὲ, αἰτία πάντων τῶν ἀγαθῶν, συνευδόκησόν μοι πρὸς τὴν σὴν θείαν γνῶσιν καὶ πρὸς τὴν τοῦδε τοῦ βίου εὐβουλίαν[2] καὶ εὐποιΐαν.

II.

ΤΟΥ ΑΥΤΟΥ,

ἐκ τῆς διασαφήσεως τῶν ἐν τοῖς Ζωροάστρου λογίοις ἀσαφέστερον εἰρημένων[3].

Οἱ ἀπὸ Ζωροάστρου Μάγοι[4] νομίζουσιν, ὥσπερ καὶ ἄλλοι συχνοὶ, τὴν ψυχὴν τὴν ἀνθρωπίνην, ἀθάνατον οὖσαν, ἄνωθέν τε κατιέναι, τῷ θνητῷ τῷδε σώματι θητεύσουσαν[5] ἤτοι ἐπί τινα χρόνον ἐργασομένην αὐτῷ, καὶ ζωώσουσαν καὶ κοσμήσουσαν ἐκ τῶν δυνατῶν, καὶ αὖθις

1. Cod. εὐαρέστως, minus attice cum διατελῶ constructum.
2. Addendum τε censemus ex Plethonis usu
3. Ex Opsopœi editione, pag. 25 et sqq., collatis etiam codd Par. 2832 et 66 (suppl.).
4. De Plethonis solemni more traducentis opiniones suas ad Zoroastrem et Magos et antiquissimum quemque philosophum, confer de Legibus, I, cap. 3, et Epinomidem, et quæ nos de ea re in præfatione scripsimus. Cfr. etiam quæ mox sequentur, p. 279, sq.
5. Codd. θητεύσασαν, et infra, ἐργασαμένην.

ἐνθένδε ἐκεῖσε ἀποχωρεῖν[1]. Πλειόνων δ' ἐκεῖ ὄντων τῇ ψυχῇ χώρων, καὶ τοῦ μὲν ἀμφιφαοῦς, τοῦδ' ἀμφικνεφοῦς, τῶν δέ τινων μεταξὺ τούτων ἑτεροφαῶν τε δὴ καὶ ἑτεροκνεφῶν, ἀπό γε τοῦ ἀμφιφαοῦς ποτε[2] ἐς τόδε τὸ σῶμα κατεῤῥυηκυῖαν τὴν ψυχὴν, καλῶς μὲν θητεύσασαν ἐς τὸν αὐτὸν χῶρον αὖθις ἀνατρέχειν, μὴ καλῶς δὲ, ἐς τοὺς τούτου χείρους ἐνθένδε ἀποχωρεῖν κατὰ λόγον τῶν αὐτῇ βεβιωμένων...

Ὁ πατρικὸς νοῦς[3], ὁ δεύτερος δηλαδὴ θεὸς[4], καὶ τῆς ψυχῆς προσεχὴς δημιουργὸς, οὐκ εἰσδέχεται ἐκείνης τὴν θέλησιν μέχρις ἂν ἐξέλθῃ τῆς λήθης, ἣν ἐκ τῆς πρὸς τόδε [τὸ[5]] σῶμα ἐπιπλοκῆς ἔπαθεν[6]...

[Ἡ ψυχὴ] εἰ καὶ[7] τῷ θνητῷ τῷδε ἐνδέδεται, ἀλλὰ καὶ οὕτω τήν γε[8] ἁρμονίαν ἤτοι τὴν ἕνωσιν, ὑφ' ᾗ τὸ[9] βρότειον ὑπάρχει[10] σῶμα, αὐχεῖ, ἤτοι οὐκ αἰσχύνεται, ἀλλὰ καὶ φρονεῖ τι ἐπ' αὐτῇ[11], ὡς ἂν αὐτὴ οὖσα ἡ τὴν τοιαύτην τῷ παντὶ λειτουργίαν λειτουργοῦσα, ὥστε, τῶν θνητῶν τοῖς ἀθανάτοις ἐν τῷ ἀνθρώπῳ ἑνουμένων, οὕτω καὶ τὸ πᾶν ἐς μίαν τινὰ ἁρμονίαν συγκροτεῖσθαι[12]....

1. De animarum statu post mortem excidit e libris de Legibus pars hæc tota Plethoniæ magis quam Zoroastreæ doctrinæ. Confer tamen librum III, in allocutione vespertina sub finem, p. 196, sqq. et quæ pauca supersunt e libro II, cap. 22.

2. Abest ποτε ex cod. 2832.

3. Ops. pag. 29. Hic est νοῦς ille Platonicorum, quem Pletho Ποσειδῶνος nomine deformavit : cfr. de Leg., lib. I, cap. 5, et passim.

4. Idem secundus demiurgus vocatur etiam lib. III, p. 134.

5. Ops. τὸ omisit. — 6. Refer hæc eodem quo priora, not. 1, de animarum migrationibus : item de λήθης ποταμῷ, lib. III, p. 198.

7. Ops. pag. 33.

8. Ops. et 2832 γε non habent. — 9. Ops. τὸ non habet

10. Malit aliquis ὑπέχει. — 11. Ops. ἐφ' αὐτῇ (sic)

12. Cfr. de Legibus, lib. III, p 140, init. et alibi passim.

Πατρὸς δύναμιν [1], καὶ δύναμιν αὐτοῦ νοερὰν, καὶ νοῦν πατρικὸν [2], τὸν αὐτὸν δεύτερον θεὸν τὰ λόγια ταῦτα πανταχοῦ καλεῖ....

Οἱ περί τε [3] Πυθαγόραν καὶ Πλάτωνα σοφοὶ τὴν ψυχὴν οὐ πάντῃ τινὰ χωριστὴν οὐσίαν παντὸς σώματος [4] νομίζουσιν, οὐ μὲν δὴ οὐδ' αὖ πάντῃ ἀχώριστον, ἀλλὰ τῇ μὲν χωριστὴν, τῇ δ' ἀχώριστον [5], τῇ μὲν δυνάμει δήπου ἀεὶ [6] χωριστὴν, τῷ δ' ἔργῳ ἀεὶ [7] ἀχώριστον τιθέμενοι. Τριττὸν [8] γὰρ οὖν τὸ σύμπαν εἰδῶν τίθενται γένος, τὸ μὲν πάντῃ χωριστὸν ὕλης, τοὺς νοῦς δὴ τους ὑπερουρανίους· τὸ δ' ἀχώριστον πάντῃ, οὐ [9] τήν γε οὐσίαν καθ' ἑαυτὴν ὑφεστηκυῖαν ἔχον, ἀλλὰ τῆς ὕλης δὴ ἐξημμένην, κἀκείνῃ τῷ τῆς φύσεως σκεδαστῷ λυομένῃ ποτὲ συσκεδαννύμενόν τε καὶ ἀπολλύμενον, καὶ τοῦτ' εἶναι τὸ ἄλογον δὴ εἶδος σύμπαν· τρίτον δὲ μεταξὺ τούτοιν εἶδος, τὴν ψυχὴν τίθενται τὴν λογικὴν, τῶν μὲν νῶν τῶν ὑπερουρανίων διαφέρουσαν τῷ ἀεὶ ὕλῃ συνεῖναι, τοῦ δ' ἀλόγου εἴδους τῷ μὴ αὐτὴν τῆς ὕλης ἐξῆφθαι, ἀλλὰ τοὐναντίον τὴν ὕλην ἑαυτῆς ἂν ἔχειν ἐξημμένην, οὐσίαν αὐτὴν ἰδίαν ἑαυτῆς καὶ καθ' ἑαυτὴν τῇ γε δυνάμει ἔχουσαν ὑφεστηκυῖαν, ἀμερῆ τε καὶ αὐτὴν κατὰ τοὺς νοῦς τοὺς ὑπερουρανίους, οἷς καὶ συγγενῆ πως τὰ ἔργα ἀποδίδωσι, τῶν αὐτῶν, ὥσπερ κἀκεῖνοι, ἐφαπτομένη καὶ αὐτὴ, τῆς τῶν ὄντων [10] δὴ γνώσεως καὶ θεω-

1. Ops. p. 33. — 2 Rursus hic nota πατρικὸν νοῦν et δεύτερον θεὸν, sicut in priore pagina, not. 3 et 4.

3. Ops. pag. 35. Abest vero τε ex ed., quod habent codd.

4. Abest σώματος ex codd., legitur in ed.

5. 3. Cfr. de Legibus, lib. III, pag 74, extr.

6. Cod. 66 ἀεὶ non habet. — 7. Cod. 66, ἂν pro ἀεί.

8. Ops. τρίτον male, nam confer pag. 94, extr. ubi tamen cod. περιττὸν pro τριττὸν habebat, quod olim notare neglexinus.

9. Ops. ἢ, ubi codd. οὐ. — 10. Cod. 66, τῆς ὄντως δή.

ρίας, ἄχρι καὶ αὐτοῦ τοῦ ἀνωτάτω Θεοῦ, καὶ διὰ τοῦτο ἀνώλεθρον. Τοιοῦτον οὖν εἶδος οὖσαν τὴν ψυχὴν σώματι ἀεὶ συνεῖναι αἰθερίῳ, οἷον ὀχήματι [1] ἑαυτῆς, συναπαθανατίζουσαν [2] καὶ αὐτὸ τῇ προσεχεῖ ἐπαφῇ· εἶναι δ' οὐδὲ τὸ τοιοῦτον αὐτῆς ὄχημα ἄψυχον καθ' αὐτὸ, ἀλλ' ἐψυχῶσθαι καὶ αὐτὸ τῷ ἑτέρῳ τε καὶ ἀλόγῳ ψυχῆς [3] εἴδει (ὃ δὴ ψυχῆς λογικῆς εἴδωλον οἱ σοφοὶ καλοῦσι), φαντασίᾳ τε δὴ κεκοσμημένῳ [4] καὶ αἰσθήσει, ὅλῳ δι' ὅλου ὁρῶντί τε καὶ ἀκούοντι, καὶ πᾶσαν αἴσθησιν αἰσθανομένῳ, καὶ ταῖς ἄλλαις ταῖς ταύταις ἑπομέναις ψυχῆς δυνάμεσιν ἀλόγοις. Διὰ μὲν οὖν τῆς κρατίστης τοῦ τοιούτου σώματος δυνάμεως, φαντασίας, τὴν ψυχὴν τὴν λογικὴν ὅλῳ τῷ τοιούτῳ ἀεὶ συνεῖναι σώματι· διὰ δὲ τοῦ τοιούτου σώματος τῷδέ ποτε τῷ [5] θνητῷ τήν γε ἀνθρωπίνην συγγίγνεσθαι [6], ὅλου ὅλῳ τῷ τοῦ ἐμβρύου ζωτικῷ πνεύματι διὰ συγγένειάν τινα ἐπιπλεκομένου, ἅτε πνεύματός τινος καὶ αὐτοῦ ὄντος. Τάς γε μὴν δαιμονίας [7] ψυχὰς τῇ μὲν ἄλλῃ οὐ πολλῷ τῶν ἀνθρωπίνων διαφέρειν, γενναιοτέρας δὲ ὅμως οὔσας αὐτάς τε καὶ γενναιοτέροις ὀχήμασι χρωμένας, ἀμίκτους τῇ γε θνητῇ εἶναι φύσει. Τὰς δὲ τῶν ἄστρων [8] πολὺ ἔτι καὶ αὐτῶν τῶν γε δαιμονίων κρείττους οὔσας, κρείττοσι καὶ ὀχήμασι χρῆσθαι, τοῖς οὕτω διὰ μέγεθος [9] δραστικῆς δυνάμεως λαμπροῖς τούτοις [10]

1. Vox Platonica et Plethoni grata. Cfr. de Leg. p. 92, et passim.
2. Cod. 2832, συναπαθανίσουσαν.
3. Ops. ψυχῆς ἀλόγῳ, sic inversis verbis.
4. Ops. et codd. κεκοσμημένον. — 5. Cod 2032 τῷ non habet.
6. Cod. 66, συγγίνεσθαι, at 2832, συγγενέσθαι.
7 De dæmonum natura, cfr de Leg lib. I, pag. 52, et passim.
8. De astris quoque parem doctrinam agnoscas ibidem.
9. Post μέγεθος cod. 2832 addit καί.
10. Cod. 2832, οὕτω pro τούτοις.

σώμασι. Ταύταις δὲ[1] περὶ ψυχῆς ταῖς δόξαις καὶ οἱ ἀπὸ Ζωροάστρου οὗτοι Μάγοι[2] φαίνονται ἔτι πρότερον[3] χρώμενοι....

Ἡ φύσις[4], ἤτοι ὁ φυσικὸς λόγος, πείθει εἶναι τοὺς δαίμονας ἁγνοὺς[5], καὶ ἁπλῶς πάντα τὰ ἐκ τοῦ Θεοῦ αὐτοαγαθοῦ ὄντος προεληλυθότα χρηστὰ εἶναι....

Ὁ πατρικὸς νοῦς[6], ὁ τῆς ψυχικῆς[7] δηλαδὴ οὐσίας προσεχὴς δημιουργός, οὗτος ταῖς ψυχαῖς ἐνέσπειρε[8] καὶ τὰ σύμβολα, ἤτοι τὰς τῶν νοητῶν εἰδῶν εἰκόνας[9], ἐξ ὧν τοὺς τῶν ὄντων ψυχὴ ἑκάστη ἐν ἑαυτῇ καὶ κέκτηται λόγους[10]....

Μάνθανε[11] τὸ νοητόν, ἐπεὶ ἔξω τοῦ σοῦ ὑπάρχει νοῦ, ἐνεργείᾳ[12] δηλαδή. Εἰ γὰρ καὶ ἐνεσπαρμέναι σοι ὑπὸ τοῦ δημιουργοῦ αἱ τῶν νοητῶν εἰσιν εἰκόνες[13], ἀλλὰ δυνάμει αὗται ἔγκεινταί σου τῇ ψυχῇ· δεῖ δέ σε καὶ ἐνεργείᾳ τὴν τοῦ νοητοῦ γνῶσιν μετιέναι....

Ὁ γὰρ πατὴρ[14] ἅπαντα ἐξετέλεσε, τὰ νοητὰ δηλαδὴ εἴδη[15] (ταῦτα γάρ ἐστι τὰ ἐκτετελεσμένα τε καὶ τέλεια),

1. An δὴ potius legendum? Cod. 66 copulam nullam habet.
2. Cfr. supra, pag. 274, not. 4.
3. Codd. πρότεροι, quod rectum esset, nisi auribus ingratum.
4. Ops. p. 41.
5. Cfr. in Elencho, libr. II de Leg. titulum capitis 19, et passim per ipsum opus nimis multa in dæmonum laudem scripta, pag. 52, 154, 176, 218, etc.
6. Ops. pag. 45, et est rursus idem πατρικὸς νοῦς, de quo supra semel aut bis. — 7. Ops. et codd. ψυχῆς. — 8. Ops. ἀνέσπειρε.
9. De usu Plethonio imaginum Platonicarum aliquid nos in præfatione nostra. — 10. Cfr. lib. III, pag. 114, sub med.
11. Ops. pag. 45, extr. — 12. Ops. ἐνέργεια.
13. En illæ rursus, de quibus paulo ante, imagines.
14. Ops. pag. 46.
15. Hæc sunt in libris de Leg. supracælestia numina, de quibus ac de eorum duce, altero illo Deo, eadem ibi quæ hic traduntur

καὶ τῷ μεθ' ἑαυτὸν δευτέρῳ θεῷ παρέδωκεν, ἄρχειν δηλαδὴ καὶ ἡγεῖσθαι αὐτῶν· ὥστε ἤν τι καὶ διὰ τούτου παράγηται τοῦ θεοῦ, πρὸς παράδειγμα[1] ἑαυτοῦ τε καὶ τῆς ἄλλης νοητῆς οὐσίας, καὶ τοῦτο ἐκ τοῦ ἀνωτάτω πατρὸς ἴσχειν τὴν γένεσιν. Τοῦτον τὸν δεύτερον θεὸν, πρῶτόν φησι [τὸ Ζωροάστρου λόγιον] ἑαυτοῖς τίθεσθαι τὰ τῶν ἀνδρῶν ἔθνη, ὁπόσα δηλαδὴ τοῦ μὲν κόσμου τοῦδε προσεχῆ τινα δημιουργὸν νομίζει, τούτου δ' οὐκέτι ἀνωτέρω οὐδένα....

Ἑαυτὸν ὁ πατὴρ[2] τῶν ἄλλων πάντων ἐξαίρετον ἐποίησεν, οὐδ' ἐν τῇ ἰδίᾳ νοερᾷ δυνάμει, ἤτοι τῷ μεθ' ἑαυτὸν δευτέρῳ θεῷ κλείσας, ἤτοι ὁρίσας, τὸ ἴδιον πῦρ, τὴν ἰδίαν δὴ[3] θεότητα. Τὸ γάρ τοι πάμπαν ἀγέννητον καὶ αὐτὸ δι' αὑτὸ ὂν, ᾧ ἡ αὐτοῦ θεότης τῶν ἄλλων πάντων ἐξήρηται, ἅτε οὐδ' ὅλως μεταδοτόν τῳ[4] ἑτέρῳ ὂν[5], οὐδὲ μετέδωκεν οὐδενὶ, οὐ φθόνῳ, τῷ δ' ὅλως ἀδυνάτῳ[6] τοῦ πράγματος, τῷ ἐς ἀντίφασιν περιΐστασθαι....

Οὐ φόβον[7] ἐμβάλλει ὁ πατὴρ, πειθὼ δ' ἐπιχεῖ, ἤτοι ἔρωτα· ἅτε γὰρ ἄκρως αὐτὸς ἀγαθὸς ὢν, οὐδ' ἂν κακοῦ αἴτιος εἴη οὐδενὶ, ὥστ' ἂν καὶ φοβερὸς[8] εἶναι, ἀγαθῶν δ' ἀεὶ[9] πᾶσιν αἴτιος ὢν, κἂν ἀγαπῷτο ὑπὸ πάντων....

Δῆλοι οὖν[10] εἰσιν ἄλλοι τε συχνοὶ ἀνθρώπων τοῖς ἀπὸ Ζωροάστρου τούτοις συνῳδούς πη καταστησάμενοι τὰς

1. Cfr. de Leg. III, pag. 92, sqq.

2. Ops. pag 49, et habes similia loca nonnulla de Leg. I, cap. 5, et passim. — 3. Cod. 2832 δὴ non habet.

4. Ops. τῷ ἑτέρῳ. — 5 Post ὂν addit Ops. κἂν ἀγαπᾶτο (sic) ὑπὸ πάντων, male ex sequentibus huc retractum

6. Cod. 66, οὐ δυνατῷ.

7. Ops. pag. 49, extr. Confer de Leg. I, cap. 5, initio.

8. Ops. φοβερόν. — 9. Ops. αἰεί.

10. Ops. pag. 50.

δόξας, μάλιστά γε μὴν καὶ οἱ περί τε Πυθαγόραν καὶ Πλάτωνα σοφοὶ, ἐπεὶ καὶ ἐκείνοις ἔτι [1] τῶν Ζωροάστρου [2], οἷς φησι περὶ αὐτοῦ ὁ Πλούταρχος [3] πάνυ συνῳδὰ καὶ τὰ Πλάτωνος φαίνεσθαι [4]. Φησὶ δὲ περὶ Ζωροάστρου Πλούταρχος [5], ὡς τριχῇ τὰ ὄντα διέλοι· καὶ τῇ μὲν πρώτῃ αὐτῶν μοίρᾳ Ὡρομάζην ἐφιστῴη, τοῦτον δ' εἶναι [6] τὸν ὑπὸ τῶν λογίων πατέρα καλούμενον· τῇ δ' ἐσχάτῃ Ἀριμάνην· Μίθρην δὲ τῇ μέσῃ, καὶ τοῦτον δ' ἂν εἶναι τὸν δεύτερον νοῦν καλούμενον ὑπὸ τῶν λογίων· ἀλλ' Ὡρομάζην μὲν ἡλίου, ὅν γε δὴ καὶ Κῦρον [7] Περσιστὶ καλεῖσθαι, τριπλάσιον ἑαυτὸν ἀφεστακέναι [8]· Μίθρην δὲ δηλονότι, τὸν μετά γε Ὡρομάζην, διπλάσιον [9]. Οἷςπερ πάντως συνῳδὰ καὶ τὰ Πλάτωνος ἐκεῖνά ἐστι, Περὶ [10] τὸν πάντων βασιλέα πάντ' ἐστὶ [11], καὶ ἐκείνου ἕνεκα πάντα, καὶ ἐκεῖνο αἴτιον ἁπάντων τῶν καλῶν, δεύτερον δὲ περὶ τὰ δεύτερα, καὶ τρίτον περὶ τὰ τρίτα. Μοίρας δὲ τρεῖς, ἐς ἃς Ζωροάστρης τε καὶ Πλάτων τὰ ὄντα διῃρήκεσαν, εἶναι πρώτην μὲν τὴν αἰώνιον· δευτέραν δὲ, τὴν ἐγ-

1. Pro ἔτι, an μέτεστι legas? — 2. Cod. 66, τῶν ζωροαστρίων (sic).

3. Plutarchus, de Iside et Osir. t. VII, pag. 461, ed. Reisk., qui tamen de Platone cum Zoroastro per omnia concinente non tam disertus est. Cod. 2832 ante Plutarchi nomen ὁ non habet.

4. Sic cod. 66, sed Ops et 2832, φαίνεται.

5. Plutarch. ibidem, pag. 456. Plutarcheis vero nonnulla de suo admiscet Pletho, præsertim quæ ad pseudo-Zoroastrea oracula, λόγια, pertinere fingit.

6. Ops. δὲ ante εἶναι non elidit.

7. Ops. cum codd. Κύρον, ubi Κῦρον oportebat. Hæc autem de Solis persico nomine Plutarchus habet in Artax. initio.

8. Ops. 2832, ἐφεστακέναι, sed nos Plutarchum sequimur.

9. Hoc Pletho de suo addit, nihil enim tale Plutarchus.

10. Plat. epist. 2, pag. 312, extr.

11. Ops. et 2832 πάντα non elidunt; elidit cod. 66. et sic vulgo apud Platonem.

χρονον μὲν, αΐδιον δέ· τρίτην δὲ, τὴν θνητήν. Ζωροάστρην δέ φησι Πλούταρχος[1] οὕτω παλαιόν τινα γεγονέναι, ὡς καὶ πεντακισχιλίοις ἔτεσι τῶν Τρωϊκῶν πρεσβύτερον ἱστορεῖσθαι.

III.

ΠΛΗΘΩΝΟΣ,

ἐκ τοῦ Περὶ ὧν Ἀριστοτέλης πρὸς Πλάτωνα διαφέρεται.

Οἱ μὲν ἡμῶν[2] παλαιότεροι καὶ Ἑλλήνων καὶ Ῥωμαίων Πλάτωνα Ἀριστοτέλους πολλῷ τῷ μέσῳ προετίμων. Τῶν δὲ νῦν καὶ μάλιστα τῶν πρὸς ἑσπέραν οἱ πολλοὶ, ἅτε ἐκείνων σοφώτεροι οἰόμενοι γεγονέναι, Ἀριστοτέλη προ Πλάτωνος θαυμάζουσιν, Ἀβερόῃ[3] τινὶ Ἄραβι πειθόμενοι, μόνον Ἀριστοτέλη φάσκοντι τέλειόν τι τῆς φύσεως ἐς[4] σοφίαν ἔργον ἀποτετελέσθαι, ἀνδρὶ εἰ μὲν τἄλλα σπουδαίῳ οὐκ ἂν οὕτω ῥᾳδίως εἰπεῖν ἔχοιμι, τὸν μέντοι περὶ ψυχῆς λόγον οὕτω φαύλῳ, ὡς καὶ θνητὴν αὐτὴν τίθεσθαι. Καίτοι ὅς γ' ἂν ταύτην τὴν ἀμαθίαν τυγχάνοι ἀμαθαίνων, τίνος ποτ' ἂν σπουδαίου πράγματος κριτὴς γένοιτο ἄξιος; καὶ ταῦτα, οὐδ' Ἀριστοτέλους

1. Plutarch. de Iside et Osir., p. 456, ed. Reisk.

2. Ex hujus Plethonii tractatus editione secunda, quæ ab ed. princ. nihil differre videtur, Venet. apud Hieron. Scotum, 1540, in 8°, collato cod. Par. 2376.

3. Ed. Ἀβερόει, sed cod. ut nos. — 4. Cod. ἐς non habet.

ταύτην δοκοῦντος τὴν ἀμαθίαν ἀμαθαίνειν· χρὴ γὰρ τἀληθῆ λέγειν, καὶ μὴ συκοφαντεῖν τὸν ἄνδρα, καίτοι πλείστους γε τῶν πρὸ αὐτοῦ σεσυκοφαντηκότα. Ἀλλ'[1] ἐμοὶ οὐδὲ τὸ συκοφάντην ἀντισυκοφαντεῖν εὐαγὲς εἶναι δοκεῖ. Ἐπεὶ δὲ καὶ νῦν εἰσὶν οἳ Πλάτωνι μᾶλλον τὴν ψῆφον τίθενται, ἡμεῖς τούτοις τε χαριζόμενοι, κἀκείνους, εἰ μὴ σφόδρα φιλονείκως ἔχουσιν, ἐπανορθοῦντες, βραχέα περὶ ὧν διαφέρονται τὼ ἄνδρε, ἐροῦμεν, καὶ δείξομεν τὸν ἄνδρα τἀνδρὸς οὐ σμικρῷ[2] λειπόμενον, οὐ μακρὰς, οὐδ' ἐριστικὰς, ἀλλ', ὡς οἷόν τε, διὰ βραχυτάτων ποιούμενοι τὰς ἀποδείξεις.

Πρῶτον μὲν οὖν[3] τὸν πάντων βασιλέα Θεὸν Πλάτων δημιουργὸν, τῆς νοητῆς τε καὶ χωριστῆς πάντη οὐσίας, καὶ δι' αὐτῆς τοῦ παντὸς τοῦδε οὐρανοῦ[4] τίθεται...

Συγχωρῶν [Ἀριστοτέλης][5] τόν γε ἀνθρώπινον νοῦν τοῦδε τοῦ σώματος πρεσβύτερον χρόνῳ εἶναι, ἔπειτα τοῖς τὰς μαθήσεις ἀναμνήσεις λέγουσι μέμφεται. [Ἀλλ'] εἰ τοῦδε τοῦ σώματος πρεσβύτερος ἦν που ὁ νοῦς, πῶς οὐκ ᾔδει οὐδὲ ἐνόει; καὶ ὑπὸ τοῦ κωλυόμενος; Εἰ δ' ᾔδει τε καὶ ἐνόει, πῶς ἐν μὲν τῇ εἰς τὸ σῶμα τόδε καθόδῳ ἐκλαθόμενος, ἔπειτα ἀναλαμβάνων αὖθις ἅ ποτε ᾔδει, οὐκ ἀναμιμνήσκεται[6];...

Γελοῖος δ' ἐστὶν [Ἀριστοτέλης][7] ζῶα μὲν τιθέμενος τὰ ἄστρα..., ἔπειτα ἀκίνητα μὲν αὐτὰ καθ' αὑτὰ ἀξιῶν εἶναι, ὑπὸ δὲ σφαιρῶν μόνον ἀνελιττόμενα. Τίνα γὰρ[8] δὴ

1. Cod. ἀλλὰ non elidit.
2. Ed. μικρόν, ubi cod. σμικρῷ, longe melius.
3. Ex cap. 1. Confer de Leg. I, cap. 5, et passim.
4. Cod. τοῦδ' οὐρανοῦ. Familiaris Plethoni vox ὅδε ὁ οὐρανὸς, per totum de Legibus opus.
5. Ex cap. 10. — 6. Cfr. de Leg. III, pag. 114, post med.
7. Ex cap. 15. — 8. Ed. γὰρ omittit, quod habent codd.

καὶ ψυχὴν[1] αὐτὰ ἔχειν ἀξιώσει, εἰ τόν γε ἅπαντα χρόνον ἀκίνητα μένει;...

Ὄντος ζητήματος[2] πότερα ἅπαντα ἐξ ἀνάγκης γίγνεται, ἢ ἔστιν ἃ καὶ οὐκ ἐξ ἀνάγκης γιγνόμενα τῶν γιγνομένων[3], καὶ τῶν ἐξ ἀνάγκης ἅπαντα τιθεμένων γίγνεσθαι ἐκ δυοῖν αὐτὸ[4] ἀξιωμάτοιν[5] δεικνύναι πειρωμένων, ἑνὸς μὲν, τοῦ ἅπαν τὸ γιγνόμενον ὑπ' αἰτίου τινὸς ἀναγκαῖον εἶναι γίγνεσθαι, ἑτέρου δὲ, τοῦ ἅπαν αἴτιον, ὅ,τι ἂν δρῴη, ἀνάγκῃ τε καὶ ὡρισμένως αὐτὸ δρᾶν[6],... [Ἀριστοτέλης] θάτερον τῆς ἀντιφάσεως μόριον λαμβάνων ὡς δὴ ἔμπεδον,... κατὰ θατέρου τοῖν ἀξιωμάτοιν χωρεῖ, καὶ τὸ μὲν ἅπαν αἴτιον, ὅ,τι ἂν δρῴη ἀνάγκῃ τε καὶ ὡρισμένως δρᾶν, οὐκ ἀναιρεῖ..., ἀξιοῖ [δὲ] γίγνεσθαί τῶν γιγνομένων τινὰ καὶ αἰτίου χωρὶς, κ. τ. λ....

Οὐ τοῦδε τοῦ οὐρανοῦ[7] δημιουργὸν προσεχῆ τὸν ἄκρως ἀγαθὸν Θεὸν οἱ τὰ εἴδη τιθέμενοι ἀξιοῦσιν εἶναι, ἀλλ' ἑτέρας πρότερον φύσεως καὶ οὐσίας ἑαυτῷ[8] τε συγγενεστέρας καὶ αἰωνίας, ἀεί τε καὶ κατὰ ταὐτὰ[9] ὡσαύτως ἐχούσης· τον δ' οὐρανὸν τόνδε δι' ἐκείνης ἤδη τῆς οὐσίας, καὶ οὐκ αὐτὸν[10] δι' αὑτοῦ, δεδημιουργηκέναι. Ἐκείνην τε τὴν οὐσίαν ἐς ἕνα τε νοητὸν κόσμον συνιστᾶσιν, ὃν ὁ Λοκρὸς Τίμαιος ἰδανικὸν καλεῖ, δηλαδὴ εἰδικὸν, καὶ ἐκ

1. De astiorum animabus confer de Leg. III, pag. 176, sqq.

2. Ex cap. 19.

3. Totum hoc legitur libro I de Legibus, cap. 6, de Fato, sub initium, ed. nostræ pag. 64.

4. Ed. αὐτῶν. — 5. Ed. ἀξιωμάτων, sed cod. ut nos.

6. Ex eodem capite, paulo infra.

7. Ex cap. 20. Ipse ille est alter demiurgus, de quo supra, p. 274, not. 3 et 4, et pag. 276, not. 1.

8. Cod. ἑαυτῶν.

9. Ed. κατ' αὐτά. 10. Ed οὐ κατ αὐτόν

πάντων τε καὶ παντοίων εἰδῶν [1] συντιθέντες νῶν τε τῶν αὐτῶν, ἕνα τῷ ὅλῳ κόσμῳ τούτῳ νοητῷ τὸν τελεώτατον ἐφιστᾶσι νοῦν, τὰ δευτερεῖα τῆς κατὰ πάντων [2] ἡγεμονίας μετὰ τὸν ἄκρως [3] ἀγαθὸν Θεὸν αὐτῷ προσνέμοντες. Τοῦτον τὸν νοῦν, παραδείγματι τῷ καθ' ἑαυτὸν [4] νοητῷ κόσμῳ κεχρημένον, τὸν οὐρανὸν τόνδε καὶ κόσμον αἰσθητὸν δεδημιουργηκέναι· εἶναί τε τὸν αἰσθητὸν τόνδε κόσμον τοῦ νοητοῦ εἰκόνα κατά τε [5] ὅλον καὶ μέρη, οὐδὲν ὅ,τι [6] οὐκ ἐκεῖθεν ἔχοντα τῶν αἰτίου δεομένων· δεῖσθαι δ' αἰτίου ἅπαντα τὰ ὄντα τε καὶ γιγνόμενα.... Τῷ δὲ [7] νοητῷ τούτῳ διακόσμῳ πλῆθος μὲν ἐνεῖναι, πεπερασμένον δ' αὐτὸ εἶναι καὶ οὐδαμῆ ἄπειρον [8], οὔτε δυνάμει, οὔτε ἔργῳ· τῷ δ' [9] αἰσθητῷ τῷδε κόσμῳ τὴν ἀπειρίαν ἤδη, ὡς ἐνδέχεται, ἐγγεγονέναι διὰ τὴν ὕλην, ᾗ πρώτως τὸ ἄπειρον πρόσεστιν, ἐκεῖθεν μὲν καὶ ταύτην ἔχουσαν τὴν αἰτίαν, οὐ μέντοι κἀκεῖ ἄπειρον οὖσαν.... Οὐχ οἵ γε τὰ εἴδη τιθέμενοι ὀκνήσουσι μὴ ἁπάντων τούτων φάναι εἶναι εἴδη, οὐ μέντοι [10] ὡσαύτως πάντων· ἀλλὰ τῶν μὲν ἐς πεπερασμένα εἴδη τὰ τῇδε διακρινομένων ἓν ἐφ' ἑκάστῳ εἴδει [11], τῶν δὲ ἐς ἀπειρίαν ἤδη ἐκπιπτόντων ἓν ἐπὶ πᾶσι τοῖς ἀπείροις. Αὐτίκα γὰρ [12] τῷ τῇδε ἀριθμῷ παντὶ διὰ τὴν ἀπειρίαν ἓν τὸ ἐκεῖ εἶδος ἐφιστᾶσιν ἑνιαῖόν τε καὶ καθ' ἓν ἅπαντα περιέχον τὰ τῷ τῇδε ἀριθμῷ διακεκριμένως τε καὶ καθ' αὑτὰ συμβαίνοντα. Καὶ ἐπὶ τῶν τοῖς μεγέθεσι συμβαινόντων

1. Ipsa sunt verba de Leg III, pag. 96, extr.
2. Cod. καθ' ἁπάντων.— 3. Ed. ἄκρως omittit —4. Cod καθ' αὑτόν.
5. Ed. κατὰ τὸ ὅλον. Cod κατα τε τὸ ὅλον..
6. Ed. post ὅ,τι, incertum cur, addit καί.
7. Ex eodem cap. 20, paulo infra.
8. Cfr. de Leg. III pag. 94, post med. — 9. Cod. τῷδε.
10. Cod. verba quatuor, οὐ μέντ. ὡσ. π. omittit.
11. Ed. εἴδη. 12. Cod. γὰρ non habet.

ὡσαύτως αὖ [1] ἐν το ἐκεῖ εἶδος τοῦ μεγέθους καὶ ἀμερές. Ἀφ' ὧν τὴν ψυχὴν ἐλλαμπομένην τὸν μαθηματικὸν ἀριθμὸν [2] καὶ μαθηματικὰ μεγέθη ἐκτάδην ὑποδέχεσθαι, σκιάς τε καὶ εἴδωλα νοητῶν ὄντα, ᾗ καὶ Πλάτων ἀξιοῖ, ἀνάλογον αὐτὰ τιθεὶς πρὸς τὴν νοητὴν οὐσίαν, ᾗ τὰ τῇδε ἔν τε ὕδασιν εἴδωλα καὶ σκιὰς [3] τῶν αἰσθητῶν πρὸς αὐτὰ τὰ αἰσθητά. Καὶ μὲν δὴ καὶ τὰ ὑπ' ἀνθρώπων σκευαστὰ [4] ταῦτα ἐν τῷ ἐκεῖ φασὶν [5] ἀνθρώπου εἴδει καθ' ἓν περιέχεσθαι· ὅθεν τῇ διανοίᾳ τους δημιουργοὺς ἄλλα ἄλλους ὑποδεχομένους, καὶ διανοητὰ πρότερον ἐν ἑαυτοῖς τὰ τῶν σκευῶν εἴδη ἑκάστων [6] διαμεμορφωκότας, οὕτω τοῖς αἰσθητοῖς ἐγχειρεῖν.... [Οὔκουν [7]] οὐδὲ ταῦτα [τὰ σκευαστὰ] ἄνευ παραδειγμάτων γίγνεσθαι [8], εἰ καὶ μὴ καθ' ἑαυτὰ ὑφεστηκότων· γίγνεται γὰρ διὰ τὰ νοητὰ τὰ ἐν τῶν δημιουργῶν ταῖς [9] ψυχαῖς ἑκάστων παραδείγματα.... Ἀλλὰ φαίη [10] ἂν ἴσως Ἀριστοτέλης ἐν τῷ ἡλίου νῷ καὶ τούτων παραδείγματα ὑφεστάναι, καὶ οὐκέτι δεῖν ἑτέρου παραδείγματος καθ' ἑαυτὸ ὑφεστηκότος οὐδενός [11]· δῆλον γὰρ ὡς τὸν ἥλιον τῶν γιγνομένων τῆς γενέσεως Ἀριστοτέλης αἴτιον τίθεται. Πρὸς οὖν ταῦτά που οἱ τὰ εἴδη τιθέμενοι ἐροῦσιν, Ἀλλ' εἰ μὲν ἑωρῶμεν [12],

1. Ed. ἂν pro αὖ.
2. Hæc plane iisdem verbis de Leg. III, pag. 114, med.
3. Ed. σκιαί.
4. Hæc quoque de artificum operibus, τοῖς σκευαστοῖς, pleraque leguntur loco supra dicto, pag. 114. post initium.
5. Cod. φησίν. — 6. Ed. ἕκαστον.
7. Ex eodem cap. 20.
8. Cod. γίγνεται, quia priora ibi aliter constructa erant.
9. Ed. ταῖς omittit.
10. Ex eodem cap. paulo infra. — 11. Ed. οὐδένα.
12. Hæc et quæ sequuntur, de Sole terrestria per se non perficiente, ipsis verbis reperias lib. III, pag 110, extr. et 112.

ω Ἀριστότελες, ὡσαύτως τά τε σκευαστὰ ταῦτα ὑπὸ τῶν σφετέρων δημιουργῶν δημιουργούμενα καὶ τὰ φύσει γιγνόμενα ὑπὸ τοῦ ἡλίου, συνεχωροῦμεν ἄν σου τῷ λόγῳ. Νυνὶ δὲ ὁρῶμεν τὰ μὲν σκευαστὰ ταῦτα, ἕως μὲν ἂν ὑπὸ τῶν δημιουργῶν δημιουργῆται [1] παρόντων τε [2] καὶ ἀπτομένων τῶν ἔργων, καὶ αὐτὰ προχωροῦντα [3] ἐς τὴν τελειότητα τὴν ἑαυτῶν, καταλειφθέντα δ' ἡμιτελῆ ὑπὸ τῶν δημιουργούντων, οὐκέτι προχωροῦντα ἐς οὐδὲν, ἅτε τῶν δημιουργούντων οὐ τὰς χεῖρας μόνον, ἀλλὰ καὶ τὰ παραδείγματα ταῦτα ἑαυτοῖς συναποφερόντων. Τῶν δὲ φύσει γιγνομένων τὰ πλεῖστα ὁρῶμεν, καὶ τοῦ ἡλίου ἀποκεχωρηκότος, αὐτὰ ἔτι ἐς τὴν τελειότητα τὴν ἑαυτῶν προχωροῦντα, ὃ μάλιστα ἔνδηλον γίγνεται ἐν τοῖς ταχὺ τελειουμένοις φυτοῖς τε καὶ καρποῖς, ἃ καὶ νύκτωρ οὐδὲν ἧττον ἢ μεθ' ἡμέραν φαίνεται τελειούμενα. Τὸν μὲν οὖν ἡλίου νοῦν οὐκ ἂν αὐτὰ ἔτι τελειοῦν· οὐ γὰρ ἂν τοὺς μεθεκτοὺς τούτους νοῦς ἄνευ τῶν σφίσι συνόντων σωμάτων οὐδοτιοῦν δρᾶν ἔς γε ἕτερα σώματα· τὰ δέ γε [4] σώματα πάντα καὶ θέσεώς τινος δεῖσθαι καὶ σχήματος πρὸς τὰ πεισόμενα, ὃ τότ' ἂν [5] τὸν ἥλιον πρὸς αὐτὰ μηκέτι ἔχειν, ὥστε μηκέτι ὑπὸ τοῦ ἡλίου τότ' ἂν τὰ τοιαῦτα τελειούμενα, οὐδ' ἂν αὐτὰ δι' αὐτὰ τελειοῖτο· οὐδεμίαν γὰρ δύναμιν ἐς ἐνέργειαν προχωρεῖν μὴ οὐχ ὑφ' ἑτέρας ἐνεργείας προβιβαζομένην, οὐδ' αὖ τὸ δυνάμει τέλειον καὶ ἔργῳ ποτὲ τέλειον γίγνεσθαι μὴ οὐχ ὑφ' ἑτέρου τοῦ ἔργῳ τελεωτέρου προβιβαζόμενον. Διὰ ταῦτα ἡμεῖς, φήσουσι, τὴν ἐνέργειαν ταύτην τὴν τότε δὴ τὰ τοιαῦτα τελειοῦσαν τοῖς εἴδεσι τούτοις ἀπονέμομεν·

1. Ed. δημιουργεῖται. — 2. Ed. τε non habet.
3. Cod. χωροῦντα sine præp. — 4. Ed. γε non habet.
5. Cod. ὅτ' ἂν, ubi ed. ὅσα τότ' ἄν, utrumque male.

καὶ διχῇ [1] τὰ σύμπαντα χωριστὰ εἴδη διαιροῦντες, ἅς τε ἱκανὰ αὐτὰ δι' αὑτῶν τὰ ἔργα ἐξεργάζεσθαι, ἅς τε οὐχ ὡσαύτως ἱκανά, ἐκεῖνα μὲν τοῖς τῇδε ἀϊδίοις παραδείγματά τε καὶ αἴτια ἐφίσταμεν, ταῦτα δὲ τοῖς τῇδε φθαρτοῖς, δεόμενα μὲν καὶ τῆς ἡλίου συνεργίας [2] τὴν ὕλην αὐτοῖς προσάξοντος, ἐπειδὴ δὲ λάβοιτο τῆς ὕλης, δρῶντα καὶ αὐτὰ δι' αὑτῶν τι [3] ἐς αὐτήν.......

Ἡμεῖς μέντοι [4], ἐροῦσιν [οἱ τα εἴδη τιθέμενοι], τῷ μεν πάντων βασιλεῖ Θεῷ τὸ τελικόν τε καὶ κράτιστον τῶν αἰτιῶν ἀποδιδόντες εἶδος, οὐκ ἐπὶ ταῖς κινήσεσι μόνον [ὡς Ἀριστοτέλης], ἀλλὰ καὶ ταῖς οὐσίαις καὶ τοῖς οὖσι πᾶσι, τὰ δ' εἴδη ταῦτα παραδείγματα τοῖς οὖσιν ἐφιστάντες, τὸ δὲ τῆς κινήσεως ἀρχικὸν τῇ ψυχῇ τῇ τοῦδε τοῦ οὐρανοῦ ἡγουμένῃ ἀπονέμοντες, καὶ τὸ ὑλικὸν τῇ τοῦ παντὸς τοῦδε τοῦ οὐρανοῦ ὕλῃ, οὕτω πλήρη τοῖς οὖσι τὰ τῶν αἰτιῶν εἴδη ἀποδίδομεν....

Πῶς γὰρ [5] οὐ περὶ τὰ μέγιστα ἀμαθὴς Ἀριστοτέλης, συχνῶν τε ἄλλων ὧν ἔφαμεν ἕνεκα, καὶ μάλιστά τε καὶ τοῦ [6] μεγίστου, τῆς τῶν ἀϊδίων οὐσιῶν οὐ παραγωγῆς, οὐδ' ἐφ' ἕνα [7] τῶν πάντων τοῦ γε εἶναι ἕνεκα ἀναφορᾶς [8]; Οὐχ

1. Duplex hæc τῶν εἰδῶν divisio in Plethonis opere de Legibus deos Olympios et Tartareos constituit.

2. Ed. et cod. συνεργείας. De re cfr. pag. 112, sub med.

3. Ed. et cod. ἔτι, ubi nos τι.

4. Ex eodem cap. Et hæc est totius Plethoniæ doctrinæ tanquam ἀνακεφαλαίωσις quædam, in qua nomina tantum mutanda, ut fiat Deus Ζεύς, ideæ θεοὶ ὑπερουράνιοι, anima mundi Ἥλιος, materia denique universa Ἥρα, sicut per totos de Legibus libros facile quivis agnoscet.

5. Ex eodem cap. paulo infra

6. Ed. τε omittit, cod. τοῦ non habet; nos utrumque retinemus

7. Ed. ἐφ' ἑνός. — 8. Ed. cum cod. ἀναφορᾷ.

ὥσπερ Πλάτων τε καὶ οἱ περὶ Πλάτωνα τὸν πάντων βασιλέα Θεὸν τοῖς οὖσιν ἐφιστάντες, τοῦτον παραγωγόν τε παραγωγῶν καὶ δημιουργὸν δημιουργῶν ἀξιοῦσιν εἶναι, οὐδὲν ὅ, τι οὐκ ἐπ' ἐκεῖνον ἀναφέροντες [1].....

Τί οὖν [2], ἂν φαίη τις; οὐκ ἄξια τὰ Ἀριστοτέλους βιβλία μετιέναι; Καὶ πάνυ, τῶν γε ἐν αὐτοῖς χρησίμων ἕνεκα, εἰδότας μέντοι ὡς συχνὰ αὐτοῖς καὶ φαῦλα ἐγκαταμέμικται.

IV.

ΣΧΟΛΑΡΙΟΥ, ΤΟΥ ΥΣΤΕΡΟΝ ΓΕΝΝΑΔΙΟΥ,

ἐπιστολὴ πρὸς Μάρκον, Ἐφέσου μητροπολίτην.

Πέμπω σοι [3] τὸ βιβλίον ὅ μοι νῦν ὑπὲρ Ἀριστοτέλους συγγέγραπται. Καὶ τὴν μὲν τοῦ συγγράφειν αἰτίαν ἀκούσῃ λέγοντος τοῦ βιβλίου· ἧς ἐξέστω μὲν τοῖς βουλομένοις κατηγορεῖν· ἐμὲ δὲ καὶ πάνυ ταύτης ἔδει φροντίζειν. Οὔτε δὴ σοφίας ἐπίδειξις ἦν· οὐ γὰρ ἐρῶ ταύτης οὐδένα καιρὸν, εἰ μὴ μέλλοι τις παίζειν μετὰ παιδαρίων

1. Ita sane, nisi hæc supremi Dei potentia, quum apud Platonem in Timæo, tum præsertim apud Plethonem de Legibus, cum pluribus diis communicaretur.

2. Ex ipso libri fine.

3. Ined. ex codice manuscripto bibliothecæ Parisiensis, n° 1289, fol. 12. In codice post titulum altera manu additum est nomen Γεώργιος, et hæc est epistola ad Marcum Ephesi episcopum, de qua nos aliquid in præfatione ad hoc volumen.

καὶ παρ' ἀκροαταῖς οὐδὲν αὐτῶν διαφέρουσιν, σοῦ τὰ σαυτοῦ μόνον καὶ τὰ τοῦ Θεοῦ πράττοντος, καὶ τῶν ἡμετέρων παιγνίων πάλαι κατεγνωκότος. Οὔτε τὸν σοφὸν ἐκεῖνον ἐβουλήθην κολούειν· ἐμοὶ γάρ οὐδείς ποτε τῶν ἀγαθῶν ἐγγέγονε φθόνος· ἀλλὰ μέμφομαι μὲν ἐμαυτῷ, ἐπειδὰν αἰσθάνωμαι πολλαχῇ τοῦ πρέποντος ἁμαρτάνων· ἀλγῶ δὲ λίαν ὑπὲρ τῆς τῶν ὁμοίων ἀβελτηρίας· οἷς δ' ἂν ἀρετήν τινα συνειδῶ, χαίρω, Θεὸς οἶδεν, ὡς αὐτὸς ἂν [1] καὶ ταύτῃ οἰκοδομούμενος [2]. Οὐδὲ τῷ Γεμιστῷ τοίνυν ἠνώχλησ' ἄν ποτε, μὴ τοῦ συνειδότος ἔνδοθεν ἐρεθίζοντος. Οἶσθα δ' ὅπως περί γε τὰ τοιαῦτα χρὴ διακεῖσθαι, εἰ μὴ τὴν Ἀναξαγόρου μέλλοιμεν ὑφίστασθαι σύγχυσιν. Καίτοι τινὲς αὐτὸν μὲν εὐσεβεῖν φασιν ἐν τῇ περὶ τοῦ Θεοῦ δόξῃ, καὶ μήτε διδάσκειν μήτε συγγράφειν νομοθεσίαν τινὰ καινοτέραν, ἐν ᾗ τὰ ἡμέτερα διασύρεται, ἀλλ' ἡμᾶς ὑπὸ βασκανίας αὐτῷ τοιαύτην φήμην ἐγείρειν· οὓς ὁ χρόνος ἐλέγξει λίαν ἀπατωμένους. Ἄλλως δὲ χρήσιμος ὁ ἀνὴρ, καὶ τῇ μὲν εὐγενεστάτῃ τῷ γένει ἡμῶν φωνῇ οὐδενὸς ἂν ἡττηθείη, ἧς καὶ Κικέρωνα καὶ πολλοὺς ἄλλους ἐκ τῆς ὑπερορίας ἴσμεν Ἀθήνησιν ἐπιμεληθέντας· καίτοι, τῆς ἐγχωρίου Μούσης ἐμπεπλησμένοι, πάνυ τι καλὸν ᾄδειν ἠπίσταντο. Πολλὰ δὲ τῆς ἄλλης σοφίας ἔχει συνειλοχώς. Ἠθῶν δὲ ἕνεκα κἂν γένοιτο τοῖς νεωτέροις παράδειγμα, οἷς ἀρετῆς τι μέλει γνησίως. Οἶσθα τὸν ἄνδρα πλέον ἐμοῦ. Διὰ ταῦτα τοίνυν ἀπεσχόμην ἂν αὐτοῦ καὶ ὧν κατ' Ἀριστοτέλους συγγέγραφεν. Ἄλλως τε οὐδὲ σφόδρα ἐπαινετόν ἐστι

1. Cod. ὧν pro ἄν.

2. Incerta vox et, si vera est, sumenda ecclesiastico sensu ædificandi, id est, exemplis bonis informandi.

τοὺς ἑκάστου χυλοὺς ἐλέγχειν· ἀλλὰ δεῖ μᾶλλον ἀποδεικνύειν τὰ ἀληθῆ· καὶ τοῖς ἐπιδείκνυσθαι βουλομένοις ἡ φιλοσοφία μυρίας ὕλας προβάλλεται, ἐν αἷς ἔστιν εὐδοκιμεῖν μετὰ τοῦ μηδενὶ προσκρούειν τῶν φίλων. Ἐγὼ δὲ ἑκὼν ποτε λυπεῖν οὐδένα προήρημαι. Εἰ δὲ διαλεκτικῆς μεθόδου ἥκιστα πάντων αὐτῷ μέτεστιν, ὃ δὴ καὶ τῆς πλάνης αἴτιον αὐτῷ καὶ πολλοῖς ἄλλοις ἐγένετο, ἀλλὰ τούτων ἐκ πολλοῦ χρόνου σπάνις ἐν ταῖς τῇδε διατριβαῖς γενομένη καὶ ἄγνοια, οὐκ αὐτοῦ μᾶλλον ἢ κοινόν ἐστι τοῦ γένους ἀῤῥώστημα. Διὸ καὶ πρὸς τὴν θήραν τῆς ἀληθείας ἄνευ τοῦ μόνου πρὸς αὐτὴν ὀργάνου χωροῦντες, ἀγνοίας μεστοὶ καὶ πλάνης εἰκότως ἀναχωροῦσιν. Ἀλλ' ἔλαθον ἐμαυτὸν, πρὸς ὃν οὐ χρὴ, παραιτούμενος. Τίς γάρ σου βέλτιον τὴν ἐμὴν οἶδε προαίρεσιν; Οἶμαι δὲ τοὺς ἐμοὺς γονέας, οἵ μοι πάντα συνήδεσαν, διδαχθῆναι ἂν αὐτήν ποτε παρὰ σοῦ. Ὡς γὰρ ἐκεῖνοι τῆς φύσεως, οὕτως αὐτά μοι λόγων τε καὶ ἠθῶν τὰ σπέρματα κατεβάλου. Κἀκεῖνοι μὲν ἅπαξ, σὺ δὲ πολὺν ἡμᾶς ἐγεώργεις τὸν χρόνον· ὥστ' ἐπιγινώσκοις ἂν τὰ σαυτοῦ, τὰς ἐν ἡμῖν εἰκόνας τούτων γινώσκων. Διὰ τοῦτ' ἄρα παραιτεῖσθαι δεῖ μᾶλλον, ὅ,τι παραιτεῖσθαι προσέχρην. Τούτου δὴ τοῦ βιβλίου πολλοὶ μὲν ᾔσθοντο τῶν παρ' ἡμῖν γινομένου[1]· ἡ δὲ φήμη καὶ πρὸς τοὺς πόῤῥω φίλους ἐξέδραμεν, οἳ τοῖς ἡμετέροις ἀεὶ χαίροντες λόγοις, ἐνταῦθα δὴ βελτίους ἢ πρόσθεν ἡμᾶς εὑρήσειν ἐλπίζουσιν, ὡς οὐκ ἀγεννοῦς ὑποθέσεως ἀρξαμένους· καὶ διὰ τοῦτο πέμπεσθαι σφίσιν ἀπαιτοῦσιν ἐγκείμενοι. Ἐγὼ δὲ δεῖν ἡγησάμην τῷ κανόνι τῆς σῆς τέχνης πρότερον προσ-

1. Sic cod γινομένου, quæ potuit Gennadio placere scriptura quum Pletho libentius alteram sequatur.

αχθὲν, οὕτω τοῖς ἄλλοις ἅπασι φαίνεσθαι. Εἰ γὰρ καὶ πολλοί τινες ἦσαν ἡμῖν ὁμοίως σοι τὰ τοιαῦτα δυνάμενοι, σοὶ πρὸ πάντων προσάγειν ἐχρῆν, εὐνοίας τε εἵνεκα καὶ ἧς εἶπον συγγενείας τῶν λόγων, ἐπιμελησομένῳ τούτου πάνυ καλῶς· νῦν γὰρ καὶ τέχνης εἵνεκα τῶν παρ' ἡμῖν ἁπάντων προέχεις. Τί ἂν οὖν γένοιτο τοιαύτης τιμιώτερον στάθμης, ἣν οὔτ' ἀγνοεῖν οὔτε κρύπτειν ἐνδέχεται τὰς ἐν τοῖς λόγοις ἀνωμαλίας; Ἐπελθὼν τοίνυν ἅπαν τοῦτο καλῶς, τὰ μὴ δοκοῦντά σοι καλῶς εἰρῆσθαι διάγραφε καὶ δίδου πυρί. Περὶ μὲν[1] δυοῖν φίλων οὐδ' ἂν αὐτὸς ἀξιώσαιμι. Καίτοι τῶν Ἀριστοτέλει προσκειμένων εἶναί σε πάνυ καλῶς οἶδα, τῶν τοῦ Πλάτωνος ὁπόσον χρὴ μόνον θαυμάζοντα. Ἀλλ' εἰ δεῖ τοῖς φίλοις πέμπειν, ἢ διδόναι πυρί. Ἐκεῖνοι δ', ὡς ἂν ἑκάστῳ δόξῃ, οὕτω τὴν περὶ ἀληθείας τῶν λόγων ψῆφον φερόντων· ἐμοὶ γὰρ ἀντὶ πάντων ἡ σὴ ψῆφος ἀρκέσει.

1. Incerta lectio et sententia, et nobis olim videbatur post μὲν lacuna subesse aliqua, unde suspicabamur : Πυρὶ μὲν, πρὶν ἢ ἑνί που ἢ δυοῖν φίλων, οὐδ' ἂν αὐτος ἀξ. Nunc περὶ poetice sumendum esse putamus pro ὑπέρ, ut apud Homerum : Περὶ μέν σε τίω Δαναῶν, innuente quippe Scholario non tanti se librum suum facere, ut ipsum duobus simul amicis (Marco et Gemisto) præponat.

V.

ΤΟΥ ΑΥΤΟΥ,

ἐκ τῶν ὑπὲρ Ἀριστοτέλους ἀντιλήψεων.

Ἐπειδὴ[1] τὸ βιβλίον τῶν κατ' Ἀριστοτέλους βλασφημιῶν καὶ εἰς ἡμᾶς ὀψὲ περιῆλθεν..... Ἔνιοι δὲ καὶ εὐγνωμονέστερον ἀμφοῖν διακούσαντες, συνάψαν ἄμφω τὼ φιλοσόφω ταῖς γνώμαις, καὶ τὴν ἐς Πλάτωνα διαφορὰν Ἀριστοτέλει περὶ τὸ τῆς λέξεως φαινόμενον συμβῆναι μόνον φασί..... Τοὺς δὲ νῦν Πλάτωνος ἡττωμένους ἐν Ἰταλίᾳ, οἷς φησι χαριζόμενος τὴν τοιαύτην πραγματείαν λαβεῖν ἐπὶ νοῦν, ἴσμεν τίνες εἰσί· καὶ ἑώρων πολλοὶ τῷ ἀνδρὶ συγγινομένους αὐτοὺς ἐκεῖ, οἷς τοσοῦτον μέτεστι φιλοσοφίας, ὅσον αὐτῷ Πλήθωνι ὀρχηστικῆς..... Ὅσοι δὲ ἐν ἑσπέρᾳ τῶν φιλοσοφίας δογμάτων γνησίως ἐπεμελήθησαν, οὐχ ὁμοίως τὰ τοιαῦτα κρίνουσι· κρείττους δὲ ἀριθμῷ σχεδόν εἰσιν οἵ γε τοιοῦτοι, ὧν αὐτὸς οὐκ ὀλίγοις ἐνέτυχον..... Ὥστε εἰ μὴ δι' Ἀριστοτέλη οὐκ ἂν φυσικῆς φιλοσοφίας τὸ τῶν ἀνθρώπων μετεῖχε γένος.... Ἐν τῷ ἐπιχειρήματι τούτῳ τινάς, τοὺς Χριστιανοὺς ἡμᾶς, αἰνιττόμενος [ὁ Πλήθων], ἐκ Μωσέως τὴν δόξαν ταύτην προειληφότας, σύμφωνόν που τῇ Χριστιανῶν πίστει καὶ αὐτὸν ἀποφαίνεται Ἀριστοτέλη...... Ὃς τοὺς ἐνθουσιασμοὺς καὶ τὰς ἀποκαλύψεις διαβάλλειν, καὶ

1. Ex hujus ipsius, deperditi nunc, operis refutatione per Plethonem facta, unde plura mox excerpta proferentur.

πλάνην ἀποκαλεῖν λέγεται· τὴν δ' ἀλήθειαν ὑπὸ τοῦ ἀνθρωπίνου λόγου εὑρίσκεσθαι μόνου διὰ φιλοσοφίας, ἔν τινι ἑτέρῳ ἑαυτοῦ συγγράμματι[1] ἀποδεικνύναι, κ. τ. λ.

VI.

ΠΛΗΘΩΝΟΣ,

ἐκ τοῦ πρὸς τὰς Σχολαρίου ὑπὲρ Ἀριστοτέλους ἀντιλήψεις.

« Ἐπειδὴ[2] τὸ βιβλίον τῶν κατ' Ἀριστοτέλους « βλασφημιῶν καὶ ἐς ἡμᾶς ὀψὲ περιῆλθεν. » Ἐγὼ μὲν οὐκ ὀψὲ, ὥς γε σὺ φῄς, ἀλλ' ὅτε τὸ πρῶτον ᾐτήθην, εὐθὺς ἔπεμψα. Σὺ δὲ[3] τήνδε σου τὴν συγγραφὴν πάλαι συγγεγραφὼς, καὶ πέμπειν κελευόμενος, πολλάκις τε τοῦτο κελευόμενος, τέως μὲν οὐκ ἔπεμπες· τελευτῶν δὲ, ἐπεὶ ἔκαμνες ἐπὶ τῷ μὴ πέμπειν καταγελώμενος, ἔπεμψας μὲν οὐδ' οὕτως, ἔφασκές γε μὴν πεπομφέναι ψευδόμενος· πρὸς γὰρ τοῖς ἄλλοις σοι κακοῖς καὶ τὸ ψεῦδος προχειρότατον. Καὶ νῦν ἧκεν ὡς ἡμᾶς ταυτὶ τὰ καλὰ συγγράμματα οὐ σοῦ πέμψαντος, ἀλλά τινων ἐκ-

1. Innuit hoc verbo Scholarius ipsos de Legibus libros, sibi hactenus fama tantum cognitos. Multa deinde omittimus, nihil ad rem nostram facientia.

2. Ex editione W. Gass, in opere cui titulus : *Gennadius und Pletho*, Vratislav. 1844, in-8°, pag. 54, sqq. collatis etiam, a nobis Par. 462 et Atheniensi codd.

3. Ed. σὺ δὲ δὴ, sed Par. et A. δὴ omittunt

κλεψάντων[1] τῶν δι' ἰδίαν ἀγχίνοιαν κατεγνωκότων· ἧκε δ' οὐχ ὁλόκληρα, ἀλλὰ καὶ τὰ ἐλθόντα ἱκανὰ ἐμφῆναί σου τὴν ἀμαθίαν καὶ τῆς γε διανοίας τὸ σαθρόν. Καίτοι, εἰ μὲν ἐθάῤῥεις σου[2] τῇ συγγραφῇ, τί οὐκ ἔπεμπες; εἰ δὲ μὴ ἐθάῤῥεις, τί συνέγραφες ἐφ' οἷς[3] ἔμελλες γέλωτα παρά γε τοῖς νοῦν ἔχουσιν ὀφλήσειν; Τί δὲ καὶ πεπομφέναι ἐψεύδου, μὴ πεπομφὼς, καὶ ταῦτα πρὸς οὓς ἥκιστά σε ἐχρῆν ψεύδεσθαι, οὐδ' ᾐσχύνου, μέλλων αὐτίκα ἂν ῥᾷστα ἁλώσεσθαι ψευδόμενος;....

« Ἔνιοι δὲ[4] καὶ εὐγνωμονέστερον ἀμφοῖν διακούσαν-« τες, συνῆψαν ἄμφω τὼ φιλοσόφω ταῖς γνώμαις, κ. τ. λ. » Σιμπλίκιος τοῦτο μόνος ποιεῖ, καὶ δῆλός ἐστι κατὰ τῆς Ἐκκλησίας αὐτὸ ποιῶν· Ἀποτεινόμενος γὰρ πρὸς τῶν τῆς Ἐκκλησίας τοὺς ἐν ὀνείδει προφέροντας τοῖς Ἑλλήνων φιλοσόφοις τὴν πρὸς ἀλλήλους διαφωνίαν, αὐτοὺς μέν φησιν ἐσχίσθαι ἐς μυρία κατὰ τῆς θείας ὑπεροχῆς, οὕτω γὰρ καὶ τῇ λέξει φησὶ, τοὺς δ' Ἕλληνας ἐς ταὐτὸ συμφέρεσθαι. Καὶ πειρᾶται δὴ Ἀριστοτέλη Πλάτωνί τε καὶ Παρμενίδῃ συνῳδὸν ἀποφαίνειν, κ. τ. λ....

« Τοὺς δὲ[5] νῦν Πλάτωνος ἡττωμένους ἐν Ἰταλίᾳ, « οἷς φησι χαριζόμενος τὴν τοιαύτην πραγματείαν λα-« βεῖν ἐπὶ νοῦν, ἴσμεν τίνες εἰσί, κ. τ. λ. » Ἔδει καὶ τοὺς ἄνδρας τούτους τῆς πρὸς ἡμᾶς σου βασκανίας ἀπολαῦσαι, οἵ σου πολὺ καὶ σοφώτεροι τὰ ἐς πᾶσαν σοφίαν καὶ τήν γε διάνοιαν ὀξύτεροι. Σὺ γὰρ πρὸς τῇ κακο-

1 Confer Apostolii epistolam, infra, n° X.

2. In libro edito verba σου τῇ συγγραφῇ — εἰ δὲ μὴ, male omissa sunt, claudicante sic argumento — 3. Ed. ὑφ' οἷς, sed recte ἐφ' οἷς suspicatus est doctus editor, quod et nostri codd. habent.

4. Pag. 55, ed Gass. — 5. Ibid., pag. 55.

ηθεία καὶ τὴν διάνοιαν ἀμβλὺς, ὅσα γε ἐκ τῆσδέ σου τῆς συγγραφῆς φαίνῃ, καὶ ἀμαθὴς[1], καὶ ταῦτα ἐν αὐτοῖς τοῖς Ἀριστοτέλους, ἐν οἷς δὴ σὺ καὶ εἶναί τις αὐχεῖς, ὡς προϊόντων σοι τῶν λόγων δῆλον ἔσται....

« Ὅσοι δὲ[2] ἐν ἑσπέρᾳ τῶν φιλοσοφίας δογμάτων « γνησίως ἐπεμελήθησαν, κ. τ. λ. » Καὶ πότε σὺ ἤ τίσι τῶν γε ἐν ἑσπέρᾳ ἐνέτυχες σοφῶν; Ὅν ἴσασι πάντες, ὅσοι δὴ ἐκεῖ ἡμῖν ἐπιδημοῦσι συμπαρῆσαν, φεύγοντα τὰς τῶν ἐκεῖ σοφῶν λεγομένων συνουσίας, ὅτου δὲ ἕνεκα δῆλον, ἵνα γὰρ μὴ πολὺ ὢν χείρων ἐλεγχθῇς ἢ οἷος σὺ βούλει δοκεῖν. Σὺ μὲν οὖν ἢ οὐδέσιν αὐτῶν ἐνέτυχες, ἢ εἴ τισι καὶ ἐνέτυχες, οὐκ ἂν ἱκανὸς τῆς σοφίας αὐτῶν ἦσθα κριτής. Ἡμεῖς δὲ καὶ ἐνετύχομεν, καὶ οἵα τίς ἐστιν αὐτῶν ἡ σοφία ἔγνωμεν. Εἰσὶ γὰρ δὴ σοῦ μὲν καὶ πολλῷ κρείττους, ἀκριβείας δὲ σοφίας οὐκ ὀλίγῳ λειπόμενοι· οἱ δὲ γενναιότεροι αὐτῶν καὶ αὐτοὶ τῆς παρὰ σφίσιν αὐτοῖς σοφίας κατεγνωκότες εἰσί. Τοῦτο μὲν γὰρ Πέτρος ὁ Καλαυρὸς[3], ἀμφοτέρων τε τῶν φωνῶν ἔμπειρος καὶ ἅμα κρίνειν τὰ τοιαῦτα οὐκ ἀδόκιμος, τούς γε παρὰ σφίσιν ἐς Ἀριστοτέλη ἔφη πρός με ὑπομνηματιστὰς πολὺ τῶν Ἑλλήνων λείπεσθαι ὑπομνηματιστῶν πρός γε τὴν τῆς διανοίας Ἀριστοτέλους σύνεσιν. Τοῦτο δ' Οὔγων[4], ἀνὴρ αὖ ἐν τοῖς σοφωτάτοις τῶν ἐκεῖ, προτείνας ἡμῖν χωρίου τινὸς ἑρμηνείαν, ἐκ δὲ τοῦ περὶ γενέσεως καὶ

1. P. ἐγκαταθεὶς pro ἀμαθής, mirum sane. — 2. Pag. 56, ed. Gass.

3. Hic est Pomponius Sabinus, gentilitatis et ipse postea propagator, tunc vero admodum juvenis, de quo plura nos in præf.

4. Hugo Bencius, alias Hugo Senensis, medicus et philosophus suo tempore clarissimus, de quo docta est ad h. l. principis editoris annotatio.

φθορᾶς Ἀριστοτέλους βιβλίου τὸ χωρίον ἦν, καὶ φάσκων οὐκ ἀρέσκεσθαι τῇ ἑρμηνείᾳ, ἣν γὰρ οὐδ' ὑγιὲς οὐδὲν αὐτῆς, ἐπειδὴ τῆς παρ' ἡμῶν ὑγιοῦς ἤκουσεν, ἀπεδέξατό τε καὶ τῆς παρὰ σφίσι πολὺ δὴ ἔτι μᾶλλον κατέγνω. Πῶς οὖν οἱ μήτε ἱκανῶς Ἀριστοτέλους συνιέντες, Πλάτωνος δὲ καὶ τῶν Πλάτωνος λόγων καὶ παντάπασιν ἄπειροι, εἰ μὴ ὅσα Ἀριστοτέλους περὶ αὐτῶν ἀκούουσι κακουργοῦντός τε καὶ συκοφαντοῦντος τὰς δόξας, δίκαιοι ἂν εἶεν τοῖν ἀνδροῖν τούτοιν κριταί; Τῷ γὰρ ὄντι τῶν πρὶν ἂν ἀμφοῖν μῦθον ἀκοῦσαι δικαζόντων ταῖς γε ψήφοις φαίνῃ σὺ ἰσχυριζόμενος, ἐπεὶ κἀκεῖ οἵ γε Πλάτωνος γεγευμένοι πολὺ τὸν ἄνδρα τοῦτον Ἀριστοτέλους προτιμῶσι. Φὴς δὲ καὶ Ἀβερόην ἡμᾶς συκοφαντεῖν[1], κ. τ. λ....

« Ὥστε[2] εἰ μὴ δι' Ἀριστοτέλη, οὐκ ἂν φυσικῆς φι-« λοσοφίας τὸ τῶν ἀνθρώπων μετεῖχε γένος. » Οὐδ' ἡμεῖς μεμφόμεθα Ἀριστοτέλει[3] οὔθ' ὅτι συνέγραψεν, οὔτ' ἐφ' οἷς[4] καλῶς συνέγραψεν· ἀλλὰ καὶ προτρεπόμεθα ἀναγινώσκειν τὰ βιβλία τῶν γε ἐν αὐτοῖς χρησίμων ἕνεκα, εἰδότας[5] μέντοι ὡς συχνὰ ἐν αὐτοῖς καὶ φαῦλα ἐγκαταμέμικται... Ἐκεῖνο μέντοι σε πρὸς πολλοῖς ἄλλοις λανθάνει, ὅτι Πλάτων οὐχ ὡς οὐκ εἰδὼς τὰς ἐπιστήμας οὐ συνέγραψεν, ἀλλ' οὕτω Πλάτωνί τε καὶ πρὸ αὐτοῦ τοῖς Πυθαγορείοις δοκοῦν μὴ συγγράφειν τὰ τοιαῦτα, ἀλλὰ τοῖς ἑταίροις ἀπὸ φωνῆς παραδιδόναι... Παρα-

1. Ed. συκοφαντῶν.

2. Pag. 58, ed. Gass.

3. Ed. et codd. Ἀριστοτέλη. — 4. Verba οὔτ' ἐφ' οἷς κ. σ. non habet ed., sed habent codd. — 5. Ed. εἰδότες, sed codd. ut nos; et confer supra, pag. 288, lin. 6, sqq.

δίδωσι μὲν οὖν καὶ Πλάτων ὑπομνήματα ἄττα ἀρχῶν μόνον καὶ λογικῆς καὶ φυσικῆς καὶ ἠθικῆς καὶ θεολογίας, ἐφιλοσόφησέ τε οὐκ ἰδίαν ἑαυτοῦ σοφίαν τεμὼν[1], ἀλλὰ τὴν[2] ἀπὸ Ζωροάστρου διὰ τῶν Πυθαγορείων ἐς αὐτὸν κατεληλυθυῖαν. Πυθαγόραν γὰρ τοῖς ἀπὸ Ζωροάστρου συγγεγονότα ἐν τῇ Ἀσίᾳ Μάγοις ταύτην τὴν φιλοσοφίαν μετελθεῖν, ὃν δὴ Ζωροάστρην[3] ἱστοροῦσιν ἄλλοι τε καὶ Πλούταρχος πεντακισχιλίοις τῶν Τρωϊκῶν γεγονέναι ἔτεσι πρεσβύτερον· εἴ τῳ δὲ τοῦτο οὐ πιστὸν, ἀλλ' οὖν παλαιότατος ἂν εἴη τῶν ὅλως ὀνομαζομένων σοφῶν τε καὶ νομοθετῶν πλὴν Μηνὸς[4] τοῦ Αἰγυπτίου νομοθέτου τούτου οὐ σοφοῦ[5]. Ἐδέξαντο δὲ καὶ Αἰγυπτίων ἱερεῖς μάλιστα τὰ Ζωροάστρου τούτου δόγματα, καὶ εὐδοκίμουν κατά γε τὰ δόγματα, ἐπεὶ ἁγιστείαις[6] φαύλαις οὔσαις ταῖς ἀπὸ Μηνὸς τέως ἐνέμενον, ἐφ' οἷσπερ καὶ κατεγελῶντο. Ὡς δὲ ταύτην Πλάτων μετῆλθε τὴν σοφίαν τὰ ἀπὸ Ζωροάστρου ἔτι καὶ ἐς ἡμᾶς σωζόμενα λόγια δηλοῖ, συνῳδὰ ὄντα ταῖς Πλάτωνος πάντη καὶ πάντως δόξαις. Πλάτων μὲν οὖν ἐν τοῖς διαλόγοις τοῖς αὑτοῦ ἀρχὰς μόνον καὶ[7] φιλοσοφίας παραδοὺς αὐτὰ

1. Suspicatur doctus editor τιμῶν, sed immerito, quum τέμνειν ὁδόν et similia satis nota sint : et sic A. τεμών, sed P. τέμνων.

2. Editor in codice suo non τὴν reperit, sed τῶν, unde ipse τὴν τῶν : nostri vero codd. ut nos.

3. De Zoroastre et Magis, ceterisque eos secutis vel non secutis, eadem prorsus atque iisdem prope verbis leguntur libro III de Leg. in Epinomide, p. 252, sq.

4. Ed. Μηνός, recte ; sed omnes codd. μινός, neque hoc tantum loco, sed et de Legibus passim : confer pag. 252 et ibi not. 11.

5. Ed. νομοθέτου τούτου σοφοῦ. At Pletho de Legibus, loc. cit. σοφίαν ipsi abjudicat; unde legendum apparet οὐ σοφοῦ, et sic nostri codd. — 6. Ed. ἀγιστείαις. - 7. A. καὶ non habet.

τὰ ἀναγκαιότατά τε καὶ περὶ τῶν μεγίστων, τὰ λοιπὰ εἴασε τοῖς ἑταίροις ἔκ τε τῶν ἀργῶν τούτων, ἔκ τε ὧν αὐτοῦ διακηκόεσαν, ἀναλαμϐάνειν. Ἀλλ' Ἀριστοτέλης φοιτητὴς γεγονὼς Πλάτωνι, καὶ ἔπειτα ὑπὸ σχήματι φιλοσοφίας σοφιστικὴν μετελθὼν, καὶ κενῆς δόξης ἐρασθεὶς, ἐπὶ τῷ ἰδίας αὐτοῦ αἱρέσεως ἀρχηγέτης γενέσθαι τὰς μὲν ὑπὸ Πλάτωνος συγγεγραμμένας φιλοσοφίας ἀρχὰς, ἐκ παμπόλλων ἐτῶν ἐς ἐκεῖνον κατεληλυθυίας, ἀνέτρεψέ τε καὶ διέφθειρεν· ἃ δ' ἀπὸ φωνῆς Πλάτωνος διήκουσεν, αὐτὸς συγγεγραφὼς, ἑαυτοῦ[1] ἐποιήσατο, συχνὰ καὶ ἐν αὐτοῖς ἁμαρτών... Ἐξηλέγχθη μὲν οὖν καὶ ὑπ' ἄλλων πολλῶν Ἀριστοτέλης, ἐφ' οἷς ἁμαρτάνει· ἐξελήλεγκται[2] δὲ καὶ ὑφ' ἡμῶν ἤδη οὐκ ἐπὶ πᾶσιν, ἀλλ' ἐπὶ τοῖς μεγίστοις μάλιστα. Ἐπεὶ δὲ σὺ ἠξίωσας ἀντιλαϐέσθαι, ἡμεῖς καὶ ἔτι ἀμυνοῦμεν Πλάτωνί τε καὶ ἡμῖν αὐτοῖς, οὐδὲν φροντίσαντες ὧν σὺ ἡμᾶς δεδίττῃ, οὐ φείσεσθαι τῶν ἐς ἡμᾶς λοιδοριῶν ἀπειλῶν, ὅς γε οὐδὲν ἡμῶν πέφεισαι· οὐ γάρ σε Γοργώ τινα οὖσαν ἴσμεν, ἀλλὰ Μορμὼ παιδὶ ἄττα δεδίττεσθαι δυναμένην, οὐκ ἄνδρας λοιδοριῶν κρείττους. Ἦ γὰρ ἂν καὶ ἄξιοι τοῦ κακῶς ἀκούειν ἦμεν, εἴ τινα καὶ τοιούτου ἀνδρὸς λοιδοριῶν λόγον ἐποιούμεθα, ὅς γε οὐκ αἰσχύνῃ ἐπὶ γυναίου πλεονεκτήματι, καὶ τούτου πορνιδίου τινὸς μέγα αὐχῶν. Ἐροῦμεν δ', ἃ ἐροῦμεν, οὐ πρὸς ἅπαν σου μῆκος τῶν λόγων, κ. τ. λ....

« Ἐν τῷ[3] ἐπιχειρήματι τούτῳ τινὰς, τοὺς Χριστιανοὺς ἡμᾶς, αἰνιττόμενος, ἐκ Μωσέως τὴν δόξαν ταύτην προειληφότας, „σύμφωνόν που τῇ Χριστιανῶν πίστει καὶ

1. Ed. δι' ἑαυτοῦ, nos codices sequimur.
2. Ed. ἐξελήλεκται, sed codd. et grammatici, ut nos.
3. Pag. 63, ed. Gass.

« αὐτὸν ἀποφαίνεται Ἀριστοτέλη. » Εἰ μὲν τῇ Ἀρειανικῇ ἐκκλησίᾳ εἰσποιεῖς σαυτὸν, πρός γε ἐκείνοις καὶ σὲ δὴ λέγω· ἐκεῖνοι γὰρ ἦσαν οἱ τῷ Ἀριστοτέλους τούτῳ ἀξιώματι τῇ σφετέρα ἀμύνειν πειρώμενοι δόξῃ... Εἰ δὲ σὺ σαυτοῦ τοῦτο τὸ ἀξίωμα καὶ τῆς Ἐκκλησίας ποιῇ, πάνυ ἔοικας, πρὸς τῇ ἄλλῃ σου ἀμαθίᾳ, καὶ ἀξιωμάτων τῶν τε τῇ Ἐκκλησίᾳ προσηκόντων, καὶ τῶν μὴ, φαῦλός τις εἶναι κριτής. .

« Ὃς τοὺς ἐνθουσιασμοὺς[1] καὶ τὰς ἀποκαλύψεις δια-« βάλλειν καὶ πλάνην ἀποκαλεῖν λέγεται· τὴν δ' ἀλή-« θειαν ὑπὸ τοῦ ἀνθρωπίνου λόγου εὑρίσκεσθαι μόνου διὰ « φιλοσοφίας, ἔν τινι ἑτέρῳ ἑαυτοῦ συγγράμματι ἀπο-« δεικνύναι. » Οἶδ' ἐγὼ καὶ ἐνθουσιασμοὺς, οὓς δεῖ, καὶ λόγους ἀνθρωπίνους[2] προσίεσθαι, καὶ αὖ, οὓς οὐ δεῖ, καὶ ἐνθουσιασμοὺς καὶ λόγους οὐ[3] προσίεσθαι· σὺ δ' οὐδὲν ἄρ' οἶσθα, πλὴν τοῦ διαβάλλειν τε καὶ βλασφημεῖν[4]....

1. Page 64, ed. Gass.

2. Ed vocem ἀνθρωπίνους et quæ sequuntur usque ad σὺ δ' οὐδὲν, omittit, et hæc tantum habet, καὶ λόγους οὐ προσίεσθαι, ubi οὐ, male huc e sequentibus illatum, suspectum ipsi editori visum est.

3. A. et P. ut nos, λόγους οὐ προσίεσθαι, sed μὴ pro οὐ scriptum malimus vel aliquid de constructione mutatum.

4. Hæc ad hunc locum Plethο, nec de gravissimo crimine quicquam aliud, homo prudens et cautus. Quæ multa sequuntur de Platonis et Aristotelis controversia, sponte, quia nihil ad rem, omittimus.

VII.

ΠΛΗΘΩΝΟΣ,

πρὸς τὸ ὑπὲρ τοῦ λατινικοῦ δόγματος βιβλίον.

Τὸ ὑπὲρ Λατίνων βιβλίον[1] τὸ ἐς ἡμᾶς ἧκον, ἄρχεται μὲν τοῦ τῇ σφετέρᾳ ἀμύνειν δόξῃ ἀπὸ τοῦ τὸν Πατέρα [τῆς] τοῦ [Υἱοῦ] προβολῆς[2] προεπινοεῖσθαι. Ἐπὶ γοῦν[3] ταύτῃ τῇ ὑποθέσει, καὶ ἀπὸ ταύτης ὁρμώμενοι, καὶ ὃ βούλονται οἴονται οἱ τὸ βιβλίον συνθέντες συμπεραίνειν, ταύτῃ ἀκολούθως καὶ τὸν Υἱὸν τῆς τοῦ Πνεύματος ὑπάρξεως ἀξιοῦντες προεπινοεῖσθαι· καὶ ἐντεῦθεν προσλαμβάνοντες[4] καί τι ἀξίωμα, τῇ μὲν Ἑλληνικῇ θεολογίᾳ καὶ κάλα φίλιον, τῇ δὲ[5] Ἐκκλησίᾳ πολεμιώτατον, ὡς ὧν μὲν[6] αἱ δυνάμεις διάφοροι, καὶ αὐτὰ ἂν εἴη ταῖς οὐσίαις διάφορα, οἴονται δεῖν καὶ τὸν Υἱὸν[7], ἅτε προεπινοούμενον τῆς τοῦ Πνεύματος ὑπάρξεως, κοινωνῆσαι τῷ Πατρὶ καὶ τῆς τοῦ Πνεύματος προβολῆς, ἵνα μὴ τῆς προβλητικῆς δυνάμεως οὐ κεκοινωνηκὼς, καὶ τῇ οὐσίᾳ διενέγκῃ. Καὶ οὗτοι μὲν οὕτω. Ἡμεῖς δὲ τὸ μὲν προτετάχθαι τὸν Υἱὸν τῆς τοῦ Πνεύματος ὑποστάσεως, οὐκ ἂν ἀπαξιώσαιμεν, τρίτου καὶ ὑπ' αὐτοῦ τοῦ[8] Χριστοῦ ἐν τοῦ βαπτί-

1. Ined. ex codd. Par. 2045, 949. et codice A, id est, Atheniensi. Titulum ipsum dedimus qui in A. legitur.

2. Codd. τὸν πατερα τοῦ προβολέως προεπιν.

3. 949, γοῦν, ut nos; ceteri γάρ. — 4. Cod. 949, προλαμβ.

5. A. δ' elidit. — 6. Cod. 949, μὲν omittit.

7. Cod. 2045, καὶ ταῦτα ὄν, et supra scriptum ταὐτον: sed A. optime, καὶ τὸν υἱόν. — 8. A. τοῦ non habet.

σματος τῇ παραδόσει τοῦ Πνεύματος ἠριθμημένου. Τὴν δ' εὐλογωτάτην αἰτίαν καθ' ἣν ἂν τρίτον δέοι τὸ Πνεῦμα ἀριθμεῖσθαι, Λατῖνοι βούλοιντ' ἂν σιγᾶσθαι· ἡμεῖς δὲ φαῖμεν ἄν, ὡς ἐπειδὴ δύο προόδους τοῦ Πνεύματος ἐκ τῶν τῆς Ἐκκλησίας ἀρχῶν ἔστιν εὑρεῖν, τὴν μὲν τῆς ὑπάρξεως αὐτοῦ καὶ ὑποστάσεως αἰτίαν, τὴν δὲ πρὸς ἡμᾶς τε καὶ τὴν κτίσιν πεμπτικήν[1]· αὕτη δὲ[2] ἡ δευτέρα τοῦ Πνεύματος πρόοδος, ὑπὸ τοῦ Υἱοῦ τε καὶ ἐκ τοῦ Υἱοῦ ἐν ταῖς τῆς Ἐκκλησίας ἀρχαῖς εὑρίσκεται γιγνομένη· δέοι δ' ἂν[3] τὸ πέμπον πρὸς τὸ πεμπόμενον καὶ ἀξίωμά τι[4] ἔχειν· διὰ τοῦτο καὶ τὸ Πνεῦμα μετὰ τὸν Υἱὸν τετάχθαι[5] τῷ ἀριθμῷ, εἰ καὶ μὴ τῇ φύσει. Ὡς δὲ δύο τὰς τοῦ Πνεύματος προόδους ἐκ τῶν τῆς Ἐκκλησίας ἀρχῶν ἔστιν εὑρεῖν, αὐταὶ αἱ τοῦ Κυρίου δηλοῦσι φωναί, Ὅταν δὲ[6] ἔλθῃ ὁ Παράκλητος ὃν ἐγὼ πέμψω ὑμῖν παρὰ τοῦ Πατρός, ἰδοὺ ἡ πρὸς ἡμᾶς πέμψις· τὸ Πνεῦμα τῆς ἀληθείας ὃ παρὰ τοῦ Πατρὸς ἐκπορεύεται, ἰδοὺ ἡ τῆς ὑποστάσεως πρόοδος. Ἀλλὰ Λατῖνοι ταύτην[7] τὴν κατὰ τὴν πρὸς ἡμᾶς πέμψιν πρόοδον βούλοιντο μὲν ἂν σιγᾶσθαι, ἵνα μὴ τὰς τῶν πατέρων φωνάς, αἷς αὐτοὶ οἴονται ἐκ τοῦ Υἱοῦ δεικνύναι τὸ Πνεῦμα ἐκπορευόμενον, κατὰ ταύτην τὴν πρὸς ἡμᾶς πέμψιν ἐκλαμβάνοντες[8], τῶν ἡμετέρων ἀναμφισβητήτων μαρτυριῶν ἀπορῶσιν· οὐ δυνάμενοι δ' αὐτὴν ἀφανίσαι τε καὶ τῆς Ἐκκλησίας ἐξελεῖν, σμικρύνουσι, χρονικήν τε καλοῦντες καὶ ὀψιγενῆ, καὶ

1. Cod. 2045, πεμπικήν, et sic infra non semel; sed A. et 949, πεμπτικήν. — 2. A. δ' elidit, ubi 949, διά.

3. Codex 949, δέοι δ' αὐτό. — 4. A. ἀξιώματι.

5. Sane τέτακται legi oporteret, propter ὡς quod multo ante præcessit, nisi Noster anacolutho volens uteretur.

6. Cod. 949, δὲ non habet. — 7. Cod. 949, ταύτην μὲν τήν.

8. Cod. 2045, ἐκλαμβάνων. A ἐκλαμβανόντων, et sic 949.

τῷ τοῦ Θεοῦ Υἱῷ οὐ συναΐδιον. Ἀλλ' εἰ μὲν καὶ[1] τὴν δημιουργικὴν δύναμιν ἐν τῷ Θεῷ οὐ συναΐδιον αὐτῷ εἶναι ἀξιώσουσι, μηδὲ τὴν ἐν τῷ Υἱῷ τοῦ Πνεύματος πρὸς τὴν[2] κτίσιν πεμπτικὴν[3] δύναμιν, συναΐδιον αὐτῷ ἀξιούντων εἶναι. Εἰ δ' ἐκεῖνο οὐκ ἂν φαῖεν, μηδὲ τοῦτο λεγόντων· ἔχοντα δὲ τὸν Υἱὸν συναϊδίως[4] ἐν ἑαυτῷ τὴν τοῦ Πνεύματος[5] πρὸς τὴν κτίσιν πεμπτικὴν[6] δύναμιν, εἰκότως καὶ τοῦ Πνεύματος προτετάχθαι τῷ ἀριθμῷ, τοῦ Πατρὸς οὕτω τε[7] καὶ τοιαῦτα παράγοντος τὰ ἐξ αὐτοῦ[8], ἵνα καὶ ἐν αὐτῇ τῇ Τριάδι τάξις τις[9] ᾖ, ὡς οὐδοτιοῦν τῶν γε ἀριθμητῶν[10], ὅτου[11] ἂν τάξις ἀπείη, ἔξον[12] καλῶς.

Τοῦτο μὲν οὖν, οὕτως ἐχέτω. Τὸ δ' ἀξίωμα ἐκεῖνο, τὸ, Ὧν αἱ δυνάμεις διάφοροι, καὶ αὐτὰ ἂν εἶναι[13] ταῖς οὐσίαις διάφορα, πῶς οὐ τῇ Ἐκκλησίᾳ, ὥς γ' ἡμῖν ἀνωτέρω εἴρηται, πολεμιώτατον; Ἡ μὲν γὰρ Ἑλληνικὴ θεολογία[14] ἕνα Θεὸν τὸν ἀνωτάτω τοῖς οὖσιν ἐφιστᾶσα, καὶ ἄτομον ἕν, καὶ ἔπειτα πλείους αὐτῷ παῖδας διδοῦσα, προύχοντάς τε ἄλλους ἄλλων καὶ ὑποδεεστέρους, οὓς καὶ ἄλλον ἄλλῳ αὖ μείζονι ἢ μείονι τοῦ παντὸς τοῦδε μέρει ἐφίστησιν, ὅμως οὐδένα αὐτῶν τῷ πατρὶ ἴσον, ἢ γοῦν[15] παραπλήσιον ἀξιοῖ εἶναι. Καὶ γὰρ ἑτέρας τε ἅπαντας οὐσίας καὶ πολὺ ὑποδεεστέρας ποιεῖ, καὶ θεότητος ὡσαύτως. Πρὸς γοῦν τῷ[16]

1. 949, κἂν. — 2. 949, τὴν omittit. — 3. Cod. 2045, πεμπικήν
4. Cod 949, συναιδίως τὸν υἱόν — 5. Idem, τῷ πνεύματι
6. Cod 2045, πεμπικην. — 7. Cod 2045, οὕτω καὶ, sine τε, quod nobis A. dedit. — 8. Codd. αὐτοῦ — 9. A. τις non habet, nec 949.
10. Cod. 2045, ἀριθμητικῶν. A. ut nos. — 11. Cod. 949, οὕτως
12. A. ἕξει ἂν καλῶς. — 13 Cod 949, εἴη.
14. Ab his verbis Pletho incipit sub Græcorum pallio suam falsam theologiam venditare.
15. Cod. 949, γοῦν omittit — 16. Cod. 2045, τὸ, male pro τῷ

παῖδάς τε τοῦ Θεοῦ καὶ θεοὺς καὶ[1] αὐτοὺς καλεῖν, ἔτι καὶ ἔργα ἅμα τοῦ αὐτοῦ Θεοῦ καλεῖ, οὐκ ἀξιοῦσα ἐπί γε[2] τοῦ Θεοῦ γεννήσεως δημιουργίαν διακρίνειν. ὅτι μηδὲ βούλησιν φύσεως. ὅλως δὲ εἰπεῖν, μηδ' οὐσίας ἐνέργειαν[3]. Ἑτέρας δ' οὖν θεότητός τε καὶ οὐσίας ὑποδεεστέρας τοὺς τοῦ ἀνωτάτω Θεοῦ παῖδας ἥ γε Ἑλληνικὴ θεολογία ποιεῖ, οὐδενὶ ἄλλῳ ἢ ἐκείνῳ ἐπερειδομένη τῷ ἀξιώματι, ὡς ὧν αἱ δυνάμεις διάφοροι, καὶ αὐτὰ ἂν εἴη ταῖς οὐσίαις διάφορα, κρίνουσά τε μεγίστην δυνάμεως διαφορὰν τὴν τοῦ αὐτοῦ δι' αὐτὸ[4] ὄντος πρὸς τὸ δι' ἕτερον ἤδη ὄν. Ἡ μέντοι Ἐκκλησία τοῦτο τὸ ἀξίωμα[5] δήλη ἐστὶν οὐ προσιεμένη. Οὐ γὰρ ἂν τὸν Υἱὸν τῷ Πατρὶ ἴσον, ἢ οὐσίας τῆς αὐτῆς, εἰ τὸ ἀξίωμα τοῦτο προσίετο, ἀπέφαινε. Πῶς γὰρ ἂν ὁ Πατὴρ τοῦ γε Υἱοῦ οὐ διάφορος εἴη τὴν δύναμιν, εἰ ὁ μὲν αὐτὸς δι' αὑτὸν δύναταί τε εἶναι καὶ ἐστιν, ὁ δ' οὐκέτι αὐτὸς δι' αὑτὸν, διὰ δὲ τὸν Πατέρα ἐστίν· ἔτι δὲ, εἰ ὁ μὲν[6] γεννητικὸς, καὶ ἴσου γεννητικὸς[7], ὁ δ' οὔτε ἴσου, οὔτε οὐκ ἴσου γεννητικὸς, ὥστ' ἂν μηδὲ τῆς οὐσίας εἶναι τῆς αὐτῆς, εἰ ὧν αἱ δυνάμεις διάφοροι, καὶ αὐτὰ ἂν εἴη ταῖς οὐσίαις διάφορα; Ἀλλὰ Λατῖνοι μὴ ἀξιώματι τῇ γε Ἐκκλησίᾳ[8] πολεμιωτάτῳ τὴν σφετέραν προπέτειάν τε καὶ καινοτομίαν συνιστάντων, ἀλλ' ἐκ τῶν τῆς Ἐκκλησίας ἀρχῶν τοῦτο πειράσθων δεικνύναι. Εἰ δὲ μὴ οἷοί τ' εἰσὶν, ἡμεῖς δὴ δείξομεν οὐ ταῖς τῆς Ἐκκλησίας ἀρχαῖς συνῳδὸν ὂν αὐτοῖς τὸ καινοτόμημα.

1. Cod. 949, καὶ omittit. — 2. Cod. 2045, ἐπί τε, sed A ἐπί γε
3. Cod. 2045, ἐνεργίαν. — 4. Codd. δι' αὐτό.
5. Cod 949, inversis verbis, δήλη ἐστὶ τοῦτο τὸ ἀξ.—6. A. εἰ μεν.
7. Cod. 949, tria verba καὶ ἴσου γενν. plane omittit.
8. Codd. τῆς γε ἐκκλ.

Μίαν οὐσίαν Πατρὸς καὶ Υἱοῦ καὶ Πνεύματος ἥ γε Ἐκκλησία ἀξιοῖ εἶναι· πρόσωπα δὲ τρία, ἰδιότησιν ἕκαστον τῶν ἄλλων διακρινόμενον Καὶ τὰ μὲν τοῖς τρισὶν ἐφαρμόττοντα κοινά τε εἶναι καὶ ἓν ἀριθμῷ ἕκαστον αὐτῶν, αὐτὴν τὴν οὐσίαν καὶ φύσιν, τὴν δημιουργίαν τῆς[1] κτίσεως, τὴν πρόνοιαν, τὴν τοῦ παντὸς ἀρχὴν, ἅπαν ὅτι τοιοῦτον εἴη ἂν[2] εἰπεῖν· τὰ δὲ μὴ τοῖς τρισὶ δυνάμενα ἐφαρμόσαι, προσωπικά τε προσώποις[3] καὶ ἴδια ἑκάστῳ εἶναι, καὶ οὐδοτιοῦν αὐτῶν ἓν ἀριθμῷ, ἐν πλείοσιν ἢ ἐνὶ προσώποις[4] θεωρούμενον. Τὸ γάρ τοι αἰτιατὸν, τοῖς μὲν τρισὶ κοινὸν οὐκ ὂν, τοῖν δὲ δυοῖν μόνοιν, οὐ ταὐτὸν ἂν ἀριθμῷ εἴη ἔτι ἀμφοῖν[5], εἰ τῷ μέν που γεννητῶς, τῷ δὲ ἐκπορευτῶς πρόσεστι. Τούτων οὕτως[6] ὑποκειμένων, προσειλήφθω καί τι ἀξίωμα, οὐ τῶν τῇ Ἐκκλησίᾳ πολεμίων, ἀλλὰ καὶ[7] μάλα φίλιον, ὡς οὐκ ἔστιν ὅ,τι αὐτὸ ἑαυτὸ δύναται προβάλλειν, ἀλλ' ἕτερον ἀεὶ δεῖ εἶναι τοῦ γε[8] προβάλλοντος τὸ προβαλλόμενον, καὶ ὅλως[9] αἰτίου αἰτιατόν. Ἐπὶ δὲ τούτοις σκοπῶμεν καὶ ἅ φασι Λατῖνοι, καὶ ἅττα ἐξ ὧν φασι συμβαίνει, εἰ συνῳδὰ ταῖς τῆς Ἐκκλησίας ἐστὶν ἀρχαῖς[10].

1. Codex 2045 τῆς non habet, quod dat A.

2. Cod. 949 εἴη ἂν omittit. — 3. Cod. 2045 et A. προσώποις non habent. — 4. Cod. 949 hoc προσώποις non habet.

5. Cod. 949, ἐπ' ἀμφοῖν, omisso ἔτι. — 6. Cod. 2045, οὕτω, et sic A.

7. Cod. 2045 καὶ non habet; deinde vero 949 μάλιστα pro μάλα scribit. — 8. Cod. 949, τοῦ τε, non male.

9. Cod. 2045, ἄλλως, sed A. ὅλως.

10. Quæ sequuntur, usque ad perorationem : Ἀλλὰ γὰρ ἐγώ, nihil ad rem nostram, sed tantum ad theologicas, seu potius scholasticas et logomachicas illius ævi controversias pertinent, vix digna quæ hodie legantur. Quæ tamen quoniam brevia sunt, et hæc oratio extra codices inventu rara necessarioque Gennadii responsioni præmittenda erat, non abjicienda duximus.

Ἐκ Πατρός φασι καὶ Υἱοῦ μιᾷ ἀριθμῷ προβολῇ τὸ Πνεῦμα ἐκπορεύεσθαι. Οὐκοῦν, εἰ μὲν κατὰ τὴν οὐσίαν κοινὴν οὖσαν ὅ τε Πατὴρ καὶ Υἱὸς μιᾷ προβολῇ τὸ Πνεῦμα [1] προβαλοῦσιν, ὥσπερ ἄρα καὶ ἀξιοῦσιν [2] αὐτοὶ ἐν τῷ βιβλίῳ, ἤτοι καὶ αὐτὸ ἑαυτὸ τὸ Πνεῦμα προβαλεῖ, κοινὴν αὐτοῖς καὶ αὐτὸ ἔχον τὴν οὐσίαν, ἢ εἰ διασταίη Πατρὸς καὶ Υἱοῦ ἐν τῷ προβάλλεσθαι, ἔς τε ἑτέραν οὐσίαν ἐκπεσεῖται καὶ οὐκέτι αὐτοῖς [3] ὁμοούσιον μενεῖ, εἰ κατὰ τὴν κοινὴν οὐσίαν, ἀλλὰ μὴ προσωπικῶς αὐτὸ προβαλοῦσιν. Εἰ γὰρ μὴ προσωπικῶς ὅ τε Πατὴρ καὶ ὁ Υἱὸς τὸ Πνεῦμα, ἀλλὰ κατὰ τὴν κοινὴν αὐτοῖς οὐσίαν προβαλοῦσιν, ἡ οὐσία αὐτοῖς ἔσται ἡ προβάλλουσα, ὥστ' [4] ἂν καὶ ἐς ἑτέραν οὐσίαν τὸ Πνεῦμα καὶ θεὸν ἕτερον ἐναργέστατα ἐκπίπτειν. Εἰ δ', ὅτι οὐ τοῖς [5] τρισὶ προσώποις τὸ προβάλλειν οἷόν τε ἐφαρμόττειν (οὐ γὰρ οὐδὲ τῷ Πνεύματι), διὰ τοῦτο καὶ προσωπικὸν αὐτὸ ἄξιον [6] φάναι, οὐκέτι οἷόν τε μιᾷ ἀριθμῷ προβολῇ τὸν Πατέρα τε καὶ Υἱὸν τὸ Πνεῦμα προβάλλειν, εἰ μὴ καὶ τῶν προσώπων τις συναλοιφὴν αὐτοῖς περιάψοι [7]. Εἰ δὲ δύο τῷ ἀριθμῷ αἱ προβολαὶ, ἀμήχανον, μὴ οὐ διαφυήν [8] τινα ἔχον τό γε Πνεῦμα προϊέναι, τὸ μέν τι ἐκ τῆς ἑτέρας, τὸ δ' ἐκ τῆς ἑτέρας [9] προβολῆς ἴσχον. Οὐ γὰρ οὐδ' εἰ μὴ αἴτιος ἁπλῶς ὁ Υἱὸς τοῦ Πνεύματος, ἀλλὰ συναίτιος ἔσται, ὡς αὐτοί φασι συγκαλύπτοντες ἑαυτῶν τὴν καινότητα τοῦ δόγματος, οὐ καὶ [10] αἴτιος ὅλως ἔσται· τὸ γὰρ συναίτιον, καὶ αἴτιον δήπου, τοσούτῳ μόνῳ

1. Cod. 949 τὸ Πν. omittit. — 2. A. ἀξιοῦσιν εἶναι αὐτοί.
3. A. αὐτοῖς non habet. — 4. Cod. 2045, ὥστε sine ἄν.
5. Cod. 949, εἰ δὲ κεῖται αὐτοῖς. — 6. Idem, ἀξιοῦσι φάναι sine αὐτό.
7. A. προσάψει, et sic 949. — 8. Codd. divise διὰ φυήν, præter unum 949. — 9. Hoc ἑτέρας in 949 desideratur.
10 Cod. 949, οὐκ αἴτιος, sine καί.

τοῦ ἁπλῶς αἰτίου διαφέρον [1], ὅτι οὐ μόνον, ἀλλὰ σὺν ἄλλῳ κυριωτέρῳ αἰτίῳ, αἴτιον καὶ αὐτό ἐστιν. Ὥστε, εἴτε αἴτιος ἁπλῶς ὁ Υἱὸς τοῦ Πνεύματος, εἴτε συναίτιος, δώσει τι καὶ αὐτὸς ὁποσονοῦν [2] τῷ Πνεύματι ἐς τὴν ὕπαρξιν. Εἰ γὰρ οὐδοτιοῦν δώσει, οὔτ' ἂν αἴτιος εἴη ἁπλῶς, οὔτε συναίτιος, ἀλλ' [3] ὁ Πατὴρ αὐτὸ αὐτάρκως προβαλεῖ [4], ἐπεὶ οὐδ' ἂν αὐτάρκως αὐτὸ ὁ Πατὴρ προβάλλοι, εἰ καί τινος συναιτίου [5] ὅλως δέοιτο. Οὕτω δὴ τὸ Πνεῦμα, τὸ μέν τι [6] ἐκ τοῦ Πατρὸς, τὸ δ' ἐκ τοῦ Υἱοῦ ἴσχον, καὶ διαφυὴν ἅμα [7] ἕξει, καὶ κινδυνεύσει ὁ Θεὸς τῇ Ἐκκλησίᾳ ἀντὶ τριάδος τετρὰς ἀναφανήσεσθαι διὰ τὴν τοῦ Πνεύματος ταύτην διαφυήν. Ἐς ταῦτα τὰ τῇ Ἐκκλησίᾳ ἀσύμβατα [8] ἡ Λατίνων αὕτη ἀπάγει δόξα. Ἢ γὰρ οὐχ ἁπλοῦν [9] τὸ Πνεῦμα αὐτοῖς μενεῖ, εἰ δυοῖν [10] προβολαῖν ὁ Πατήρ τε αὐτὸ καὶ ὁ Υἱὸς προβαλοῦσιν, ἢ εἰ μιᾷ προβολῇ προβαλοῦσιν [11], εἰ μὲν [12] προσωπικῶς αὐτὸ προβαλοῦσιν, συναλοιφὴ ἔσται τοῖς προσώποις, καὶ ὁ Θεὸς ἀντὶ τριάδος, δυὰς αὖ· εἰ δὲ κατὰ τὸ κοινὸν τῆς οὐσίας προβαλοῦσιν, ὡς αὐτοί που ἀξιοῦσιν, ἐς ἑτέραν αὐτοῖς τὸ Πνεῦμα οὐσίαν ἐκπεσεῖται. Τούτων τὸ μὲν ἐς Σαβελλισμὸν [13], τὸ δ' ἐς Μακεδονισμὸν, ἀποβλέποντα οὐκ ἄδηλα

1. Idem, διαφέρειν. — 2. Cod. 2045, ὁπωσοῦν : reliqui cum A. ut nos. — 3. Cod. 2045, καὶ pro ἀλλ', quod habet A — 4. Cod 949, ἀλλ' ὁ πατὴρ προβάλλει εἰ καὶ συναιτίου, omissis intermedus.
5. Cod. 2045, αἰτίου. — 6. Idem, το μέντοι
7. Cod. 2045, δίαμα barbare, pro quo A. διαφυὴν ἅμα, et sic 949.
8. Cod. 2045, σύμβατα. 949, συμβάντα, sed A. ut nos
9. Cod 949, ἁπλῶς.
10. Verba εἰ δυοῖν usque ad προβαλοῦσιν omisit in A codice librarius. — 11. Quinque priores voces ex 949 absunt.
12. Εἰ μὲν et tres seqq voces ex A. absunt. — 13. Cod. 2045, σαβελισμόν. A. ut nos. Sed idem deinde τὰ δ' habet pro τὸ δ'

ἐστιν. Εἰ δὲ πρὸς ταῦτα Λατῖνοι ἔξαρνοι μέν εἰσι μηδ' ὁτῳοῦν αὐτῶν[1] συγχωρεῖν, τῆς δὲ τοῦ τὸ Πνεῦμα ἐκ τοῦ Υἱοῦ ἐκπορεύεσθαι δόξης οὐ μεθίενται, παραπλήσιόν τι πάσχουσιν, ὥσπερ ἂν εἰ δὶς πέντε λέγοντες, ἔξαρνοι ἦσαν μὴ δέκα λέγειν, ἢ τρὶς[2] τέσσαρα, μὴ δώδεκα. Ἐν γὰρ ταῖς ἐς ἄτοπον ἀπαγωγαῖς, τότε τις[3] τῷ ἀτόπῳ οὐ συγχωρεῖ, ὅταν καὶ τὴν ἐξ ἀρχῆς ὑπόθεσιν, ᾗ[4] τὸ ἄτοπον ἕπεται, ἀνάθηται[5]. Εἰ δὲ τῆς μὲν περιέχεται, τῷ δὲ προφανῶς ἀτόπῳ μόνῳ οὐ συγχωρεῖ, συγχωρεῖ τε ἅμα καὶ οὐ συγχωρεῖ τῷ αὐτῷ, καί τις ἄτοπός ἐστιν αὐτὸς καὶ[6] καταγέλαστος, αὐτὸς αὐτῷ διαφωνῶν.

Ἀλλὰ ταῦτα μὲν ἐς τοσοῦτον. Πῶς δ' οὐχὶ κἀκεῖνο ἄτοπον τῶν ἐν τῷ βιβλίῳ, τὸ τὸν Πατέρα τῷ Υἱῷ τῆς γεννητικῆς φάσκειν δυνάμεως μεταδιδόναι ἐν τῷ γεννᾷν, καὶ τῷ Πνεύματι τῆς προβλητικῆς αὖ ἐν τῷ προβάλλειν, οὔτε τὸν Υἱὸν γεννητικὸν γεννῶντα, ἀλλὰ γεννητὸν μόνον, οὔτε τὸ Πνεῦμα ἐκπορευτικὸν προβάλλοντα, ἀλλ' ἐκπορευτὸν μόνον; Ἢ γὰρ λελήθοι ἂν αὐτούς, ὡς πολὺ διαφέρει γεννητικὸν γεννητοῦ, καὶ ἐκπορευτικὸν ἐκπορευτοῦ, ἢ ἑκόντες κακουργοῖεν ἄν, ἡμᾶς φενακίζειν προῃρημένοι.

Ἔτι δὲ κἀκεῖνο, πῶς οὐκ ἄγνωμον αὐτῶν, τὸ τοῖς ἡμετέροις ἐγκαλεῖν, ὡς τὰ τῶν ἁγίων ὀβελίζουσιν, ἢ νοθεύουσιν, ἢ ἀρνουμένοις, ἢ κακῶς ἐξηγουμένοις, αὐτοὶ μᾶλλον τοῖς τοιούτοις ὄντες ἔνοχοι, ὅταν τὸν μὲν Δαμασκηνὸν Ἰωάννην ἀκυρῶσι, Διονυσίου δὲ τοῦ Ἀρεοπαγίτου, ὑπεσχημένου μὲν περὶ ἡνωμένης τε καὶ διακεκρι-

1. Cod. 949, αὐτῷ. — 2. Cod. 2045, τρεῖς.
3. Cod. 949 τότε τις omittit. — 4. Cod. 2045, ἣ pro ᾗ.
5. A. ἀνάθῆται, duplici accentu.
6. Cod. 949, οὕτως οὗ (sic) sine καί.

μένης θεολογίας εἰπεῖν, ὡς αὐτὰ τὰ θεῖα πρόσωπα ἥνωται καὶ διακέκριται, καὶ ἔπειτα οὐ [1] καὶ περὶ τοιαύτης Υἱοῦ καὶ Πνεύματος διακρίσεως μνησθέντος, κόμπον [2] καταψηφίζωνται [3]· Ἰουστίνου δὲ τοῦ μάρτυρος, καὶ Γρηγορίου τοῦ θεολόγου, οὐδὲ συνιῶσι, τοῦ μὲν, Ὥσπερ ὁ Υἱὸς ἐκ τοῦ Πατρὸς, φάσκοντος, οὕτω καὶ τὸ Πνεῦμα ἐκ τοῦ Πατρὸς, πλὴν τοῦτον [4] μὲν, γεννητῶς εἶναι, τὸ δὲ Πνεῦμα ἐκπορευτῶς· τοῦ δ' αὖ, Πάντα ὅσα ἔχει ὁ Πατὴρ, τοῦ Υἱοῦ, πλὴν τῆς αἰτίας· πάντα ὅσα ἔχει ὁ Υἱὸς, τοῦ Πνεύματος, πλὴν τῆς γεννήσεως· Κυρίλλου δὲ μὴ ἐπιστρέφωνται [5] πρὸς τὴν Θεοδωρήτου περὶ τούτου μέμψιν, οὐκ ἀντιστάντος, οὐδ' ἐκείνῳ αὖ βλασφημίαν ἀντεγκαλέσαντος, ἀλλὰ συκοφαντεῖσθαί τε φάσκοντος, καὶ πρὸς τὸ ἔγκλημα περιφανῶς ἐξάρνου ὄντος. Ὅλως δὲ, πολὺ ῥᾷον τοῖς ἡμετέροις τοὺς τῆς Ἐκκλησίας πατέρας συμφώνους ἀλλήλοις ἀποφαίνειν, ἢ Λατίνοις· τοῦτο μὲν, τῇ ὁμωνυμίᾳ τῆς ἐκπορεύσεως καὶ τῷ διττῷ τῶν τοῦ Πνεύματος προόδων [6], τοῦτο δὲ, τῇ τοῦ Πνεύματος αὖ ὁμωνυμίᾳ, Πνεύματος καὶ τῆς τοῦ Πνεύματος χάριτος καλουμένης, καὶ Πνεύματος Ἁγίου, ὡς ἐκεῖθεν δῆλον, Ὁ πιστεύων εἰς ἐμὲ, καθὼς εἶπεν ἡ Γραφὴ, ποταμοὶ ἐκ τῆς κοιλίας αὐτοῦ ῥεύσουσιν ὕδατος ζῶντος. Τοῦτο δὲ εἶπε περὶ τοῦ Πνεύματος, οὗ ἔμελλον λαμβάνειν οἱ πιστεύοντες εἰς αὐτόν· οὔπω γὰρ ἦν Πνεῦμα Ἅγιον, ὅτι Ἰησοῦς οὐδέπω ἐδοξάσθη. Εἰ γὰρ τοῦτο περὶ αὐτῆς τῆς ὑποστάσεώς τις τοῦ

1. Cod 949, τούτου pro οὐ. — 2. Idem, κόμπου.
3. Cod. 2045, καταψηφίζονται. — 4. Cod 949, πλὴν ὁ μέν.
5. Codd. 2045 et 949, ἐπιστρέφονται, quum hæc omnia codex A. recte per conjunctivum efferat.
6. Addit cod. 949, τοῦτο δὲ τῇ τοῦ πνεύματος προόδῳ.

Πνεύματος τοῦ Ἁγίου ὑπολήψεται, κινδυνεύσει οὐ μόνον ἐκ τοῦ Υἱοῦ φάναι ἂν τὸ Πνεῦμα[1] ἐκπορεύεσθαι, ἀλλὰ καὶ ἐκ τῆς κοιλίας τῶν πιστῶν.

Ἀλλὰ γάρ[2] ἐγὼ οὐ τοῦτο δέδια μήποτε κρείττους τῶν ἡμετέρων[3] ἐν τοῖς περὶ τοῦ ἀμφισβητουμένου τούτου λόγοις[4] Λατῖνοι φανῶσιν· οὐ γὰρ οὐδὲ μέχρι νῦν ἐφάνησαν, καίπερ[5] πολλὰ κάμνοντες ἐν τοῖς ὑπὲρ τούτου σοφίσμασιν. Ἐπεὶ καὶ ἐν Ἰταλίᾳ, ὅτε οἱ ἡμέτεροι ἐκείνοις συνέθεντο, οὐ τῷ λόγοις ἡττῆσθαι καὶ συνέθεντο, ἀλλ' ἴσμεν ὃν τρόπον συνέθεντο· διὰ τοῦτο οὐδ' ἀλόγως οἱ πολλοὶ τῶν τότε συνθεμένων οὐδ' οἷς[6] συνέθεντο ἐνέμειναν[7]. Ἀλλ' ἐκείνους δέδια[8] τῶν ἡμετέρων, οἷς δοκεῖ, κἂν εἰ[9] εὐσεβέστερά ἐστί τά γε πάτρια ἡμῖν, ἀλλ' ὅμως τὰ Λατίνων πρὸ αὐτῶν αἱρετέα, διὰ τὸ ταῦτα καὶ τοῖς πράγμασι λυσιτελήσειν[10] τι δοκεῖν. Ἴσως δ' ἄν τις καὶ οὕτως ἔχοι, ὥστε καὶ ἀμφοτέρων μὲν ὁμοίως καταφρονεῖν· ὁ δ' ἀμελήσας τοῦ τί[11] τὸ κράτιστον ἐν τοῖς τοιούτοις ζητεῖν, πρὸς τὸ τοῖς πράγμασι μόνον συνοίσειν τι δοκοῦν, οἴεται δεῖν τὴν αἵρεσιν ποιεῖσθαι. Ἐῶ μὲν οὖν λέγειν ὡς οὐκ ἀεὶ τὰ ἡμῖν λυσιτελῆ δοκοῦντα[12] καὶ διὰ τέλους λυσιτελεῖ[13], ἀλλ' ἔστιν ὅτε καὶ τῆς βλάβης αὐτὰ τὰ[14] αἰτιώτατα κατέστη. Οὐ μὴν ἀλλ' ἐμοὶ ὁ λόγος οὗτος, τὸ τοῖς πράγμασι συνοίσειν τι δοκοῦν ἐν τοῖς τοι-

1. Cod. 949 πνεῦμα omittit.
2. Sequens epilogus in cod. A. bis iisdem verbis legitur.
3. Cod. 949 addit λόγων. — 4. Idem λόγοις omittit.
5. Cod. 949, καίτοι. — 6. Idem, οὐδ' ᾗ ἔθεντο. — 7. Idem, ἀνέμειναν.
8. Cod. 2045, δὲ διά. — 9. Cod. 949 εἰ omittit. — 10. Semel A. λυσιτελεῖν, atque iterum λυσιτελήσειν. — 11. Cod. 2045, τουτί.
12. Cod. 949, δόγματα. — 13. A. iterum, λυσιτελῆ.
14. Sic codd. τὰ αἰτ. — 15. Cod. 949 addit male βουλεύσασθαι.

οὕτοις δεῖν αἱρεῖσθαι, οὐδὲν ἄλλο δοκεῖ βούλεσθαι, ἢ μὴ νομίζειν τοὺς ταῦτα ἀξιοῦντας τὸν Θεὸν τῶν ἀνθρωπίνων προνοεῖν. Καὶ ἄλλως δὲ γνοίη ἄν τις τοὺς πολλοὺς τῶν ἡμετέρων ταύτην που τὴν δόξαν νοσοῦντας, ἐκ τοῦ μηδέποτε, ἐκ πολλοῦ ἡμῖν κακῶς τῶν πραγμάτων φερομένων[1], βούλευμα προθέσθαι, τί ἂν τῶν ἡμῖν ἂν ἁμαρτανομένων ἐπανορθωσάμενοι, εἴτε ἐν δόξαις, εἴτε ἐν ἔργοις τὸν Θεὸν ἱλασαίμεθα. Παρ' ὃ δὴ, οὐδὲ[2] θαυμάζειν ἄξιον, εἰ ὁ Θεὸς τοὺς μὲν ἡμῖν ἐναντίους πάμπολυν ἤδη αὔξει[3] χρόνον, ἡμᾶς δὲ φθίνειν ἐάσας, ἐς οὕτως ὀλίγον[4] συνέστειλε. Δῆλοι γάρ εἰσιν οἱ πολλοὶ ἐκείνων τὴν τοῦ τὸν Θεὸν τῶν ἀνθρωπίνων προνοεῖν δόξαν πολὺ τῶν ἡμετέρων βεβαιοτέραν[5] ἔχοντες ἐν ταῖς ψυχαῖς. Οὔκουν ἂν οὔτ' ἐκείνοις τούτου τοῦ εὐσεβήματος[6] ἄλλο τι ἀντάξιον ἁμαρτάνοιτο ἀσέβημα, οὔθ' ἡμῖν ἄλλο τι ὀρθοῖτ' ἂν τούτου τοῦ ἀσεβήματος ἀντάξιον εὐσέβημα. Οὐ γὰρ ἐν τοῖς περὶ ὀλίγου ἀξίων τὸ δόγμα, ἀλλ' ὅσον ἢ ἐφιστάναι ἡμᾶς τὸν Θεὸν τῇ ἡμῶν αὐτῶν ἀρχῇ, ἢ ἐκβάλλειν. Οὔκουν ἀπεικότως τοὺς ἐκβάλλοντας ἂν αὐτὸν[7] τῆς σφῶν ἀρχῆς καὶ φθίνειν[8] ἐᾷ, οὐ πάνυ τοι[9] συλλαμβάνων[10] ἐς[11] τὸ σώζεσθαι. Εὕροι δ' ἄν τις καὶ τῶν ἐκ παντὸς τοῦ ἐν μνήμῃ χρόνου γενῶν, τὰ μὲν ηὐξημένα, σὺν τῇ τῆς τοῦ θείου προνοίας δόξῃ ηὐξημένα· τὰ δὲ πεφθικότα αὖ, σὺν τῇ ταύτης τῆς δόξης ἀποβολῇ καὶ πεφθικότα. Τούτων

1. Sic cod. 2045. A. post ἡμῖν semel ἂν addit, iterum omittit.
2. Cod 949, οὐδέν. — 3. A. semel αὔξειν.
4. A. ὀλίγιστον bis habet. — 5. Codd. βεβαιότερον, minus recte.
6. A. et 949, τούτου τοῦ εὐσεβήματος ἀντάξιον εὐσέβημα. Οὐ γὰρ, κ. τ. λ. omissis intermediis. — 7. A. semel αὐτῶν.
8. Cod. 2045, σφίνειν. — 9. A. πάνυ τι, et sic 949.
10. Cod. 2045, συλλαμβάνειν. — 11. A. semel ἐς, iterum εἰς.

τεκμήριον ἐναργὲς, τὸ εὐορκοῦντας[1] μὲν αὔξεσθαι, τῶν δ' ὅρκων ἀρξαμένους[2] ὀλιγωρεῖν, φθίνειν. Οὔκουν οὐδ' ἡμῖν ἐλπὶς σωθήσεσθαι, μὴ, εἴ τι ἐς τὸν Θεὸν μέγα, ἢ ἓν, ἢ πλείω, εἴτε δὴ ἐν δόξαις, εἴτε ἐν ἔργοις, ἁμαρτάνοιτο, ἐπανορθωσαμένοις. Μέχρι δ' ἂν οὕτως ἔχωμεν, ὡς ἔχομεν, οὔτ' εἰ Λατίνοις ὁμολογήσομεν, οὔτ' εἰ οἱστισινοῦν ἀνθρώπων, σωθείημεν ἄν. Ἀλλ'[3] ὁ Θεὸς δοίη, οὐ περὶ τούτου μόνον, ἀλλὰ καὶ περὶ τῶν ὅλων[4] πραγμάτων τὰ κράτιστα ἡμῖν βουλευσαμένοις ἑλέσθαι.

VIII.

ΤΟΥ ΑΥΤΟΥ ΠΛΗΘΩΝΟΣ,

πρὸς τὰς παρὰ τοῦ Βεσσαρίωνος ἀντιλήψεις ἐπὶ τοῖς κατὰ τοῦ ὑπὲρ Λατίνων βιβλίου γραφεῖσιν ὑπ' αὐτοῦ ἀντιῤῥητικοῖς.

Πρὸς μὲν τἆλλά σου[5] οὐδὲν ἐμὲ δεῖ λέγειν ἀλλ' ἐξέστω τοῖς ἀναγινώσκουσι κρίνειν, εἴτε τι καὶ νοῦν

1. Cod 2045, δοκοῦντας. — 2. Cod. 949, ἀρξαμένων.
3. Cod. 2045, καὶ pro ἀλλ'. — 4. Cod. 949, τῶν ἄλλων.
5. Ined. ex iisdem, quibus priora, fontibus, ita tamen ut in utroque cod. Par. statim post priora legatur, relicto tantum unius et alterius lineæ intervallo, cum solo nomine Πλήθωνος: in A. vero procul disjunctum a prioribus et in alia codicis parte, cum illo quem dedimus titulo. Inde liquet ad priorem de Spiritu Sancto disputationem objectiones quasdam a Bessarione fuisse scriptas (easdem fortasse quæ hodieque in codice Florent. XVIII, juxta catalogum Bandinianum, leguntur), ad quas responsionem a Ple-

ἔχον λέγεταί σοι, εἴτε καὶ ἄλλως ἐς τὰ εἰωθότα ὑμῖν ἄδυτα καταδύῃ[1]. Ὁ δέ μοι προφέρεις τὴν ἐν Ἰταλίᾳ περὶ αὐτῶν σιωπὴν, πρῶτον μὲν ἔγωγε οὐκ ᾤμην περὶ τῶν τοιούτων ἐμαυτῷ προσήκειν λέγειν τι, ἀλλ'[2] ὑμῖν τοῖς ἱερεῦσιν, ἐπεὶ καὶ νῦν κελευσθεὶς εἶπον ὁπόσον δὴ καὶ εἶπον. Ἔπειτ' οὐδ' ὑμεῖς εἰᾶτε[3], τοῦ νῦν πατριάρχου θαμὰ προαγορεύοντος μηδενὶ ἐξεῖναι, ὅτῳ οὐ καὶ χρίσματος μέτεστι, λέγειν τι περὶ τῶν προκειμένων· οὕτω γὰρ καὶ ὠνόμαζεν. Ἄλλως τε καὶ τὸν Ἐφέσου ᾔδειν αὐταρκέστατα περὶ αὐτῶν ἀγωνιζόμενον, ἡττημένον οὐδέποτε, ἀλλ' ἐπιταχθέντα μόνον σιωπῆσαι, ἵν' ὑμεῖς ὃ προὔθεσθε, ἐρημίᾳ ἀνταγωνιστοῦ διαπράξησθε. Ὅσα δ' ἄλλα πρὸς τὸ τοιοῦτον μεμηχάνησθε, οὐ λέγω. Ἐδήλωσαν δ'[4] οἱ αὐτόθι συνθέμενοι ὅτι οὐ λόγοις πεισθέντες συνέθεντο, ἐπειδὴ τῇδε ἐπανῆκον, ἀναθέμενοι τὰ ὡμολογημένα, ἔξω ὀλίγων πάνυ, περὶ ὧν ὃ δοκεῖ τοῖς ἡμετέροις, σὴν ἔγωγε χάριν σιωπῶ.

thone missam fuisse (quæ hodie desideratur) cum hoc superstite nunc epilogo. Plura nos de hac re in præfatione.

1. Codd. omnes καταδύειν. — 2. Cod. 2045, καί, sed A. recte ἀλλ'

3. A. ἔπειτα δ' οὐδ'.

4. Cod. 2045, δ' elidit, non item A.

IX.

ΣΧΟΛΑΡΙΟΥ, ΤΟΥ ΥΣΤΕΡΟΝ ΓΕΝΝΑΔΙΟΥ,

πρὸς Πλήθωνα, ἐπὶ τῇ πρὸς τὸ ὑπὲρ Λατίνων βιβλίον αὐτοῦ ἀπαντήσει, ἢ κατὰ Ἑλλήνων.

Ἐδεξάμην σου[1], φίλων ἄριστε καὶ σοφώτατε, τὴν ἐπιστολὴν, ἐν ᾗ φιλεῖν μεν ἐμὲ, καὶ μήτε ὠργίσθαι, μήτε πρὸς ὀργήν τι ποιεῖν ἔλεγες· ἀναπέμψαι δέ τι βιβλίον τῷ θειοτάτῳ Βασιλεῖ, πρὸς τὰ ὑπὲρ Ἀριστοτέλους ἠγωνισμένα μοί ποτε, ἀντιγεγραμμένον. Αὐτίκα δὲ καὶ βιβλίον τί σου κατὰ Λατίνων τῆς δόξης ἐφαίνετο, οὐ πρὸς ἡμᾶς γε οὐ μεμνημένος, ἐῴκεις αὖ καὶ μηνίοντι. Οὐ γὰρ ἠγνόεις ταυτησί γε τῆς ὕλης λόγῳ τε καὶ ἔργῳ τοῖς δυνατοῖς ἀντιποιουμένους, καὶ διὰ τοῦτ', εἴ τις ἡμῖν ποθεν ἥκοι συνηγορία, ταύτην τε μεθ' ἡδονῆς ἁρπάσοντας, ὡς εἰκὸς, καὶ εἰσομένους χάριτας τῷ διδόντι. Τοῦτο μὲν οὖν καλῶς ποιοῦν, καὶ σοῦ γε μὴ ἀξιοῦντος, τὰς ἡμετέρας πρὸ πάντων χεῖρας ἐζήτησεν. Ἃ δ' ἔφασκες ἀντιγεγραφὼς ἀναπέμψαι, καὶ δεῖν ἡμᾶς ἐκεῖθεν λαμβάνειν εἴ γε βουλοίμεθα, ὁ μὲν θειότατος Βασιλεὺς ἡμῖν οὐκ ἐδίδου, σοῦ καὶ τῆς σῆς δόξης μᾶλλον, ὡς ἂν ἔγωγε φαίην,

1. Ined. ex cod. Paris. 1297, ubi in titulo prius scriptum fuerat καὶ κατὰ τῆς λατινικῆς δόξης, postea in margine rescriptum, ἢ κατὰ ἑλλήνων; quorum utrumque verum: non magis enim adversus Latinorum dogma quam adversus Plethonis novam gentilitatem scripta sunt hæc.

κηδόμενος· ἐπεὶ ἑώρα σε κατακεχρημένον τοῖς λόγοις, ὃν εἰς ἐπιείκειαν ἐπαινῶν καὶ σεμνότητα, καὶ τοιοῦτον βούλοιτ' ἂν πᾶσι δοκεῖν οἷς πράττεις. Τὸ γὰρ τῆς ἀσθενείας τῶν λόγων ἢ τῆς ἰσχύος, ἄλλοις ἀφεῖναι ἂν οἶμαι σκοπεῖν· μηδὲ γὰρ αὐτῷ γε νῦν τῶν τοιούτων μέλειν. Ἀλλ' εἰς ἄλλους οὐκ οἶδ' ὅθεν καὶ ὅπως ἐκπεπτωκότα (ἔδει γὰρ ἀρετὴν λόγων τοιαύτην δημοσιευθῆναί τε καὶ μὴ κρύπτεσθαι), οὐδὲ παρ' αὐτῶν πώ τινος δέδοται, οὐδ'[1] ἔμοιγε αὐτῷ λαμβάνειν, εἰ δεῖ τἀληθῆ λέγειν, προὔργου γεγενημένον· ἴσως δέ ποτε δώσει τις καὶ μὴ ἀπαιτοῦντι, ἢ χαριεῖσθαι, ἢ λυπήσειν οἰόμενος, ὁποτέρως ἂν ἐπιστήμης περὶ τῶν τοιούτων καὶ γνώμης ἔχων τύχοι περὶ ἐμέ. Κἀγὼ τὴν καὶ νῦν ἐνοῦσάν μοι περὶ αὐτῶν τε καὶ τῶν ἐμῶν ἐκείνων γνώμην, ταύτην αὐξήσας τότε, ὡς οἶμαι, τραχυτήτων δὲ τῶν ἐκεῖ, καὶ τοῦ μὴ χωρίς που, ἀλλ' ἐπ' αὐτοῖς τοῖς ἐμοῖς, ὥς τινα καὶ ἐπεμβαίνοντα ἢ προπηλακίζοντα, ἀντειπεῖν, ἢ ὅ,τι ἄλλο σοι καὶ ὅτου χάριν εἴη ἐξευρημένον οὐκ ἐπὶ καθαιρέσει μᾶλλον ἢ θεραπείᾳ τύφου τινὸς, τούτων δὴ τοσοῦτον φροντίσας[2], ὥστε καὶ ἐφησθῆναι, ἄλλως τε καὶ ἀνταποδιδομένοις, ἔπειτα θαυμάσομαί σε, οἷς ποτε προείλου νεανικώτερον ἀμύνοντα καὶ σαυτῷ. Καὶ ἀεὶ γάρ σου ποιοῦμαι ἐν θαύματι πρὸς τοῖς ἄλλοις, καὶ ὅσα ἐς σοφίαν καὶ τὴν τῶν λόγων ἐστὶ τέχνην. Τὸ μὲν γὰρ καὶ τἀληθοῦς ἐν ταῖς περὶ ἁπάντων δόξαις ἐφάπτεσθαι, χαλεπόν ἐστι καὶ σοὶ καὶ ἔμοιγε καὶ ὁτῳοῦν, ἕως ἂν ἐν τῷδε ὦμεν τῷ σώματι· τὸ δὲ τὰ δοκοῦντα, ὡς οἷόν τε, καὶ λόγοις ἔχειν δεικνύναι, καὶ ἱκανοὺς εἶναί τι καὶ ἀντειπεῖν, τοὺς ἐπισταμένους πη τῶν

1. Cod. Par. quo uno nunc utimur, οὔτ' habet, et recte quidem, nisi quod οὐδὲ præcesserat. — 2. Cod. φροντίσαι.

μὴ τοιούτων καὶ τούτῳ¹ δὴ ἡγούμεθα διαφέρειν. Εἰ δέ τι μοι ἢ ἐν τοῖς τοῦ βιβλίου προοιμίοις ἐκείνου, ἢ ἔν τινι τῶν ἐπιστολῶν καὶ ἠπείλητο, καὶ τούτου ἀφέξομαι νῦν· οὐ διὰ τὸ οἴεσθαι, μὴ ἄν ποτέ σε δικαίως ἀντειπεῖν μου τῷ βιβλίῳ δύνασθαι· εἰδὼς γὰρ τοῦτο καὶ πρότερον, ὅμως διενοούμην τι καὶ ἀντιγράψειν αὖ πρὸς τὰ σὰ, ἢ καὶ ἄλλον τινὰ τρόπον τὰ τοιαῦτ' ἐξετάσειν, ὃς ἂν καὶ ἀμφοῖν τοῖν φιλοσόφοιν συνήνεγκε, καὶ σοὶ δήπου μετὰ θατέρου. Οὐ τοίνυν τούτου γε ἕνεκα, ἢ τοῦ δεῖν τῶν ἀντιγεγραμμένων σοι, ὡς μὴ κατὰ νόμον μήτ' ἐπὶ σπουδῇ ἀφειμένων, ὀλιγωρεῖν (οὐ γὰρ βούλομαί σε τοιαῦτα λέγων ἔτι λυπεῖν), ἀλλὰ τῷ μείζω σοι χάριν ὀφείλειν τῶν κατὰ τοῦ Λατινικοῦ βιβλίου συγγεγραμμένων, ἢ ὅσον ἀμύνοιτ' ἄν τις διὰ τὰ ἕτερα, εἰ καὶ ἔδει με ἀντιλέγειν, οὐκ ἀντερῶ· καὶ εἰ σιωπᾶν μᾶλλον ἐχρῆν τοῖς προτέροις ἐκείνοις ἀρκούμενον, καὶ διὰ τοῦτο μάλιστα σιωπήσομαι, καὶ ἀφέξομαί σου τῶν δευτέρων τούτων ἀποριῶν καθάπαξ. Τὸ μὲν γὰρ, εἴτε διὰ σὲ βελτίων φανείη Πλάτων Ἀριστοτέλους οἷς οὐ πρόσθεν τοιοῦτος εἰς πάντα ἐδόκει, εἴτ' Ἀριστοτέλει σώζοιτο δι' ἐμὲ νῦν, ἣν ἐκ πολλοῦ δόξαν ἔσχεν, ἐν τοῖς γε πλείοσι καὶ σοφωτέροις, οὐ πάνυ μοι διαφέρει. Καὶ εἴτε τὰ δυνατὰ λέγειν δόξαιμεν ἄμφω ὑπὲρ ὧν ἐν τοῖς ἔξω προϊστάμεθον λόγοις, εἴτε καὶ μηδέτερος μηδετέρῳ βοηθοίη καλῶς, ἀλλ' ἐπίδειξις εἶναι ταῦτα δοκοίη μόνον τοῖς κρίνουσιν, οὐδὲ τούτου μοι μέλει τοσοῦτον ἐν τῷ παρόντι· ἀληθείας τε πέρι τῆς ἐν τοῖς τοιούτοις, οὔθ' ἡμεῖς γενοίμεθ' ἂν ἀλλήλοις κριταὶ, περὶ ὧν διενηνέγμεθα ἤδη, οὔτ' ἄλλοις πιστεύσαιμεν κρίνουσι, τῷ αὐτῷ δὴ καὶ πάντων πάθει ἐνεσχημένων², καὶ τῶν

1. Sic cod. τούτῳ post τὸ δὲ, anacoluthum. — 2 Cod. ἐνισχημ.

μὲν τῷ ἑτέρῳ προσκειμένων, τῶν δὲ τῷ ἑτέρῳ τοῖν φιλοσόφοιν, ὧν οὐδέτεροι τοῖς θάτερα τετιμηκόσι γένοιντ' ἂν ἀξιόχρεῳ διαιτηταὶ περὶ τῶν ἑτέρων. Λοιδοριῶν δὲ πέρι καὶ τοιαύτης ἀσχημοσύνης τίς ἂν ἁμιλληθείη καὶ ὁτῳοῦν; ὧν γε οὐδὲ τοῖς ἐχθροῖς εὔξαιτ' ἄν τις τὸ πλέον ἔχειν, μή τι γε ἑαυτῷ, σώφρων τε καὶ ἐπιεικὴς ὤν, πλὴν εἴ τινα καὶ τοιοῦτον θειοτέρα τις αἰτία καὶ ἄφυκτος καὶ ἄρξασθαί ποτε κατηνάγκασε. Τούτοις μὲν δὴ καὶ τοιούτοις ἔγωγε νῦν ἥκιστα προσέχειν φημί. Τοῦ δὲ τὴν πάτριον ἡμῶν θεοσέβειαν, ἢ φυλάττοντας ἅμα τε Θεῷ καὶ φρονίμοις πᾶσιν ἀρέσκειν, ἤ, ὡς οὐδὲν διαφέρον, ἀντὶ δοξῶν τε οὐκ ἀληθῶν καὶ πραγμάτων ἄλλων προϊεμένους δυσσεβεῖν, πολύ τι δή, ὡς οἶσθα, καὶ ἡμῖν ἐκ πολλοῦ ἐμέλησέ τε καί, σὺν Θεῷ φάναι, μελήσει, ὥσθ' ὅπως μὴ πολλοῖς συμβαίη τὰ δεύτερα. Οὐ γὰρ περὶ ἡμῶν γε αὐτῶν, σὺν αὐτῷ Θεῷ δ' εἰρήσθω, τοιοῦτό τι δέδιμεν. Ὧν ἕνεκα ζηλωτοὶ τοῖς πολλοῖς ἐδοκοῦμεν, τούτων οὐκ ἔσθ' ὅ,τι οὐ προηκάμεθα χαίροντες. Οὐ γὰρ ἦν, ὡς ἔοικεν, ἐκείνων τε ἀπολαύειν καλῶς, καὶ τοὺς ἄλλους λόγῳ τε καὶ ἔργῳ πείθειν, ὡς σωφρονοῖεν. Εἰσὶ δ' ἐν τῷ νῦν χρόνῳ τοιοῦτοι παρ' ἡμῖν οὐκ ὀλίγοι, οὓς καὶ αὐτὸς ἔφησθα δεδιέναι[1], τὸ δ' ὅπως μὴ γένοιντό ποτε ἡμῶν τε καὶ τῶν ἡμετέρων λόγων κρείττους Λατῖνοι, μὴ δεδιέναι. Τοσοῦτ' ἀπέσχομεν θεοσέβειάν τε καὶ ἀνθρωπίνην τιμὴν ἀντικαταλλάττεσθαι, ὃ ληρεῖν τινες οὐκ ὀκνοῦσι, τῶν πραγμάτων αὐτοῖς ἀντιφθεγγομένων, κυνιδίων ὡς ἀληθῶς ἐπιδεικνύμενοι προαίρεσίν τε καὶ δύναμιν, ὅτι τὸν θυμὸν ἐν ταῖς λοιδορίαις, ὡς ἐκεῖνα ταῖς ὑλακαῖς, ἐξεμοῦντες, πολὺ πλέον ἐν τοῖς ἀναγκαίοις ἀπαυδῶσιν ἢ ὅσον ἐν

1. Confer pag. 309, lin. 4, sqq.

ταις τῶν περιττῶν τε καὶ χειρόνων νικῶσιν ὑπερβολαῖς. Εἰ δ' ἀγανακτοῖεν πρεσβείου τινὸς εἵνεκα, καὶ μείζοσιν οὐκ ὀκνήσομεν αὐτοὺς παρεικάσαι, ταῖς ἀλωπεκίσι καὶ ταῖς Ἀκταίωνος. Σὺ δ' ἀεί τε ἦσθα ἐν τοῖς περὶ τοῦ ἀμφισβητουμένου τούτου λόγοις τῷ γένει τε καὶ τῇ Ἐκκλησίᾳ φίλιος, καὶ οὐδενὶ οὐδέποτε τρόπῳ ἐπαχθής, καὶ νῦν τεκμηρίῳ μεγίστῳ τοῦτ' ἔδειξας· ὥστ' εἰ καί τινας πρόσθεν τοιοῦτος ὢν ἐλελήθεις, αὐτοῖς τε καὶ τοῖς διαβάλλειν ἐπιχειροῦσι μηκέτ' ἂν ἐξεῖναι τὰ τῶν ἀγνοούντων ἢ ἐθελοκακούντων ἐνδείκνυσθαι περὶ σέ. Πῶς οὖν δίκαιος ἂν ἦν ἀντιλέγειν ἐπιχειρῶν ἢ βασκαίνων τῷ ἐς τὰ μέγιστά τε καὶ οἰκειότατα ξυμμαχοῦντι οὕτω χρησίμως; Εἰ γάρ με δύο φεύγοντα δίκας, ἀπήλλαττες μὲν τῆς μεγίστης συναγορεύων, καὶ ἣν πάντων ἂν τῶν ὑπαρχόντων ἠλλαττόμην νικᾶν· οὗ δ' ἔδει με μηδέν τι σχεδὸν βλάπτεσθαι ἐπεβούλευες, ἢ διώκων ἢ τῷ διώκοντι συνιστάμενος· ἆρ' εὐγνῶμον ἂν ἦν, ἀφέντα σοι χάριν εἰδέναι ὧν ἐσπούδακας ὠφελεῖν, ἐλαχίστου ἀδικήματος μνησικακεῖν τε καὶ ἀντεπεξιέναι πειρᾶσθαι; Πολλοῦ γε καὶ δεῖ. Εἰ δὲ καὶ μὴ ἡμῖν ἐχαρίζου προὔργου, τῇ δ' ἀληθείᾳ, καὶ τῷ δικαίῳ, καὶ πολλοῖς ἄλλοις ὧν σοὶ οὐδέν τι[1] ἧττον ἡμῶν αὐτῶν μέλει, καὶ οὕτως ἡμᾶς ἔδει, τὸ οἰκεῖον μὴ ὑπολογιζομένους, ἀμείβεσθαι τὸν εἰς τὸ κοινὸν ὠφελοῦντα, εἴ τι καὶ ἰδίᾳ αὐτῷ μέμφεσθαι ἔχοιμεν, ἀφιέντας, καὶ ἐξὸν ἐλέγχειν, οὐκ ἐξελέγχοντας. Οὐκοῦν διὰ ταῦτα πρὸς μὲν τὰ σά γε ἐκεῖνα, ὁποῖ' ἂν δόξειεν ὀφθέντα ποτὲ, οὐδέν μοι ἀντιγεγράψεται, ἀλλ' ἐάσω σε ἀπολαύειν ὧν ἐς Ἀριστοτέλη τε αὖ καὶ ἡμᾶς, ὡς οἱ

1. Cod. οἷς οὐδέν τι, quod nos conjectando emendavimus.

ἰδόντες λέγουσιν, αὐτοσχεδιάσας, ᾤου τι ἀμυνεῖσθαι ἢ ἐπιδείξεσθαι, ὡς ἂν εἴη σοι[1] καὶ ταῦτα διατριβὴ [καὶ[2]] τοῖς ἥδιστ' ἂν ἰδοῦσι μετ' ὀργῆς ἀναπαλαίειν πειρώμενον καὶ κραυγῆς, καί τοι σχεδὸν ἀποτριαχθέντα· οὐ γὰρ ἡμῖν γε δόξειεν ἂν, οἷα δή φασι[3] καὶ Κυμαίοις[4]. Καὶ ὃ δὴ[5] πλέον ἐστὶ, συγχωρήσαιμ' ἄν σοι καὶ Πλάτωνα καὶ Ἀριστοτέλη ληρεῖν ὁμοίως. Τί γὰρ ἂν καὶ ὄφελος γένοιτο, ὁποτέρου τούτοιν πλέον εὐδοκιμοῦντος; Οἳ τῆς κερδαλεωτάτης ἀληθείας οὐχ οἷοί τε ἐγένοντο ἢ οὐκ ἠξίωντο τυχεῖν· ὃ σφίσι τε αὐτοῖς καὶ τοῖς ἄλλοις αἴτιον γέγονε τοῦ καὶ περὶ τῶν ἄλλων, ὅσα ἐλάττω τυγχάνει τῷ γένει ὄντα, ἄλλον ἐν ἄλλῳ τοῦ ὄντος διαμαρτεῖν. Ἀλλ' εἴ τί γε ἄρα καὶ χρήσιμοι τοῖς χρωμένοις δύναιντο εἶναι, τοῦτο καὶ παρ' ἑτέρων λαβεῖν ἔστι, προαιρέσει μὲν τοῖς πολλοῖς οὐκ εὐπετεστέρᾳ, σπουδῇ δὲ ἐλάττονι. Οὗτοι δ' εἰσὶν, οἳ τῷ τῆς ἱερᾶς διδασκαλίας ἐλλαμφθέντες φωτὶ, τῇ ἐξ ἐκείνων σοφίᾳ ὥσπερ τινὰ ἐπιστήσαντες ταύτην παιδαγωγὸν, αὐτοί τε πολλῷ Ἀριστοτέλους καὶ Πλάτωνος καὶ τῶν ὁμοίων βελτίους ἐγένοντο, καὶ τοὺς συγγινομένους αὐτῶν ταῖς βίβλοις τοιούτους ποιοῦσι. Καὶ πολλοί γε δι' αὐτῶν τοιοῦτοι γεγένηνται, οἷοι μὴ ὅτι τῶν εἰρημένων, ἀλλὰ καὶ Ἑρμοῦ αὐτοῦ καὶ Ἀπόλλωνος καὶ Μουσῶν, καὶ πάντων ἐφ' οὓς ἡ Ἑλληνικὴ ἀναφέρει σοφία, πάμπολυ ὑπερενεγκεῖν. Τὰ μὲν γὰρ τῶν παρ' Ἕλλησιν[6] ἐπὶ σοφίᾳ πρώτων ἔργα τῶν γε πλειόνων, καὶ τῶν[7] τῶν φαυλοτάτων ἰδιωτῶν χείρω ἦν, τῷ τὴν μὲν περὶ τὸ

1. Cod. σου. — 2. Cod. καὶ non habet. 3. Cod. φησί.
4. Quia nempe σκώπτεται εἰς ἀναισθησίαν ἡ Κύμη, Strab.
5. Cod. δέ. — 6. Cod. ἕλλησι. — 7. Cod. τοῖς τῶν.

αἰσθητὸν ἅπαν διατριβὴν μὴ δύνασθαι τῇ μετουσίᾳ τοῦ κρείττονος καὶ τῇ τοῦ ὄντος καλοῦ θήρᾳ τὸν ἄνθρωπον προσαγαγεῖν, καὶ εἰ θεωρητικῶς περὶ αὐτὰ μόνον στρέφοιτο ἄνευ τοῦ ἥκιστα αὐτῶν ἐφάπτεσθαι καὶ τῇ αἰσθήσει· περὶ δέ γε τῶν νοητῶν μηδὲν αὐτοῖς σαφὲς εἶναι περὶ ὅτου ἂν καὶ ἐλπίς τις εἴη βεβαία οὕτω καὶ ἔχειν ὡς ὑπ' αὐτῶν ἔγνωστο, ἀλλ' ὥσπερ ἄλλην τινὰ τῶν ἐπιστημῶν, οὕτω δὴ καὶ τὴν περὶ τῶν θείων ἀσκῆσαι, καὶ πολλῷ χεῖρον, ὅσῳ δὴ καὶ ἥττονι βεβαιότητι· εἶναι μέν τινα τῶν φαινομένων πολλῷ κρείττω καὶ αὐτῶν ἐνίους ὑπειληφότας, τοιαῦτα δ', οἷα αὐτὸς ἕκαστος ὑπείληφεν εἶναι, ἔκ τινων μύθων ἢ τῶν οἰκείων προλήψεων, καὶ ἀρχῶν, ἅς ποτε ἀληθεστέρας τῶν ἄλλων τυγχάνειν ᾤετο, ὡρμημένος. Λαθεῖν δὲ οὐδ' αὐτοὺς ἐκείνους τὸ μηδὲν πιστὸν ἔχειν περὶ αὐτῶν, εἰ μὴ ἐς ὅσον καὶ τῇ τῶν ἰδιωτῶν πλάνῃ ἐκέχρηντο, χρηστηρίοις καὶ ταῖς ἐκεῖθεν προσέχοντες ἀφορμαῖς, οὐκ ἐξηπατημένοι μᾶλλον, ἢ ἑκουσίῳ ἐνδείᾳ τοῦ ἀληθεστέρου τε καὶ βελτίονος· σαφὴς γὰρ ἦν ἡ παρὰ τῶν δαιμόνων φενάκη. Δι' ἃ δὴ καὶ οὐκ ἀπεικότως ἐκεῖνοι πάντες σχεδὸν ἀσύμφωνα τῇ ἐπαγγελίᾳ τοῦ βίου ἔργα ἐπιδειξάμενοι, οὐδὲν τοῦ τρίβωνος ὤναντο καὶ τῆς ἐν ταῖς στοαῖς ἢ τοῖς περιπάτοις ἀδολεσχίας, ὥστ', εἴπερ τινάς, αὐτοὺς ἂν εἶναι τοὺς εἰς ὄνων τε καὶ θηρίων ἄλλων σώματα εἰσιόντας σὺν αὐτῇ φιλοσοφίᾳ καὶ τοῖς καλοῖς θεωρήμασιν, εἴγε ἀληθεῖς αἱ μετενσωματώσεις καὶ οἱ περὶ αὐτῶν ἦσαν λόγοι. Οἱ δὲ τῆς ἱερᾶς ἡμῶν πίστεως ἡγεμόνες, εὐθὺς ἀπὸ τῆς εὐτυχοῦς ἐκείνης οἰκονομίας τοῦ κρείττονος μέχρι καὶ ἐπὶ πλεῖστον χρόνον, οὐ μόνον τοῦ αὐτῶν λόγου καὶ οἱ σοφώτεροι, ἀλλὰ καὶ παντὸς λόγου κρεῖττον ἐβίουν [1], ὥσπερ εἰκὸς ἦν τοὺς αὐτῇ Θεοῦ σοφίᾳ, συγγενέσθαι τοῖς ἀνθρώποις ἀξιωσάσῃ τούτου χάριν, ἀκολουθοῦντας. Γραμμῶν μὲν καὶ ἀριθμῶν καὶ τῶν οὐρανίων τηρήσεως, καὶ φυσικῆς ἐπιστήμης, οἱ μὲν οὐδὲ τὴν ἀρχὴν ἐπαΐοντες· ὧν γὰρ τῆς ἀπολαύσεως ὠλιγώρουν, τούτων τὴν εἴδησιν, καὶ τῶν περὶ αὐτὰ παθημάτων, οὐδὲν ἡγοῦντο σεμνὸν, πάνυ καλῶς ποιοῦντες. Εἰ γὰρ τὸ γνῶναι πρὸς τὸ ὑπερφρονῆσαι τῶν γε τοιούτων φέροι ἂν, τοῖς γε νοῦν ἔχουσι, καὶ ἐρασθῆναι τοῦ κάλλους, ὃ ὑπὲρ ταῦτα πάντα ἐστὶν, ἀφανὲς ἔτι ὂν, τί γ' ἂν ἐδέοντο κάμνειν περὶ τὴν τοιαύτην γνῶσιν, ὁδῷ ῥᾴστῃ τε καὶ δικαιοτάτῃ, καὶ πείρᾳ βεβαίῳ, μετὰ τοῦ ἐραστοῦ κἀνταῦθα, ὡς ἐγχωρεῖ, γενέσθαι δυνάμενοι; Οἱ δὲ καὶ ταῦτα μὲν ᾔδεσαν, ἀλλ' οὐδὲν μᾶλλον τῶν οὐκ εἰδότων ἐχρῶντο, πλὴν εἴ που ἐδέησε τοὺς ἐπὶ τῇ ματαίῳ ταύτῃ σπουδῇ μόνῃ σεμνυνομένους ἐλέγχειν, καὶ τὰ ἐκεῖθεν ἀνθίστασθαι τῇ ἱερᾷ ἀληθείᾳ δοκοῦντα δεικνύναι οἷα ἐχρῆν δείκνυσθαι, καὶ ὡς ἂν μὴ κομπάζειν δύναιντο, ἢ ὡς δι' ἀμαθίαν τῶν ἄλλων ἐπὶ τὰ βελτίω ἱεμένων [2], τῶν τῷ ὄντι φιλοσόφων καταγελᾷν, οἱ τῇ τῶν φαινομένων γνώσει προσηλωμένοι. Πάντες δ' ὁμοῦ τὴν ἀληθινὴν σοφίαν τοιαύτῃ [3] τε εὗρον σπουδῇ, οὐκ ἄνευ τῆς ἐξ αὐτῆς ὁδηγίας, καὶ εὑρημένην ἐτίμησαν οὕτω, ὥσθ' ὑπὲρ αὐτῆς καὶ τῶν αὐτῆς νόμων θνήσκειν τε καὶ διὰ βίου τεθνηκέναι, ὃ δὴ τοῦ κατ' ἐκείνην βεβιωκέναι ἀκριβῶς, πολὺ μεῖζόν ἐστι. Τοιοῦτοι δὲ γεγονότες, οὐ μελέτην λέγοντες μόνον θανάτου εἶναι φιλοσοφίαν, ἢ μελετῶντες μὲν ἐν τῇ θανάτου τε καὶ τῶν θανάτου πολὺ χειρόνων κακῶν τοῦ σώματος ἀπουσίᾳ, ἐν δὲ τῷ ἔργῳ

1. Cod. ἐβίων. — 2. Cod. οἰομένων. — 3. Cod. τῇ αὐτῇ τε.

ἀφηνιάζοντες, ἀλλ' ἔργοις μᾶλλον ἢ λόγοις ἐπιδεδειχότες ἅπαντες τὴν προαίρεσιν, οὐ καθ' ἕνα αὐτοί τε οὕτως ἐφιλοσόφουν καὶ τοὺς ἄλλους ὁμοίους ἐποίουν, ἀλλὰ καθ' ὅσους παγχάλεπόν ἐστιν ἀριθμεῖν· πόλεις γὰρ ὅλαι καὶ ὅλα ἔθνη τὴν ὑψηλοτάτην αἵρεσιν ἠσπάζοντό τε ταύτην καὶ ἤσκουν, οὐδ' ἐν χρόνῳ πολλῷ, ἀλλ' αὐτίκα δὴ ἀποσκευαζόμενοι πᾶν κώλυμα, καὶ τῶν ἐν τῷ βίῳ τῷδε θελγήτρων, ὡς μηδ' ὑπ' αὐτῶν ποτε τερφθέντες, ἐπιλελησμένοι εὐθὺς τῷ τῆς ἀληθοῦς ζωῆς πόματι. Καὶ οἶμαι μὴ μόνον τῶν ἐκ τοῦ παντὸς τοῦ χρόνου ἀνθρώπων, ἀλλὰ καὶ πάντων τῶν ἐξ ἀϊδίου γ' ἂν γεγενημένων, ὡς Ἕλληνες ὑπελάμβανον, μὴ φιλοσοφῆσαι τοσούτους καὶ ἔργῳ τὴν προαίρεσιν ἐπιδείξασθαι, ὅσους ἢ ἐν πόλει μιᾷ τῶν ἁπανταχοῦ ἄρχων εἷς ἐν ἡμέρᾳ μιᾷ φιλοσοφήσαντας εἶδεν (οὐδὲν ἰσχυσάσης αὐτῷ τῆς μαγειρικῆς ὠμότητος, ἢ τὰ ἐκείνων σώματα μετιὼν, ἤλπισεν[1] ἀποστρέψειν τοῦ ὀρθοῦ φρονήματος καὶ τῆς ἐπ' αὐτῷ βεβαίου ἐλπίδος τοὺς μακαρίους), ἢ ἐν τῶν τῆς ἀρετῆς ἀσκητηρίων ἐνί τῳ πανταχοῦ μιᾶς γενεᾶς χρόνος, καὶ ὑφ' ἑνί που, εἰ τύχοι, καθηγεμόνι, πεφιλοσοφηκότας γνησίως, τῇ τῶν μακαρίων ἐν οὐρανοῖς προσήνεγκε πολιτείᾳ. Τὸ δὲ πλῆθος ἅπαν τῶν ὑπὸ τῆς ἀληθείας κατασχεθέντων, ἐξότου δι' ἑαυτῆς ἐβουλήθη τοὺς ἀνθρώπους ἐπιστρέψαι πρὸς ἑαυτὴν, τίς ἂν οὐκ ἐπὶ νοῦν ἐκπλαγείη λαβών; Τοσοῦτον ἀπέχει τῇ κατὰ Χρίστὸν φιλοσοφίᾳ ἡ τῶν τινος ἀνθρώπων παραβληθῆναι καὶ πάντων ὁμοῦ, τῷ τε πλήθει τῶν βελτιουμένων καὶ τῷ τάχει τῆς βελτιώσεως, ὥστε καὶ κινδυνεῦσαι ἂν μάτην γεγονέναι τουτονὶ τὸν κόσμον, (οὗ τῆς συστάσεως

1. Cod. ἤλπισαν.

τέλος τὸν ἄνθρωπον καὶ τῶν ἔξω πολλοὶ τιθεῖσιν εἶναι, καὶ εἰ μὴ τοῦ σύμπαντος, ἀλλ' ὅσα τῶν γινομένων εἰσὶν ἀρχαὶ τῶν ἐν τούτῳ), καὶ τὰς τῶν ἀνθρώπων γενέσεις τε καὶ ζωὰς καὶ ἐφέσεις εἰκῆ τῷ παντὶ χρόνῳ προστίθεσθαι, εἰ μὴ τὴν τῆς ὑπερφυοῦς ἀληθείας φανέρωσιν οὕτως ὁ Θεὸς ᾠκονόμει, ὥστε καὶ ἀποκαλυφθείσης, καὶ μενούσης ἔτι τοῖς ἀμβλυτέροις κεκαλυμμένης, καὶ τῷ μὲν ὑπερφυεῖ τῶν μαθημάτων ἀφιστάνειν δοκούσης οὐχ ἧττον ἢ τῆς διδασκαλίας τῷ τρόπῳ, διὰ δὲ τῶν παραδόξως αὖθις ἐνεργουμένων πάντας προσαγομένης, τοσοῦτον ἑσμὸν ἀνθρώπων ἀθρόον τῇ τῆς ἀληθείας ἐπιγνώσει, καὶ τῇ δι' αὐτὴν ἀρετῇ συμπάσῃ, πρὸς τὴν τοῦ θείου κοινωνίαν εὐμεθόδως ἐλθεῖν. Οὔκουν οὐδὲ περιώφθη, μὴ ἐπὶ τὸ ἀναγκαιότατόν τε καὶ βέλτιστον τά τε ἀνθρώπεια ἐλθεῖν αὖ πράγματα τέλος, καὶ ὅσα αὐτῶν ἕνεκα τῶν ἀνθρώπων ἔστι καὶ γίνεται, οὗ[1] δὴ καὶ τὴν ἀρχὴν ἡ τοῦ πεποιηκότος ἔτεινε βούλησις, ὡς εἰκὸς ἦν. Διὸ δὴ καὶ τοῦ κατὰ Χριστὸν ἀνεῳγμένου διδασκαλείου, ἐπεὶ ἔδει ποτὲ τοῦτ' ἀνοίγνυσθαι, ὑπεχώρουν μὲν οἱ φυσικοὶ καὶ γεώδεις περὶ τῶν ὑπερφυῶν στοχασμοὶ, τὰ δ' ἱερὰ τοῖς ἀνθρώποις ἐνεφυτεύετο δόγματα, καὶ ταῦτα τοῖς ἔργοις τῶν δοξαζόντων σύμφωνα ἦν. Καὶ ἡ μὲν τῶν δαιμόνων οὐκέτ' ἦν ἰσχὺς οὐδαμοῦ· τὸ δὲ τοῦ ταύτην καταλύσαντος ὄνομα Ἰησοῦ κατ' αὐτῶν τε καὶ τῶν ἀῤῥωστημάτων ἐκράτει πάντων τῆς φύσεως, καὶ [ἡ][2] ἐνδυναστεύουσα τοῖς ἀνθρώποις ἐκ μακροῦ φιλία τῶν προσύλων τούτων ἐλύετο, καὶ ἡ πρὸς τὸν οὐρανὸν φέρουσα τῶν ἐπὶ τὸν Θεὸν ἀνιόντων ἔγεμεν ὁσημέραι, μυρίων ἐξ

1. An οἷ potius, ob ἔτεινε quod sequitur? — 2. Cod. ἡ omittit.

ἁπάσης τῆς οἰκουμένης, τῶν μὲν ἀπὸ τῆς ὑπὲρ Χριστοῦ πάλης, τῶν δ' ἀπὸ τῆς ἐμπόνου τῶν ἐκείνου νόμων μελέτης ἀναλυόντων μετὰ πολλῶν τῆς μελλούσης εὐζωΐας καὶ φανερῶν ἐλπίδων καὶ προοιμίων. Καὶ ἠλέγχετο μὲν τὸ μαχόμενον ἅπαν τῇ βελτίστῃ ταύτῃ καινοτομίᾳ μάτην ἐπιχειροῦν· ἡ δὲ τοῦ Χριστοῦ δύναμις ἐν τῇ φυσικῇ τῶν αὐτῷ πιστευόντων ἀσθενείᾳ θαυμασίως ἐτελειοῦτο. Καὶ ἡ μὲν φύσις τοῖς τέρασιν ἐξηλέγχετο δυνάμει μείζονι νικωμένη· ὁ δὲ φυσικὸς ὑπεχώρει λόγος τοῖς κατὰ φύσιν ἀπιθάνοις, πειστικῆς τινος χάριτος θεόθεν συνεγχεομένης εἰς τὰς τῶν ἀνθρώπων ψυχάς.

Τοιούτων αἱ ἱεραὶ βίβλοι διηγημάτων καὶ δογμάτων ἀνάμεστοι, μηδὲ τῆς ἐν τῷ λόγῳ χάριτος ἀμοιροῦσαι τούτων αἱ πλείους, καὶ τὸ μὲν δηλητηριῶδες Ἀριστοτέλους καὶ Πλάτωνος διαπεφευγυῖαι, τὸ δὲ τέρπον ἀνεπαχθῶς τε καὶ ἀκινδύνως τοῖς μεταχειρίζουσιν οὐχ ἧττον ἐκείνων ἀποδιδοῦσαι. Ὧν τοῖς πατράσιν ὥσπερ τισὶ καὶ ὑποδείγμασι χρώμεθα, τῶν ἀγαθῶν ἐκείνων τῆς οἰκονομίας ἐγγυτέρω γεγενημένοις· ὅτε δὴ καὶ πιθανότητος μέν τι προσῆν ἔτι τοῖς Πλάτωνος μύθοις, εἰ δὲ βούλει, καὶ τῶν αὐτοῦ πάντων ὁμιλητῶν μετ' Ἀριστοτέλους, ἐκ τῆς σαπρᾶς ἐκείνης καὶ σκιώδους σεμνότητος· αὐτοὶ δὲ τῷ φωτὶ τῆς κατὰ Χριστὸν ἀληθείας, ὑπερνικῶντι καὶ σβεννύντι τὴν δεισιδαιμονίαν ἐκείνην καὶ ὑπερορίζοντι, μὴ ταῖς ἐκ τῶν πραγμάτων μόνον ἀνάγκαις καὶ ταῖς ἄνωθεν κατοχαῖς, ἀλλὰ καὶ λογισμῶν κρίσει δεῖν ᾤοντο σώζεσθαι τεθειμένοι. Καὶ ὡς παραδείγμασιν οὖν αὐτοῖς κεχρημένοι καὶ κανόσιν ἀδιαψεύστοις τῶν σωφρονεστέρων περὶ τῆς ἡμετέρας εὐζωΐας ἐλπίδων, οὐκ ἂν Ἀριστοτέλους καὶ Πλάτωνος ὑπεραλγοῖμεν ὑπ' ἀλλήλων ἀναιρουμένων· χαίροιμεν δ' ἂν καὶ τῆς ἐς τὰ κρείττω τῶν μαθημάτων ἀμβλύτητος σφίσιν ὑπὸ τῶν ἐκ Χριστοῦ φωτισθέντων ἐλεγχομένης. Καίτοι καὶ συγγνώμην αὐτοῖς τινα νεμόντων ἀκήκοα λόγων ἱερωτέρων ἐγώ. Ἀλλ' εἴ τινες νῦν τὰ σαπρὰ Ἑλλήνων ἀνανεοῖεν ληρήματα, τούτους φασὶν ἐν ἀσυγγνώστῳ καλινδεῖσθαι τῷ ψεύδει. Μετὰ γὰρ τὴν λαμπρὰν τῆς μοναρχίας ἀπόδειξιν, ἣν ἐκεῖνοι μὲν, ταῖς ἐπεισαγωγαῖς τῶν ψευδωνύμων ἀναιροῦντες θεῶν, τοῖς λόγοις μόνοις ἐτίμων, ὁ δὲ τοῦ Θεοῦ συμφυὴς καὶ οὐσιώδης Λόγος, μετὰ τῶν ἀνθρώπων γεγενημένος, ἀναμφισβητήτως καὶ καθαρῶς πιστεύειν ἐδίδαξε, ποῦ νῦν ὅσιον αὖθις θεοποιεῖν, καὶ τὴν ἀλόγιστον ἐκείνην θεοποιΐαν ἀναζωπυρεῖν ἀπεσβεσμένην πειρᾶσθαι, καὶ θεῶν τινων ἀναγνωρισμοὺς ἐκ φιλοσοφίας[1] ὑπὲρ τὴν ποιητῶν διάστροφον γνώμην, καὶ ἁγιστείας εὐσταλεῖς, ὥς αὐτοί φασι, καὶ νόμους ἠθῶν καὶ διαίτης ὑφ' ἡγεμόνι Ζωροάστρῃ καὶ Πλάτωνι καὶ τοῖς ἐκ στοᾶς, καὶ τοιαύτην τινὰ λόγων ὁμίχλην αὖθις συνάγειν; ἧς ταῖς τῆς ἱερᾶς διδασκαλίας ἀκτῖσι[2] θείως ἐσκεδασμένης, πρὸς τὰς τῆς ὑπερφυοῦς ἀληθείας αὐγὰς ἡ τῶν ἀνθρώπων φύσις ἀνέβλεψεν. Ἐκεῖνα μὲν οὖν εἰ συμβαίη μοι ἐς χεῖρας πάντα ἐλθεῖν, φλυαρίαν[3] ὄντα δείξω μακρὰν, καὶ πολλοὶ δείξουσιν· ἀλλὰ γένοιτο κἀμοὶ τοῦτον ἐνστήσασθαι τὸν ἀγῶνα, καὶ μὴ πῦρ, ἀλλὰ λόγους μᾶλλον ἀληθείας ἐπαφεῖναι τοῖς γράμμασιν, ὡς τοῖς γράψασι μᾶλλον πρέποντος τοῦ πυρός. Εἰ δ' ἄλλο τι περὶ ἡμῶν δοκοίη τῷ κρείττονι, ἥ γε πρόθεσις πρὸς εὐσέβειαν ἐξαρκέσει. Ὅτι δὲ μὴ συκο-

1. Cfr. librorum de Legibus procemium, pag. 2 et 4, quod Scholario jam tum, quum hæc scriberet, innotuisse mirum est, nisi alicujus a Plethonis secta transfugæ indicio.

2. Cod. ἀκτίσι. — 3. Cod. φλυαρίας.

ψαντῶ τετολμηκέναι τὰ τοιαῦτά τινας, καί τινας ἄλλους χαίρειν αὐτοῖς, νῦν μὲν αὐτοί τε συνοίδασι καὶ πολλοὶ μετ' αὐτῶν· δείξει δὲ καὶ πᾶσιν ὁ χρόνος ὁ φανερῶν τὰ τέως κρυπτόμενα.

Ἀλλὰ σύ γε οὐ σμικρῶς ἡμᾶς εὔφρανας, τὸν μὲν τῶν Ἑλλήνων ἐκθεὶς λῆρον [1], οὐδ' ἴσως παρέργως, ὡς ἄν, εἴ τινες αὐτὸν ἀγνοοῦντες ὑπ' ἐνίων ἐξαπατῷντο, μάθοιέν τε καὶ καταγνοῖεν· ἀπὸ τῆς αὐτῆς δὲ ὁρμωμένους ὡς ἔφησθα καὶ Λατίνους αὐτοῖς ὑποθέσεως ἐν τῷ παρ' αὐτῶν πεμφθέντι σοι γράμματι, δείξας ἢ μάτην Ἑλλήνων κατηγορεῖν, ἢ τοῖς αὐτοῖς ἐνεσχημένους [2] καὶ σφᾶς ἀγνοεῖν. Οὐ γὰρ ἔτι λοιπὸν χώρα τοῖς τὴν σὴν ψυχὴν διαβάλλουσι, καὶ φρονεῖν σε ἰσχυριζομένοις, ὧν δὴ καὶ προδήλως φαίνῃ καταφρονῶν· οὐδὲ πιστεύσει τις αὐτοῖς τῶν εἰδότων ταῦτα δὴ τὰ πρὸς Λατίνους σοι γεγραμμένα. Καὶ ἔγωγε, νὴ τὴν ἱερὰν ἀλήθειαν, ἐδόκουν δὴ καὶ Πλάτωνος ἀκούειν αὐτοῦ καὶ Ἀριστοτέλους πολλά τε μεμφομένων καὶ βοώντων ὑπὸ σοῦ τὰ μέγιστα ἠδικῆσθαι, μαθόντος μὲν αὐτῶν τὰ σεμνὰ, ἔπειτα ἐξορχησαμένου· ὃ δὴ καὶ τοῖς ὑπὸ τῆς ἀληθείας πεφωτισμένοις πᾶσιν ἡμῖν ἐμέμψαντ' ἄν, εἰ παρῆσαν. Μᾶλλον δ' οἱ μὲν κἂν ἐπήνεσαν ἡμᾶς οὕτω τἀκείνων [3] φαυλίζοντας, πείρᾳ μεμαθηκότες, ὡς οὐδὲν αὐτοὺς ὤνησεν ἡ πρὸς τὴν θείαν φύσιν παρανομία, οὐδὲ τῆς θεοποιΐας εὐτυχῶς ἐκείνης ἀπήλλαξαν· οἱ δὲ ζηλωταὶ νῦν ἐκείνων, ὑπ' ἀπειρίας, ἐγένοντ' ἂν σοι καὶ πολλῷ χαλεπώτεροι, εἴπερ οἷόν τ' ἦν, ἀποῤῥίψαντας τὴν ὡς ἐπὶ φαυλοτάτοις πάντως αἰδῶ, παῤῥησίᾳ σοῦ καταβοᾷν, ὡς ἠδικηκότος. Οὐ γὰρ μικρὸν ἡ σὴ ψῆφος

1. Confer, quæ hic optime discutiuntur, ipsa Plethonis verba, supra, p. 302, sq. — 2. Cod ἐνισχημένους. — 3. Cod. τὰ κείνων.

δύναται, πρὸς μὲν τὴν τῆς ἀληθείας κατασκευὴν αὐτῆς[1] τῆς ἀληθείας καὶ τῶν ταύτης ἔργων ἀρκούντων, καὶ τοῦ πλήθους τῶν ἐκείνῃ μετὰ λόγου τε καὶ ἀρετῆς τεθειμένων, ὧν εἴ τις ὑπερορῶν ἑαυτῷ πρὸ ἐκείνων θέλει πιστεύειν, τὰ τῶν μαινομένων ὅγε τοιοῦτος δικαίως ἂν νομίζοιτο πάσχειν· τοῦ δὲ τὸ ψεῦδος, ἀναβιώσκεσθαι τολμῶν, συμπατεῖσθαί τε καὶ συμπνίγεσθαι, δι' ἐκείνου μάλιστά γε συμβησομένου καλῶς, ὃν οὐδὲν λέληθεν, ἐφ' οἷς ἐκεῖνο πεφρονηκὸς αὐθαδίζεται. Ἀλλὰ σύ γε, ὥσπερ ἐπισκηπτόμενος[2], τιμᾷν μὲν φήσεις αὐτοῖς καὶ Ἀριστοτέλη, ἐν οἷς ἂν δέοι, καὶ Πλάτωνα, καταγινώσκειν δ' αὐτῶν, οὔ τι καὶ παρὰ νόμον φθέγγονται· τοῦτο δ' ἐν τοῖς καιρίοις ἑάλωσαν πεπονθότες. Ἢ πῶς ἂν ἔχοι[3] λόγον, ἢ τὴν οὐσίαν τοῦ Θεοῦ μὴ διακρίνειν τῆς ἐνεργείας[4] οὐδ' ὁπωσοῦν ἀληθῶς, ἐξ αὐτῆς τοῦ πράγματος διεννηνοχότος τῆς φύσεως, καὶ τὸ τί ἦν εἶναι διάφορον ἔχοντος[5] καὶ ἐν αὐτῷ τῷ Θεῷ, εἴ γε μέλλοι τις μὴ εἰκῇ ταῦτα ψοφεῖν τὰ ὀνόματα, καὶ μήτε τῆς, ὡς ἂν ἐκεῖνοι φαῖεν, ἑνότητος αὐτῶν, μήτε τῆς διακρίσεως εἰς οὐδὲν ἀπολαύειν. Ἢ παῖδας μέν τινας τοῦ Θεοῦ λέγειν ἐκ τῆς οὐσίας αὐτοῦ προηγμένους, εἴπερ δὴ καὶ τῆς ἐνεργείας, τῆς αὐτῆς ἂν οὔσης τῇ φύσει καθάπαξ, εἶτα μὴ δεῖν τὸν Θεὸν ἀξιοῦν τοὺς αὐτοὺς τῇ φύσει, ἀλλ' ἑτέρας ἅπαντας οὐσίας καὶ πολὺ ὑποδεεστέρας προάγειν. Ἢ γὰρ ἐχρῆν μηδένα ἐκ τῆς οὐσίας τοῦ Θεοῦ, ταὐτὸν δ' εἰπεῖν τῆς ἐνεργείας κατ' αὐτοὺς, προαχθῆναι λέγειν, ἀλλ' ἄπαιδα εἶναι καθάπαξ τὸν Θεὸν καὶ ἄγονον. Καί τοι οὕτω αὐτὸς μὲν μάλιστα ἂν εἷς ἦν καὶ ἓν ἄτομον, ὥς φασιν, ὃ πολὺ βέλτιον ἂν εἴη τοῦ ἐς πολλὰ τὴν

1. Cod. τῶν. — 2. Cod. ἐπισκεπτόμενος. — 3. Cod. ἔχοιτε.
4. Hæc et seqq. ex ipso Plethone, p. 303. — 5. Cod. ἔχοντα.

θεότητα κατατέμνειν· ἡ δὲ κτίσις οὐκ ἂν ἐγίνετο ἐκ Θεοῦ, ἀλλ' ἢ ἐκ ταὐτομάτου γ' ἂν ἦν, ἢ οὐδ' ἂν ἦν ὅλως· οὐχ ὅτι μόνον οὐκ ἂν οἷόν τ' ἦν, μὴ ὄντων τῶν συνδημιουργούντων τε αὐτὴν καὶ συνεπιτροπευόντων παίδων ἐκείνου (δέοι γὰρ ἂν αὐτοῖς καὶ ἄμφω ὑπάρχειν), ἀλλὰ τῷ καὶ τὴν ἐνέργειαν αὐτοῦ ἄγονον εἶναι, τὴν αὐτὴν οὖσαν τῇ οὐσίᾳ καθάπαξ. Ἢ τοίνυν οὕτω νομοθετεῖν αὐτοὺς ἔδει, ἢ ἐκ τῆς οὐσίας τοῦ Θεοῦ λέγοντας γεγεννῆσθαι παῖδάς τινας καὶ πολλούς γε, καὶ τῆς αὐτῆς οὐσίας ἀξιοῦν εἶναι, καὶ πάντας ὁμοουσίους, καὶ ἴσον δυναμένους ἁπλῶς τε κἂν τῷ παντὶ τῷδε καὶ τοῖς αὐτοῦ μέρεσι. Καίτοι οὕτω, ἢ αὐτοὺς ἔδει μόνον αὖ εἶναι, καὶ τῶν δημιουργημάτων οὐδέν· οὐ γὰρ ἂν ἔμελλεν ὁ Θεὸς δήπου ἕτερ' ἅττα προάγειν τῇ ἐνεργείᾳ, ἵνα μὴ κἀκεῖνα θεοὶ εἶεν, τῇ αὐτῇ δήπου προηγμένα ἀρχῇ, τῆς αὐτῆς ἂν οὔσης ἐνεργείας τε καὶ οὐσίας καθάπαξ· ἢ καὶ τὰ ὄντα πάντα θεοὺς εἶναι, εἴθ' ὁμοίως ἐκ Θεοῦ τῇ οὐσίᾳ γεγενημένα, εἴτε καὶ ἐκ τῶν τοῦ Θεοῦ παίδων, ὡς αὐτοὶ ἐξ ἐκείνου τυγχάνουσι προηγμένοι. Οὐδεὶς γὰρ ἂν λόγος δοθείη ἀνθρώπινος τοῦ, ἢ τὸν Θεὸν ἐκ τῆς οὐσίας μὲν αὐτοῦ προάγειν, εἴτουν τῆς ἐνεργείας, πάντα τὰ ὄντα, μὴ εἶναι δὲ πάντα θεοὺς, εἴπερ ἔνια αὐτῶν θεοί εἰσι διὰ τοῦτ' αὐτὸ τὸ ἐκ τῆς οὐσίας αὐτοῦ προελθεῖν, ἢ τοὺς Θεοῦ παῖδας, ἐκ τῆς οὐσίας αὐτοῦ προεληλυθότας, μὴ θεοὺς προάγειν, ἅττ' ἂν ἐκ τῆς σφῶν οὐσίας προάγοιεν. Τὸ δ' ἐκ τῆς οὐσίας τοῦ Θεοῦ προελθεῖν τινα μὴ τὴν οὐσίαν ἔχοντα τοῦ Θεοῦ, ἐπίσης φαῦλόν ἐστι τῷ καὶ πάντα τὰ ἐκ τοῦ Θεοῦ προεληλυθότα ὁπωσοῦν τῆς αὐτοῦ μετειληφέναι οὐσίας. Ὡς γὰρ ἐκεῖ ἴσα τῷ Θεῷ ἔσται ἃ δεῖ αὐτοῦ πάμπολυ ἕτερα εἶναι καὶ μηδὲ ξυμβεβλῆσθαι ἄξια, οὕτω κἀνταῦθα ἔσται ἀνόμοια ἃ δέοι γ' ἂν μηδὲν διενηνοχέναι. Εἰ δὲ καὶ γόνιμος ὅλως ὢν καὶ παραγωγὸς πλειόνων, τὰ μὲν ἕτερα αὐτοῦ ὑποστήσει (τὸ δ' ὅπως ἐκ τῆς οὐσίας αὐτοῦ γινόμενα τοιαῦτ' ἂν εἴη, ἠπόρηται πρότερον), ἐν ἑαυτῷ δὲ καὶ τῇ οἰκείᾳ ἑνότητι ἄνευ τινὸς προόδου μενεῖ, καὶ εἷς ἔσται, ὥσπερ ἓν ἁπλῶς ἄτομον, καὶ ὥσπερ τις μονώτης ὡς ἀληθῶς, πῶς οὐ καὶ πολὺ βελτίω αὐτοῦ ἔσται τὰ ἔργα; Τούτων γὰρ ἔνια οὐ κατ' ἐνέργειαν μόνον, ἀλλὰ δὴ καὶ τῇ οὐσίᾳ τινῶν αἴτια γίνονται, καὶ οὐ τέχνῃ μόνον ποιοῦσιν, ἀλλὰ καὶ φύσει προάγουσιν. Οἷς πολύ γ' ἂν εἴη βέλτιον τοῦ εἴδους μεταδοῦναι τῆς φύσεως καὶ ἐλάττοσιν [1], ἢ ὅμοια τῇ βουλήσει πάμπολλα παραγαγεῖν, οὐκ ἐπὶ τῇ τοῦ εἴδους διαμονῇ μόνον, ἀλλὰ καὶ ἁπλῶς. Καὶ βέλτιον μὲν ἔχειν τῶν κατὰ φύσιν μόνον προαγόντων τὰ πρὸς τούτῳ ἔτι καὶ κατὰ τέχνην ποιοῦντα, πᾶς τις ἂν φαίη. Εἰ δ' οἷόν τ' ἦν καὶ ἄλλως διελομένους ὡς ἐν ὑποθέσει σκοπεῖν, τῶν καὶ φύσει καὶ τέχνῃ γινομένων αἰτίων τινῶν ἧττον ἂν ἐβίω εὐδαιμόνως τὰ τέχνῃ μόνον ποιοῦντα. Καὶ νῦν ἐν ἀνθρώποις πολλῷ τις ἥδιον βιοῖ καὶ εὐδαιμονέστερον ἐκ τοῦ δύο καὶ τρεῖς παῖδας γεγεννηκέναι τῇ φύσει ὁμοίους, ἢ ἐκ τοῦ πολλάκις τοσαύτας κλίνας πεποιηκέναι, ἢ ὅ,τι ἄν τις φαίη τῶν τέχνῃ γινομένων, ἃ τῇ μὲν φύσει ἀνόμοια, τῷ δὲ προαιρετῷ ἔνδον εἴδει ἀμηγέπη ὡμοιωμένα. Καὶ εἰ μὴ αἱ διὰ τὴν παιδοτροφίαν φροντίδες, τῷ θεωρεῖν προσιστάμεναι, ἀγόνους βούλεσθαι εἶναι τοὺς πάνυ τοι ἐρῶντας τοῦ θεωρεῖν ἔπειθον, ἅμα δὲ καὶ ὅσα ἄλλα συνέζευκται τῇ παιδοκομίᾳ πρότερόν τε καὶ ὕστερον δυσχερῆ, κἂν ἀθλιώτατος ἦν ὁ τοῦτο φεύγων διὰ τὸ οἴεσθαι ἀρκεῖν ἂν αὐτῷ πρὸς

1. Cod. ἐλάττωσιν.

εὐδαιμονίαν τὸ προαγαγεῖν τι τῶν τεχνητῶν, καὶ ἀληθοῦς ἡδονῆς ἀνεπίστροφος, ὅπου γε καὶ ταῦτα ἕνεκά τε τοῦ ἀνθρώπου ἴσμεν γινόμενα, καὶ διὰ τὴν χρείαν τιμώμενα, οὐ δι' ἑαυτά. Ὅσῳ τοίνυν βελτίων ἄνθρωπος κλίνης ἢ σκίμποδος, τοσούτῳ βέλτιον ἂν εἴη ἄνθρωπον γεννᾷν ἤ τι ἐκείνων δημιουργεῖν. Καὶ ὅσῳ τιμιώτερον, οὗ ἕνεκά τι παρῆκται, τούτου, ἢ αὖ[1] τοῦ παρηγμένου ἐκείνου ἕνεκα αἴτιον εἶναι, τοσούτῳ καὶ ἄνθρωπον γεννᾷν ἢ οἰκίαν ποιεῖν ἀνθρώπῳ πέφυκε τιμιώτερον, εἴ τις ἔμελλεν αὐτὰ τῆς ἀληθοῦς ἀξίας, ἀλλὰ μὴ χρείας τινὸς ὠνεῖσθαί τε καὶ ἀντικαταλλάττεσθαι. Ἀλλ' ἐκεῖνοι μηδέν τι βουλόμενοι προάγειν ἐξ αὐτοῦ τὸν Θεὸν καθ' ὁμοιότητα φύσεως, ἀλλὰ μόνον τὰ ἕτερα ἑαυτοῦ, ἄγονον ἀτεχνῶς αὐτὸν ἀποφαίνουσι καὶ τῷ καλλίστῳ τῆς προαγωγῆς χωλεύοντα μέρει· οἷς δὴ καὶ τὸ εὔδαιμον αὐτοῦ καὶ μακάριον συνεξαμαυροῦσι. Πῶς γὰρ ἂν εἴη μακαριότητος ἐν ἀκρότητι τεταγμένος, εἰ μὴ αὐτάρκη ζωὴν ἔχοι, ἐν αὐτῷ τε καὶ πρὸς αὐτὸν καὶ αὐτοῦ ἕνεκα ἐνεργῶν. ἀλλὰ τῶν πολὺ χειρόνων αὐτοῦ δέοιτο, εἴτε ἔκ τινος χρόνου γεγενημένων, ὡς ὁ ἱερὸς διδάσκει λόγος, εἴτε καὶ ἐκ τοῦ παντὸς αἰῶνος, ὡς ἐκεῖνοι ἐβούλοντο, ὡς ἂν αὐτά τε καὶ περὶ αὐτὰ ἐνεργῶν, καὶ πρὸς ἑαυτὸν ταῦτ' ἐπιστρέφων, οὕτως ἐνεργὸν ἔχοι καὶ τὴν οὐσίαν, καὶ τῶν χειρόνων αὐτοῦ ἠρτημένον εἴη[2] τὸ μακάριον αὐτῷ καὶ ἡ τελειότης. Δεῖ γὰρ τὸν Θεὸν τοιούτων ὄντων τῶν αὐτοῦ δημιουργημάτων πρότερον εἶναι τῇ φύσει, ὡς γοῦν οὗ τι ἴχνος ἐστὶ, τοῦτο τοῦ ἴχνους πρότερον εἶναι δέον τῇ φύσει· τοῦ γὰρ Θεοῦ ὥσπερ ἴχνη τὰ ὄντα λέγουσιν. Ἐν δὴ αὐτῷ τῷ προτέρῳ ἀνόητόν τε ἔσται τὸ

1. Cod ἢ αὐτοῦ — 2. Cod. ῄ, id est ἤ, ubi nos εἴη.

θεῖον καὶ ἀνέραστον, κατ' αὐτοὺς, ὅλως δ' εἰπεῖν, οὐδ' ὁπωστιοῦν ἐνεργόν. Οὐ γὰρ ἀρκεῖ τὸ ὡς αὐτίκα μάλα ἐσόμενα προγινώσκειν τὰ ὄντα, οὔθ' ἡ τοῦ κόσμου ἰδέα πρὸ τοῦ κόσμου γεγενημένη· καὶ ταύτην γὰρ τοῦ Θεοῦ ὑποδεεστέραν τιθεῖσιν οἱ λέγοντες, ἅτε μηδὲ ταύτης ἐκ τῆς ἀνάγκης γεγενημένης τῆς φύσεως. Ἤτοι νυν μόνος ὁ Θεὸς ἑαυτὸν οὐ νοήσει, νοῦς ὢν, ἢ τῷ τὰ ἄλλα νοεῖν· ὧν τί γένοιτ' ἂν ἀτοπώτερον, εἰ δὴ ταῦτα μὲν ἀνακόλουθα, ὁ δὲ Θεὸς ὄν ἐστι καὶ ἀγαθόν τε καὶ ἀληθὲς, ἐν τῷ ἐσχάτῳ καὶ ἀκραιφνεῖ τῆς τε οὐσίας καὶ ἀγαθότητος καὶ ἀληθείας· ταῦτα γὰρ καὶ αὐτῶν Ἑλλήνων οἱ δοκιμώτεροι ἠξίωσαν ἀντιστρέφειν. Καὶ ὁ ἱερὸς δὲ λόγος αὐτὸν μὲν εἶναι τὸν Θεὸν τὴν ἀλήθειαν ἀξιοῖ, οὐδένα δὲ ἀγαθὸν, εἰ μὴ ἕνα τὸν Θεὸν, εἶναι· καὶ αὐτὸν ὑπάρχειν τὰ ὄντα γε καὶ τὸ ὂν, καὶ νοῦν δὲ τὸν ἄριστόν τε καὶ φρονιμώτατον, οὐχ ἡμεῖς μόνον, ἀλλὰ καὶ Ἑλλήνων οἱ αὐτοὶ οὗτοι λέγουσιν. Ἑαυτῷ μὲν ἄρα καὶ οὐδενὸς ἄλλου ἕνεκα ὁ Θεὸς ἂν εἴη, ὂν τυγχάνον τὸ πρῶτον καὶ μάλιστά γε καὶ κυριώτατον. Νοῦς δὲ ὢν, νοήσειεν ἂν δήπου καὶ ἑαυτὸν, εἴγε δεῖ τἀληθὲς μὲν νοεῖν αὐτὸν,, αὐτὸς δέ ἐστι τοῦτο. Καὶ ἐρασθείη δ' ἂν τἀγαθοῦ· οὐ γὰρ δὴ μόνος ὁ ἀγαθὸς ἔσται μὴ χαίρων τῷ ἀγαθῷ. Ἐρασθήσεται δ' ἑαυτοῦ, εἴγε δεῖ μὲν αὐτὸν τῷ ἀρίστῳ χαίρειν καὶ ἀπολαύειν αὐτοῦ, αὐτὸς δέ ἐστι τἀγαθόν. Αὐτὸ μὲν δὴ τὸ νοητὸν, ᾧ νοεῖ ἑαυτὸν, καὶ ἡ νόησις, ὁ θεῖος πέφηνε Λόγος, ὁμοιότης αὐτοῦ καὶ ἰδέα τις σύμφυτος ὢν, καὶ ἀλήθειά γε αὐτὴ, οὐδ' ἐν τῷ Θεῷ μόνον καὶ Θεὸς αὐτὸς, ἀλλὰ δὴ καὶ πρὸς τὸν Θεὸν, ὡς τὰ λόγια βούλεται. Αὐτὸς δέ γε ὁ ἔρως, ᾧ πρὸς ἑαυτὸν ἀντέστραπται ὁ Θεὸς, καὶ ἐρᾷ ἑαυτοῦ τἀγαθοῦ ὄντος, τὸ θεῖον πέφηνε Πνεῦμα, ἀγαθὸν ὂν, καὶ ἅγιον, καὶ ἀγαθότης αὐτὴ, καὶ ἁγιότης αὐτή, καὶ ἁγιασμὸς αὐτὸς κατὰ φύσιν. Καὶ οὕτως ἐν ἑαυτῷ τρισσῶς ὑφέστηκεν ὁ Θεὸς, καὶ τρεῖς ὑποστάσεις εἰσὶν ἐν αὐτῷ, ἐν ἄκρᾳ ἑνότητι φύσεως. Οὐ γὰρ δήπου τὸν θεῖον Λόγον, ὅς γε τῶν θείων νοημάτων ἄβυσσός ἐστι πάντων, δέοι γ' ἂν μὴ ὑφεστῶτα εἶναι Θεόν. Ἢ πῶς ἂν ἦν ἰδέα μὲν ἀληθὴς τοῦ Θεοῦ, ὡς φυσική τις ὁμοιότης αὐτοῦ, καὶ εἰκὼν, καὶ χαρακτὴρ, καὶ ἀπαύγασμα ἔμφυτον, ἰδέα δ' αὖ, ὡς παράδειγμά τι ὑπερφυὲς, τῶν πρὸς τὴν ὁμοιότητα τῆς τοῦ γεννῶντος βουλήσεως καὶ ἑαυτοῦ, Θεοῦ τῇ φύσει ὄντος, πεποιημένων, εἰ μὴ ὑφεστήκει Θεὸς νοητὸς πρὸς τὸν αὐτὸν μὲν τῇ φύσει Θεὸν, νοοῦντα μέντοι γε σχετικῶς, ἀντιτεταγμένος; Ἦν δ' ἂν καὶ χεῖρον μὲν τοῦ θείου νοῦ τὸ σύμφυτον ἐκείνου καὶ ἴσον ὁμοίωμα, μὴ καὶ τῷ ὑφεστάναι ὡμοιωμένον· τῶν δὲ τοῦ Θεοῦ ἔργων πολὺ ἐλάττων ἡ ἐν τῷ Θεῷ ἰδέα τε καὶ ὁ λόγος, ὑφεστώτων ἐκείνων, αὐτὴ μὴ ὑφεστηκυῖα, καίτοι πᾶσιν ἀπειράκις ἀπείρως ὑπερκειμένη. Ἀλλὰ δὴ καὶ τοῦ ἐν ἡμῖν λόγου τί ἂν εἶχε πλέον ὁ θεῖος, τό γε εἰς τὴν φύσιν ἧκον τοῦ λόγου, φημὶ δὴ τὸ ἐν τῷ νῷ συνειλῆφθαι ὡς εἶδός τι τῷ τε νοητῷ πως καὶ τῷ νοοῦντι ὡμοιωμένον; Οὐ γὰρ ὑπόστασις χωριστὴ[1] ὁ ἐν ἡμῖν πέφυκε λόγος, ἀλλ' ἐν ὑποστάσει μᾶλλόν ἐστι τῇ τοῦ νοῦ, ὑπαρκτικῶς ἐκείνου διακρινόμενος· οὐ γὰρ ἁπλῶς ἀλλ' ᾗ νοητός ἐστι. Τὸν δὲ θεῖον ἄρα Λόγον ἐχρῆν τῇ μὲν ταυτότητι τῆς Θεότητος διὰ τὴν ἁπλότητα τῆς θείας φύσεως κεκοσμῆσθαι, τῇ δὲ τῆς ὑποστάσεως ἰδιότητι τοῦ νενοηκότος ἄξιον εἶναι, καὶ ὡς ἐκεῖνος νοῶν ἐστιν ἀληθῶς, οὕτως αὐτὸν κυρίως εἶναι νοούμενον. Ὁ δ' αὐτός ἐστι καὶ περὶ τοῦ θείου Πνεύματος λόγος, εἴ τις βούλοιτο τὰ πρότερον

1. Cod. χωρὶς, sine sensu, ubi nos e conj. χωριστὴ, voce Peripateticis ac Neoplatonicis æque familiari.

εἰρημένα καὶ αὐτῷ ἐφαρμόζειν κατὰ τὰ περὶ αὐτου παραδεδομένα, τὴν ἐν τοῖς προσώποις σώζων διαφοράν. Ἅμα δὲ καὶ τὸ μὴ δεῖν ἐπὶ πλείους ἐκτείνεσθαι τὰς θείας ὑποστάσεις, δῆλόν ἐστι τοῖς εὐλόγως τε ἅμα καὶ εὐσεβῶς σκοπουμένοις. Οὐδὲν γὰρ ὅ,τι τῶν περὶ Θεοῦ λεγομένων οὐκ ἂν εἰς τὰς ὑποστάσεις ταύτας ἀνενεχθείη καλῶς καὶ τὰς προόδους αὐτῶν, εἰτ' ἀγαθότης εἴη γε τοῦτο, εἴτε σοφία, εἴτ' ἰσχὺς, εἴθ' ὅ,τι ἂν φαίη τις τῶν τοιούτων. Ὥστε μὴ δεῖν ἀν ὑπ' ἀνάγκης οὐδεμιᾶς πλειόνων εἶναι τὴν ἐνδοτέραν καὶ φυσικὴν γονιμότητα, ἢ ὅσας ἴσμεν τε καὶ πιστεύομεν ὑποστάσεις, προακτικήν· μήτε καὶ τὸν θεῖον Λόγον γεννᾷν δεῖν ἢ προβάλλειν, νοοῦντά γε καὶ αὐτὸν, καὶ ἐρῶντα αὐτοῦ τε καὶ τοῦ γεγεννηκότος καὶ τοῦ συμφυοῦς Πνεύματος· ἢ τὸ Πνεῦμα προβάλλειν τε καὶ γεννᾷν, νοήσεως εἵνεκα καὶ ἀγάπης, ἃ δεῖ καὶ τῷδε προσεῖναι. Νοεῖ γὰρ τούτοιν ἑκάτερον καὶ ἐρᾷ, ᾗ προϊόν ἐστιν ἐκ τοῦ Θεοῦ, καὶ οὑτωσὶ προϊὸν, ἀλλ' οὐχ ὡς ὁ Θεὸς καὶ Πατὴρ, οὗ προεληλύθατον ἄμφω, καὶ ᾗ λαμβάνον ἐστὶ, καὶ μετ' ἄλλου λαμβάνον, οὐχ ὡσαύτως γε τὸ αὐτὸ, ἀλλ' οὐχ ᾗ δυνάμενον ἑτέρῳ γε κοινωνεῖν, ὃ ταὐτὸν ἂν εἴη τῷ κοινωνεῖν ἐν τοῖς θείοις τῷ Πατρὶ προσὸν ἐξ ἀνάγκης. Τῷ γὰρ προῆχθαι καὶ τρόπον οὐ τὸν αὐτὸν, εἰ καὶ συμφυῶς, τῇ μὲν τοῦ προηγότος αὐτὰ, τῇ δ' ἀλλήλων, διακρίνεσθον μόνῳ [1]. Καὶ τοίνυν τούτου μόνου φυλαττομένου, τὴν ἐν τοῖς ἄλλοις δεῖ κοινωνίαν καὶ σκοπεῖν καὶ τιθέναι· φυλάττοιτο δ' ἂν, ἀγόνου καὶ τῆς νοήσεως καὶ τῆς ἀγάπης προσόντων, ὡς Θεῷ μὲν νοητῷ καὶ γεννητῷ γε, τῷ Λόγῳ, Θεῷ δὲ ἐρωμένῳ καὶ προβαλλομένῳ, τῷ Πνεύματι· ὡς εἶναι μὲν τὴν

1. Cod. μόνω, sed quia ibi omitti solet ι subscriptum : cave enim de duali cogites.

τούτων ἀρχὴν [1], νοοῦντα αὐτὸν καὶ ἐρῶντα αὐτὸν, ὃ ταὐτόν ἐστι τῷ μόνον εἶναι καὶ νοοῦντα καὶ ἐρῶντα γονίμως (τὸ γὰρ κυρίως ἴσον ἐκεῖ τῷ [2] ἅπαξ δύνασθαι, πάντες ἠξίωσαν)· τοῖν δὲ, νόησιν μὲν αὐτὴν εἶναι καὶ νοητὸν αὐτὸ θάτερον, τὸν τοῦ Θεοῦ δήπου Λόγον, ἔρωτα δ' αὐτὸν καὶ ἐραστὸν αὐτὸ τὸ Πνεῦμα εἶναι τὸ Ἅγιον· ὃ ταὐτὸν ἂν εἴη τῷ νοεῖν ἀγόνως γε καὶ ἐρᾶν. Καὶ ὥσπερ ὁ Θεὸς καὶ Πατὴρ, νοεῖταί γε ὑπ' ἀμφοῖν καὶ ἐρᾶται ὁμοίως, ἀλλ' οὐ προάγεται ὑπ' ἀμφοῖν, οὕτω καὶ ταῦτα νοεῖν μὲν καὶ ἐρᾶν ἀλλήλων καὶ τοῦ Πατρὸς, μηδὲ τὸν Πατέρα ἀντιπροάγειν, μήθ' ὑπ' ἀλλήλων προάγεσθαι· τῆς δὲ θείας φύσεως ἐν ἅπασιν οὔσης τῆς νοουμένης τε καὶ ἀγαπωμένης, αὐτῆς τε καὶ τοῦ νοεῖν ἢ ἐρᾶν ἑνὸς ὄντοιν ἐκεῖ πράγματος, εἰ καὶ τρόπον ἕτερον, ἀληθείᾳ καὶ πράγματι καὶ μὴ κατ' ἐπίνοιαν μόνην, ὡς ἐλήρουν τινὲς, ἐστὸν διεννηνοχότε, ἕνα [3] τῇ φύσει νοῦν καὶ Θεὸν ἕνα τὰς τρεῖς ὑποστάσεις εἶναί τε καὶ τοῖς εὖ φρονοῦσι πιστεύεσθαι, τοῦ τὴν νόησιν ἐκεῖ καὶ τὸν ἔρωτα τῷ γονίμῳ τε καὶ ἀγόνῳ διενηνοχέναι τό τε μόνως αἴτιον καὶ τὰ μόνως αἰτιατὰ συνιστῶντος μόνον [4], ὧν ταῖς ἀληθέσιν ἀναφοραῖς τε καὶ ἰδιότησιν ἐξ ἀνάγκης τὰς τρεῖς ὑποστάσεις ἕπεσθαι δεῖ.

Ἀξιόπιστος δ' ὑπὲρ ἡμᾶς καὶ τὸν ἡμέτερον λόγον ὁ τοῦ Θεοῦ Λόγος αὐτὸς, ἑαυτῷ τε καὶ τῷ θείῳ Πνεύματι μαρτυρῶν, ὡς ἐκ Θεοῦ προηγμένοις τε καθ' ὑπόστασιν, καὶ ἐν αὐτῷ κατὰ φύσιν οὐδὲν ἧττον οὖσι καὶ ἐν ἀλλήλοις. Δήλη δὲ καὶ ἡ ἱερὰ τῶν Ἰουδαίων θεολογία τὴν ἐς ὕστερον ἀναλάμπειν μέλλουσαν περὶ τῶν θείων ἀλήθειαν προδιατυποῦσα καὶ προανακηρύττουσα, ἐν τῷ, τῷ μὲν

1 Mutare nihil audemus: suspicamur tamen addendum Θεόν.
2. Cod. το. — 3. Ante ἕνα supplendum ὥστε. — 4. Cod. μονον.

Λόγῳ Κυρίου τὴν τῶν ὄντων σύμπηξίν τε καὶ σύστασιν ἀφορίζειν, τῷ δὲ τοῦ στόματος αὐτοῦ Πνεύματι, μεταφορικῶς, τὴν συντήρησιν αὐτῶν καὶ τὴν ἐν τῷ εἶναι διαμονὴν, καὶ τῷ μὲν τὸ εἶναι, τῷ δὲ τὸ εὖ ἔχειν ἐπιγράφειν τῶν ὄντων, ὅσον γε εἰς τὴν προσωπικὴν αὐτῶν ἐστὶν ἰδιότητα (ᾗ γὰρ Θεὸς εἰσὶν εἷς, ἔργα αὐτοῦ εἰσὶ πάντα, ὅσα τό τε εἶναι καὶ τὸ εὖ εἶναι τῶν ὄντων συνείληφε)· καὶ τὸν μὲν Λόγον τῆς τῶν ὄντων ἀληθείας τιθέναι ποιητικὸν, ἐφόσον ἐξομοιωτικός ἐστιν αὐτῶν πρὸς τὴν ἰδέαν τῆς θείας βουλήσεως, τὸ δὲ Πνεῦμα ἐπιστρεπτικὸν αὐτῶν πρὸς τἀγαθὸν, οὗ δεῖ ἕκαστα οἰκείως τῇ σφῶν φύσει ἐρᾶν τε καὶ ἐπεκτείνεσθαι κατὰ φύσιν. Ἄμφω δὲ τῆς θείας ἂν εἴη καὶ μεγίστης δυνάμεως, ὡς ἄνευ Θεοῦ οὔτ' εἶναι, οὔτ' ἀληθὲς εἶναι, οὔτε πρὸς τὸν Θεὸν ἐπεστράφθαι δυναμένου του [1] τῶν ὄντων καὶ ὁτουοῦν.

Ἀλλὰ δὴ καὶ τῶν τὰ Ἑλλήνων τετιμηκότων ἔνιοι τἀγαθόν τε καὶ νοῦν καὶ ψυχὴν τὰς ἀρχικὰς ὑποστάσεις εἰρηκότες εἶναι, καὶ τρεῖς αὐτὰς συνεκτικὰς τῶν ὄντων αἰτίας, καὶ τριπλῆν δὲ θεῶν σύνταξιν, τί γε ἄλλο ἢ τῇ παρ' ἡμῶν πρεσβευομένῃ Τριάδι συμφθέγγονται; τῷ τρόπῳ διεννενοηκότες τῆς κατὰ Χριστὸν ἀληθείας, ὡς ἄρα γε καὶ εἰκὸς ἦν. Ἔδει γὰρ τὴν μὲν ἀκρίβειαν τοῦ οὐρανίου δόγματος δι' αὐτῆς ἀνακαλυφθῆναι τῆς ἀληθείας· τὰς δὲ μαρτυρίας αὐτῇ, διὰ τὴν τῶν ἀνθρώπων ἀσθένειαν καὶ φιλονεικίαν, τοῦτο μὲν παρὰ τῆς ἀτελεστέρας καὶ εἰσαγωγικῆς, ὡς ἂν φαῖμεν, θεολογίας, τοῦτο δὲ καὶ παρὰ τῆς ἀλλοτρίας πάντη καὶ νόθου θεοποιΐας παρίστασθαι, εἴ τις ἀκριβῶς προσέχειν ἐθέλοι, ἅμα καὶ δῶρόν τι ἐκ Θεοῦ τοῦτο προσειληφώς. Ἐῶ δ' ὅσα, τὴν Τριάδα ἐξαίροντες, Ἑλλήνων

1. Cod. τοῦ cum accentu.

παῖδες καλοῦσιν, εὐβουλίαν, καὶ φρόνησιν, καὶ εὐσέβειαν, καὶ ἁρμονίαν γε, καὶ ὁμόνοιαν, καὶ ἀρετὴν, καὶ τελείωσιν, καὶ πάντα δὴ τὰ τῶν ὀνομάτων σεμνότατα, ὡς ἔν τε ἀριθμοῖς καὶ μεγέθεσι καὶ τῇ τοῦ παντὸς τοῦδε φύσει διατείνουσαν θαυμασίως μετὰ πολλῆς τῆς ἰσχύος τε καὶ τοῦ κάλλους· οὐκ ἂν[1] οὕτω γε πάντα διειληφυῖαν, εἰ μὴ τῇ πάντων αἰτίᾳ σύμφυτος οὖσα, ὡς πρέπει δήπου τῷ ἐσχάτῳ τῶν νῶν τε καὶ νοητῶν, ἐκεῖθεν καὶ τὰ αὐτῆς ἔργα ἀναλόγῳ τινὶ ὁμοιότητι ἐκόσμει συγκαθιεῖσα, ἵνα δὴ, ὡς τοῦ εἶναι τὰ τῇδε μετέχει ἐκ τοῦ Θεοῦ, οὕτω καὶ ἁρμονίας γε καὶ τελειότητος καὶ καλοῦ παντὸς διὰ τὴν ἐν αὐτοῖς εἰκόνα τῆς ὑπερφυοῦς Τριάδος ἀπολελαυκότα, ἄριστά τε ἔχοι[2] καὶ ὁμοιότατα τῷ πεποιηκότι, ὡς ἐγχωρεῖ. Καὶ τῇ μὲν κατὰ Χριστὸν θεολογίᾳ τοιαῦτα· τῇ δὲ τῶν Ἑλλήνων, ἐρεῖς, οὐδὲν ὑγιὲς, οὐδὲν σεμνὸν, ἄνθρωποι, πρόσεστι. Τῷ μὲν γὰρ τῶν θεοτήτων πλήθει καὶ τῶν θεῶν εἰς οὐδὲν ἐχρήσαντο δέον, τῷ μὲν δοκεῖν ὑπερκαθίσαντες τὸν ἕνα Θεὸν, ἔργῳ δὲ μερίτας αὐτῷ καὶ κοινωνοὺς τοσούτους ἀνταναστήσαντες τῆς τε δυνάμεως συμπάσης καὶ τῆς ἀρχῆς, καὶ τῷ τὴν σεμνοτάτην προσηγορίαν εἰς βαθμοὺς τοσούτους κατενεγκεῖν τῷ πρώτῳ τοὺς μετ' ἐκεῖνον πάντας συναδικήσαντες, καὶ ἐς τὴν φύσιν αὐτὴν ἐξυβρίσαντες, ἣν τῇ προσηγορίᾳ ταύτῃ τιμῶσι. Πῶς γὰρ θεοὶ οἱ πεπερασμένην ἔχοντες δύναμιν, ἄλλου μετ' ἄλλον τεταγμένου τῇ φύσει, μέχρι καὶ τοῦ ἐσχάτου, ὃν τελευταία τις θεότης ἐκόσμησε, καὶ ἄλλο ἄλλου ἐγκεχειρισμένου πρὸς τὴν τοῦ παντὸς τοῦδε σύστασιν ἔργον, κατὰ τὴν ἀναλογίαν τῆς φύσεως, ὡς μὴ τῷ μείζονι μόνον, ἀλλὰ καὶ ἀλλήλοις ὑπουργεῖν τοὺς θεοὺς αὐτοῖς; Καὶ

1. Cod. οὐ κἂν. — 2. Cod. ἔχει.

εἰ μὴ μιᾷ δυνάμει ποικίλως ἐπὶ πάντα ἐκτεινομένῃ παρήγαγεν ὁ Θεὸς, εἷς μὲν ὢν, ἀναφοραῖς δέ τισιν ἀναγκαίαις καὶ οὐδὲν εἰς τὴν κατ' οὐσίαν ἑνότητα ζημιούσαις ἐν αὐτῷ διακεκριμένος, ἀλλὰ πολλὰς δυνάμεις πρὸς ἕκαστα διανενεμημένας ζητοῦντες, ταύτας δὴ καὶ θεοὺς ὀνομάζειν προαχθησόμεθα, μηδ' ὀνομάζειν μόνον, ἀλλὰ καὶ σέβειν, ἅτε φύσεις τινὰς παρὰ τὸν Θεὸν ὑφεστώσας, καὶ τὸ ἐκείνου ἔργον ποιούσας, καὶ κυβερνώσας τόδε τὸ πᾶν, πῶς τοὺς θεοὺς τούτους διάφορα δυναμένους καὶ μείζω τε καὶ ἐλάττω, μιᾷ δυνάμει ποικίλως ἐπὶ πάντας ἐκτεινομένῃ παρήγαγεν; Ὁμοίως γὰρ ἂν προαγοίμεθα καὶ θεοὺς ἑτέρους ζητεῖν τῶν τοῖς Ἕλλησι γνωριμωτέρων προτέρους τε καὶ αἰτίους, καὶ πρὸ ἐκείνων ἄλλους τῷ αὐτῷ λόγῳ, καὶ τοῦτο ἐπ' ἄπειρον, συγχωρούσης ἡμῖν τῆς ἀπείρου κατὰ τὴν φύσιν ὑπεροχῆς τοῦ Θεοῦ πρὸς τὰ τούτου ἔργα πρὸ τῶν ληφθέντων ἀεὶ λαμβάνειν ἑτέρους, διὰ τὸ μὴ δεῖν, φασὶν, ἀμέσως ποτὲ τὸν Θεὸν ἐπὶ τὴν δημιουργίαν ἀφικνεῖσθαι τῶν ὑποδεεστέρων, εἰ μὴ διά τινος βελτίονος φύσεως, καὶ οὕτως ἀπείρους ἀνάγκη σφίσι γίνεσθαι τοὺς θεοὺς, οὓς ἀδικοῦσιν ἀριθμῷ τινι περιγράφοντες. Καίτοι καὶ εὐλογώτερον ἂν ἦν ἀπείρους τούτους τιθέναι τοῖς ἅπαξ τὴν θείαν φύσιν εἰς πλείους καταμερίσασιν, ὡς ἂν αὐτῇ πανταχόθεν προσήκοι τὸ ἄπειρον. Εἰ μή τινος ἀσθενείας ἔνδειξιν φαῖεν εἶναι τὸ πλῆθος. Οὕτω δὲ κἂν ἑαυτοῖς πολεμοῖεν, ὡς ἡμῖν δήπου πρότερον εἴρηται. Οὐ γὰρ ἔδει πλείους τιθέναι θεοὺς, ἀσθένειαν τῇ θείᾳ φύσει προσάπτοντας. Ὥστ' ἀμφοτέρωθεν αὐτοὺς ἁμαρτάνειν, ἢ ἐν ἀριθμῷ τινι θέντας οὓς ἐχρῆν ἀπείρους εἶναι καὶ πλήθει, ἢ ἀσθενεῖς ἀποφαίνοντας, ὡς ἀπείρῳ τινὶ διαφορᾷ τῆς θείας ἰσχύος τε καὶ ἀξίας ἀποῤῥιπίζοντας τῶν θεῶν τοὺς ὑποδεεστέρους· οὐδὲν γὰρ ἂν εἴη καὶ τὸ Ἀπόλλωνος ἀξίωμα, μὴ ὅτι γε τὸ Ἑρμοῦ καὶ τῶν ὑπ' αὐτοῦ ἔτι, τοσούτων πρὸ αὐτῶν θεῶν ὄντων ὑψηλοτέρων, δι' ὧν ἐπ' αὐτοὺς ἡ θεότης βαθμῷ τινι κατελήλυθεν. Τὸ δ' αὐτῶν εἵνεκα τῶν θεῶν καὶ τὰ ὑπ' αὐτῶν κινούμενα σώματα θεοποιεῖν, πῶς οὐκ ἀνόσιον; Ταῦτα γὰρ μεγέθους μὲν εἵνεκα καὶ ἰσχύος καὶ κάλλους καὶ διαρκείας, δέοι γ' ἂν καὶ πάνυ θαυμάζειν. Δεῖ μέντοιγε τὸ ἐπ' αὐτοῖς θαῦμα πέμπειν εὐθὺς ἐπὶ τὸν δημιουργὸν, ὥσπερ οἰκοδομήματος καλλίστου νοῦν ἔχοντας θεατὰς, οὕτω καὶ ἡμᾶς, αὐτὰ μὲν ἀγαμένους, ᾗ εἰσιν ἔργα Θεοῦ τοιαῦτα, πρὸ δ' αὐτῶν τὴν τέχνην καὶ τὸν τεχνίτην ἐκπληττομένους καὶ αἰδουμένους καὶ σέβοντας. Ὡς οὖν οὐδ' οἰκίαν τινὰ ἄνθρωπον νοῦν ἔχων ἄν τις εἴποι, ὅτι ἀνθρώπου ἔργον ἄριστά γε εἰργασμένου ἐστὶν, εἰ οὕτως καὶ τύχοι ἔχουσα, οὕτως οὐδὲ τὸν ἥλιον καὶ τὴν σελήνην θεοὺς προσαγορεύειν ἔδει καὶ προσκυνεῖν, ἐνορῶντας ὅτι Θεοῦ εἰσιν ἔργα, αὐτά τε ἐφ' ἑαυτῶν οὕτω καλὰ, καὶ τῷ παντὶ τῷδε κόσμος, καὶ τοῖς ὑποδεεστέροις πᾶσιν ὠφέλιμα. Ἢ ἐπὶ πάντα γ' ἂν ἔδει τὸ τοιοῦτο σέβας ἐκτείνειν, ἅ τι θαύματος ἄξιον ἔχουσι καὶ ἃ θεόθεν εἰσίν. Οὐδὲν δέ ἐστιν ἔργον Θεοῦ, κἂν τὸ σμικρότατον ᾖ, ὃ μὴ θαυμάσειεν ἄν τις ἐκτόπως. Καὶ πολὺ μεῖζόν ἐστιν ἐν τοῖς ἐλαχίστοις τὸ θαῦμα, τοῦ Θεοῦ σφίσιν, ἀντὶ τῶν ἐκ τοῦ μεγέθους ἐλαττωμάτων, σοφίαν τινὰ καὶ μεθόδους ξένας ἐγκατοικίσαντος, εἰς ἔνδειξιν τῆς δυνάμεως. Διὸ καὶ τοὺς πολλοὺς ἡ τῶν σοφωτέρων σφήλασα περιεργία, ἣν ἐκεῖνοι περὶ τὰ μείζω τῶν ἐν τῷ κόσμῳ φαινομένων ἔπαθον τεθηπότες αὐτὰ, καὶ ταῦτα δὴ προήγαγε θεοποιεῖν τε καὶ σέβειν· εὐλόγως μὲν οὐδετέρων πεποιηκότων, τῶν δὲ πολλῶν εὐλογώτερον, ὅτι γε, δέον δόξαν τοῖς ἡγεμόσιν αὐτῶν τὸ θεῖον σέβας ἐπὶ τὰ ἔργα τοῦ Θεοῦ καταφέρειν, τῆς τοιαύτης αὐτοὶ τιμῆς οὐδενὶ τῶν ἔργων ἐφθόνησαν, ἅτε πᾶσιν ἐξαιρέτου τινὸς τῆς τοῦ Θεοῦ σοφίας ἐμφαινομένης, καὶ πρὸς μεῖζον θαῦμα δυναμένων ἐνάγειν τῶν δοκούντων ἠλαττῶσθαι ποσότητι, καὶ μηδενὸς αὐτῶν ὄντος, ᾧ μὴ τὸ αἰτιῶδές τε ὁπηοῦν ἔνεστι καὶ ὠφέλιμον. Τί δὲ ἡ πατουμένη Δημήτηρ, καὶ ὁ σβεννύμενος Ἥφαιστος, καὶ ὁ πικρὸς καὶ φθαρτικὸς Ποσειδῶν; Τί δὲ τὸ ἄῤῥεν ἐν τοῖς θεοῖς καὶ θῆλυ; Τί δὲ τὸ τοὺς μὲν ἐφεστάναι τοῖς ἀγαθοῖς, τοὺς δὲ τοῖς χείροσι τῶν ἔν τε τῇ φύσει καὶ ὑπ' αὐτῶν ἀνθρώπων γενομένων; Καὶ ἀνθρώπους δέ τινας ἀποθεοῦσι, καὶ ἄλλους αὖθις καταστερίζουσι, καὶ οὐδὲν ὅ,τι οὐ πλάττουσι τῶν ἀτόπων, ὥσπερ ἐξεπίτηδες τὴν τελειότητα καὶ ἁπλότητα καὶ τὸ ἀνενδεὲς τοῦ Θεοῦ καὶ τὴν ἀπειρίαν καὶ τὴν ἀπάθειαν καὶ τὸ παντοδύναμον καὶ τὴν πρόνοιαν ἐξελαύνειν βουλόμενοι. Δι' ὧν εἰς τοιαῦτα κατασπῶσιν αἴσχη καὶ πάθη, πολὺ ἀπᾴδοντα τῆς βελτίστης καὶ σεμνοτάτης προσηγορίας τε καὶ τοῦ πράγματος. Καίτοι χωριστὰς μὲν οὐσίας τιθέναι τινὰς, εὔλογόν ἐστι πάνυ· ἀλλ' οὐχὶ καὶ τῶν ὄντων δημιουργοὺς οὐδενὶ τρόπῳ, οὔτε συμμεριζομένας τὴν τοῦ παντὸς ἀρχὴν τῷ Θεῷ, ἀρκεῖν ἡγουμένους τῆς πρώτης αἰτίας τὴν δύναμιν δι' ἀπειρίαν πρὸς πάντα ἐκτεινομένην τὰς τῶν ὄντων φύσεις παράγειν. Καὶ διακονεῖσθαι μέντοι τὰς χωριστὰς οὐσίας ἐκείνας τῇ τοῦ Θεοῦ περὶ ἡμᾶς προνοίᾳ πιστεύομεν, ἀλλ' οὐχ οἷον Ἕλληνες ἔπλαττον· καὶ δαίμονας αὖ εἶναί τινας βλαπτικοὺς ὑπὸ φθόνου καὶ ἐπιχαιρεκακίας, πλάνης καὶ μυρίων δεινῶν ἀνθρώποις προξένους, ὅσοι μάλιστα δι' ἀναγωγίαν εὐχείρωτοί εἰσι ταῖς ἐξ ἐκείνων ἐπιβουλαῖς, οὐ τοιούτους τὴν ἀρχὴν καὶ γεγονότας ὑπὸ Θεοῦ, ἀλλ' ὑπὸ τόλμης καὶ αὐθαδίας[1] καὶ χείρονι προαιρέσει ἐπὶ τὰ τοιαῦτα ἀποκλίναντας, καὶ ὑπὸ Θεοῦ ἐγκαταλειφθέντας, ἴσμεν τε καὶ ἀποστρεφόμεθα οὕτως ἔχοντας, καὶ ταῖς τῶν ἀγαθῶν τοῦ Θεοῦ διακόνων ἐπιστασίαις ἀπαθεῖς διατηρούμεθα ἀπ'[2] αὐτῶν· θεότητος δέ τι[3] αὐτοῖς μετεῖναι, πῶς ἂν φαῖμεν, οἱ μηδὲ τοῖς ἀγαθοῖς τοῦτο διδόντες; Καὶ μακαρίους μέν τινας ἐξ ἀνθρώπων γίνεσθαι, τῶν ἀναγκαίων ἐστὶν, ἀλλὰ μακαρίους ἀνθρώπους. Καὶ δι' ἄλλων μὲν ἄλλα κυβερνᾶσθαι τῶν ὄντων, τό γε εἰς τὴν ἐκπλήρωσιν ἧκον τῆς ἐκ Θεοῦ προνοίας καὶ κυβερνήσεως, ἀληθές ἐστιν. Ἔδει γάρ τι καὶ αὐτοῖς τοῖς κυβερνωμένοις εἶναι καλὸν ἐν τῷ λυσιτελές τι καὶ τούτων ἕκαστον εἶναι· οὕτω γὰρ ἂν καὶ ἡ τοῦ μόνου κυβερνήτου τῶν ὄντων ἐξουσία λαμπρότερον διαφαίνοιτο, πολλῶν τε διακονουμένων αὐτῇ, καὶ πάντων εὐτάκτως, ᾗ ἄλλο ἄλλου ἤρτηται θαυμασίως, ὥσπερ ἐν τῇ τάξει τῆς φύσεως, οὕτω δὴ καὶ τῆς λειτουργίας· ὅσον δ' εἰς τὸν τῆς κυβερνήσεως ἥκει λόγον, ἀμέσως πάντα ἐκ Θεοῦ κυβερνᾶσθαι πιστεύομεν [ὑπὸ[4]] τῆς θείας σοφίας τε καὶ δυνάμεως· ἐφαρμόττουσι γὰρ ἐν τῷ λόγῳ τῆς ἀπειρίας, μέχρι καὶ τῶν ἐσχάτων ἐκτεινομένῳ[5]. Οὐδὲ γὰρ οἷόν τ' ἦν, δι' αὐτοῦ μὲν κατασκευάσαι τὸν κόσμον, μὴ διοικεῖν δὲ τοῦτον δι' αὐτοῦ τὸν Θεὸν, μηδ' ἐξ αὐτοῦ τὸν τῆς τάξεως λογισμὸν ἐπιτεθεῖσθαί τε τὴν ἀρχὴν τοῖς ὑπ' αὐτοῦ γεγονόσι, καὶ νῦν ἐπιτίθεσθαι[6], εἰ μὴ δι' ἔνδειαν ἰσχύος ἢ λόγου· ὧν ἄρα καὶ τῶν τοι-

1. Cod. αὐθαδείας. — 2. Cod. ὑπ' αὐτῶν.
3. Cod. δὲ τό. — 4. Deerat ὑπό. — 5. Cod. ἐκτεινομένων.
6. Cod. ἔτι τίθεσθαι.

οὕτων οὐδὲν ἁρμόττει Θεῷ· οὔτε λόγον ἂν ἔχοι δυνάμενον καὶ εἰδότα καταφρονεῖν, ἐλαττοῦσθαί τι τῇ τῶν μερικῶν τούτων καὶ ταπεινῶν προνοίᾳ νομίζοντα. Εἰ γὰρ μηδ' ἐν αὐτοῖς ἐνεργῶν ἔσται τι χείρων, ἐνεργεῖ δὲ δήπου πάντα ἐν πᾶσιν, ἅτ' ἐξ αὐτοῦ πᾶσιν ἐπιῤῥεούσης οἰκείως τῆς τοῦ δύνασθαι πρὸς τὸ πράττειν προσαγωγῆς, σχολῇ γε τὴν ἀξίαν αὐτοῦ λυμανεῖται τὸ τῆς ἐν σφίσιν εὐταξίας φροντίζειν, ὅπερ οὐχ ἧττόν γε τοῦ προτέρου τὴν ὑπερκειμένην ἂν δεῖξαι δύναμιν.

Ταῦτά τε τοίνυν εἴποις ἂν πρὸς αὐτοὺς, ἀνδρῶν ἄριστε, καὶ ἄλλα πολὺ μὲν τούτων βελτίω, τῷ δὲ σκοπῷ παραπλήσια, δεικνὺς ὁπόσον τι τὸ διάφορον τῆς Ἑλληνικῆς δεισιδαιμονιας καὶ τῆς ἡμετέρας θεολογίας· καὶ πρὸς τούτοις, ὡς οὐδὲ δεῖ τῆς Ἐκκλησιας ἄγνοιάν τινα καταγινώσκειν αὐτοὺς, εἰ τὸ Ἑλληνικὸν ἀξίωμα μὴ προσήκατο. Ἄνευ γὰρ τοῦ μείζονι ἀξιώματι πειθομένην αὐτὴν δεῖν ἂν τούτου τε καὶ παντὸς ἄλλου καταφρονεῖν, πολλὰ πολλάκις ἐν τοῖς κατὰ τῶν αἱρετικῶν ἀγῶσιν ἐξεῦρεν, οἷς οὐκ ἀνάγκη διά γε ταύτην τὴν πρότασιν ἢ[1] τὸν Υἱὸν τοῦ Θεοῦ ἑτέρας οὐσίας παρὰ τὸν Πατέρα τιθέναι, ἢ τὸ Πνεῦμα τὸ Ἅγιον· πάντες γὰρ οἱ ἐξ Ἀρείου, τὰ Ἑλλήνων δήπου νενοσηκότες, τῇ ἐκείνων ταύτῃ προτάσει ἀρχῇ τινι τοῦ κατὰ τῶν θείων ὑποστάσεων ἐκέχρηντο ψεύδους· εὑροῦσα δὲ, καὶ πᾶσιν ἔδειξε φανερῶς, καὶ ψῆφον τοιαύτην ἤνεγκε. Καὶ Θεὸς ἄνωθεν ἐμαρτύρει τῇ ψήφῳ, πολλὰ ἐκφαίνων σημεῖα τοῦ θεοστυγεῖς γεγονέναι τοὺς ἀντὶ τοῦ τῆς Ἐκκλησίας ἀξιώματος τῷ Ἑλληνικῷ φιλονείκως ἰσχυριζομένους, καὶ μὴ ἀφισταμένους αὐτοῦ μετὰ τὴν τῆς Ἐκκλησίας ἐν τοῖς βελτίοσί τε καὶ

1. Cod. καὶ, ubi nos ἢ.

ἀκριβεστέροις ὁμολογίαν. Τὸ μὲν γὰρ δι' αὑτὸ ὂν διαφέρειν μέν που τοῦ δι' ἐκεῖνό γε ὄντος, ἀλλ' οὐ δήπου καὶ φύσει διαφέρειν ἀνάγκη. Ἢ γὰρ ἂν καὶ τὸ ἔκ τινος ὂν ἅπαν διενηνόχει τοῦ ἐξ οὗ ἐστι φύσει. Ἔστι δέ τι[1] καὶ δι' ἕτερον, φύσει ταυτὸν τῷ δι' ὅ ἐστιν. Ὁ γὰρ Πέτρος διὰ τὸν Ζεβεδαῖον μέν ἐστι, φύσει δὲ οὐ διενηνόχατον. Εἰ δ' ὁ Ζεβεδαῖος δι' ἕτερόν ἐστι καὶ αὐτὸς, πρός γε τὸν λόγον οὐ διαφέρει· οὐ γὰρ ᾗ δι' ἕτερόν ἐστιν ὁ Ζεβεδαῖος, ταύτῃ γε ἐξ αὐτοῦ Πέτρος ἐστίν· ἅμα τε γὰρ ἂν ἦν Ζεβεδαῖος ἐκ τοῦ αὐτοῦ πατρὸς, καὶ Πέτρος ἐκ Ζεβεδαίου. Ἀλλ' ὑποτεθέντος καὶ μὴ παρ' ἄλλου εἶναι τὸν Ζεβεδαῖον, εἰ προάγοι Πέτρον ὡς νῦν τῇ αὐτοῦ φύσει, τὸν αὐτὸν ἂν τῇ αὐτοῦ φύσει προενέγκαι τοῦτον. Οὐκ ἀδύνατος δ' ἡ ὑπόθεσις· ἡ γὰρ ἱερὰ διδασκαλία πρῶτόν τινα ἄνθρωπον γεγονέναι βούλεται. Εἰ δὲ κἀκεῖνος διὰ τὸν Θεὸν, οὐκ ἐνταῦθα δεῖ τοῦτό γε σκοπεῖν· οὐ γὰρ ὁμοειδὴς ἡ αἰτία. Ἐπὶ δὲ τοῦ Θεοῦ καὶ παντάπασιν ἀληθής ἐστι, δι' οὐδὲν ἕτερον ὄντος, ἀλλὰ πάνυ δι' ἑαυτόν. Εἰ γοῦν οὐδέν τι κωλύει ἄτομόν τι ἐξ ἑτέρου γεγενημένον καὶ αὐτὸ ἄλλο προαγαγεῖν κατὰ τὸ τῆς φύσεως εἶδος, τί κωλύει τὸν Θεὸν καὶ ἡμᾶς οἴεσθαι ἄτομόν τι προαγαγεῖν ἐξ ἑαυτοῦ τῷ εἴδει τῆς φύσεως; Εἰ γὰρ μηδὲ τὸν Ζεβεδαῖον ἂν ἐκώλυσεν, εἴπερ οἷόν τ' ἦν αὐτὸν πρῶτον ἄνθρωπον γεγονέναι, τὸν Πέτρον προαγαγεῖν τοῦτ' αὐτὸ τὸ ἐκ μηδενὸς γεγενῆσθαι, ἕως τοιοῦτός γε ἦν καὶ τοιαῦτα ἠδύνατο, πῶς ἂν τὸ ἐκ μηδενὸς εἶναι κωλύσειε τὸν Θεὸν προάγειν τι ἐξ ἑαυτοῦ, ἕως ἂν ᾖ παντοδύναμός, καὶ φύσει τε καὶ βουλήσει τελεώτατός τε καὶ ἄριστος. Εἴη μὲν οὖν καὶ τοῦτο τοῦ πάντα δύνασθαι

1. Cave τὸ pro τι legi velis.

τὸν Θεὸν, τὸ δύνασθαι γεννῆσαι ἑαυτῷ ἴσον Υἱόν· καὶ ἀδυναμίας ἂν ἦν αὖ τὸ μὴ δύνασθαι. Οὕτως οὖν οὔτ' ἀνάγκη τὸ δι' ἕτερον ὂν ἅπαν τοῦ δι' ὅ ἐστι φύσει διακεκρίσθαι, οὐ μᾶλλον ἢ ἀνάγκη μηδέν τι εἶναι ὁπωσοῦν ἐκ τοῦ μηδαμόθεν ὄντος μηδ' ὁπωσοῦν, οὔτ' ἀνάγκη τὸν Υἱὸν τοῦ Θεοῦ ἕτερον εἶναι τοῦ γεγεννηκότος τῇ φύσει, ᾗ δὴ ἐβούλοντο οἱ περὶ τὸν Ἄρειον, καὶ εἰ μὴ τοιοῦτος εἴη, μηδ' ἂν αὐτὸν εἶναι ὅλως ἐκ τοῦ Θεοῦ, ὡς τὸ Ἑλληνικὸν καὶ ἐκείνων ἀπαιτεῖν ἐδόκει ἀξίωμα. Ὅλως δὲ, εἰ μὲν τὸ ἐκ μηδενὸς, ἀλλ' ἀγέννητόν τε καὶ ἀναίτιον ὂν, αὐτὸ μόνον ἔδει εἶναι, καὶ ὡς αὐτὸ μή ἐστιν ἔκ τινος οὐδενὶ τρόπῳ, οὐδ' ἄλλο τι ἐξ αὐτοῦ τρόπῳ μηδενὶ προεληλυθέναι, οὐδ' οἱ ψευδώνυμοι ἐκεῖνοι θεοὶ καὶ Θεοῦ παῖδες, οὐδ' ἄλλο τι τῶν ὄντων ἐγίνετ' ἂν ἐξ αὐτοῦ. Εἰ δὲ τοῦτό γε οὐκ ἀνάγκη, πολλὰ γὰρ ὑπὸ τοῦ ἀγεννήτου παρήχθη καὶ γέγονεν ὁπωσοῦν, τίς ἡ ἀνάγκη τὸ ἀγέννητον μὴ καὶ συνωνύμως γεννᾷν; Οὐ γὰρ δὴ ἀνόμοια μὲν δυνήσεται, ὅμοια δὲ γεννᾷν μὴ δυνήσεται, ὃ δὴ ἔφθη ἐληλεγμένον, ὡς ἄν τινος τῶν γονίμων νόθα μὲν οἵου τε ὄντος γεννᾷν, γνήσια δὲ προάγειν οὐ δυναμένου. Οὐδὲ κατὰ μὲν τὴν βούλησιν ἀρχή τινων, κατὰ δὲ τὴν φύσιν οὐδενὸς ἔσται· οὐ γὰρ τῶν αὐτῶν γε κατ' ἄμφω, οἷς τὸ τί ἐστιν οὐ ταὐτόν· οὐδὲ τῇ μὲν ἔσται γόνιμος, τῇ δὲ ἄγονος. Οὐδ' εἰ[1] τὴν μεν φύσιν τὴν αὐτὴν ἔχοι τῇ ἐνεργείᾳ καθάπαξ, ἔσται τινῶν αἴτιος καὶ κατὰ τὴν φύσιν τῶν αὐτῶν, ἃ καὶ τῇ ἐνεργείᾳ προάγοι, καὶ οὐδὲν ἐντεῦθεν ἕψεται, τῷ καὶ φύσει εἶναι προαγωγόν. Εἰ δὲ διενηνέχθαι πως ἀληθῶς ἐν αὐτῷ φύσις καὶ οὐσία δει-

1. Cod. οὐ δεῖ.

κνύοιτο, τῇ ἐνεργείᾳ προάξει καὶ οὐ τῇ φύσει. Οὐδὲ τὰ μὲν ἄλλα ποιήσει νοῶν, ἑαυτὸν δὲ οὐ νοήσει ποιεῖν τὰ ἄλλα δυνάμενον, ἵνα μὴ τὸ συλληφθὲν ἐν αὐτῷ νόημα καὶ Λόγος ᾖ τοῦ Θεοῦ, καὶ εἰκὼν αὐτοῦ ἔμφυτος. Οὐδὲ τὰ μὲν ἕτερα τοῦ Θεοῦ, διὰ τὸ αὐτὸν ἐκ μηδενὸς εἶναι, ἐξ αὐτοῦ ἔσται, ὁ δὲ Λόγος αὐτοῦ διὰ τοῦτ' αὐτὸ αὖ οὐκ ἔσται, καὶ τὸ Πνεῦμα τὸ Ἅγιον. Ἕως δ' ἂν οὐδεμία ἀνάγκη ᾖ τὸν Θεὸν ἄγονον εἶναι διὰ τὸ εἶναι ἀγέννητον, ἢ μηδέν τι εἶναι δι' αὐτὸν διὰ τὸ αὐτὸν εἶναι δι' ἑαυτὸν, οὐδεμίαν ἰσχὺν ἡ τῶν Ἑλλήνων καὶ τῶν Ἀρειανῶν ἕξει πρότασις· ἀλλ' ἔσται μὲν τὸ δι' αὐτὸ ὂν, καὶ τὸ δι' ἕτερον, οὐ ταὐτόν πως· διοίσουσι δὲ οὐ τῇ αὐτῇ γε πάντως διαφορᾷ, ἀλλ' ἀριθμῷ μὲν, ἐάν τι διὰ τὴν αὐτοῦ φύσιν ᾖ ἐξ αὐτοῦ, καὶ εἴδει δὲ καὶ οὐσίᾳ, ἐὰν διὰ τὴν βούλησιν. Καὶ δυνάμεων διαφορὰ οὐχ ἡ μεγίστη ὁμοίως ἐν ἅπασιν, ἀλλ' ἂν μέν τι ἀγέννητον ὂν, καὶ φύσει δὴ καὶ βουλήσει ἄριστόν γε καὶ τελεώτατον, δημιουργήσῃ θελῆσαν ὡς τὰ τέχνῃ ποιούμενα[1], καὶ δυνάμει δὴ μάλιστά γε διοίσει τῶν ὑπ' αὐτοῦ γεγονότων τῇ φυσικῇ· μᾶλλον δ' αὐτὰ ἐκείνου διοίσουσι· φυσικῇ δὲ προόδῳ ἐξ αὐτοῦ τινῶν προεληλυθότων, τῷ ἀγεννήτῳ μόνον καὶ τῷ ἐξ ἀγεννήτου εἶναι καὶ ὅλως τῇ κατ' ἀριθμὸν διαφορᾷ χωρισθήσονται, τῆς φύσεως τῆς αὐτῆς οὔσης καθάπαξ· καὶ οὕτω μᾶλλον τῆς αὐτῆς ἢ ἐν Ζεβεδαίῳ καὶ Πέτρῳ, ὅσῳ ἐκεῖ μὲν διὰ τὴν ὕλην ἀριθμῷ διεννόχει τὸ εἶδος τῆς φύσεως ἐν ἀμφοῖν· ἐνταῦθα δὲ διὰ τὴν ἀϋλίαν τε καὶ τὴν ἀπειρίαν, ἀριθμῷ μία ἡ φύσις, ταὐτὸν δ' εἰπεῖν ἡ θεότης, ἕν τε τῷ δι' αὐτὸ ὄντι καὶ τοῖς ἐξ αὐτοῦ τῇδε

1. Cod ποιοῦντα.

προηγμένοις πέφυκεν οὖσα. Καὶ εἴ γε δεῖ μᾶλλον ἐξακριβοῦν, ἁπλῶς μὲν ἔστι δι' αὐτὸν ὁ Θεός, καὶ δι' οὐδὲν ἄλλο· οὐ δὴ ἡ κτίσις μεγίστῃ δυνάμεων ἐκρίθη διαφορᾷ, ὡς αὐτοί φασι, δι' ἄλλο γεγονυῖά τε καὶ οὖσα, δηλονότι διὰ Θεόν. Ὁ δὲ θεῖος Λόγος οὐ δι' ἄλλο ἐστὶν, οὔτε τὸ Πνεῦμα, οὔτε τῷ δι' ἄλλο καὶ τῷ δι' αὐτὸ αὐτά τε καὶ ὁ προαγαγὼν Θεὸς διενήνοχε· πῶς γὰρ τὰ τὴν αὐτὴν ἀριθμῷ φύσιν ἔχοντα; ἀλλὰ τῷ δι' αὐτὸν μᾶλλον καὶ τῷ δι' ἕτερον, ὡς ἂν ἡ διαφορὰ πρὸς τὰς ὑποστάσεις αὐτὰς, μὴ πρὸς τὴν φύσιν ἀνιέναι τῳ δόξειεν. Ἐν οἷς δέ ἐστιν ἡ κατὰ φύσιν ἑνότης οὕτω λαμπρῶς, τὸ δι' αὐτόν τε εἶναι καὶ δι' ἐκεῖνον οὐδεμίαν διαφορὰν εἰσάγει δυνάμεων· ἢ διαφορὰν μὲν καὶ μεγάλην δήπου ποιεῖ, ὅτι ταύτῃ μόνον διενηνοχότα, τὴν διάκρισιν ἀνεπίμικτον σώζουσι, καὶ ὥσπερ οὐκ ἂν αὐτά γε τὴν τοῦ δι' αὐτὸν ὄντος ἰδιότητα μεταλάβοι, οὕτως οὐδ' ἂν αὐτό ποτε πρὸς τὴν τῶν αἰτιατῶν μετασταίη· διαφορὰν δὲ ἀτομικὴν καὶ προσωπικὴν, ἣ τὴν τῆς φύσεως οὐκ ἂν[1] δύναιτο βλάπτειν ἑνότητα, οὔτε τοῦ Πατρὸς τὰ ἐξ αὐτοῦ τε καὶ ἐν αὐτῷ χείρω ποιεῖν ἔν τινι τῶν ἐς τὴν οὐσίαν ἡκόντων και ἀσθενέστερα. Εἰ γὰρ τῷ μὴ δύνασθαι εἰς τὰς ἀλλήλων ἰδιότητας μετελθεῖν καὶ φύσει διοίσουσιν, οὐδὲν μᾶλλον αὐτὰ τοῦ Πατρὸς ἐλάττω ἔσται τῇ φύσει, ὅτι μὴ καὶ Πατήρ ἐστιν ἑκάτερον, καίτοιγε ὅπερ ὁ Πατὴρ ὄντα, ἢ καὶ ὁ Πατὴρ αὐτὸ τοῦτο πείσεται τῷ μηδ' αὐτὸς δύνασθαι εἶναι αὐτὰ, καίτοιγε ὅπερ αὐτὰ ὤν· ἀλλ' οὔτε ἧττόν τι ἕξει δυνάμεως ἐν αὐτοῖς οὐδὲν διὰ τὴν τοιαύτην ἀμεταβλησίαν, οὔτε βέλτιον ἔσται ἐς οὐσίαν ἢ χεῖρον· δυνάμεως γὰρ

1. Cod. οὐ κἂν.

μᾶλλον ἢ ἀσθενείας τὸ τοιοῦτον ἂν εἴη. Καὶ ταύτῃ γε ὁμοιότερα ἂν εἶεν τῷ προηχότι[1] κατά τε φύσιν καὶ δύναμιν, ἢ εἰ οἷόν τε ἦν αὐτὰ καὶ εἰς τὴν αὐτοῦ ἰδιότητα μεταπίπτειν, ἐκείνου ἀμεταπτώτως πρὸς τὰς αὐτῶν ἔχοντος. Οὐ γὰρ δὴ ἐκεῖνος μὲν ἐπὶ τὸ χεῖρον, αὐτὰ δὲ ἐπὶ τὸ ἄμεινον ἤχθη ἄν, εἴπερ τὸ προῆχθαι ἐκ τοῦ Θεοῦ συμφυῶς τοῦ προαγαγεῖν Θεὸν οὐδέν τι ἧττον εἰς δόξαν, καὶ εἴπερ ἀνάγκη ἐν τῇ θεότητι τὸ μέν τι εἶναι προάγον, τὰ δὲ, προϊόντα, καὶ τὸν ἕνα Θεὸν ἐν ἑαυτῷ καὶ πρὸς ἑαυτὸν τοιάνδε τινὰ διάκρισιν ἴσχειν, οἵαν εἰπόντες ἔφθημεν.

Ταῦτα μὲν οὖν ποτε πρὸς τοὺς ἀπορήσοντας καὶ πλείω τούτων ἐρεῖς. Νῦν δ' ἡ τῶν Ἑλλήνων θεολογία, τοιαύτη γε οὖσα, καλῶς καὶ σοὶ πέπαισται· οὗ μάλιστα ἢ τοῦ πρὸς Λατίνους ἀγῶνος, νῦν τε οἶδά σοι χάριν καὶ ἀεὶ εἴσομαι. Καὶ Λατῖνοι δ' αὐτοὶ χάριν ἄν σοι δικαίως εἰδεῖεν, τηλικαῦτα ὠφελεῖσθαι τοῖς καλοῖς ἐκείνοις λόγοις δυνάμενοι, καὶ τοῦ ἀξιώματος ἐκείνου καταφρονοῖεν, δι' ὃ καὶ κινδυνεῦσαι[2] τις ἂν Ἀρειανικήν τινα καὶ Ἑλληνικὴν θεολογίαν ἐκ μακρᾶς ἀποδημίας κομίζειν, ἀφελῶς αὐτῷ τεθειμένος. Εἰ δὲ μήτ' ὠφελοῖντο καὶ καταμέμφοιντο, αὐτοὶ τοῦ τῇ προτάσει συμβαίνοντος ἀπολαυόντων, ἐφ' ᾗ νῦν τὴν τοῦ δόγματος ἰσχὺν ἱδρῦσαι[3] πᾶσαν πειρᾶσθαι σφὰς ἔφησθα· πολλοῖς γὰρ ἄλλοις αὐτὸ πρότερον ὑπερείδειν ἠγωνισμένοι[4], πολὺ ἀφαυροτέροις αὐτοῦ γε τοῦ ζητουμένου, ἐπείπερ, ὡς ἔοικεν, εὗρον ἐκεῖνα περιφανῶς ἐξεληλεγμένα, σοφόν τι τοῦτο[5] ᾤοντο νῦν ἐξευρηκέναι, ᾧ καὶ ἤλπισαν ἡμᾶς ἀπαγαγεῖν σοφισάμενοι.

1. Cod. προηγότι (sic). — 2. Cod. κινδυνεύση. — 3. Cod. ἱδρῦσαν.
4. Cod. ἠγωνισμένους. — 5. Cod. τοῦτο, ὡς ᾤοντο, pessime, unde nobis totius hujus loci sententia restituenda fuit.

Ἢ πῶς οὐκ ἐκεῖνα πείσονται ἅπαντα, τοῦτο δὴ ὡς ἀναγκαῖον τιθέντες; Οὐ γὰρ μᾶλλον δεῖ προβολέα καὶ τὸν Υἱὸν αὐτοὺς λέγειν τοῦ Πνεύματος, διὰ τὸ δεῖν ἂν αὐτὸν τῷ Πατρὶ κοινωνεῖν τῆς τοῦ προβάλλειν δυνάμεως, ἢ μηδὲ τὸν Πατέρα προβολέα εἶναι ἢ γεννήτορα, μήτε Υἱὸν εἶναί τινα τοῦ Θεοῦ καὶ Πνεῦμα Ἅγιον, διὰ τὸ δεῖν ἂν αὐτὰ, εἴγε εἶεν, καὶ ἐλάττω εἶναι τῇ φύσει, οὔτε γεννητικὰ ἄλλων ὄντα, οὔτε προβλητικά· ἢ ἕως ἂν ἐκείνῳ μὲν τιθεῖντο τῷ ἀξιώματι, πιστεύωσι δ' εἰς Πατέρα καὶ Υἱὸν καὶ Πνεῦμα Ἅγιον, καταδεεστέρας θεότητος τὸν Υἱὸν καὶ τὸ Πνεῦμα ὁμολογεῖν, ὡς δυνάμει δὴ ἐλαττούμενα τοῦ Πατρὸς, ἐκείνου ἀγεννήτου ὄντος, αὐτὰ προηγμένα τε ὑπ' αὐτοῦ καὶ μηδὲν ἄλλο προάγοντα. Καὶ ἡμεῖς μὲν ᾠόμεθα πρότερον αὐτοὺς μόνῳ τῷ Πνεύματι ἐνοχλεῖν, δυνάμεώς τινος εἴργοντας τῆς προβλητικῆς, ἣν κοινὴν Πατρί τε καὶ Υἱῷ γεγονέναι μόνοις νομοθετοῦσιν. Οἱ δέ σοι καὶ ἀπ' αὐτοῦ τοῦ θείου Λόγου τὸ δεινὸν ἀρχόμενοι πράττειν ἐδείχθησαν, εἰ δὲ καὶ μὴ αὐτοὶ, ἀλλ' ὅ γε λόγος αὐτῶν ταῦτα ποιῶν. Ὃ δὲ αὐτῶν ἐστι θαυμαστότερον, ὅτι συναισθόμενοι ἐπὶ τοιαῦτα σφῶν αὐτῶν φερομένων, πολύ τι δὴ ἑτέρᾳ χείρονι μηχανῇ καὶ πρὸς τὸ αὐτὸ φερούσῃ θᾶττον δεινὸν, πειρῶνται ἀποφυγεῖν ἄν· τὰς γὰρ πατρικὰς δυνάμεις, ὡς αὐτοί φασι, καὶ ἀμφοῖν τοῖς ἐξ αὐτοῦ προϊοῦσιν ἄμφω τιθέντες εἶναι κοινὰς, εἶτ' ἐν μὲν τῷ Υἱῷ τὴν ἑτέραν ἄνευ ἐνεργείας μένειν ἐῶσιν, ἐν δὲ τῷ Πνεύματι μηδετέραν ἀξιοῦσιν ἐνεργὸν γίνεσθαι· τὸ μὲν καὶ ἀνεργοὺς[1] ταύτας τιθέναι, εἰδότες ὡς πολὺ ἀπάξει χριστιανισμοῦ τοὺς τιθέντας ἂν, ὃ[2] κἂν, εἰ ἐλπὶς ἦν λήσειν πράττοντας, ἔπραξαν, οὐκ αὐτοί[3] γε οὕτω καὶ πι-

1. Cod. ἐνεργούς. — 2. Cod. οἳ κἄν. — 3. Cod. οὐ καὐτοί

στεύσντες, ἀλλὰ πλείστου καὶ τοῦ παντὸς ποιούμενοι, τὸ πρὸς τὴν αὐτῶν ἑλεῖν ἡμᾶς ἕνωσιν· ἀλλὰ τούτου οὐδὲν ἂν ἦν ἐναργέστερον ἀτόπημα· τὸ δ' ἐκ δυνάμεων διδομένων τε καὶ αὖθις ἀφαιρουμένων, ἢ ἐπὶ ὑφέσει μείζονι διδομένων, τὸν Υἱὸν τοῦ Θεοῦ προβολέα τοῦ Πνεύματος ἀνίστασθαι ὑπ' αὐτῶν, δυνάμει αὖ ἐπὶ τὸ ἐνεργεῖν διδομένῃ, ὅσῳ οὔτ' εὔλογόν ἐστι καὶ πόῤῥω τῶν ἱερῶν, ἀγνοήσειν προσδοκῶντες ἡμᾶς, καὶ οὕτω δὴ κελεύουσιν αὐτοῖς ἕψεσθαι· ὥσπερ οἷόν τε ὄν, ἢ εἶναί τι ἐν τῷ Θεῷ εἰκῇ, ὃ μηδὲ τῇ φύσει καὶ τοῖς αὐτῆς[1] ἔργοις δοῖεν ἄν, ἢ δύναμίν τινα τελειότητα εἶναι ὁτουοῦν, ἂν μὴ συνῇ ποτε αὐτῇ καὶ ἐνέργειά τις ἡ οἰκεία, ἢ τὸν Θεὸν δύναμίν τινα ἐνεργείας ἔχειν χωρὶς τῶν συνεπομένων τῷ πεφυκέναι αὐτόν, οὐ τῷ βούλεσθαι, ἢ ὅσα ἄλλα τῇ ἀρχῇ τοῦ δόγματος αὐτῶν τῇδε φαῦλα ἀκολουθεῖ. Ταῦτά τε τοίνυν λέλυκας αὐτῶν ἱκανῶς, καὶ λόγῳ τὴν πάτριον ἡμῖν δόξαν ἀπέδειξας. Ὦ μάλιστα ἔγωγε χαίρω τῶν πρὸς Λατίνους λέγεσθαι δυναμένων. Οὐ γὰρ οἷόν τε πάντων ὁμοῦ τῶν χειρόνων αὐτοὺς χαίρειν ἀπηλλαγμένους, ἐφ' ἃ ἡ θέσις αὐτῶν ἥδε φέρει· ἀλλ' ἀνάγκη ἑνί τῳ τούτων ἐνεσχῆσθαι[2] αὐτούς, τῇ ὁδῷ τοῦ τοιοῦδε λόγου, ὃ προσήκοι γ' ἂν τῷ θεμελίῳ τῆς δόξης, ὃν ἐκ πάντων ἂν ἕλοιντο. Τάξιν δὲ δεῖν μέν τινα εἶναι ἐν τῇ μακαρίᾳ Τριάδι, δι' ἣν καὶ τὸν Υἱὸν προηριθμῆσθαι τοῦ Πνεύματος συγχωρεῖς· πολλὴ γὰρ ἀνάγκη· οἵαν δὲ Λατῖνοι τιθεῖσιν, ἀπαξιοῖς. Τῇ μὲν γὰρ ἐκείνων, πολλὰ τὰ ἄδοξά ἕπεσθαι· ὡς δ' ἡμεῖς τὰ θεῖα πρόσωπα φαμὲν συντετάχθαι, ᾗ δὴ καὶ ὑπὸ τῶν λογίων συντέτακται, μηδὲν ἀπᾷδον συμβαίνειν· οὐ γὰρ τὸ ἡμέ-

1. Coll. αὐτοῖς. — 2. Cod. ἐνισχῆσθαι.

τερον καὶ τῇ παραδόσει τοῦ σωτηρίου βαπτίσματος ἧττον συνᾴδει, ὥσπερ τὰ ἄλλα πάντα ὀρθῶς ἔχει, ἢ τὸ ἐκείνων ἔοικεν αὐτῇ συμφωνεῖν, ἄλλως δὴ ἐξημαρτημένον. Καὶ ὡς μὲν πέμπων τὸ Πνεῦμα τὸ Ἅγιον ὁ Υἱὸς, καὶ ἀξίωμά τι δι᾽ αὐτὸ ἔχων, οὐκ ἂν [1] πιθανῶς δόξειεν αὐτοῦ προτετάχθαι τοῖς τὰ τοιαῦτα ἐξακριβοῦσιν, εἰ καὶ τὴν σὴν σοφίαν οὐκ οἶδ᾽ ὅπως τοῦτο διέλαθε· λαβὴν γάρ τινα οὐ μικρὰν τοῖς ἐναντίοις ὁ λόγος παρέξει. Ἢ γὰρ τῆς αὐτῆς οὔσης πέμψεώς τε καὶ ἐκπορεύσεως, ὡς αὐτοῖς δοκεῖ, ἕξουσι τὸ προκείμενον, ἢ διαφερουσῶν, ὡς ἡμεῖς γε οἰόμεθα, ἄτοποι αὐτοῖς δόξομεν, ἢ δυνάμει ἀϊδίῳ μὲν, ἀλλὰ κοινῇ τῆς Τριάδος, ἢ ἔργῳ τῆς δυνάμεως ταύτης ἐγχρόνῳ ἀΐδιον τάξιν προσώπου θείου πρὸς πρόσωπον θεῖον ἀξιοῦντες κατασκευάζειν. Ἐκεῖθεν μὲν οὖν, οὐδαμῶς, ἄλλοις δὲ τρόποις τὴν τῆς τάξεως ἀνάγκην λαμβάνομεν, ἡμεῖς τε αὐτοὶ, καὶ οἱ πρὸ ἡμῶν πάντες, οἷς οὔτε ταῖς τῆς πίστεως ἀρχαῖς, οὔτε τοῖς διδασκάλοις τῆς Ἐκκλησίας συμβαίνει τι οὐ συνῳδὸν, ὥσπερ τῇ παρὰ Λατίνοις ἐμβάθμῳ τοῦ θείου ἐπιπλοκῇ.

Ἀλλὰ περὶ μὲν τούτου ἐς τοσοῦτον· οὐ γὰρ ὁ πρὸς Λατίνους νῦν λόγος ἡμῖν, περὶ ὧν τῆς ἀληθείας ἐνδεέστερον ἀποφαίνονται, προὔργου ἐστίν. Ὡς δὲ πολὺ ῥᾷον τοῖς ἡμετέροις ἢ Λατίνοις αὐτοῖς τοὺς πατέρας ἀλλήλοις συνῳδοὺς ἀποφαίνειν, τῇ γε τοῦ Πνεύματος ὁμωνυμίᾳ καὶ τῷ διττῷ τῶν λεγομένων προόδων αὐτοῦ, καὶ τῇ τῆς προόδου αὖ καὶ τοῦ προϊέναι, οὐδὲν ἂν τούτου ἀληθέστερον γένοιτο, ὅπου γε καὶ Λατίνοις αὐτοῖς ταῦτα δοκεῖ. Διὸ δὴ καὶ θαυμάζειν αὐτῶν ἄξιον, ὅτι τὰς ἀλη-

1. Cod. οὐ κἂν.

θεστάτας τῆς τῶν διδασκάλων συμφωνίας παριέντες μεθόδους, ἐπ' ἄλλας ἀνηκούστους ἐκτρέπονται, μεταπτώσεις τινὰς τῶν προσωπικῶν ἰδιοτήτων, καὶ κοινωνίας τῶν ἀκοινωνήτων ἐπινοοῦντες, καὶ τοιαῦτα ἄττα ἐπισυνείροντες, ἃ πόῤῥω τῶν κοινῶν εἰσι θέσεων. Πολὺ δ' ἂν ῥᾷον ἀντὶ τούτων ἦν, ἐπὶ τὰ καὶ σφίσιν αὐτοῖς ὡμολογημένα τραπομένοις, ἀνεπαχθῶς τῇ διπλῇ ἐκλήψει τῶν ὁμωνυμούντων ἐκείνων διαλλάττειν τε τοὺς πατέρας καὶ λύειν τὴν ἀμφισβήτησιν· καὶ Αὐγουστίνῳ δὲ καὶ Κυρίλλῳ τοῖς μακαρίοις, οὐκ ἂν οὕτω λυπηρῶς τῆς καινοτομιας τὴν αἰτίαν ἐπέγραφον. Ἐκεῖνοι δὲ λέγουσι μὲν ἐκ Πατρὸς καὶ Υἱοῦ προϊέναι τὸ Πνεῦμα πλειστάκις· ἀλλ' ἅτερος μὲν, τὸ μὲν ἐκπορεύεσθαι ἀντὶ τοῦ ὑφεστάναι παρειληφὼς, μετὰ πάντων δὴ τῶν ἀπὸ τῆς Ἀσίας πατέρων (ἐπὶ γὰρ τοῦ Πνεύματος, οὐκ ἔσθ'[1] ὅτε οὐχ οὕτω φαίνονται κεχρημένοι τῇδε τῇ λέξει), μυριάκις μὲν ἐκ τοῦ Πατρὸς ἐκπορεύεσθαι λέγει, καὶ ἐκ τοῦ Υἱοῦ δὲ οὐδ' ἅπαξ· τῷ δὲ προϊέναι ποῦ μεν ἐπὶ τῆς πρὸς τὴν κτίσιν ἀποστολῆς, ποῦ δ' ἀντὶ τῆς ὑπάρξεως κεχρημένος, ὅμως οὐδαμοῦ φαίνεται προϊέναι λέγων ἐκ τοῦ Υἱοῦ τὸ Πνεῦμα, ἂν μὴ καὶ κτιστός τις ὅρος προσκείμενος ᾖ, ὃ δεῖν φασιν οἱ πατέρες σημεῖον ἡμᾶς ποιεῖσθαι τοῦ περὶ τῆς πέμψεως λέγειν αὐτοὺς, αὐτοὶ τῶν ἰδίων ἐξηγηταὶ γινόμενοι λόγων, ὡς ἂν μὴ σοφιζομένοις τισὶν ἐξῇ καὶ ἐπ' αὐτοὺς καταφεύγειν. Καί τοι ἄλλοθι μὲν τῇ ἐν ταῖς γραφαῖς ὁμωνυμίᾳ χρῶνται Λατῖνοι, καὶ οὐ περιορῶσιν· ἄλλως γὰρ οὐκ ἂν δύναιντο νοεῖν αὐτὰς ὑγιῶς· χρωμένοις δ' ἐνταῦθα καὶ ἡμῖν ἐγκαλοῦσιν, ὡς δὴ σοφιστικὰς τὰς γραφὰς ἀποφαίνουσι καὶ τοὺς διδασκά-

1 Cod. οὐκεθ' ὅτε.

λους· ὥσπερ ἀγνοοῦντες ὅτι τὸ μὲν ἐξελεῖν τοῦ λόγου τὰ τοιαῦτα, παγχάλεπον ἦν καὶ τοῖς πρώτοις· συμπεραίνουσι δ' ἡμῖν ἀπ' αὐτῶν μέσων, οἷ μὲν ἂν συμπεραίνοιτο, αὐτοῖς τε ἀληθεύειν καὶ τοῖς πρῶτον εἰρηκόσι συνᾴδειν συμβαίνει· ψευδῆ δὲ καὶ οἷα τοὺς ἀπὸ ταύτης ἐπ' ἐκείνην μεταπηδῶντας σημασίαν καὶ τὴν φύσιν εἰκὸς, ἡμῖν μὲν σοφισταῖς εἶναί τε καὶ δοκεῖν τῷ ὄντι περίεστι· κοινωνεῖν δὲ τοῦ ἐγκλήματος οὐκ ἀνάγκη τοὺς ἡγεμόνας τῶν λέξεων, οἷς πειρώμεθα συμφωνεῖν· διώριζον γὰρ ἐκεῖνοι καλῶς ταῖς χρείαις τῶν λόγων ἑκάστοτε οἰκείως, τὰ αὐτὰ οὐχ ὡσαύτως ὀνόματα ἐφαρμόζοντες. Καὶ Κύριλλος μὲν οὕτως. Αὐγουστῖνος δὲ, οὐδὲ δυοῖν λέξεοιν ἐμφαίνειν ἔχει τὸ διττὸν τῶν προόδων, γλώττης στενότητι· ἀλλ' ἄν τε τὴν τοῦ Πνεύματος ὕπαρξιν, ἄν τε τὴν ἐνέργειαν καὶ τὴν χάριν σημαίνειν ἄλλοθι βουληθῇ, αὐτὸς μὲν ἑνὶ ῥήματι τῷ προϊέναι ἢ προχωρεῖν, καὶ πρὸς ἄμφω τὰς ἐννοίας ἐχρήσατο· τοῖς δ' εὐγνωμόνως ἀκουσομένοις πρὸς τὴν τῶν λόγων χρείαν διαιρεῖν καταλείπει. Οὐδὲ γὰρ αὐτὸς λέγει τά γε τοιαῦτα πόῤῥω τῶν διπλῶν ἐκείνων ἐμφάσεων, ὧν αἱ μὲν πρὸς τὴν τοῦ Πνεύματος ὕπαρξιν, αἱ δὲ πρὸς τὴν πέμψιν, τὸ τῆς προόδου ῥῆμα συνέλκουσι. Καὶ θαυμαστὸν οὐδέν· ὅπου καὶ τὸν Υἱὸν ἐκ τοῦ Πατρὸς ἐκπορεύεσθαι Κύριλλος ἔφη που ἀντὶ τοῦ γεννᾶσθαι τὸ ῥῆμα παρειληφὼς, ὅθεν εἰ καὶ τοῦ Αὐγουστίνου τὴν λέξιν εἰς τὸ ἐκπορεύεσθαι ἑρμηνεύσει τις ὑπὸ Λατίνων βεβιασμένος, οὐδ' οὕτως ἀνάγκη τὸ Πνεῦμα διὰ τὴν Αὐγουστίνου λέξιν ὑφίστασθαι καὶ ἐξ Υἱοῦ. Πολὺ γὰρ οἰκειότερον ἐπὶ τῆς λοιπῆς προόδου μεταφέρειν τὴν λέξιν, καὶ ἀμφοῖν τῷ Πνεύματι πρεπουσῶν (καὶ ἀϊδίως γὰρ ἐκ τοῦ Πατρὸς πνεῖται καθ' ὑπόστασιν, ἐκ τοῦ Πατρὸς τὸ εἶναι λαμβάνον, καὶ ἐκ Πατρὸς καὶ Υἱοῦ τοῖς πιστοῖς πνεῖται, τουτέστι κατὰ τὰς πνευματικὰς ἐνεργείας, δίδοται καὶ μετέχεται), ἢ πρὸς τὴν γέννησιν ἕλκειν, ἧς οὐδαμῶς τῷ Πνεύματι μέτεστιν· ὃ τῷ Κυρίλλῳ γενναίως πάνυ τετόλμηται, ὁλοσχερέστερον εὐσεβῶς ἐκλαμβανομένῳ τὴν λέξιν, ὅτε δὴ καὶ μόνον τὴν ὁμωνυμίαν τοῦ ἐκπορεύεσθαι τῇ τοῦ Πνεύματος ὁμωνυμίᾳ συνῆψεν ἄν τις εὐλόγως ἐν τοῖς περὶ τοῦ Πνεύματος λόγοις, εἰ τὰ τῶν ἐκ τῆς ἑσπέρας πατέρων οὕτω πρὸς βίαν ἡρμήνευτο, κανόνι τῷ τοῦ Κυρίλλου χρώμενος τρόπῳ, ὃν ἅπαξ ἐκαινοτόμησεν, ἐπὶ δυοῖν ὑποστάσεων καὶ εἴδει διαφερουσῶν προόδων τῷ ἐκπορεύεσθαι κεχρημένος. Καί τοί γε ἐπὶ μὲν τῶν ἄλλων ἁπάντων, εἰ τὸ προϊέναι ὁμώνυμον, οὐδὲν κωλύει καὶ τὸ ἐκπορεύεσθαι τοιοῦτον εἶναι· ἐπὶ δ' ἄρα τῆς ἱερᾶς θεολογίας τῷ μὲν ἐκπορεύεσθαι μόνην τὴν ὕπαρξιν εὑρίσκομεν τοῦ Πνεύματος πάντας δηλοῦντας, τῷ δὲ προϊέναι καταχεχρημένους ἐπὶ ταύτης τε καὶ τῆς πέμψεως, ὧν τῷ τύπῳ καὶ ἡμᾶς ἕπεσθαι δίκαιόν ἐστι. Τὸ δὲ τὸν μὲν Υἱὸν συναίτιον λέγειν, τὸν δὲ Πατέρα ἀρχοειδῆ αἰτίαν καλεῖν, καλῶς ποιῶν οὐκ ἐπήνεσας· ἄνευ γὰρ τοῦ τὸ συναίτιον διαιρεῖν, αὐτοὶ δὴ μίαν ἀρχὴν τὰς ὑποστάσεις ἄμφω καλοῦσιν, ὥστε λοιπὸν ἐστιν αὐτοὺς ἀντιφάσκειν, εἰ καὶ οἷόν τε ἦν μίαν ἀρχὴν εἶναι τὰ μὴ καθ' ὅ εἰσιν ἕν, ἀλλ' ἢ δύο μᾶλλον, προάγοντ' ἄν, εἴπερ προῆγεν, ποῦ τὴν τοῦ συναιτίου λέξιν εὗρον κειμένην ἐπὶ τῶν θείων. Ἀλλ' οὐχὶ μᾶλλον καὶ ταύτην καινοτομοῦσι; Ποῦ τὸ ἀρχοειδῶς εὕρηταί τις λέγων τῶν μακαρίων; Ἀλλ' ἀρχικῶς μᾶλλον ἐκ τοῦ Πατρὸς φαῖεν τὸ Πνεῦμα προϊέναι τινὲς, ὡς ἂν ἐκφήνωσιν ἐκ τοῦ Υἱοῦ τοῦτο μὴ ἀρχικῶς προϊέναι, ἀλλὰ μᾶλλον πεμπτικῶς τε καὶ μεταδοτικῶς, οἵῳ κἂν ἑαυτοῦ προελθεῖν ῥηθείη γε τρόπῳ, καὶ ἑαυτοῦ δῶρον ὄν, καὶ τῇ τοῦ ἐπιῤῥήματος τοῦδε προσθήκῃ τὸ κατὰ τὴν λέξιν ἀδιόριστον τοῦ προϊέναι καὶ τῆς προόδου διορίσαντες ἐξιάσωνται. Οὐ γὰρ βραχεῖαν ᾔδεσαν τὴν διαφορὰν, ἢ ὡς ἐξ ἀρχῆς τῆς ὑποστάσεως αὐτοῦ τί ποθεν προελθεῖν τῶν θείων προσώπων, τουτέστιν ἐκ τῆς γονίμου καὶ ἀγεννήτου τούτων αἰτίας, ἢ πρὸς τὴν τῆς κτίσεως εὐεργεσίαν ὁρμηθῆναι ποθεν κατὰ τὴν ἐνέργειαν, τουτέστιν ἐκ τῆς ὁμοίου τῶν τριῶν προσώπων θελήσεως. Ἢ τὸν Υἱὸν ἦν ἀνάγκη γεννᾶσθαι πεμπόμενον ἐκ τοῦ Πνεύματος· προϊέναι δ' οὕτως ἐκεῖθεν αὐτὸν, καὶ ἡ γραφὴ καὶ πάντες οἱ πατέρες συμφθέγγονται. Καὶ εὐλόγως. Ἔπεμψε γὰρ εἰς τὴν σάρκα καὶ τὴν ἐν ταύτῃ φανέρωσιν τὸν Υἱὸν τοῦ Θεοῦ, οὐχ ὁ Πατὴρ μόνον, ἀλλὰ δὴ καὶ τὸ Πνεῦμα, συνευδοκῆσαν σφίσιν τὴν οἰκονομίαν ἐκείνην, ὡς δὴ ἓν ἔργον αὐτὴν τῆς Τριάδος συμπάσης ἐν τῷ τοῦ Υἱοῦ συγκαταπραξαμένης προσώπῳ. Ὡς δὲ καὶ τὸ Πνεῦμα τὸ Ἅγιον ἀρχὴν μὲν ἔχει τὸν Πατέρα μόνον περιφανῶς, πρὸς δὲ τὴν κτίσιν ἀεὶ καὶ ἐκ τοῦ θείου πέμπεται Λόγου, ὡς οὐχ οἷόν τε καλῶς τε καὶ εὖ ἔχειν αὐτήν ποτε μὴ τῷ θείῳ Πνεύματι κυβερνωμένην. Καὶ ποτὲ μὲν ἀμυδρότερον, ἄλλοτε δ' ἦν πληρέστερόν τε καὶ φανερώτερον, οὐ μᾶλλον αὐτὸ πέμποντος τοῦ Υἱοῦ ἢ καὶ ὑφ' αὐτοῦ τε πεμπόμενον, ἅτε κοινὴν τὴν τοῦ Πνεύματος χάριν καὶ τῶν τριῶν προσώπων συναφιέντων· ἧς διδομένης τε καὶ ὑπὸ τῶν ἁγίων λαμβανομένης, καὶ δι' αὐτῆς πρὸς τὴν τοῦ Θεοῦ κοινωνίαν ἀναλαμβανομένων τῶν ἀνθρώπων, ὡς ἔξεστιν, αὐτὸ τὸ Πνεῦμα πέμπεσθαι λέγεται. Τὸ δὲ ἀρχοειδῆ μὲν τὸν Πατέρα λέγειν αἰτίαν τοῦ Πνεύματος, τὸν δὲ Υἱὸν συναίτιον, συμφωνεῖτον μὲν αὐτοῖς, ἀλλ' ἐπί γε τῷ χείρονι· τὰ γὰρ συναίτια πάντα πρὸς τὰ ἀρχοειδῶς ποιοῦντα ὀργανικῶν αἰτίων ἔχουσι τάξιν· καὶ ταῦτα μόνα τῇ τῶν συναιτίων λέξει καλῶς οἱ περὶ τούτων εὖ εἰδότες προσαγορεύουσιν. Διὸ καὶ τῆς Ἀρειανικῆς οὐκ ἀπᾴδειν δόξης εἰδότες τὸ τὸν Υἱὸν συναίτιον τῷ Πατρὶ τῶν κτισμάτων καλεῖν, ἐφείσαντό γε καλεῖν οὕτως οἱ θεολόγοι, εἰ μή πού τις πρὸς ἀνάγκην λόγων τινὰ κατεχρήσατο, ἀλλὰ μᾶλλον αἴτιον ἓν καὶ μίαν ἀρχὴν ἄμφω τε καὶ τὴν Τριάδα ὅλην καλοῦσιν, ὡς, ᾗ εἰσιν ἄμφω τε καὶ πάντα Θεὸς εἷς, ταύτῃ ἀπ' αὐτῶν τῆς κτίσεως γενομένης· μήτε γὰρ οἷόν τε εἶναι ὑπάρχειν τι Πατρὶ καὶ Υἱῷ, ὃ μὴ καὶ τῷ Πνεύματι πρόσεστι, μήτε, εἴ τι μὴ ἐφαρμόττοι τῷ Πνεύματι δι' ὁτιοῦν, τοῦτ' ἂν ἐγχωρεῖν, τῷ Πατρί γε προσὸν, καὶ ἐς τὸν Υἱὸν κοινωνικῶς διαβαίνειν.

Πάντα μὲν οὖν ἐκεῖνα σοφῶς τε καὶ ἀληθῶς εἴρηκας, ὡς ἂν μὴ καθ' ἕκαστον ἐπαναλαμβάνων, περιττόν τι δόξαιμι πράττειν. Ὧν δὲ μάλιστα χάριν ἔχω σου τῇ σοφίᾳ μεγίστην, ἐρῶ, τούτων ἕνεκα καὶ ἐπιστεῖλαί σοι ταῦτα βαλόμενος κατὰ νοῦν. Ἐν τῇ πόλει ταύτῃ δυσί τισι λόγοις τοὺς ἁπλουστέρους ταράττουσι καὶ κλονοῦσιν οἱ τῆς πρὸς Λατίνους μεταθέσεως προϊστάμενοι. Καλῶ δὲ οὕτω καὶ τοὺς λανθάνοντας πάντας· οὗτοι γὰρ καὶ τῶν φανερωτάτων οἱ χείρους εἰσί. Καὶ πρῶτα μὲν οὐδὲν δεινόν φασι Λατίνοις ἡμᾶς ἑνοῦσθαι κατὰ τὴν δόξαν· εἰ γὰρ καὶ ἀσύνηθές τι τὸ σφίσι λεγόμενον, ἀλλ' ἀληθὲς εἶναι δύναται, μηδενὸς ἐντεῦθεν ἀτόπου συμβαίνοντος, καὶ Λατίνους, μηδὲν τοιοῦτον ἕπεσθαι πεπεισμένους, οὕτω χαίρειν ὡς ἀληθευούσῃ τῇ δόξῃ. Καὶ εἴ γε βούλοισθέ, φησιν, ἀναστάντες ἐκκηρύξουσι φανερῶς τοὺς τοῖς ἀτόποις ἐκείνοις δόγμασί ποτε τεθειμένους, καὶ καθ' ἑαυτῶν, εἰ τιθέμενοι κρύπτοιντο, τὴν τοιαύτην δήπου φέροντες ψῆφον· καὶ ὡς οὐδενὶ συγχωροῦσι τῶν ἐκ τῆς δόξης ταύτης ὑποπτευομένων δεινῶν, καὶ λόγοις καὶ γράμμασι καὶ πᾶσι τρόποις ἔσονται ἔξαρνοι. Καὶ οἴονται Λατίνους ἱκανόν τι δώσειν ἡμῖν τοῦτο διδόντας· καὶ αὐτοὶ μετ' ἐκείνων ἑνωθήσεσθαι φρονίμως ἐλπίζουσιν, οὕτως ἑνούμενοι· καὶ πολλοῖς, ὅπερ εἶπον, τῶν ἀμαθῶν δοκοῦσί τι λέγειν οἱ πλείους τῶν ταῦτ' ἀξιούντων, οὐδὲν ἐκείνων ὄντες σοφώτεροι. Ἡμεῖς δὲ μετὰ πολλῶν ἄλλων τὰ τοιαῦτα εἰδότων, ἔτι γὰρ ἡ πόλις πεπαιδευμένους τρέφει τινὰς, πολλάκις αὐτῶν τὴν πλάνην ἐλέγξαντες, ἔτι δὲ καὶ τὴν κακουργίαν ἐνίων, ἐδόξαμεν ἐπαχθεῖς· καὶ δοκοῦμεν ἔτι φιλονεικίας χάριν κενῆς τὴν μετὰ Λατίνων ἕνωσιν εἴργειν. Καίτοι τί ἂν γένοιτο τούτου σαφέστερόν τε καὶ δικαιότερον, ὅτι τὴν ἐξ ἀρχῆς ὑπόθεσιν αὐτοὺς ἀνατίθεσθαι δεῖ μᾶλλον, ὡς ἔφησθα, καὶ περὶ τῶν ἀτόπων ἐκείνων οὔτ' αὐτοὺς δεήσει πράγματ' ἔχειν ἐξαρνουμένους αὐτὰ, οὔθ' ἡμᾶς αὐτοῖς ἐγκαλεῖν ὡς ἐκείνοις ἐνεχομένοις. Ἕως δ' ἂν τὴν τῶν ἀτόπων ἀρχὴν ἐκείνων διαφυλάττωσιν ἐν ταῖς γνώμαις τε καὶ τοῖς λόγοις, οὐδ' ἂν ἐκεῖνα μυριάκις ἀρνήσαιντο, λέγειν τι δόξουσι· καίτοι τὸ μὲν ἐξελεῖν τῆς κοινῆς ὁμολογίας τὴν λέξιν ἐκείνην τὴν τὰς Ἐκκλησίας οὕτω ταράξασαν, ἢ νοῦν αὐτῇ τὸν ἀληθῆ τε καὶ πᾶσι γνώριμον δεδωκότας ἐν τῇ φωνῇ μόνῃ καταλιπεῖν τὴν διαφορὰν, περὶ ἧς οὐδ' ἂν εἷς νοῦν ἔχων ἠμφισβήτει λοιπὸν (περὶ δὲ τῶν ἄλλων διαφορῶν ἄλλος ἂν εἴη λόγος), ῥᾷστον ἂν εἴη θελήσασι, καὶ ἅμα τὸ σεμνὸν προσέσται τῷ πράγματι. Τὸ δὲ τοσούτων τῶν ἐντεῦθεν ἑπομένων ἀδόξων ἐξάρνους γίνεσθαι βουλομένους, δοκεῖν μὲν ὡς ἐπὶ τοῖς αἰσχίστοις ἐγκαλουμένους ἀπολογεῖσθαι, κινδυνεύειν δὲ καὶ ἄλλοις τισὶ λανθάνειν ἐνεχομένους (τῷ γὰρ ψεύδει παντὶ πλείω τὰ ἄτοπα ἕπεται· καὶ ὥρισται μὲν ἁπανταχοῦ τἀληθὲς, τὸ δὲ ψεῦδος πολὺ πλείους ἐκφύει τὰς κεφαλὰς τῶν περὶ τῆς ὕδρας μυθευομένων· καὶ εἰκός ἐστι διὰ τοῦτο καὶ ἄλλο τι συνεζεῦχθαι τῇ θέσει ταύτῃ δεινὸν πρὸς τούτοις δὴ τοῖς μέχρι τοῦ παρόντος ἐξητασμένοις), πολλὴν ἑκατέροις ἔχει δυσχέρειαν. Εἶτ' οὐδ' ἔξεστιν ἡμῖν περὶ τῶν τῆς Ἐκκλησίας δογμάτων μὴ τῷ τῆς Ἐκκλησίας ἕπεσθαι τύπῳ, ὃς τοσούτων ἐτῶν ἐν τοῖς αὐτῆς προστάταις ἐκράτησεν, εἰ καὶ οἷόν τ' ἦν ἐξαπατηθέντα δι' ἀμαθίαν προσέσθαι τινὰ τὴν ἀρχὴν τοῦ φανερωτάτου ψεύδους, κηρύττοντα, ὅτι τῷ συνεζευγμένῳ ψεύδει μεθ' ἡμῶν φησι πολεμεῖν. Οἱ γὰρ ἐν ταῖς οἰκουμενικαῖς συνόδοις πατέρες (καὶ μηδεὶς θορυβείσθω τῇ λέξει τε καὶ τῷ παραδείγματι), τοιαῦτ' ἄττα τοὺς ἐν ἑκάσταις αἱρετικοὺς τερατευομένους ἀπεωθοῦντο· ὀλίγαι γὰρ τῶν αἱρέσεων αὐτόθεν ἐπολέμουν τῇ πίστει, καὶ τοῖς ταύτης ἄρθροις ἐμάχοντο· ἀλλὰ περιόδῳ τινὶ κατὰ τῆς ἀληθείας αἱ πλείους ὡπλίζοντο, καὶ ἔδει ταύτας μάλιστα εὐλαβεῖσθαι, ὡς ὑπὸ τούτων ἂν τῶν ἁπλουστέρων μᾶλλον βλαφθησομένων. Οὕτως οὖν οἱ μὲν περὶ τὸν Εὐτυχέα πάντων τῶν ἑπομένων σφίσιν ἀτόπων ἐγίνοντο ἔξαρνοι· οὔτε γὰρ πάθος προσάπτειν τῇ θεότητι τοῦ ἡμετέρου δεσπότου Χριστοῦ, οὔτε κατὰ φαντασίαν ἄνθρωπον αὐτὸν γεγονέναι, οὔτε τι τῶν τοιούτων ὡμολόγουν φρονεῖν, ἀλλὰ τὰς δύο φύσεις εἰς μίαν ἐν τῷ Χριστῷ συνεληλυθέναι νομίζειν ἰσχυρίζοντο μόνον, καὶ λόγους τινὰς εὐπρεπεῖς τισι δοκοῦντας τῆς δόξης ταύτης ἐκόμιζον· ἐκεῖνα δὲ πάντα καὶ τοὺς ἐκείνοις ποτὲ τεθειμένους τῶν δυσσεβεστάτων εἶναι νομίζειν ἐβόων. Οἱ δὲ περὶ τὸν

Πύῤῥον ὁμοίως ἠρνοῦντο μὲν τὴν μίαν φύσιν καὶ τὴν ἐνέργειαν ἐν Χριστῷ, θέλησιν μέντοι μίαν τιθέντες, οὐδὲν ἡγοῦντο λέγειν δεινὸν, ἅτε τῆς κατ' ἄνθρωπον θελήσεως τῇ θείᾳ καθαρῶς ὑποτεταγμένης ἐν τῷ ἡμετέρῳ δεσπότῃ· καὶ ἐδόκουν δὴ πολλοῖς προσδεκτέοι, ταῦτα λέγοντες, καὶ βοῶντες μηδενὶ τῶν ἐπαγομένων συγχωρεῖν σφίσιν ἀτόπων. Ἀλλ' οἱ σοφοὶ πατέρες ἐκεῖνοι τὴν θέσιν μᾶλλον ἐκέλευον ἀποῤῥίπτειν, καὶ ἀρνεῖσθαι μὲν τὴν μίαν φύσιν τοὺς δεινοτέρους ἐκείνους τῆς οἰκονομίας ἐχθροὺς, δύο δὲ τιθέναι θελήσεις τοὺς ὑστέρους ἀντὶ μιᾶς ἐν τῷ τῆς ἀνθρωπίνης σωτηρίας καθηγεμόνι Χριστῷ, εἴγε μέλλοιεν μὴ πόῤῥω τῶν ἱερῶν ἐξελαύνεσθαι, ὥσπερ δὴ καὶ ἠλαύνοντο τῇ κρίσει τῆς Ἐκκλησίας οὐ πεπεισμένοι. Καὶ ἡμᾶς οὖν τοῖς πατράσιν ἐκείνοις ἕπεσθαι χρὴ, καὶ μὴ καινοτομίαν λύειν καινοτομίᾳ χείρονι βούλεσθαι, μᾶλλον δὲ βεβαιοῦν τὴν ἑτέρων καινοτομίαν ἐν προσχήματι λύσεως, καὶ συγκαινοτομεῖν αὐτοῖς, τοὺς τοσοῦτον χρόνον εὐλόγως ὑπὲρ τῶν πατρίων ἀνθεστῶτας αὐτῇ· εἰ μή τις φαίη καὶ τὴν Ἐκκλησίαν πολλάκις ἐξαμαρτεῖν, οὕτω γε κρίνασαν· οὗ τί ἂν εὐσεβέσιν ἀκοαῖς ἀπηχέστερον ἐμπέσοι ῥῆμά ποτε; Οὕτω δὲ καὶ αὐτοὶ Λατῖνοι τὴν ἡμετέραν ἀνάπτυξιν (ἥδ' ἐστὶ, τὸ μὴ καὶ ἐκ τοῦ Υἱοῦ τὸ Πνεῦμα τὸ Ἅγιον ἐκπορεύεσθαι εἴτ' οὖν ὑφίστασθαι) οὐ προσίενται, καίτοι ἡμῶν μὲν τὴν Ἀρειανὴν καὶ Νεστοριανὴν αἵρεσιν ἔν τε τῇ καθ' ἑκάστην ὁμολογίᾳ καὶ πᾶσι τρόποις ἐξαρνουμένων, ἃς ἡμῖν ἐπισείουσιν. Αὐτῆς δὲ οὔσης ἀσφαλεστάτης, ὅτι τε γνωριμωτάτη, καὶ ὅτι δέει μὲν τῶν ἀπειλῶν τῆς τρίτης συνόδου, αἰδοῖ δὲ τῶν μετ' ἐκείνην τεττάρων, αἳ τοὺς τῆς τρίτης νόμους ᾐδέσθησαν, οὐ καὶ τῷ συμβόλῳ γε αὐτὴν ἐνεθέμεθα. Πολλῷ δ' ἂν δικαιότερον συμφωνοῖεν ἡμῖν αὐτοὶ τὴν ἀπόφασιν διὰ τὰς ἡμετέρας ἀρνήσεις, ἢ, ὡς ἡμῖν ἐξαρκοῦν ἐκεῖνα σφᾶς ἐξαρνεῖσθαι, πρὸς τὴν κατάφασιν βιάζοιντ' ἂν τὴν αὐτῶν, ταῖς τε ἀρχαῖς οὐ πάνυ συνῳδὸν ταῖς κοιναῖς, καὶ, οὗπερ οὐκ ἦν θέμις, προστεθειμένην. Ἡμεῖς τε τῇ Λατίνων ἂν τεθειμένοι δόξῃ ἁπλῶς, χεῖρον ἂν αὐτῶν ἁμαρτάνοιμεν. Αὐτοὶ μὲν γὰρ καὶ οἰόμενοι μηδὲν τῶν φαύλων ταύτῃ ἀκολουθεῖν, οὐκ ἂν ἑκόντες εἶεν, οἵους ἡ θέσις ποιεῖ. Ἡμεῖς δὲ, ὡς ἂν βεβαίως ἡγώμεθα ἕν τι ἐκ πλειόνων συνεζεῦχθαι ταύτῃ κακὸν, δεῖ ὡς πᾶσιν ἑκόντας ἐνεχομένους εὐθύνεσθαι, εἴ γε ὡς μηδὲν διαφέρον ὀλιγωροῖμεν. Ὅθεν οὐδὲ νεμεσητέα μᾶλλον ἡμῖν ἂν εἴη Λατίνοις ἢ διδακτέα μὲν, εἰ δύναιντο πείθειν· εἰ δ' οὐχ οἷοί τέ ἐσμεν ἐπαΐειν, ἅμα καὶ πλείστοις σοφωτέροις μὲν ἡμῶν, πιθανωτέροις δὲ ἡμῖν Λατίνων, ἑπόμενοι, μετὰ τῆς ἐπὶ τῷ οὐκ εὐπαρακολουθήτῳ συγγνώμης, καὶ τῆς εὐλαβοῦς ἀσφαλείας ἐπαινετέα, ἕως μὴ βούλωνται τῇ μόνῃ δικαιοτάτῃ ὁδῷ τὸ ἐκκλησιαστικὸν ἐξιᾶσθαι τουτὶ τραῦμα, ὡς αὐτοί γε ὄντες οἱ πλήξαντες. Πειρῶνται μὲν οὖν καὶ τὸν τῶν ἀτόπων ἐκείνων πρὸς τὴν ἐξαρχῆς ὑπόθεσιν σύνδεσμον λύειν· ἀλλὰ τοσοῦτον λύειν ἀπέχουσιν, ὥστε δι' αὐτά γε φορτικώτεροι τοῖς εἰδόσι δοκοῦσιν, ἀδοξότερα πολλῷ τιθέντες τῶν ἐξ ἀρχῆς, ἵνα μόνον δυνηθῶσι δόξαι τι λέγειν, καὶ ἵνα δόξωσι λύειν οὐ λύοντες. Ἡμεῖς δὲ σὺν τοῖς πατράσιν ἡμῶν τὴν τῶν ἀτόπων ἐκείνων ἀκολουθίαν ἐκ τῶν τῆς πίστεως ὑποθέσεων δείκνυμεν οὕτως, ὡς ἄν τι δόξειε τῶν ἁπάντων ἑτέρῳ τῳ κατὰ τοὺς τῶν λόγων νόμους ἀκολουθεῖν. Διὸ δὴ καὶ τῶν ἑπομένων οὐχ ἧττον τὴν ἐξαρχῆς ὑπόθεσιν διωθούμεθα, ἴσον δύνασθαι ταύτῃ τε κἀκείνοις χαίρειν τε καὶ ἀπηχθῆσθαι αὖ πρός τε τὸ μετὰ τῆς ἀληθείας καὶ τοὐναντίον εἶναι νομίζοντες.

Ταῦτα τοίνυν καὶ πολλάκις εἰπόντες τοῖς ποτε[1] ἡμετέροις, καὶ ἐν βιβλίοις συνταξάμενοι πολυστίχοις, οὐκ ἔρωτι τοῦ πολλὰ συγγράφειν βιβλία, ζήλῳ δὲ ὠφελείας, καὶ πόθῳ τῆς αὐτῶν, ὡς ᾠήθημεν, ὠφελείας, οὐκέτι σωφρονεῖν τοὺς ἄνδρας ἐπείσαμεν. Ἀλλ' ἴσως νῦν αὐτοὺς ἡ σὴ βιάσεται ψῆφος, εἰ μὴ μάτην ταύτην ἀπήτουν. Τὸ δὲ[2] μὴ ἄν ποθ' ἡμῖν εὐσέβημα ἐνί γε τούτῳ ἀντισωθῆναι τῷ ἀσεβήματι, ὅτι τὸν Θεὸν, οἷς ποιοῦμεν, τῆς ἡμῶν αὐτῶν ἀρχῆς ἐξελαύνομεν, οἷς μὲν αἱ ἄλλαι σώζονται πόλεις, τούτων ἁπάντων ὀλιγωροῦντες, καὶ οἷς τὸ θεῖον εἴωθε χαίρειν τῶν ἀνθρωπίνων ἐπιτηδευμάτων, ἀσκοῦντες τούτων οὐδὲν, ἀλλ' ἁγιστείαις μόναις, καὶ θυώμασι, καὶ φωνῶν ἐπάρσει, καὶ σκιαῖς τισι κούφαις θεοσεβείας ἀντὶ τῶν ἔργων, καὶ ὑποκρίσεσι τῶν καλῶν οἰόμενοι τὸν Θεὸν θεραπεύειν· εἶτα καὶ προδοσίᾳ δόξης τινὸς, ἣν περὶ τοῦ θείου καὶ παρ' αὐτοῦ γε τοῦ θείου λαβόντες ἔχομεν, ὠνούμενοι τὴν ἐκ τῶν ἐχθρῶν σωτηρίαν ἐκ τῶν μήτε δυναμένων μήτε βουλομένων ἴσως ταύτην παρέχειν, ἀλλὰ γράμμασι μόνοις ἀντὶ τῶν ἔργων καὶ κεναῖς ἐλπίσι ψυχαγωγούντων ἡμῶν τὸ μικρόψυχον. Εἰ δὲ ἠδύναντο βοηθεῖν καὶ προῃρημένοι, πολὺ μεῖζον δυνησομένης ἐκείνων εἰς τοὐναντίον, φημὶ δὴ τὴν ἡμετέραν, ὅπερ ἀπείη[3], φθορὰν, τῆς ὀλιγωρίας τοῦ θείου· ἧς οὐδὲν ἂν γένοιτο τεκμήριον μεῖζον, τοῦ μὴ μόνον τοῖς ἄλλοις,

1. Hac particula ποτε secernit atque segregat a suis eos qui ad Latinorum partes transierant.

2. Ellipsis attica, quasi scriptum esset : Τοῦτο δ' ἐστὶν ὃ δέδια, τὸ μὴ ἄν, κ. τ. λ. Sed pro μὴ ἄν velimus μηδὲν ἄν. — 3. Cod. ἀπήει.

ἀλλὰ καὶ δογμάτων τῶν ἐκεῖθεν ἡμῖν ἡκόντων ἀρνήσει, παροξύνειν ἑτοίμους εἶναι. Τοῦτο καὶ Θεοῦ φωνήν τις εἰπὼν, οὐκ ἂν ἁμάρτοι τῆς ἀληθείας. Θεοῦ γὰρ ὄντως τὰ τοιαῦτα φωναὶ, προφητῶν ἱεραῖς βίβλοις ἐγκείμενα, καὶ εἰς ἔργον ἐνηνεγμένα πολλάκις, οἷα δὴ καὶ προείρητο. Καὶ τὸ εἰκὸς δὲ σφίσι συμμαρτυρεῖ, καὶ τὸ ἀνθρώπινον δίκαιον, τύπος ὄν γε τοῦ θείου, καὶ αἱ κοινῇ τοῖς ἔχουσι νοῦν ἐνοῦσαι δόξαι περὶ τῶν θείων. Ἡμεῖς δὲ καὶ ὑπὲρ τούτων τοῖς πολλοῖς ἀπηχθήμεθα, τὰ σά τε δὴ ταῦτα λέγοντες πρὸς αὐτοὺς, καὶ πρὸς τούτοις, ὡς, εἰ μὲν κατεγνωκότες αὐτῶν τῆς πίστεως, οὕτως ἔχουσι περὶ τὰ οἰκεῖα ψυχρῶς (ὥστε)[1] καὶ συγχωρῆσαί τισιν ἃ μήπω πρότερον ὥρμηνται, οὐχ[2] ἕνεκά γε τῆς παρ' ἐκείνων ἐλπιζομένης συμμαχίας, ἀλλ', εἰ καὶ μηδὲν τοιοῦτον ἐκεῖθεν ἐπήγγελτο, τῆς ἀληθείας αὐτῆς, ἧς οὐδὲν ἀνθρωπίνῳ νῷ τιμιώτερον, τοῦτο βουλευέσθων τε καὶ πραττόντων. Ἐξέστω δ' αὐτοῖς καὶ μετατίθεσθαι φανερῶς, πρὸς ἥν ποτε βελτίω πίστιν ἐγνώκεσαν· καὶ θρησκευόντων οὕτως, ὡς ἡ πίστις ἐκείνη βούλεται. Ἄλλαις γὰρ δόξαις περὶ Θεοῦ καὶ τῶν θείων ἄλλοι θρησκείας τρόποι συνᾴδουσι· δεῖ δὲ καὶ δι' ἀμφοῖν εὐσεβεῖν, καὶ ταῖς ἔνδον ὑπολήψεσ περὶ τοῦ Θεοῦ κατάλληλον τὴν ἔξω λατρείαν εἰσφέρειν. Καὶ ἣν Ἐκκλησίαν ἡγοῦνται διδάσκαλον ἀληθῆ τῆς προόδου τοῦ Πνεύματος εἶναι, ταύτης καὶ τοῖς ἄλλοις πᾶσι νόμοις ἑπέσθων. Τί γὰρ δεῖ τῆς σκηνῆς αὐτοῖς καὶ τῆς εἰρωνείας; Εἰ δὲ τὴν πάτριον ἐπαινοῦντες εὐσέβειαν, καὶ νομίζοντες πάσης ἄλλης εἶναι βεβαιοτέραν, κοσμικοῦ τινος αὐτὴν ἀλλάττονται χρήματος, εἶτα νομίζουσιν

1. Ὥστε deest in cod. — 2. Præstaret μή.

εὐσεβεῖν, πῶς οὐ μωρία καὶ γέλως, μᾶλλον δὲ συμφορῶν ἡ μεγίστη τοῦτο τοῖς πάσχουσι; Καὶ τὸ μὲν ἕνα τινὰ τὸ δεινὸν τοῦτο παθεῖν, ἀφόρητον ἂν εἴη τοῖς συγγενέσι, καὶ οἷς τι μέλει τοῦ πάσχοντος· τὸ δὲ καὶ πλείους οὕτω διεφθορότας φανερῶς τὸν ἰὸν τῆς ἀπιστίας ἐκχεῖν, καὶ ταύτην ἀξιοῦν σωτηρίαν μόνην εἶναι τοῖς πράγμασι, καὶ δοκεῖν τι λέγειν οὕτως ἐπαχθῆ[1] καὶ ἀλλόκοτα λέγοντας, ποίας δουλείας, πόσων θανάτων οἱ μήπω διεφθορότες οὐκ ἂν ἡγήσαιντο χεῖρον; Τίσι δὲ τῶν ἀνθρώπων οὐκ ὄλεθρος τὸ τοιοῦτον εἶναι δοκεῖ; Καὶ νόμοι κεῖνται πανταχοῦ τοῖς τὰ χείρω προσποιουμένοις, ἐπειδὰν ἁλῶσι τοιοῦτό τι δυσσεβήσαντες. Ὁ δὲ τοῦ Χριστοῦ νόμος ἐν τῇ τῆς γλώττης ὁμολογίᾳ τῆς ἀληθείας καὶ πάσαις ταῖς ἔξωθεν ἐπιδείξεσι τὴν σωτηρίαν τῶν πιστευόντων ἔταξεν εἶναι, ὡς μηδενὸς ἄνευ τῆς τοιαύτης μεθόδου σωθησομένου, κἂν μυριάκις ὑγιαίνοι τὰ ἔνδον. Ἀλλ' οἱ καλοὶ τῶν προγόνων ἡμῶν ἔκγονοι καὶ τὴν πίστιν ἀξιοῦσι προπίνειν τοῖς ἀγαθόν τι μέλλουσι ποριεῖν, ὑφ' οὗ τοῖς πολεμίοις ἂν ἡ πόλις ἀχείρωτος εἴη· καὶ ἀξιοῦσι δυσσεβεστάτους πάντων ἀνθρώπων εἶναι καὶ γίνεσθαι τοὺς ἐπ' εὐσεβείᾳ πάντα φρονοῦντας, καὶ οὓς πάντες μεθ' ἑαυτοὺς εὐσεβεστάτους εἶναι νομίζουσιν, ἐκ δευτερείων τὰ πρῶτα νέμοντες. Ἢ τίς ἐν Ἰνδοῖς, ἐν Αἰθίοψιν, ἐν Ἀρμενίοις, ἐν Λίβυσιν, ἐν Πέρσαις, ἐν Ἰουδαίοις, ἐν Λατίνοις αὐτοῖς, τοῖς πάντων ἐθνῶν εὐσεβεστέροις ὑπάρχουσι μεθ' ἡμᾶς, τοιοῦτό τι πρόβλημα δοὺς ἐν τῷ συνεδρίῳ, εἰ δέοι τὴν πίστιν ἀλλαττομένους ἢ πλουσιωτέρους γίνεσθαι, ἢ προσλαμβάνειν ἀρχὴν οὐκ οὖσαν, ἢ πολιορκίαν πιέζουσαν

1. Cod. ἀπειχθῆ, unde falso suspicetur quis ἀπεχθῆ.

ἀπωθεῖσθαι, οὐκ ἂν εὐθὺς ἴδοι καὶ λίθους καὶ πῦρ ἐπ' αὐτὸν ἐνεχθέντα, καὶ πᾶν ὁτιοῦν κτείνειν δυνάμενον; ὥστε καὶ δοκεῖν ἐναγεῖς εἶναι τοὺς μὴ μετασχόντας τοῦ φόνου, κἂν προσήκοντες ὦσι, καὶ τοὺς ἐκγόνους μέχρι πολλῶν γενεῶν οὐδὲν τῶν ἐπιῤῥήτων σεμνοτέρους εἶναι τοῖς εἰδόσι τὴν πονηρίαν τῆς ῥίζης. Ἢ τί τοὺς ἑαλωκότας μὲν τοῖς ἐχθροῖς, τὴν δὲ πίστιν φυλάττοντας ἐπαινοῦμεν; κἄν τις κτείνοιτο βιασθεὶς, μάρτυρα τῆς ἀληθείας τοῦτον ἡγούμεθα; Ἐπαινεῖσθαι γὰρ μᾶλλον ἐχρῆν τοὺς τἀκείνων προσποιουμένους, ἢ καὶ καθάπαξ ἀρνουμένους τὴν πίστιν, ὅτι μὴ μόνον τὴν ἐλευθερίαν οὕτως ὠνοῦνται, ἀλλὰ καὶ πρὸς τὰς μεγίστας ἀρχὰς οἱ πλεῖστοι τούτων ἀναλαμβάνονται. Τὸ δ' ἐγγύθεν οὖσαν τὴν ἀγαθὴν τύχην περιορᾶν πῶς οὐκ ἂν ἦν μωρία σαφὴς, εἴ γε οἷόν τε ἦν, τῇ προσποιήσει τῆς ἀσεβείας ὠφελουμένους οὕτω πάνυ κατὰ τὸν βίον, ἅμα τι καὶ θεοφιλεῖς, ὡς πρότερον, εἶναι; Ἀλλ' οὐκ ἔστι ταῦτα, οὐκ ἔστιν, οὔτε τῷ κοινῷ τῶν ἀνθρώπων οὕτω δοκεῖ. Καὶ μηδεὶς οἰέσθω με τῶν τὰ Χριστοῦ σεβομένων ὁποιονοῦν ἐν ἴσῳ τοῖς ἀπίστοις τούτοις τιθέναι· μὴ οὕτω μανείην. Ἀλλὰ τοὺς πονηροὺς ἐκείνους συμβούλους ἐλέγχων, ταῦτα φημί· πονηροὶ γάρ εἰσιν ὄντως, δόγμα πονηρὸν εἰς τὸν βίον εἰσάγοντες· ὃ μόνοις ἂν συνήνεγκε δήπου τοῖς ὅπως πρὸς ἡμᾶς μεταθήσονται σκοπουμένοις, οἳ μόνοι τῆς ἀῤῥαγοῦς ἐχόμεθα πέτρας, καὶ οὓς ὥσπερ κανόνας ἑστάναι τοῖς ἄλλοις ἀνθρώποις ἔταξεν ὁ Θεός. Εἰ δ' ἐν τοῖς ἄλλοις πράγμασιν ὀψὲ καὶ αὐτοὶ τῆς φαύλης ἐπειράθημεν τύχης, τοῦτ' ἄλλος ἂν εἴη λόγος. Οὐδὲ γὰρ οἷόν τ' ἦν ἄλλως τὰ ἡμέτερα ἔχειν ἐκ πλειόνων ἄνω νενοσηκότα τῶν χρόνων, ἅτε συνεδρίου μὲν ἀληθοῦς οὐδαμῶς παρ' ἡμῖν ὄντος, ἀλλὰ βουλῆς εἰδόλῳ πάντων διῳκημένων· αὐτονομίας δὲ, καὶ οἰήσεως, καὶ τοῦ τῶν οἰκείων μὲν ἀμελεῖν, τοῖς δ' ὑπὲρ δύναμιν ἐγχειρεῖν, καὶ τοιούτων τινῶν παθῶν πόῤῥωθεν ταῖς τῶν ἡγεμόνων ἐνσκηψάντων ψυχαῖς· καὶ τοῖς μὲν δυναμένοις λέγειν τὰ βέλτιστα καὶ ποιεῖν, παῤῥησίας οὐδεμιᾶς δεδομένης, τοῖς δὲ κόλαξι καὶ τετυφωμένοις καὶ πλεονέκταις πάντων ἐπιτετραμμένων καὶ ταῖς ἐκείνων ὁρμαῖς· καὶ τῆς μὲν ἀρετῆς φθονουμένης ἐν τοῖς ἀσκοῦσι, τῆς δὲ πονηρίας τῶν τοῖς ἀγαθοῖς προσηκόντων ἄθλων ἀπολαυούσης· καὶ ὅρκων μὲν πατουμένων, καὶ ὃ χεῖρόν ἐστιν, οὐκ ἔκ τινος ἀνάγκης ἴσως, ἀλλ' ἐκ προθέσεως· ἱερῶν δὲ πιπρασκομένων, καὶ πρὸς τὰς τῶν ἀνθρωπείων ψυχῶν προστασίας τῶν ἐχόντων ἁδρὸν διδόναι χρυσίον, οὐ τῶν ὠφελῆσαί τι δυναμένων, προσκαλουμένων· νόμων δὲ καὶ δικαίου μέχρι ὀνόματος τιμωμένου· προνοίας δὲ καὶ δίκης τῆς ἐκ Θεοῦ καὶ τῶν τοιούτων λόγων ἄλλως εἶναι δοκούντων· τῶν δὲ τὴν ἑλληνικὴν ἑαλωκότων νενοσηκέναι δυσσέβειαν, ζῆν τε καὶ τιμᾶσθαι καὶ τοὺς συνόντας φθείρειν συγχωρουμένων, δέον τοῖς ἐσχάτοις κατευθύνειν αὐτοὺς, οὐ πολὺ χεῖρον τὸ καὶ περὶ τῶν ἱερῶν δογμάτων αὐτούς τι λέγειν τολμᾷν[1], ὥσπερ τοῖς ἀβεβήλοις ὑπ' ἀδείας ἐμπυῤῥιχίζοντας. Οὐδὲ γὰρ ἐκ τῶν οὐρανῶν τινι πιστεύσαιμ' ἂν φάσκοντι, ὡς ἄρα οἷόν τ' ἐστὶ τοιούτους ὄντας τινὰς πειρᾶσθαι τύχης ἀμείνονος. Οὐδ' οἱ τὴν πίστιν ἡμῖν παραδεδωκότες, ταύτης ἐχομένους μόνον, τῶν δ' ἄλλων ὀλιγωροῦντας ἡμᾶς σωθήσεσθαί τε καὶ εὐμενοῦς πειράσεσθαι[2] τοῦ θείου, προύλεγόν τε καὶ συνεβούλευον, ἀλλὰ τοὐναντίον δεῖν μὲν καὶ πίστεως ὑγιοῦς καὶ

1. Hoc vero aperte contra Plethonem. — 2. Cod. πειράσασθαι.

ἠθῶν σπουδαίων μετ' εὐσεβείας τοῖς κἀνταῦθα βέλτιον πράξουσι καὶ μετὰ ταῦτ' εὐδαιμόνως βιωσομένοις· ἐν δὲ τῇ παρούσῃ ζωῇ, καὶ πρὸ τῆς ἐν τοῖς δόγμασιν ἀληθείας, τὴν ἄλλην εὐσέβειαν καὶ δικαιοσύνην μέγα τοῖς αἱρουμένοις εἶναι πρὸς εὐτυχίαν ἐφόδιον, ὡς ἐκείνης τῆς μείζονος ἀρετῆς ἐν τῷ μέλλοντι βίῳ μᾶλλον τῶν καρπῶν τεθειμένων. Εἰ δ' ἡ πίστις ἡμῖν οὐκ ἀρκεῖ πρὸς οὐδετέραν εὐδαιμονίαν ἄνευ τῶν ἄλλων, τί χρὴ προσδοκᾶν, εἰ καὶ τῶν εἰς ταύτην ἀνηκόντων τινὸς ἔξαρνοι γεγονότες, καὶ Θεῷ καὶ πατράσι καὶ διδασκάλοις πᾶσι προσκόψαιμεν, ὥσπερ ἐκ πολλῶν ἑνὶ πείσματι τὸ μὴ προσρῆξαι ἂν ταῖς πέτραις πιστεύοντες, εἰ γένοιτό τις τοῦ κλύδωνος ἄνεσις, εἶτα καὶ τοῦτο ταῖς ἑαυτῶν χερσὶ τέμνοντες.

Ἀλλὰ πολλή ἐστιν ἐλπὶς ἐπὶ τῷ καλλίστῳ Βασιλεῖ [1], οὐχ ὅσον ἐς θεοσέβειαν ἥκει μόνον, ἀλλὰ δὴ καὶ ἐν ἅπασιν ἀγαθοῖς πολύ τι δι' αὐτοῦ τὰ ἡμέτερα ἐπιδώσειν, ἔμφρονος ἡγεμονίας ὀψὲ νῦν ἀπολαύσαντα. Θεὸς δὲ δοίη καὶ ἔργῳ τῆς ἐλπίδος πεῖραν λαβεῖν. Εἰ δέ τις ἀξιοίη, μετὰ τῆς ἀληθείας ὄντων ἡμῶν, τοὺς μικρόν τι ταύτης ἐκκλίνοντας οὑστινασοῦν ὁμοίως ἡμῖν τῆς μελλούσης ἀξιοῦσθαι ζωῆς ἔκ γε τῆς πίστεως, καὶ διὰ τοῦτο μηδὲν εἶναι δεινὸν τοῖς ἄλλο τι μέλλουσιν ὠφελεῖν πρὸς τὰ χείρω συγκαθιέναι, λήσεται πάντας αἱρετικοὺς ὅ γε τοιοῦτος καὶ τοὺς ἀπίστους ἅπαντας εἰς τὴν οὐράνιον εἰσάγων λῆξιν, τῷ λόγῳ τῆς παρ' ὀλίγον διαφορᾶς οὐ δυνάμενος [2] εἴργειν οὐδένα. Δόξαι γὰρ πᾶσαι περὶ Θεοῦ οὐκ ἀληθεῖς, τῷ παρὰ μικρὸν διεννηνοχυῖα τῆς κουφοτέρας ἢ χείρων ἐν ὁτῳοῦν, βαθμῷ τινι καὶ τάξει τῆς ἀληθείας ἀποπεπλά-

1 Constantinum innuit recens regnantem. — 2. Cod. δυναμένως.

νηνται. Τῶν οὖν τὴν πρώτην τῆς ἀληθείας ἀπόστασιν πεπονθότων εἰσαγομένων εἰς τὴν ζωὴν, ὡς αὐτοί φασι, καὶ τοὺς ἴσῳ μέτρῳ ταύτης ἀφεστηκότας εἰσάγεσθαι χρὴ τῷ αὐτῷ δικαίῳ καὶ λόγῳ· καὶ τοῦθ' οὕτω προβαῖνον μερίτας ποιήσει τῆς ζωῆς ἐκείνης καὶ τοὺς ἐσχάτως ἄρα πεπλανημένους. Εἰ δὲ τοῦτο τῶν καθάπαξ ἀδυνάτων ἐστὶ, καὶ τί περὶ τῶν καὶ μικρὸν τῆς ὀρθῆς πίστεως ἐκκλινόντων ἅπας ἀποφαίνεται νόμος, ἴσμεν καλῶς, σκοπείτωσαν, οὗ τὰ τῶν ἐλπίδων σφίσιν ἐστὶν, οἱ μικρὸν ἡγούμενοι τὴν τῆς ἀληθείας πρώτην ἀπόπτωσιν, καὶ ταῦθ' ἑκοῦσι γεγενημένην, χάριν τοῦ κοσμικοῦ τινος τυχεῖν ἀγαθοῦ ἢ δεινοῦ τινος ἀπαλλαγῆναι προσκαίρου. Εἰ δὲ τὸ τῆς ἑνώσεως καλὸν ἡμῖν καὶ τοὺς ἐκεῖθεν μισθοὺς προτείνοντες ἡγοῦνταί τι λέγειν, μανθανέτωσαν αὖ, ὡς ἑνοῦσθαι μὲν τοῖς ἐσχισμένοις συμφέρει· τοιοῦτοι δ' οἱ τῆς κοινῆς ἀποῤῥηγνύμενοι γνώμης, καὶ τὸ δοκοῦν αὐτοῖς χωρὶς ἡγούμενοι κύριον· τὸ δὲ προσλαμβάνειν τοὺς σχιζομένους, ὅπερ ἂν ἁρμόττοι[1] μᾶλλον ἡμῖν, οὐ τὸ συγχωρεῖν ἐστι ταῖς καινοτομίαις καὶ συγκαταφρονεῖν τῶν ἀρχαίων τοῖς πρώτοις τοῦτο θελήσασιν, ἀλλὰ τὸ πείθειν ἐκείνους, ὥσπερ πρότερον, σωφρονεῖν, τὴν ἰδιορυθμίαν[2] καὶ τὴν ἔνστασιν ἀρνουμένους, ἢ τὸν σύνδεσμον λύουσι. Τὰς δ' ἐλπιζομένας τοῖς ταῦτα λέγουσι βοηθείας εἰδώλων καὶ κούφης σκιᾶς οὐδὲν διαφέρειν, οἱ τὰ ἐκεῖθεν εἰδότες ἴσμεν καλῶς· καὶ τοῦτ' ἔστι τὸ δεινότατον, καὶ ὃ λέληθε τοὺς πολλοὺς, ὅτι πειθομένοις ἡμῖν ἃ συμβουλεύουσιν οὗτοι, ὑποστῆναι μὲν τὴν αἰσχύνην καὶ τὴν ζημίαν ἐν τοῖς καιρίοις, τῶν δὲ μετὰ ταῦτα προσδοκωμένων δια-

1. Cod. ἁρμόττει. — 2. An potius ἰδιοῤῥυθμίαν?

μαρτεῖν ἁπάντων συμβήσεται, καὶ τοὺς πολεμίους προσπαροξῦναι, δι' ὑποψίας ποιουμένους τὴν ἕνωσιν. Ἐχρῆν δὲ τὸ μὲν Λατίνοις ἡνῶσθαι καὶ πᾶσιν ἀνθρώποις, τοῖς δικαιοτάτοις τρόποις ζητεῖν, εἰ καὶ γῆς ἁπάσης ἐτυγχάνομεν κύριοι· τὴν δὲ πρὸς τὸν Θεὸν καὶ τοὺς πατέρας αἰδῶ μήτε Λατίνων εἵνεκα, μήτε τῶν συγγενῶν αὐτῶν, προδιδόναι, εἰ μέλλοι τις, ἐκείνην τηρῶν, ἀνθρώποις τε πᾶσι καὶ ταῖς σαρξὶ πολεμίως χρῆσθαι ταῖς ἑαυτοῦ.

Ἀλλὰ τούτων οὐδὲν ἔνιοι συνορῶντες, τί μὲν οὐ λέγουσι, τί δ' οὐ ποιοῦσι, τὰς τῶν μετρίων ψυχὰς ταράττειν δυνάμενον; Τῶν δὲ μηδὲν διαφέρειν λεγόντων, ἅ τε νῦν Λατῖνοι φασὶ, καὶ ἃ, τοῖς ἡμετέροις πατράσι καὶ διδασκάλοις δόξαντα τὴν ἀρχὴν, καὶ ἡμῖν ὁμοίως δοκεῖ, περὶ ὧν ἀμφισβητοῦμεν Λατίνοις, ὡς εἴ τις λέγοι μηδὲν διαφέρειν τὴν κατάφασιν εἰπεῖν ἢ τὴν ἀντικειμένην ἀπόφασιν περὶ ὁτουοῦν, τούτων οὐδὲ φροντίσαι χρὴ, τοιούτων γε ὄντων. Οἱ δὲ τούτων δεινότεροι βραχέα μὲν τοῦ ἱεροῦ καὶ πανδήμου διδασκαλείου, νόθου δέ τινος ἑτέρας διατριβῆς καὶ οὐδ' ἀνεκτά γε τὰ πλεῖστα πρὸς κατασκευὴν τοῦ δόγματος λέγοντες, θαυμάζειν ποιοῦσιν ἡμᾶς, εἰ καὶ ἡ τῶν Ῥωμαίων ἐκκλησία, ταῖς ἀρχαῖς ἐκείναις τιθεμένη, συμπεραίνοι τὸ πρόβλημα. Πολὺ γὰρ πλέον ἀμφισβητοῖμεν ἂν αὐτῇ περὶ τῶν ἀρχῶν, ὅσῳ καὶ μείζων σφίσιν ἔνεστι κίνδυνος· τῶν γὰρ χειρίστων οὐδέν τι βελτίους εἰσίν. Ἀλλ' οἷς[1] ἐξεύρηνταί τινες ὁδοὶ πρὸς εἰρήνην, ἀρνήσεις ὧν οὐδεὶς ἐγκαλεῖ, καὶ συγχωρήσεις ὧν οὐδεὶς ἀπαιτεῖ, καὶ τοῦ δόγματος βεβαιώσεις ἐν προσχήματι λύσεως, μόλις ἐθνογενεῖς τινας καὶ σκαπανέας καὶ τοκογλύφους

1. Cod. ἄλλοις (sic).

ἐξαπατῆσαι δυνάμεναι, ἤ τινας τῶν καὶ πρὸ τούτου συνηρπασμένων (ὀλίγη δὲ[1] καὶ τούτων φροντίς)· ἀλλ' οἱ ταῖς ἄλλαις μηχαναῖς ἐκείναις τοὺς ἁπλουστέρους παράγειν πειρώμενοι, οὗτοι δὴ καὶ τῶν φανερῶς ἀνθεστώτων, ὅπερ εἰπὼν ἔφθην, οἱ χείρους.

Τούτοις πᾶσιν, ἄριστε, τὴν σὴν σοφίαν ἀντέταξας, ἀεὶ μὲν οὕτω καὶ πρόσθεν πεποιηκὼς, νῦν δ', εἴπερ ποτὲ, ἐν καιρῷ, καὶ μετὰ πολλοῦ τοῦ περιόντος αὐτῶν καθικόμενος λόγοις ἄρρηκτόν τινα τὴν ἰσχὺν κεκτημένοις, οὐ τῆς ἐνούσης σοι τέχνης μᾶλλον ἢ τῆς τῶν λόγων ὕλης τοῦτο παρασχομένης· ἀληθείας γὰρ ὑπεραγωνιζομένῳ καὶ τοῦ Θεοῦ, μένος ἐμπνευσθῆναί τι προσῆκεν ἐκεῖθεν. Ἄλλοι τε οὖν πολλοὶ σοὶ μεγίστην εἴσονται χάριν καὶ δι' ἐμὲ, κἀγὼ πρὸ πάντων ἐν τοῖς τιμίοις ἕξω σε καὶ τὰ σὰ πολλῷ πλέον ἢ πρόσθεν, οὐ τῶν ἐν ἀρχῇ μόνον εἰρημένων ἕνεκα, ἀλλ' ὅτι δὴ καὶ τὸ ὑπὲρ Λατίνων ἐκεῖνο βιβλίον ἡμῖν μὲν οὐκ ἐδείκνυον οἱ σοὶ πεπομφότες, τὴν σὴν ὑπὲρ αὐτοῦ ψῆφον ἁρπάσειν πρὶν ἡμῖν ὀφθῆναι νομίζοντες. Εἴτε δὲ καὶ πρότερον, εἴτε καὶ μετὰ ταῦτά τις αὐτῶν ἐδείκνυ γε καὶ ἡμῖν, οὐδεὶς ἂν ἡμῖν ἐγίνετο λόγος περὶ αὐτοῦ τε καὶ πρὸς αὐτὸ, οὐχ[2] ὑπεροψίᾳ αὐτοῦ τε καὶ τῶν γραψάντων. Τοῖς μὲν γὰρ οὐκ ἐξ ἡμῶν γε, τοῦ δόγματος ἡττημένοις, οὐ δέον, ἀλλ' ἐκ Θεοῦ τὴν κρίσιν γίνεσθαι δεῖ. Τῷ δ', ὡς ἐν Λατίνων συνηγορίᾳ, καί τινος ἀρτιστομίας μετῆν, οὐδὲ[3] καθάπαξ ἦν ἀδιέργαστον, [εἰ μὴ[4]] πρὸς τὴν ἐκ πατέρων ἡμῖν μόνον καθήκουσαν πίστιν καὶ, ὡς πεπείσμεθα, ἀληθῆ, πλεῖστά που διενήνεκτο· οὕτω γὰρ δεῖ ἔχειν, οἷς τι τῇ δόξῃ Λατίνων

1. Hæc nos in parenthesi, ne quis δὴ pro δὲ legi velit.
2. Cod. οὐδ', ac deinde ὑπεροψίαν. — 3. Cod. οὐ, non οὐδέ.
4. Ante πρός deerat εἰ μή, quod e conj. addendum fuit.

ἔνεστι συνῳδὸν, οὐδὲ δι᾽ ἄλλο τι. Τῷ δὲ, πολλάκις περὶ τῶν τοιούτων καὶ γραφῇ πεφιλοτιμημένοι καὶ λόγων πολὺ βιαιοτέροις ὅπλοις τῶν ἐν γραφῇ, κόρον ἤδη λαβεῖν, ἄλλοις ἂν τὸν ἀγῶνα τοῦτον ἐλείπομεν. Ἀλλὰ σύ γε λαβὼν, οὐκ ἀπηξίωσας αὐτῷ τι καὶ ἀντιγράψαι, πάνυ καλῶς ποιῶν· οὐ γὰρ ὡς ἐκείνῳ μᾶλλον ἀντερῶν ἢ τοῖς πέμψασι χαριούμενος· καὶ τοὺς μὲν δι᾽ ἄγνοιαν προσέξειν ἀντὶ τῶν πατρίων τοῖς ὑπερορίοις κινδυνεύοντας ἀποστήσων, δείξων δὲ[1] τοῖς μήπω καλῶς εἰδόσιν, ὅπως ταῖς χθὲς[2] καὶ πρότριτα καινοτομίαις οὐδ᾽ αὐτὸς τεθειμένος, ἕτοιμος εἶ καὶ συναγορεύειν, ἐπειδάν ποτε δέῃ, τοῖς πρὸς αὐτὰ ἱσταμένοις. Διὸ καὶ πρὸς ἕκαστα μὲν τῶν ἐν τῷ γράμματι οὐκ ἠνέσχου δοῦναι σεαυτὸν, οὐδ᾽ ἐλέγξαι· τὸ δὲ βάθρον ἅπαν ὑπορύξαι δεῖν ᾤου· οὕτω γὰρ ἂν καὶ τὴν ἐπιτεθειμένην αὐτῷ[3] τῶν λόγων κατασκευὴν πεσεῖσθαι κατασεισθεῖσαν. Ἅμα δέ τινα καὶ συνηγορίαν τἀληθοῦς τοῖς λόγοις προσέπλεξας, καὶ τοῖς οἰομένοις ἢ λέγειν τι πιθανὸν τοὺς ἀρνουμένους τὰς ἀτοπίας μενούσας ἐπὶ τῆς θέσεως (καὶ πρὸς ἐκείνας ἀναμφισβητήτως φέρῃ[4] μετὰ τοῦ λόγου), ἢ συνοίσειν[5] τι τοῖς πράγμασι τὰ μὴ κατὰ Θεὸν αὐτοῖς μελετώμενα, νοῦν τινα περὶ ἀμφοτέρων τούτων ἐνέθηκας, εἴ γε βουληθεῖεν λαμβάνειν, οἵ τινες ἂν ποτε εἶεν οὗτοι. Σὺ μὲν οὖν τῷ ἡμετέρῳ δεσπότῃ Χριστῷ μεγίστην ἂν εἰδείης τὴν χάριν. Τὸ μὲν γὰρ σὺν τόκῳ σοι τὰς ἀναρμοστίας ἀντιστρέφειν ἐκείνας ῥᾴδιον ὂν, οὐκ ἂν ἡμέτερον ἦν, ὥς γ᾽ ἐν τῷ νῦν σχήματι[6]· τὸ δὲ καὶ συν-

1. Cod. δή. — 2. Cod. χθαῖς.

3. Cod. αὐτῶν, nisi nos oculi fallunt; nam videtur hæsitasse librarius. — 4. Cod. φέρει. — 5. Cod. συνιδεῖν.

6. Alludit ad religiosum habitum, quem jam, ut videtur, induerat, etsi fortasse monasticam vitam nondum professus.

αγορεύειν ὡς φίλα που λέγοντι, ἐκ τῆς κατὰ Χριστόν σοι γέγονεν ἀληθείας, ἣν ἐν τῷδε σου τῷ συγγράμματι προστησάμενος τοῖς ἐκείνῃ που πλέον συνᾴδουσιν, ἀντὶ Λατίνων συνέστης ἡμῖν, καὶ ἀμφοτέρων τῷ Χριστῷ προσκειμένων. Ἐγὼ δὲ χάριν ὑπὲρ πάντων εἰδὼς αὐτῷ, μισθόν τινα ἐκεῖθεν μενῶ, ὧν τε τῇ σῇ φιλίᾳ προσέκρουσα, προφάσει τοῖς ὑπὲρ Ἀριστοτέλους χρησάμενος λόγοις (ἄλλως γὰρ οὐδενί ποτε ἀνθρώπων ἐπαχθὴς ὤφθην λόγῳ τε καὶ ἔργῳ μηδενὸς εἵνεκα), καὶ ὧν ἐν Τιθωνείῳ σύ τε τῷ γήρᾳ οὐ μᾶλλον νεανιεύσασθαι προήχθης ἢ παραφθέγξασθαι· ἀρκεῖ γὰρ οὕτως εἰπεῖν, καὶ σύ γ' ἂν συγγνοίης τοσοῦτον ἀντὶ πολλῶν τῶν πανταχόθεν σῶν λέγοντι. Καὶ εἴπερ οἷόν τε ἦν, εὐξάμην ἂν καὶ μάτην ἠνωχληκέναι σου τῇ φιλίᾳ· σύ τε γὰρ οὐκ ἂν ἦσθα χείρων, καὶ ἡμῖν τό γε συνειδέναι καλῶς ὑπ' οὐδεμιᾶς χείρονος κεκινῆσθαι προφάσεως ἐξήρκεσεν ἂν πρὸς τοὺς φιλοσοφίας τε καὶ φιλίας νόμους, ἐπί τε Θεοῦ καὶ πάντων ἀνθρώπων δικαζομένοις. Ἀλλὰ καὶ ταύτην ἡμῶν ἀφείλου, φεῦ, τὴν ἐλπίδα, πρὸς τὰ ἐν τῷ τέλει τοῦ βιβλίου σιωπήσας ἑκών. Οὐ γὰρ ἄν τις πεισθείη ῥᾳδίως, ἄνευ τῶν ἐπιλόγων μόνων τὸ σύμπαν ἀφῖχθαί σοι Πλάτωνός τε καὶ Ἀριστοτέλους τῶν διαφορῶν πέρι. Καὶ δεύτερον λόγον ἐνίσταμαι σὺν Θεῷ· ἔγκεινται γὰρ οὐκ ὀλίγοι, καὶ οὐκ ἐάσειν φασὶν, ὑπερορᾶν προαιρούμενον· ὅθεν συγγνώσῃ βιαζομένοις, εἰ μὴ πειθοίμεθά σοι κελεύοντι σιωπᾶν, ὀψὲ γοῦν, ὡς μηδὲν ὑγιὲς περὶ ὁτουοῦν λέγειν ἔχοντας[1]. Καὶ σοῦ μὲν, καὶ ὧν ἀντιγέγραφας, ἥκιστά γε καθάψομαι, ὡς καὶ ἐν προοιμίοις εἴρηται, διά τε τἀκεῖ εἰρημένα, καὶ τὸ πολὺ μὲν αὐτὰ ἀπέχειν τοῦ, ὡς δὴ

1. Cod. ἔχειν λέγοντας.

βλαφθέντα τι ὑπ' αὐτῶν, τρέψαι με πρὸς ὀργήν· αὐτὸν δ' ὑπὲρ μὲν τῶν Ἀριστοτέλει διαφερόντων κἂν ἀγανακτῆσαί ποτε δικαίως, μὴ ὅτι γε ὑπὲρ τῶν ἀξυμβλήτως μειζόνων· φέρειν δὲ ἀνεξικάκως τὰ πρὸς ἐμὲ οὐδέν τι ἧττον Σωκράτους μεμαθηκέναι, οὗ δὴ οἶσθα ἐκεῖνο τὸ θαυμαζόμενον· ἄλλως τε καὶ μηδὲν εἰδέναι οὐ νῦν πρῶτον σοί γε ἰσχυριζομένῳ, ἀλλ' ἐκ πλείονος ἐμαυτῷ [1] πεπεισμένον, καὶ ὁσημέραι μᾶλλον πειθόμενον. Οὔτε τοίνυν τῶν δευτέρων σοι τούτων ἀγωνισμάτων, ἄλλως τε καὶ ὑπὸ τοιούτῳ ἤθει ἐκδεδομένων καὶ οἷον αὐτὸς τὸ τῶν ἐμῶν λόγων εἶναι διασύρεις, ὡς λέγουσι, λοιπὸν φροντίζειν με δεῖ· οὔτε τοῖς ἐμοῖς ἐκείνοις προύργου συναγορεῦσαι [2], δεδρακότα γὰρ, ὡς σὺ δηλοῖς ἐπαγωνιζόμενος, καὶ τὴν προτέραν σοι ῥίψαντα συγγραφὴν, ὥστε καὶ δεῖσθαι λόγων ἑτέρων πειρωμένων αὐτὴν ἀνεγείρειν, ἅμα δέ τινος καὶ καταφυγῆς ἐς τὸ μηδὲ πάνυ σοι σπουδάσαντι συγγεγράφθαι· πεφροντισμένοι [3] δὲ, οὐδ' ἂν [4] ἡμεῖς ἐπήλθομεν δήπου, οὐδεμιᾶς ἂν δέοιντο συμμαχίας, ἡνυσμένου σφίσι καλῶς ὃ προύθεντο. Ἐξ ὧν δὲ περὶ τοῖν φιλοσόφοιν ἐρῶ, καὶ τούτοις ἀμφοῖν ἅπαν μετὰ σώφρονος εὐφημίας ἀπαντήσεται τὸ προσῆκον [5].

1. Cod. ἐμαυτόν. — 2. Cod. συναγορεύσω.
3. Cod. πεφροντισμένη.
4. Rectius esset οὐδ' εἰ, ac deinde ἐδέοντο : sed veremur ne tota periodus laboret, sic restituenda : πεφροντισμένοις γὰρ οὐδ' ἂν ἡμεῖς ἐπήλθομεν δήπου, οὐδ' ἂν οὐδεμιᾶς δέοιντο συμμ.
5. Illud alterum philosophicum certamen, quod nunc assumit Scholarius, an unquam adierit incertum est.

X.

ΜΙΧΑΗΛΟΥ ΑΠΟΣΤΟΛΗ,

ἐκ τῶν αὐτοῦ ἐπιστολῶν, ἐπιστολὴ α'.

Γεμιστῷ τῷ Πλήθωνι.

Εἴ τι με[1] καὶ πρότερον ἄλλο, καὶ τὸ καλῶς μὴ γράφειν εἰδέναι σοὶ μὴ γράφειν ἠνάγκαζεν, οὐκ ὀλίγην ἐμοὶ ἀτιμίαν ἔχον νομίζοντα, δοκεῖν μὲν εἰδότα τοῖς πλείστοις, αὐτῷ δὲ σοὶ τοὐναντίον μηδοτιοῦν ἐπιστάμενον. Ἐπεὶ δ' ὀψέ μοι τὸ σοὶ περὶ λόγους φαῦλον φανῆναι τοῦ σέ μοι φιλούμενον ἀγνοεῖν προτετίμηται, οὐκ ἀτιμίαν μοι μᾶλλον ἔδοξεν ἔχον, σοὶ τῷ ἄλλῳ Πλάτωνι ἐπιστεῖλαι, ἢ τὸ ταύτῃ γε ἀντικείμενον. Ἐγὼ γὰρ ἐκεῖνός εἰμι ὁ τὼ Γενναδίου λόγω ἐκκεκλοφώς, Κρητὶ τῷ Δαρείῳ σοὶ κομίσασθαι δεδωκώς· μαρτυρεῖ μου τὼ λοιπὼ τοῖν λόγοιν τῷ λόγῳ, τὸ μὲν πέρας, τὸ δ' ἀρχὴ ὄντε· ὥ σοι πεπομφέναι οἶμαι λαβόντα[2] τὸν τῆς Ἐκκλησίας ἀρχιερέα· οὐχ ἵνα καὶ ταῦτα λαβὼν φαῦλα ὄντα ἐλέγξῃς· τὰ γὰρ τουτωνὶ πολλῷ πλείω καὶ ἀναγκαῖα, τοιαῦτα ὄντα ἐφάνη· ἀλλ' ἵν' ἐκεῖθεν οἷον

1. Ined. ex codice Parisiensi 205 (suppl.), fol. 74, qui codex ab Aristobulo Apostolii filio descriptus est. Ibi autem in titulo, ut apud nos, Μιχαήλου Ἀποστόλη (sic), sine articulo intermedio.

2. Cod. λαβόντα (sic), sed suspicamur λαθόντα legendum, alia nempe syntaxi, ut jam non ipse patriarcha librum miserit, sed Darius Cres, clam patriarcha Metrophane, cujus fortasse ministeriis addictus erat.

ὄντα με περὶ σὲ γνοὺς, σχῇς τε οἰκεῖον, καὶ τῷ τῶν σῶν φοιτητῶν ἐγγράψῃς χορῷ. Ἀλλ' ὅτι μέν εἰμι σὸς, καὶ θανεῖν ἥδιστα ἂν αἱροίμην ὑπὲρ σαυτοῦ, εἴ τι ἂν οὐκ ἄξιόν σου[1] ἀκούοιμι, ἔργοις μᾶλλον, οὐ λόγοις δίκαιον ὂν τὸ τοιοῦτο φαίνεσθαι ἐγνωκὼς, ἐατέον μοι φάναι ἐν τῷ παρόντι οἴομαι δή. Τὴν δ' αἰτίαν ἥ μέ σοι γράψειν μάλιστα ἐπεπείκει, νῦν εἰπεῖν, ὡς οἷόν τε, ἔρχομαι. Ἐμοὶ τὴν καρδίαν εἰσέδυ θείου Πλάτωνος ἔρως, εἴτε τοῦτο παθόντι τῷ τιμᾶσθαι τοῖς ἀρίστοις τὸν ἄνδρα (φιλεῖ γὰρ ἀνδρὸς εὐφημία καὶ τοὺς μὴ πάνυ τοῦτον εἰδότας φιλεῖν ἀναγκάζειν ὡς τὰ πολλὰ), εἴτε τῷ τἀκείνου μετρίως διδάσκεσθαι· καὶ ἣν ἂν ἐκείνου δόξαν οὐκ ὀρθῶς τισι κρινομένην ἀκούοιμι, οὐχ ὅσον ἂν βουλοίμην ὑπεραπολογεῖσθαι δυνάμενος, ἐγκαλυψάμενος ἄπειμι. Ἐμοὶ μὲν δὴ πολλοῖς καὶ ἄλλοις τουτουὶ δόγμασιν οὐκ ὀλίγοι λέγοντες τἀναντία, τῶν οὐκ ὀρθὰ λέγειν εἰδότων ἐοίκασιν, αὐτῷ δὴ τούτῳ τῷ κατὰ τοιούτου λέγειν αὐθαδιάζεσθαι. Σὺ δ' εἴ τι Πλάτωνος κήδῃ, καὶ οἷς ἃ ἐκείνῳ ὀρθὰ ἐφάνη ἀρέσκει, τούτων ὄντα με καὶ αὐτὸν ταχέως μετάπεμψον, ὡς ἂν δυνηθείην τε ὑπεραπολογεῖσθαι τἀνδρὸς, καὶ ἣ ἂν ἐγὼ κρίνω εὐδαιμονίᾳ ἐντύχοιμι. Ἄλλοις μὲν οὖν ἄλλα νομιζέσθων εὐδαιμονία· ἐμοὶ δὲ, καὶ οἷς ἃ ἐμοὶ δοκεῖ, σέ τε ἰδεῖν καὶ ἐμφορηθῆναι τῶν σῶν.

1. Cod. σοί.

XI.

ΤΟΥ ΑΥΤΟΥ

ἐπιστολὴ ιε'. Ἀργυροπούλῳ.

Ζεὺς[1], ᾧ πάντα δουλεύει, θεοὶ καὶ δαίμονες καὶ ψυχαὶ, καὶ ἃ θεῶν ἔργα, ἡ θεῖος ὁ Πλάτων διακελεύεται, Ἑρμῆς τε, ᾧ λόγον ἐνέταξεν ὁ καὶ τῶν ἄλλων ἑκάστῳ τάξεις τε ἀϊδίους καὶ ἐνεργείας διανειμάμενος, καὶ οἱ τοῦ γένους ἡμῶν εἰλήχασι κήδεσθαι, καὶ τῆς ἐμῆς, εἰ οἷόν τ' εἰπεῖν, σωτηρίας καὶ ὠφελείας ἀντιποιούμενοι, ἐς τὸ ἱρὸν[2] τέμενος τοῦ Διὸς, ὃ Μίνως ἐκόσμει τε καὶ Ῥαδάμανθυς, κατηνάγκασαν ἀφικέσθαι. Δήμῳ γὰρ παλαιῶν ἐντετυχηκὼς φιλοσόφων, ὧν ἔργον μοι βουλομένῳ καταριθμεῖν τὰ ὀνόματα, Θεόν τε ἔγνων τὸν τοῦ παντὸς ποιητὴν καὶ, ὅτε δεῖ, προνοούμενον, οἷς τε λόγοις κυβερνᾶται τὸ πᾶν, καὶ ὅπως γένος ἀνθρώπων διαιτᾶταί τε καὶ δεδιήτηται. Καὶ σοὶ δὲ τῷ ἐμαυτοῦ φίλῳ, ὅτε θεῶν τις κατελθὼν προνοήσαιτο, τῶν θεόθεν μοι ἀγαθῶν μεταδώσω. Θυραίων δὲ ἀγαθῶν εἰ τῇδε[3] κατηρκότες οὐ μετεσχήκαμεν, καὶ

1. Ined. ex eodem cod. 205 (suppl.), fol. 79 v. Nomen Argyropuli, etsi in codice nostro obsolevit, reficitur e codice Scoriacensi 75, juxta Milleri catalogum, p. 71. Scripta est vero hæc epistola, quum auctor jam Plethoniæ doctrinæ initiatus, id quod vel a primis lineis hujus fragmenti satis elucet, Sparta Byzantium atque inde in Cretam devectus, ibi moraretur, intentus describendis quorumdam philosophorum (fortasse neo-platonicorum) libris a se repertis. — 2. Sic cod. poetice, non ἱερόν.

3. In Creta nempe, ubi inopiæ obluctabatur. Cfr. epist. sq.

τοῦτο θεῶν ἡγούμεθα δῶρον. Τουτὶ γὰρ τὸ θνητὸν [1], ἐξ οὗ πάντα φύεται πάθη θνητὰ, εἴ τινος ὕλης ἐντύχοι τῶν παθῶν δεκτικῆς, τάχιστά τε ἀπαυθαδιάζεται, καὶ τὸν κυβερνητὴν παρακρουσάμενον, ὅπου βούλεταί τε καὶ πέφυκεν ἄπεισι, καὶ τὰ οἰκεῖα προσαπεργάζεται. Τούτων τοίνυν τῶν λόγων ἡμεῖς εἰκότως [2] ἐχόμενοι, οὐχ ὅπως πάνθ' ὑποίσοιμεν ἂν ὅσα δοκοίη τῇ [3] δαίμονι, ἀλλὰ καὶ χάριν εἰδέναι δίκαιοι ἂν εἴημεν προσοφείλοντες. Ἐπὰν δὲ ἡμῖν διαπραχθείη τὸ βούλημα, τοῦτο δ' ἐστὶν, ἢ τῶν ἐξευρημένων ἡμῖν φιλοσόφων δεσπόσειν, ἢ μὴ ἀπᾶραι [4] τῶν τῇδε, θεοσεβὴς ἡμᾶς διαδέξεται Πλήθων, Θεῷ καὶ τοῦτ' εἰ δοκοίη.

XII.

ΤΟΥ ΑΥΤΟΥ

ἐπιστολὴ λβ'. Τῷ αὐτῷ.

Ἑσπέρας [5], ὅτε ἤδη συνεσκόταζεν, ἄραντες ἐκ Βυζαντίου, τὸ τῆς Προποντίδος διεπλέομεν πέλαγος, γαληνιαῖον [6] ἡμῖν ἄνεμον τοῦ Ποσειδῶνος ἐμπνεύσαντος, ἅτε

1. Confer similia, lib. III de Legibus, pag. 144, extr.
2. Cod. εἰκότος. — 3. Sic cod. feminino articulo, id est, τῇ τύχῃ
4. Cod. ἀπάραι.
5. Ined. ex eodem codice 205 (suppl.), fol. 85. Scripta autem videtur hæc epistola post superiorem, quum fortasse Apostolius de navigatione sua per literas interrogatus ab Argyropulo fuisset.
6. Cod. γαληνηαῖον (sic).

νέον αὐτὸν ἐγνωκόσι καὶ τὸν αὐτοῦ γε πατέρα[1], μηδέν τι τοιοῦτον, νὴ Δία, πρῶτον ἰδοῦσιν, ὅτε τούτων ἦμεν ἐν ἀγνωσίᾳ[2]. Καὶ πρὶν τέτταρας ἡμέρας ἐκτελεσθῆναι, μηδενός του τῶν ἐν τῇ θαλάττῃ πειραθέντες δεινῶν, ἣν[3] Μίνως Διὸς παῖς ἐκόσμει τῇ εὐνομίᾳ, κατήρκαμεν, πάντ' ἄνω καὶ κάτω τὰ τῆς πόλεως εὑρηκότες, πόλεμόν τε κακὸν, καὶ ἀφορίαν τῆς Δήμητρος, ταῦτα δὴ τὰ γινόμενα, οἷς δὴ, καὶ οὗ ἕνεκεν ἐγεγόνειμεν[4], ἀπωλέσαμεν. Οὐδὲ γὰρ οὐδ' εἰσὶν οἱ παρ' ἐμὲ φοιτῶντες τῶν τεττάρων ἐπέκεινα, τοῖς τε ἄλλοις ἃ ἡμῖν προκατείλεκται, καὶ μάλισθ' ὅτι τὰ Ῥωμαίων εἰώθασιν ἐκπαιδεύεσθαι· οἱ δέ γε ἡμῖν ὄντες, μόλις ἂν ἀρκοῖεν, ὃ πίνομεν, ὕδατι. Κακὸν οὖν φυγόντες εὕρομεν ἄμεινον, τὸ τοῦ λόγου, εἰ δὴ κακὸν ἐκεῖνο κλητέον πρὸς τόδε παρατιθέμενον. Καὶ εἰ μὲν[5] παρόντες ἡμῖν ἐτύγχανον, Ἀπόλλωνος[6] καὶ Διὸς μεγάλου τὸ δῶρον. Ἀλλὰ καὶ Πολυδεύκης σὺν Ἀλκινόῳ[7]. Οὐδὲν ἂν τὸ κωλύον εἰς τὸ σύννομον ἄστρον ἡμᾶς ἀφικέσθαι, ἢ τάχα που καὶ εἰς γυναικὸς βίον ἐλεύσεσθαι. Ἀλλὰ ταυτὶ μὲν οὐκ ἄνευ θεῶν ἡμῖν ὡμαρτήκει, μή τινος τῶν θυραίων ἀγαθῶν ἀπολελαυκότες, τάχιστά τε[8] ἐντεῦθεν ἀπίωμεν[9] πρὶν τὸν ἱερὸν τοῦ Διὸς σηκὸν κατιδεῖν, καὶ τῶν ἄλλων θεῶν ἀσπάσασθαι τὰ ἀγάλματα[10]. Πάντα μὲν οὖν ἡμῖν ὑποιστέα,

1. Etiam hoc prorsus Plethoniam disciplinam sapit, quod Neptunus Jovis filius fiat, sicut in libris de Legibus ubique.

2. Id est, priusquam a Plethone initiati fuissemus.

3. Suppl. εἰς γῆν. — 4. Nempe ut docendis græcis literis victum sibi compararet. — 5. Cod. εἰ μήν. — 6. Cod. ἀπολλώνιος.

7. Cod. ἀλκιόνῳ. Proverbium videtur esse de fati lege nemini, ne Semideo quidem, vitanda.

8. Vacat τε, vel fortasse deest aliquid.

9. Cod. ἀπῶμεν.

10. Sane hæc omnia paganum sonant.

τούτους ἔχουσί τε συμμάχους, καὶ οὕσπερ ἔφημεν [1] γράφουσιν. Οὐδὲ γὰρ μεταβαίημεν ἄν, ἔστ' ἂν διδοίη Θεὸς ἃ ἂν βουλώμεθα διανύσαι. Εἶτ' αὖθις [2] δεισίθεος ἡμᾶς διαδέξεται Πλήθων, σοὶ καὶ τοῦτ' εἰ δοκοίη [3].

XIII.

ΙΕΡΩΝΥΜΟΥ ΧΑΡΙΤΩΝΥΜΟΥ

ὑμνῳδία τῷ σοφωτάτῳ διδασκάλῳ κυρίῳ Γεωργίῳ τῷ Γεμιστῷ.

Τὸ μὲν ἤδη [4] τοῦ πάθους ἀνήκεστον, καὶ τὸ τῆς συμφορᾶς ὑπερβαλλόμενον αἴφνης οὕτω πως καὶ παρ' ἐλπίδας συμβὰν, σιωπὴν ἐπισκήπτει μοι, οἷον ἐωλοκρασίαν τινὰ καὶ κατάπληξιν τῷ νῷ καταχέαν. Τὸ δὲ τῆς τοῦ ἀνδρὸς σοφίας ὑψηλόν τε καὶ θεῖον, καὶ τὸ τῆς ζημίας οὐκ ἀνε-

1. Nempe in priore epistola, ubi de philosophorum libris sibi transcribendis agebat.

2. Supplendus videretur ὁ articulus, nisi supra θεοσεβὴς ita constructum fuisset sub epistolæ prioris finem.

3. Videtur his ultimis Apostolius subsidium aliquod seu viaticum ab Argyropulo clam expetere.

4. Ined. ex cod. Monac. olim August. 495, cujus apographum accurate factum benigne communicavit doctissimus Alb. Jahn. In titulo fidem codicis ipsius secuti sumus, ubi ὑμνῳδία legitur; in codice autem Scoriarensi 137, μονῳδία, teste Milleri catalogo, pag. 114, et sic Reiserus in ipso Monacensi legerat, si Fabricio fides, t. XI, p. 635, ed. Harl. Item in nostro exemplari vocatur hujus orationis auctor Ἱερώνυμος, qui vulgo Ἑρμώνυμος; sed de eo deque ejus nominibus plura nos ad præfationem nostram.

κτὸν, τέττιγός με λαλίστερον τὸν ἰχθύος ἀφωνότερον ἄρτι ποιεῖ· τοιούτῳ τῷ πάθει, τοιαύτῃ τῇ ἀπορίᾳ πεπέδημαι, οἷον ἐν λαβυρίνθῳ τινὶ τῇ συμφορᾷ κατεχόμενος, ἀναπνεῦσαι δὲ μηδόλως[1] δυνάμενος. Ἐπέρχεται γάρ μου τῇ μνήμῃ τὸ πάθος, καί μου τὸν νοῦν κατακλύζει τοῖς κύμασι, καθάπερ εἰ δεινῷ χειμῶνι καὶ τρικυμίᾳ περιπεπτωκὼς ἔτυχον. Ὅμηρος μὲν οὖν τὴν ἔριν ἐκ μικροῦ πρῶτον ἀπερχομένην ποιεῖ[2], κατ' ὀλίγον δὲ προχωροῦσαν, εἰς οὐρανὸν ἐστηρίχθαι καὶ ἐπὶ χθονὶ βαίνουσαν εἶναι· κἀμοὶ δ' αὐτῷ παραπλήσιόν τι συνέβη παθεῖν. Φλογὸς δίκην τὸ πάθος ἐπαύξει μου τῇ ψυχῇ, οὐ πρότερόν τε ἂν σταίη, πρὶν ἂν εἰς οὐρανὸν βαίη. Τοιαῦτα μὲν οὖν αὐτὸς πέπονθα, τοιαύτῃ κατέχομαί γε τῇ συμφορᾷ. Οἶμαι δὲ καὶ ὑμῶν[3] περιγενέσθαι τὸ δεινὸν παντὸς οὑτινοσοῦν. Τίνα τοιγαροῦν, τίνα φωνὴν διωλύγιον οἴσω ἐξισωμένην τῷ πάθει; Ὢ συμφορᾶς ἀνηκέστου, ὢ ζημίας οὐ φορητῆς, πᾶσαν νικώσης παραμυθίας ὑπερβολήν. Φεῦ τῆς κοινῆς ὀρφανίας, ἣ τὸ ἀνθρώπινον κατείληφε γένος. Οἴχεται νῦν τὸ κοινὸν φιλοτίμημα, τὸ πολυτίμητον καὶ πολύζηλον τῆς φύσεως ἄγαλμα, ἡ μεγίστη καὶ θαυμασία τοῦ γένους φιλοτιμία. Οὐκέτι λοιπὸν περιώνυμος Σπάρτη, οὐκέτι Λακεδαίμων εὐδαίμων, οὐκέτι Πελοπόννησος ζηλουμένη. Ὢ φρικτῆς ἐκείνης ἡμέρας, ἣ τοσοῦτον ἐπεῖδε δεινόν. Ποῦ νῦν τὸ τῆς ὄντως σοφίας ἄπειρον πέλαγος; Ποῦ κάλλος, καὶ μέγεθος, καὶ ἡ ὑπὲρ ἄνθρωπον τῶν λόγων ἰσχὺς καὶ λαμπρότης; Σεσύληται[4] νῦν ὁ κοινὸς θησαυρός. Ἔσβεσται λόγων δύναμις. Οἴχε-

1. Sic cod. μηδόλως, uno verbo. — 2. Suprascriptum πεποίηκε.
3. An potius ὑμῖν? — 4. Cod. σεσύλληται.

ται, φεῦ, ἐξ ἡμῶν τὸ πάντων τῶν καλῶν κάλλιστον, ἡ λαμπρὰ τοῦ γένους εὐδαιμονία, ὁ τῆς ὑψηλῆς σοφίας καθηγεμὼν, ὁ τῶν λόγων πατὴρ, ἡ τῶν ἀρετῶν κορωνὶς, τὸ κοινὸν ἁπάντων ἐντρύφημά τε καὶ καύχημα, ὁ τῶν ἀποῤῥήτων καὶ θείων μυσταγωγός. Τῷ γὰρ ὄντι θείας οὗτος ἐπὶ γῆς ἔλαχε μοίρας τῷ πάντα εἰδέναι· κἄν τις καὶ τῆς προσηγορίας ἐκείνης αὐτὸν ἀξιώσειεν, οὐκ ἂν, οἶμαι, τοῦ προσήκοντος ἀποπέσειεν [1]. Ὅσα τε γὰρ ἐκεῖθεν παρήχθη θεῖά τε καὶ ἀνθρώπινα, καὶ ὅσα εἰς βουλὴν καὶ ὅσα εἰς πρᾶξιν ἥκει, ὅσα τε ἐν στρατιωτικοῖς καὶ ὅσα ἐν πολιτικοῖς, φυσικοῖς τε καὶ πρακτικοῖς, οὐδὲν οὗτος ἠγνόει· πάντα δὲ ᾔδει [2], πάντα διηρευνήσατο [3], καὶ τοὺς ἁπάντων λόγους ἠπίστατο· καὶ οὐδὲν οὕτως ἀπόῤῥητον, ὡς μὴ σαφὲς παραχρῆμα τῷδε γενέσθαι, εἰς νοῦν τινος ὅλως ἐλθόν. Τούτου τὴν σοφίαν Ἕλληνες ὁμοῦ τε καὶ βάρβαροι διὰ θαύματος ἦγον, οὐ καθένα τε καὶ δύο καὶ πλείους, ἀλλ' ἡλικία πᾶσα καὶ πόλις καὶ γένος καὶ φύσις· τούτων δὲ μάλιστα οἱ πρὸς ἑσπέραν οἰκοῦντες, καὶ τῆς τοῦ ἀνδρὸς σοφίας ἱκανῶς πειραθέντες [4]. Συλλόγου τε γὰρ ἐκεῖσε θαυμαστοῦ γεγονότος ἀνδρῶν σοφῶν τε καὶ ἐλλογίμων, μεγίστου τε ἀγῶνος λόγων προκειμένου ἐπὶ ζητήσει τάχα τῶν τῆς Ἐκκλησίας δογμάτων, τί τις ἂν εἴποι, ὅπως τὸν ἄνδρα ἠγάσαντο τῆς τε σοφίας καὶ ἀρετῆς καὶ ἧς εἶχεν ἐν λόγοις δυνάμεως; Ὃς ἡλίου λαμπρότερον ἐν σφίσι διέλαμψε· κοινὸν δ' οἱ μὲν διδάσκαλον, κοινὸν τῶν ἀνδρῶν εὐεργέτην, κοινὸν τῆς φύσεως φιλοτίμημα, τοῦτον ἠξίουν· Πλάτωνα δ' οἱ δὲ καὶ Σω-

1. Sic pro ἀποπέσοι, minus attice.
2. Cod. ἤδη. — 3. Cod διερευνήσατο. 4. Apographum nostrum πεῖραν.θέντες, sed falso, ut opinamur.

κράτην ὠνόμαζον. Οὐδὲ γὰρ ἐλείπετό τι, ὡς πάντες ἂν φαῖεν, τῆς ἐκείνων σοφίας. Τοῖν μὲν γὰρ ἀνδροῖν τούτοιν ἀμφοῖν θάτερος[1] τῷ ὑπερβάλλοντι θατέρου λέλειπται· ὁ δὲ πρὸς τῷ πᾶσαν σοφίαν θείαν τε καὶ ἀνθρωπίνην ἐξηταχὼς εἶναι, καὶ γράφων πόλλ' ἄττα[2] ἐξήδετο, καὶ θαυμαστός τις ἦν ἐπ' ἄμφω. Ὃς[3] παιδιάν τέ τινα τὴν Ἀριστοτέλους φιλοσοφίαν ἀπήλεγξε, τὴν πρὶν ὑπ' ἐνίων ὡς θείαν τινὰ ὑμνουμένην. Ἀλλὰ δὴ καὶ οἱ κρείττους τῶν γε νῦν ὄντων ὑφ' ἥλιον σοφῶν, παρ' οὐδένος ἄλλου ἢ τοῦδε αὐτοῦ τυγχάνουσιν ὄντες. Τῶν γοῦν κατὰ τὴν οἰκουμένην φανέντων, ἐξότου γεγόνασιν ἄνθρωποι, ὁ θαυμάσιος οὗτος προΐστατο· ὧν τῶν μὲν σοφίαν δή τινα ὑψηλὴν κεκτημένων, πολιτείαν δὲ ἄλλην τινὰ ἴσως ἐνίων ἐνδεικνυμένων, καὶ τῶν μὲν ἄλλο τι, τῶν δὲ ἄλλο τῶν ἐν λόγοις πεπαιδευμένων, τῷ δὲ[4] ἄρα οὐ μόνον σύμφωνος ἦν ἡ σοφία τοῖς ἔργοις, ἀλλὰ καὶ διὰ πάντων ἧκε[5] τῶν ὅσα εἰς λόγους, ὅσα τε εἰς θεωρίαν, καὶ ὅσα εἰς πρᾶξιν, ὅσα τε νῷ μόνῳ ληπτὰ, καὶ ὅσα ἐν ἁρμονίᾳ καὶ σχήμασι καὶ ἀριθμοῖς καὶ τῇ τῶν οὐρανίων περιόδῳ γνωρίζεται. Οὔκουν ἐλείπετο[6] οὐδενὸς, ὅσα πρὸς ἀκριβῆ τῶν ὄντων κατάληψιν ἦν. Ἆρ' οὖν ταῦτά γε μόνα τοῦ ἀνδρὸς ἔχοιμεν ἂν θαυμάσαι; Πολλῶν μέντ' ἂν καὶ μεγάλων ἀποστεροῖμεν αὐτόν. Καὶ μὴν σωφροσύνην οὕτως ἐξήσκησεν, ὡς μηδενί τῳ[7] τῶν ἄλλων ῥᾳδίως τῶν πρωτείων παραχωρῆσαι. Τῶν δὲ εἰς εὐψυχίαν φερόντων τίνος ἐλείπετο;

1. Sic minus recte, nisi est librarii vitium pro ἅτερος.

2. Cod. πολλ' ante ἄττα, sine accentu.

3. Cod. in margine : οὐκ αἰσχύνη (id est αἰσχύνῃ) καὶ σὺ παιδιὰν τὴν ἀριστοτέλους σοφίαν ἀποκαλεῖν; quæ lectoris alicujus indignatio fuit. — 4. Sic in cod. Τῷ δὲ divise, non τῶδε.

5. Cod. ἥκει. — 6. Cod. ἐλλείπετο. — 7. Cod. male τῷ.

Ὃς οὐδὲ ἥττηταί ποτε παρ' οὐδενὸς τῶν ἐν τῷ βίῳ, οὐ δόξης ἠράσθη κενῆς, οὐ πλοῦτον ἐζήλωσεν[1], οὐκ ἄλλο τι τῶν τοιούτων ἀπέβλεπεν, ἀλλ' ὡς οὐδὲν τὰ πάντα ἐνόμιζε. Καὶ μὴν καὶ δικαιοσύνη τοιαύτη τις ἦν τῷ ἀνδρὶ, ὡς λῆρον εἶναι Μίνω ἐκεῖνον καὶ Ῥαδάμανθυν τούτῳ παραβαλλομένους. Οὔκουν ἠχθέσθη γοῦν οὐδεὶς πώποτέ τι τῶν ἐκείνῳ δοκούντων, ἀλλ' ὡς θεία ψῆφος τὸ τούτῳ δόξαν ἦν. Στέργοντες δ' οὖν ἄμφω καὶ προσκυνοῦντες ὅ τε ἡττηθεὶς καὶ ὁ νικήσας ἀπήεσαν, καί τοι μὴ οὕτω πεφυκότος τοῖς ἄλλοις συμβαίνειν· καὶ τοῦτ' εἰκότως, οἶμαι. Μόνος γὰρ οὗτος ἢ κομιδῆ σὺν ὀλίγοις ἀκραιφνῆ τὴν τῶν νόμων εἶχε κατάληψιν, ἐξηκρίβωσέ τε, εἴπερ τις, αὐτοὺς ἄριστα. Ἐπεὶ καὶ εἴ γέ ποτε ἀπολέσθαι τούτους συνέβη, ἀκριβέστερον ἂν οὗτος ἐξέθετο Σόλωνος παντὸς καὶ Λυκούργου. Τοιοῦτος μὲν οὖν καὶ δικαιοσύνης κανὼν ἦν· καὶ οὐ λόγων ταῦτα μᾶλλον χάρις ἢ πραγμάτων ἀλήθεια. Ἀλλὰ μὴν καὶ φρόνησιν, τὴν πρώτην καὶ τελεωτάτην τῶν ἀρετῶν, τίς ὡς οὗτος ἐξήσκησεν; Ὅς γε καὶ τὰ μήπω γεγονότα εἰκάσαι καὶ μηνῦσαι[2] τοῖς πᾶσιν ἄριστος ἦν, Κάλχαντος[3] οὐδὲν διαφέρων, ὃς ἤδει τά τ' ἐόντα[4] τά τ' ἐσσόμενα πρό τ' ἐόντα. Γνῶναι δὲ ἄρα καὶ ἑλέσθαι τὰ δέοντα, καὶ ὅπως ἂν ἕκαστον ἀποβαίη, τίς προαισθέσθαι ὀξύτερος; Ἀλλὰ μὴν εἰ οἷόν τε ἦν πᾶσαν τὴν ἀφ' ὅτου γεγόνασιν ἄνθρωποι σοφίαν, εἰ καὶ παράδοξον ἴσως δόξω τῳ λέγειν, τῷ γε τῆς ἐκείνου σοφίας ἀγνῶτι, ὅμως δ' οὖν εἰ οἷόν τε ἦν ταύτην συλλαβεῖν τε καὶ εἰς ἓν ἀθροῖσαι, ὅση τε θεία καὶ ὅση εἰς ἀνθρώπους ἥκει, ὅση τε νῷ γνωρίζεται, καὶ μαθήσει προσγίνεται,

1. Cod. ἐζήλωκεν.

2. Cod. μηνύσαι. — 3. Cod. χάλκαντος. — 4. Cod. τά τε ὄντα.

καὶ ἐπινοίᾳ φαντάζεται, ὄντων, ἐσομένων[1], παρεληλυθότων, καὶ ὅσα εἰς λόγους καὶ ὅσα εἰς πρᾶξιν ἥκει, πάντα τε ᾔδει καὶ τοὺς ἁπάντων εἶχε λόγους παρ' ἑαυτῷ. Καί τοι τίς ἂν γένοιτο σοφία ταύτης ὑψηλοτέρα, ἤγουν φρόνησις τοῖς πᾶσι τελεωτέρα; Ὅσα τε εἰς εὐχῆς ἂν εἴη λόγον, πάντα τούτῳ προσῆν. Ἡρακλέους γενναιότερος ἦν, Αἰακὸν καὶ Βελλεροφόντην εἰς τὸ σῶφρον ὑπερηκόντισεν, Νέστορός τε σοφώτερος, Παλαμήδου[2] δ' εὐμηχανώτερος ὁμοῦ καὶ σοφώτερος. Εὐβουλίαν ὑπὲρ πάντας ἐκέκτητο, ἀλήθειαν εἴπερ τις, θεοσέβειαν δ' ὡς οὐδείς. Ἄλλους[3] ἐν ἄλλοις καὶ πάντας ἐπὶ πᾶσιν ἐνίκησεν. Τὸ μὲν οὖν τοιαῦτ' ἄττα κτήσασθαι δυνηθῆναι, εὔδαιμον μὲν, οὐ ῥᾴδιον δέ· κρεῖττον γὰρ ὄντως ἢ κατ' εὐχήν. Τὸ δὲ φανῆναι μὲν τὸν ἔχοντα, εἶτ' αἴφνης οὕτω πως ἐκ μέσων τοῦτον[4] ἀποπτῆναι[5], Ἡράκλεις[6], ὡς πικρόν τε καὶ πᾶσαν παραμυθίαν ὑπερνικῶν. Τίς τοίνυν, τίς Τελχὶν ἐφθόνησεν ἡμῖν τοῦ τοιούτου καλοῦ; Τίς τῆς τοιαύτης τοῦ γένους ζημίας καὶ κακοδαιμονίας ὁ μάλιστα αἰτιώτατος; Ὑπὲρ λόγον τὸ πάθος. Ὑπὲρ παραμυθίαν ἡ συμφορά. Φιλοσοφεῖν μὲν ἡμᾶς, ὦ παρόντες, ἐχρῆν καὶ τὸ πάθος γενναίως ἐνεγκεῖν βιάσασθαι, καὶ πάντας μὲν, μάλιστα δὲ τοὺς τῆς ὑψηλῆς τοῦ ἀνδρὸς σοφίας ἀντεχομένους, οἳ καὶ τὸ εἰς λόγους ὁσημέραι τούτῳ γενέσθαι εὐδαιμονίαν σφίσιν ἐτίθεντο, προυργιαίτερον τοῦτο τῶν ἄλλων οἰόμενοι, ἄνδρες φιλομαθεῖς τε καὶ φύσεως δεξιᾶς καὶ γνώμης γενναίας, καὶ τῆς μεγάλης τοῦ ἀνδρὸς σοφίας

1. Cod. ἐσσομένων.
2. Sic codex, non quod rectius, Παλαμήδους. — 3. Cod. ἄλλος.
4. Cod. τούτων, sed idem a manu recentiori τοῦτον, melius.
5. Cod. ἀποπτᾶναι. — 6. Cod. ἡράκλεις, leni spiritu.

ἐρασταί. Ἀλλ' ὑπὲρ φιλοσοφίαν τὸ πάθος. Μόνης τῆς θείας ἐκείνου γνώμης καὶ γενναίας ψυχῆς καὶ τοῦτο τεκμήριον γένοιτο [1], ὃς ἴσα καὶ ἀπαθεῖ κάμνων ἐῴκει, ἄλλου δὲ οὐδενός. Νῦν δ', οἶμαι, καὶ τῶν ἀναισθήτων ἡ φύσις συμπάσχει, αἴσθησίν τινα τοῦ πάθους λαμβάνουσα, καὶ τὴν κοινὴν τῶν ἀνθρώπων κακοδαιμονίαν ἀποκλαιομένη. Ὦ οἷον ἡμῖν ὑποστῆναι συνέβη δεινόν. Ὁποία θρήνων ὑπόθεσις πρόκειται, ἐπιλησομένη [2] μηδέποτε. Ὁποῖον ὁρᾶν ἀνεχόμεθα θέαμα τοῖς πᾶσι φρικτὸν, ὦ γῆ καὶ ἥλιε καὶ λογικαὶ φροντίδες. Ὄναρ μὲν ἄν τις ἰδὼν, τάχ' ἂν ἐξέστη τοῦ νοῦ, καὶ οἰωνὸν ἀπαίσιον πάντως ᾠήθη. Ὕπαρ δ' ἡμεῖς νῦν ὁρῶντες, πῶς γενναίως φέρειν ὑπομενοῦμεν; Ὦ οἷον ἡμῖν ἤνεγκας, χρόνε, πρᾶγμα ἄπιστον καὶ μετὰ τὴν πεῖραν. Ὦ τραύματος ἀνηκέστου. Ὦ συμφορᾶς ἀνυποίστου [3]. Καίτοι ἔγωγε ᾤμην, εἰ οἷόν τε ἦν ἐν ἀνθρώποις ἀθανασίαν φανῆναι, οὐκ ἂν ἄλλῳ τῳ μᾶλλον ἢ τῷδε ἐγγενέσθαι. Ταῦτ' ἐπεπείσμην ἔγωγε τῇ ἀκριβεῖ προσοχῇ τῆς ἐκείνου διαίτης, τεκμαιρόμενος τόδε τῷ μηδέποτ', ἐξ ὅτου τοιαύτην εἵλετο δίαιταν, ἀλγῆσαί τι τῶν αὑτοῦ. Εἰ δὲ μὴ, ἀλλὰ κἂν γοῦν ἐπὶ μακροβιότητος ἐπιπλεῖστον ἐλάσαι, καὶ ὅτι ἐγγύτατα Τιθωνοῦ τε καὶ Ἀργανθωνίου βιῶσαι ἢ τοῦ παρ' ἡμῖν Μαθουσάλα. Ἐλάνθανον δὲ ἄρα ἠπατημένος κατ' ἄμφω. Καὶ τὸ μὲν τοῖς ἄλλοις οὕτως ἐπιέναι σε, ὦ θάνατος, δεινὸν ὂν, οὐ δεινὸν ἴσως. Νυνὶ δὲ τί παθὼν τὸ κοινὸν ἡμῖν ἀφείλου καλὸν, ἀφορμήν τε θρήνων ἡμῖν ἐξεῦρες πάσας παρελθοῦσαν τὰς προτοῦ; τὴν τοῦ γένους εὐδαιμονίαν, τοῖς εὖ φρονοῦσι τὴν θυμηδίαν,

1. Supplendum videtur ἄν.
2. Sic, passivo sensu, minus græce. — 3. Cod. ἀνοιπίστου.

τὸ τῆς φύσεως ἄγαλμα, τοῦ ἀνθρωπίνου γένους τὴν εὐκοσμίαν, τὸν ἀνθρώπινον νοῦν, τὴν σοφίαν τὴν ὑψηλὴν, τὸν ὀφθαλμὸν τοῦδε τοῦ παντὸς, τὸν θειότατον καὶ μέγαν διδάσκαλον. Κεκλείσθω, φεῦ, μουσεῖα· οἰχέσθων λόγοι· σιγάτωσαν βίβλοι, μᾶλλον δὲ διαγραφέσθωσαν[1]. Κεῖται γὰρ σιγῶν ὁ θειότατος καὶ μέγας διδάσκαλος. Εἶθ' ἡμεῖς ζῆν ὅλως καὶ πνεῖν καὶ τὸν ἥλιον ὁρᾶν ἀνεξόμεθα, ὀρφανίας ἔχοντες τοιαύτης αὐτὸν μάρτυρα. Ὑπὲρ ἧς πάντα προθύμως ἂν προϊέμεθα, καὶ τῶν ἀναγκαιοτάτων δὴ μελῶν[2] στέρησιν ἕκαστος ἂν ἠνέγκαμεν, ὡς ἂν ἕνα τοῦτον πριάμενοι εἰς κοινὸν ἀπαθανατίσωμεν[3] κόσμον τῇ πατρίδι, τῷ γένει, τῇ φύσει. Ὦ πατρὶς ἐμὴ[4] κακοδαίμων, ἡ τἄλλα μὲν δυστυχὴς, ὡς πάντων ἄμοιρος οὖσα τῶν χρηστῶν, ἑνὶ δὲ[5] τούτῳ μόνῳ ζηλουμένη τε πᾶσι[6] καὶ ᾀδομένη, ὃ νῦν ἀπεβάλου[7] καὶ τόδε. Τὸ δὲ δὴ χαλεπώτερον καὶ ὅπερ ἥκιστ' ἀνεκτὸν, ἐπὶ τίνι μᾶλλον ἐκαυχησάμεθ'[8], ἄνθρωποί τε ὄντες καὶ λόγῳ τιμώμενοι; Πλοῦτόν τινες ἀπεβάλοντο; Ἀλλὰ σφαλερόν γε τὸ κτῆμα· ἄστατον γὰρ καὶ δοῦλον τῇ τύχῃ, κακίας τε μᾶλλον αἴτιον, καὶ τοῖς φαύλοις τῶν ἀνθρώπων περιγινόμενον, ἐπικίνδυνόν τε ἐφάνη τοῖς ἔχουσι νοῦν[9], καὶ σοφίας δεόμενον, ἧς ἐξ ἀνθρώπων ἀπογενομένης καὶ πλοῦτος ἀχρεῖος καὶ τἄλλα, καθάπερ ναῦς ἀκυβέρνητος οὖσα. Ἰσχὺν ἕτεροι; Καὶ πρῶτον μὲν εἴγε τις ἀκριβῶς ἐξετάσαι βουληθείη, οὐδὲν τοῦτο μέγα. Εἰ γὰρ διὰ ῥώμην τοὺς ἀνθρώπους τιμήσομεν, λήσομεν σφᾶς αὐ-

1. Tria verba μ. δ. δ in codice deleta sunt, an manu recentiore?
2. Cod. μελλῶν. 3 Cod. ἀπαθανατήσωμεν — 4. Cod. ἐμοί.
5. Codex δὶν pro δέ. — 6. Cod. πάσῃ. — 7. Cod. ἀπεβάλλου.
8. Cod. ἐκαυχησόμεθα, quod facile fuit emendatu; sed præstaret addi ἄν. — 9. Cod. τοῖς ἔχουσιν οὔ.

τοὺς πολλῷ τῶν ἀλόγων φαυλοτέρους ἀπεργασάμενοι, ἃ πολλῷ τῇ ῥώμῃ τῶν ἀνθρώπων προέχουσιν. Ἔπειθ' ὅτι, εἰ καὶ τοῦτο δώσομεν ἴσως βιασθέντες, ἀλλ' ἑνὸς μὲν ἴσως ῥώμη τις[1] ἢ καὶ πλούτῳ προέξει· δυοῖν δὲ οὐδαμῶς, ὅπου γε οὐδ' Ἡρακλῆς· εἰ δὲ δυοῖν, οὐ δήπου καὶ τεττάρων· εἰ δὲ τούτων ἴσως, οὐ δήπου καὶ δέκα, καὶ ἔτι[2] πόλεως ὅλης, καὶ πρὸς τούτοις ἔθνους, καὶ πολλῷ γε μᾶλλον πάντων· σοφώτερος δέ τις οὐχ ἑνός τινος καὶ δύο καὶ δέκα μόνον, καὶ πόλεως, καὶ ἔθνους, ἀλλὰ καὶ τῶν ἐπὶ γῆς πάντων, δυνατὸν εἶναι[3]. Ὁποῖος δὴ καὶ ὁ νῦν ἡμῖν ἐπὶ πένθει προκείμενος· μόνος γὰρ οὗτος ἔργα λόγου κρείττω παρέσχετο, ὡς προλαβὼν μὲν αὐτὸς τοῖς ἔργοις, ἐγὼ δὲ τοῖς λόγοις δεδήλωκα. Οὕτως οὐδ' οἱ ῥώμην ἀποβάλλοντες μέγα τι λοιπὸν ἀποβάλλειν δοκοῦσιν[4], ἐπεὶ καὶ νόσῳ[5] ῥᾷστα θηρᾶται, γήρᾳ τε χαυνοῦται· σοφία δὲ μόνη τῶν πάντων ἀνάλωτον. Εἰ δὲ καὶ περιγενοίμεθα ἔσθ' ὅτε τῶν ἀλκιμωτάτων θηρίων, οὐ τῇ ῥώμῃ, σοφίᾳ δὲ μᾶλλον περιγινόμεθα[6]. Ἄλλοι βασιλέα λοιπὸν ἀπεβάλοντο; Ἀλλ' οὐδὲ τοῦτο δεινόν· φαῦλοι γὰρ ὡς ἐπὶ τὸ πλεῖστον οἱ πλείους αὐτῶν, καὶ δι' εὐχῆς τὸ ὑπήκοον πολλάκις σφᾶς ἀποβαλεῖν[7] ἔχουσι, καὶ πολλῶν πολλάκις τοῖς ὑπηκόοις δεινῶν αἰτιώτατοι, πολλάκις τε ὃν ἔχουσιν[8] ἀποβαλόντες, ἔχουσιν ὃν ἂν προσκτήσαιντο. Δόξα μὴν σεμνὸν, ἀλλὰ πάντως ἀβέβαιον, καὶ ᾧ γε παριδεῖν ταύτην ἐγένετο, δόξα. Κάλλος δὲ περιμάχητον μὲν, ἀλλὰ πάντως ὀλιγοχρόνιον. Καὶ ὑγεία τίμιον μὲν, ἀλλ' εὐμετάστα-

1. Cod. τε, non τις, post quam vocem tria deinde verba, ἢ καὶ πλούτῳ, deleri sane malimus. — 2. Cod. καὶ ὅτι.
3. Sic, pro εἰ δυνατόν ἐστι. — 4. Cod. δοκοῦσι. — 5. Cod. νόστω.
6. Cod. περιγενόμεθα (sic). — 7. Cod. ἀποβαλλεῖν. — 8. Cod. ἔχουσι.

τον. Εἰ γοῦν ταῦτα τοιαῦτα, χαλεπῶς δ' οὖν ὅμως ἄνθρωποι[1] τὸ τούτων ἐστερῆσθαί τινος φέρουσιν, τί ἂν ἡμεῖς γενώμεθα, ἢ τί πεισόμεθα, ἢ τίνα παραμυθίαν μηχανησόμεθα τὸ κοινὸν ἀποβαλόντες[2] καλὸν, τὸν ἄσυλον θησαυρὸν, τὴν ἀκένωτον τῆς σοφίας πηγὴν, τὴν καλλονὴν τῶν χαρίτων, τῶν ἀρετῶν τὴν ἑστίαν, τοῦ γένους τὴν εὔκλειαν. Ποῦ λόγοι, καὶ χάριτες, καὶ ἀρετὴ, καὶ σοφία; Οἴχεται, φεῦ, τὸ ἀξιοθέατον τοῖς ἀνθρώποις θέαμα, οὗ γε ἐπὶ τῇ θέᾳ πάντες ἐξέθεον· νυνὶ δὲ πάλιν ἐκπλαγήσονται τῷ τῆς ζημίας οὐκ ἀνεκτῷ, ὥσπερ εἰ πρὸς Γοργόνα[3] πάλαι κατὰ τὸν μῦθον ἔτυχον ἀτενίσαι· οἶμαι δὲ, καὶ ἀπολιθωθήσονται τῷ μεγέθει τοῦ πάθους κατὰ τὴν πάλαι Νιόβην· ἢ καὶ ἀποδενδρωθήσονται κατὰ τὰς Ἡλιάδας, τὰ οἰκεῖα θρηνούσας κακοπραγήματα· εἰ δὲ μὴ, ἀλλὰ κἂν γοῦν ἀλλοιωθήσονται τὴν πτηνῶν ἀμειψάμενοι φύσιν, καὶ δὴ παύσονται λοιπὸν ἐμφιλοχωροῦντες τῇ Σπάρτῃ. Τοῖς ἐν Ἅδου κολαζομένοις ἀνεκτότερον οὐδέν τι πεπόνθαμεν. Τοῖς τὴν ὄψιν ἀποβαλοῦσιν οὐδέν τι διαφέρομεν. Ὥσπερ γὰρ εἴ τις τοῦ[4] καθεστηκότος κόσμου τὸν ἥλιον ἐξέλοιτο, δυσχερής τε καὶ χαλεπὸς καὶ πολλῆς κατηφείας μεστὸς ὁ λειπόμενος ἂν τῶν ἀνθρώπων γένοιτο βίος, ἕκαστός τε ἂν ἑαυτῷ ἀβίωτον εἶναι ἡγήσαιτο, οὕτω νῦν ἡμῖν τὴν ὑψηλὴν τοῦ ἀνδρὸς σοφίαν ζημιωθεῖσιν[5] ἐν σκότῳ καὶ ἀμαθίᾳ καὶ τῇ τῶν καλῶν ἀγνοίᾳ καταλειφθῆναι ἐγένετο, δυσκλεής τε πάντως ὁ λοιπὸς ἡμῖν ἔσσεται[6] βίος, τὸν κοινὸν κόσμον

1. Cod. ἄνθρωπον ἄνθρωποι, sic geminata voce.
2. Cod. ἀποβαλλόντες, hoc accentu. — 3. Cod. γόργονα.
4. Cod. εἴ τις τῇ τοῦ, sic absque sensu. — 5. Cod. ζημιωθεῖσι.
6. Sic in codice, non ἔσται, nec mutare ausi sumus versus iambici speciem.

ἀποβαλοῦσι καὶ τὸν τῶν διδασκάλων διδάσκαλον, ᾧ γε ἔργον νύκτωρ καὶ μεθ' ἡμέραν τὰς εὐεργεσίας τοῖς πᾶσιν ἀφθόνως προχέειν ἐγένετο, πλήν γ' εἰς ἐμέ[1]. Ἀλλὰ σὺ μέν, ὦ γενναῖε (ὡς παρόντι γάρ σοι διαλέξομαι, καὶ συγγνώμη τῆς τόλμης, οὐδὲ γὰρ αὐθαδίᾳ μᾶλλον ἢ ἀθυμίᾳ τὸ τοιόνδε μοι τετόλμηται, καὶ τῇ σῇ γε ἴσως φιλανθρωπίᾳ τεθαῤῥηκότι, ἐπεὶ καὶ πάντα καρτερικώτατα φέρειν εἰώθεις), σὺ μὲν οὖν οὐκ ἔστιν ἐφ' ὅτῳ ἂν γέγονας ὁτῳοῦν πώποτε χαλεπὸς, πλήν τισιν ἴσως δι' ἣν εἰς ἐμὲ καρτερίαν ἐνεδείξω καὶ μεγαλοψυχίαν· οὕτω γὰρ ἂν ἔγωγε τοῦτ' ὀνομάσαιμι. Ὃς πάντας μὲν εἰς ἱκεσίαν σὴν προυβαλόμην, καὶ οὐκ ἔστιν οὐδεὶς ὅν γε παρῆκα καὶ μὴ ἐπὶ τούτῳ γε ἐχρησάμην, τῆς τοῦ ἄνθρωπος εἶναί τε καὶ καλεῖσθαι προσηγορίας ἄξιος ὤν, ὅπως καὶ αὐτὸς τῆς ἐνούσης σοι σοφίας ἀπολαῦσαι ἀξιωθείην· οὔκουν ἡγεμόνας τοῦ γένους, οὐ τοὺς ἀξιώματι προύχοντας, οὐκ ἄλλον οὐδένα δι' οὗ ἂν ἐπιτεύξεσθαι[2] προσεδόκων· οὐδὲν δὲ ὅμως ἀπωνάμην εἰς τέλος τῶν πολλῶν ἐκείνων καὶ ἀπείρων δεήσεων. Καίτοι γε σὺ προθυμότατα μὲν πάντας ἐδέχου, οὐδένα δὲ πώποτε ἀπεπέμπου. Τούτου χάριν ἐδυσχέραινον ἴσως ἔνιοι, φιλοῦντες μὲν τὸ καλὸν, φιλοῦντες δὲ ἐμέ. Ἔγωγέ τοι αὐτὸς, εἰρήσεται γὰρ τἀληθὲς, μᾶλλον ἐθαύμαζόν σου τὴν καρτερίαν καὶ τὸ πρὸς πάντας οὕτως ἀνθίστασθαι γενναιότατα, ἤπερ ἐχαλέπαινόν σου τὴν ἀπαγόρευσιν. Εἰ καὶ αὐτὸς ἴσως ἐσίγας, γῆρας δὴ μόνον προβαλλόμενος, καίτοιγε ἐν ἄλλοις ἰσχυρότατά γε ἀντέχων. Ἀλλ' ἐμὲ μὲν οὐδεὶς λόγος ἢ χρόνος οὐδέποτε πείσει βασκαίνοντά σε τοῦτο ποιῆσαι (ἀγαθῷ

1. Ipsum illud est quod, de hujus laudationis auctore in Plethonis cœtum intimum non admisso, monuimus in præf.

2. Cod. ἐπιτεύξασθαι.

γὰρ οὐδεὶς περὶ οὐδενὸς ἐγγίνεται φθόνος οὐδέποτε), ἀλλ' ἴσως μὲν τῷ γήρᾳ, ἴσως δὲ καί τινων βασκάνων ὑποβολῇ. Ὅμως δ' ἔγωγε ἐπιτεύξεσθαί[1] με ἀεὶ τῆς ἐλπίδος ὠνειροπόλουν, καὶ μὴ παντάπασί με τῆς προσδοκίας ἀποπεσεῖν[2]. Νυνὶ δὲ πάντη καὶ παντελῶς τῶν ἐλπίδων ἐξέπεσον. Διασπαρησόμεθά τε οἱ λόγων ἐρασταὶ ἐπὶ τὴν τῆς οἰκουμένης ἐσχατιάν[3]· ἡ σὴ γὰρ ἐλπὶς μέχρι τοῦδε παρακατεῖχεν ἡμᾶς. Καὶ πολλῶν ἴσως πειρασόμεθα δεινῶν, λόγους διώκοντες, ὧν καὶ αὐτὸς πολλὰ ἐμνήσθην πρὸς σέ, ἵνα μὴ ταῦθ' ὑποσταίην. Καὶ πολλοὶ μὲν ἡμᾶς ἐρήσονται περὶ σοῦ, ἀκούσονται δ', οἴμοι, φωνὴν ἀπευκταιοτάτην. Ἀλλὰ τί ταῦτα, καὶ μέχρι τίνος; Ἔδει μὲν ὡς ἀληθῶς, ὦ γενναῖε, τοὺς τὴν σὴν σοφίαν ὑμνῆσαι προελομένους μεγάλην τινὰ τὴν ἐν λόγοις ἔχειν ἰσχὺν, καὶ τῶν εἰς λόγους ἡκόντων[4]... Πλάτωνα καὶ Σωκράτην· μόλις γὰρ ἄν τις οὕτω τῆς ἀξίας ἐφίκοιτο[5]· μᾶλλον δὲ τῆς μὲν ἀξίας οὐδεὶς ἂν οὐδέποτε ἐφικέσθαι ἰσχύσειεν[6], ἐγγυτέρω γε μήν· ἡμεῖς δὲ μόνην προθυμίαν ἐνεδειξάμεθα. Ἀλλ' ἐγὼ μὲν, ὦ παρόντες, ἡττηθεὶς σφόδρα τῷ πάθει, ἀρκοῦντα ἐμαυτῷ τὸν θρῆνον ἐνεστησάμην· ἄλλοις δὲ ἴσως παραμυθίας μελήσει[7], εἴ γε ἐνδέχεται. Σὺ δὲ, ὦ θεσπέσιε, εἴ γέ τις ἡμῖν ἐπιφοιτᾷ τῶν αὐτόθι, μὴ παύσαιο μηδ' αὐτὸς φοιτῶν τε καὶ διαλεγόμενος, ἀλλὰ καὶ δι' ὀνείρων ἡμῖν φαινόμενος λάλει, διδασκάλων θειότατε καὶ σοφώτατε.

1. Cod. ἐπιτεύξασθαί. — 2. Sic cod. barbare, pro ἀποπεσεῖσθαι.

3. Prope verum id eventu fuit, de Hermonymo certe in Gallia sedem quæsituro.

4. Post ἡκόντων videtur in codice linea saltem una excidisse, nisi quid tale fuit : καὶ τῶν εἰς λόγους μάλιστα ἡκόντων, Πλάτωνος καὶ Σωκράτους.

5. Cod. ἀφίκοιτο. — 6. Cod. ἰσχύσειε. — 7. Cod. μελλήσει, quod jam in apographo suo emendabat doctiss. Jahn.

XIV.

ΓΡΗΓΟΡΙΟΥ ΜΟΝΑΧΟΥ

μονῳδία τῷ σοφῷ διδασκάλῳ Γεωργίῳ τῷ Γεμιστῷ.

Φεῦ [1], τίς ἂν ἀξίως, ὦ παρόντες, ἐκτραγῳδήσειε τὴν νῦν ἡμῖν ἐπενεχθεῖσαν ἀνύποιστον συμφοράν; οὐ βαρβάρων ἐπιδραμόντων [2] ποθὲν καὶ τὴν Ῥωμαίαν λῃϊσαμένων καὶ δορυαλώτους ὅτι πλείστους ἀπαγαγόντων, οὐδέ τισιν ἐπισεισθέντων τειχῶν, ἤ τινος ἄλλου συμβάντος τῶν ἀνηκέστων, ἀλλ' ἀνδρὸς πάντων μὲν θειοτάτου, πάντων δὲ σοφωτάτου, πᾶσι δὲ κεκοσμημένου καλοῖς, ἐξ ἀνθρώπων, οἴμοι, τήμερον οἰχομένου, καὶ πένθος οἷον ἡμῖν καταλείποντος ἄφόρητον. Ὢ δεινοῦ πάθους, πάντα μὲν θρῆνον νικῶντος, πᾶσαν δ' ἀφανίζοντος συμφοράν, πᾶσαν δ' ἀπαναινομένου παραμυθίαν. Ὢ συμφορᾶς ἀνηκέστου καὶ μετὰ τὴν πεῖραν ἀπιστουμένης. Ὢ τῆς ἡμῶν δυσπραγίας [3], μᾶλλον δὲ κοινῆς τοῦ γένους παντὸς τῶν ἀνθρώπων. Φεῦ τῆς παρὰ πᾶσαν ἐλπίδα κακοδαιμονίας ἡμῶν. Τί ποτε ἄρα τοσοῦτον ἡμεῖς προσκεκρούκαμεν; Τίς δὲ καὶ τοσοῦτον ἡμῖν ἐβάσκηνε δαίμων, ὥσθ' ὑποστῆναι δικαίως τοιαύτην καὶ τοσαύτην ζημίαν [4]; Ὢ νό-

1. Ined. ex eodem cod. Monac. 495. In codice ante μοναχοῦ articulus desideratur, ut apud nos.

2. In cod. suprascriptum τεθει, ut intelligatur ἐπιτεθεικότων.

3. Suprascriptum δυστυχίας.

4. Post ζημίαν addit codex ὑρέξαι, e glossa, ut videtur, pessima, pro ὑποστῆναι.

σου δεινῆς ἐκείνης καὶ χαλεπῆς, ἥ[1] τοσοῦτον ἴσχυσε καθ' ἡμῶν, πάσης μὲν κρείττονος ἀναφανείσης ἐπιμελείας, πᾶσαν δὲ θεραπείαν ἐξελεγξάσης. Ποῦ ποτε ἄρ' ἦσαν βασκάνων ἰατρῶν τότε παῖδες,...αν[2] τοσοῦτον ὅσον πάλαι γύναιόν φασιν Ἀττικόν; Ὢ οἷον ἡμῖν ὑπῆρξε θεάσασθαι· οἵου συνέπεσε πειραθῆναι. Πῶς ἤνεγκεν ὄψις ἰδεῖν τὸ δεινὸν[3] ἐκεῖνο καὶ φρικτὸν θέαμα, καὶ πάσης ἐπέκεινα συμφορᾶς; Πῶς οὐ τῆς εἰωθυίας βάσεως παρετράπησαν πόδες, καὶ πρὸς γῆν τὸ σῶμα τουτὶ κατέῤῥαξαν; Πῶς ὄψις οὐκ ἠλλοιώθη τῇ τοῦ μεγίστου λαμπτῆρος δύσει; Πῶς οὐκ ἐξέστη τοῦ νοεῖν ἡ ψυχὴ, καὶ εἰς στέρησιν οἷον ᾤχετο ἀπιοῦσα, τοῦ ἐνεργείᾳ καταλείψαντος[4] αὐτὴν νοῦ; Οἴχεται, φεῦ, ὦ παρόντες, ὁ τῶν ἀποῤῥήτων πολυπράγμων καὶ θείων, ὁ τῶν ὑψηλῶν οὐρανίων δογμάτων μυσταγωγὸς[5], ὁ πολυχωρότατος καὶ θειότατος νοῦς, ὁ τῆς ὑψηλῆς φιλοσοφίας θεῖος καθηγεμὼν, ὁ πᾶσαν μὲν θείαν σοφίαν σὺν ἐπιστήμῃ, πᾶσαν δὲ ἀνθρωπίνην ἐξητακὼς, καὶ δι' εὐφυΐαν καὶ μνήμην καὶ μεγαλόνοιαν ὑπὲρ φύσιν ταύτην συνειλοχὼς, καὶ ὑπὸ φιλανθρωπίας[6] καὶ εὐσπλαγχνίας τοῦ ποτίμου καὶ θείου νάματος δαψιλῶς τοῖς ἐθέλουσι μεταδιδοὺς ὁσημέραι. Οὐδὲ γὰρ οὐδ' ὁτῳοῦν τῆς ὠφελείας ὤφθη τῶν πάντων βασκῆναι, ὅπερ ὁρῶμεν ὁσημέραι πάσχοντας ἄλλους. Ἔδυ, φεῦ, ὁ διαφανώτατος[7]

1. Cod. ἤ.

2. Cod. παῖδες ἄν, sine lacunæ nota ac sine sensu. Legendum videtur, οἳ ἴσχυσαν τοσοῦτον ὅσον, κ. τ. λ. Et est, uti remur, proverbium de homine inutili, sed nobis hactenus ignotum.

3. Suprascriptum χαλεπόν. — 4. Sic codex, pro καταλιπόντος.

5. Cod. μεταγωγός. Et hic respicere videtur orator ad propriam Plethoni theologiam, quæ in libris de Legibus exponitur.

6. Cod. φιλανθρωπείας.

7. Sic codex.

καὶ λαμπρότατος τῆς οἰκουμένης ἀστὴρ, ὁ πρότερον μὲν τῷ οἰκείῳ κάλλει κοσμῶν τὴν ὑφ' ἥλιον πᾶσαν, νῦν δ' ἀκοσμίαν πᾶσαν καὶ σκότος βαθὺ[1] τῇ δύσει καταχεάμενος. Οὗ τὴν ἐπιστήμην καὶ σοφίαν καὶ ἀρετὴν οὐ μόνον Ἑλλήνων οἱ πειραθέντες, ἀλλά γε καὶ Ῥωμαίων αὐτῶν οἱ κρείττους ὑπερηγάσθησαν· οἵ γε καὶ τοσοῦτον ἐθαύμασαν τὰς ἀναντιῤῥήτους[2] ἀποδείξεις ἐκείνου, μᾶλλον δὲ τοσοῦτον ἐδέησαν δύνασθαι ἀντιβαίνειν, καίτοι καὶ πολλὰ[3] πειραθέντες[4], ὥστε τὸν φίλον τῦφον αὐτῶν καὶ τὴν σύντροφον τότε γοῦν κομψείαν[5] διωσάμενοι πᾶσαν, προκαλινδούμενοι τοῖς σεπτοῖς ἐκείνου ποσὶ, σφᾶς αὐτοὺς πρὸς ἐκεῖνον διαῤῥήδην μηδὲν εἰδότας ὁμολογοῦντες, ἠξίουν τι πυνθάνεσθαι παρ' αὐτοῦ ὧν οὐκ ᾔδεσαν πρώην· οὐδ' ὑπὸ φιλανθρωπίας[6] οὐκ ἀπηξίου καὶ τῆς ὠφελείας σφίσι μεταδιδόναι. Νῦν δ', οἴμοι, σιγῶσα κεῖται[7] ἡ σάλπιγξ ἡ ἔνθεος, ἡ καλλικέλαδος[8] χελιδὼν, ἡ τῶν χαρίτων ἑστία, ἡ φιλοτιμία τῆς φύσεως, ἡ θεσπεσία φύσις καὶ λαμπροτάτη, ὁ τῶν δυστυχεστάτων Ἑλλήνων διαφανώτατος[9] καὶ λαμπρότατος κόσμος, μᾶλλον δὲ τοῦ τῶν ἀνθρώπων γένους κοινῇ, ἡ θαυμασία τοῦ Θεοῦ πρὸς ἀνθρώπους εὐεργεσία, ὁ τῶν ἱερῶν ψυχῶν φωτισμὸς, ὁ πᾶσαν μὲν γνῶσιν, πᾶσαν δὲ σοφίαν, πᾶσαν δὲ ἐπιστήμην ὑπερφυῶς διελθὼν, καὶ διὰ τοῦτο κανὼν καὶ τύπος καὶ σταθμὴ πᾶσιν ἀναδειχθεὶς τῶν καλῶν καὶ τιμίων ἁπάντων, μᾶλλον δὲ (καί μοι μηδεὶς τῶν παρόντων νεμεσῴη τοῦ λόγου, μηδὲν προυργιαίτερον πανταχοῦ ποι-

1. Cod. βαθεῖ. — 2. Cod. ἀναντηρήτους.
3. Suprascr. πολύ. — 4. Cod. πειρασθέντες. — 5. Cod. κομψίαν.
6. Cod. φιλανθρωπείας. — 7. Cod. σιγῶνσα, et suprascr. κεῖται.
8. Cod. καλῃκέλαδος. — 9. Sic codex rursus, ut supra.

ουμένῳ τῆς ἱερᾶς ἀληθείας, ἐπεὶ μὴ οὐχ ὅσιον ἤ ὁτιοῦν τῶν πάντων ἐκείνης ὑπερτιθέναι) ὅσην ὑπ' ἀγαθότητος ἡ τοῦ Θεοῦ σοφία πεποίηκεν ἢ παρήγαγε[1] κτίσιν, νοητήν τε καὶ αἰσθητὴν, ταύτην ὁ μέγας οὗτος ἐξηταχὼς πᾶσαν μετὰ Θεοῦ καὶ ἀναλαβὼν, ἐπιστήμην θείαν καὶ ἀνθρωπίνην μόνος συνείληφε[2], καὶ πάνθ' ὅσα πάντες ᾔδεσαν ἐν τῷ μέρει συνειλοχὼς ὑπὲρ πάντας, ἔργον τι θεῖον καὶ τελεώτατον καὶ τῆς ἀπείρου τοῦ Θεοῦ σοφίας ἄξιον ἑαυτὸν ἀποδέδειχεν. Ὅταν γὰρ ὁ Θεὸς εὐγνώμονος ψυχῆς καὶ βίου θεοειδοῦς ἐπιλάβηται, καὶ τῶν ὑπὲρ φύσιν χαρίτων θησαυρὸν καὶ ταμεῖον[3] ἑαυτὸν ἀποδείκνυσι. Παῦλος μὲν οὖν, ὁ θεῖος μυσταγωγὸς καὶ τῶν ἀποῤῥήτων τὴν γνῶσιν ἀξιωθεὶς, τῇ τῶν κτισμάτων φησὶ θεωρίᾳ καὶ καλλονῇ πρὸς τὴν τοῦ νοητοῦ Θεοῦ θεωρίαν ἤτοι κατάληψιν τὸν ἀνθρώπινον, ὅσον ἔξεστι[4], προβιβάζεσθαι νοῦν, μονονουχὶ ταῦτα τῷ θειοτάτῳ Δαβὶδ φθεγγόμενος· οὐρανὸν γάρ φησι κἀκεῖνος δόξαν διηγούμενον τοῦ Θεοῦ. Ἀλλ' αὕτη μὲν ἡ θεωρία καὶ κατανόησις ἐναριθμήτων δήπου τινῶν, καὶ μάλιστα τῶν τὰς αἰσθήσεις παραλλαξάντων[5], ἤτοι τὴν περὶ[6] αἰσθητὰ πλάνην, ἐστὶ, καὶ τῆς θαυμαστῆς κατὰ νοῦν ἐνεργείας ἀξιωθέντων. Ὁ δὲ θεσπέσιος οὗτος καὶ μέγας καθηγεμὼν, οὐ μόνον τῷ οἰκείῳ κάλλει καὶ κόσμῳ τῆς ἀρετῆς πάντας ἐνῆγε πρὸς δόξαν τοῦ ὑπερουρανίου Θεοῦ, ἐφ' ᾧ καὶ Πλάτων[7] ὁ μέγας φησὶ τῇ κεφαλῇ τοὺς ὀφθαλμοὺς ἀναφθῆναι, ἀλλὰ καὶ διὰ τὴν τοῦ ἡμετέρου νοῦ συγγένειαν πρὸς τὰ νοητὰ πολλῷ ῥᾶον

1. Cod. παρήγαγεν. — 2. Cod. συνείληφεν. — 3. Sic codex, non ταμιεῖον. — 4. Cod. ἔξεστιν.
5. Cod. παραλαξάντων. — 6. Cod. τὴν ἐκ περὶ αἰσθ.
7. Cod. Πλ. per compendium.

ἐκείνων καὶ βέλτιον τοὺς αἱρουμένους πρὸς νοητὸν παρέπεμπε κάλλος, οἱονεὶ χεῖρα ὀρέγων αὐταῖς[1] πανταχοῦ, ὡς οὐ κενὸν ἐκείνων παρεπομένων καὶ τῆς οἰκείας[2]... ὃ δὴ τέλος ἐστὶ τῆς ἀνθρωπίνης ζωῆς, καὶ πρὸς ἣν πᾶσα ἔφεσις τείνει, καὶ ἧς ὁ νοῦς ἐπιλαβόμενος ὁ ἀνθρώπινος, τῆς μακρᾶς πλάνης ἀπαλλαγεὶς, παύεται πολυπραγμονῶν περαιτέρω. Οὕτω δὲ πάντων καλῶν καὶ τιμίων θησαυρὸν ἑαυτὸν ἀποδεδειχὼς[3] καὶ θεοείκελον οἷον κοσμιότητος καὶ θειότητος[4]... προσειπεῖν, ἤγουν ἐγγὺς ἐλθεῖν τῆς ἀξίας. Καὶ ταῦθ' οὕτω συγκεχυμένος ὡς ὁ ἐμὸς ἤδη[5], καὶ οἷον ἀπολιθωθεὶς τῇ τοῦ δεινοῦ χαλεπότητι, καί τινος δήπου καὶ αὐτὸς παραμυθίας δεόμενος, ὅπου γε πάντας, εἰ οἷόν τ' ἦν, εἰς ταὐτὸν συνελθεῖν καὶ κοινῇ συγκροτῆσαι τὴν εὐφημίαν, οὐδ' οὕτως ἂν τοῦ παντὸς ἐφικέσθαι λογίζομαι. Ὅμηρος μὲν οὖν τὸ τῶν Ἀχαιῶν πλῆθος ἐπὶ τὸ μεῖζον κοσμῶν, ᾗ φιλεῖ ποιεῖν τὸ τῶν ποιητῶν φῦλον, μόνος ἂν τὰς[6] Μούσας ἐξαριθμῆσαί φησιν, ἅτε μηδὲ δέκα δυνηθέντων[7] γλωσσῶν πρὸς τοσοῦτον ἔργον ἀρκέσαι, ἴσως ἀριθμοῦ μηδὲν ξυνιέντων, ὥσπερ Ἕλληνες εἶχον πρὶν σφίσι ξυγγενέσθαι τὸν αὐτομαθῆ Παλαμήδην[8], οἵ γε μηδὲν ἐπαΐοντες τοῦ ἀριθμοῦ πέρι,

1. Cod. αὐτῆς.

2. Lacuna in codice non apparet, subest tamen, in qua latere suspicamur vocem εὐδαιμονίας. Eaque sententia, de felicitate hominibus usque, tanquam præcipuo fine, proposita, sæpe recurrit apud Plethonem de Legibus, pag. 16, etc.

3. Cod. ἀποδεδειχότα. — 4. Lacunam quivis subodoratur.

5. Suppl. νοῦς, quod in lacuna fortasse delituit.

6. Cod. μόνας αὐτάς. — 7. Sic cod. pro δυνηθεισῶν ἄν, et sic infra ξυνιέντων, utrumque solœce.

8. Post Παλαμήδην intrusæ sunt codici duæ voces, οἵ γε πόδας, e sequentibus huc illatæ.

οὐδ' ὅσους εἶχον ᾔδεσαν πόδας, ἐπεὶ καὶ μόνη μία[1] εἰδυῖα πρὸς πολλοὺς τοσούτους στρατοὺς ἂν ἤρκεσεν[2]. Τοῦ δὲ μεγάλου τούτου πρὸς εὐφημίαν οὐ Μοῦσαι καί τινες φλυαρίαι, ἀλλὰ τίς ἂν νοῦς ἤρκεσε χωριστός; Νῦν δ' ἔδει Πλάτωνος δήπου ἢ Θουκυδίδου ἢ Ξενοφῶντος καὶ τῶν κατ' ἐκείνους σοφῶν τὸν ἑαυτῶν[3] ἀξίως ὁπωςοῦν ἐραστὴν ἐπαινέσαι[4], μᾶλλον δὲ καθηγεμόνα, εἰ μή τῳ[5] δυσχερὴς ὁ λόγος ἐστὶ, καὶ διδάσκαλον. Οὐδὲ γὰρ ἄν, εἰ συνέβαινεν ἀλλήλους ἰδεῖν (γνώμης γὰρ οὕτως ἔχων τυγχάνω), τῷ μεγάλῳ τῶν πρωτείων ἠμφισβήτησαν[6] πέρι, ἀλλὰ κἀκεῖνοι τὸν οἰκεῖον ἐπιγνόντες καθηγεμόνα, ὡς εἰκὸς ἂν αὐτῷ παρεῖχον[7] τὸ συγκεχωρηκὸς πανταχοῦ. Ἐπεὶ κἀκείνους, εἰ μὴ τοῖς ὄμμασι, τῇ γοῦν καταλελειμμένῃ περὶ αὐτῶν ἱστορίᾳ ἴσμεν ὁποῖοί τινες ἐγένοντο. Ἐγὼ δὲ τὴν μὲν πᾶσαν σοφίαν κατ' ἐκείνους τὸν μέγαν, μᾶλλον δ' ὑπὲρ ἐκείνους ἄντικρυς ἰσχυρίζομαι γεγονέναι· τὴν δ' ἀρετὴν οὐχ ὅπως ὁμοίους[8] ἐκείνῳ γενέσθαι, ἀλλ' οὐδ' ἐγγὺς ἐλθεῖν· ἀτεχνῶς παῖδες γὰρ ἂν φανεῖεν παραβαλλόμενοι πρὸς τὴν ἐκείνου θειότητα. Ἐκείνους τοίνυν ἐάσας χαίρειν, ὡς ἂν μὴ τούτοις παραβάλλων καθυβρίσω τὸν ἄνδρα, Βασιλείῳ καὶ Χρυσοστόμῳ, εἰ δὲ βούλει καὶ Γρηγορίῳ, τοῖς ἱεροῖς ἡμῶν καὶ θείοις πατράσι, καὶ τοῖς κατ' ἐκείνους τὴν ἀρετὴν (θαῤῥῶ γὰρ λέγων ταυτὶ), παρεικάσας[9] τὸν μέγαν, οὐκ ἂν διαμάρτοιμι τοῦ προσήκοντος. Ἐπεὶ κἀκείνοις[10] ἂν εἰ συνέβαινε[11] προστυχέσι τῷ μεγάλῳ γενέσθαι (καί μοι μηδεὶς ταυτὶ λέγοντι νεμεσήσειε), οἰκεῖον ἂν ᾠήθησαν καὶ μέγιστον κόσμον τῆς συμ-

1. Suppl. γλῶσσα. — 2. Cod. ἀνήκεσε. — 3. Cod. τὸ ἑαυτόν.
4. Cod. ἐπένεσαν. — 5. Cod. μήτω, una voce, quod æque valet.
6. Cod. ἠμφισβήτησεν. — 7. Cod. παρεῖχε. — 8. Cod. ὁμοίως.
9. Cod. παρεικάσαι. — 10. Cod. κἀκείνους. — 11. Cod. συνέβαινεν.

μορίας σφίσι συγκαταλεχθῆναι κἀκεῖνον, κἂν ἀπώναντο[1] ὑπ' αὐτοῦ, ὅσα γε εἰς σοφίαν καὶ γνῶσιν καὶ ἐπιστήμην. Οὐδὲ γὰρ οὐδ' ἴσον ἐστὶν ἀποῤῥαγέντας[2] τοῦ κόσμου καὶ ζῶντας ὑπὸ Θεῷ σπουδαίους ἀναφανῆναι, καὶ ἐν θορύβοις τινὰ καὶ πόλεσιν αὐλιζόμενον τὴν τελεωτάτην[3] ἐπιδεδειχέναι φιλοσοφίαν. Οὔκουν[4] οὐκ ἀπελείφθη τῆς ἀρετῆς ἐκείνων καὶ κοσμιότητος, οὐδ' ἠμβλύνθη τῇ ὕλῃ, ἣ[5] τὸν ἀνθρώπινον βίον δίκην μολιβδίου[6] πέφυκε κατασπᾷν· ἀλλὰ τοῖς νοητοῖς ἔτ' ἐν σώματι, τῷ χαλεπῷ φορτίῳ καὶ σήματι[7], καὶ τῇ ἐκείνων ἐνευπαθῶν θεωρίᾳ τὸν τῇδε πάντα διετέλεσε χρόνον, τῇ τοῦ συνδήσαντος[8] αἰδοῖ τὰ πολλὰ παρέχων καὶ τούτῳ (ὢ τῆς κοινῆς ζημίας, ὢ ζωῆς τῆς ὑπερφυοῦς ἐκείνης), οὔκουν τὰ τέρποντά γε καὶ ἥδοντα, ἀλλὰ τὰ συνέχοντα μόνον, ὡς ἂν εὐπειθῶς καὶ εὐηνίως τῷ λόγῳ ἑπόμενον μὴ δι' ὄχλου αὐτῷ γένοιτο πρὸς φιλοσοφίαν. Κἀντεῦθεν αὐτὸ καθάπαξ ὑποτάξας τῷ λόγῳ, καὶ τὴν τῶν αἰσθητηρίων, εἴπερ τις ἄλλος, ἀρχὴν εἰληφὼς, ὃς δὴ μέγιστος ἀγώνων ἐστὶ, καὶ οὗ χωρὶς σχεδὸν ἀμήχανον ὁπωσοῦν τῷ νοητῷ Θεῷ συναφθῆναι, θεῖόν τι τέμενος ὤφθη καὶ τῆς τοῦ Θεοῦ σοφίας ἐπάξιον. Μᾶλλον δὲ, ὥσπερ ἐν τῇ κατὰ νοῦν ἐνεργείᾳ παράμιλλος ὤφθη, οὕτω δήπου κἀν τῇ διαίτῃ μικροῦ τῆς αὐταρκείας[9] ἡμιλλήθη γε τοῖς ἀγγέλοις. Καὶ γὰρ οὗτος ἀγγέλων ἤσθι' ἄρτον, ὅντινα δὴ τὸν ἄρτον τοῦτον ὑποληπτέον, οἶμαι δὲ τὴν τῶν νοητῶν θεωρίαν καὶ τὴν τῶν[10] Θεοῦ κτισμά-

1. Cod. ἀπώναιντο. — 2. Cod. ἀποραγέντας. — 3. Cod. τελειωτάτην.
4. Cod. οὔκουν, sicut nos, et hoc accentu.
5. Cod. ἡ, sine accentu. — 6. Cod. μολιβδίους (sic).
7. Alludit ad proverbium σῶμα σῆμα, corpus sepulcrum.
8. Cod. συνδείσαντος. — 9. Cod. αὐταρκίας.
10. Cod. καὶ τὴν τοῦ Θ.

των κατάληψιν. Σωφροσύνης μὲν οὖν τοσοῦτον ἐμέλησε[1] τῷ μεγάλῳ, ὥστε κἂν τῷ Βελλεροφῶντι, εἰ δὲ βούλει, τῷ Ἰωσὴφ ταύτης ἠμφισβήτησε[2] πέρι· τοῖς γε μὴν ἄλλοις ἅπασιν ἀτεχνῶς πολλῷ κἀκείνων ὑπερεῖχε παραβαλλόμενος. Τίς γὰρ τοσοῦτον τῶν τ'[3] ἄλλων ἡδονῶν[4] ἦρξε καὶ τῶν βιαιοτάτων, μᾶλλον ἐκείνου; Τίς δ' οὕτως ἁπάσης ὑπερεῖδε σωματικῆς θεραπείας, οὕτω γένους ἔχων καὶ ταῦτα καὶ σχήματος καὶ λαμπρότητος, ὥστε[5] γοῦν τῶν πολλῶν διαφέρειν, ὡς ὁ γενναῖος ἐκεῖνος καὶ μέγας; Τίς δὲ τοσοῦτον ὑπερεῖδε τιμῆς καὶ δόξης κενῆς, καὶ παντὸς ὤφθη λήμματος κρείττων, καί τοι καὶ πολλὰ διδόντων ἐνίων, καὶ λαβεῖν αὐτοῦ δεομένων πολλάκις, ὡς ἡ θεία ἐκείνη καὶ μεγαλοπρεπεστάτη ψυχή; Ἣν εἴ τις εἴποι[6] τύπον ἁπάντων τῶν νοητῶν, μᾶλλον δ' ἀκριβεστάτην εἰκόνα, οὐκ ἂν ἁμάρτοι τῆς ἀληθείας. Οἱονεὶ γὰρ οὗτος εἰκὼν ἐφάνη νοητοῦ τε καὶ αἰσθητοῦ διακόσμου. Πλάτων μὲν οὖν φησι τὸν Θεὸν ἐπ' ὠφελείᾳ τῇ τῶν [σοφῶν][7] παράδειγμα πάντων καλῶν ἑαυτὸν προυθηκέναι[8]· οὗτος δ' εἰκὼν ἐκείνου, ὅσα γε ἐν ἀνθρώποις, μόνος ἀτεχνῶς ἀνεφάνη. Ἆρ' οὖν σωφροσύνης μὲν οὕτως ἐμέλησε τῷ μεγάλῳ, ἀνδρείας δ' ἐνέδει τἀνδρί; Ἢ δικαιοσύνης μὲν[9] ἀντείχετο, φρονήσεως δ' οὑτινοσοῦν ἧττον ἔχων ἐτύγχανε; Πολλοῦ γε καὶ δεῖ. Ἀλλ' ἀνδρείας μὲν τοσοῦτον περιῆν τῷ μεγάλῳ, ὥστ' οὐ μόνον πρᾴως εἶχε[10] πρός γε

1. Cod. ἐμελεσε. — 2. Cod. ἀμφισβήτησε. — 3. Cod. τ' omittit.
4. Cod. ἡδονῆς, ac deinde ἦρξεν ἢ τῶν. — 5. Cod. ὡς δὲ γοῦν.
6. Cod. εἰπών, unde suspiceris legendum prius fuisse ἥν τις vel ἣν ἄν τις, sine εἰ. — 7. Cod. τῶν σ. vacuo relicto spatio.
8. Sic cod. barbare quum expectasses προτεθεικέναι vel προθεῖναι.
9. Post μὲν, additum est manu recentiore οὐκ, absque sensu.
10. Cod. πρᾴως εἶ (sic), non εἶχε.

τὰς παρ' ἐνίων γιγνομένας δυσκολίας καὶ δυσχερείας[1], σπανιώτατα συμβαινούσας καὶ ταύτας, ἄλλων καὶ τούτων ὑπαρχόντων αὐτῷ, οὐκ αὐτὸς ὅλως ἄρχων διαφορᾶς, (οὐδὲ γὰρ οὐδ' ἐστὶ τούτων συνδιαιτώμενον ἀνθρώποις τινὰ παντελῶς ἀπηλλάχθαι)[2], ἀλλὰ καὶ πρὸς τὰς ἐπ' ὠφελείᾳ παρὰ τοῦ θείου καὶ τὸ ὅλον τουτὶ διατάττοντος πεμπομένας ἐνιότε συμφορὰς παντὸς μᾶλλον ἐμψύχως εἶχεν, ὅπου γε καὶ κάμνων ὁ μέγας καὶ τὰ λοίσθια[3] πνείων[4], οὐκ αὐτὸς ἐδόκει κάμνων, ἀλλ' ἄλλῳ τῳ[5] τοῖς πᾶσι[6] ἐῴκει, εἴ τῳ[7] τοῦτο τεκμήριον ἐναργὲς ἀνδρείας καὶ εὐψυχίας εἶναι δοκεῖ· ᾗ δὴ καὶ συναπῆλθε[8] λαμπρῶς, λιπὼν ἡμᾶς ἐν ὀρφανίᾳ τοιαύτῃ καὶ θλίψει· φεῦ τῆς ἡμῶν κακοδαιμονίας. Ἀλλ' ἀνδρείας μὲν οὕτως ἐμέλησε τῷ μεγάλῳ, δικαιοσύνης δὲ οὐκ ἀντείχετο, ἤγουν ὁπωσοῦν ὀλιγωρήσας ἐφάνη; Ὅπερ οὐ ῥᾴδιον[9] ἐν ἀνθρώποις εὑρεῖν· σχεδὸν γὰρ πάντας βουληθεὶς ἄν τις ἴδοι οὐ λόγον ἤδη ποιουμένους τοῦ ἴσου, ἀλλ' ἀτεχνῶς ἐφιεμένους τοῦ πλείονος παραπολαύειν ἁπανταχοῦ, ὡς δὴ τοῦτ' ἐνὸν ἡμῖν κατὰ φύσιν, τοῦ δ' ἴσου διά τε τὴν τῶν πολλῶν δόξαν καὶ τὴν ἐπηρτημένην ἀνάγκην πᾶσι τοῦ νόμου, ἐξ ἀνάγκης ἀντέχεσθαι. Ἀλλ' ἐνταῦθα καὶ μάλιστα λῆρος ἡμῖν φανεῖεν Αἰακὸς καὶ Ῥαδάμανθυς[10], εἰ δὲ βούλει, καὶ Μίνως[11] αὐτὸς, οἱ δικασταὶ τῶν τῇδε, βεβιωμένων, τῇ τοῦ ἀνδρὸς ὑπερφυεῖ δικαιοσύνῃ παρα-

1. Cod. δυσχερίας.

2. Cod. ἀπηλάχθαι. — 3. Cod. λισθια — 4. Utrum πνέων legendum, an hoc πνείων, ut λοίσθια, poetice scriptum est?

5. Cod. ἀλώτω. — 6. Sic cod. τοῖς πᾶσι, videlicet pro παντάπασι, ut paulo infra

7 Ibi man rec. εἶτα τούτῳ, sed male. — 8. Cod. συναπῆλθεν.

9. Cod. οὐ ῥα. tanquam ex aliquo scripturæ compendio.

10. Cod. ῥαδαμανθις. — 11. Cod. μῖνος.

βαλλόμενοι. Τὸν μὲν οὖν Λυσιμάχου παῖδά φασιν Ἀριστείδην τῇ τῶν φόρων ἀρίστῃ διανομῇ μέγιστον ἐπὶ δικαιοσύνῃ παρὰ πᾶσι τοῖς Ἕλλησιν ἀναδήσασθαι κλέος. Οὗτος δ' οὐχ ἅπαξ, ὥσπερ ἐκεῖνος, ἀλλὰ πᾶσι διὰ βίου νέμων τὰ δίκαια, πολλῷ κἀκεῖνον ὑπερῆρε τοῖς πᾶσιν. Ὅς γε καὶ προστάτης ἀναφανεὶς ἐπὶ χρόνον συχνὸν τῶν πατρῴων καὶ κοινῶν νόμων, ἐπὶ τῇ ὠφελείᾳ τῶν ἄλλων πολλάκις ὠλιγώρει[1] καὶ τῶν οἰκείων, Πλάτωνι κἀν τούτῳ πειθόμενος· ὃς οὐχ ὅπως τοὺς βελτίστους τῶν ἀρχόντων οὑτινοσοῦν ἐκ τῆς ἀρχῆς ἀπόνασθαι[2] ἀξιοῖ, ἀλλ' ἤδη καὶ ζημίαν αὐτοῖς ἐπικεῖσθαί φησι[3], παριοῦσιν ἐπὶ τὸ ἄρχειν, ζημίαν ἄντικρυς φάσκων, τό τε μὴ ἀξιοῦντας ἄρχειν[4], καὶ τὸ[5] τῆς ὠφελείας ἀντέχεσθαι βούλεσθαι μάλιστα τοῦ κοινοῦ, μὴ πάνυ τι κήδεσθαι τῶν οἰκείων. Τίς οὖν ἐκείνου μᾶλλον ὁσιώτερος ἐπὶ τοῖς πρὸς τὸ θεῖον ἐφάνη; Τίς δὲ διαιτητὴς ἀμείνων ἢ βελτίων ἐν τοῖς κοινοῖς, ἤγουν πρὸς τὰ ἰδιωτικὰ χρηστότερος; Ὃς ὑπὸ φιλανθρωπίας[6] οὐδ' ἐῴκει διαιτητῇ, προστάτης ὢν καὶ ταῦτα τοῦ τῶν Ἑλλήνων μεγίστου δικαστηρίου, ἀλλὰ κοινῷ προστάτῃ καὶ κηδεμόνι, ἐπικούρῳ[7] τε καὶ πατρὶ, χεῖρα βοηθείας ἀδικουμένοις ὀρέγοντι, χήραις ἐπαρκοῦντι πολλάκις, ἐνδεέσιν[8] ἐπικαιροῦντι, πᾶσιν ἑξῆς ἐκ τῶν ἐνόντων ἀμύνοντι[9], δεσποτικὴν κἀν τούτῳ πληρῶν

1. Cod. ὀλιγώρει. — 2. Cod. ἀπώνασθαι. — 3. Cod. φησίν.
4. Post ἄρχειν addit. gloss. ἐπὶ μισθῷ, ex inepta videlicet glossa, quum nihil tale sit apud Platonem, Rep. I, pag. 343.
5. Cod. καὶ τῷ (sic).
6. Cod. φιλανθρωπείας.
7. Cod. ἐπικουρίαν. — 8. Cod. ἐνδεέσι: notanda deinde rarissima vox ac prope dubia ἐπικαιροῦντι, pro qua suspiceris ἐπικουροῦντι.
9. Cod. ἀμείνοντι.

ἐντολήν, ἣ κελεύει τοὺς ἀνθρώπους οἰκτίρμονας γίγνεσθαι, ὡς ἂν ὁπωσοῦν ὁμοιοῖντο ὃν καλοῦσι σφίσι πατέρα. Ἀλλὰ τούτων μὲν οὕτως ἀντείχετο (ὢ συμφορᾶς ἀνυποίστου, ὢ ζημίας ἐσχάτης), φρονήσεως δ' ἧττον μετεῖχεν οὑτινοσοῦν; Ἀλλ' ἐνταῦθα καὶ μάλιστα πάντας ὑπερῆρε παραπολὺ, οὐ μόνον ἐπὶ τοῖς οὖσιν ἀεὶ καὶ θείοις, ὃ δὴ φρονήσεως μόριον μέγιστον ὂν[1] τυγχάνει, ἀλλὰ κἀν τοῖς φύσει καταγιγνομένοις[2], ἀνθρωπείοις καὶ ἡμετέροις αὐτοῖς, οὐχ ὅπως ἡττητό του[3] πάντων, ἀλλὰ κἀνταῦθα φύσει χρησάμενος θείᾳ, ἐξῆς πάντας ὑπερηκόντισε. Τίς γὰρ ἐκείνου βέλτιον τοῖς ἀποῤῥήτοις ἐπέβαλεν[4] ἢ τῇ τούτων ἐνεβάτευσε θεωρίᾳ; Ὃς τοὺς τῶν ὄντων λόγους ἐξηταχὼς καὶ τυχὼν τῆς ἐφέσεως[5] μεγαλονοίᾳ καὶ ὕψει φύσεως, τῶν πρὶν ἠπορημένων[6] τὴν γνῶσιν, φιλανθρωπίᾳ[7] χρησάμενος, ἐγνώρισε τοῖς ἀνθρώποις, τῆς δ' ἁπάσης σοφίας τοσοῦτον μετέσχεν[8], ὡς γενέσθαι μᾶλλον τοῖς ἄλλοις παράδειγμα, καὶ οἷον εἰπεῖν, πάντων αὐτεπιστήμην, ὡς μᾶλλον νοῦν δοκεῖν χωριστὸν ἢ ψυχὴν ὀχήματι τῷ[9] σώματι κεχρημένην. Τίς δέ ποτε τῶν ἁπάντων γέγονε χαριέστερος περί τε φύσιν καὶ ἱστορίαν παντοίαν καὶ πολιτικὴν ἐπιστήμην ἐκείνου; Τῆς μὲν οὖν Σολομῶντός φασι σοφίας ἄνθρωπον ἐρασθεῖσάν τινα, ἐξ ὑπερορίας[10] ἀπαντῆσαί ποθεν, ἣν τῆς ἐλπί-

1. Codex ὃν, ac paulo post κἂν. — 2. Cod. καὶ γιγν.
3. Cod. τω, id est, τῷ.
4. Cod. ἀπέβαλε, et man. rec. ἀπέλαβε, sed leg. ἐπέβαλεν, monente doct. Jahn. — 5. Codex ἀφέσεως, sed. man. rec. ἐφ. optime.
6. Cod. ἠπορρημένων. — 7. Cod. φιλανθρωπεία.
8. Cod. τοῦτον μετέσχε.
9. Cod. καὶ, ubi nos τῷ, quæ vocula in ipso codice, sed manu recentiori, suprascripta legitur.
10. Cod. ἐξυπερερίας (sic).

δος μὴ ψευσαμένην ἐκτόπως ἀγάσασθαι τῆς σοφίας τὸν Σολομῶντα. Τουτονὶ δὲ τὸν μέγαν οὐ γυναῖκες ἰδεῖν ἠπάντησαν, ἀλλ' ἄνδρες πολλάκις ἐπίτηδες δεινοὶ καὶ σοφοὶ, ἐξ αὐτῶν καὶ ταῦτα τῶν τῆς οἰκουμένης περάτων· οἳ καὶ τὸν ἄνδρα πάνυ θαυμάσαντες τῆς σοφίας, ἔτι μᾶλλον ἡμῖν ἐγνώρισαν, οὐδέ γε πρώην εἰ καὶ τοῖς πολλοῖς [1] παντάπασιν ἀγνοούμενον. Τὸν μὲν οὖν αὐτομαθῆ Παλαμήδην καὶ γεγυμνασμένον σοφίαν ἐπὶ Τροίαν φασὶν ἐλάσαντα, πρῶτον ὥρας τε καὶ μηνῶν ἀριθμόν [2] τε καὶ πεττοὺς τοῖς Ἀχαιοῖς χαριζόμενον ἐξευρεῖν. Ὁ δ' οὐχὶ πεττοὺς ἐξεῦρε καὶ ὥρας, τυχόν τι πρᾶγμα καὶ φαῦλον, ἀλλὰ σοφίαν τὴν μὲν ἐξεῦρε, τὴν δ' ἀνεπλήρωσεν ἐλλιπῶς [3] εὑρημένην· καὶ τοῖς αἱρουμένοις ὁδὸν ῥάστην ἔτεμεν ἐπιστήμης, τὴν δὲ καὶ φαύλην οὖσαν ἐνίους [4] μὲν λανθάνουσαν ἀληθέστατα καὶ σοφώτατα ἐξελέγξας, πλάνης ὅτι πλείστης τὸ τῶν ἀνθρώπων γένος ἀπήλλαξε. Μαρτυροῦσι [5] τοῖς εἰρημένοις τὰ σοφώτατα καὶ λαμπρότατα τῆς μακαρίας ἐκείνης καὶ θείας ψυχῆς συγγράμματα, οἷς ἄν τις θαῤῥῶν ἕπηται [6] πανταχοῦ, τῆς ἱερᾶς ἀληθείας οὐκ ἂν ἁμάρτοι. Οἱονεὶ γὰρ τύπος φιλοσοφίας εἰσὶ καὶ δογμάτων ἀκριβείας τοῖς μετιοῦσιν. Ἀλλ' ὢ τῆς κοινῆς δυστυχίας, μᾶλλον δὲ ἰδίας ἐμῆς, ὢ πικρᾶς ὀρφανίας, ὢ βασκάνου τύχης καὶ πονηρᾶς· ὃν ἐτύγχανον ἔχων μόνην ψυχαγωγίαν, μόνην ἐν ἀλλοδαπῇ διατρίβων παραμυθίαν, ὀφθαλμὸν νοητὸν, φῶς τῆς ἐμῆς ἀθλίας ψυχῆς, καθηγεμόνα θειότατον, μᾶλλον δὲ προστάτην καὶ κηδεμόνα, ἐφ' ᾧ καὶ μόνῳ τὰς τῆς

1. Intricata et male interversa verba, nec tamen mutanda.

2. Cod. ἀριθμῶν. — 3. Cod. ἐλλειπῶς. — 4. Cod. ἐνίου, et postea μὲν, ut nos, quamvis supervacuum. — 5. Cod. μαρτυρίουσι.

6. In cod. ad ἕπηται suprascriptum οι, ut intelligas, ἕποιτο, male.

ἐμῆς ἐσάλευον ὠφελείας ἐλπίδας, οὐ ταῖς χρυσέαις[1] πτέρυξι τῆς σοφίας ὡς νεοττὸς ἐπετάμην, καὶ τοῖς ἀδαμαντίνοις λόγοις ἐκείνου, μᾶλλον δ' οὐρανίοις καθοπλιζόμενος, τοῖς τῶν ἄλλων σοφιστῶν λόγοις μηδέποτε περιτραπήσεσθαι πεποιθὼς, τοὐμὸν ἐγκαλλώπισμα, τὴν εὐδαιμονίαν, τὸ κλέος, τοῦτον, φεῦ, ἀφήρημαι παρ' ἐλπίδα. Τίς ἄν μοι δοίη πηγὰς δακρύων καὶ τόνον[2] πένθει προσήκοντα, ὡς ἂν τὴν ἐμὴν ἀπολοφύρωμαι δυστυχίαν; Ἀλλὰ γὰρ ἔλαθον, ὦ[3] παρόντες, οὑτωσὶ παντάπασιν ἐμαυτὸν τοῖς ὀδυρμοῖς καὶ θρήνοις ἐκδοὺς, δέον ὂν εὐπαραμυθήτως ἔχειν κἂν τῇ[4] ἐκείνου ἀποδημίᾳ. Οὐδὲ γὰρ, οὐδ' ἔστιν ὁ θάνατος οὑτοσὶ ὅλως ἀπαλλαγὴ τοῦ παντὸς, ἀλλ' ἀποδημία τις τοῦ βελτίονος ἡμῶν μέρους πρός τινα τόπον θεῖον καὶ νοητὸν, καὶ τοῦ ἐνταῦθα πολλῷ θειότερόν τε καὶ κρείττω. Οὐδὲ γὰρ οὐδ' ὑφίσταται φθορὰν ἢ σκεδασμὸν ἡμῶν ἡ ψυχή. Πονηρὸν γὰρ τουτὶ τὸ δόγμα, καὶ τῆς τοῦ Θεοῦ μεγίστης σοφίας καὶ πρὸς ἡμᾶς ἐννοίας ἀῤῥήτου τὸ παράπαν ἀνάξιον. Εἰκῇ γὰρ ἂν τὸ τῶν ἀνθρώπων ἀρετῆς ἀντείχετο γένος, καὶ μυστηρίων φρικτῶν καὶ ἀποῤῥήτων ἀπολελαύκει, καὶ τῆς ὑπερφυοῦς τοῦ κρείττονος οἰκονομίας ἠξίωτο· εἰκῇ δὲ καὶ ναοὺς ἱδρύεται, καὶ λατρείαις τελεταῖς τε καὶ προσκυνήσεσι καὶ πᾶσι τοῖς τοιούτοις ἐπιχειρεῖ. Ἀλλὰ τὸ μὲν σῶμα τουτὶ πάντη σκεδαστόν ἐστι καὶ φθαρτὸν, ἐπεὶ καὶ σύνθετον ἤδη· σύνθεσις δὲ ἀρχὴ διαλύσεως. Τήν γε μὴν ψυχὴν ἀσώματον οὖσαν καὶ ἁπλῆν πάντως, οὐκ[5] εἰκός ἐστιν ἐνέχεσθαι τῇ φθορᾷ. Οὐδὲ γὰρ, εἰ σῶμα

1. Cod. τοῖς χρυσέοις, solœce; sed et pro χρυσέαις magis atticum esset χρυσαῖς.

2. Cod. τόπον, ubi nos τόνον. — 3. Sic in codice ὦ, non ὢ.

4. Cod. κἂν τε.

5. Cod. οὐχ, aspere, sed vitio sane librarii.

ὑπῆρχε, διὰ σώματος ἂν ἐχώρει, ἐπεὶ χωρῆσαι διὰ σώματος σῶμα καὶ τῶν παντελῶς ἀμηχάνων ὑπερβαίνει τὴν φύσιν. Ἔπειτα καὶ τεμνομένου [1] τοῦ σώματος, μετεῖχεν ἂν κἀκείνη τοῦ πάθους. Προσῆν δ' αὐτῇ καὶ μέγεθος δήπου, καὶ τόνδ' [2] ἐκείνου ψυχὴν ἔχειν μείζω συνέβαινεν, ὅπερ οὐ μόνον ἐλέγχει φιλοσοφία, ἀλλὰ δὴ καὶ ἡ παρὰ τοῖς πολλοῖς δόξα κεκρατηκυῖα. Οὐδὲ γάρ, εἰ τοῦθ' οὕτως εἶχεν, ἐπιστήμην ἄν τις εἶχε τῶν πάντων, ἀλλ' αἴσθησιν μόνην ὧν ἔχει νῦν ἐπιστήμην. Μόνης γάρ ἐστι τῆς ψυχῆς τὸ καθόλου ὅ τ' ἀριθμός, καὶ τὸ ἄπειρον, ὑφ' οὗπερ ἐπιστήμη καὶ εἶδος τὴν ἀρχὴν εἰληφάτην [3]. Μάτην δ' ἂν οὕτως καὶ τῇ τῶν ὄντων ἐφήδετο θεωρίᾳ, καὶ τοὺς τῶν κρειττόνων γενῶν αὐτῆς ἐπεχείρει λόγους ζητεῖν. Τούτων πολλάκις ἀποσπωμένη, ὥσπερ προσηκόντων [4] ἀγανακτεῖ, καὶ τοῖς προσισταμένοις ἀπεχθάνεται πάνυ. Ἀλλὰ μὴν οὐκ ἂν ἐζήτει, εἰ μὴ συγγενὴς ἐκείνων ὑπῆρχε. Συγγενὴς δ' οὖσα [5], τίς μηχανὴ μὴ καὶ θανάτου πεῖραν παντὸς αὐτὴν ὑπερκεῖσθαι; Ἐπεὶ κἀκεῖνα φθορᾶς ἀνώτερα, καὶ πάσης ὑπέρκειται ἀλλοιώσεως, οἷς αὐτὴ συγγενής· τοῦτο γὰρ οὐδεὶς ἀντερεῖ, οὐδ' οἱ πολλοὶ τῶν ἀνθρώπων. Ἀνάλογον οὖν ἔχειν φασὶν οἱ σοφοὶ οὐσίαν τε ἔργοις καὶ οὐσίαις αὖ ἔργα. Εἰ τοίνυν κοινωνεῖ τῶν ἔργων τοῖς κρείττοσι γένεσιν ἡ ψυχή, ἀνάγκη δήπου καὶ τῆς οὐσίας. Ὥσπερ οὖν κοινωνοῦντες τοῖς τῶν θηρίων ἔργοις, καὶ τῆς οὐσίας κοινωνοῦμεν ἐξ ἀνάγκης αὐτοῖς, διὸ καὶ τούτοις ὁμοίως

1. Cod. τεμνουμένου.

2. Cod. τὸν δ', et paulo post ἔχει, ubi sensus ἔχειν postulat.

3. Sic cod. εἰληφάτην, nec sine exemplis. An potius, quod multi fortasse malint, εἰλήφατον? — 4. Cod. προσεικότων.

5. Juberet syntaxis συγγενῆ δ' οὖσαν, sed est attici anacoluthi genus, etiam infra rediturum.

φθειρόμεθα, οὕτω κἂν τῶν ἔργων τοῖς γένεσι κοινωνοῦντες ἐκείνοις, φθορᾶς ἁπάσης κρείττους ἐξ ἀνάγκης φανοίμεθα. Ἄκρως γὰρ ὄντα τὸν Θεὸν ἀγαθὸν καὶ παντὸς ἔξω φθόνου, ἀνάγκη καὶ τὰς ἐγγυτέρω παραχθείσας[1] οὐσίας αὐτῷ[2] ἀθανάτους παραγαγεῖν, ἐπεὶ κἀκεῖνος αἰώνιος. Τίς ἂν καὶ τῶν ἡδίστων, εἰ μὴ τοῦθ' οὕτως εἶχε καὶ μηδέν τι τοῦ σώματος κρεῖττον ἦν ἐν ἡμῖν, ὑπερορᾶν τῶν πάντων ἠξίωσεν; Τίς δὲ καὶ θανάτου δίκην ἐπήνεγκεν ἑαυτῷ, καὶ ἑκὼν εἶναι τοῦ ζῆν ἀπηλλάγη[3], ὁπότε τοῖς τῆς ψυχῆς θεσπίσμασιν αἴσθοιτο τοῦ σώματος ἐναντιουμένου; Οὐδὲ γὰρ οὐδ' ἐστὶν ἰσχὺς οὐδενὶ[4] καθ' αὑτοῦ, ἀλλ' ἕκαστον ἑαυτὸ πάντα[5] τρόπον σώζειν ἐπείγεται, καὶ τοῖς τὴν σωτηρίαν κωλύουσιν ἀδιάλλακτα[6] πολεμεῖ. Ἀλλὰ μὴν εἰ τῷ σώματι ἥκει φέρουσα ζωὴν ἡ ψυχὴ, καὶ ἀπιοῦσα καταλιμπάνει νεκρὸν, πῶς οὐκ ἂν καθ' ἑαυτὴν πολλῷ μᾶλλον ἀθάνατος εἴη, καὶ φθορᾶς ἁπάσης ὑπερκειμένη; Οὐδὲ γὰρ οὐδ' ἔστιν εἰπεῖν, ζῶσαν μὲν εἰσιέναι, ἐξιοῦσαν δὲ οἴχεσθαι, ὅπου γε ἔνια[7] καὶ τῶν μορίων τοῦ σώματος πλεῖστον ὅσον χρόνον ἀντέχει. Εἰ γὰρ τὴν οὐσίαν ὁπωσοῦν ἐκινεῖτο, καὶ καθ' αὑτὸ κἂν ἴσως ὑπέστη φθοράν. Ἀκίνητος δ' οὖσα πάντη, τίς μηχανὴ, μὴ καὶ φθορᾶς αὐτὴν ὑποτίθεσθαι κρείττω, ἣν δίχα κινήσεως ἐπελθεῖν ὁτῳοῦν ἀμήχανόν ἐστι παντελῶς. Εἰ γὰρ ἔδει ποτὲ φθαρῆναι, ὑπ' οὐδενὸς[8] εἰκὸς ἦν πείσεσθαι τοῦτο ἢ μόνου τοῦ ἐναντίου ἤτοι τῆς οἰκείας

1. Cod. παραχθήσεσθαι. — 2. Cod. αὐτῶ.

3. Confer Plethonem de Leg. pag. 248.

4. Cod. ἰσχὺς οὐδὲν, ubi vide an legas ἰσχυρὸν οὐδέν.

5. Cod. πᾶν τρόπον.

6. Hæc et sequentia pleraque huc allata esse ex Platonis Phædone, monebat nos olim doctiss. Jahn. — 7. Cod. ἕνι.

8. Cod. ὑπ' οὐδ' ἓν (sic).

κακίας· πάντα γὰρ τοῖς ἐναντίοις ἁλίσκεται. Νῦν δ' οὐδὲν ἧττον ζῶντες οἱ πονηροὶ τῶν ἀνθρώπων καὶ τὴν ὑποψίαν ἐξελέγχουσι ταύτην. Οὐ μόνον οὖν οὐχ ὑφίσταται φθορὰν καὶ σκεδασμὸν τοῦ σώματος ἐξελθοῦσα, ἀλλὰ καὶ τελειώσεως αὐτῇ τουτὶ πρόξενον γίνεται καὶ τῆς τελεωτάτης[1] αἴτιον ἐνεργείας, ὅπου γε, καὶ συνοῦσα τῷ σώματι, τότε καθαρώτερον τῆς ἱερᾶς ἀληθείας παραπολαύει, ὅτε τούτου μᾶλλον ἑαυτὴν χωρίζειν ἐπείγεται. Ὡς νῦν γε διὰ τὴν τούτου σκαιότητα ὥσπερ ἀμαθαίνουσα ἢ λημῶσα[2], περιφανῶς οὐκ ὀλίγα καὶ τῆς οἰκείας εὐγενείας ἀνάξια ἄκουσα εἶναι ὑφίσταται, ᾗ καὶ πολλῷ ἂν ὑπῆρχε βέλτιον, Πλάτων φησὶ, χωρὶς παντὸς σώματος ζῆν ἢ μιγνυμένη τούτῳ γε τῆς ἐκεῖθεν καθ' ἑκάστην ἀναπίμπλασθαι προστροπῆς. Ἄλλως τε καὶ οὐδέ τι τῶν παραλόγων ὁ θάνατος εἶναι δοκεῖ[3], οὐδ' ἀπὸ ταὐτομάτου συμβαῖνον[4]· φύσεως γὰρ ἔργον ἐστί· φύσεως δ' ἔργον Θεοῦ θεσμὸς ἂν εἴη οὐκ ἄλογος. Θεοῦ θεσμὸν μὴ ὅτι μάλιστα βέλτιον εἶναι ὁμολογεῖν, μὴ οὐχ ὅσιον ᾖ. Ἄκρως γὰρ ἀγαθὸς ὑπάρχων, οὐκ ἄν τι κακὸν ποιοίη. Οὐδὲ γὰρ οὐδ' ἐστὶν ἁπλῶς πάντων αἴτιος ὁ Θεὸς, ἀλλὰ μόνων τῶν ἀγαθῶν. Πῶς οὖν τοῖς τῇδε ζήσασιν, ὥσπερ ὁ μέγας, σπουδαίως, τὴν ἄκραν ἔχων καὶ ταῦτα δικαιοσύνην, κακοῦ τινος γένοιτο αἴτιος; Ὅς γε τοῖς σπουδαίως[5] ἐνταῦθα βιοῦσιν εὐδαιμονίαν καὶ εὐζωΐαν καὶ μυρίαν ἄλλην μακαριότητα μετὰ [τὸν[6]] τῇδε βίον ἐπαγγέλλεται διαῤῥήδην· οἷς οὐκ εἰκὸς ἀπιστεῖν, ἔργοις ἀναπειθομένους αὐτοῖς. Ἐγὼ δὲ καὶ τὴν τελευτὴν

1. Cod. τελειωτάτης. — 2. Cod. λυμῶσα.
3. Cod. δοκεῖν. — 4. Sic cod. recte; sed manus recentior suprascripsit ει, id est, συμβαίνει. — 5. Cod. σπουδαίοις. — 6. Deest τὸν in cod.

τοῦ μεγάλου οὐχ ἁπλῶς ἐν τῷ παρόντι, ἀλλ' ἐκ θείας μοίρας ἰσχυρίζομαι γεγονέναι· οὐ γάρ ἐστιν, οὐκ ἔστι τὰ τῶν οὕτως βιούντων, ὡς ὁ μέγας ἐκεῖνος, πράγματα ἀμεληθῆναί ποτε ὑπὸ τοῦ Θεοῦ. Ταῦτ' οὖν ἐννοοῦντας[1], ὅσον ἔξεστιν, ἀρετῆς ἀνθεκτέον ἂν εἴη, τἆλλα πάντα δεύτερα τιθεμένους, καὶ τὴν ἐκείνου πολιτείαν, ὅσον οἷόν τέ ἐστι[2], μιμητέον· οὕτω γὰρ ἂν ἄμεινον πράξαιμεν καὶ ζῶντές τε καὶ[3] τελευτῶντες. Ἐπεὶ καὶ Πλάτων αὐτός φησι τὴν εἰς Ἅδου τὴν ψυχὴν στελλομένην ἀποδημίαν μηδὲν ἀπέρχεσθαι φέρουσαν ἄλλο ἢ τὴν ἀρετὴν καὶ σοφίαν. Ἃ τὸν μέγαν (ἴσμεν[4] πάντες) μεθ' ὑπερβολῆς κεκτημένον, ἐλπίς ἐστιν ὅτι μάλιστα εὖ πρᾶξαι[5] ἐκεῖ. Δίκαιον οὖν καὶ ἡμᾶς συνεφήδεσθαι τῇ ἐκείνου εὐδαιμονίᾳ, καὶ μὴ οὕτως ἔχειν, ὥσπερ ἄν τι τῶν παραλόγων καὶ δεινῶν ἐπεπόνθει, ἀλλὰ καὶ μεγίστην παραμυθίαν καὶ κόσμον ἡγεῖσθαι τὴν ἀρετὴν ἐκείνου καὶ τὴν θειότητα.

1. Cod. ἐννοῦντας.— 2. In codice distinguitur male post οἷόν τε.
3. Videtur καὶ ante ζῶντες delendum.
4. Verba ἴσμεν πάντες, dum per nos uncis includuntur, totius loci syntaxim restituerunt. — 5. Sic cod. non πράξειν.

XV.

ΒΗΣΣΑΡΙΩΝΟΣ.

Βησσαριων Καρδινάλης τοῖς τοῦ σοφοῦ Γεμιστοῦ υἱεῦσι Δημητρίῳ καὶ Ἀνδρονίκῳ.

Πέπυσμαι [1] τὸν κοινὸν πατέρα τε καὶ καθηγεμόνα, τὸ γεῶδες πᾶν ἀποθέμενον, ἐς οὐρανὸν καὶ τὸν ἀκραιφνῆ μεταστῆναι χῶρον, τὸν μυστικὸν τοῖς Ὀλυμπίοις θεοῖς συγχορεύσοντα ἴακχον [2]. Ἐγὼ μὲν οὖν [3] χαίρω τοιούτῳ ὡμιληκὼς ἀνδρὶ, οὗ μετὰ Πλάτωνα (ἐξῃρήσθω δὲ λόγου Ἀριστοτέλης) σοφώτερον οὐκ ἔφυσεν ἡ Ἑλλάς. Ὥστ᾽ εἴ τις τοὺς περὶ τῆς ἀπείρου τῶν γε ψυχῶν ἀνόδου τε καὶ καθόδου Πυθαγορείων καὶ Πλάτωνος ἀπεδέχετο λόγους, οὐκ ἂν ἀποκνήσω καὶ τοῦτο προσθεῖναι, ὡς ἄρα Πλάτωνος τὴν ψυχὴν, τοῖς τῆς εἱμαρμένης ἀῤῥήκτοις θεσμοῖς δεῆσαν

1. Ex Allatio, *de Consensu*, libro III, pag. 937, et Morellio, catal. Biblioth. S. Marci, eamdem banc epistolam exhibente juxta codicem Venetum, n° 333, qui Bessarionis autographus habetur. In titulo Καρδινάλις habet All., Καρδινάλης Morell.

2. Vertit Allatius : « Arcanam una cum diis cœlestibus saltatio- « nem saltaturus. » recte; sed plura de hoc loco ad præfationem nostram annotata confer, si vacat.

3 Quæ hinc procedunt, ἐγὼ μὲν... ἡ Ἑλλάς, diversa ac pleniora exstant in codice Monacensi, tanquam ab ipsa Bessarionis manu, sic nempe : Ἐγὼ μὲν οὖν χαίρω παρὰ τοιοῦτον ἄνδρα φοιτήσας, οὗ Πλάτων', μετά γε τοὺς πρώτους ἐκείνους ἄνδρας οὓς ἔφυσεν ἡ Ἑλλάς, οὐ σοφία, οὐ τῇ ἄλλῃ ἀρετῇ ὁμοιότερον (supple οἶδα seu simile quid). Inde suspicatus est Morellius interpolatam consulto fuisse in Allatiano textu epistolam. Sed potuit Bessario sua se ipse manu emendare. Allatii certe bona fides nobis minime suspecta est.

δουλεῦσαι καὶ τὴν ἀναγκαίαν ἀποδοῦναι περίοδον, ἐπὶ γῆς κατιοῦσαν τὸ Γεμιστοῦ σκῆνος καὶ τὸν ἐκείνου βίον ἑλέσθαι. Ὑμεῖς δὲ, εἰ μὴ καὶ αὐτοὶ χαίροιτέ τε καὶ κροτοίητε[1], τούτου ἐκπεφυκότες, οὐκ ἂν τὰ εἰκότα ποιοίητε. Θρηνεῖν γὰρ τόν γε τοιοῦτον μὴ οὐ θεμιτὸν ᾖ. Μέγα κλέος Ἑλλάδι πάσῃ γέγονεν ἐκεῖνος ἀνὴρ[2], μέγας αὐτῇ κόσμος εἰς τὸν ἔπειτα χρόνον ἐσεῖται[3]. Τούτου κλέος οὔποτ' ὀλεῖται, ἀλλά οἱ τὸ ὄνομα καὶ ἡ φήμη μετ' εὐκλείας ἀϊδίου εἰς τὸν ἐςαεὶ παραπεμφθήσεται χρόνον. Εὖ πράττοιτε· καὶ πριγκίπαν τὸν Χεῖλαν ἐξ ἐμοῦ προσείπατε, ὃς ἴστω φιλούμενος ὑπ' ἐμοῦ διὰ τὴν ἀρετὴν, ὡς οὐδέποτε μᾶλλον.

1. All. κρατοίητε, sed falsa, neque ipsi probata lectione, quum optime verteret : « si non plauditis. »

2. Sic cod. leni spiritu, non ἁνήρ.

3. All. ἐσεῖτε. Neque ipsum ἐσεῖται pro ἔσται satis atticum est sed poetica nonnunquam sibi indulgere Bessarionem, alias quoque notavimus.

XVI.

ΤΟΥ ΑΥΤΟΥ

στίχοι εἰς Πλήθωνα ἐπιτάφιοι.

Γαῖαν σώματι[1], ψυχῇ δ' ἄστρα Γεώργιος ἴσχει,
Παντοίης σοφίης σεμνότατον τέμενος.

Πολλοὺς μὲν[2] φῦσεν ἀνέρας θεοειδέας Ἑλλὰς,
Προύχοντας σοφίῃ, τῇ τε ἄλλῃ ἀρετῇ.
Ἀλλὰ Γεμιστὸς, ὅσον Φαέθων ἄστρων[3] παραλλάσσει,
Τόσσον τῶν ἄλλων ἀμφότερον[4] κρατέει.

1. Ex iisdem, quibus prior epistola, fontibus.
2. Apud Allatium et in codd., sequentes versus a prioribus separati exhibentur, instar alterius epitaphii, et recte quidem.
3. All. ἀστέρων. Nos metro consuluimus, etsi multa in his versibus horrida supersunt.
4. All. ἀμφοτέρου, pro quo melius sane Morellius e codice suo ἀμφότερον, quum tamen exspectaveris ἀμφοτέροις.

XVII.

ΤΟΥ ΑΥΤΟΥ.

Βησσαρίων Καρδινάλης τῷ λογιωτάτῳ ἀνδρὶ Νικολάῳ τῷ Σεκουνδίνῳ εὖ πράττειν.

Εἰδώς σε [1] καὶ αὐτὸν τοῦ Γεμιστοῦ σοφίαν καὶ ἀρετὴν οὐδενὸς ἧττον ἀγάμενον, πέμπω σοι ἔπη τινὰ εἰς ἐπιτάφιον αὐτῷ ὕμνον πεποιημένα, καὶ ἣν ἀπέσταλκα τοῖς αὐτοῦ υἱεῦσιν ἐπιστολὴν, οὐκ αὐτοὺς παραμυθούμενος, οὓς γε χαίρειν, οὐκ ἄχθεσθαι δεῖ, ἀλλ' ἐκεῖνον ἐγκωμιάζων. Ἅπερ ἀναγνοὺς, μὴ νομίσῃς ὑπερβολὴν ἐνεῖναι μηδεμίαν τοῖς λόγοις· ἀνὴρ γὰρ ἐκεῖνος φιλοσοφίας τῷ ὄντι καὶ παντοδαπῆς σοφίας εἰκὼν γέγονεν, οὐ τῆς ἐν λόγοις μόνον, καὶ ὅση περὶ τὴν τῶν ἄστρων φορὰν, καὶ περὶ ἁρμονικοὺς λόγους τάς τε γεωμετρικὰς ἀναλογίας καὶ ἀριθμητικὰς μεσότητας καταγίνεται [2], οὐδ' ὅση μόνον Πλατωνική τε καὶ τῶν τὰ θεῖα ἐρευνησαμένων ἐκείνων ἀνδρῶν, ὅση τε περὶ τὴν τῶν φυσικῶν ἔρευναν καὶ τὰς τούτων αἰτίας τε καὶ ἀρχὰς τὴν πραγματείαν ποιεῖται, ἃ πάντα, ὡς οὐδεὶς οὐδὲ ἓν, ἐξήσκησεν ἀκριβέστατα· ἀλλὰ καὶ ὅση, περὶ πρᾶξιν σχολάζουσα, τὰ ἤθη καὶ τοὺς τρόπους ἑκάστου κοσμεῖ· ᾗ οὕτω τὸν ἴδιον ἐλάμπρυνε βίον, ὡς μηδὲν πρὸς αὐτὸν Διογένην καὶ τοὺς ὁμοίους, μηδὲν τοὺς Στωϊκοὺς ἐκείνους εἶναι. Τὴν γὰρ σεμνότητα καὶ τὸ κόσμιον

1. Ex eodem codice Sancti Marci 333, quem supra Bessarionis autographum esse diximus. In titulo Καρδινάλης, ut apud nos.
2. Cod. καταγείνεται, solita Græcis orthographia.

καὶ τὸ αὔταρκες αὐτῶν ἀσπασάμενος, τὴν ἀλαζονείαν τε καὶ οἴησιν καὶ ἐπίδειξιν αὐτῶν ἀπεώσατο. Δι' ἃ πάντα τοσοῦτον αὐτὸν τεθαύμακα, ὅσον, εἰρήσθω γὰρ τὸ ἀληθὲς, οὐδέπω οὐδένα ὧν ἐς δεῦρο εἶδόν τε καὶ ὡμίλησα. Οὔτε γὰρ ὃς περὶ ἐλάττονος ἐποιεῖτο τὰ παρόντα πάντα, οὔθ' ὃς μᾶλλον, τῆς σοφιστικῆς ἀπεχόμενος ἀδολεσχίας[1] καὶ πάγης, τῆς περὶ τὰ ἐν φιλοσοφίᾳ δόγματα ἀληθείας ἐρευνητικώτερός τε καὶ εὑρετικώτερος γέγονεν, οὔπω ἐνέτυχον οὐδενὶ, καίτοι πολλοῖς ἐντυχὼν ἀνδράσι σοφοῖς. Ὧν εἵνεκα πολλὰ μὲν καὶ μεγάλα περὶ αὐτοῦ ἐν τοῖς βραχέσιν ἐκείνοις εἰρήκαμεν ῥήμασιν· οὐδέποτε δ' ἂν εἴποιμεν οὐδὲ μακροῖς λόγοις τά γε εἰκότα, ἀλλ' ἀρκεῖ, ὥς τινα τῶν ὑπὲρ ἡμῶν τε καὶ ἡρωϊκῶν ἐκείνων ἀνδρῶν, θαύματι καὶ σιγῇ μᾶλλον αὐτὸν ἢ λόγῳ κοσμεῖν. Ἔρρωσο.

XVIII.

ΑΝΩΝΥΜΟΥ,

πρὸς Πλήθωνα, ἢ περὶ τῆς βίβλου.

Ὦ Πλήθων[2] ἄριστε καὶ σοφὲ, φίλον μὲν καὶ εἰδότα κέκτησαι, συγγραφέα[3] δὲ φίλον οὔ, καίτοι ἄξιος μάλα ὢν[4] καὶ αὐτὸς τοῦ τοιούτου καταλόγου [τῶν βίων τῶν σο-

1. Cod. ἀδολεσχείας.
2. Ined. ex codice philosophico CCCXII, fol. 44-45, juxta apographum doctissimi Alb. Jahn, quod nos accurate sequimur. — 3. Cod. συγγραφέναι. — 4. Cod. ὄν.

φων [1]. Ἴσως δὲ ἔσται καί ποτε ἦμαρ δοῦναι ἆθλον τῶν μεγίστων πόνων ὧν ἠγωνίσω ἕνεκα τῆς ἀρετῆς καὶ τῆς ἀληθείας τῶν περὶ τοὺς λόγους ζητήσεων. Εἰ δὲ φθονερός τις καὶ ἀπαίδευτος ἄνθρωπος ἔφθειρε τὸ σὸν ἔργον, ὃ κατέλιπες, πάτερ, πρὸς ἔνδειξιν σοφίας καὶ μνήμης τῆς σῆς, ἀλλὰ καὶ πρὸς ὠφέλειαν τῶν νῦν καὶ τῶν ὕστερον γενησομένων ἀνθρώπων, τό γε μὴν σὸν κλέος, ὦ γενναῖε, ἔσται ἄτρεπτον, μὴ δειλιῶν βασκανίαν. Μάταιος ἄρ' ἐστὶν ὁ φθόνος τοῦ δημώδους ἐκείνου ἀνδρὸς, ὃν ἠγώνισται κατὰ τοῦ θαυμασίου ἐκείνου ἔργου. Καὶ γὰρ οἱ ἄριστοι τῶν νῦν Ἑλλήνων μισοῦσιν ἐκεῖνον, ὥσπερ ἱερόσυλόν τινα, ἢ τυμβωρύχον, καὶ ἀλιτήριον. Τοιαύτην γὰρ περὶ τούτου ἔλαχε ψῆφον ὁ φθορεὺς καὶ βάσκανος καὶ δημώδης ἐκεῖνος ἀνήρ. Εἰ δὲ ἦν δυνατόν σε δοῦναι ἡμῖν λόγον, ταῦτα ἂν ἔλεξας· Ὦ φίλε, πάντα ταῦτα οἶδα ἀκριβῶς ὅσα αὐτὸς ἔφης, καὶ πλείω τούτων ἐπίσταμαι, ἐπεὶ κἀκεῖνα ἅπερ ἐν τῷ βίῳ ἐμαντευόμην μετὰ τῶν ἄλλων καὶ αὐτὸς περὶ ἀθανασίας ψυχῆς· οὐδὲ γὰρ ἦν ματαία δόξα, ἀλλ' ἀληθὴς καὶ ὑγιής· καὶ οὐ μόνον ἐκεῖνα ἃ προσεδοκῶμεν καὶ ἠλπίζομεν, ἀλλὰ καὶ ἑτέρας δυνάμεις [2] εὗρον αὐτῆς, ἃς οὐδ' ὅλως [3] ἐδοξάζομεν ἐν τῷ βίῳ. Μετὰ γὰρ τῶν ἄλλων ἀγαθῶν τῆς ψυχῆς οἶδα ὅτι γινώσκει [4] ὀρθῶς μετὰ τὴν διάλυσιν καὶ τὰ τῇδε πάντα καθαρῶς καὶ ἀληθῶς καὶ δίχα τινὸς διαφθορᾶς καὶ ἀπάτης. Τούτων δ' οὕτως

1. Verba hæc τῶν β. τῶν σ. in margine addita sunt a librario, e quibus colligas fuisse olim hanc orationem ab aliquo Plethonis admiratore subditam sive Laertii sive Eunapii vitis philosophorum.

2. Cod. δινάμης (sic).

3. In codice scriptum videtur, οὐ δολως, sed voluit librarius οὐδολως, satis usitate pro οὐδ' ὅλως.

4. Cod. γεινώσκει.

ἐχόντων, πρὸς τοῖς[1] ἄλλοις ἐπίσταμαι καὶ ἃ συνέβησαν κατὰ προδοσίαν εἰς τὴν ἐμὴν βίβλον καὶ συγγραφὴν παρὰ τοῦ δεισιδαίμονος ἀνδρὸς[2] μετὰ τῆς γυναικωνίτιδος ἐκείνης πρὸς τὸν διπλοῦν καὶ κακοήθη καὶ ἀμαθῆ ἄνθρωπον· ὃς ἀδυνατῶν[3] ἀντειπεῖν καὶ ἀνασκευάσαι τὸ συγγραφὲν, εἴπερ τι ἀπάρεστον[4] εὕρισκεν ἐν αὐτῷ, μάλιστα δὲ περὶ Ἑλληνικῆς θρησκείας τε καὶ θεολογίας, ὥσπερ οἱ πρὸς τὰ Πορφυρίου καὶ Ἰουλιανοῦ καὶ ἄλλων εἰπόντες, ἔφθειρε ταύτην πυρὶ, τηκόμενος ὑπὸ φθόνου, καὶ ἐκχέων τὸν ἰὸν ὃν ἀεὶ ἔτρεφε κατ' ἐμοῦ· εὗρε γὰρ καιρόν. Ἀλλ' οἶδα καλῶς ὅτι οἱ πεπαιδευμένοι[5] τῶν ἀνδρῶν καὶ σπουδαῖοι καὶ ἀπό τινων λειψάνων τῆς συγγραφῆς γνώσονται, εἰ ἄρα ἦν τι χρήσιμον ἐν ἐκείνῃ. Ἀλλὰ οὐδὲ τὸν μοχθηρὸν ἄνθρωπον ἐκεῖνον αὐτὸν ἀσπάσονται, ἀλλὰ μέμψονται καὶ δυσφημήσουσιν, ὡς ἄδικον ἅμα ἀμφοτέροις· ἐμοὶ μὲν, ὡς φθορέα μνήμης ἀγαθῆς· αὐτοῖς δὲ τοῖς σοφοῖς καὶ σπουδαίοις, ὡς ἀφελόμενον ἐνδείξεως[6] τῆς ἰδίας σοφίας. Οὐδὲ γὰρ ἀπαξιώσω αὐτὸς, ὅτι οἱ νῦν σοφοὶ καὶ οἱ γενησόμενοι εὑρήσουσί τινα σπουδαιότερα ἐνίων τῶν ἐν ἐκείνῃ τῇ βίβλῳ γεγραμμένων· ἔσται γὰρ ἐπίδοσις τῶν σπουδαίων τε καὶ χρησίμων. Ἀλλὰ καὶ αὐτὴ[7] ἡ βίβλος παρεῖχεν ἂν ἀφορμὰς καὶ χρήσιμα οὐκ ὀλίγα πρὸς συντέλειαν τοῦ βίου, καὶ μάλιστα τοῖς ἐπιστήμοσι καὶ σοφοῖς, οἳ οἴδασιν ἀκριβῶς κρίνειν περί τε σοφίας καὶ ἐπιστήμης.

1. Cod. πρὸς οἷς.

2. Demetrium intellige Palæologum, cum ejus uxore aliisque circa ipsam mulierculis, cumque patriarcha Gennadio, de quibus nos in præfatione. — 3. Cod. ἀδυνατὸν (sic).

4. Cod. ἀπάρεσκον. — 5. Cod. πεπειδευμένοι.

6. Sic cod., sed magis placeret ἐνδείξεις.

7. Cod. ἄυτη (sic).

Ἐκεῖνος μὲν οὖν ἀμαθὴς καὶ ἀφελής ἐστι, ὅπερ, οἶμαι [1], μαρτυρήσουσι καὶ οἱ λοιποὶ σοφοὶ τῶν καθ' ἡμᾶς ὄντων Ἑλλήνων, πλήν τινων διεφθαρμένων καὶ ἀμαθῶν, περὶ ὧν λόγος οὐκ ἔστιν. Καὶ ταῦτα μὲν ἡ μακαρία ἐκείνη καὶ θεία ψυχὴ [2] ἔλεξεν ἄν, εἰ ἐδυνήθη. Ἡμεῖς δὲ τί φῶμεν, ἢ τί ἀπαριθμήσωμεν ἐκ τῶν πλεονεκτημάτων ἐκείνου τἀνδρός; τὴν σοφίαν, ἢ τὴν ἀρετήν; τὰ μαθήματα, ἢ τὴν σωφροσύνην; τὴν ῥητορικὴν, ἢ τὰ ἤθη; τὸ εἶδος τῆς γραφῆς, ἢ τὴν ἐγκράτειαν; τὸ νομοθετικὸν, ἢ τὸ φιλάνθρωπον; τὸ πολιτικὸν, ἢ τὸ ἐλευθέριον; τῶν παλαιῶν πράξεων καὶ ἠθῶν τὸν ζῆλον, ἢ τὸ γενναῖον; τὴν θεοσέβειαν, ἢ τὴν δικαιοσύνην; τὴν ἀχρηματίαν, ἢ τὸ λιτὸν τῆς διαίτης; Ἀλλ', ὦ βέλτιστε, αὐτὸς μὲν ὑπὸ τῆς ἄγαν διαθέσεως καὶ προθυμίας τοῦ φιλικοῦ χρέους ἄγομαι βίᾳ, ὥσπερ ἂν εἰ τὸ ὕδωρ τις ἄνω φέρειν βούλοιτο, ἢ τὸ πῦρ ποιῆσαι φέρεσθαι κάτω, οὕτω πρὸς ἐμὲ καὶ τὸ μακρὸν τοῦτο τοιαύτην φέρει δυσχέρειαν. Διὰ ταῦτα δὲ καὶ σιωπῇ χρήσομαι τὰ μικρὰ ταῦτα εἰπών. Εἰ γὰρ καὶ Θεῷ τὸ δυνατὸν, πολλῷ μᾶλλον τῷ φίλῳ.

1. Cod. εἶμαι (sic).
2. Cod. ψυχῆ, id est, ψυχῇ, sed male.

XIX.

ΓΕΝΝΑΔΙΟΥ ΠΑΤΡΙΑΡΧΟΥ,

περὶ τοῦ βιβλίου τοῦ Γεμιστοῦ, καὶ κατὰ τῆς Ἑλληνικῆς πολυθείας.

Γεννάδιος ὁ Σχολάριος, καὶ τὰ λοιπὰ Θεοῦ χάριτι, τῷ τιμιωτάτῳ καὶ πάντα ἀρίστῳ κυρίῳ Ἰωσὴφ τῷ Ἐξάρχῳ χαίρειν.

Ἐπαινοῦμέν σου[1] τὴν περὶ τὰ βελτίω σπουδὴν ἀεὶ, ἣν αὐτός τε οὐδενὸς τῶν ἐνόντων ὀλιγωρῶν, καὶ ἄλλοις συμβουλεύων, ἐνδείκνυσαι. Τῷ σαυτοῦ δὴ χρώμενος τρόπῳ, καὶ περὶ τοῦ βιβλίου τοῦ Γεμιστοῦ νῦν ὑπομνῆσαι δεῖν ἡμᾶς ᾤου. Ἦλθε δὲ ἐφ' ἑτοίμοις τοῖς περὶ αὐτὸ πεπραγμένοις ἡμῖν ἡ σὴ συμβουλή. Καὶ οὕτω μέντοι χάριν εἰδότες σοι, ταῦτα δῆλα ποιοῦμεν· ἅμα δὲ καὶ προστίθεμεν, ἅπερ ἡμῖν τε πρέπον ἂν εἴη μὴ παρελθεῖν σιωπῇ, σοί τ' οὐκ ἂν ἀηδὴς διατριβὴ γένοιντο. Ἐκεῖνος τοίνυν ὁποῖος ἦν, ἐκ πολλοῦ δῆλος ἡμῖν ἐγεγόνει, καὶ ὅτι τοιοῦτο βιβλίον ἐν πλείοσι χρόνοις εἶχε συγγεγραφὼς,

1. Ined. ex codd. Par. 1289 et 1294, quorum uterque Gennadii autographus est. Sed in priore ad titulum hæc addita sunt : Ἐγράφη ἐν τῷ ὄρει τοῦ Μενοικέως τῷ πρὸς ταῖς Φεῤῥαῖς, quæ urbs est Macedoniæ, olim Φεῤῥαί, nunc vulgo Σέῤῥαι, propter quam insigne est cœnobium τοῦ ἁγίου Προδρόμου, id est, sancti Joannis Baptistæ. Ibi quoque, nempe in codice 1289, epistola hæc inscribitur Ἰω' τῷ ἐξάρχῳ, quod potius est Ἰωάννῃ quam Ἰωσήφ, unde Boivino subortus error ceterisque illum secutis; qua de re plura nos in notis ad præfationem.

πολλῶν τε ἐξηγουμένων ἀξίων πιστεύεσθαι, καὶ ἡμῶν πολλαῖς καὶ φανεραῖς ἀποδείξεσιν ἐν Πελοποννήσῳ μὲν πρῶτον, εἶτ᾽ ἐν Ἰταλίᾳ κατειληφότων. Καὶ τοῦτό μοι τῆς ὑπὲρ Ἀριστοτέλους ἀντιγραφῆς ποτε πρὸς τἀκείνου γέγονεν αἴτιον· ἐκεῖνός τε γὰρ θρασύτερον ἐπῄει τῷ φιλοσόφῳ, πολλὴν εἰδὼς ἐκ τῆς ἐκείνου φιλοσοφίας καὶ ὧν ἀντέστη τῷ Πλάτωνι, συνηγορίαν τῇ δόξῃ τῆς ἀληθείας προσγινομένην· καὶ ἡμεῖς οὐ Πλάτωνι φιλονεικοῦντες, οὐκ Ἀριστοτέλους τι πεφροντικότες ἰδίᾳ, τῷ δὲ σκοπῷ τοῦ Γεμιστοῦ χαλεπαίνοντες, ζήλῳ τῆς πίστεως, περιττὸν ἄλλως εἱλόμεθα πόνον. Ἐβουλόμεθα γὰρ οὕτως ἐνδείκνυσθαι τοῖς ἀγνοοῦσι τὸν ἄνθρωπον, ὡς ἂν μηδεὶς βλαφθείη λοιπὸν ἐξηπατημένος, οἷον οὐκ ὀλίγοι καὶ πρότερον πεπονθότες, ἄλγους ἡμῖν ὑπόθεσις ἐγένοντο χαλεποῦ· ὀνόματα δὲ ἐκείνων λέγειν οὐ χρή. Πρὸς ταῦτα δὲ ἡμᾶς ἀπιδεῖν, [οὐ][1] πρὸς οὐδεμίαν ἄλλην φιλοτιμίαν, τὰ ἐν ἀρχῇ καὶ τελευτῇ τοῦ βιβλίου δείκνυσιν ἡμῶν πάνυ καλῶς, πολλαχοῦ σωζομένου, οὐδ᾽ ἀπῳδὰ τοῦ ἡμετέρου τρόπου, σὺν Θεῷ δ᾽ εἰρήσθω, τυγχάνοντα. Ὁ μὲν οὖν αὐτὸς ἀντέγραφε, τὸν αὐτὸν πρός τε Ἀριστοτέλη καὶ ἡμᾶς, ἐκείνῳ δῆθεν συνηγοροῦντας, ἀγῶνα πεποιημένος. Ἡμᾶς δὲ ἡ τῆς πατρίδος ἀντιγράφειν αὖ ἐκώλυε συμφορά, πλὴν ὅσον ἄλλης οὐκ ἀκαίρου τότε δεδραγμένοι προφάσεως, καθηψάμεθα μὲν τῶν ἀκαιριῶν αὐτοῦ, φειδοῖ τε καὶ ἐμβριθέστερον· Ἀριστοτέλει δὲ καὶ Πλάτωνι λοιπὸν ὁμοίως χαίρειν εἰπόντες, κατὰ τῆς Ἑλληνικῆς δεισιδαιμονίας οὐ φαύλην ὑπεστησάμεθα πραγματείαν, ὡς αὐτοῦ δὴ φανερῶς πρὸς τὸν εὐσεβῆ σκοπὸν ἡμῶν ἀπομαχομένου, καὶ μηκέτ᾽ ἀξιοῦντος δεῖν κρύπτε-

1. Deest οὐ in codd.

σθαι· ἣν δὴ καὶ ἐς ὄψιν ἐλθοῦσαν αὐτῷ, πολλά φασι λυπῆσαι τὸν ἄνθρωπον, ἀπεγνωκότα λοιπὸν τοῦ δυνήσεσθαί τι τὴν ἀρίστην νομοθεσίαν αὐτῷ, τῷ βίῳ περιόντων ἂν ἡμῶν, οἳ καὶ πυρὶ καὶ γραφῇ δυναίμεθ' ἂν ἀκυροῦν, ὁποτέρως ἂν δόξειεν· ταυτὶ γὰρ καὶ ἠπειλοῦμεν ἐν τῷ δευτέρῳ τῶν πρὸς αὐτὸν συγγραμμάτων[1]. Οὕτω μὲν ἡμῖν εἶχε τὰ πρὸς ἐκεῖνον, τὰ μὲν ὑπὲρ τῆς πίστεως καὶ τῆς τῶν ἀδελφῶν ὠφελείας ἢ μὴ βλάβης συμβησομένης ἂν, φορτικῶς· τὰ δ' ἄλλα, ἀνεπαχθῶς. Ἔνιοι δὲ, μήτε τοῖς πράγμασι καὶ τοῖς συνειδόσι τε καὶ συμμαρτυροῦσιν ἡμῖν βουληθέντες[2] προσέχειν, τό θ' ἡμέτερον διαβάλλοντες ἦθος, οὐ τὸ πρὸς ἐκεῖνον μόνον ἐν τοῖς συγγράμμασιν ἐπιδεδειγμένον ἀρκούντως, ἀλλὰ καὶ πάντας[3] τοὺς ὁπουδήποτε συμβαλόντας ἡμῖν ἐν ὅλῳ τῷ βίῳ, βασκανίᾳ διαβάλλειν ἡμᾶς ἐσυκοφάντουν τὸν ἄνθρωπον. Ἡμεῖς δὲ μαρτυρόμεθά σοι, φίλτατε, τὸν Θεὸν, ὃν οὐκ ἔξεστιν οὐδεμιᾷ ἀνάγκῃ ψευδομένους καλεῖν, οὐδενός ποτε ὑπὸ βασκανίας ἐπὶ τὸ χεῖρον κατεψευσάμεθα· πολλοῖς δὲ ἐπὶ τὸ σφίσι βέλτιον, ἄλλῳ δέ τῳ οὐ βλαβερὸν, ἐχαρισάμεθά που τῷ ψεύδει, ὑπὸ φιλανθρωπίας, ἢ ἐξηπατημένοι· ἐξήλεγχον δὲ αὐτοὶ ψευσαμένους· ἡμεῖς μὲν γὰρ[4] ἀγαθοὺς ἢ φίλους ἐδείκνυμεν αὐτοὺς τοῖς πολλοῖς, καὶ ὡς τοιούτοις ἐχρώμεθα δήπου· αὐτοὶ δὲ τοὐναντίον ἐν τοῖς πράγμασιν ἦσαν. Τίς δ' ἂν καὶ πρόφασις τοῦ πάθους ἦν ἡμῖν πρὸς τὸν ἄνθρωπον; Ἐξ ἁπάντων γὰρ ὧν ἡμῖν ὁ Θεὸς ἐδεδώκει, κρείττους ἦμεν ἢ ὥστε βα-

1. Confer supra pag. 324, sub finem.
2. Codd. ambo, βουληθέντας.
3. Magis placeret καὶ πρὸς πάντας.
4. Cod. 1289 γὰρ non habet.

σκῆναι ἂν ἐφ' ὁτῳοῦν τῶν ὑπαρχόντων ἐκείνῳ. Μόλις δ' ἂν καὶ φαυλοτάτῃ προαιρέσει προσῆκεν, ὑπὲρ εὐσεβείας προσποιούμενον καὶ ἀρετῆς ἐνοχλεῖν μηδὲν ἂν ἀδικοῦντι, ἅμα δὲ καὶ οὐδενὸς ἡττωμένῳ τῶν ὁμοτέχνων, μὴ ὅτι γε τηλικαύτης παρανομίας δίκην ὀφείλειν, ἀλλὰ καὶ τίνος οὐ χείρω κρίνεσθαι τοῖς ἀνθρώποις, ὀψὲ τῆς ἀληθείας φανερουμένης. Τοῖς μὲν δὴ τοιούτοις, ὀλίγοι δὲ ἦσαν, οὔτ' ἂν ἐπαινοῦσιν, οὔτε ψέξασι προσέχειν δεῖν εἴποι τίς ἂν, αὐτοὺς εἰδώς. Ἅμα δὲ, τὸ μὲν ἀνθρώπινον τοῦτο παρὰ τῶν φαυλοτέρων δήπου συνέβη· δεῖ γὰρ ἀνίαν τινα καὶ θλίψιν ἀνθυπαντᾷν τοῖς ἀγαθόν τι πράττουσιν, εἰ φέρειν εἰδεῖεν, πάνυ πολύ τι λυσιτελοῦσαν. Οἱ δὲ νοῦν ἔχοντες καὶ φίλοι τῆς ἀληθείας, καὶ ὧν ἡ κρίσις οὐ περιοπτέα τοῖς γε νοῦν ἔχουσιν, οὐ μόνον περὶ τῶν ἄλλων ἔργων ἡμῖν καὶ λόγων ἐς ὅτι πλεῖστον τῆς γῆς λαμπρὰς ἐπήξαντο [1] τὰς ἀνακηρύξεις· ἀλλὰ καὶ τῶν εἰς τὸν Γεμιστὸν φιλαλήθως τε ὁμοῦ καὶ φιλοκοίνως ἐξητασμένων, ἐπήνουν μὲν καὶ χάριν ὡμολόγουν ἀεὶ, συνήλγουν δὲ μεθ' ἡμῶν τῷ πρεσβύτῃ τῆς ἀκαιρίας, καὶ μεταβαλεῖν ἂν, εἴπερ οἷόν τ' ἦν, εὔχοντο, αὐτοί τε εἰδότες εἶναι τοιοῦτον, καὶ ἡμῖν οὐκ ἔχοντες ἀπιστεῖν. Ὁρᾷς, ὦ φίλτατε, πόση τις ἡμῖν ἀπαντᾷ διηνεκῶς ἐξ ἀνθρώπων τῆς ὑπὲρ τῶν κοινῶν ἀγαθῶν προνοίας ἡ χάρις, ὧν κατόπιν ἅπαν ἴδιον ἀεὶ συμφέρον ἐθέμεθα. Ἀλλ' εἰ Θεὸν, ἡμῶν ἐν παντὶ τῷ βίῳ προϊστάμενον, ἔπαισαν ἐπὶ κόῤῥης [3] πολλοὶ, τὸν ἐπὶ τῷ μηδὲν λελαληκέναι φαῦλον δεξάμενον τὴν πληγὴν ἐγγύθεν ἔχομεν συνειδότα, ὃν ὑπέρδικον ἐν τοῖς

1. An potius ἐποιήσαντο ? — 2. Codd. ambo, προϊσταμένων.
3. Codd. ἐπὶ κόρης.

τοιούτοις ἐλπίζειν, ἅμα δὲ καὶ παρήγορον, χρὴ τοὺς μὴ καθάπαξ εἰκῆ τρέχοντας.

Ἐπεὶ δὲ ἔδει πάντα φανεροῦσθαι τῷ χρόνῳ, καὶ ἦν μὲν τὸ βιβλίον τοῦ Γεμιστοῦ τεθνεῶτος παρὰ τοῖς ἄρχουσι τῆς Πελοποννήσου (διττῶν δὲ ὄντων[1], τοὺς εὐσεβεστέρους τε καὶ μείζους φημὶ), οὐκ εἶχον δὲ ἀγνοεῖν τῶν ἐν αὐτῷ γεγραμμένων τὴν ἀτοπίαν, ἐβούλοντο μὲν αὐτίκα πέμπειν ἡμῖν, καὶ πολλοῖς ἀπαιτοῦσιν ἐκγράφειν, οὐκ ἠξίουν διδόναι· ὑπὸ δὲ τῶν καιρῶν τουτὶ κωλυθέντες, ὑπὸ τῶν αὐτῶν αὐτοὶ καὶ παρ' ἐλπίδας ἡμῖν ἧκον φέροντες, καὶ διπλοῦν ἡμῖν ἤνεγκαν πένθος, τὸ μὲν ἐπ' αὐτοῖς, ἀπονα μένοις τῆς κοινῆς συμφορᾶς, ἐξ ὧν ἄλλοι προπετέστερον βουλευσάμενοι κατεπράξαντο· τὸ δ', ἐπὶ τῷ βιβλίῳ. Εὐθὺς γὰρ ἀναπτυχθὲν, τίνος ἡμῖν οὐκ ἀηδέστερον ἔδοξε συναντήματος;

Ἦν μὲν εἰς τρία διῃρημένον. Ἑκάστου δὲ ὑποθέσεις προτεταγμέναι ἦσαν πολλαὶ, καθάπερ ἐν πίνακι, μηδεμίαν πρὸς ἀλλήλας σώζουσαι τάξιν· σοφοῦ δὲ τὸ τάττειν ἐστί. Καὶ ἦν τοῦ μὲν προτέρου τμήματος ὑπόθεσις πρώτη, περὶ διαφορᾶς τῶν περὶ τῶν μεγίστων ἀνθρώποις δοξῶν. Δευτέρα, περὶ ἡγεμόνων τῶν βελτίστων λόγων. Τρίτη, περὶ τοῖν δυοῖν ἐναντίοιν λόγοιν, τοῦ τε Πρωταγορείου, καὶ τοῦ Πυῤῥωνείου[2]. Τετάρτη, εἰς θεοὺς τοὺς λογίους εὐχή. Πέμπτη, κοινὰ περὶ θεῶν δόγματα. Ἕκτη, περὶ Διὸς τοῦ βασιλέως. Ἑβδόμη, περὶ θεῶν τῶν ὑπερουρανίων. Ὀγδόη, περὶ θεῶν τῶν ἐντὸς οὐρανοῦ. Ἐννάτη, περὶ τῆς τῶν θεῶν συμπάντων ἀϊδιότητος.

1. Duos fratres intelligit, Demetrium et Thomam Palæologos, quorum majorem Demetrium postea designabit.

2. Codd. πυρωνείου.

Δεκάτη, περὶ τῆς Ποσειδῶνός τε καὶ τῶν ἄλλων ὑπερουρανίων θεῶν γενέσεως. Ἑνδεκάτη, περὶ τῆς τῶν ἐντὸς οὐρανοῦ τοῦδε ἀθανάτων γενέσεως. Εἶτα, ἠθικὰς, οἰκονομικάς τε καὶ πολιτικὰς ὑποθέσεις συμπλέξας, εἰκοστὴν καὶ μίαν ἐπῆγε περὶ θεῶν θεραπείας. Ἐπὶ ταύτῃ, περὶ ἱερέων καὶ βίου αὐτῶν· ἐφ' ᾗ, περὶ καθαρμῶν. Εἶτα, λογικῇ μᾶλλον ἐπισκέψει προσηκούσας ὑποθέσεις συνάψας, τριακοστὴν καὶ μίαν ἐπῆγε, περὶ ὀνομάτων τῶν πρεσβυτάτων θεῶν· αὕτη δὲ ἦν ἡ τελευταία τῶν ὑποθέσεων τοῦ πρώτου βιβλίου. Ἐφεξῆς δέ γε, τῶν τοῦ δευτέρου πρώτη μὲν ἦν, περὶ κριτηρίου τοῦ ἐπὶ τὴν τῶν προκειμένων σκέψιν. Δευτέρα δὲ, πρόληψις κοινῶν ἐννοιῶν. Τρίτη, ὡς εἰσὶ θεοί. Τετάρτη, περὶ προνοίας θεῶν. Πέμπτη, ὡς οὐ κακῶν οἱ θεοὶ αἴτιοι. Ἕκτη, περὶ εἱμαρμένης. Ἑβδόμη, περὶ πλήθους θεῶν. Ὀγδόη, περὶ διαφορᾶς τῶν τῶν θεῶν γενῶν. Ἐννάτη, περὶ τῆς κατὰ Κούρητας θεοσεβείας. Δεκάτη, περὶ θεῶν τῶν τε ἑπτὰ πρεσβυτάτων, καὶ τῶν ἄλλων ὑπερουρανίων. Ἑνδεκάτη, περὶ τῆς τῶν ἐντὸς οὐρανοῦ θεῶν γενέσεως. Εἶτα, περὶ ψυχῆς καὶ ἄστρων, καὶ τῆς τῶν ἄστρων ψυχῆς [1], καὶ περὶ δαιμόνων ἄλλα τε, καὶ ὡς οὐ πονηροί εἰσιν, καὶ ἔλεγχον τῶν κατὰ τῶν δαιμόνων διαβολῶν, καὶ περὶ αἰσθήσεων, καὶ περὶ θηρίων, καὶ τοιαῦτα προσθεὶς, εἰκοστὴν καὶ ἑβδόμην ἐπῆγε, περὶ τῆς τοῦ παντὸς ἀϊδιότητος· αὕτη δὲ, ἡ τελευταία τῶν ὑποθέσεων τοῦ δευτέρου. Τοῦ τρίτου δὲ ὑποθέσεις, πρώτη μὲν, ἀνάληψις τοῦ περὶ εἱμαρμένης λόγου. Ταύτῃ δὲ εἵπετο, περὶ ψυχῆς. Εἶτα, περὶ τέλους τοῦ βίου. Εἶτα,

1. Delenda videntur verba quatuor, καὶ τῆς τῶν ἄστρων ψυχῆς, nisi quid aliud vitii subest.

περὶ φρονήσεως. Εἶτα περὶ παίδων ἀγωγῆς. Εἶτα, περὶ τοῦ τῆς πολιτείας σχήματος. Εἶτα, περὶ ἀνδρείας[1], καὶ ἄλλα ἐφεξῆς τοιαῦτα προσθεὶς, δεκάτην καὶ τετάρτην ἐπῆγε, περὶ τῆς γονέων ἐκγόνοις οὐ μίξεως. Εἶτα, περὶ θεῶν γενέσεως. Εἶτα, περὶ τῆς ἀνδρὶ ἑνὶ γυναικῶν πλειόνων συνοικήσεως. Εἶτα, περὶ τῆς τῶν κοινῶν γυναικῶν χρήσεως. Τούτοις, περὶ κρεῶν ἐδωδῆς, καὶ τοιαῦτα ἄλλα ἐπαγαγὼν, εἰκοστὴν καὶ δευτέραν ὑπόθεσιν ποιεῖται, περὶ Διὸς, ὡς οὐδὲ λόγῳ διάκρισίς τίς ἐστιν ἐν αὐτῷ. Ταύτῃ ἐπισυνάψας ἠθικάς τινας ὑποθέσεις, καὶ πολιτείᾳ ἄλλας πρεπούσας, τριακοστὴν ἐπάγει καὶ δευτέραν, περὶ τῶν τῶν θεῶν ὀνομάτων, ᾗ τὰ κεφάλαια τῶν ὑποθέσεων καὶ ὁ προυργιαίτατον[2] τῆς νομοθεσίας ταύτης σκοπὸς συνῆπτο εὐθύς. Τριακοστὴ γὰρ καὶ τρίτη ὑπόθεσις ἦν, περὶ προσευχῆς. Μετὰ ταύτην, εἰς θεοὺς προσρήσεις. Εἶτα, ὕμνοι εἰς θεούς. Εἶτα, προσρήσεών τε καὶ ὕμνων χρήσεως διάταξις. Εἶτα, τίσι θεῶν τίνα θυτέα. Εἶτα, ἐπὶ τίσι πράξεσι, τίσι τε θεῶν καὶ ὅπως θυτέα. Ἔπειτα, ὅπως ἔχουσι τῶν θυσιῶν μεταληπτέα. Εἶτα, περὶ ἀκριβείας τῶν πρὸς θεούς. Εἶτα, κατὰ τίνων εὐκτέα τοῖς θεοῖς. Ἐπὶ πᾶσι, περὶ μαντειῶν. Ἐπινομὶς δὲ ἦν ἡ τελευταία τῶν ὑποθέσεων, τεσσαρακοστὴ καὶ τρίτη οὖσα τοῦ τρίτου βιβλίου. Ἑκάστῳ δὲ τῶν βιβλίων ἐπεγέγραπτο, Πλήθωνος νόμων συγγραφῆς βιβλίον πρῶτον, καὶ τοῖς λοιποῖς ἀκολούθως. Ἀρχὴ δὲ τοῦ παντὸς βιβλίου τοιάδε ἦν, Τάδε συγγέγραπται περὶ νόμων τε καὶ πολιτείας τῆς ἀρίστης, ᾗ ἂν διανοούμενοι ἄνθρωποι, καὶ ἅττ' ἂν καὶ ἰδίᾳ καὶ κοινῇ μετιόντες τε καὶ ἐπιτηδεύ-

1. Cod. ἀνδρίας. — 2. Sic codd., non προυργιαίτατος.

οντες, ὡς δυνατὸν ἀνθρώπῳ, κάλλιστά τε καὶ ἄριστα βιῷεν, καὶ ἐς ὅσον οἷόν τε, εὐδαιμονέστατα.

Τοιούτων συμφορῶν πλῆρες τὸ βιβλίον. Ἀπ' αὐτῶν δὲ πρώτων τῶν ἐπιγραφῶν καὶ ὑποθέσεων γνόντες, ἐβουλόμεθα μὲν εὐθὺς μηδ' ἐπιέναι λοιπόν. Ἐπεὶ δὲ ἦν ἀνάγκη πᾶσα τοιοῦτον ὂν ἀφανίζεσθαι, ἔδοξεν ἡμῖν δίκαιον εἶναι, καθάπερ ἂν παρόντι, τῷ γεγραφότι χαρίσασθαι τὸ μὴ ἐρήμην καταψηφίσασθαι τοῦ βιβλίου, ἀλλὰ τὸν ἐν ἡμῖν ἐκ Θεοῦ λόγον καὶ τὴν τῆς ἀληθείας συνείδησιν δικαστὰς καθίσαι τῇ τε γνώμῃ τοῦ ἀνθρώπου καὶ τῇ σπουδῇ, καὶ οἷ ἂν ἄγοιεν ἕπεσθαι, καὶ ὅπως ἂν ψηφίσαιντο πράττειν. Εἰκὸς γὰρ ἴσως αὐτὸν ἐπιγεγονότα τοῖς ἄλλοις ὅσοι περὶ τῶν τοιούτων ἐσπουδακότες εἰσὶν, ἀμείνω τινὰ τῆς θρησκείας συνηγορίαν εὑρεῖν, καὶ λόγοις καινοτέροις ὁμοῦ καὶ ἀξιωτέροις ἐντυχόντα πεισθῆναι, οὓς δέοι γ' ἂν μὴ περιιδεῖν· τοὐλάχιστον γὰρ, οὐ πόῤῥω συγγνώμης ἂν εἴη, λόγοις ἰσχυροτέροις ἐνδοὺς, οὔπω μὲν ὑπὸ τῶν τῆς Ἐκκλησίας διδασκάλων ἐξητασμένοις, αὐτοῦ δὲ πάνυ κεκρατηκόσιν οὐκ ἔχοντος ἀντιλέγειν. Καίτοι συνῄδειμεν ἐκείνῳ τὴν πονηρὰν ἀπ' ἀρχῆς ὑποστάντι πρόληψιν. Ἀλλ' ἐχρῆν ἀπαθὲς αὐτῷ καθίζειν τὸ δικαστήριον· ἡμᾶς δὲ μὴ διαφυγεῖν ἂν, οὔτ' εἰ τὰ αὐτὰ ἢ καὶ χείρω τῶν ἄλλοις ἐξευρημένων, οὔτ' εἰ βελτίω τε καὶ καινότερα εἴη τὰ τὴν ψυχὴν ἐκείνου θηρεύσαντα. Ἱερᾶς μὲν γὰρ θεολογίας, ἧς πλεῖστα ἡμῖν ἐμέλησεν ἐν παντὶ τῷ βίῳ, καὶ προὔργου μηδενὶ ἂν συγχωρῆσαι τῶν νῦν ὄντων ἁπανταχοῦ καὶ ἴσα ἡμῖν εἰδέναι· Ἑλληνικῶν δὲ βιβλίων καὶ λόγων, ἐφ' οὓς ἐκεῖνος ἑαυτὸν ἀναφέρει, μηδὲν ἡμῖν περιῶφθαι, ὅτε καὶ καταγινώσκειν αὐτῶν τοιούτων ὄντων εὐλόγως οἷοί τε ἦμεν, οὐ πρὶν ἐς τὴν τοιαύτην ἕξιν ἐλθεῖν, καὶ ὅτε σοφιζόμενός τις οὐκ ἂν λανθάνειν ἡμᾶς ἠδύνατο.

Ὑπὸ τοιούτων δὴ λογισμῶν ἐν ὥραις τέτταρσιν ὅλαις, ἐλαχίστῳ[1] μιᾶς ἡμέρας μορίῳ, τὸ βιβλίον ἅπαν ἐπήλθομεν, εἴδομέν τε καλῶς, τίσι λόγοις ἐπλήρου τὰς ὑποσχέσεις τῶν ὑποθέσεων. Ἐνταῦθα δὴ, πολλοῖς τε καὶ οὐ τοῖς αὐτοῖς περιηγόμεθα πάθεσι. Κατεγελῶμεν τῆς ἁπλότητος τοῦ ἀνθρώπου. Ἐθρηνοῦμεν τὸν ὄλεθρον αὐτῷ τῆς ψυχῆς. Κατηρώμεθα τῶν πονηρῶν δαιμόνων, ὑφ' ὧν, στερήσει χάριτος οὐρανίου, συνηρπάγη συντεθῆναι τῷ ψεύδει. Κατεγινώσκομεν τῆς τῶν ἀνθρώπων παραφορᾶς, ᾗ τὸν πρόσθεν χρόνον ἐδούλευον. Χάριτας ἀνεπέμπομεν τῷ προῖκα καὶ ὀψὲ τῇ φύσει τῶν ἀνθρώπων τὰς τῆς ἀληθείας πύλας ἀνοίξαντι, καὶ θαυμασίοις ὡπλικότι παρασκευαῖς, ὥστε ταύτης ἐπιμελομένους ἐφάπτεσθαι. Ἐδοξάζομεν αὐτὸν, ὡς οἷόν τε ἦν, ὅτι καὶ ἡμῖν τὴν χάριν ταύτην ἐφῆκεν. Ὠδυρόμεθα τὴν συμφορὰν τοῦ γένους ἡμῶν, τὴν αἰσχύνην, τὸ ὄνειδος. Ἔδει γὰρ τοῖς ἡμῶν κακοῖς καὶ τοῦτο προσκεῖσθαι, ὅτι τελευταῖον ἐνὶ τὰ τῆς Ἑλληνικῆς παιδείας ὑπελείφθη καλὰ πρεσβύτῃ, καὶ οὗτος ἀπώνατο τῆς περὶ ταῦτα σπουδῆς φρενῶν αἰσχρὰν ἔκστασιν· οὐ γὰρ ἂν εἶχε σωφρονῶν τοιαῦτα καινοτομεῖν. Ἠλγοῦμεν ἐπὶ τοῖς πόνοις τοῦ γέροντος, οὓς ἀπώλεσε, τὴν περὶ τὴν λέξιν τε καὶ συνθήκην φιλοτιμίαν ὑποθέσεσι φαυλοτάταις συναναλώσας· ὥσπερ εἴ τις ἐν ὕλαις ἀτιμοτέραις, ἢ διαλυομέναις εὐθὺς, τὴν περὶ τοὺς ἀνδριάντας αὐτῷ τέχνην ἐπιδεικνύοι, βελτίοσι καὶ προσηκούσαις χρῆσθαι δυνάμενος. Τί δεῖ καταλέγειν ὁπόσα ἡμῖν συνέβαινε πάθη; Ἐπεὶ δὲ ἔδοξεν ἡμῖν ταῖς

1. Magis placeret οὐκ ἐλαχίστῳ.

ἐπιγραφαῖς τοῦ βιβλίου καὶ τοῖς προοιμίοις δὶς ἐφιστᾶν, ἐνταῦθα δὴ δακρύων τὰς ὄψεις πλησθέντες καὶ βύθιόν τι στενάξαντες (ἐδόξαμεν γὰρ αὐτὸν παρίστασθαι Γεμιστὸν, ἢ μᾶλλον, ὡς αὐτός φησι, Πλήθωνα, καὶ μέχρι τοσούτου[1] τὴν περὶ τὸν ἑλληνισμὸν ἐκτείνας σπουδὴν, ὡς ἀκούσαντες αὐτοῦ πολλοὶ διηγοῦνται, ὅτι μὴ μόνον τὴν λέξιν, ἀλλὰ καὶ ψυχὴν τὴν οἰκείαν οὕτω διενοήθη κοσμεῖν· τὸ δ' ὅπως, ἐκεῖνοι μᾶλλον λεγόντων), τότε τοίνυν ὥσπερ παρόντι διαλεγόμενοι, καὶ τὴν συνεγνωσμένην ἡμῖν περὶ τοῦ βιβλίου φέροντες ψῆφον, Ἄνθρωπε, εἴπομεν, εἷς ἄριστος νόμος, καὶ μία πολιτεία βελτίστη· σὺ δὲ αὐτῶν ἀποστὰς, καὶ τοῖς φαυλοτάτοις ἀντὶ τούτων προσθέμενος, εἶτα καὶ νομοθέτης ἐπεθύμησας γενέσθαι; Τίνας ἐλπίσας προσθήσεσθαί σοι; Εἰ μὲν γὰρ καινότερα ἐνομοθέτεις, καὶ μήπω ἐπιδεδειγμένα τῷ ἀνθρωπίνῳ βίῳ, εἶχεν ἄν τί σοι καὶ ἐλπίδος τὸ τόλμημα. Εἰ δὲ τὰ τῶν σῶν ἡγεμόνων βιβλία σωζόμενα πανταχοῦ, τοιοῦτον ἐν ἀνθρώποις οὐδὲν ἰσχύει, τῷ φωτὶ τοῦ χριστιανικοῦ λόγου καὶ νόμου τῆς γῆς ἁπάσης καταλαμφθείσης, οὐ μόνον ὅσον εἰς τὴν θείαν ἥκει ῥοπὴν, ἐξ ἧς προδήλως ἡ πανταχοῦ τῶν πολυθέων ἐσβέσθη πλάνη, ἀλλὰ καὶ ὅσον εἰς τὴν ἀνθρωπίνην ἥκει σοφίαν, πολλῶν ἀληθινῶν φιλοσόφων λόγοις ἀληθεστάτοις καὶ ἔμφροσι, τὴν μὲν πλάνην ἀνατρεψάντων, τὴν δ' ἐκ Θεοῦ καὶ ἱερὰν μόνην ἀλήθειαν ἀποδεδειχότων πάνυ καλῶς, πόθεν ἤλπισας μόνος ἑνὶ βιβλίῳ τὰ τῶν ἄλλων ἐπιτέμνοντι, μηδὲν δὲ νεώτερον ἐπιδεικνυμένῳ ὃ τοὺς ἀρχαίους διέλαθε, πεῖσαι προσέξειν σοι τοὺς ἀνθρώπους; Εἰ δὲ τοῦτό σε τοσοῦτον διέλαθεν,

1. Cod. 1294, μέχρι τούτου, sed ad marg. τοσούτου.

οὐκ ἀπᾷδον, εἰ καὶ τοιοῦτος ἦσθα, οἷος τοῦ μὲν πατρίου δόγματος ἐκ παίδων ὀλιγωρῆσαι, τῇ δὲ κατασεσηπυίᾳ προσφυῆναι πολυθείᾳ. Ὧν δ' εἰς τὴν πολιτικὴν ὕλην ἢ οἰκονομικὴν ἢ ἠθικὴν ἀνηκόντων νομοθετεῖς, ὅσα μὲν εἰς Ἀριστοτέλη καὶ Πλάτωνα ἔστιν ἀναφέρειν, ἢ καὶ ἐς τὸν ἀληθῆ τοῦ ἡμετέρου Ἰησοῦ νόμον καὶ τῶν αὐτῷ προσκειμένων, ἢ τὰς τῶν εὐσεβῶς βασιλευσάντων νομοθεσίας, μᾶλλον ἂν ὠφελοῖτό τις ἐν τοῖς ἑκάστων αὐτὰ μετιὼν τόποις, καὶ τῷ πρωτοτύπῳ πλάτει αὐτῶν ἐντυγχάνων· αὐτὸς γὰρ συναφείᾳ ἐπιτεμὼν, οὐκ ἂν οὐδενὶ ὠφέλιμος εἴης. Ἃ δὲ καὶ οἴκοθεν προστιθέναι δοκεῖς, τούτων οὐδὲν ἂν ἀχρειότερον γένοιτο. Ἀγιστείας δὲ καὶ θρησκείας καὶ τὰ τοιαῦτα, καὶ πολλῷ χεῖρον, εἰ ἐνεργήσειν που τῆς γῆς προσεδόκησας, οὔτε σοφῶν οὐδενὸς, οὔτε ἰδιωτῶν τινος, ἢ βουλησομένου ἢ δυνησομένου ταύτας μιμεῖσθαι. Ἀλλὰ τὰς μὲν σὰς περὶ ἧς ἐκ τῶν ἀνθρώπων ἤλπισας εὐφημίας ἐπὶ τοῖς νόμοις τούτοις ἐλπίδας, ἐῶμεν. Τὰς δὲ ποικίλας τῶν ἀνθρώπων ἔν τε δόξαις καὶ βίοις διαφορὰς, ἐκτιθεῖς μὲν εὐθὺς, ἀληθεύων· πᾶσι γὰρ δῆλα τοῖς καὶ ὁπωσοῦν εἰδόσι ταῦτά ἐστιν· προσιστάμενα δέ σου ταῖς πρώταις ὑποθέσεσιν ἀγνοεῖς. Πῶς γὰρ ἂν εἴη κοινὰ τὰ περὶ θεῶν σοι δόγματα, οἷς οὐ πάντες ἄνθρωποι καὶ κατὰ σὲ τίθενται, οὐ νῦν μόνον, ἀλλὰ καὶ πάντα τὸν χρόνον; μᾶλλον δὲ νῦν οὐδεὶς αὐτοῖς τίθεται· ἀλλ', ὡς εἰκὸς, περὶ τὰ ἄλλα διαφωνοῦντες, περὶ ἓν τοῦτο συνᾴδουσιν, ὅτι Θεός ἐστιν εἷς, οὐχ εἷς ἄκρος ἐν ὑποδεεστέρων πλήθει πολλῷ, ἀλλ' ἁπλῶς εἷς τε καὶ μόνος. Ἀλλ' ἵνα δείξῃς σαυτὸν ὑπὸ τῆς τοιαύτης ἐν ἀνθρώποις διαφωνίας εἰς τὴν περὶ τἀληθοῦς καταστῆναι ζήτησιν, οὐκ ἀγαπήσαντα τοῖς ὑπὸ τῶν σῶν προγόνων εὑρημένοις ἢ κεκριμένοις πάνυ καλῶς, τὴν ποικιλίαν τῆς περὶ τὸ τέλος τῶν ἀνθρώπων ὁδοῦ ἐν προοιμίοις εὐθὺς, οὐδὲν δέον, ἐξέθου, ἅμα δὲ καὶ τῷ σκοπῷ σου προσεστηκὸς, ὡς ἔφθην εἰπών. Καὶ φὴς μὲν καλῶς, ἄριστά που δοξάσειν τε καὶ βιώσεσθαι τὸν κρινοῦντα τὸ βέλτιστον περὶ πάντων· ἀλλ' εἴπερ εἰδείη κρίνειν· σὺ δ' οὐκ ὀλίγον ἀπέσχες. Διὸ σαυτῷ τὰ ψεύδη πρὸ τῶν ἀληθεστάτων ἔμπεδα ποιησάμενος, καὶ ἀθλιώτατος ἀνθρώπων ὑπῆρξας, καὶ σῇ δήπου κρίσει. Ἢ πῶς ἂν Ζωροάστρῃ φέρων ἔνειμας σεαυτὸν, ὃν ὑπὲρ πάντας λέγεις προΐστασθαι, τῶν σοφωτάτων καὶ ἐνθέων ἀποφοιτήσας; Τίς ἀγνοεῖ Ζωροάστρην, ἐς ἀστρονομίαν περιβόητον Πέρσαις, ἐς οὐδὲν ἄλλο, γεγενημένον, ὑφ' ἧς δὴ καὶ πεπλάνηται, τὰ δ' ἄλλα τῇ γενέσει [1] σύμφωνον τὴν προαίρεσιν ἐπιδεδειγμένον; Νίνου γὰρ ἦν υἱὸς, τὴν οἰκείαν γήμαντος μητέρα Σεμίραμιν· ἀφ' ὧν ἐνομίσθη Πέρσαις μητρογαμεῖν. Τοῦτον ἐγνώρισέ σοι, πρόσθεν ἠγνοημένον, ὁ τῷ δοκεῖν μὲν Ἰουδαῖος, πολύθεος δὲ Ἑλισσαῖος· ᾧ μέγα δυναμένῳ τότε παρὰ τῇ τῶν βαρβάρων αὐλῇ, παρεσωτοῦ τὴν πατρίδα φυγὼν, ἵνα τὰ καλὰ παρ' ἐκείνου μάθῃς διδάγματα· τοιοῦτος δὲ ὢν, πυρὶ τὴν τελευτὴν εὕρετο, καθὰ δήπου καὶ ὁ ὑμέτερος Ζωροάστρης. Ζωροάστρου μὲν οὖν τοῦδε, καὶ Μίνωος, καὶ Εὐμόλπου, καὶ Λυκούργου, καὶ Πολυείδου, καὶ Τειρεσίου, καὶ τῶν ἄλλων οὓς ἀριθμεῖς, οὐδὲ βιβλίοις ἐνέτυχες, ὅθεν ἂν τὴν νομοθεσίαν ταύτην εἶχες λαβών· πλὴν ὅσον πολλοὶ ἕτεροι ἔνιά που αὐτῶν ἀπομεμνημονεύκασιν, ὅθεν οὐ σοὶ μᾶλλον ἢ καὶ πᾶσι σπουδαίοις ἡ περὶ αὐτῶν εἴδησις γέγονεν. Ἀλλ' ἐκ τῶν

1. Cod. 1294, γενήσει.

ὑστέρων μᾶλλον πάντ' ἔχεις συνειλοχὼς, οἳ Πυθαγόραν καὶ ἔτι μᾶλλον Πλάτωνα προστησάμενοι, τὰ πλεῖστα μηδ' αὐτῷ Πλάτωνι δεδογμένα περὶ τῆς πολυθέου πλάνης ἐν βιβλίοις συνεγράψαντο πολυστίχοις, μετὰ τοὺς πλείστους δὲ αὐτῶν καὶ ὑπὲρ πάντας τοὺς ἐν αὐτοῖς ἄκρους, Πρόκλος, οὗ τῶν πολλῶν βιβλίων ταυτὶ τὰ βραχέα ἐσπερμολόγησας. Καίτοι Πλουτάρχῳ μὲν σύ γε καὶ Πλωτίνῳ καὶ Ἰαμβλίχῳ [1] καὶ Πορφυρίῳ λέγεις ὁμολογεῖν· Πρόκλον δὲ, τὸν αἰτιώτατόν σοι γενόμενον, σιωπᾷς, τὴν τοῦ πρῶτος ἐφευρηκέναι τὰ πλεῖστα δόξαν σεαυτῷ σοφιζόμενος. Ἀλλ' οἱ Πρόκλον ἀνεγνωκότες, ἅμα δὲ καὶ κατεγνωκότες, συνοίδασί μοι τὴν τῶν λόγων τούτων πηγήν. Εἶτα τοῖς κατόχοις τῆς ἀληθείας, τοῖς ἀπλανεστάτοις ἐν πᾶσι ταύτης καθηγηταῖς, σοφιστείαν καὶ νεωτερισμοὺς ἐγκαλεῖς καὶ τὰ τοιαῦτα, καὶ διὰ τοῦτο αὐτοῖς οὐκ ἄν ποτε θήσεσθαι. Τούτων τοίνυν ἐκ νεότητος ἀποστὰς, καὶ τοῖς καλοῖς σου διδασκάλοις τεθεὶς, οἷς ὁμολογεῖν ἰσχυρίζῃ, οὐδὲ τὰ ἐκείνων εἰδέναι πάντως ἠδύνασο, καὶ πότερον νεωτερίζουσιν ἀληθῶς αὐτοὶ, ἢ μᾶλλον τῇ πρώτῃ καὶ φυσικῶς ἐγκατεσπαρμένῃ περὶ τοῦ ἑνὸς Θεοῦ τοῖς ἀνθρώποις δόξῃ συνεστηκότες εἰσὶ, τὴν δ' ἐκ διαφθορᾶς τῶν ἀνθρωπίνων βίων τε καὶ γνωμῶν νεωτερισθεῖσαν πολυθεΐαν, ἐκ Θεοῦ καὶ λόγου φωτισθέντες τε καὶ ἰσχὺν λαβόντες, ἀνεῖλον. Καὶ δι' αὐτό γε τῷ κριτηρίῳ τῶν σῶν πατέρων, ὄντως ἀκριβεῖ τε καὶ θείῳ, τὸ σὸν ἀντανέστησας, οὐ τἆλλα μόνον διεφθορὸς, ἀλλὰ δὴ καὶ τῷ μηδὲν τῶν ἱερῶν μήτ' εἰδέναι μήτε βουληθῆναί ποτε μαθεῖν. Τοιούτῳ δὲ κριτηρίῳ μηδὲ περὶ τῶν ἐλαχίστων

1. Cod. 1294, Ἰαβλήχῳ.

πιστεύειν δεῖν, ἅπας ἀξιοῖ λόγος. Ἵνα δὲ, σοφιστὰς τοὺς τῆς ἀληθείας καθηγεμόνας καλῶν, δόξῃς τι λέγειν, καὶ τῶν ποιητῶν καθάπτῃ τῶν σῶν. Καί τοι τῆς πολυθεΐας αὐτοὶ τοῖς σοῖς ἡγεμόσιν, οὓς ἀντὶ τῶν ἀληθῶν καὶ γνησίων προείλου, γεγόνασιν αἴτιοι· οἱ δὲ φιλοσοφήσαντες ὕστερον, ἐπὶ τὸ μεῖζον, ὡς αὐτοῖς ἐδόκει, μεταβαλόντες, εὐπρέπειάν τινα τῷ παρ' αὐτοῖς λόγῳ ταῖς ποιητικαῖς περὶ τῶν θεῶν σου τερατείαις ἐμηχανήσαντο. Οὐδὲν δὲ διαφέρει τῇδε ἢ ἄλλῃ τὰ τοιαῦτα συμπλάσαι, ἕως ἂν εἴτε ποιητικῶς εἴτε φιλοσόφως συμπλάττοιτο· αἴσχιον μέν τοι ποιητικῶς. Καὶ ἡμεῖς μὲν λόγοις ἀληθέσι μάλιστα πεπεισμένοι περὶ ὧν φρονοῦμεν, ἔπειτα καὶ πολλαῖς ἐκ τοῦ θείου συνηγορίαις, ὥσπερ ἐπικουροῦντος τῇ εὐσεβεῖ δίψῃ τῶν ἀκριβῶς αὐτῷ προσεχόντων, ἐρείδομεν τὴν ἐκ τῶν λόγων ἐγγινομένην ἡμῖν πίστιν. Σὺ δὲ, τὴν μὲν ἐκ Θεοῦ χορηγίαν συκοφαντῶν, τὸν δὲ λόγον οὔτ' ἔχων, οὔτε σπουδάσας λαβεῖν, ποιηταῖς δὲ τὴν ἀρχὴν, εἶτα μᾶλλον φιλοσόφοις, οὓς λέγεις, προσεσχηκὼς, ὧν τοὺς μὲν καὶ σὺ κακίζειν δοκεῖς, τοὺς δὲ πολλοὶ καὶ γενναῖοι τῶν ἀληθῶν φιλοσόφων ἐξήλεγξαν λόγοι, καὶ πάντας ἔπεισαν ὡς λήρων καταφρονεῖν, ποῦ τὴν περὶ τοῦ τὰ ὄντα φρονεῖν ἱδρύεις ἐλπίδα νῦν, μετὰ τὴν τοσαύτην νέκρωσιν ἢ φυγὴν τῆς πολυθεΐας, μόνος αὐτὸς τὴν ὁδὸν ἐκείνης προῃρημένος; Ἐξετάζειν δὲ καὶ μανθάνειν δεῖν περὶ τῶν θείων, ὡς τοῦτο τῇ λογικῇ φύσει πρέπον, καὶ πάνυ καλῶς σοι λέγεται, ἀλλ' ἐξετάζοντας δεῖ προστίθεσθαι τοῖς ἀληθεστέροις, ὃ δύναιντ' ἂν μετὰ τοῦ θείου πράττειν καλῶς οἱ σοφίας μὲν παντοίας ἀρκούντως μετεσχηκότες, διαλεκτικῆς δὲ ἐμπεπλησμένοι δυνάμεως, νοῦν δὲ μὴ θεωρητικὸν μόνον, ἀλλὰ καὶ πρακτικὸν ἔχοντες. Ἄνευ γὰρ τούτων, οὔτε δυνήσεταί τις ὁποίαις ἂν χρήσαιτο τῶν ἀρχῶν εἰδέναι καλῶς, οὔτε τί ἂν ἕποιτο ταύταις ἀπλανῶς ἐξευρίσκειν, ἀλλ᾽ ἢ τιθέντες ἃ μὴ χρὴ τὴν ἀρχὴν, ἢ καὶ χείρω ἐπισυνάπτοντες οὐδ᾽ ὡς ἂν συναφθεῖεν, σφᾶς τε αὐτοὺς πολλοὶ καὶ πλείους ἄλλους ἀποπλανῶσι τῆς ἀληθείας· ὃ καὶ σοὶ, πρὸς τὴν περὶ τἀληθοῦς ζήτησιν ἄνευ παρασκευῆς ὡρμημένῳ πρεπούσης, συνέβη. Οὐ γὰρ τὸν χριστιανικὸν ἐξετάσας[1] καὶ μαθὼν πρῶτον λόγον, εἶτα τὰς τῶν ἄλλων ἀνθρώπων μετεληλυθὼς δόξας, ἣν ἐκ τοῦ λόγου συμφωνοτέραν εὗρες ταῖς τῶν ἀρχῶν ἀληθεστέραις ἢ κοινοτέραις, ταύτῃ προσέδραμες· ἀλλ᾽ ὃ τῶν τῆς πατρίου δόξης ἐχομένων, καὶ μετὰ λόγου, διαβάλλων κατηγορεῖς ἡμῶν, προκατειλῆφθαί γε φάσκων, τοῦτο σὺ πρὸς τὴν ἐθνείαν ἔπαθες δόξαν, πρὶν ἕξιν λαβεῖν ἐκ τέχνης καὶ φύσεως τοῦ κρίνειν ἔχειν περὶ τοιούτων. Τοιοῦτόν σε οἱ καλῶς εἰδότες ἱστόρουν· καὶ ἡμεῖς ἔγνωμεν, πολλάκις σοι συμβαλόντες, ὡς περί γε τοῦ ἀληθοῦς τῶν Χριστιανῶν λόγου οὐδὲν εἶχες πλέον τῶν καθάπαξ ἀγροίκων, ἢ αὐτὸς εἰπεῖν, ἢ λεγόντων ἄλλων συνεῖναι. Ὅθεν, τῇ μὲν περὶ τὴν ζήτησιν τῆς ἀληθείας σπουδῇ δικαίως πάνυ συνηγορεῖς, τὸν δὲ τρόπον αὐτῆς, ἐξ οἰκείας τε διαστροφῆς καὶ θείας ἐγκαταλείψεως, οὐκ ἠξιώθης εὑρεῖν. Διόπερ οὔτ᾽ αὐτός τι τῶν ἄλλων ἀπολέλαυκας πόνων, καὶ ὧν ἐς τήνδε σοι τὴν συγγραφὴν κατεβάλου, οὔτε τῳ τῶν ἄλλων ἔσῃ λυσιτελής· ἐκστήσειας μὲν οὖν τινας ἴσως ὑπ᾽ ἀμαθίας ἢ πονηρίας ἄλλης, ἡγεμόνι σοι χρησαμένους. Ὥστε σοι καὶ εἰκῇ πάντα νῦν ηὖκται· μᾶλλον δὲ, οὐδ᾽ εἰκῇ, ἀλλ᾽ ἄξιον τοιούτων εὐχῶν ἐπηκολούθησέ

1. Cod. ἐξετάσαι.

σοι, τῆς τε περὶ τοὺς λόγους ἐπιτυχίας καὶ τῆς τῶν ἐντευξομένων ὠφελείας τὸ πέρας. Αὐτίκα γὰρ οὔτε κοινὴ πάντων, οὔτε θείων τινῶν, ὡς φὴς μετὰ τὴν εὐχὴν ἀρχόμενος, ἀλλ' ἀτόπων ἀνδρῶν, ἡ περὶ τῶν θεῶν σου γέγονε δόξα. Εἶναι μὲν γὰρ τὴν θείαν φύσιν, καὶ πάντων αἰτίαν εἶναι τῶν ὄντων, κοινὴ σχεδὸν γέγονε δόξα. Διαιρεῖν δὲ τὴν τοιαύτην φύσιν εἰς πλῆθος τοσοῦτόν τε καὶ οὑτωσὶ διακεκριμένον, ὀλίγων ἦν, οὓς εἵλου καθηγεμόνας ἀντὶ τῶν πλείστων τε καὶ βελτίστων. Ἦν δέ ποτε καὶ πολλῶν· ἀλλ' ὑμεῖς οὐ τοῖς χυδαίοις, οὐδὲ ποιηταῖς, οὐδὲ σοφισταῖς προστίθεσθαι λέγετε, καίτοι μηδὲν καινότερον αὐτῶν ἀξιοῦντες, ἀλλ' ἐπιχρωννύντες μόνον εὐπρεπείᾳ λόγων τινὶ τὴν ἀλογίαν τῆς θέσεως. Δία γὰρ κἀκεῖνοι καὶ Ποσειδῶνα, καὶ Κρόνον, καὶ Ἥραν, καὶ Ἄρτεμιν, καὶ οὐρανίους, καὶ ταρταρίους, καὶ χθονίους, καὶ Τιτᾶνας, καὶ δαίμονας, καὶ ἄῤῥενάς τε καὶ θηλείας, καὶ γνησίους καὶ νόθους, καὶ τὰ τοιαῦτα ἐλήρουν, ἀτοπωτέρως μέντοι καὶ αἴσχιον ἢ οἱ ὕστερον μεταπλάττουσιν. Ἀλλ' οἱ τῷ ὄντι θεῖοι γεγενημένοι, σιωπῶ δὲ τοὺς ἄλλους, ἀλλὰ Μωσῆς ἐκεῖνος ὁ μέγας, περὶ οὗ ἐν πρώτῃ τῶν ἱστοριῶν ὁ Διόδωρος, Μετὰ τὴν παλαιὰν, φησὶ, τοῦ κατ' Αἴγυπτον βίου κατάστασιν τὴν μυθολογουμένην γενέσθαι ἐπὶ θεῶν καὶ ἡρώων, πρῶτον πεῖσαί φασιν ἐγγράφοις νόμοις χρῆναι βιοῦν Μωσῆν, ἄνδρα καὶ τῇ ψυχῇ μέγαν καὶ τῷ βίῳ ἱκανώτατον μνημονευόμενον. Τὰς γὰρ ἄλλας περὶ αὐτοῦ θεόθεν τε καὶ ἐξ ἀνθρώπων μαρτυρίας[1], παρίεμεν νῦν. Οὗτος τοίνυν ἐν δευτέρῳ τῶν νόμων βιϐλίῳ φησίν, Ἄκουε, Ἰσραὴλ, Κύριος ὁ Θεός σου Κύριος εἷς ἐστι. Κἂν τῷ τῆς

1. Cod. 1289, θεόθεν μαρτυρίας καὶ ἐξ ἀνθρ. παρ.

Ἐξόδου βιβλίῳ, Οὐκ ἔσονταί σοι, φησὶ, θεοὶ ἕτεροι πλὴν ἐμοῦ, ὡς ἐκ Θεοῦ τὸν νόμον τοῦτον τιθείς. Ὁ δὲ μακάριος Παῦλος ἐν τῇ πρὸς Ἐφεσίους ἐπιστολῇ, Εἷς, φησὶ, Κύριος, μία πίστις. Οἷς ἀναρίθμητος ἑσμὸς ἐπακολουθεῖ θείων τε καὶ σοφωτάτων ἀνδρῶν, τὴν οὐράνιον ταύτην ἀλήθειαν καὶ λόγου κρίσει συμβεβαιοῦντες· καὶ τούτοις αὖ σύμπαν νῦν τῶν ἀνθρώπων πλῆθος ἀκολουθεῖ. Εἰ γὰρ τῷ Θεός ὀνόματι ἔσχατόν τι νοεῖται καὶ καθ' ὑπεροχὴν, ἕνα τὸν Θεὸν εἶναι ἀνάγκη. Ἓν γὰρ, οὐ πλείω, τὸ καθ' ὑπεροχήν τε καὶ ἔσχατον. Εἰ δὲ καὶ τελειότατον δεῖ τὸν Θεὸν εἶναι, ἕνα τυγχάνειν τοῦτον ἀνάγκη· οὐ γὰρ οἷόν τε πλείω εἶναι τὰ τέλεια, εἴπερ ἀδύνατον διακριθῆναι ἂν τοὺς πλείους θεοὺς τελείους ὄντας, οὐδενὸς σφίσιν ἐνδέοντος. Καὶ εἴπερ ἡ τῶν ὄντων διάκρισίς τε καὶ τάξις καὶ κυβέρνησις ἀρκούντως δι' ἑνὸς τοῦ πρώτου ποιοῦντος γίνεται, πάντων τῇ δυνάμει διικνουμένου, παρέλκον τε ἂν εἴη καὶ ἅμα οὐ βέλτιον[1] διὰ πλειόνων αὐτὰ γίνεσθαι. Καὶ εἴπερ ἡ τῷ ὀνόματι τούτῳ σημαινομένη φύσις, ἄτομός ἐστι καθ' αὑτὴν, ἀμήχανον ἑτέρῳ ταύτην ἁρμόζειν· ὃ γὰρ ἀρχῇ τοῦ ποιεῖν ἐστιν ἄτομον, πλείοσιν οὐχ οἷόν τε κοινὸν εἶναι· καθ' ἕτερον δέ τι καὶ μὴ καθ' αὑτὸ τὴν θείαν φύσιν ἄτομον εἶναι, οὐχ οἷόν τέ ἐστιν, ἵνα μὴ οὕτω δὴ καὶ σύνθετος ᾖ. Καὶ πολλοῖς ἄλλοις λόγοις καὶ τεκμηρίοις, τὸ δόγμα τοῦτο δεικνύουσιν, ὧν ἁπάντων ἱκανώτατόν ἐστιν, ὅτι τῶν μὲν ἄλλων περὶ Θεοῦ λεγομένων ἕκαστον, μίαν τινὰ τελειότητα δήπου σημαῖνον, κατηγοροῖτ' ἂν ἀμηγέπη καὶ τῶν κτισμάτων, οἷς ἐκεῖθεν ἡ τελειότης ἐστὶν, οἷον ἀγαθότης, σοφία, δύναμις, ἑνότης, καὶ τὰ τοιαῦτα· θεότης δὲ ταῖς τελειότησι πάσαις ὄνομα κεῖται, ἃς ἀδύνατον προσεῖναι

1. Cod. 1289, οὐδὲ βέλτιον.

πάσας ὁμοῦ, πλὴν τῆς πρώτης καὶ μόνης πάντων αἰτίας. Οὐδ' ἀθροίζει μόνον τὰς τελειότητας τὸ τῆς θεότητος ὄνομα, ἀλλὰ καὶ τὸν τρόπον συνάπτει ᾧ ταύτας εἰς ἓν ἀθροίζεσθαι χρή· ᾧ γὰρ αἱ τελειότητες προσήκουσι πᾶσαι, τούτῳ καὶ ἀγεννήτως καὶ ἀπείρως καὶ ὑπερφυῶς, καὶ ὑπὲρ πάντα νοῦν τε καὶ λόγον, καὶ τελεώτατα, καὶ μόνῳ, χρὴ προσήκειν αὐτάς· καὶ διὰ τοῦτο ἀγαθὸν μὲν ἔστιν εἰπεῖν ὁτιοῦν τῶν κτισμάτων, καὶ σοφὸν, ᾧ τοῦτο προσήκει, καὶ ἄλλο, δυνατὸν, ἀληθεύοντας· ἀναλογικῶς γὰρ ταῦτα καὶ τοῖς τοῦ Θεοῦ προσήκουσιν ἔργοις, μετὰ τῆς ἐν τοῖς πράγμασιν ἀληθείας, καὶ τὰ ὀνόματα. Θεὸν δὲ οὐκ ἔστιν ἄλλον εἰπεῖν ἢ τὴν πάσης μὲν τελειότητος πληρεστάτην, πᾶσι δὲ λόγοις καὶ τρόποις ἀπειράκις ἀπείρως ὑπερκειμένην παντὸς ὁπωσοῦν ὄντος φύσιν. Πλείοσι δὲ φύσεσι ταύτης τῆς ὑπεροχῆς κοινωνεῖν, οὐδ' ἂν αὐτὸς ὁ Θεὸς δύναιτο, βουληθεὶς ἂν, καίτοι πᾶσαν φύσιν παράγων μείζω τε καὶ ἐλάττω μόνος αὐτὸς, ὥσπερ οὐδ' ἂν δύναιτο μὴ εἶναι Θεὸς, ἢ ὅλως μὴ εἶναι ὅπερ ἐστίν. Ἀλλ' οἱ [1] τὸ θεῶν εἰσάγοντες πλῆθος, τιθέασι [2] ταῦτα μόνον ἁπλῶς, πρὸς τοὺς προτέρους οἱ ὕστεροι ἀναφέροντες, οὐ μᾶλλον αὐτοὶ σεμνυνόμενοι τῇ πρὸς ἐκείνους ἀναφορᾷ, ἢ κἀκείνοις μεταδιδόντες τοῦ αἴσχους, μᾶλλον δὲ καὶ πολλῷ χείρους, ὡς αἰτιωτάτους αὐτοῖς τῆς πλάνης, δεικνύντες. Καὶ σὺ γὰρ ἐνταῦθα λόγον οὐδένα περὶ τοῦ πλήθους διδοὺς, γεννᾷς μόνον, καὶ ὀνομάζεις, καὶ συντάττεις, καὶ διακρίνεις, καὶ συνοικίζεις αὖ πλῆθός τι θεῶν ἀμύθητον. Ὅτι δὲ οὐδεὶς ἂν ὑμῖν πρὸς ταῦτα λόγος παρείη, δῆλον ἐντεῦθεν συντόμως. Πῶς γὰρ οἷόν τε, διεστηκότας ἀμηχάνῳ ὅσῳ τῆς [3] πρώτης

1. Codd. οἷ.—2. Cod. 1289 τιθεῖσι.—3. In codice 1289 τῆς iteratur.

αἰτίας, οὕς φατε θεοὺς, μὴ τοῦ Θεοῦ κτίσματα εἶναι καὶ δοῦλα; Κτίσματα δὲ ὄντας Θεοῦ, οὐχ οἷόν τε θεοὺς εἶναι, καὶ θεῶν ἄλλων δημιουργούς. Ἀντιφάσεις γὰρ ταῦτα, τῆς τοῦ Θεός ὀνόματος ἀκριβείας ὡς χρὴ τηρουμένης. Οὐδ' ἀλλήλων τηλικαύταις τε καὶ τοιαύταις διακρινομένους ὑπεροχαῖς καὶ ὑφέσεσιν, εὔλογον ἂν εἴη, θεοὺς εἶναι καὶ καλεῖσθαι δεῖν οὕτω. Εἰ τοίνυν ἔργα τοῦ Θεοῦ καὶ αὐτοί γ' ἂν ἦσαν, καὶ τῆς θείας ἄνευ ἰσχύος μήτ' ἂν γεγενημένοι [1], μήτ' ἂν ἄλλους παραγαγόντες, μήτ' ἂν δυνηθέντες ἐν τῷ παντὶ τῷδε καὶ ὁτιοῦν, ὥστ' εἶναι τὴν πρώτην αἰτίαν, καὶ μόνην ὡς ἀληθῶς, ἧς τὸ δραστήριον ὡς δι' ὀργάνων τῶν ἀπ' αὐτοῦ πάντων μέχρι καὶ τῶν ὑστάτων διήκειν, τί σοι καὶ τοῖς σοῖς ἡγεμόσι τῶν τοιούτων πόνων ἐδέησεν, ὥστε συμπλάττειν ἀνάγκῃ μηδεμιᾷ τὰ πολλῆς ἀτοπίας γέμοντα; Ἡμεῖς γὰρ οἱ τὸν ἀληθῆ καὶ θεῖον προϊστάμενοι λόγον, τὸν μὲν Θεὸν ἀμέσως πάντα δημιουργῆσαι φρονοῦμεν τὰ ὄντα, καὶ ἀμέσως αὐτὰ κυβερνᾷν τε ἐκεῖθεν καὶ προνοεῖν, ᾗ προσήκει πρώτῳ ποιοῦντι. Τὴν μέν τοι τῆς θείας κυβερνήσεως ὑπουργίαν, ὡς δούλοις, καὶ τῶν κτισμάτων αὐτῶν ἀποδίδομεν ὁπόσοις τοῦτο προσήκει, τῷ τε θείῳ προσήκειν ἀξιώματι τοῦτο, καλῶς εἰδότες, καὶ τῇ τοῦ παντὸς συμφέρειν ἑνότητι, καὶ τῇ τάξει τῶν ἐν αὐτῷ μερῶν, καὶ ταῖς ἑκάστου πρὸς ἕκαστον ὑπεροχαῖς καὶ ὑφέσεσιν, οὐ μάτην ἐκ Θεοῦ δεδομέναις. Ὅθεν, συντόμως εἰπεῖν, ταῖς μὲν νοεραῖς καὶ πάντῃ σωμάτων κεχωρισμέναις οὐσίαις αὐτὸν ἀμέσως τὸν δημιουργὸν ἐφιστῶμεν, οὐκ ἄνευ τάξεως ἐξαισίου πρὸς αὐτὸν ἀνατεινομέναις, καὶ τὰ θεῖα μυουμέναις προστάγματα περὶ

1. Cod. 1289, γεγεννημένοι.

τῆς τοῦ παντὸς διοικήσεως· ἣν εὐταξίαν αὐτῶν, ἐκ Θεοῦ δι' αὐτῶν ἀποκαλυφθεῖσαν, ἴσμεν ὡς οἷόν τε καλῶς. Τοῖς δ' οὐρανίοις σώμασιν ἐνίας ἐφιστῶμεν αὐτῶν, ἃς οὐρανῶν καλοῦμεν δυνάμεις, οὔσας μέν τοι μὴ φύσεων αὐτῶν αἰτίας οὐδὲ τοῦ πεφυκέναι τῇδε κινεῖσθαι, τῷ δὲ συνεχεῖ τῆς κινήσεως συνεργοὺς, τρόποις εὐσεβῶς τε καὶ σοφῶς νοουμένοις. Τῶν δὲ γεννητῶν τουτωνὶ, τοῖς μὲν ἄλλοις, οὐρανόν τε καὶ πᾶν ὑπ' αὐτὸν σῶμα, ἄλλο ἄλλως, οὐ τοῖς διαφέρουσι μόνον, ἀλλὰ καὶ τοῖς αὐτοῖς συμβαλλόμενα, πρὸς τὸ γίνεσθαί τε ὡδὶ καὶ εἶναι ἕως ἂν ᾖ. Ἀνθρώπων δὲ, τῷ μὲν γηΐνῳ, αὐτὰ δὴ ταῦτα, οὐκ ἄνευ τῆς τῶν ἀσωμάτων ἐπιπλοκῆς, ἐπειδάν ποτε καὶ τῆς δι' αὐτῶν προνοίας ἄξιον ᾖ διὰ τὴν ἀξίαν τοῦ συνημμένου καὶ χρείαν· αὐτῷ δὲ τῷ βελτίονι καὶ ἀθανάτῳ καὶ χωριστῷ, τὰς ἀσωμάτους ἐφιστῶμεν οὐσίας μόνας, οὐκ ἄνευ Θεοῦ, οὐχ ὅπως γένοιτό τε καὶ ἐν σώματι εἴη (τοῦτο γὰρ Θεοῦ μόνου ἔργον), ἀλλ' ὅπως ἄμεινον δύναιτο βιοῦν, ἐπιμελομένας. Ἀλλ' οὔτε τι αὐτῶν ὀνόματος ἀξιοῦμεν οὔτ' ἔργου μηδαμόθεν σφίσι προσήκοντος, οὔτ' εἰς τὸν ἕνα παρανομοῦμεν Θεὸν, τὴν ὑψηλοτάτην ἐπωνυμίαν χραίνοντες τῷ καταβιβάζειν ἔνθα μήτ' ἀληθὲς μήθ' ὅσιον, καὶ τῇ κοινωνίᾳ τῆς ἐπωνυμίας καὶ τὰς εἰς τὸν Θεὸν τιμὰς συμμερίζειν τοῖς δούλοις, καὶ δημιουργοὺς ἀλλήλων καὶ πατέρας ποιεῖν, καὶ τοῦ παντὸς τοῦδε δημιουργοὺς, καὶ γενῶν διακρίσεις καὶ συνουσίας καὶ ἁρπαγὰς καὶ ἔρωτας καὶ τὰς ἄλλας φλυαρίας τῇ θείᾳ φύσει προσάπτειν, ἃ μετὰ τῶν ἄλλων οὐδὲ σὺ λέγων αἰδῇ καὶ νομοθετῶν. Ἀλλὰ φαίης ἂν καὶ τὴν ἡμετέραν γραφὴν τῷ πλήθει τῶν θεῶν συγχωρεῖν, λέγουσαν, Θεὸς θεῶν Κύριος ἐλάλησε· καὶ, Οὐκ ἔστιν ὅμοιός σοι ἐν θεοῖς, Κύριε· καὶ, Ἐγὼ εἶπα,

Θεοί ἐστε. Πολλοῦ γε καὶ δεῖ ταυτὶ συγχωρεῖν. Ἐλαύνει μὲν οὖν πανταχοῦ, καὶ ἡμεῖς ὡς ἐλαυνούσῃ προσέχομεν· ἐκεῖνα δὲ νοοῦμεν, ὡς ἂν νοοῖτο δήπου καλῶς, εἰδότες δόγμα τε διακρίνειν, καὶ λόγων οἰκονομίαν, ἢ συνηθείᾳ, ἢ χρείᾳ χαριζομένην. Τοῖς γὰρ ὁμωνύμοις καὶ μεταφορικοῖς χρώμεθα μὲν πολλαχοῦ, τῆς χρείας καλούσης· ὡς εἴ τις λέγοι τὸν ἀρετῇ καὶ πλεονεκτήμασιν ἐν τῷ τῶν ἀνθρώπων διαλάμψαντα βίῳ καὶ πολλοῖς ὠφέλιμον γεγονότα, ἥλιον εἶναι, ἢ ἄλλον ἥλιον, ἢ δεύτερον ἥλιον· ἀλλ' οὐδεὶς νοῦν ἔχων, ἐντεῦθεν ἑλὼν, ἡλίους ἂν πολλοὺς πλάσειε, κοινωνοῦντάς τέ πη τῇ φύσει, καὶ αὖ διαλλάττοντας, ἵνα τήν τε χείρω βούλησιν ἐκπληρώσῃ τὴν ἑαυτοῦ, καὶ μηδὲ δόξῃ τοῖς ἐκδήλοις καὶ ἀληθέσι πάνυ μαχόμενος. Παιζόντων γὰρ τὰ τοιαῦτα μᾶλλον ἂν εἴη· μὴ χρῆναι δὲ παίζειν ἐν οὐ παικτοῖς. Καὶ εἰ περὶ πάσης ὕλης φιλοσοφοῦντας γνησίως χρὴ τὰ τοιαῦτα φυλάττεσθαι, πῶς ἂν εἴη δίκαιον τὴν ἱερὰν τοὺς ἀνθρώπους κιβδηλεύειν θεολογίαν, ἵνα μὴ μόνον ψευδολογῶσι τὰ περὶ τῶν θείων, τὰς λέξεις ὥσπερ οἱ σοφισταὶ συναρπάζοντες, ἀλλὰ καὶ πολλὰ μὲν βλασφημεῖν, πολλὰ δὲ ἀσεβεῖν ἐντεῦθεν προάγωνται, ἐπὶ ψευδοῦς θεμελίου τὰ ἄλλα ἱδρύοντες. Ἡ μὲν οὖν ἱερὰ γραφὴ τῇ τῶν πολλῶν ἀσθενείᾳ συγκατιοῦσά ποτε, καὶ ἐπὶ τῶν κτισμάτων καταχρῆται ταύτῃ τῇ λέξει, ὅσα τῶν ἄλλων ὑπερέχει τρόπῳ τινὶ, ἢ τῇ διοικήσει τῶν ὑποδεεστέρων κατὰ τὴν βούλησιν τῆς πρώτης αἰτίας, ἢ τῇ κοινωνίᾳ τῆς θείας μακαριότητος, ἢ τῇ τῆς σοφίας ὑπεροχῇ καὶ τῶν ἄλλων ἀγαθῶν ἐν τῷδε τῷ βίῳ· διὰ ταυτησὶ τῆς προσηγορίας πρὸς τὴν ἐπιμέλειαν τῆς κατὰ λόγον τε καὶ νόμον ζωῆς, δι' ἧς, ὡς ἐφικτὸν τῇ ἀνθρωπίνῃ φύσει, πρὸς τὴν θείαν ἀφίξονται κοινωνίαν, τὰς τῶν ἀκουόντων διανοίας ἐπαίρουσα. Τί δὲ τούτῳ κοινὸν πρὸς τὰς ἐκτόπους θεοπλαστίας, αἷς ὑμεῖς ἐναυχεῖτε; Ἴδωμεν δὲ καὶ περαιτέρω σου τὴν σοφίαν. Κοινὴν εἶναι φῂς δόξαν, τὸ πλείους εἶναι θεούς. Ἀλλὰ δῆλον μὴ εἶναι δόξαν τοῦτο κοινήν. Ἔμελλες ἂν οὖν εἰκότως ἀποδεικνύειν· ἀλλ' οὐ δεικνύεις. Τοῦτο δέ ἐστι τὸ πάνυ ζητούμενον ἐκ πολλοῦ τοῖς ἀνθρώποις, ἐπεὶ καὶ σὺ τὴν κοινὴν δόξαν πάλιν εἰσάγεις οὐκ εἶναι κοινήν, τὰς περὶ τοῦ θείου διαφορὰς ἐκτιθέμενος. Εἶτα τιθεὶς, ὥσπερ νομοθετῶν, πλείους μὲν εἶναι θεοὺς, οὐ τοὺς αὐτοὺς δὲ θεότητι. Ἀλλ' ὥσπερ εἰ μή εἰσι θεότητι θεοὶ, οὐδ' ἂν θεοὶ εἶεν, οὕτως, εἰ μὲν τῇ αὐτῇ πάντες εἰσὶν, ᾧ ἕποιτ' ἂν καὶ αὐτοὺς εἶναι θεοὺς τοὺς αὐτοὺς τῇ αὐτῇ θεότητι εἰδοποιουμένους, ἀδύνατον ἕνα τινὰ διαφέρειν τῶν ἄλλων τῇ φύσει καὶ ἀμηχάνῳ ὅσῳ διαφέρειν, ὡς φής· εἶτα καὶ τοὺς ἄλλους σχεδὸν ἀλλήλων οὑτωσὶ διακρίνεσθαι· τοῖς γὰρ ἑνὸς κοινωνοῦσιν εἴδους, ἀδύνατον τηλικαύτην ἐνυπάρχειν διαφορὰν, ἀλλὰ συνωνύμως δεῖ κατ' αὐτῶν τοὔνομα λέγεσθαι. Φύσει δὲ μὴ διαφέροντες ἀλλήλων, ἢ οὐδὲ διοίσουσιν ὅλως, ἢ συμβεβηκόσι διοίσουσιν, ὧν τῷ μὲν ἕπεται μηδὲ εἶναι ὅλως οὔτε πλείους οὔθ' ἕνα· τῷ δὲ πλεῖστα ἄλλα τοιαῦτα ἀκολουθεῖ. Εἰ δὲ μὴ τῇ αὐτῇ θεότητι, δῆλον ὡς ὁμωνύμως οὕτω καλοῦνται. Ἢ τοίνυν ἅπαντες ὁμωνύμως οὕτω καλοῦνται, καὶ οὐδείς ἐστι κυρίως καὶ ἀληθῶς θεός· καὶ ἢ ἄλλοθί που αὖ ἡ ἀληθὴς θεότης ἐστὶν, οὐκ ἐν αὐτοῖς πᾶσιν ὁμοῦ, ἢ εἰκῇ οὕτω καλοῦνται, καὶ οὔτ' ἐν αὐτοῖς οὔτ' ἄλλοθί που θεότης ἐστὶν ἀληθής· ἢ εἰ ταῦτ' ἀδύνατα, εἷς μέν ἐστιν ᾧ προσήκει μοναδικῶς τοῦτο τὸ ὄνομα καὶ κυρίως, αὐτὸς δέ ἐστι καὶ μόνος Θεὸς, καὶ ἄλλος οὐδείς. Αὐτὸς γὰρ οὐ μόνον οὐκ ἔσται ἄλλοις ὁ αὐτὸς τῇ θεότητι, ἀλλὰ καὶ τῇ αὐτοῦ θεότητι ὁ αὐτὸς ἔσται, τῷ ταὐτὸν εἶναι δεῖν ἐν τῷ Θεῷ τό τε ὑποκείμενον, καὶ τὴν φύσιν ἤτοι τὸ εἶδος, ἵνα μὴ σύνθετος ᾖ. Ταὐτὸν δὲ εἰπεῖν, τῇ θεότητι ὁ αὐτὸς ἔσται, διὰ τὰ εἰρημένα, καὶ εἷς ἔσται Θεὸς μόνος[1], καὶ μία θεότης οὕτω. Εἰ τοίνυν εἷς ἐστι Θεὸς, καὶ μάλιστα εἷς διὰ τὴν ἄκραν ἁπλότητά τε καὶ τελειότητα, οὐχ οἷόν τε πλείους εἶναι θεοὺς οὐδεμιᾷ μηχανῇ, οὔτε τοὺς αὐτοὺς αὐτῷ καὶ ἀλλήλοις θεότητι, οὔτε οὐ τοὺς αὐτούς. Πῶς δ' ἠγνόηκας, ἄνθρωπε, ὅτι πᾶσα ἡγεμονία τῆς ἑνότητος ἐφίεται φύσει; Ὅθεν κἀν ταῖς ἀρχαῖς, ἰσχυρότατον, ἅμα δὲ καὶ χρησιμώτατον ἡ βασιλεία ἐστὶν, ἔννομος τυγχάνουσα μοναρχία· καὶ πολλοὶ μὲν ὑπηρετοῦνται τῷ βασιλεῖ, δι' ὧν τὴν ἀρχὴν αὐτὸς κατακοσμεῖ πᾶσαν, ἀλλ' οὐδεὶς αὐτῶν[2] οὔτ' ἐστὶν οὔτε λέγεται βασιλεὺς, πλὴν αὐτοῦ. Κἀν τῷ σώματι δὲ, πλειόνων ὄντων μελῶν, μία μόνη ἐστὶ κεφαλή. Καὶ ἐπὶ πάντων ἁπλῶς τῇ ἀρχῇ καὶ τῷ πρώτῳ[3] ἡ ἑνότης οἰκείως ἀνταποκρίνεται· καὶ διὰ ταῦτα πολλῷ μᾶλλον δεῖ τὸν Θεὸν πάντων αἴτιον ὄντα, καὶ ἕνα μόνον ὁμολογεῖν, ᾧ καὶ πρὸς τὰ μέγιστα καὶ τιμιώτερα τῶν ἔργων αὐτοῦ ἄπειρός ἐστιν ἡ ὑπεροχή· οὐ γὰρ τάξει μόνῃ καὶ αἰτίᾳ προέχει, τἄλλα σύμφυτος ὢν, ὡς τοῖς μέλεσιν ἡ κεφαλὴ, ἢ[4] τῆς αὐτῆς τυγχάνων οὐσίας, ὥσπερ τοῖς βασιλευομένοις ὁ βασιλεὺς, ἀλλ' ὡς οἰκοδόμος ἔχει πρὸς τὴν οἰκίαν, ὁμοιουμένην τῷ ἐν αὐτῷ εἴδει τῆς

1. Abest μόνος e codice 1289, in altero suprascriptum est, tanquam casu elapsum.

2. Abest αὐτῶν e cod. 1289, in altero ad marginem ascriptum est eadem manu.

3. In codice 1294 suprascripta sunt verba καὶ τῷ πρώτῳ, quæ in 1289 desiderantur.

4. Codd. ἣ, ubi nos ἢ.

βουλήσεως[1] καὶ τῆς τέχνης, καὶ πολλῷ θειότερόν τε καὶ ὑψηλότερον. Διὸ ποιεῖ μέν ποτε ὁ τέκτων καὶ τὸ τῆς τέχνης ὄργανον, χρῆται δὲ γενομένῳ πρὸς ὃ δήπου γέγονεν ὑπ' αὐτοῦ· ἀλλ' οὐχὶ καὶ τὴν οἰκοδομικὴν ἐντίθησι δύναμιν, οὐδὲ τέκτονα ἄλλον αὐτὸ ποιεῖ, οὔτ' ἴσον, οὔτ' ἐλάττονα ἑαυτοῦ. Οὕτω καὶ ὁ Θεὸς ποιεῖ μὲν τῇ ἀγαθότητι καὶ τῇ βουλήσει ἄλλα ἄλλων τιμιώτερα κτίσματα, ὧν τοῖς ὑψηλοτέροις καὶ πλέον τὸ αἰτιῶδες δίδωσι καὶ δραστήριον. ἀλλ' οὐ θεοὺς ἄλλους ταῦτα ποιεῖ, οὐδ' ἄλλους δημιουργούς, οὐδὲ φύσεων ὅλως παραγωγούς· ὀργανικὸν γὰρ αὐτοῖς καὶ ὑπουργικὸν τὸ αἰτιῶδες ἐντίθησιν, οὐχ ᾗ προσήκει δημιουργοῖς. Θεοὶ δ' ἂν ἦσαν, ὡς ὑμεῖς βούλεσθε δήπου, εἰ τῇ ὁδῷ τῆς φύσεως προῆγεν αὐτούς· οὕτω δὲ προηγμένοι, κἂν ὅμοιοι παντάπασιν ἦσαν τῷ προαγαγόντι, καὶ οἱ αὐτοὶ τῇ θεότητι, αὐτοῦ μὲν τῷ προῆχθαι διαφέροντες μόνῳ, ἀλλήλων δὲ τῇ τάξει τῆς προαγωγῆς, ὡς ἐπὶ πάντων ἔχει τῶν συνωνύμως τι προαγόντων, καὶ τῷ εἴδει τῆς φύσεως. Ἀλλὰ καὶ οὕτως ἀδύνατον πλείους ἂν εἶναι θεούς, πολλῶν ἕνεκα. Σὺ δὲ καὶ τῇ ταυτότητι τῆς τε φύσεως καὶ βουλήσεως ἐν Θεῷ κατακέχρησαι πρὸς τὸ δεῖξαι τὰ τῆς θείας βουλήσεως ἔργα τὰ αὐτὰ καὶ τῆς θείας φύσεως εἶναι καρπούς· εἶτα τοὺς καρποὺς τῆς θείας φύσεως διακρίνεις αὐτῆς τῇ φύσει· εἶτα καὶ οὕτω δίδως αὐτοῖς τὰ τῆς θείας ἐξαίρετα φύσεως, καὶ θεοὺς καὶ ἄρχοντας τῷδε τῷ παντὶ ἐφιστᾷς· οὐ μόνον τὴν σὴν πολυθεΐαν βεβαιῶν οὕτω, ὡς οἴει (ἀκυροῖς δὲ μᾶλλον οὕτω καὶ ἄκυρον οὖσαν), ἀλλὰ καὶ τῇ ἡμετέρᾳ πίστει μαχόμενος. Ἀγνοεῖς δὲ ὡς ἡ φύσις καὶ ἡ βούλησις ἐν Θεῷ

1. Cod. 1294, θελήσεως, sed incuria scribentis : nam uterque codex paulo infra, βουλήσει, non θελήσει.

διακέκρισθον εἰδικῶς καὶ τῇ φύσει τοῦ πράγματος. Διὸ καὶ δύνανται προάγεσθαι δι' αὐτῶν διακεκριμένα τῇ φύσει καθάπαξ, τῆς ἐν τῇ αἰτίᾳ κουφοτέρας διαφορᾶς ἐν τοῖς αἰτιατοῖς εἰς πλεῖστον ὄγκον ἡκούσης, καὶ μηδὲ τὴν θείαν ἁπλότητα παραβλάπτεσθαι. Ἃ δὲ περὶ τῶν θεῶν σου συνείρεις λοιπὸν, τοὺς μὲν λέγων αὐτοῦ Διὸς παῖδάς τε καὶ ἔργα, ὧν δὴ πρῶτον εἶναι τὸν Ποσειδῶ, τοὺς δὲ παίδων τε παῖδας καὶ ἔργων, καὶ τοὺς μὲν ἄῤῥενας, τὰς δὲ θηλείας, καὶ νόθους τε καὶ γνησίους, καὶ ὀνόματα τούτων τιθεὶς, καὶ τάξεις ὑπέρ τε οὐρανὸν αὐτὸν κἀν τῷ παντὶ τῷδε, καὶ δράσεις, ταῦτα, πρὸς τῷ μηδὲν αὐτῶν τοῖς πρέπουσι περὶ Θεοῦ λογισμοῖς[1] συμφωνεῖν, καὶ ἄλλως ἀδύνατά τε καὶ ἀσύστατα εἶναι, ἔτι καὶ σὺν οὐδεμιᾷ τίθενται προφάσει γοῦν ἀποδείξεως, ἀλλ' ὡς ἄν τις ἀκούσειέ του μύθους ἢ ὀνείρους διηγουμένου. Ὅθεν, εἴ τις αὐτὰ διελέγχειν βουληθείη καθ' ἕκαστα, ἴσον ποιήσει τῷ πρὸς μύθους ἢ ὀνείρους ἀγωνίζεσθαι βουλομένῳ. Θεμελίοις δὲ τοιούτοις καὶ ὅμοια δι' ὅλου σοι τοῦ συγγράμματος ἐποικοδομεῖς, ὧν χείρω τὰ τελευταῖα, καὶ μηδ' ἀκοαῖς εὐσεβῶν ἀνεκτά. Ἀλλ' οἱ μὲν σοφοί σου καθηγεμόνες ἕξουσί τινα καὶ καταφυγήν· οὔπω γὰρ τοῦ θείου φωτὸς τὴν ἀνθρωπίνην τότε καταλάμψαντος φύσιν, πειρώμενοι τῆς ἀληθείας, τὸ μὲν ἄκοντες, τὸ δ' ἑκόντες διήμαρτον. Φαμὲν δὲ ἑκόντες, ὅτι τὰς τῶν ἰδιωτῶν εὐθὺς προεστήσαντο γνώμας, οὐκ αὐτοὶ πρῶτοι σφίσιν εὑρόντες ἐξέδωκαν ἃ δέοι γ' ἂν περὶ τοῦ θείου φρονεῖν. Καὶ πρῶτον μὲν τοῖς στοιχείοις οὕτως ἀπεδόθη τὸ σέβας, εἶτα τοῖς ἄστροις ὑπ' ἄλλων, εἶτ' οὐρανῷ, εἶτα προϊόντων, ψυχαῖς, ἃς συνῆψαν ἐκείνοις τοῖς

1. Cod. 1289, inverse, λογισμοῖς περὶ θεοῦ.

σώμασιν, οὐρανῷ τε φημὶ καὶ τοῖς οὐρανίοις, εἶτα φύσεσιν ἄλλαις σωμάτων πάντη κεχωρισμέναις· οἱ δ' ὕστεροι πάντα μίξαντες, Θεὸν μὲν ἕνα ὑπεριδρύουσι λόγῳ καὶ τῷ δοκεῖν, ὑπ' ἀληθείας ἠναγκασμένοι, τὰ δ' εἰρημένα πάντα συντάττουσιν αὐτῷ, καὶ θεότητος αὐτῷ καὶ δημιουργίας καὶ παντὸς ἀξιώματος θεοὺς μερίτας ποιοῦσιν, εἶτα καὶ τὰς ἄλλας συνάπτουσιν ἀτοπίας· οὐ γὰρ ἠδύναντο χωρίζειν ταύτας τῶν ἄλλων, ἐξ ὧν τὴν ἀρχὴν ἐκεῖνα εἰλήφει. Ἐκεῖνοι μὲν οὕτω. Σὺ δὲ τί παθὼν, ἄνθρωπε, τὴν ἀληθῆ θεολογίαν πάτριον ἔχων, ἐπὶ τὴν ἀσύστατον μᾶλλον ὥρμησας φλυαρίαν, καὶ ταύτῃ τὴν ὅλην σπουδὴν ἀπέδωκας; Τί, τῆς ἀληθείας ἅπασαν καταυγασάσης τὴν γῆν, αὐτὸς προείλου τὸ σκότος; Τί σαπροῖς καὶ φυγάσι καὶ πολλαχόθεν ἐληλεγμένοις, καὶ μηδεμίαν ἰσχὺν ἔτ' ἔχουσιν ἐν ταῖς ἀνθρωπίναις ψυχαῖς, προσέθου δόγμασιν, ὥσπερ σοὶ μόνῳ τῶν ἑλληνικῶν πεφυλαγμένων βιβλίων; Α, τῆς φωνῆς τε χάριν, καὶ τοῦ μενόντων ἐλέγχεσθαι μὲν τὴν ἀτοπίαν αὐτῶν, τὴν καθαρειότητα δὲ τῆς κατὰ Χριστὸν ἀναλάμπειν θεολογίας, ἔσωζον οἱ πατέρες ἡμῶν, πάνυ καλῶς εἰδότες, ὡς οὐδεὶς ἔσται λίαν ἁπλοῦς, ὥστ' ἀντὶ τοῦ καταγνῶναι, μᾶλλον ἀσπάσασθαι. Τίς ἀπολογία σοι πρὸς τὸν τῆς ἀληθείας ἔφορον ἔσται καὶ πᾶσαν ἀληθείας καὶ νοῦ μετέχουσαν δίκην, ἐκ μέσης τῆς σωτηρίας πρὸς τὸν βόθρον αὐτομολήσαντι, εἶτα καὶ προσδοκήσαντι μόνῳ τὴν τοσούτοις ἔτεσι τεθνηκυῖαν πολυθεΐαν ἀναστήσειν αὖθις, καὶ ὅσα κατὰ τῆς σῆς ψυχῆς προσεδόκησας; Ἤπου γὰρ εἰ οἷός τε ἦσθα, καὶ τῶν δεινῶν ἂν ἐκείνων τυράννων ἐμιμήσω τὴν βίαν καὶ τὴν τῶν μαρτυρίων ὁδὸν Χριστιανοῖς αὖθις ἀνῆκας ἄν. Μᾶλλον δὲ καὶ πέπραγας ἅπαν τὸ ἐπὶ σοί· ἐν μιᾷ γὰρ τῶν ὑστάτων σοι ὑποθέσεων, καὶ κτείνειν νομοθετεῖς τοὺς τοῖς νόμοις τούτοις ἀντιλέγειν βουλησομένους· οὐ τοῦτο μόνον ὁμοιωθεὶς τῷ τὴν προφητῶν καὶ νομοθετῶν ἁρπάσαντι τάξιν[1], παραχωρήσει Θεοῦ, ἀλλὰ κἀν τοῖς περὶ τῶν γάμων λόγοις, καὶ στρατειῶν, καὶ θυσιῶν, καὶ τροφῶν, καὶ ποτῶν, καὶ εὐχῶν, καὶ πολλῶν ἄλλων, καὶ τῷ σκοπῷ πρὸ πάντων τοῦ ἐγχειρήματος. Καίτοι δυσὶ τοῖς μεγίστοις κἀκεῖνός σου πάνυ πλεονεκτεῖ. Θεόν τε γὰρ ἕνα μόνον διδάσκει, οὔτε τοῖς ἄλλοις ἡμῶν δόγμασι πάνυ τοι μάχεται, καὶ τὴν ἀρχὴν εἶχε συμπράττουσαν τῷ τολμήματι, καὶ τὴν ἰσχὺν τοῦ χρῆσθαι τῷ ξίφει, καὶ τὴν δύναμιν τοῦ κατορθώσειν πρῶτον λαβὼν, οὕτως ἤλπισεν ἀνύσειν ὧν ἐπεθύμει· ὥστε σοῦ ταύτῃ καὶ φρονιμώτερος ἦν. Σὺ μὲν ἄρα θρήνων ἄξιος πᾶσι τοῖς εἰδόσι τε καὶ πεφιληκόσιν, ἐν οἷς καὶ ἡμεῖς ἐσμεν, μαρτυροῦντος ἡμῖν τοῦ Θεοῦ, δι' ὃν σοι μόνον εὐλαβῶς προσεκρούσαμεν, ἄλλως ἐπαινοῦντές τε καὶ τιμῶντες. Τὸ δὲ σὸν βιβλίον ἀφανιστέον, μὴ καὶ ἄλλοις ἴσως τοῦ θρηνεῖσθαι πρόφασις γένηται, καὶ τῷ συγγεγραφότι διηνεκοῦς ἀδοξίας, χερσὶν εἰδότων ἐμπίπτον.

Ταῦτα πρὸς ἐκεῖνον, ὥσπερ δὴ παρόντα, εἰπὼν, καὶ τὸ βιβλίον αὖθις συμπτύξας, ἀνέπεμψα τῇ θαυμαστῇ βασιλίσσῃ[2], ἐπιστείλας αὐτῇ διδόναι πυρί. Ἡ δὲ αὖ πρὸς ἡμᾶς ἀναπέμψασα, ἡμῖν ἔφη μᾶλλον πολλαχόθεν προσήκειν, τὴν εἰς τὰς τῶν ἀποστατῶν συγγραφὰς ποινὴν κατεργάζεσθαι. Ἐβουλόμεθα μὲν οὖν εὐθὺς ἔνια τοῦ βιβλίου μέρη φυλάξαι, ὅσα φυσικῇ τε καὶ λογικῇ καὶ ταῖς τοιαύταις ὕλαις ἀνήκει· ἀλλὰ καὶ δεύτερον τούτου χάριν ἐπιδραμόντες, οὐδεμίαν τῶν ὑποθέσεων εὕρομεν ἀπηλ-

1. Mahumetes innuitur, cum quo Plethonem pariter confert Georgius Trapezuntius, libro alias citato. — 2. Cod. 1294, βασιλίδι.

λαγμένην κακοῦ· οὐ μόνον τῷ πάντα πρὸς τὴν πολυθείαν ἐξεπίτηδες ἀναφέρειν, ἀλλ' ὅτι καὶ ψεῦδός τι τοῖς περὶ πάντων λόγοις ἐγκατεμέμικτο. Περὶ ψυχῆς γὰρ λέγων ἀθανασίας, τὰς εἰς τὸ σῶμα καὶ τὸν βίον ἐπανόδους αὖ τῶν ψυχῶν ἐν χρόνων τακταῖς περιόδοις, ὡς δύναται, κρατύνειν πειρᾶται, ἃς οἱ πολλοὶ μετεμψυχώσεις φασί. καὶ εἰς τὸν οὐράνιον τόπον οὐδέποτε ταύτας ἀνάγεσθαι ἀξιοῖ, καὶ χείρω ἄλλα προστίθησιν. Οἰκονομίας δὲ πέρι πραγματευόμενος, ἑνὶ ἀνδρὶ πλείους γυναῖκας ἀξιοῖ συνάπτεσθαί τε καὶ συνοικεῖν. Καὶ οὐδὲν ὅ,τι οὐ φαυλότητος εἰς τὸν ἀνθρώπινον εἰσάγει βίον. Ὅπου τέ τινος τῶν ἡμετέρων ἐθῶν ἢ νόμων ἀντιπράττοντος αἴσθοιτο τοῖς αὐτοῦ, ὡς σοφιστῶν καὶ γοήτων κατηγορεῖ καὶ ἀφρόνων, τῶν τε θεμένων, τῶν τε προσεχόντων αὐτοῖς. Καὶ πάσας αὐτῷ[1] τοῦ βιβλίου τὰς ὑποθέσεις πολλῆς κατὰ Χριστιανῶν πικρίας ἐνέπλησε, λοιδορῶν τὰ ἡμέτερα, οὐκ ἀντιλέγων, ὥσπερ τὰ οἰκεῖα τιθεὶς, οὐκ ἀποδεικνύων. Ὅθεν οὐδὲν τοῦ βιβλίου μέρος ὕστερον ἔδοξέ μοι καταλειπτέον εὐσεβῶν ὄψεσιν, ὠφέλειαν μὲν οὐδεμίαν, σκάνδαλον δὲ ταῖς αὐτῶν ψυχαῖς ἐνθεῖναι δυνάμενον. Τὸ δὲ, καὶ χωρὶς τῶν ἀτόπων τούτων παρενθηκῶν, μηδὲν ἀκοαῖς σοφαῖς πρέπον ἐνεῖναι ταῖς ὑποθέσεσιν, ἀλλὰ παχυτάτης φρενὸς τυγχάνειν ἅπαντα τόκους, ὅθεν μηδενός τινος ἀγαθοῦ στέρησιν ἐπενεγκεῖν ἂν ἀνθρώποις τὴν τοῦ βιβλίου φθορὰν, τοῦτο φειδοῖ τῶν ἀνοήτων λέγειν οὐ χρή. Διὰ ταῦτα τοίνυν, καὶ ὅτι οὐ πατρόθεν τοιοῦτος ἦν, ἀλλ' ἀποστάτης, καὶ ὅτι πάνδεινος ἀγροικία τὸ ἡμέτερον νῦν ἔχει γένος, οὐκ ἀφανισμοῦ μόνου χάριν, ἀλλὰ ποινῆς εἵνεκα μάλιστα,

1. Codd. de more suo, αὐτῶ, sic, leni spiritu.

δοθῆναι πυρὶ πεποιήκαμεν τὸ βιβλίον. Ἦν δ' ἅπαν χειρὶ γεγραμμένον ἐκείνου[1]. Ἐπεὶ δὲ καὶ λίαν εἰκὸς, ἄλλοθί που τὸ ἴσον[2] ὑπάρχειν ὑπό του τῶν ἐκείνῳ φοιτησάντων ἢ ζῶντος ἢ τελευτήσαντος ἐκγραφὲν, παρακελευόμεθα πᾶσιν ὡς[3] ἀπὸ Θεοῦ, εἴποτε καὶ ὁπουδήποτε εὑρίσκοιτο ἢ ὅλον τὸ βιβλίον ἢ μέρος ἐκγεγραμμένον ἔν τινι τῶν Χριστιανῶν, πυρὶ μὲν φθείρειν αὐτὸ τὸν ἔχοντα· κρύπτοντα δὲ καὶ ἑαλωκότα, μετὰ μίαν καὶ δευτέραν παραίνεσιν, εἰ μὴ παῤῥησίᾳ βούλοιτο καίειν, εἴργειν τὸν τοιοῦτον ἁπάσης τῶν Χριστιανῶν κοινωνίας. Ἐκείνῳ μὲν οὖν τῷ πένητι δακρύων ἐπαφήκαμεν ῥεύματα, καὶ πολλὰ κατηρασάμεθα τῆς ἡμέρας, ἐν ᾗ τὸ βιβλίον ἦλθεν ἡμῖν. Τί γὰρ ἡμῖν προσέδει νῦν τοιούτου θορύβου; Ὥσθ' ὑπὸ τῆς ἄγαν εὐγνωμοσύνης ἣν ὁ Θεὸς ἔδωκε, κἂν ἐδεήθημεν αὐτοῦ ταπεινῶς, εἰς ὃν ὁ πένης ἐξύβρισεν, εἰ οἷόν τε ἦν, ἀφεθῆναι τὰς ποινὰς τῆς βλασφημίας αὐτῷ. Σοὶ δὲ, εὐσεβὴς καὶ λογία ψυχὴ, καὶ ἡμῖν πλείστου ἀξία, χάριν εἰδότες, ὡς, δι' ὧν ἐπέστειλας, πρὸς τὸν ὑπὲρ τούτων λόγον κινήσαντι, καίτοι πολλαῖς νόσοις καὶ φροντίσι συνεχομένους, εὐχόμεθα καὶ παρὰ Θεοῦ εὐζωΐαν μὲν ἐνταῦθα, εὐδαιμονίαν δὲ μετὰ ταῦτα, πρὸς ἣν τὸν βίον[4] συντείνεις πάντα σοφῶς. Καὶ σὺ δὲ εὔχου ἡμῖν ταχίστην ἀπαλλα-

1. Ad hunc locum in margine codicis utriusque Parisiensis additum legitur eadem manu Τοὺς τῶν ὑποθέσεων πίνακας μόνους ἀφήκαμεν ταῖς σανίσι μένειν προσδεδεμένους, καὶ τοὺς ὕμνους πρὸς τῷ τέλει τῶν ἐκείνου θεῶν ὅπως σωζομένων αὐτῶν μηδεὶς ἔχῃ ποτὲ τῆς ἡμετέρας καταψεύδεσθαι κρίσεως· τὸ δ' ἄλλο πᾶν ἀποσπασθὲν ἐπαφείθη πυρὶ, καὶ πολλῶν ἐπ' ὄψεσι ταῦτα ἐγένετο.

2. Codd. ἶσον. — 3. In codice 1289 prius scriptum erat πᾶσιν ἀνθρώποις ἀπὸ θεοῦ, sine ὡς, emendavit autem ipse scriptor.

4. Cod. 1289 post βίον addit σοι, sine causa.

γὴν τῶν τῆς ζωῆς ταύτης κακῶν, καὶ σὺν ἀρετῇ[1]· ἀμήν. Ἔῤῥωσο.

XX.

ΓΕΝΝΑΔΙΟΥ ΜΟΝΑΧΟΥ,

ἐκ τοῦ κατὰ ἀθέων ἤτοι αὐτοματιστῶν.

...... Εἰ γάρ[2] πού τις γέγονε[3] πρὸ μικροῦ τὴν Ἑλληνικὴν πολυθεΐαν αὖθις ἐθέλων[4] ἀνανεοῦν, δι' ἀμβλύτητα μὲν διανοίας τοῦτο καὶ αὐτὸς ἐπεπόνθει. Ἀμβλύτεροι δ' ἂν εἶεν, εἴ πού τινες, ἐκείνῳ προστεθειμένοι, τὴν ἐξόριστον πλάνην ἀντὶ τῆς ἀληθεστάτης καὶ κοινῆς τῶν ἀνθρώπων δόξης αἱροῖντο. Καὶ ἡμεῖς κατὰ τῆς ἀβουλίας ἐκείνου πλεῖστα συνεγραψάμεθα, οὐκ ἐκείνου[5] καὶ ὧν ἠδολέσχει κατὰ τῆς ἱερᾶς ἀληθείας φροντίζοντες, ἀλλὰ

1. Voces duæ sequentes, ἀμὴν et ἔῤῥωσο, absunt ex codice 1289, in altero legendæ.

2. Ex editione W. Gass, in opere cui titulus, *Gennadius und Pletho*, Bresl. 1844, in-8°, collatis etiam a nobis codd. iisdem, quos supra diximus, Paris. 1289 et 1294. In titulo, quem codices diversum et longiorem habent, cognomen monachi recte sibi tribuit Gennadius, abdicato patriarchatu, in cœnobio tum degens, quod et codex Parisiensis 1289 in margine inferiori declarat scriptoris ipsius manu : Ἐγράφη ἐν τῇ μονῇ τοῦ Προδρόμου ἐν τῷ ὄρει τῶν Φεῤῥῶν, sicut fere supra, pag. 412, not. 1.

3. Ed. γέγονεν.

4. Sic ed. et 1294, ubi 1289, ἐθέλων αὖθις, inversis verbis.

5. Ed. οὐκ ἐκείνων δὲ ὧν ἠδολ. Sed codd. ut nos.

τῆς τῶν πλείστων ἐν τῷ γένει νῦν ἀμαθίας, τῷ πάλαι τε[1] καὶ πρὸ μικροῦ σοφωτάτῳ, δι' ἣν καὶ κινδυνεύσειεν ἄν τις τῶν ἁπλουστέρων, τῇ ψευδεῖ περὶ τῆς ἐκείνου σοφίας φήμῃ πειθόμενος. Μαθημάτων μὲν γὰρ τῆς ὑπτιότητος μόνης μετέσχεν, ἄλλο δ' οὐδὲν ἄξιον αὐτῶν[2] τε ἀπώνατο καὶ τῆς ἐπικοσμούσης ταῦτα σοφίας. Εὐφραδίας δὲ ἐπεμελήθη μὲν καλῶς τῆς ἀρχαίας, ἀλλ' ἐν ἀσεβεστάτῳ καὶ ἀφρονεστάτῳ[3] συγγράμματι· ἣν ἡ Λατίνων παροιμία[4] διὰ τοῦτο προσηκόντως τιμᾷ ἐν τοῖς εἰλικρινῶς[5] καὶ μόνης αὐτῆς ἐπιμεληθεῖσιν. Ἐν τούτοις μὲν οὖν κἂν εἶγέ τις αὐτὸν ἐπαινεῖν. Οὕτω δ' ἁπλοῦς πάνυ καὶ τῶν χυδαίων οὐδὲν σχεδὸν διαφέρων ἦν περὶ τὸ δύνασθαι κρίνειν ἀληθείας πέρι καὶ ψεύδους, ὥστε καὶ παῖς αὐτὸν ἐξήλεγχεν ἄν, καὶ παιδὶ ἀντιλέγειν οὐκ ἂν οἷός τ'[6] ἦν πειραστικῶς ψευδομένῳ· διὸ καὶ τὴν πλάνην ὑπέστη ταύτην, καὶ ἡμεῖς τῆς ἀρίστης ἐκείνου Νομοθεσίας (οὕτω γὰρ ἐπέγραφε τὸ βιβλίον, οἰκείαις χερσὶ γεγραμμένον) δημοσίαν τήν τε ἀντιλογίαν ἐποιησάμεθα, καὶ τὴν ποινήν, πυρὶ παραδόντες. Ἠνάγκαζε δὲ ἡμᾶς ὁ τοῦ δι' ἡμᾶς τὴν ἡμετέραν φύσιν προσειληφότος Υἱοῦ τοῦ Θεοῦ καὶ

1. Ed. τε omittit, quod dant ambo codd.

2. Ed. αὐτῷ τε

3. Sic ed. et 1294, pro quo 1289, inversis verbis, ἀφρονεστάτω καὶ ἀσεβεστάτω.

4. In margine codicis 1289 scriptum legitur : Παροιμία Λατίνων· πούρους γραμματικους πούρους ἄσινους· εἰλικρινὴς γραμματικὸς εἰλικρινὴς ὄνος, additumque latinis literis, « purus grammaticus, purus asinus, » ita bis et ter indigitante Gennadio proverbium latinum, quod ipse videtur in Italia didicisse.

5. Cod. 1289 inversis verbis ita legit : ἐν τοῖς μόνης αὐτῆς εἰλικρινῶς ἐπιμελ. et fortasse rectius.

6. Ed. οἷός τε non elidit.

τῆς ἀρίστης ἐκεινου νομοθεσίας πόθος καὶ φόβος, οἷς ἱκανοποιοῦντας οὐκ ἂν προσῆκεν ἄλλως ποιεῖν.

Τῶν μὲν οὖν πολυθέων ἐξελέγχειν τὴν πλάνην διὰ ταῦτα νῦν οὐ καιρὸς, ἀρκούντως τε ἐληλεγμένης ὑπ' αὐτοῦ Θεοῦ καὶ τῶν τὰ θεῖα φρονούντων, καὶ νῦν ὑπὸ γωνίᾳ μόνον καὶ σκότει πολυθεούντων ἴσως ὀλίγων, ὅτι μὴ τολμῶσιν ἀναιδεύεσθαι κατὰ τῆς πανταχοῦ κρατούσης ἀληθείας, κ. τ. λ.

NOTES

communiquées par M. VINCENT, *membre de l'Institut*, *sur quelques passages du* Traité des lois.

NOTE I.

Sur le calendrier de Pléthon

(Pages 58 et suiv. du texte.)

Il n'est peut-être pas sans intérêt de dire ici quelques mots du calendrier imaginé par Pléthon pour régler les époques des fêtes de son système religieux.

On voit d'abord que, pour le fond, ce calendrier est calqué sur celui des Athéniens : il est luni-solaire comme ce dernier ; mais il en diffère en ce point, qu'au lieu de commencer au solstice d'été comme l'année athénienne, l'année de Pléthon commençait au solstice d'hiver, ou, pour parler plus exactement, au minuit après la nouvelle lune qui suivait le solstice d'hiver [1]. Du reste, les années, dans un système comme dans l'autre, sont communément de douze mois, mais sous la condition d'admettre *sept* fois en *dix-neuf* ans un treizième mois intercalaire, conformement à la règle donnée par Meton (443 ans avant J. C.), règle à laquelle Pléthon était bien obligé de se soumettre, puisqu'elle est fondée sur les lois qui régissent le système du monde.

Quant aux mois eux-mêmes, il avait également dû ad-

1. La traduction, pag. 61, définit le mois nouveau ou premier mois de l'année « celui qui suivra le solstice d'hiver »; le grec dit plus exactement « celui qui suivra la conjonction après le solstice d'hiver ». Mais cela revient au même en cet endroit, à cause de la définition qui avait été donnée un peu plus haut de la néoménie.

mettre la condition de les faire tantôt *pleins* ou de *trente* jours, tantôt *caves* ou de *vingt neuf* jours. Les lois de cette alternance sont soumises à des formules assez compliquées, dépendant de la durée exacte de l'année solaire et de celle de la révolution lunaire, ou plutôt de la connaissance plus ou moins approximative que l'on peut avoir de ces deux elements [1]. Nous essayerons d'en donner une idée dans la suite de cette note. Hâtons-nous cependant de prévenir que Pléthon s'était occupé de dresser lui-même des tables astronomiques [2] dans lesquelles il fixait pour un grand nombre d'années l'epoque precise des conjonctions, ce qui, dans son système, fixait en même temps le dernier jour de chaque mois et le premier jour du mois suivant, puisque le mois commençait, comme l'annee, au minuit d'après la conjonction.

Les bases génerales du système etant ainsi posees, entrons dans quelques details. Et d'abord, ce qui nous semble le plus curieux a remarquer, parce que c'est une idée qui appartient en propre à Pléthon, c'est l'art avec lequel il avait établi une veritable semaine, differente pourtant de la nôtre en ce point, qu'au lieu de suivre une serie continue et independante du cycle des annees et de celui des mois, les semaines de Pléthon recommençaient constamment avec le mois, exigeant ainsi l'addition d'un ou de deux jours complémentaires après quatre semaines écoulées, pour atteindre le commencement du mois suivant, et se trouvant de cette manière perpétuellement en rapport approximatif avec les phases de la lune.

1. Voir Francœur, *Théorie du calendrier* (Paris, 1842), p. 263 et suiv.

2. J'ai eu entre les mains un manuscrit de la bibliothèque impériale de Vienne contenant divers traités d'Héron d'Alexandrie, et où se trouve un opuscule de Plethon intitulé : Γεωργίου φιλοσόφου τοῦ Γεμιστοῦ μεθοδος εὑρέσεως ἡλίου καὶ σελήνης, συνόδων τε ἡλίου καὶ σελήνης, καὶ πλανητῶν τε καὶ σελήνης, και τῆς τῶν ἀστέρων ἐποχῆς, ἀπὸ κανόνων οὓς αὐτὸς συνεστήσατο (Voyez Harles dans son edition de Fabricius, tome XII, p. 93, note *gg*)

Ainsi, le premier jour du mois, commençant à minuit après la nouvelle lune, et, par cette cause, nommé *néoménie*, était un jour férié ou *hiéroménie*. Ce jour était suivi de six jours ouvrables numerotés 2, 3, 4, 5 6, 7, suivis eux-mêmes d'une deuxième hiéromenie qui était le huitième jour du mois et le dernier de la première semaine dite semaine *commençante*. Cette deuxième hiéroménie était en même temps le commencement de la deuxième semaine dite semaine *moyennante*, dont les jours se comptaient en rétrogradant à partir du huitième jour, et se numerotaient 7, 6, 5, 4, 3, 2 et 1. Ce dernier jour, qui était le quinzième, etait la troisième *hiéroménie*, nommee spécialement *dichoménie* c'est a dire, milieu du mois, parce qu'elle occupait en effet cette place dans un mois de vingt-neuf jours. Après la dichoménie venaient de même, la semaine *déclinante*, comptée de 1 à 8 et se terminant au 22 du mois, quatrième hieromenie; puis la semaine *finissante*, comptée de 8 à 1 et se terminant au 29, cinquième hiéroménie. C'était le dernier jour du mois si le mois n'avait que vingt-neuf jours, et ce jour prenait alors le nom de ἕνη καὶ νέα, c'est-à-dire *lune à la fois vieille et nouvelle*, pour indiquer qu'il était à cheval sur deux lunaisons, comprenant à la fois la fin de l'une et le commencement de la suivante. Mais si le mois avait trente jours, c'est-à-dire si la nouvelle lune n'avait lieu qu'après le vingt-neuvième jour écoulé, cette dénomination de ἕνη καὶ νέα était transportée au trentième jour, et le 29 s'appelait simplement ἕνη, c'est-à-dire *vieille lune*. Au surplus, ils etaient feries l'un et l'autre. Par consequent, en tenant compte de la néomenie du mois suivant, qui venait après *un* jour ferie quand le mois finissant était *cave*, et apres *deux* quand il etait *plein*, on avait de suite après la dernière semaine, deux ou même trois jours fériés; et en y ajoutant les trois autres hiéroménies, cela faisait cinq jours fériés ou six pour le même mois: d'où une surabondance de chômage que Théodore Gaza reproche justement à Pléthon dans le passage ajouté au texte, pages 60 et 61. Voir, pour plus de clarté, notre *premier tableau* à la suite de cette note.

Maintenant que nous avons donné une idée sommaire, mais suffisante, du mois et de la semaine de Plethon, il nous reste à ajouter quelques mots sur les lois de succession, d'une part des mois pleins et des mois caves, de l'autre des années de douze et de treize mois, ces deux lois devant être exactement observées si l'on veut que le mois et l'annee ne cessent pas de satisfaire aux definitions qu'en a données Pléthon, savoir, pour le mois, de commencer toujours au minuit qui suit la conjonction, et pour l'année, de commencer au minuit qui suit la conjonction la plus proche après le solstice d'hiver.

D'abord, pour la succession des mois, si chaque lunaison était exactement de 29 jours et demi, les mois seraient à perpétuité de 30 et de 29 jours alternativement. Mais la lunaison moyenne est en réalité de $29^j\ 12^h\ 44'\ 2'',9$, soit, en nombre rond, $29^j\ 12^h\ 45'$, ce qui lui donne trois quarts d'heure de plus, sauf une petite erreur de $57'',1$, moindre qu'*une minute*, qui, considérée seule, devrait être répétée 1500 fois pour faire un jour entier, et par conséquent ne pourrait produire un jour d'erreur sur le calendrier qu'au bout de 1500 lunaisons ou de 120 ans environ [1].

La lunaison étant donc supposée de *trois quarts* d'heure plus longue que les 29 jours et demi, les mois pleins devront être plus fréquents que les mois caves. Or il est facile de savoir dans quel rapport : en effet, *trois quarts* d'heure formant exactement la *trente-deuxième* partie d'un jour, il s'ensuit que 32 lunaisons font un nombre exact de jours,

1. Cette erreur, combinée avec celle qui résulte de l'inexactitude commise sur la véritable valeur de l'année tropique, avait porte l'astronome Callippe (331 ans avant notre ere) a supprimer un jour tous les 76 ans, c'est-à-dire sur chaque quatrième cycle de Méton.

savoir 945, lequel se décompose en 17 fois 30 plus 15 fois 29, comme il est facile de le vérifier. On verra dans le *deuxième tableau* ajouté à la suite de cette note et poussé à cette intention jusqu'à 20 mois, que deux mois consécutifs de 30 jours s'y rencontrent deux fois, savoir, les deux premiers, parce que nous supposons que la première nouvelle lune, d'où doit dater l'origine de l'ère, tombe exactement à minuit, ce qui arrive toujours du reste pour un certain lieu de la surface de la terre, ou mieux pour un certain méridien déterminé [1]. Après ces deux premiers mois de trente jours, les autres sont alternativement caves et pleins jusqu'aux *seizième* et *dix-septième* (c'est-à dire jusqu'aux 3e et 4e de la seconde année), qui sont également pleins tous les deux; et à partir de ces deux-ci, l'alternative régulière se poursuivrait jusqu'au *trente-deuxième* (ou 7e de la troisième année), qui est un mois cave, et à la fin duquel la nouvelle lune arrive à minuit [2], comme au commencement du premier. Le trente-troisième mois recommence donc une série pareille à la première; et ainsi de suite indéfiniment, ou au moins (pour parler plus rigoureusement) pendant 120 ans au moins, sans altération ou erreur autre que celle de la détermination du point initial.

Voilà pour la succession des mois; voyons maintenant celle des années.

L'année tropique est de 365 j. 6 h., sauf une erreur de 11′ 10″ qui produit un jour en 128 ans, et un mois de 29 jours en 3712 ans. Cette petite différence peut ici être négligée, puisqu'il faudrait plus de 3700 ans pour que, l'origine des mois une fois bien fixée, une telle erreur sur la

1. Pour écarter toute difficulté, on peut admettre que la nouvelle lune arrive un instant avant minuit, instant aussi petit que l'on voudra l'imaginer. On a supposé de plus, dans le tableau, que la 1re lunaison de l'année commençait quelques instants après le solstice; c'est uniquement pour fixer les idées : on eût pu choisir un autre point de départ.

2. Ou un peu avant.

longueur de l'annee tropique pût en occasionner une dans la fixation du jour initial de l'année pléthonienne [1].

L'annee tropique étant donc considérée comme ayant 365 j. 6 h., et la lunaison 29 j. 12 h. 45 m., comme nous l'avons admis plus haut, si l'on suppose une certaine année où la nouvelle lune ait lieu un peu avant minuit du 21 décembre, et quelques instants après le solstice qui tomberait cette année-là, par exemple, entre *onze heures trois quarts* du soir et *minuit*, voici ce qui arrivera. Dans notre hypothèse, et d'après les définitions données ci-dessus, l'année commençant à minuit, quelques instants après le solstice, et les douze lunaisons suivantes formant ensemble 354 jours 9 heures, la douzième conjonction tombera *onze* jours avant le solstice de l'année suivante, et ne pourra par conséquent commencer une nouvelle année. Ce sera donc le cas de recourir à un treizième mois qui se composera :

1° des 11 jours qui resteront entre la fin du douzième mois et le solstice;

2° des jours qui resteront après le solstice pour atteindre le mois nouveau ou premier mois de l'année suivante, laquelle, dans notre hypothèse, ne pourra commencer que le 10 janvier, lendemain de la treizième nouvelle lune, et vingtième jour après le solstice.

Ce sont tous ces jours-là que Pléthon appelle *intercalaires* [2], mais qu'il a négligé de définir, jugeant sans doute que leur définition ressortait assez de ce qu'il avait dit auparavant.

En poursuivant la même opération sur l'année suivante, et

1. Notons en passant que, au point de vue religieux, si un pareil système de calendrier eût été en usage parmi les Chrétiens (sauf pourtant la nature de la semaine), la réforme grégorienne eût été inutile.

2. La traduction, au lieu de *jours intercalaires*, dit seulement *les jours qui resteront.* Il eût fallu peut-être, pour éviter toute ombre d'équivoque, ajouter *jusqu'au mois nouveau;* mais on a craint sans doute d'être plus explicite que le texte.

en ajoutant douze lunaisons aux treize précédentes, on trouvera que la vingt-cinquième lunaison se termine le 30 décembre de la deuxième année julienne, et par conséquent plusieurs jours après le solstice. La deuxième année pléthonienne sera donc une année de douze mois, et la troisième commencera le 31 décembre julien.

Par une suite de calculs semblables, on fixera sans peine le commencement de chacune des années suivantes, lesquelles auront ou n'auront pas un treizième mois, selon que leur douzième conjonction tombera avant ou après le solstice d'hiver. Il va sans dire que dans ce calcul on aura soin, pour la correspondance des années julienne et pléthonienne, de tenir compte des bissextiles qui arrivent tous les quatre ans, et que nous supposons, dans le *troisième tableau*, être les 4e, 8e, 12e, 16e, 20e, etc.

On y remarquera que les dates des nouvelles lunes étant determinées par une suite d'additions successives, chacune de 29 jours 12 h. 45 m., il n'y aura jamais d'embarras pour savoir si la dernière lunaison finit avant ou après le solstice, ni par conséquent si l'année doit être ou n'être pas embolimique. Le seul cas qui puisse paraître embarrasant au premier abord, est le cas relatif à la terminaison de la onzième année ou au commencement de la douzième. La douzième lunaison de cette onzième année finirait le 21 décembre, à *six* heures du matin environ. Mais en vertu de la marche du solstice qui retarde chaque année de *six* heures environ, et en tenant compte des bissextiles, il est facile de voir que le solstice de la onzième année ne peut avoir lieu que sur les *six* heures du soir du 21 décembre; il faut donc ajouter un treizième mois qui rendra ainsi la onzième année embolimique [1].

1. En général, toutes les fois que la distance du solstice à la nouvelle lune suivante est moindre que 11 jours, ou lorsque cette nouvelle lune arrive avant le 2 janvier, l'année nouvelle est embolimique. Mais, au contraire, lorsque cette distance dépasse 11 jours (et elle peut aller jus-

Observons toutefois que le mouvement de la lune est loin d'avoir la régularite que lui supposent le 2e et le 3e tableau. La durée reelle d'une lunaison peut différer de la durée moyenne, tantôt en plus (pendant l'hiver), tantôt en moins (pendant l'été), d'une quantité qui peut aller jusqu'à plus d'un quart de jour; mais ces différences, qui proviennent de celles des distances du soleil à la terre, distances plus grandes en été qu'en hiver, se compensent à peu près à la fin de l'année. Tout calendrier lunisolaire régulier doit être etabli sur la valeur de la lunaison moyenne : c'est le procédé le plus convenable.

On remarquera encore, sur le troisième tableau, que, conformément à la loi de Meton, comme nous l'avons dit en commençant, il y a, sur les *dix-neuf* années qui composent le cycle, *sept* années *embolimiques* ou sujettes à l'intercalation d'un treizième mois, et que la nouvelle lune qui détermine la fin de la *dix-neuvième* année, tombe, à 20^h 1/4 près, à la même date que celle qui commence la première année. De ces *vingt heures et un quart*, 18 ne sont que les trois quarts de jour dus à la période quadriennale des années bissextiles, période qui ne se termine que l'année suivante; et quant aux 2^h 1/4 restantes, elles représentent l'excès des 235 lunaisons ecoulées, sur les 19 années tropiques, comme on peut le vérifier par le calcul. Il resulte de là, qu'à cette fraction de jour près, les nouvelles lunes, et par conséquent les années ordinaires et embolimiques, se reproduiront périodiquement aux mêmes dates. Si la vingtième année paraît être en discordance d'un jour avec la première, cela tient à cette cause ainsi qu'à la proximité des phénomènes régulateurs initiaux ; et si l'on cherche, par exemple, le commencement de la vingt-et-unième

qu'à 29), l'année n'aura que 12 mois, puisque ces 11 jours, ajoutes aux 354 jours des 12 lunaisons, suffisent pour atteindre le nombre 365. (Voir le *troisième tableau.*)

année, on trouvera qu'elle tombe le 10 janvier, comme la deuxième. L'erreur cette fois n'est que de 3^h 3/4 (en moins), lesquelles, ajoutées aux 2^h 1/4 de la différence précitée, produisent 6 heures, ou le quart du jour additionnel de la période des bissextiles.

Enfin, on pourra constater, en se donnant la peine d'en faire le calcul, que sur le cycle des 19 années, il y en a 12 *communes* dont 8 de 354 jours et 4 de 355, plus 7 années *embolimiques* de 384 jours, ce qui fait en totalité 6940 jours, nombre égal à la somme des 19 années solaires ou des 235 lunaisons.

Mais en voilà assez, sans aucun doute, sur un calendrier qui n'a jamais été mis en pratique; et c'est pour cette raison que nous nous sommes dispensé de pousser les calculs à un degré d'approximation qui n'eût été que ridicule.

Nous ferons remarquer, en terminant, que les calculs eussent été plus simples si, au lieu de comparer l'année plethonienne à l'année julienne, on l'eût comparée à l'année républicaine, et cela pour plusieurs raisons: d'abord à cause de la grandeur constante des mois de celle-ci; ensuite parce que le premier jour de l'ère de Pléthon coincide nécessairement avec le premier jour de nivôse, lendemain du solstice; et enfin parce que toutes les années pléthoniennes commencent nécessairement dans le mois de nivôse, ce qui permet de voir sur-le-champ si l'année qui finit doit ou non être considérée comme embolimique. Mais nous avons craint d'employer dans cette théorie un calendrier tombé en désuétude, et qui aurait pu, par cette raison, y introduire quelque obscurité.

TABLEAU Ier.

DISPOSITION DES SEMAINES PLÉTHONIENNES

dans un mois plein et dans un mois cave.

Jours.	Semaines.	MOIS PLEIN (πλήρης μήν).	MOIS CAVE (κοῖλος μήν).
* 1	Mois commençant (μηνὸς ἱσταμένου).	Néoménie ou nouv. lune (νεομηνία).	Néoménie ou nouv. lune (νεομηνία).
2		2e jour.	2e jour.
3		3	3
4		4	4
5		5	5
6		6	6
7		7	7
* 8		8	8
9	Mois moyennant (μηνὸς μεσοῦντος).	7	7
10		6	6
11		5	5
12		4	4
13		3	3
14		2	2
*15		Dichoménie ou milieu du mois (διχομηνία).	Dichoménie ou milieu du mois (διχομηνία).
16	Mois déclinant (μηνὸς φθίνοντος).	2	2
17		3	3
18		4	4
19		5	5
20		6	6
21		7	7
*22		8	8
23	Mois finissant (μηνὸς ἀπιόντος).	7	7
24		6	6
25		5	5
26		4	4
27		3	3
28		2	2
*29		Vieille lune (ἕνη).	Vieille et nouvelle lune (ἕνη καὶ νέα).
*30		Vieille et nouvelle lune (ἕνη καὶ νέα).	

N. B. Les jours marqués d'un astérisque sont des hiéroménies ou jours fériés (ἱερομηνίαι)

TABLEAU II.

SUCCESSION DES MOIS DANS UNE ANNÉE PLÉTHONIENNE

supposée commencer le lendemain du solstice d'hiver.

Nos d'ordre des mois.	Dates juliennes des syzygies, dans deux années successives supposées non-bissextiles.	Dates juliennes des premiers jours des mois pléthoniens.	Nombre des jours de chaque mois.
1	21 décembre, à minuit.	22 décembre.	30
2	20 janvier, à midi 45^{m}.	21 janvier.	30
3	19 février, à 1^{h}30^{m} du mat.	20 février.	29
4	20 mars, à 2^{h}15^{m} du soir.	21 mars.	30
5	19 avril, à 3^{h} du matin.	20 avril.	29
6	18 mai, à 3^{h}45^{m} du soir.	19 mai.	30
7	17 juin, à 4^{h}30^{m} du mat.	18 juin.	29
8	16 juillet, à 5^{h}15^{m} du soir.	17 juillet.	30
9	15 août, à 6^{h} du matin.	16 août.	29
10	13 septembre, à 6^{h}45^{m} du soir.	14 septembre.	30
11	13 octobre, à 7^{h}30^{m} du mat.	14 octobre.	29
12	11 novembre, à 8^{h}15^{m} du soir.	12 novembre.	30
13	11 décembre, à 9^{h} du matin.	12 décembre.	29
—	—	—	—
1	9 janvier, à 9^{h}45^{m} du soir.	10 janvier.	30
2	8 février, à 10^{h}30^{m} du mat.	9 février.	29
3	9 mars, à 11^{h}15^{m} du soir.	10 mars.	30
4	8 avril, à midi.	9 avril.	30
5	8 mai, à 0^{h}45^{m} du mat.	9 mai.	29
6	6 juin, à 1^{h}30^{m} du soir.	7 juin.	30
7	6 juillet, à 2^{h}15^{m} du mat.	7 juillet.	29
8	....	....	......

TABLEAU III.

CYCLE DE DIX-NEUF ANNÉES PLETHONIENNES,

en partant d'une année qui commencerait le lendemain du solstice, et en supposant bissextiles les années 4, 8, 12, 16, 20, etc.

Nos d'ordre des années.	Dates juliennes des syzygies.	Dates juliennes du commencement des années pléthoniennes.	Années emboli-miques.
1	21 décembre, à minuit.	22 décembre.	E
2	9 janvier, à 9h45m du soir.	10 janvier.	
3	30 décembre, à 6h45m du matin.	31 décembre.	E
4	18 janvier, à 4h30m du matin.	19 janvier.	
5	6 janvier, à 1h30m du soir.	7 janvier.	
6	26 décembre, à 10h30m du soir.	27 décembre.	E
7	14 janvier, à 8h15m du soir.	15 janvier.	
8	4 janvier, à 5h15m du matin.	5 janvier.	
9	23 décembre, à 2h15m du soir.	24 décembre.	E
10	11 janvier, à midi.	12 janvier.	
11	31 décembre, à 9h du soir.	1er janvier.	E
12	19 janvier, à 6h45m du soir.	20 janvier.	
13	8 janvier, à 3h45m du matin.	9 janvier.	
14	28 décembre, à midi 45m.	29 décembre.	E
15	16 janvier, à 10h30m du mat.	17 janvier.	
16	5 janvier, à 7h30m du soir.	6 janvier.	
17	25 décembre, à 4h30m du matin.	26 décembre.	E
18	13 janvier, à 2h15m du matin.	14 janvier.	
19	2 janvier, à 11h15m du mat.	3 janvier.	
—	—	—	
1	22 décembre, à 8h15m du soir.	23 décembre.	E
2	9 janvier, à 6h du soir.	10 janvier.	
3	....	....	

NOTE II.

Sur la métrique et la rhythmique de Pléthon.

(Page 228 du texte.)

Il y a quelques observations à faire sur l'annotation qui suit les hymnes dans le texte grec, page 228.

D'abord il faut observer ce que dit notre auteur, que dans les vers chantés, la *longue* peut avoir plus de *deux* temps, ce qui est conforme aux doctrines de l'antiquité [1].

Il ajoute que les pieds employés dans le vers héroïque commencent par le *frappé* et finissent par le *levé*. A cet égard, Pléthon est contredit par Aristoxène, par Diomède, par Sergius, etc., qui commencent les pieds par le levé et les terminent par le frappé. Il semble en effet que cela soit plus raisonnable : car, pour pouvoir frapper, il faut préalablement avoir levé le pied. En d'autres termes, l'origine des durées se prend nécessairement au premier levé : car, tant que le pied reste baissé et en repos, n'étant point en mouvement il ne peut compter aucune durée.

Il y aurait cependant une manière de se rapprocher de la doctrine de Pléthon, en partie du moins, tout en paraissant au contraire s'en éloigner : c'est de suivre la théorie de saint Augustin, qui ajoute à la fin du vers hexamètre un *silence* de deux temps, égal en durée à celui d'une syllabe longue, et qui réunit ce silence à la dernière syllabe du vers pour en composer un spondée rhythmique ; formant ensuite un anapeste avec les deux syllabes brèves du dernier dactyle et la première longue du dernier spondée,

1. Voir ma note *Sur le Rhythme* (note N) dans le recueil des *Notices et extraits des manuscrits de la Bibliothèque, etc.*, tom. XVI, 2e partie, p. 197 ; et ma Dissertation sur le même sujet, dans le *Journal de l'Instruction publique*, 1845, t. XIV, p. 684 et suiv.

puis continuant de même, en suivant une marche rétrograde. Ainsi, par exemple, dans le vers :

Tityre tu patulæ recubans sub tegmine fagi,

la syllabe *gi* doit être separée du reste du vers, et réunie à un silence de deux temps pour former le dernier pied rhythmique. Le pied suivant, en remontant, est l'anapeste *mine fa*, dont l'*arsis* est *mine*, et dont la *thésis* est la syllabe *fa*. Mais cette syllabe est précisément la première du dernier spondée de la méthode vulgaire, et par conséquent la *thésis* de Pléthon. De même, les syllabes *sub teg* forment le pied précédent de saint Augustin ; son *arsis* est *sub*, et sa *thesis*, *teg;* mais *teg* est la première syllabe du dernier dactyle de la méthode vulgaire : c'est donc également une *thésis* pour Pléthon. Et ainsi de suite.

Dans la theorie de saint Augustin, il faut necessairement un second silence de deux temps pour faire un rhythme complet. Où placer ce silence ? Est-ce au commencement du vers ? Cela reviendrait à intercaler entre les vers successifs des silences d'un pied de longueur ; il me paraît difficile de pousser jusque là les conséquences de la théorie [1]. Aussi ai-je cherché dans quelques-unes de mes précédentes dissertations [2] à faire prévaloir l'opinion très-vraisemblable, je dirai même certaine pour moi, de Tyrhwitt et de Cleaver, d'après laquelle la césure du vers héroique devait être marquée par un repos ou temps vide d'une longue.

Maintenant, qu'est-ce pour nous que le *levé* et le *frappé* (ἄρσις et θέσις en grec), et quels rapports de signification ces mots présentent-ils avec les expressions de *temps fort* et de *temps faible ?* Ici, il peut y avoir discussion ; et quelques auteurs, confondant l'*arsis* ou élévation du pied avec

1. Je dois avouer cependant que cela parait être dans l'esprit de saint Augustin.

2. Passages indiqués dans la note de la page précédente.

l'*arsis* ou élévation de la voix, se sont fait illusion, à ce que je pense, et ont à tort considéré l'*arsis* du rhythme musical comme le *temps fort*. Je pense tout le contraire, m'appuyant sur ces paroles de MARIUS VICTORINUS (p. 2482) : *Est arsis sublatio pedis sine sono, thesis positio pedis cum sono*. Or, le temps fort étant nécessairement celui sur lequel on appuie, il est évidemment impossible, à moins de s'inscrire en faux contre la définition de Marius Victorinus, de méconnaître le *temps fort* dans la *thesis* ou *positio pedis* CUM SONO, et le *temps faible* dans l'*arsis* ou *sublatio pedis* SINE SONO.

Ainsi, d'après ce qui précède, le vers cité pour exemple doit être scandé et accentué, c'est-à-dire rhythmé, comme il suit, l'accent marquant le frappé :

Tītyrĕ | tū pătu | lǣ rĕcu | bāns ⏓ | sūb tēg | mĭnĕ fā | gī ⏓

On remarquera que, suivant cette méthode, l'accent coïncidera partout dans le vers cité avec la *thésis*, même pour le premier pied si l'on traite la syllabe *tu* comme enclitique. Il

PLÉTHON

sur quelques points des rapports musicaux.

L'abaissement (*a*) de la voix est un mouvement vers le grave; son élévation (*b*) est un mouvement vers l'aigu; et le *ton* (*c*) ou l'intonation est une station de la voix sur le même degré, soit de gravité, soit d'acuité. Les sons graves se forment dans les régions inférieures de l'organe, aux environs du larynx; les sons aigus, dans la partie supérieure, vers le palais. La moindre partie d'une émission mélodique de la voix se nomme un *son* (*d*). On distingue, quant à la durée, celle de la syllabe brève, qui est d'un

1. Tom. XVI, 2e partie, pag. 234 et suiv.

2. Fol. 92, r°. Je désignerai ce manuscrit par la lettre A, et celui de Munich par la lettre M.

en est presque partout de même dans Virgile et dans les poetes de l'école d'Alexandrie.

La facture de Pléthon est bien différente, comme on peut le voir. Si ses vers valaient ceux d'Homère, on lui pardonnerait volontiers de n'avoir pas imité Virgile ; mais sa versification, il faut bien l'avouer, est entièrement dépourvue d'harmonie. Il eût sans doute mieux fait de versifier dans la langue qu'il parlait, c'est-à-dire de se borner à faire des vers politiques : peut-être eût-il mieux réussi.

Maintenant, pour terminer cette note, je ne puis mieux faire que de rapporter ici le commentaire donné sur ce sujet par Plethon lui-même dans un passage que j'ai inséré au recueil des *Notices et extraits des manuscrits de la Bibliothèque impériale* [1], d'après un manuscrit de la Bibliothèque de Munich, et que je compléterai ici d'après le manuscrit de M. Lebarbier, que M. Alexandre dans sa *Notice* appelle manuscrit d'Athènes [2]. Quelques notes, rejetées à la fin, éclairciront les difficultés qui auraient pu arrêter le lecteur dans la traduction.

ΠΛΗΘΩΝΟΣ

κεφάλαι' ἄττα λόγων μουσικῶν.

Φωνῆς ἄνεσις [1] ἡ ἐπὶ τὸ βαρύτερον μεταβολὴ, ἐπίτασις δὲ ἡ ἐπὶ τὸ ὀξύτερον, τάσις δὲ ἡ ἐν τῷ αὐτῷ ὅσα γε κατὰ τὴν βαρύτητα ἢ ὀξύτητα [2] τῆς φωνῆς μονή. Γίγνεσθαι δὲ τὴν μὲν βαρύτητα κάτωθεν καὶ πρὸς τῷ λάρυγγι τοῦ πνεύματος ἠχοῦντος, τὴν δ' ὀξύτητα ἄνω καὶ πρὸς τῇ ὑπερῴᾳ. Τὸ μὲν οὖν ἐλάχιστον φωνῆς ἐμμελοῦς μέρος φθόγγον εἶναι, οὗ τὸν [3] μὲν τῆς βραχείας συλλαβῆς χρόνου [4]

1. Deest ἡ in M.
2. Codd. diverso accentu, βαρυτῆτα, ὀξυτῆτα, et sic ubique.
3. M. τὸ, sed A. τὸν.
4. Codd. χρόνον.

temps, et celle de la syllabe longue, qui est de deux temps pour l'ordinaire, bien qu'elle puisse en avoir davantage dans la poésie chantee.

L'*intervalle* est la grandeur ou l'étendue vocale comprise entre deux sons. L'intervalle le plus simple et le plus fondamental est le *ton* (*e*) : c'est celui qui a pour définition et pour mesure le rapport de 9 à 8. La quarte ou le système épitrite se compose de deux tons et d'un demi-ton (au reste, quand nous disons *d'un demi-ton*, c'est une manière de parler: car, à la rigueur, cet intervalle est un peu moindre). Le plus petit intervalle perceptible aux sens est le *diésis*, valant à peu près un quart de ton; il est, en nombres plus exacts, représenté par le rapport de 33 à 32 (*f*): c'est un intervalle très-difficile à moduler; et il n'est pas donné à tout le monde d'y parvenir. Le système épitrite est celui qui tient le premier rang; c'est dans ce système, conjointement avec le système hémiole, que tous les autres se résolvent; le rapport hémiole surpasse l'épitrite d'un ton

L'*arsis* est l'emploi d'un son aigu succédant à celui d'un son grave; la *thésis*, au contraire, l'emploi d'un son grave après celui d'un son aigu (*g*). L'etendue de la voix humaine, depuis le son le plus grave qu'elle peut rendre, jusqu'au plus aigu, atteint jusqu'au rapport quadruple [c'est-à-dire jusqu'à la double octave] : elle est donc de 12 tons, [ou, plus exactement, de 10 tons] et 4 demi-tons. En effet, l'intervalle mesuré par le rapport double [ou l'octave] est de 6 tons, [ou, plus exactement, de 5 tons] et 2 demi-tons, et il comprend deux systèmes, l'épitrite [ou la quarte] et l'hémiole [ou la quinte], ou bien encore, deux fois le rapport épitrite, plus un ton. Telle est donc la composition de l'octave, mesurée par le rapport double.

Le plus beau de tous les mètres est le *dactylique :* il y a dans sa marche quelque chose d'egal et de noble d'où il tire sa supériorite. Il dérive de deux pieds seulement, le dactyle et le spondée : le premier, composé d'une longue ἑνὸς γίγνεσθαι, τὸν δὲ τῆς μακρᾶς δυοῖν μὲν τὰ πολλὰ, γίγνεσθαι δ' ἐν ταῖς μελῳδίαις [1] καὶ πλειόνων.

Διάστημα δ' εἶναι μέγεθος φωνῆς ὑπὸ δυοῖν περιεχόμενον φθόγγων· διαστήματος δὲ τὸ μὲν ἀκεραιότατόν τε [2] καὶ κυριώτατον τόνος, ἐν ἐπογδόῳ θεωρούμενος λόγῳ. Ἐκ δὲ δυοῖν τε τόνων καὶ ἡμιτονίου μὲν τῷ λόγῳ, τῇ δ' ἀκριβείᾳ ἐλάττονός τινος ἢ ἡμιτονίου, τὸ ἐπίτριτον ἀποτελεῖσθαι σύστημα. Τὸ δ' ἐλάχιστον διαστήματος αἰσθητὸν δίεσις, τόνου μὲν ὂν τεταρτημόριόν πως, θεωρούμενον [3] δ' ἐν ἀριθμῶν μάλιστα λόγῳ τῷ [4] τριῶν καὶ τριάκοντα πρὸς δύο καὶ τριάκοντα· εἶναι [5] δὲ χαλεπώτατόν τε τοῦτο τὸ διάστημα μελῳδεῖσθαι, καὶ οὐδ' ἂν ὑπὸ παντὸς μελῳδητόν. Τὸ δ' ἐπίτριτον πρῶτον συστημάτων εἶναι, καὶ ἅπαν σύστημα ἐς τοῦτό τε καὶ τὸ ἡμιόλιον ἀναλύεσθαι· πλεονάζειν δὲ τὸ ἡμιόλιον τοῦ ἐπιτρίτου τόνῳ ἑνί.

Ἄρσιν μὲν οὖν εἶναι ὀξυτέρου φθόγγου ἐκ βαρυτέρου μετάληψιν, θέσιν δὲ τοὐναντίον βαρυτέρου ἐξ ὀξυτέρου. Τὴν δ' ἀπὸ τοῦ βαρυτάτου ἐπὶ τὸ ὀξύτατον φωνῆς διάστασιν [6] ἀνθρωπίνης ἄχρι λόγου τοῦ τετραπλασίου ἐξικνεῖσθαι, δώδεκά που [7] τόνων, [τῷ μὲν λόγῳ δώδεκα, τῇ δ' ἀκριβείᾳ δέκα τόνων] καὶ τεττάρων ἡμιτονίων γιγνομένην· τὴν γάρ τοι [8] διπλασίαν [9] διάστασιν ἓξ γίγνεσθαι τόνων, [ἢ [10] πέντε τόνων] καὶ δυοῖν ἡμιτονίων, συστημάτων δὲ δυοῖν, ἑνὸς μὲν ἐπιτρίτου, ἑτέρου δὲ ἡμιολίου, ἢ δυοῖν ἐπιτρίτων καὶ τόνου· ἐκ γὰρ τούτων τὸ διὰ πασῶν ἐν διπλασίῳ λόγῳ ὂν σύστημα συνίσταται.

Μέτρων δὲ δὴ κάλλιστον τὸ δακτυλικὸν δι' ἰσότητά τε καὶ γενναιότητά τινα· γίγνεται μὲν γὰρ ἐκ δυοῖν μόνοιν ποδοῖν, δακτύλου τε καὶ σπονδείου, οἷν ὁ μὲν δάκτυλος ἐκ [11] μακρᾶς τε

1. M. μεγαλῳδίαις. — 2. M. tres voces τε καὶ κυρ. omittit.

3. M θεωρουμένη.

4. A. aliter, τῷ πέντε καὶ τριάκοντα πρὸς τέτταρα καὶ τριάκοντα.

5. M. ἐστὶ δέ.

6. An potius διάτασιν?

7. Abest που ex M. codice. Verba deinde parenthesi inclusa de nostro sunt.

8. M. γὰρ sine τοι. — 9. M. πλασίαν.

10 Parenthesi inclusa nostra sunt. — 11. A. ἐκ τε μακρᾶς τε.

a la thésis et de deux brèves à l'arsis ; le second, d'une longue à la thésis et d'une longue à l'arsis. Or, ces deux pieds commençant ainsi toujours par une longue et finissant toujours par l'arsis, il en resulte dans le chant un caractère remarquable de noblesse et de dignité. Ce mètre emploie aussi la *synecphonèse* (*h*) : on nomme ainsi la figure par laquelle deux syllabes quelconques, pourvu qu'il n'y ait pas de consonne dans le passage de l'une à l'autre, sont prises pour une seule longue.

Quant aux syllabes, les unes sont longues, d'autres sont brèves, d'autres encore sont communes. — Une syllabe est longue par nature quand elle emploie dans son émission une voyelle longue, c'est à-dire de deux temps distincts, ou bien une diphthongue; elle est longue par position lorsque, brève d'ailleurs par nature, elle est suivie de deux consonnes ou d'une seule consonne double. — La syllabe est brève par nature lorsque son émission s'opère au moyen d'une voyelle brève, ou même d'une voyelle de deux temps réduits a un seul. — Enfin, la syllabe commune peut naître de ces [quatre] manières :

1° Lorsqu'elle est émise en deux temps qui ne sont precisément ni distincts ni réunis en un, mais qui participent des deux modes ;

2° Lorsqu'étant brève par nature, elle est suivie de deux consonnes dont la première est muette et la seconde immuable [ou liquide], toutes deux réunies par *syllepse* (*i*) ;

3° Lorsqu'étant la derniere d'un mot et longue par nature, elle est suivie d'une voyelle;

Et 4° lorsqu'etant la dernière d'un mot et brève par nature, elle est suivie d'une consonne ou d'une voyelle aspirée.

Sur ces quatre manières dont se produit la syllabe commune, il y en a deux, la troisième et la quatrième, qui, comme la *synecphonèse*, sont particulières au mètre dactylique. Ce mètre se mesure par *monopodie*, et alors il cons-

[μιᾶς [1]] θέσεώς ἐστι καὶ δυοῖν βραχειῶν ἄρσεων, ὁ δὲ σπονδεῖος ἔκ τε μακρᾶς θέσεως καὶ μακρᾶς ἄρσεως· ἡ δ' ἐκ μὲν μακρᾶς ἀρχὴ, ἐς δὲ ἄρσιν τελευτὴ ποιεῖ δή [2] τινα τῇ ᾠδῇ [3] γενναιοτητα [4]. Χρῆται δὲ τοῦτο τὸ μέτρον καὶ συνεκφωνήσει [5]· συνεκφώνησις δ' ἐστὶ δυοῖν συλλαβῶν ὁποιωνοῦν, ὧν οὐδὲν μεταξὺ σύμφωνον, ἀντὶ μιᾶς μακρᾶς παράληψις.

Τῶν δὲ δὴ [6] συλλαβῶν ἡ μὲν μακρὰ, ἡ δὲ βραχεῖα, ἡ δὲ κοινή. Καὶ φύσει μὲν μακρὰ ἡ ἐν μακρῷ φωνήεντι ἢ διχρόνῳ ἐκτεταμένῳ [7] ἢ διφθόγγῳ ἐκφερομένη· θέσει δὲ μακρὰ, ἣ ἂν φύσει βραχεία οὖσα δύο σύμφωνα ἐπάγηται, ἢ ἓν διπλοῦν. Φύσει δὲ βραχεῖά ἐστιν ἡ ἐν βραχεῖ φωνήεντι ἢ διχρόνῳ συνεσταλμένῳ ἐκφερομένη. Ἡ δὲ κοινὴ συλλαβὴ γίγνεται [8] τοῖσδε τοῖς τρόποις· ἑνὶ μὲν, ὅταν συλλαβὴ ἐν διχρόνῳ ἐκφέρηται, μήτε ἐκτεταμένῳ [9] ἁπλῶς, μήτε συνεσταλμένῳ, ἀλλ' ἐπαμφοτερίζοντι [10]· ἑτέρῳ δὲ, ὅταν συλλαβῇ φύσει βραχείᾳ ἄφωνον ἀμεταβόλου [11] κατὰ σύλληψιν προηγούμενον ἐπάγηται· τρίτῳ, ὅταν, φάσει [12] ἐς φύσει μακρὰν περαινουσῃ συλλαβὴν, φωνῆεν [13] ἐπάγηται· τετάρτῳ ὅταν φάσει ἐς φύσει βραχεῖαν περαινούσῃ συλλαβὴν, σύμφωνον ἓν [14] ἢ φωνῆεν δασυνόμενον ἐπάγηται [15].

Τούτων τῶν τεττάρων τῆς κοινῆς συλλαβῆς τρόπων τοὺς δύο, τόν τε τρίτον, καὶ τέταρτον, ἰδίους μάλιστα τοῦ δακτυλικοῦ εἶναι μέτρου, ὥςπέρ που καὶ τὴν συνεκφώνησιν. Τοῦτο τὸ μέτρον κατά τε μονοποδίαν μετρεῖσθαι, καὶ ἐς ἑξάμετρον τότε τέλειον συνίστα-

1. Codd. μιᾶς non habent.
2. M. δὴ non habet. — 3. Schol. ad marg. codicis A. τῷ ῥυθμῷ.
4. M. γενναιότατα. — 5. Schol. ad A. συνιζήσει.
6. M. τῶν δὲ sine δή.
7. M. ἐκτεταμμένῳ. — 8. M. γίνεται.
9. M. ἐκτεταμμένῳ.
10. A. ἐπ' ἀμφοτερ.
11. Sic codd. ἀμεταβόλου, ubi Schol. ad A. ὑγροῦ.
12. A. φύσει cum α suprascripto.
13. Schol. ad A. συμφώνου μέσου μὴ παρεμπίπτοντος.
14. Schol. ad A. δῆλον ὅτι οὐ διπλοῦν εἴτε ἐν τῇ αὐτῇ εἴτε ἐν τῇ ἑξῆς συλλαβῇ ἐπάγηται.
15 Hic desinit cod. M. Sequentia ex A. prodierunt.

titue l'hexamètre parfait; ou bien c'est le vers *élégiaque*, dactylique aussi, mais partagé alors en deux segments comprenant chacun deux pieds et une syllabe supplémentaire. Il est de rigueur que la syllabe supplémentaire du premier segment soit longue, et que les pieds du second soient tous deux des dactyles.

Le mètre dactylique parfait est susceptible de trente-deux formes, comme on le verra par le calcul suivant.

D'abord, pour le dernier pied, le spondée est toujours exigé; toutefois on peut aussi bien y admettre le trochée, vu la nature arbitraire de la dernière syllabe en toute sorte de mètres. Ainsi donc, à l'égard du dernier pied, il n'y a pas lieu d'y appliquer de distinction de forme, puisque, dans tous les cas, ce pied compte pour un spondée. Mais pour les cinq autres pieds, comme on peut admettre toutes les permutations que sont susceptibles de présenter le dactyle et le spondée, il en résulte les trente-deux formes en question, ainsi qu'on va le voir.

En premier lieu, les cinq pieds peuvent être tous à la fois des dactyles : cela fait une première forme. De même ils peuvent être tous des spondées : c'en est une seconde. Si un seul pied est un dactyle et les quatre autres des spondées, le dactyle pouvant occuper cinq places différentes, cela fait cinq formes. Même nombre de formes si l'un des [cinq] pieds est un spondée et les autres des dactyles.

Maintenant, il peut y avoir deux dactyles, successifs ou non successifs, et trois spondees, ce qui fait dix nouvelles formes.

Dix autres formes encore s'il y a, de même, deux spondees et trois dactyles.

Telles sont les variétés de formes que présente le rhythme de ce mètre (*l*).

σθαι. Τὸ δ' ἐλεγεῖον, δακτυλικὸν ὂν καὶ αὐτὸ, ἐς δὲ δύο κόμματα τεμνόμενον, ἔκ τε δυοῖν ποδοῖν καὶ συλλαβῆς περιττῆς μιᾶς ἑκάτερον ἔχειν τοῖν κομμάτοιν. Καὶ τὴν μὲν τοῦ προτέρου κόμματος περιττὴν μακρὰν ἀεί· δακτύλους δὲ τοὺς τοῦ ὑστέρου κόμματος πόδας ἀμφοτέρους. Τοῦ μέντοι τελείου δακτυλικοῦ σχήματα γίγνεσθαι δύο καὶ τριάκοντα. Τὸν μὲν γὰρ ἔσχατον αὐτῷ πόδα βούλεσθαι μὲν ἀεὶ σπονδεῖον εἶναι· γίγνεσθαι μέντοι καὶ τροχαῖον, διὰ τὸ ἀδιάφορον τῆς ἐσχάτης παντὸς μέτρου συλλαβῆς. Παρὰ μὲν οὖν τὸν πόδα τοῦτον σχῆμα μὴ διακρίνεσθαι· ἐς γὰρ σπονδεῖον ἀεὶ τὸν πόδα τοῦτον λογίζεσθαι. Παρὰ δὲ τοὺς ἑτέρους πέντε, τοτὲ μὲν ἐς δακτύλους, τοτὲ δ' ἐς σπονδείους ἑκάστους μεταβαλλομένους, τὰ εἰρημένα δύο καὶ τριάκοντα γίγνεσθαι σχήματα ὧδε. Ἐκ μὲν γὰρ ἁπάντων δακτύλων τῶν πέντε, ἓν γίγνεσθαι σχῆμα· ἕτερον δ' αὖ καὶ τὸ ἐξ ἁπάντων σπονδείων· ἐκ δ' ἑνὸς μὲν δακτύλου, τῶν δὲ λοιπῶν σπονδείων πέντε γίγνεσθαι, τοῦ δακτύλου καθ' ἑκάστην τῶν πέντε χωρῶν μετατιθεμένου· πέντε δ' ὡσαύτως, καὶ ἐξ ἑνὸς μὲν σπονδείου, δακτύλων δὲ τῶν τεττάρων· ἐκ δ' αὖ δυοῖν μὲν δακτύλοιν, τοτὲ [μὲν] ἐφεξῆς, τοτὲ δ' οὐκ ἐφεξῆς τιθεμένοιν, τῶν δὲ λοιπῶν σπονδείων, δέκα ἕτερα· δέκα δὲ καὶ ἐκ δυοῖν μὲν σπονδείοιν ὡσαύτως, δακτύλων δὲ τῶν τριῶν. Οὕτω δὴ καὶ ἐς τοσαῦτα τὰ πάντα τὸν τοῦ μέτρου τούτου ῥυθμὸν σχήματα ποικίλλεσθαι.

Observations sur le morceau précédent.

(*a*) Mot à mot : *le relâchement* (ἄνεσις).

(*b*) Mot à mot : *l'accroissement de tension* (ἐπίτασις).

(*c*) Mot à mot : *la tension* (τάσις).

(*d*) En grec, φθόγγος.

(*e*) Si un intervalle diminue jusqu'à se réduire à sa limite inférieure la plus petite, on a ce que l'auteur appelle *la moindre partie de la voix modulée*, ἐλάχιστον φωνῆς ἐμμελοῦς μέρος : c'est là, pour les anciens, le *son* musical.

(*f*) La leçon du manuscrit d'Athènes, λόγῳ τῷ πέντε καὶ

τριάκοντα πρὸς τέτταρα καὶ τρίακοντα, donne pour valeur du quart de ton le rapport 35 : 34, tandis que le texte du manuscrit de Munich suivi par nous, τριῶν καὶ τριάκοντα πρὸς δύο καὶ τριάκοντα, donne 33 : 32. Nous trouvons dans le manuscrit grec 3027 de la Bibl. impér. f° 33, un diagramme propre à faire comprendre comment s'obtiennent ces sortes d'évaluations. On partage le rapport de 9 à 8 en deux autres, ainsi qu'il suit : $\frac{9}{8}=\frac{18}{16}=\frac{18}{17}\times\frac{17}{16}$. En considérant les deux fractions $\frac{18}{17}$ et $\frac{17}{16}$ comme étant égales, elles mesureront le demi-ton. Puis on opère de même sur celles-ci pour avoir des quarts de ton, et l'on a $\frac{18}{17}\times\frac{17}{16}=\frac{36}{35}\times\frac{35}{34}\times\frac{34}{33}\times\frac{33}{32}$. (Voyez les *Notices et extraits des manuscrits*, t. XVI, 2e part., p. 236.)

(*g*) L'acception que l'auteur donne ici aux mots ἄρσις et θέσις ne prouve pas qu'il soit bien versé dans la doctrine des anciens : il faudrait dans le texte τάσις et ἄνεσις, à moins que l'auteur n'ait voulu indiquer l'accent aigu et l'accent grave.

(*h*) Le mot grec que nous francisons ici (συνεκφώνησις) signifie proprement *coémission de plusieurs voix*. Cette figure se nomme autrement συνίζησις, comme l'indique un petit scholie en marge du manuscrit d'Athènes. Exemple en latin : *suavis*, prononcé en deux syllabes. (Conf. Héphestion, éd. Gaisford, pages 20, 152, 194, 220; Isaac Monachus, ms. 2731, f° 195 v.; Bachmann, Anecd., t. II, p. 169 et suiv.

(*i*) La *syllepse* dont il s'agit ici n'est pas celle des grammairiens : c'est la fusion de deux consonnes en une seule articulation, ce qui n'empêche pas la voyelle précédente d'être brève si l'on veut, comme dans ἔκλεψα ; il n'en serait pas de même dans ἐκλέγω.

(*j*) On arrive beaucoup plus simplement à ce résultat par la considération du nombre des permutations que produisent cinq objets placés à la suite l'un de l'autre sous la condition que chacun d'eux soit à volonté *blanc* ou *noir*. On reconnaît immédiatement que le produit doit être representé par la cinquième puissance de 2, c'est-à-dire par le nombre 32.

NOTE III.

Sur les modes musicaux adoptés par Pléthon.

(Pag. 234 et suiv. du texte.)

Il est nécessaire, pour avoir une connaissance complète du système liturgique de Pléthon, de savoir au juste ce qu'il entend lorsqu'il parle des modes phrygien, dorien, hypophrygien et hypodorien, les seuls qu'il admette dans son Rituel.

D'abord, sur ce point comme sur tous les autres, il se montre essentiellement éclectique, puisqu'il rejette les autres modes de la musique ancienne, affectant de suivre servilement les préceptes de Platon, qui, au IIIe livre de sa République, proscrit tout autre mode que le dorien et le phrygien. Mais Pléthon ne s'est-il pas conformé bien plus à la lettre des paroles qu'à la pensée même de son maître? c'est ce qu'il est permis de croire.

En effet, notre auteur, qui tenait à remonter autant que possible aux sources antiques, doit nécessairement avoir voulu désigner, par le mot φρυγιστί, l'octave phrygienne, ou l'octave de *ré*, qui correspond au mode *protus* du chant ambrosien ; par le mot δωριστί, l'octave dorienne, ayant *mi* pour note extrême, et correspondant au *deutérus* de l'Église latine; par le mot ὑποφρυγιστί, l'octave hypophrygienne, caractérisée par la note *sol* et correspondant au *tétartus* [1]; et enfin, par le mot ὑποδωριστί, l'octave hypodorienne comprise entre deux *la*.

1. *Tétrardus* par corruption.

Mais, l'étendue et les limites d'une échelle mélodique ne suffisant pas pour déterminer le caractère de la mélodie indépendamment du choix de la note finale, qui en est en quelque façon le véritable sceau, nous en sommes à cet égard réduits aux conjectures; et le silence de Pléthon semble indiquer et même exiger l'adoption de la plus simple et de la plus naturelle de toutes les hypothèses que l'on peut faire sur le sujet, laquelle consiste évidemment à prendre pour finale la note grave de chaque octave, précisément comme cela a lieu dans les modes authentiques du chant ambrosien [1].

Il résulte de là que, pour connaître le véritable caractère des modes de Pléthon, ce n'est point aux noms mêmes imposes à ses modes que l'on doit s'attacher; mais il faut au contraire rechercher ce caractère dans les modes antiques qui ont pour *mèses* respectives les notes finales des modes de Plethon, c'est-à-dire, comme on l'a vu ci-dessus, les notes *ré*, *mi*, *sol*, *la*.

Or, la note *ré* est la mèse de l'hypodorien antique, la note *mi* celle du mixolydien, la note *sol* celle du phrygien, et enfin la note *la* celle du dorien. Ces quatre derniers modes sont donc véritablement les modes antiques que Pléthon adoptait pour sa liturgie, et ceux dont le caractère résout la question qui nous occupe.

Mais déjà, dans plusieurs circonstances, j'ai eu l'occasion de faire la comparaison des deux séries de modes : je me bornerai donc à y renvoyer [2]. Qu'il me suffise ici de resumer

1. Cette raison pourrait ne pas paraître suffisante si nous n'ajoutions ici que notre hypothèse sur la position de la finale est la seule qui, à notre jugement du moins, s'accorde avec la suite du texte de Pléthon.

2. Voir *Notices et extraits des manuscrits de la Bibliothèque*, etc., t. XVI, 2e partie, p. 97 et suiv. (notes). — Congrès scientifique d'Arras, *Discours sur la musique des anciens Grecs*, 1853, p. 378. — Revue archéologique, t. XIV, p. 620 : *Note sur la modalité du chant ecclésiastique*.

les résultats de mes recherches sur ce sujet, en disant : 1° que le mode hypodorien de Pléthon, celui qu'il attribue à Jupiter, correspond exactement à notre mode mineur (repos sur la note *la*, A de la notation germanique); 2° que le mode hypophrygien de Pléthon, celui qu'il attribue aux Dieux de l'Olympe, correspond à notre mode majeur sans note sensible (la mélodie faisant son repos sur la note *sol*, G des Allemands) : c'est le mode que l'Église latine nomme *angélique ;* 3° que son mode phrygien, hypodorien antique, celui qu'il attribue aux Dieux inférieurs, correspond aussi à notre mode mineur avec sixte majeure (finale *ré* ou D) : c'est celui que l'Église latine nomme mode *grave ;* 4° enfin, que dans le dorien de Pléthon on reconnaît bien le mixolydien antique (finale E ou *mi*), mode que l'Église latine nomme *mystique*, et dont le musicien Blainville avait essayé la resurrection il y a un siècle, sous le nom de *mode mixte*. Il me semble même qu'il ne serait pas deraisonnable de voir dans l'expression εὐόλισθον, une sorte d'allusion à la nature *changeante* de la note *si*, tantôt *bécarre*, tantôt *bémol* (♭*fa* ♮*mi* des musiciens du moyen âge), changement inhérent spécialement à ce mode à cause de la fréquence du triton qui lui est propre, de même que le mot mixolydien faisait allusion au mélange dont cette double valeur de la paramèse du système grec affectait le mode lydien. C'est là, si je ne m'abuse, une notable confirmation, fournie par Pléthon lui-même, de l'explication que je donne ici de sa théorie.

Peut-être croira-t-on apercevoir une difficulté en ce point, que c'est sur une comparaison avec le chant latin que cette explication est fondée. Mais nous répondrions à l'objection en faisant observer que le chant latin a lui-même pour base la théorie grecque, et que les chants dits ambrosien et gregorien sont réglés sur l'échelle du genre ditonié, et conformes par conséquent au diagramme de Platon, ce que confirment les règles données par les auteurs ecclésiastiques latins pour la division du monocorde et le calcul des longueurs des tuyaux de l'orgue (M. Gerb. *Script. eccles. de musica sacra*, tom. II, pag. 279 et suiv.).

Notre explication est donc parfaitement légitime. De plus, et pour les mêmes raisons que nous avons données ci-dessus, Pléthon a dû rejeter les genres chromatique et enharmonique des Grecs anciens comme des Grecs modernes, aussi bien que les nuances du genre diatonique différentes du ditonié, le seul admis par Platon.

Cette conclusion nous dispense d'entrer dans aucun détail sur le caractère esthétique de la musique pléthonienne, puisqu'il suffira de recourir aux documents que nous avons indiqués plus haut, pour s'en faire une idée aussi exacte que possible. Cependant on doit trouver assez remarquable que, tout en prenant pour guide et pour base des dénominations qu'il semble avoir mal interprétées, notre auteur n'en soit pas moins arrivé à composer son système des modes les plus nobles de la musique ancienne.

A. J. H. Vincent.

TABLE.

FIN.

Printed in Dunstable, United Kingdom

91221471R00328